PENGUIN
History *of* Britain Vol.8

企鹅英国史卷八

全盛时代

不列颠联合王国

1800—1906

VICTORIOUS CENTURY

THE UNITED KINGDOM, 1800–1906

DAVID CANNADINE

[英] 大卫·坎纳丁 ♦ 著

李丹莉　刘敏 ♦ 译

上海社会科学院出版社
SHANGHAI ACADEMY OF SOCIAL SCIENCES PRESS

图书在版编目（CIP）数据

企鹅英国史. 卷八，全盛时代：不列颠联合王国，1800—1906 /（英）大卫·坎纳丁（David Cannadine）著；李丹莉，刘敏译 .— 上海：上海社会科学院出版社，2024

书名原文：Victorious Century：The United Kingdom，1800-1906

ISBN 978-7-5520-3605-3

Ⅰ. ①企… Ⅱ. ①大… ②李… ③刘… Ⅲ. ①英国—历史—19世纪 Ⅳ. ①K561.0

中国版本图书馆CIP数据核字（2021）第126360号

上海市版权局著作权合同登记号：09-2021-0627

全盛时代：不列颠联合王国，1800—1906

Victorious Century: The United Kingdom, 1800-1906

著　　者：［英］大卫·坎纳丁（David Cannadine）
译　　者：李丹莉　刘　敏
策 划 人：唐云松　熊文霞
责任编辑：张钦瑜
特约编辑：薛　瑶
封面设计：别境Lab
出版发行：上海社会科学院出版社
上海顺昌路622号　邮编200025
电话总机021-63315947　销售热线021-53063735
https://cbs.sass.org.cn　E-mail: sassp@sassp.cn
印　　刷：上海盛通时代印刷有限公司
开　　本：890毫米×1240毫米　1/32
印　　张：20.125
字　　数：482千
版　　次：2024年5月第1版　2024年5月第1次印刷

ISBN 978-7-5520-3605-3/K·610　定价：108.00元

纪念

阿萨·布里格斯

和

彼得·卡尔森

这是最好的时代，也是最坏的时代；这是智慧的时代，也是愚蠢的时代；这是信仰的时代，也是怀疑的时代；这是光明的季节，也是黑暗的季节；这是充满希望的春天，也是令人绝望的冬天；我们拥有一切，我们一无所有；所有人都径直向天堂行进，所有人也都径直向地狱行进……

——查尔斯·狄更斯《双城记》(1859 年)

男人（及女人）都在创造自己的历史，但他们不是以自由意志、在自主选择的条件下创造历史，而是恰逢其时，被历史所给予和传递。

—— 卡尔·马克思《路易·波拿巴的雾月十八日》(1852 年)

前言及致谢词

20 世纪 50 年代在许多方面还延续着“漫长的”19 世纪末期的岁月，我当时并没有意识到自己能够生长在那个时期有多么幸运。20 世纪 50 年代初，联合王国仍然是一个世界强国，拥有强大的海军，其帝国势力遍布全球；传统的支柱产业仍然是煤炭、钢铁制造、工程和纺织业；伦敦、利物浦和格拉斯哥位列世界著名的港口，而丘纳得航运公司（Cunard）、加拿大太平洋铁路公司（Canadian Pacific）、皇家邮政公司（the Royal Mail Lines）以及 P&O 游轮公司也是位列全球最大的航运公司；住房的取暖和工厂的动力都源自煤炭，货物和旅客列车由蒸汽机驱动，因此，福尔摩斯探案故事中描述的雾霾仍属常见现象。我生于斯长于斯的伯明翰，当时大部分地方还是约瑟夫·张伯伦（Joseph Chamberlain）非常熟悉的样子，他曾在此地做过推行改革的市长，曾做过思想超前的自由党人，是一个坚毅的帝国主义者，且作为一个重要的人物出现在本册书后面的几个章节中。以张伯伦名字命名的广场周围那些雄伟的公共建筑群依然保持着原来的样子：伯明翰和米德兰学院（Birmingham and Midland Institute）、参考文献图书馆（Reference Library，我在那里度过了许多快乐的时光）、市政厅、议会厅和美术馆，以及梅森大学（Mason

College)。公司街（Corporation Street）与张伯伦当初建造它时没什么两样，市中心许多鹅卵石铺就的街道上依然行驶着有轨电车，离此不远的地方就是埃德巴斯顿（Edgbaston），那是一个典型的维多利亚时期的郊区，那里仍然居住着张伯伦的一些后人。我的祖父母和外祖父母都出生于 19 世纪 80 年代，当时在我看来他们都年岁已高，极具维多利亚时代的风范；他们总是穿着黑色的衣服，仿佛还沉浸在对他们年轻时在位的维多利亚女王（别称为 GasLit Gloriana）的悼念之中。我的祖父母住在伯明翰的一座典型的带有露台的 19 世纪房子里，但室内没有厕所。而我外祖父母则住在当时被称为“黑色乡村”（Black Country）的地方，每年夏天都会到布莱克浦（Blackpool）去度假。双方的家里似乎随处可见 19 世纪的小说和地图册，还有各种印有维多利亚女王头像的硬币和邮票，因此在我很小的时候，这位女王就是我生活中实实在在的一部分。

我的祖父母和外祖父母在 1961—1970 年间相继去世，我个人与英国 19 世纪之间的历史联系也随之中断。同在那十年期间，联合王国本身也开始“去维多利亚化”并拥抱现代化，我真正切实感受到这种发展是因为伯明翰许多最精美的公共建筑被拆毁了，约瑟夫·张伯伦时代的伯明翰不复存在。我祖父母曾经住过的那种房子一条街连一条街地整体拆除，取而代之的是大量办公楼、商店、旅馆和住宅楼。我就读过的文法学校创立于 19 世纪 80 年代创立，但在我入读那所学校的许多年之前它就已经搬离了城中心的原址，变成了一所混凝土加平板玻璃结构的现代化专科学校，重新坐落在城市的边缘。但在我见证大量维多利亚时代的伯明翰要素逐渐消失的同时，对于 19 世纪历史的严肃研究也扎实起步。我很幸运能够成长于该城市大部分依然真切存在的最后那 10 年的时间里，而同样幸运的是我经历了 20 世纪 60 年代的时光，即第二次世界大战后新一代学者重新让那个迅速消亡的世界焕发活力的最初 10 年。阿萨·布里格斯（Asa Briggs）就是其中的佼佼者：我现在还记得我当时（恰好在参考文献图书馆）读到他关于伯明翰历史的著作时的那种兴奋的感觉，他描述了伯明翰 1865—1938 年的那段英雄岁月；不久之后我又狼吞虎咽地读完了《维多利亚时代的人民》（*Victorian People*）和《维多利亚时代的城市》（*Victorian Cities*）；像许多中学生一样，我仰仗《进步的时代》（*The Age of Improvement*）这本书通过了历史科目的高水平考试。自此以后，布里格斯一直是一个激励我的偶像人物，而在我看来他自己在某些方面也具有维多利亚时代那些人的典型特征：无穷的精力，无可救药的乐观和独特的公共精神。而到了 20 世纪 60 年代，其他许多具有先驱精神的学者也加入到他的行列中，这其中包括罗伯特·布莱克（Robert Blake）、诺曼·加什（Norman Gash）、乔治·基特森·克拉克（George Kitson Clark）、埃里克·霍布斯鲍姆（Eric Hobsbawm）、哈罗德·珀金（Harold Perkin），以及两位总是被称为“鲁滨孙与加拉赫”（Robinson and Gallagher）的非洲历史学家，这个称呼好像是一个律师事务所的名字而非两位学者的名字。

如此说来，我从 1969—1972 年在剑桥大学读历史专业本科时就决定要专攻 19 世纪的英国历史也许是不切实际的。因为要研究的不仅是英国本国的历史，还要研究英国与更大范围的大英帝国和英联邦，以及与某些学者所认为的英国在拉美的非正式疆域之间的相互作用。而英国本国历史研究在当时被认为仅仅包含政治、制度、社会和经济史。此后，我决定研究贵族地主和他们对自己靠近大城镇或海边的地产的管理之间的关系问题。而由考尔索普（Calthorpe）家族开发的埃德巴斯顿这个“伯明翰上流住宅区”显然是首选的研究对象。完全出于偶然，恰好在莱斯特大学的戴奥斯（H. J. Dyos）教授确定并公布建立城市历史这一新的学科分支之际，我开始了自己的研究。建立这一学科分支的部分原因正是维多利亚时代的城市遭到大面积拆除和破坏，而这也是我在伯明翰曾亲眼看见的事情。从那时起，历史的学术研究在许多方面都有所扩展，研究方向呈多元化发展，女性历史、文化史以及“新”帝国历史研究随之兴起，而信息技术革命提供了许多新的研究资料，这意味着25年前无法做到和无法想象的研究课题现在具有了可能性。因此，历史研究已成为一个更多样化、更复杂、层次更多的事业，对19世纪英国历史的研究当然也是这样，从事相关历史研究的学者数量和成果数量前所未有。

然而这种学术研究惊人的发展虽然可喜但也有缺点，因为我在20世纪70年代初开始做研究时，学术文献还没有像现在这样持续不断地大量涌现，我可以应付自如。而今天任何人都不可能跟上文献发展的速度。毫无疑问，如此系统的学习、如此广博的研究以及如此大量的信息扩展和丰富了我们的知识，这是几十年前无法预见和想象的，但也起到了抑制和隔绝的作用。这或许可以解释最近几十年里学术兴趣和兴奋点发生转移的原因。一是倒移，对再次焕发生机的18世纪历史进行研究，对这段历史的研究既摒弃了纳米尔①式（Namerite）的迟缓，也摒弃了汤普森②式(Thompsonian)

① 刘易斯·伯恩斯坦·纳米尔爵士是英国犹太裔波兰裔历史学家。（本书脚注均为译者注。）

② 爱德华·汤普森是西方马克思主义史学代表人物。早年入剑桥大学攻读历史，大学期间加入英国共产党，1943年参加反法西斯战争，然后在约克西雷丁厄从事大学和工人协会的成人教育工作。

的简单。二是前移进行 20 世纪的历史研究，关于这段历史的官方记录和其他档案资料的开放意味着对这个时期的研究已经成为一个不断有新发现并能产生具有权威性丰硕成果的领域。相比之下，对 19 世纪英国历史的研究有一段时间处于被迈尔斯·泰勒（Miles Taylor）称为“假死”的状态，他认为需要使它“恢复活力”。本书就是这样一次试图复活历史、复苏学术的努力。与“企鹅英国史”（*Penguin History of Britain* ）系列丛书其他各卷一样，此卷主要论述的是一段政治史，是以尽可能广泛的想象力去理解的政治，涵盖了许多一眼看上去似乎根本不属于传统的“政治”范畴的活动。本书也试图基本上运用叙事的方式讲述那段历史，或者更准确地说，讲述许多并行的和相互交织的历史，旨在通过这个过程恢复以前那些具有开拓性的历史时代应有的生机。此外，这本书的出版合同是我在许多年前签署的，而这些年全球史这个重要子专业又快速发展进来，这对于开阔 19 世纪英国（或英格兰）历史的研究视野大有裨益，同时将常常处于自我封闭状态的大英帝国历史重新置于更广阔的国际背景之中。

关于本书的写作，我首先要对许多历史学家表示感谢，他们从 1945 年以来写了很多关于英国 19 世纪历史的著作。我在本书接下来的章节中“劫掠”了他们的成果。我在本书最后的参考文献综述中对某些人特别提出了感谢，但是，任何曾参与过这种全景式合成巨作的人都知道，他们是站在那些巨人前辈肩膀之上，应该对他们表示感谢。我还要感谢过去和现在与我在同一领域并肩奋斗的那些同事和合作者。我尤其要感谢德里克·比尔斯（Derek Beales）、已故的克里斯托弗·普拉特（Christopher Platt）以及罗纳德·海厄姆（Ronald Hyam）和格德·马丁（Ged Martin），我在剑桥大学读本科时跟随他们学习了19世纪的英国史、帝国历史和英联邦历史；还要感谢已故的彼得·马赛厄斯（Peter Mathias）和已故的吉姆·戴奥斯（Jim Dyos），他们分别指导和审核了我在牛津的博士论文。从那时起，我先后在剑桥大学、哥伦比亚大学、伦敦大学和普林斯顿大学教授和研究英国现代史，从我的那些博士生和私人助理身上学到了很多，从他们那里学到的恐怕超过了我能教给他们的。本书的大部分内容是我在纽约大学斯特恩商学院（Stern Business School）做客座教授时写作的草稿。我很感谢玉成此事的乔治·史密斯（George Smith）教授，也感谢他和他的同事们对我如此热情的接待。我的好朋友乔纳森·帕里（Jonathan Parry）、比尔·卢比诺（Bill Lubenow）、斯蒂芬妮·巴克维斯基（Stephanie Barcweski）、迈克尔·西尔韦斯特里（Michael Silvestri）以及玛莎·万德雷（Martha Vandrei），都阅读了我之前的几版书稿并提出了他们的看法和修改意见，我对此表示感谢。伊芙·沃勒（Eve Waller）以其仔细和犀利的眼光审读了本书的前几章，并使其大有提升。身为历史学家的琳达·科利（Linda Colley）是我的同行、系里的同事、我的爱人和最好的朋友，她为本书的写作和面世所付出的努力无人能及。

我要再次感谢付出了长期艰辛劳动的企鹅出版社的编辑、我的老朋友西蒙·文德（Simon Winder），他非常耐心地等待着本书的成稿，表现出了非凡的忍耐力，并以完美的专业性和无限的快乐见证本书的付梓完成。我还要感谢给予他大力协助的玛丽亚·贝德福德（Maria Bedford），以及为本书的宣传和推销付出努力的英格丽·马茨（Ingrid Matts）和佩恩·沃格勒（Pen Vogler）。我要感谢的人还有塞西莉亚·麦凯（Cecilia Mackay），她对书中插图的研究对我很有启发；理查德·梅森（Richard Mason），他为本书做了精心细致的文字编辑；以及编撰本书索引部分的戴夫·克拉达克（Dave Cradduck）。我以本书纪念那位伟大的历史学家，是他付出了极大的努力使英国 19 世纪的历史生动地展现在我和其他许许多多的人面前；还要纪念一位伟大的出版商，因受他委托写作了本书及其所属的系列丛书。我多么希望他们都还在世，能当面接受我的敬意和感谢。

大卫·N. 坎纳丁

普林斯顿

2017 年圣乔治日

目　录

序言

历史不仅仅是常常很主观、很偶然的日期和事件：它至少同样包含许多过程，这些过程的开始和结束并不会有那么明确的节点或历法精确度。但日期的确很重要，因为重要的事件都在某个特定的时间发生，这就解释了为什么许多人以 1815 年的滑铁卢战役作为 19 世纪英国历史的开始，以 1914 年第一次世界大战的爆发作为结束的原因。埃利·阿莱维 (Elie Halévy) 在其未完成的先驱之作《19 世纪英国人的历史》(*History of the English People in the Nineteenth Century*）中，大卫·汤普森（David Thompson）在战后《塘鹅英国史》(*Pelican History of England*）丛书他撰写的那卷赏心悦目的简短著作中，由卢埃林·伍德沃德勋爵（Lord Llewellyn Woodward）和罗伯特·恩索尔勋爵（Lord Robert Ensor）为“牛津英国史”（*Oxford History of England*）丛书撰写的两卷，以及诺曼·加什和福伊希特万格（E.J.Feuchtwanger）为爱德华·阿诺德（Edward Arnold）后来出版的系列丛书所撰写的著作等，都采用了这两个时间节点。甚至时至今日，根据最近举办的纪念滑铁卢战役二百周年以及索姆河战役（Battle of the Somme）一百周年的活动来看，把英国的 19 世纪定义为从法国大革命和拿破仑战争结束（从此开启了英国成为世界强国的世纪)，到原来被称为“伟大战争”的第一次世界大战初期那段不太稳定的时期［根据塞勒（Sellar）和伊特曼（Yeatman）在其所著的《1066 年及所有这一切》(*1066 and All That*) 中所说，此后的英国不再是“最强大的国家”］的观点，还是很有市场。这种观点认为，在欧洲大陆这两次巨大的冲突之间，联合王国在很大程度上（但不完全）避开了欧洲的军事纠葛，因此这是英国的一段重要时期。国内是一片和平与繁荣的美好景象，在国外则通过战争夺取霸权。因此，建立了所谓的“泛英时代”(Pax Britannica)，当时广为流传的说法是上帝是说英语的，而不可否认的现实情况是世界上说英语的人越来越多，说英语的地方也越来越多，这就使这种说法比以往任何时候都更具说服力。

但是，如此多著名的历史学家都选择了这些日期作为英国 19 世纪的起始和结束，这本身就给了我们尝试选择不同的时间节点来描绘这段历史提供了一个很好的理由。另外一些学者将这段历史定为从 1783 年小威廉·皮特的崛起掌权开始，持续到 1918 年第一次世界大战结束，时间的延长自然有助于更全面地梳理英国 19 世纪这段“漫长”的历史。而除此之外，正如于尔根·奥斯特哈梅尔 (Jürgen Osterhammel) 最近所指出的，基于选定的话题和主题，探讨的对象，以及对世界各地区的重点研究等，还有很多其他的时间分野，但是要体现和界定更深层次的变化过程就不可能有精确的时间节点。本书力求新的突破，以新的视角将英国 19 世纪界定为以 1800 年《联合法案》(Act of Union) 的通过为开始，以 1906 年大选为结束。《联合法案》使大不列颠和爱尔兰联合王国得以建立，而见证了自由党压倒性胜利的那次大选，则是 19 世纪政治进步的最后一次伟大胜利，也使 20 世纪第一个伟大的改革政府开始上台执政。在 1800 年和 1906 年都一样会有人希望能够亲身经历革命的年代，亲眼看见革命大事件的发生，也会有人对此感到非常恐惧。但当时的人们可能都不会有异议的是：这两个时间点和两大事件的重要性始终难以超越。然而，据我所知，尽管有充分的理由尝试以这两个时间点去界定 19 世纪英国的历史，却不曾有人这么做。明确这种尝试是否值得一做是“本书必须做到”（选自狄更斯的小说《大卫·科波菲尔》开篇第一句话）或希望做到的。

这两个时间点也会让我们想起议会在联合王国和大英帝国的政治文化和公共生活中具有的主导地位和独特的连续性。在那些岁月里，议会这一立法机构虽然有各种常受改革者和激进人士诟病的缺点、毛病和局限性，却是唯一能够维护政治权威性、政府合法性、人民主权和国家认同的持久制度，在很多方面都是西班牙或法国（绝对的君主制、革命和共和制轮番登场），美国（其民主因为内战和南方各州试图退出联邦而破裂），奥匈帝国（这两国的议会都是 1868 年才建立起来），意大利或德国（这两个国家都是到 1871 年才完全统一），日本（1889 年才立宪），俄国（1905 年才建立杜马）和中国（1913 年才立宪）等国家无法与之匹敌的。如此看来，英国宪法和英国议会的持久性和适应性能受到许多海外评论家的赞扬和羡慕也就不足为奇了。不列颠本土也对此予以称道与赞颂，因为分别在 1832 年、1867 年和 1884—1885 年以和平的方式逐步扩大了参政权，从而成功地抵御了一切潜在的革命威胁。但正如埃德蒙·伯克（Edmund Burke）之前认识到的，联合王国的宪法可能就是因为是不成文宪法而变成了一个巨大的优势：因为这样可以根据 19 世纪那些不同寻常的变革对宪法进行不断的修改和调整，而那些采用不灵活的刚性成文宪法的国家往往不得不接受革命，废除已有宪法重新开始；那些没有宪法的国家也不得不采取类似的暴力手段和极端措施以求立宪。

于是，就政府制度和权威性而言，19 世纪的英国在世界各国中是唯一稳定的国家。可以肯定的是，这种稳定性并不是注定的或必然存在的，而对革命的恐惧也不仅出现在 1800 年和 1906 年，但其治国架构的连续性不可否认，这种连续性是国家稳定的体现和表征。这就提供了一个通过议会及其政治来研究英国历史的充分理由，而以两个恰好都与议会和政治相关的事件作为这段历史的开始和结束，也同样理由充分。此外，联合王国非常稳定，不仅体现在其不成文的宪法和政府制度方面，也表现在地理方面：避免了遭到武装入侵、被敌人占领和被迫割让土地等大陆国家常常面临的命运。1906 年大不列颠和爱尔兰联合王国所拥有的政治边界和国家疆域与 1800 年毫无二致，而德国或意大利（都是 19 世纪才建国）、奥匈帝国（已经丧失了它的意大利省份）、法国［已经把阿尔萨斯－洛林（Alsace-Lorraine）割让给了德国］、俄国，还有美国（它不是丧失领土而是在整个美洲大陆上扩张领土）都不是这样。可以肯定的是，18 世纪 90 年代、19 世纪初期和中期，以及 20 世纪初期，联合王国都有过“被入侵之虞”，但贯穿整个 19 世纪，英国是世界各大国之中唯一保持其国界没有改动或主动改变过的国家，同时做到始终保持议会的最高权力不受挑战，并成功地保持国家的领土完整。这非常了不起并且极为重要。当时的人们因此而认为英国有别于其他国家，得到了上帝独一无二的厚爱。

然而，虽然拥有宪法的连续性和地域统一性等条件，但这个由议会和政治家而非君主来行使主权（尽管乔治三世、乔治四世、威廉四世、维多利亚女王和阿尔伯特亲王都曾对此提出过异议）的国家却是一个复杂的、有争议的混合体。英格兰和威尔士从都铎时代起就已经统一；英格兰、威尔士和苏格兰于 1603 年归于王权之下，1707 年归于议会之下；大不列颠和爱尔兰联合是在这之后不到一个世纪的事情，顺便说一句，这就是说，从最终最完整的国家存在形式的角度来说，与美利坚合众国相比，联合王国算是一个创建历史不长的国家。当维多利亚时代中期的人把他们的立法机构称为“帝国议会”时，他们指的是它通过的法律适用于所有的四个王国，各王国在当时刚刚建成的威斯敏斯特宫中央大厅都有它们自己的正当代表，大厅镶嵌着他们各自守护神的马赛克圣像：圣乔治、圣大卫、圣安得鲁和圣帕特里克。不仅如此，大不列颠和爱尔兰联合王国的建立在许多方面也令人很不满意且很不稳定，因为在人口、财富和资源方面，英格兰占据压倒性的优势，也因为另外三个被轻蔑地视为“凯尔特边缘”的国家有时会对这样一个不平等的非对称联合王国表示怨恨或抵触。尤其是爱尔兰，更是这样，它不仅是最后一个被吸收进来的国家，也是吸收最失败、在联合王国里身先士卒的时间最短的国家（六个阿尔斯特郡除外）。这反过来对 19 世纪的政治意义重大，因为托利党人及后来的保守党人会一如既往地利用他们在英格兰的选举优势竭力把自己的意志强加给联合王国内的其他国家，而辉格党人及后来的自由党人要想控制英格兰就需要爱尔兰、苏格兰和威尔士的选票。

19 世纪期间，联合王国议会对英格兰、爱尔兰、苏格兰和威尔士（赞同和默许的程度有差别）的管辖一直保持不变的同时，在拿破仑战争以后，威斯敏斯特在英国以外声称有控制权和主权的地区也急剧扩大。1858 年，议会终于在废除了东印度公司以后，宣布对英属的印度帝国拥有全部权力。9 年后，它将英属北美地区的那些零散疆域整合后变成了加拿大联邦这片老牌的帝国领土。1900 年，它将同样分散的澳大利亚各殖民地整合成另一片联邦统治下的领土；又过了 9 年后，伦敦政府进一步通过立法将开普殖民地（Cape Colony）、纳塔尔（Natal）殖民地、德兰士瓦（Transvaal）殖民地及奥兰治河 (Orange River) 殖民地合并，建立了南非联邦（Union of South Africa），这是大英帝国殖民地内部最后（也是有问题的）一个建国性质的法案。19 世纪，议会还对其他许多地区，尤其是亚洲和非洲的领土，宣布承担最终责任，这些领土最初是从欧洲的殖民地对手那里收购得来的，后来是先发制人地吞并而来。所以，1905 年 12 月自由党政府上台执政时，设立了三个对议会负责的内阁成员，即外交及联邦事务大臣（Secretaries of State for Foreign Affairs），分别承担大英帝国对印度和各殖民地不同的管辖责任［还有一个爱尔兰首席大臣（Chief Secretary for Ireland），实际上负责对半殖民地性质的爱尔兰岛（Hibernia）进行监管］；1914 年，伦敦代表整个帝国宣布对德国宣战，而在这个问题上其所属国家没有任何发言权。无论是好是坏，实际上有好也有坏，19 世纪的英国历史所涉及的全球地区范围超过了以往任何时候。

尽管 19 世纪的英国及其帝国有着许多不同寻常的经历，但在联合王国内发生的许多事情也只不过是每一个国家都会有的经历，是当时被称为“西方世界”的其他许多国家经历的帝国翻版。人口增长，产业转型，城市扩张，修建铁路、图书馆、博物馆和音乐厅，电、电影和内燃机的出现——所有这些发展和变革都在广泛发生。大规模的发展和变革还包括：国家及政治联盟重组、参政权扩大，有组织的政治党派不断壮大，出现了加富尔（Cavour）、林肯和格莱斯顿（Gladstone）等新一代具有感召力的政治家，工会组织发展，政府干预日益加强，基于民族语言学的民族主义主张和压力加大，帝国主义的诱惑力和吸引力增强。同样体现变革的还有新闻业的发展、文学和文化生活的丰富、科学研究的加强、对宗教的质疑和怀疑有所增长，还有教育的（有限）普及，包括从提供初级教育一直到建立大学。这些向好的趋势，长期的发展和（总体上）积极的进程在整个西方世界普遍存在：从美国到欧洲的大部分地区，到俄国的部分地区，再到日本。从这个角度看，1800—1906 年的联合王国历史远非不同寻常和独一无二；但它在如此多变的环境下还是保持了其政治和宪法的稳定，稳定程度超过世界上所有其他国家，这一点的确不同寻常。

这等于变相地认为英国的 19 世纪在囊括了许多地理区域的同时，其许多历史进程常常相互矛盾。从一方面看，这是一个前所未有的国家繁荣和全球称霸的时代；但从另一方面看，这也是一个史无前例的遭受国内苦难，城市肮脏和环境退化的时代，这些相互矛盾的发展进程无疑会对当时的政府和政治产生影响。从一个角度看，这是一个成功的世纪：取得了特拉法尔加（Trafalgar）和滑铁卢战役的胜利，废除了奴隶贸易，举办了世界博览会和钻石庆典（Diamond Jubilee）；但从另一个角度看，这又是备受诟病和贬低的一个世纪：发生了彼得卢大屠杀（Peterloo Massacre）、40 年代的饥荒（Hungry Forties）、爱尔兰大饥荒（the Great Famine in Ireland）、印度的大起义（Great Rebellion in India）、“非洲争夺战”（Scramble for Africa）和布尔战争（Boer War）。表面看来，这是文化极大丰富、科学创新层出不穷的 100 年，折射出并改变着人们的生活、思想和政治，代表人物为：布莱克（Blake）和康斯太勃尔（Constable），透纳（Turner）和莫里斯（Morris），皮金（Pugin）

和沃特豪斯（Waterhouse），拉斯金（Ruskin）和惠斯勒（Whistler）；奥斯汀和狄更斯，卡莱尔（Carlyle）和艾略特，华兹华斯和特罗洛普（Trollope），王尔德和丁尼生（Tennyson）、吉卜林（Kipling）和韦尔斯（Wells）；布鲁奈尔家族 (the Brunels) 和斯蒂芬森家族（the Stephensons），纽曼（Newman）和曼宁（Manning）、班克斯（Banks）和戴维（Davy），达尔文和开尔文（Kelvin）。但同样是这个 100 年，当时大多数人实际上面临的是困苦、险恶和野蛮的生存环境且寿命很短，饥饿和失业司空见惯，许多普通人根本享受不到有品质的生活，除了抗议，民众似乎没有其他的选择。然而，也是在这个时期诞生了许多我们今天一直认为理所当然的东西，其中包括邮票、照片、自行车、足球、电话、裁缝师、护士、警察、侦探、百货公司、火柴、博物馆和美术馆、新式大学、餐馆、侦探小说、培根煎蛋、高尔夫、网球、国民信托组织和校友会。从某些方面来说，英国的 19 世纪甚至到今天还没有结束。

英国 19 世纪初到 20 世纪初这段时间虽然离我们所处的 21 世纪初的今天相隔不远，有很多方面非常熟悉和眼熟，但还有许多方面相去甚远。那个时代的大部分时间里英国都是国家强盛，全球影响力巨大且不断扩张的帝国，而现在，脱欧后的英国处于后帝国时代，国力衰落、国土面积缩小。那 100 年对于我们来说无法从经验角度去感知，只能想象而一去不复返。那是一个以宗教信仰和严格的道德准则为基础的文明时代，可能会对那些具有今天世俗观念和自由情感的人造成冲击，他们会认为那时候的人偏执、无法忍受且难以理解。在 19 世纪的大部分时间里，英国都在不断进行着体制建设的尝试，矛盾的是，这也许正是它的政体保持如此稳定的原因之一；而 20 世纪的情况却与此大不相同。因为重工业世界领先，海外投资（这类事情我们现在做得不多了）数额巨大，维多利亚时代创造和积累了大量财富，富裕程度前所未有。在那个时代，曼彻斯特、利兹和伯明翰等城市的名气、自由度和影响力如日中天，相比之下，今天的城市政府意志消沉，很大程度上依赖于中央政府的施舍。那时候运河和铁路，住房和工厂，港口和桥梁，水坝，排水和灌溉系统，船舶以及水下电报电缆等工程建设如火如荼，其活力绝非 21 世纪可比。因此，与我们现在这个衰落的时代和人们有限的眼界相比，19 世纪的英国极为不同，我们似乎和维多利亚女王去世前的那个时代相距甚远，差距远不止 100 多年。

但这么说并不是要人们以怀旧逃避现实，因为 19 世纪的英国与我们当代世界的差异不仅体现在这些方面。19 世纪 30 年代初之前，大英帝国还是一个全境蓄奴，国内的工厂和矿井允许雇用童工的社会；50 年之后，当时的伦敦据说有 8 万名妓女，而根据社会调查员查尔斯·布斯（Charles Booth）的报告，这座世界上最大的城市之中有 1/3 的居民生活在贫困中，社会如此富足却出现这种情况，对于那些具有社会良知的人来说是无法接受的。当时，人的寿命不到今天的一半，大多数人只接受过最低程度的教育，国家养老金、国民医疗卫生服务和抗生素还都是闻所未闻的事情。当时的社会中，女性的法律地位低于男性，她们在议会选举中没有投票权，同性恋行为是犯罪，离婚很难，社会上几乎所有人都认为离婚是一种羞耻，即使对无辜的一方来说也不是光彩的事情。那是一个贫富差距逐渐加大的社会，人们认为大多数人和所有的女性都不适合参加选举，且理所当然地认为白人一般情况下（虽然不总是这样）都比有色人种优秀。从这个角度看，19 世纪的英国并不是一个取得了伟大成就，具有健康价值观，让我们向往回归的地方，而是一个充满罪恶、存在缺陷的地方，我们终于从中逃脱出来，应该感到庆幸。这两种观点都有道理，但也都没能全面反映出真实的情况。

于是，我们要对19世纪的英国进行一种新的阐释就面临着许多的挑战和机遇：以相同的笔墨对那些相同和相似的元素，以及那些不同和令人诧异的元素进行同等的描述；激发活力、才能、成就、乐观精神和热情，使人们认识到没有什么不可能，同时也承认生活存在阴暗面；全面公正地评价英国人所创造的具有全球影响力的历史，同时也不忽略其国内发生的一切。特里斯特拉姆·亨特（Tristram Hunt）的评价可谓恰如其分：19世纪是“可怕的、迷人的和具有创造性的时代，比20世纪更值得我们大加赞许”。19世纪的英国人认为，他们属于最先进的国家，它是世界上最好的文明，这也不无道理，但它似乎也很贪婪、虚伪、势利、压抑、庸俗、冷漠、偏执、自满、顽固、狭隘、好斗，表现出沙文主义。同时，他们对自己、社会、经济状况、自己的宗教、国家和帝国都感到非常焦虑、不确定、怀疑且无安全感，这同样理由充分。这些都是这个国家在其发展过程中出现的矛盾，它在19世纪的大部分时间里都毫无疑问处于世界的顶峰，但它却从来没做到完全有信心或确信它应该处于这个位置，或者它会继续保持住自己的这个地位。最后一点，位于欧洲大陆海岸边的两个不久前才联合在一起的岛屿，却很快取得了工业霸权和帝国的优势地位，并因此在19世纪的大部分时间里对全球的事务和疆域施加了完全不相称的影响，这也许就是在相对较短的时间内存在的一个偶然，或者说是一个幻象。

第一章

《联合法案》，1800—1802年

英格兰和威尔士与苏格兰于1707年合并后建立起来的政体实际上已经包括了整个大不列颠岛，但在1800年，联合王国的国家边界重新划分，面积扩大，将邻近的爱尔兰大陆纳入了国界。伦敦政府用金钱和贵族地位买通了独立的爱尔兰议会的成员，议会勉强经过投票放弃了爱尔兰的独立。此后100位爱尔兰议员与那些代表英格兰、威尔士和苏格兰的议员共同构成了位于威斯敏斯特的英国议会；4位爱尔兰主教和28位爱尔兰贵族从此坐到了上议院的议席之上。于是，1801年1月1日，作为一个独立国家的爱尔兰消失了，而扩大了领土以后的统一的联合王国，除了面临疑虑和挑战之外，整个19世纪及其之后，实际上一直到第一次世界大战结束，反对和抗议之声始终不绝于耳。这一《联合法案》能够通过，在爱尔兰本地得力于其爱尔兰总督（Lord Lieutenant，Viceroy）康沃利斯侯爵（Marquis Cornwallis），在不列颠则仰仗第一财政大臣（First Lord of the Treasury，即事实上的首相）小威廉·皮特（William Pitt the Younger）。这位康沃利斯就是之前指挥驻美英国军队，妄图征服美国的殖民反抗者，却在1781年的约克镇战役中投降的那个康沃利斯。1786—1793年，他出任英国驻印度的总督，成功且很有创新精神。5 年后，皮特派他到爱尔兰，任务就是让爱尔兰的精英阶层同意他们的国家不再作为一个独立的政治实体存在。皮特自 1783 年接受国王乔治三世的任命以后就一直在位执政，大西洋两岸的两个划时代的事件左右了他这段长期的执政过程，这两个带来痛苦创伤的事件即 1776 年的美国革命和 1789 年的法国大革命，而将大不列颠与爱尔兰联合在一起的《联合法案》，正是为了应付其中第二个事件，虽然有所拖延但态度很坚定。

坚定不移，加上坚韧和决心，的确是皮特（首届）政府的特点，这届政府的执政时间能一直持续到 1801 年就是明证。皮特虽然只有 24 岁，但他是国王乔治三世精心挑选出来的人。国王憎恶查尔斯·詹姆斯·福克斯（Charles James Fox）和诺斯勋爵（Lord North）组成的愤世嫉俗且混乱无序的联合政府，希望皮特可以组建一个更称心的政府。皮特也可能重建英国在失去美洲殖民地之后的国家经济并重振国民的士气，因为英国在 1783 年 9 月签署了《巴黎条约》(Treaty of Paris）正式承认放弃美洲的殖民地，而距此仅仅三个月之后皮特便上台执政。独立战争的失败是一个可怕的民族耻辱，因为它瓦解了所谓的“第一英帝国”，这是皮特的父亲老威廉，在“七年战争”(Seven Years War）中，在加勒比、北美洲和南亚地区拓疆扩土而建立起来的辉煌帝国。美国的革命者不再听命于英国王室和议会的统治，宣称人人（但不包括女人）生而“平等”的煽动性思想，瓦解了这个跨越大西洋建立的盎格鲁 – 撒克逊政体，摒弃了“旧欧洲”的传统和等级制度，废除了全部的世袭头衔。所以，正值此时爱德华·吉本（Edward Gibbon）开始出版他的多卷本《罗马帝国衰亡史》(*Decline and Fall of the Roman Empire*)就不能说只是巧合。他的这部编年史记载了一个早期的伟大帝国从其伟大文明和强大国力的顶峰崩塌，逐渐衰败、虚弱，进入野蛮状态的过程。随后法国于 1789 年发生了大革命，最终推翻了波旁王朝的旧政权，以“自由、平等和博爱”的名义，一个激进的公民群体废除了君主制，处死了国王路易十六和王后玛丽·安托瓦内特（Marie Antoinette）以及他们的许多贵族亲友，没收了他们的财产以及天主教会的财产。自 1649 年英国人把他们的国王斩首以后，欧洲的政体还从没有遭到如此猛烈的破坏：这次的法国革命比之前的美国革命要激进得多，这对不列颠构成了前所未有的、更直接的威胁，对不列颠与爱尔兰的关系来说也是如此。

一段必要但不圆满的联姻

可以肯定的是，许多英国人在短期内都没能认识到或看到这一点，因为他们充满热情地拥护 1789 年的那些观念和理想。小皮特不共戴天的敌人、辉格党的领袖查尔斯·詹姆斯·福克斯，称法国革命“是世界上发生过的……最伟大事件……再好不过的事件”。诗人威廉·华兹华斯宣称：“经历过那个黎明无比幸福 / 但拥有青春年华才是极乐！”曾到美国殖民地支持当地革命的托马斯·潘恩（Thomas Paine），发表了《人的权利》(*The Rights of Man*，1791 年)，呼吁英国废除君主制，贵族和上议院，极力主张共和制才是最佳的政府形式，认为所有男人都应该享有投票权。玛丽·沃斯通克拉夫特（Mary Wollstonecraft）更是进了一步：她不仅在其《人权辩护》(*A Vindication of the Rights of Men*，1790 年）一书中为法国革命辩护，还在其《女权辩护》(*A Vindication of the Rights of

Women，1792 年）中倡导给予与自己一样的女性政治上的平等权利。同时，在英国的各城镇和城市不断涌现出许多激进的新政治团体，他们号称拥有数千名成员，并首次吸收了大量的技术工人，他们拥护潘恩的颠覆理论并与法国类似的组织建立了联系。政府对他们带有强烈的怀疑和不信任，1792 年法国特使肖夫兰（Chauvelin）在伦敦受到了“诺里奇革命会”（Norwich Revolutionary Society）、“曼彻斯特宪制学会”（the Manchester Constitutional Society）和“伦敦通信会”（the London Corresponding Society）大张旗鼓的共同接待，似乎充分证实了政府的这些忧虑。1795 年夏季和初秋，抗议者砸碎了皮特位于唐宁街 10 号住所的窗户，当这位首相与其君主驱车参加议会开幕式之时，大约 20 万人聚集讨伐，同时激进分子也在全国各地组织了抗议集会。1796 年之后的 5 年里情况更糟，食物价格急剧上涨、失业率居高不下，1800 年达到了危机的临界点。粮食已经连续多年歉收，骚乱和抗议活动大面积爆发，而且，很多人传言英国将发生武装暴动，并很快会发生革命，引起了大范围恐慌。

对政府当局来说这种国内的颠覆活动似乎更凶险更不祥，因为 1793 年 2 月共和制法国向帝制英国宣战了，而随着当年晚些时候罗伯斯庇尔（Robespierre）“恐怖统治”（‘Reign of Terror’）的开始，这场革命突然凶残地转向了极具破坏性的威权主义，1.6 万名法国男女最终被送上断头台，这些都更进一步加深了人们的忧虑。可以肯定的是，法国一直是英国的“宿敌”，17 世纪末始于威廉三世和路易十四之间争斗的那一系列冲突，实际上发展成了海峡两岸这两个国家之间的“第二个百年战争”。此外，法国还加入了美国独立战争，支持被殖民者的反抗，从而一雪“七年战争”中法国被老皮特打败的前耻。但革命的法国与帝制法国已经有所不同，此时人们普遍认为18世纪90年代末法国要入侵并战胜英国，还要从英国以及爱尔兰内部颠覆它们现有的社会和政治秩序。因此，始于1793年的这场战争，不仅是一次武装冲突，还是意识形态之战。英国当局担心随着暴动和颠覆活动在皇家海军内部的蔓延，两股力量会内外结合起来，而皇家海军是英国抵御外来入侵的最后一道屏障。两股力量终于在1797年结合在了一起，当时停泊在朴次茅斯（Portsmouth）附近的斯皮特黑德（Spithead）以及泰晤士河口的诺尔岛（Nore）海峡舰队都发生了兵变，英国驻西印度群岛和好望角的部队，以及驻西班牙海岸由海军上将约翰·杰维斯勋爵（Lord John Jervis）指挥的舰队都相继出现兵变。所有这些兵变都遭到了残酷镇压。但这并没有带来任何喘息的机会，因为同年的晚些时候，年轻的拿破仑·波拿巴（Napoleon Bonaparte）被任命指挥那支带有不祥之名的“英格兰军队”（“Army of England”）①。它驻扎在法国海滨布伦（Boulogne）沿岸，这意味着当时的英国面临着即将被一个大陆敌对强国入侵和征服的严重局面。

为了应对这些日益增加的威胁和挑战，皮特建立了一个间谍情报网络（这些人可能夸大了潜在的危险和威胁），采取了一系列的镇压措施并启动了一系列严苛的起诉程序，这被那些涉案者指责为开启了英国的“恐怖统治”（虽然它与在法国实行的“恐怖统治”几乎没有可比性）。1794年，他的政府停止了人身保护令（向全体英国人保证他们不会未经审讯就遭到监禁）的实施。不久之后，最

① 因为拿破仑最终就是在滑铁卢战役中败在英国人惠灵顿公爵手下。

大的新激进组织“伦敦通信会”的领袖被指控犯有叛国罪，依据是他们计划举行的要求男性普选权的会议无异于煽动。但一个独立的伦敦陪审团却宣告他们无罪，这个结果受到了民众的赞同。第二年，皮特又通过两项更严厉的镇压措施对此予以反击：《叛国行为法案》（Treasonable Practices Act）宣布，凡“想象、编造、计划或意图”处死或消灭君主的行为皆属违法，而《煽动性会议法案》（Seditious Meetings Act）将公众集会的规模限制在 50 人以内。但全国各地抗议活动接连不断，“伦敦通信会”的成员继续集会，为了应对这种局面，政府则在 1799 年和 1800 年通过了《联合法案》，这实际上使任何形式的结社，无论是出于政治目的，还是为了提高工资或改善工作条件，都成为非法行为。各地广泛部署了民兵组织。惊恐的皮特为了确保国家秩序，从欧洲大陆召回了军队。因此，18 世纪 90 年代末的英国本身就是一个紧张不安的国家，对于皮特的支持者来说，要维持国家秩序，他的镇压政策看起来很有必要，而对于他的批评者来说，这些政策似乎很过分而且偏执。不论怎样，正是在这种令人焦头烂额、充满焦虑的不确定的背景下，皮特通过了将爱尔兰纳入联合王国的《联合法案》。

从 18 世纪末烦恼和焦虑的英国人的角度来看，爱尔兰问题复杂且令人困惑，混合了经济、社会、宗教、政治和地理等各方面因素。在这个国家占主导地位的是一个为数不多的新教地主统治阶级，其中大部分是英格兰和苏格兰血统的移民，被称为“优势”人群。他们控制了爱尔兰议会和国家的政治和社会生活。他们的祖先在 17 世纪征服了爱尔兰，但到 18 世纪 90 年代末为止许多人都离开此地到不列颠生活，他们与大部分土生土长的爱尔兰人之间的关系，绝无亲近或亲切可言。一般来说，那些人都是很穷困、没有受过良好教育的天主教农民或者农业劳工，因为其宗教信仰而被剥夺了民事权利。那里还有人数较少的长老会（Presbyterian）中产阶层群体，他们是贝尔法斯特（Belfast）法律和商业界一支重要的力量，以及人数较多的长老会工人阶级群体，生活在阿尔斯特的经济较发达地区。这些异见者不喜欢天主教徒，视他们为低下和不文明之人，也不喜欢那些“优势”家庭，看不上他们的颓废、势利和霸道，他们对正统的爱尔兰新教教会也同样怀有敌意。对于英国统治精英来说，这三个群体都不是那么容易对付的。距此时比较近的1780年在伦敦发生了“戈登暴动”(Gordon Riots)，这次暴动表明，崇尚新教的英国对罗马天主教徒和“天主教会”有强烈的偏见和根深蒂固的敌意。中产阶层以及工人阶级的长老会虽然也都反对天主教，但他们对自己与不列颠之间的关系，顶多算是持有一种矛盾态度，他们与天主教徒一样，也因为不能出任某些政治和行政职务而感到极为不满。同时，伦敦政府的人对那些“优势”家庭也没有完全的把握：他们作为一支“爱尔兰守备军”可能是不列颠唯一可靠的盟友；但他们长居“国外”，通过“遥控”实施权力而招致大多数天主教徒的敌意，这意味着出现危机的时候，他们不会得到民众的支持。

自从1494年通过了被称为《波伊宁斯法》(Poynings’ Law）的法案以后，爱尔兰议会就依法归入英格兰（后来又归入不列颠）议会，1720年又通过《宣言法案》(Declaratory Act）对此予以确认。实际上在18世纪这段时间这条法案很少被引用，因为不列颠人知道与“优势”人群的合作不可或缺；事实上，与长老教派和天主教徒一样，这些“英－爱”精英还是对这种准殖民地的劣势地位感到不满。爱尔兰总督所在的都柏林城堡更进一步凸显了这种劣势地位，因为总督是英国君主和内阁的代理人和代表。但是，当法国站在美国被殖民者一方加入美国独立战争时，英国政府被迫将驻扎在爱尔兰的军队调到了帝国其他需要更迫切的地方。由于担心法国可能入侵，爱尔兰新教徒建立了所谓的“志愿者”队伍，志愿者不仅来自“优势”家庭，在某些地方还有长老会教徒甚至天主教徒的加入。其数量可能多达 4 万人。他们全副武装，虽然对法国人的敌意毋庸置疑，但他们也决心逼迫英国人让步。到 1782 年，由于独立战争大势已去，其政府也名声扫地，诺斯被迫在议会宣布给予爱尔兰议会自治权。但次年掌权的小皮特却担心这个得到自治权的爱尔兰新议会缺乏合法性，因为大多数天主教徒没有投票权，也不能担任公职。因此，他在 1793 年给爱尔兰议会施压，赋予天主教徒被称为“四十先令不动产所有权”的参政权。“优势”人群对此举感到震惊和愤慨，长老教派感到恼怒，而天主教徒也感到不甘心，因为他们仍然被议会拒之门外，也无权在政府中担任高级职位。不列颠人对爱尔兰事务的这次干涉行为，似乎破坏了 1782 年表面上赋予它的立法自主权，因此也引起了广泛的不满。

由此造成的结果是，越来越多的民众将矛头对准了伦敦而不是都柏林，而法国革命进一步助长了这种不满情绪，对伦敦的统治精英们来说，这比同时期在不列颠发生的颠覆性煽动活动和组织构成的威胁还要大。1791 年 10 月，在天主教会的大力支持下，以及新教徒某种程度的支持下，“爱尔兰人联合会”（Society of United Irishmen）成立，其领导人是西奥博尔德·沃尔夫·托恩（Theobald Wolfe Tone），他深受法国最近发生的一系列事件的影响，并从中得到了极大的启发。一开始爱尔兰人联合会是要谋求宪法改革，但是到了 90 年代中期，由于政府的镇压他们未能取得什么进展，这导致他们转而要求完全脱离不列颠并接受共和制。法国国民议会（French National Assembly）传达了支持的信息，沃尔夫·托恩在巴黎受到了欢迎，法国革命政府还派了代表到爱尔兰去评估举行全面起义的可能性。爱尔兰人联合会试图与一个名为“捍卫者”（the Defenders）的秘密社团合作，其成员大部分是天主教农民，他们对被迫给当时的爱尔兰教会（Church of Ireland）缴纳什一税表示不满。18 世纪 90 年代欧洲其他地方的农民很少像这样为革命冲锋陷阵，但“捍卫者”们却在农村通过诉诸暴力去恐吓新教地主和农场主，并拥护共和主义。为此，1795 年新教徒们在阿尔斯特建立了自己的社团，名为“奥兰治兄弟会”（Orange Order），目的是反击“捍卫者”的破坏性激进主义。由此产生的宗派流血事件，加上反英浪潮的兴起，日益强烈的建立共和国的要求，以及爱尔兰人联合会和捍卫者都渴望与法国结盟这一不可辩驳的事实，都意味着皮特政府必须采取行动。1795—1796 年间，英国通过立法对爱尔兰人联合会和捍卫者施以严厉的处罚，禁止民众集会，增加地方法官的权力，宣布立誓行为违法，并中止人身保护令制度。同时，都柏林堡当局建立了一支名为“自耕农”（the Yeomanry）的新武装力量，以新教地主为首，大部分成员都是他们自己的佃农。

伦敦政府担忧爱尔兰即将在法国的支持下举行大规模的革命起义，起义还会得到天主教徒和新教徒的支持。事实证明这些担忧不无道理，1796 年 12 月，一支载有 1.5 万名士兵、由 43 条船组成的法国舰队，驶进爱尔兰西海岸班特里湾（Bantry Bay）准备登陆，只是因为暴风雨天气而未果。法国军队中只有 400 人得以登陆，但他们很快就被当地自耕农杀死或俘虏。英国军队的总司令莱克将军（General Lake）在阿尔斯特展开了针对性的野蛮报复行动，结果只是让很多新教徒和长老会教徒离心离德而已。同时，爱尔兰人联合会已经仿照巴黎的法国革命政府在都柏林建立了指挥中心，1798 年 5 月，爱尔兰首府成千上万的起义者高呼“无自由毋宁死”，拿起武器奔向爱尔兰的南部和西部。当月末，爱尔兰叛军占领了韦克斯福德郡（County Wexford），他们在那里宣布建立共和国，并成立了由 4 名新教徒和 4 名天主教徒组成的临时政府。6 月，阿尔斯特的爱尔兰人联合会在安特里姆郡（County Antrim）起义，起义者中大部分人都是长老会教徒。1798 年 8 月，一支法国海军部队在位于爱尔兰西北海岸梅奥郡（County Mayo）的基拉拉（Killala）登陆。但他们人数太少，也来得太晚，因为此时的韦克斯福德反政府武装和阿尔斯特起义都已经被残酷镇压，成千上万的新教徒和天主教徒已经在这些堪称爱尔兰历史上最为血腥和残忍的战斗中被杀。10 月，英国海军拦截了一艘法国船只，沃尔夫·托恩就在船上准备去往多尼戈尔（Donegal）发动下一步的起义。他遭到了逮捕、审判并被判处死刑，但他在被绞死之前自杀了，这次爱尔兰起义就此结束。它是不列颠群岛自 17 世纪中期发生的内战以后最重要的一次起义，对其镇压的严酷程度堪比前一年的海军兵变：很多领头者被当场处决，几百名“捍卫者”和爱尔兰人联合会成员被流放到澳大利亚。

英国爆发了大面积颠覆活动，爱尔兰存在着再次发生叛乱的威胁，英国脆弱的西部侧翼存在着遭受法国入侵的风险，于是皮特和他的同僚们于 1798 年年底决定将两个王国合并成一个单一政体。因此，最终在 1801 年 1 月形成的联邦本质上是一种战时防御措施，是为了应对不久前爱尔兰海两岸发生的政治和军事事件，并不是某种历史过程的必然结果，也不是这两个国家蓄谋已久按计划最终走向联合的必然结果。因此，它也不过就是 19 世纪的欧洲常见的那种政府、民族和国家之间制度调整和地缘政治重组的一个早期的例子而已。然而，以在当时那个充满困扰和创伤的时期所无法预料的方式匆忙建立起来的大不列颠和爱尔兰联合王国，却在 19 世纪的全球舞台上扮演了最有影响力的角色，而相对于 18 世纪而言，爱尔兰事务对英国的政治、议会和公众生活的影响也更大。但是，虽然《联合法案》可能使英国人在国内的反颠覆斗争和在国外对法国的持续作战中更有安全感了，但这并没有使统治爱尔兰变得更容易，也没有让爱尔兰人民感到更幸福，两个王国从未真正融为一体，两国人民也从未真正成为一家人。因为是匆忙立法的结果，也因为从没有真正完成，英 – 爱联邦本质上就存在缺陷，而这些先天不足导致了诸多问题，让爱尔兰爱国者和英国官员在 19 世纪费尽周折却徒劳无功。尤其突出的问题是，应该把爱尔兰人当作不列颠人的同胞，通过安抚劝说他们成为联邦的一员，还是应该把他们完全当作外国异类，通过议会和政府强迫他们留在联邦内？对此，伦敦的执政精英们可能永远都无法给出定论。

在推行《联合法案》的过程中，皮特很清楚这个法案不会得到全体爱尔兰人的欢迎。对 1798 年那些起义的残酷镇压给他们留下了深刻而持久的痛苦。享有优势的英 – 爱人群，虽然很感激伦敦的额外支持，但也悲叹失去了自己的立法机构。长老会教徒对加入英国以后受到的强制要求感到不满，特别是对法国大革命和拿破仑战争期间增加的财政暴敛表示愤恨。而天主教的大多数人也不喜欢被纳入这样一个国家元首在其加冕仪式上宣誓支持新教的政体，他们也反对为了维护既有的爱尔兰教会而缴纳什一税。许多不列颠人也不欢迎这样的联邦，不想为了与那些他们认为是半野蛮的、贫穷的天主教徒拉近关系而让自己的新教国家受到亵渎和污染。皮特认识到只运用强制手段是不够的，他是第一个（但绝不是最后一个）试图将强制与调解措施相结合的英国首相，因为他渴望赢得爱尔兰人对这个新政府的支持。这项政策早在 1793 年他决定给予那些能够满足适当财产资格的天主教徒以投票权之时就已经有所预示；现在，他与康沃利斯（Cornwallis）和年轻的爱尔兰首席大臣卡斯尔雷子爵（Viscount Castlereagh）携手，试图实施更多的措施以调和爱尔兰人与联邦的关系。因为皮特打算通过一项配套的立法颁布所谓的“天主教解放”法案，废除那些令人深恶痛绝的、阻止天主教徒成为议员或担任高级公职的法律条文。他也希望进一步出台政策为爱尔兰的天主教会提供国家支持。此前已经有过一个先例，他在 1795 年对基尔代尔郡（County Kildare）的梅努斯（Maynooth）天主教神学院进行过捐赠。对天主教教士的教育进行资助是使爱尔兰人与联邦和解的另一种方式。

因此，废除都柏林议会只是皮特和他的同僚们试图通过强制与调解相结合的手段来建立英 – 爱立法机构全面一揽子计划的一部分。但是皮特无法在伦敦推行这些必要的措施，因为乔治三世不同意这样做。虽然当时这位国王在政府中扮演的角色已经不如其在位的前 20 年那么活跃，但他坚决不接受天主教解放，因为这实在是违反了他的加冕誓言。皮特不愿意强自己的君主所难，因为是这位君主最初选择了他，并在他后来长期的执政期间给予了支持。皮特于 1801 年年初辞职，未能履行解放天主教的承诺，而进一步资助天主教会的提议也就此搁置。他是第一个在这个后来被称为“爱尔兰问题”的事务上翻船的英国首相，但不是最后一个。这也不是唯一的凶兆：皮特未能实施任何调解措施进一步显示了英格兰的垄断统治，这使得对 1798 年起义遭到野蛮镇压耿耿于怀的许多爱尔兰人更加不满。事情到此并没有结束，因为在未来的 25 年时间里，随着 19 世纪初至 20 年代各种强制法案的定期反复出台，爱尔兰受到了进一步打击且不断受到约束。1801 年人身保护令又一次被中止执行，直到 1804 年才恢复。而 1807 年通过的《叛乱法案》(Insurrection Act) 一直到 1825 年才废止。同时，罗伯特·皮尔（Robert Peel）在 1814 年作为首席大臣意欲抑制政治煽动并侦测“普通”犯罪行为而成立的警察部队，因为其侵扰行为很像欧洲大陆的“宪兵队”，在英国被视为根本无法接受的机构。许多年以后的 1893 年 4 月，格莱斯顿在提出他的第二个《爱尔兰自治法案》(Home Rule Bill) 时这样说道：“1800—1829 年对于联邦的维护实际上不是通过道德机构而是通过武力机构实现的。”

明确而有限的政治国家

因为拥有一个处于极盛时期的世袭君主政体，成立时间不长的大不列颠及爱尔兰联合王国，虽然冠名乐观，但也恰如其分，与西班牙、奥地利、普鲁士和俄国很相似，事实上，与世界上其他大部分国家都很相似：因为君主和王室帝国是事物的自然秩序，而于 1776 年和 1789 年分别在美洲和法兰西新建立的两个革命新贵共和国是这个已经得到证明的统治规则不同寻常的例外。然而，自 1603 年伊丽莎白女王去世后超过一个半世纪的时间里，英格兰，然后是不列颠，却一直受外国血统而非本国血统君主的统治和主宰：斯图亚特家族（House of Stuart）是苏格兰人，奥兰治家族

（House of Orange）是尼德兰，汉诺威家族（the House of Hanover）是德意志人——这个家族是1714年奥兰治家族后继无人时被引入的，目的是防止尊崇新教的英国王位重新落入（当时）已经改信天主教的斯图亚特家族手中。乔治一世和乔治二世都是在汉诺威出生并长大的，所以他们首先是德意志人，其次才是血缘很远的英国人。但1760年接替祖父王位的乔治三世（他自己的父亲弗雷德里克王子，即乔治二世的儿子，已于1751年去世），是第一个在英国出生的汉诺威君主，他在开始其漫长的统治之初宣称，他“以做英国人为荣”。不仅如此，英国君主在许多方面也都不同于当时欧洲大陆的那些君主：后者大多被视为“开明的专制君主”，意思是说他们的专制是常态，开明只是偶尔为之；而英国王位是“君主立宪制”，勉强与上议院，特别是逐渐与下议院分享权力，并逐步放弃了执政权；这样的统治方式被描述为混合式的或制衡的体制，受到欧洲学者和哲学家的广泛推崇，他们遗憾和不满于大多数欧洲大陆国家的权力都集中在君主手中。

因此，乔治三世本人所代表的英国君主制根本不是旧政权的僵化体现，正如1782年诺斯勋爵在失去了议会（以及美国13个殖民地）的多数支持后坚持要辞职时对其君主所解释的那样，长期以来，不论国王是否愿意，有些时候他除了服从下议院的意愿别无选择。但是，乔治三世通过那些只听命于他的大臣进行直接统治，也可以随意任命和罢免大臣。他虽然不是暴君，但也不希望受政客挟制。他认为自己在政策问题上的观点应该得到拥护，他直截了当地指出哪些政界人士是他的“朋友”、哪些不是，毫不隐讳。因此，他才在18世纪60年代不断对政治进行干预，因为他试图找出那些与他个人志趣相投的大臣，而不管他们是否适合在立法机构工作。

因此他才在 18 世纪 70 年代坚决要让诺斯勋爵留任，而且认为他作为国王应该支持议会对反叛的美国殖民地再行统治的主张。因此，他后来才不喜欢福克斯－诺斯联合政府，认为这是一个没有原则、违反自然法则的联合政府，并在 1783 年年底成功地将其瓦解。因此，他才大胆地决定任命年轻的威廉·皮特为他的首相，虽然皮特只有 20 岁出头，而且除了出身几乎没有什么背景。因此，他才坚决反对天主教解放运动，使皮特无法使他那些《联合法案》的补充（实际上是完善）措施得以通过，这意味着在乔治三世后来的统治时期及其以后的时间里，天主教解放问题实际上被束之高阁了，这对爱尔兰海两岸都造成了显著的影响和危害。

王室这样直接干预政治必然要付出代价，饱受争议且不受民众拥护。对于埃德蒙·伯克等辉格党人来说，这位国王对 18 世纪 60 年代出现的政治混乱局面负有主要责任，直到 18 世纪 90 年代初，他们还对自己的君主深表怀疑。对于美国殖民地来说，就像《独立宣言》中严厉谴责的那样，乔治三世是一个暴君，是一个破坏了他们的自由，并企图建立一个新王权专制统治的残暴之人。他的健康和精神状态也令人怀疑：1788 年，他陷入了近乎疯狂的状态，这次发病持续了几个月，有一段时间甚至达到了要采取摄政这种不得已做法的程度。1801 年，国王又多次出现精神不稳定的迹象，显然是由于有人提出他应该赞成天主教解放运动。由于担心国王的精神出现问题并表示对其观点的尊重，这个问题再被提及的可能性实际上为零。更糟糕的是，虽然国王自己与夏洛特王后的家庭生活很幸福，但他的儿子们却很讨人厌，很不受欢迎：私生活混乱，有许多非婚生子女，债台高筑。在他的儿子们当中，长子威尔士亲王即后来的国王乔治四世在这些方面的问题非常突出，没有比其更甚者。1788 年他支持辉格党人反对自己的父亲，偷偷娶了一个名叫玛丽亚·菲茨赫伯特（Maria Fitzherbert）的天主教徒；他欠下巨债无力偿还的丑闻国人尽知，被视为国耻。虽然这不全是乔治三世的错，但由于这些原因，他在执政的前 30 年里并没有得到广泛的尊重。只是在 18 世纪 90 年代，他才成为一个受欢迎的君主，因为他赞成正派和克制、传统和等级、秩序和正义，这些与法国大革命和恐怖时期的暴力行为形成鲜明对照；因为他越来越表现出国家打击海峡对岸不共戴天的敌人的决心。他虽然在位 60 年，但事实证明 19 世纪初那 10 年是乔治三世最受欢迎的时期，其受欢迎程度在 1809 年举行的纪念金禧的庆祝活动中达到顶峰。

正如皮特辞职所表明的那样，英国政府在某种程度上仍然是国王政府，这就是君主死后必须要举行大选的原因，1727 年和 1760 年这样做了，1820 年、1830 年和 1837 年也如此（但此后不再延续）。然而，从 18 世纪 80 年代末开始，人们逐渐公认，是所谓的首相和他的内阁组成了有效的常务政府，更多的是他们在以国王的名义处理英国的国家事务和帝国事务，君主并没有积极参与日常的国家治理。就像他之前的诺斯勋爵和罗伯特·沃波尔爵士（Sir Robert Walpole）一样，小皮特之所以能够长期担任首相，是得益于国王对他一如既往地青睐有加；得益于他对下议院的掌控，甚至有一段时间，他是其中唯一的国王大臣；得益于那些接受了政府赞助的人的支持；得益于那些曾对福克斯－诺斯联合政府感到非常恼怒，并倾向于支持当时政府的“独立的”的乡绅议员。从 1783—1801 年，皮特担任过首席财政大臣（First Lord of the Treasury），他的内阁也只有区区几个人构成，其中最重要的是掌玺大臣（Lord Privy Seal）、枢密院议长（the Lord President）、大法官

(Lord Chancellor)、内政大臣（Home Secretary)、外交大臣（Foreign Secretary）和贸易委员会主席（President of the Board of Trade)，以及(尤其是从 1793 年开始）那些负责英国军事行动的大臣，即战争部长（Secretary of War)、战争大臣（Secretary at War)、第一海军大臣(First Lord of the Admiralty)、总司令（Commander-in-Chief）和军械总长（Master General of the Ordnance)。如同这些职位的名称所提示的那样，中央政府的工作既涉及联合王国也涉及不列颠帝国，从根本上来看其职责仅限于：通过直接和间接的税收以及对公共资产的审慎监督获取财政收入；维护法律和秩序；履行外交政策和国防事务。

面对美国独立战争的高昂代价和军事败北带来的不利形势，皮特开始了他的长期执政，其间他积极努力，试图解决国家财政危机，跨大西洋帝国体制解体，以及英国国际地位受损并处于孤立状态等所有问题。为了应对大幅增加的公共债务，皮特想出了各种巧妙的新税种，衣食住行各方面无一不在收税之列；他委派公共账目审查专员（Commissioners for Examining the Public Accounts）以提高政府效率；他通过减少资助职位进一步节省开支，即使这样做会影响下议院对他的支持率也在所不惜。他还设立了一个复杂而详尽的“偿债基金”，其目的是将政府所有的盈余都用于减少国家债务，直到 1793 年年底又一次与法国交战之前，他在这一点上做得都非常成功。他同样急于改革和巩固大英帝国现有的一切：他提高了皇家海军的费用额度用以增加舰船的数量，并通过 1786 年与法国达成贸易协议，以及两年后与尼德兰联省共和国（United Provinces）和普鲁士建立防御联盟恢复了英国的国际地位。皮特由此启动了后来被称为“民族复兴”的行动，这一行动在英国遭受美洲殖民地的损失之后不久即见到了成效，消除了人们受吉本影响而产生的恐慌，人们不再担心英国会步古罗马帝国的后尘走向不可挽回的衰落和帝国灭亡。但是随着与大革命的法国之间爆发战争，当前的主要任务就变成了国家的生存问题，而不再是民族复兴的问题了。因此，在英国和爱尔兰实施了各种镇压措施，《联合法案》也得以通过；因此，皮特在 1799 年提议征收所得税，以作为提高政府财政收入而采取的必要但临时的权宜之计。那时的皮特是一个四面楚歌的政府领导人，领导着一个四面楚歌的国家，领导着一个时而表现出焦躁、不快乐和不满足等情绪，时而又表现出爱国、奉献和忠诚等情感的民族。

在他长期执政的那段时间里，皮特所领导的政府其政党成分从未完全明确，而且经常发生变化。在一个多世纪的时间里，英国的政客们对辉格党和托利党两党的明显差别已经不只是嘴上说说而已：前者从 1714—1760 年一直占据主导地位，而后者则是反对派；虽然乔治三世已经下决心要消除这些令他不愉快的两党之间的差别，但这意味着托利党实际上已经在权力方面取代了辉格党，虽时有中断，但 1827 年之前他们在诺斯勋爵、小皮特和利物浦勋爵的领导下，一直保持并巩固住了自己的地位。用很通俗的语言来表述就是，托利党对英国国教体制和保留君主权力持支持的态度，而辉格党对宗教异见者持同情态度，赞成对王室特权多加限制的观念。但所有这些观点都会根据政府或反对派的不同情况而有所改变，且不管情况如何，托利党和辉格党的组合并不稀罕，诺斯和福克斯建立起来的短暂联盟就是一个例子。小皮特在开始其政治生涯时就拒绝效忠任何政党，并坚称他完全效忠国王，他在出任首相之初也的确是这样。但他的家族传承是辉格党人，而且他在自己的第一任政府里任用了其他的辉格党人，其中就包括枢密院议长古尔伯爵

（Earl of Gower）和内政部长坦普尔伯爵（Earl of Temple）。然而，因为皮特终其一生都遭受到福克斯派辉格党人的憎恨，他又被广泛视为托利党人，因为他任命瑟洛勋爵（Lord Thurlow）为大法官，后来又任命亨利·邓达斯（Henry Dundas）担任内政大臣，霍克斯伯里勋爵（Lord Hawkesbury）为贸易委员会主席，也加强了人们在这方面的印象。1794 年 7 月，皮特进一步将“波特兰辉格党人”纳入自己的扩大政府之中，这些人因为转而支持法国的“恐怖事件”而招致人们的愤怒和失望，其中不仅包括他们同名的波特兰公爵，还包括担任掌玺大臣和海军大臣的斯宾塞伯爵（Earl Spencer），以及担任枢密院议长的菲茨威廉伯爵（Earl Fitzwilliam）等特别显赫的人物。

正如这些名号所示，皮特内阁中大多数是上议院成员，这种状态一直持续到了 19 世纪的下半叶［与沃波尔，诺斯以及皮特的两个任期相比，首相来自上议院的情况也变得更普遍，从利物浦到索尔兹伯里（Salisbury）都是如此］。在皮特领导的 1804—1806 年第二个短暂执政的政府中，除了他本人之外，所有的大臣都是贵族，这跟他在 1783 年第一次就职时的情况一样，而且王室法院的高级职位也都是由贵族担任。与当时的等级社会十分相称的是，上议院成员的阶级地位非常优越，他们是这块国土上最显赫的群体，他们的财富、地位和权力无人可及，他们中的许多人比国王还富有。贝德福德（BedFord）公爵、布里奇沃特（Bridgewater）公爵、德文希尔（Devonshire）公爵、波特兰（Portland）公爵和巴克卢（Buccleuch）公爵，斯塔福德侯爵（Marquis of Stafford）、菲茨威廉伯爵、格罗夫纳（Grosvenor）伯爵和古尔伯爵等人年收入都超过了 10 万英镑：部分来自大片的田产，也来自他们在城市房地产开发（尤其是伦敦）以及拥有的码头和港口的收益，并且越来越多地来自他们的矿产收益。他们既是贵族也是富豪，18 世纪末期，他们中的许多人史无前例地投入巨资在伦敦建造豪华住宅，购买法国和意大利的没落贵族投放市场的欧洲早期绘画大师的艺术极品。这些财富也直接转化成为政治和社会权力：显贵们常常位居很高的政府或法院官职，并拥有所谓的“腐朽”选区，因为选民规模较小，他们可以按自己的意愿提名议员；而除了按照惯例提交的财政提案之外，上议院对于下议院提出的一切法案都拥有集体否决权，他们就曾经在乔治三世的鼓励下解散了福克斯–诺斯联合政府。就皮特本人来说，他很赏识贵族的魅力，从 1783 年到 1801 年，对于政府的支持者和拥有选区的显贵们，他大量封爵，十分慷慨。

无论从制度上还是习惯上，除了财政问题（这是一个重要的条件，解释了第一财政大臣和财政大臣经常位列下议院的原因），下议院都从属于上议院，下议院的构成就反映出其低级和从属地位。贵族的长子通常会在下议院见习，而幼子通常会代表一个家族所控制的选区，一辈子都待在下议院，从而进一步加强其下议院的委托人地位。诺斯勋爵是吉尔福德伯爵（Earl Guildford）的长子，他是上述第一类人的代表；查尔斯·詹姆斯·福克斯是霍兰勋爵（Lord Holland）的幼子，是上述第二类人的代表（至少在他议会生涯的开始阶段是这样）。往往代表他们自己当地选民的准男爵和乡绅在田亩、财富和声望方面一般都不及贵族，虽然他们倾向于支持当时的政府，但他们是否支持并无绝对的保证。贵族之子与男爵们和乡绅共同占据了下议院的大多数席位，因此，就像上议院一样，下议院占绝对主导地位的就是被称为“土地利益者”的这些人；甚至在上下两院在重大问题上发生冲突时，这些财产和家庭的利益关系仍然非常重要，19 世纪 30—90 年代之间发生的几次事件中都体现出了这种重要性。议员中还包括富有的伦敦商人、银行家和金融家（如巴林家族）、西印度群岛的种植园主和所谓的“印度土豪”，即那些在印度发了财的人（小皮特的祖父就是这种人），他们回到家乡购买地产，然后回归议会。在 550 名议员（在与爱尔兰签订联合法案以后上升到 650 人）中，绝大多数代表英格兰选区，只有总共不到 50 人的极少数人，代表威尔士和苏格兰。这本来可能是不列颠下议院的构成情况，后来却变成了整个联合王国的立法机构，但其成员的分布还是绝对以英格兰为重。

综上所述，法院、内阁、上议院和下议院共同组成了一个代表几千个家庭的结合紧密的小寡头政府，作为这个统治精英集团的成员，辉格党人和托利党人可能在政治上存在很多不相容之处，但至少在社会层面上他们也同样存在很多共同点。因此，小皮特执掌的政体与现代民主政体在任何方面都没有相似之处：土地利益者在政府和立法机构中占主导地位，而选民的规模及其对下议院的构成和审议能力的影响则明显有限。按照《七年法》(Septennial Act）的规定，没必要频繁举行大选，每 7 年举行一次就可以（18 世纪和 19 世纪都在执行这条法律规定)，这个 1716 年 5 月通过的法案目的是帮助确保汉诺威王朝的继承权以及巩固辉格党的优势地位。此外，许多选区并不存在竞争，因为他们实际上是由控制选区的地主事先决定的。尤其在自治城镇更是如此，在某些郡县也一样，其中占主导地位的家族经常事先达成协议，按照党派划分代表权，以避免不必要的竞争成本。许多自治城镇的选民数量不超过个位数，最声名狼藉的要数位于威尔特郡索尔兹伯里附近的老塞勒姆。威尔士和苏格兰的代表权受到限制且充满腐败，臭名昭著。包括约克郡和伦敦城在内，几乎没有什么选区是真正公开或自由的。联合王国的选民总数只有几十万人，大多数男性没有投票权，也没有女性选民，只不过当时并没有法规正式禁止她们参与选举过程。只有 5% 的成年人拥有参政权，这个数字可能比 17 世纪末和 18 世纪初还要低。因此，联合王国的绝大多数人没有亲自直接参与选择统治他们的人。

造成这种情况的部分原因是大多数席位的选票与财产紧密相连，因为所有享有帮助选择议会议员和间接选择政府这种特权的人都应该以某种既定的物质利益形式真正与国家息息相关；但还有一个附加条件是要尊崇既有的国教。威尔士人和爱尔兰人只有通过某些对国教的宗教尊崇测试，才有可能在英格兰参与公共生活。在所有这三个国家中，只有英国国教、新教和（非英国）圣公会教会是法律允许并得到国家支持的：因此，乔治三世才宣称，作为教会的最高领袖，他必须坚守新教，这是他的加冕誓言所要求的；因此，才会出现英国教会、威尔士和（1800 年后的）爱尔兰教会的某些主教会堂而皇之地坐在上议院的席位上的情况。在这三个国家中，天主教徒不能在威斯敏斯特议会两院任职，也不能担任高级公职，即使他们的地位与（罗马天主教的）诺福克公爵（Duke of Norfolk）一样显赫也不可以，这在长老会是正统教会的苏格兰也一样；而在英格兰，按照 17 世纪末的法律规定，新教异见者只有在他们偶尔和公开地表示愿意尊崇英国国教的教义和礼拜仪式时才能参与公共生活。这也意味着，既有的正统教会是联合王国世俗权力体系的重要支持者：宣布新君主为国家元首的加冕典礼就是一种宗教圣礼；在 18 世纪 90 年代那些动乱时期，英国国教的牧师担任治安法官（Justices of the Peace）的人数大幅度增加。像托马斯·潘恩等激进人士在抨击这个正统教会的同时，也是在攻击英国政府，对此他们自己也心知肚明。

因此，19 世纪初的联合王国是一个进一步得到了国家教会支持的君主国、寡头政府，是一个具有高度局限性的政体，但相对于法国革命军开始席卷欧洲之前的、遍布欧洲各国的那些僵化的政体来说，它也是一个更加开放和灵活的社会。首先，它有一定的社会流动性，在汉诺威王朝时期的英国，很多人的社会地位有所提升，引起了同时代人的关注和赞许。贝德福德和德文希尔等大公爵家族可能以为他们的统治乃是世袭的权利；但即使是他们，也是出身卑微，其崛起也不过几代而已。霍尔家族（the Hoares）等银行家族以及皮尔家族等企业家族，也是依靠土地起家，经营企业是经营土地之余的事情。小皮特并不是唯一一个家庭出身相对较低的人：在他之后继任首相的人当中，亨利・阿丁顿 (Henry Addington) 就出身于小乡绅家庭，父亲是一个医生；还有乔治・坎宁（George Canning），他的母亲是一个演员。能够帮助类似这样有才干的局外人加入统治精英集团的一种办法，就是要引起某个富裕友好的赞助人的注意，赞助人可以让他们成为他的腐败选区的代表进入下议院，托马斯・巴宾顿・麦考利（Thomas Babington Macaulay）和威廉・尤尔特・格莱斯顿（William Ewart Gladstone）年纪轻轻就能当上议员，走的就是这条路线。维护这种英国体制的人也声称，通过这种手段，国内许多不同的行业和选民，如商业、贸易或陆军甚或海军领域，“实际上”都有具备专业知识的人在下议院充当他们的代表，虽然他们很少能直接代表。此外，那种被称为“民意”的模糊事物通过意见箱和民众抗议等形式，偶尔也确实能够对政府和立法的决议产生影响，1733 年［反对《消费税法案》（Excise Bill）］、1757 年（声援老皮特），以及 1784 年（反对福克斯 – 诺斯联合政府）都证明了这一点，而从 1830—1832 年这段由《改革法案》（Reform Bill）引起的旷日持久的政治危机期间发生的几件事又再次予以证明。

因此，虽然联合王国的统治精英们在许多方面都可以算是一个狭隘的阴谋集团，一个内部选人、自我运作的寡头政府，虽然总体上来说它也不需要民众认同其合法性，但也不得不稍微勉强地承认，它不可能完全漠视舆论。此外，就大不列颠而言，基础广泛的新教演变成了更广泛意义上的英国人的民族认同感，虽然不总是这样，但这种民族认同感常常会超越圣公会、长老会和那些被冠以老的持不同政见者［包括贵格会教徒（Quakers）和一位论派（Unitarians）[①] 在内］及新的持不同政见者［尽管卫理公会教徒（Methodist）在 1800 年还没有正式脱离英国教会，却很快就被归类其中］之间的分歧。许多英国人与乔治三世一样从心底里不喜欢信奉教皇制和崇拜偶像的天主教徒，因此也赞同他反对天主教解放运动。詹姆士二世在宗教方面的越轨行为和专制的强烈愿望是英国集体记忆的一部分，而 1688 年的革命则被尊为良性事件，保住了英国真正的宗教。英国在欧洲的两个宿敌，即西班牙和法国，在 18 世纪经常联合在一起对抗英国，在其历史的大部分时间里都实行的是天主教专制，这一点对广受欢迎、根深蒂固的新教起到了强化作用。尽管对他们参与公共事务有着严格的限制，但比较起来许多英国人还是认为自己是新教徒，也因此没有受到教皇的干涉，这会使他们与统治精英和自己的君主之间产生一种同胞之情。但是，虽然

① 指是否认三位一体和基督的神性的基督教派别。

这种共同的新教认同感有助于把大不列颠居民团结起来，但在处理天主教占绝对优势的爱尔兰问题时，也造成了严重的政治困难。19世纪发生的几件事，都证明了面对威斯敏斯特议会的坚决反对，伦敦政府不可能实行意在安抚爱尔兰的那些措施，格莱斯顿提出的两个《自治法案》都宣告流产就是其中最著名的例子。绝大多数议员和贵族都是新教徒，而在 19 世纪的大部分时间里英国民众的意见一直都是反天主教和反爱尔兰的，这些也绝不是巧合。

尽管英格兰、威尔士和苏格兰基于共同的议会和共同的新教信仰，表面上可以宣称他们拥有相同的身份，但这三个国家之间仍然存在着显著的差异，且随着 19 世纪岁月的慢慢流逝，这些差异日益明显。在威尔士，英国化的地主和宗教精英与大多数人民之间产生了明显的分化，后来非国教的新教和自由政治的到来又增强了这种分化。在苏格兰，正统的教会是长老会而不是圣公会，这本身就是一个显著的差异，而其中的一个标志就是英国的君主在改变各个国家的同时也改变了宗教信仰；虽然 1707 年的《联合法案》导致建立了一个单一的泛不列颠贸易区，但苏格兰保留了其独特的教育和司法系统，独立于伦敦政府的管理之外。而 1801 年后的爱尔兰则处于一个既不是完全从属的殖民地，也没有完全融入联合王国的反常地位。都柏林从一个国家的首都、欧洲最大的城市之一降为一个省级边城；但在 19 世纪的发展过程中，贝尔法斯特以及阿尔斯特大部分地区的长老会与圣公会新教徒对联合王国和英国王室的认同感逐渐加强。像苏格兰一样，爱尔兰也是独立自治政府：首席大臣常驻伦敦，位列英国内阁，但保留了代表王权的爱尔兰总督职位，这是英国王室和政府的双重代表，由总部在都柏林城堡的一个准殖民官僚政府给予支持，从实施《联合法案》开始到1829年，这个政府的规模增长了40%。不仅如此，爱尔兰首席大臣近乎位于内阁的最低层，而爱尔兰总督的职位因为没有人愿意担当而经常煞费口舌地做说服工作。整个19世纪，大多数英国政治家对爱尔兰都持失望或鄙视的态度，爱尔兰人与世界其他地方的许多民族一样被视为野蛮人。对这些敌意和不理解，爱尔兰人不可能感觉不到。

在威斯敏斯特的统治精英和民众的集体民族认同观念之间，存在着将他们团结在一起的，或者说在越来越多的情况下无法将他们团结在一起的，由各地方社区以及各种权力和行政组织构成的中间世界。在整个联合王国，与大多数人密切相关的具有重大历史意义的行政单位是由总督管理的郡。总督是代表国王的当地常住贵族，但实际上是由政府任命的。大多数郡政府由贵族和士绅构成，他们定期举行季度会议，制定司法和税率以确保有充分的财力提供必要的服务，如修建道路等。郡也是最强大的地方性效忠单位，以此为基础招募的许多兵团就是明证；直到今天，在许多大教堂里仍然悬挂着他们的各种旗帜。许多由城区构成的城镇和城市都是从郡县分离出来的、由市长、市议员和市政委员会管理的自治政府，可以征税以进行道路养护和提供照明等服务。《济贫法》的施行是教区机构的责任，它们单独征税以维持作为实施该法必要组成部分的济贫院的存在。1800年，无论是不列颠还是爱尔兰都没有警察部队，维护公共秩序要靠地方法官、警员，或者在危急情况下派遣当地民兵。下议院选区和代表组织反映出来的是早期的社会经济状况，同样，许多近期发展起来的城镇和城市，如伯明翰和利兹，都没有与之相适应的地方政府。至于伦敦，它号称拥有100万人口，是西方世界最大的城市，但它的管理机构是一个由各教区委员会、董事会和专员构成的混合体，任何试图实行集中统一治理的行为都会被指责为要实行欧洲大陆的外来专制管理。

人、地位和生产

对于大不列颠和爱尔兰联合王国的社会组织的管理，19 世纪初那些国家和地方的统治精英们并不是完全有信心，也不完全明确或完全具备能力，现在的我们可能比当时的人更清楚这一点。1801 年进行的第一次人口普查显示，英格兰和威尔士的人口接近 900 万，苏格兰的人口近 200 万，而爱尔兰则达到了 500 万（但是这只是估计值，因为爱尔兰在 1821 年之前没有做过人口普查）。自 1750 年起，英格兰、威尔士和苏格兰的人口都分别增加了约 50%，而爱尔兰的人口增长更为迅速，因为 1750 年爱尔兰的人口仅有 200 万。这些数据有助于说明英格兰相对于苏格兰和威尔士的压倒性优势，以及爱尔兰在《联合法案》之后对于在威斯敏斯特议会没有足够的席位所感到的不满，因为相对其人口基数来说，给予的席位应该在之前的 100 位议员的基础上翻一番。自 18 世纪中叶以后，因为出生率一直很高，死亡率却开始下降，所有这 4 个国家的人口都有了显著的，实际上是前所未有的增长。整个不列颠群岛的出生率一直到 19 世纪中叶都依然很高，人口增长进一步加快，这也是大量英国人移民到美国和大英帝国海外殖民地的原因之一。这被视为是安置“多余”人口的重要安全阀，因为到 18 世纪末，人们越来越担忧人口数量惊人的增长会造成食品供不应求的局面。这是由托马斯・马尔萨斯牧师（Reverend Thomas Malthus）在他极具影响力的《人口论》(*Essay on the Principles of Population*) 中提出的悲观结论，该书出版于 1798 年，书中预测如果人口数量持续呈几何级增长，而农业产出却以算术级增长，国家就会出现人口灾难；而这正是 19 世纪 40 年代出现在爱尔兰的真实情况。

位于这个迅速增长的人口数量顶端的是那些拥有土地的强大贵族，他们不仅在白厅（Whitehall）和威斯敏斯特议会及宫廷里是有权有势的人物，而且往往异常富有，同时，在日益成为超国家精英阶层的过程中，其拥有的土地面积也在扩大，在这 4 个从 1800 年开始成为联合王国组成部分的国家中，他们在其中几个国家（极个别情况下在所有国家）都拥有土地。像菲茨威廉斯、德文希尔（the Devonshires）和伦敦德里（the Londonderrys）等大家族，不仅在英格兰，在爱尔兰也是大地主，后来影响他们对格莱斯顿提出的《爱尔兰自治法案》产生（敌对）看法的就是这一点。有名无实的比特侯爵（Marquis of Bute）在苏格兰的比特郡以及威尔士格拉摩根郡（Glamorgan）的富煤地区拥有广阔的土地；斯塔福德侯爵在什罗普郡（Shropshire）拥有类似的富矿土地，在苏格兰的萨瑟兰郡（Sutherland）还有 100 万英亩土地，后来他的家族因此而得到了萨瑟兰公爵的称号；而兰斯当侯爵（Marquis of Lansdowne）则从其在英格兰、爱尔兰、苏格兰和威尔士的地产中收取租金获益。对于这些家族来说，他们在全英国的土地兼并与积累是一个渐进的过程，有的是经过了几代人与土地继承人的联姻，但他们也利用了 1707 年苏格兰并入联合王国，以及 1800 年爱尔兰并入联合王国这两次政治整合的便利。这些爵位称号中有许多相对来说都是新近授予的，特别是伦敦德里、比特和斯塔福德等侯爵均属此类，这是对他们土地面积的累积增长以及相应的财富增长的承认。同时，仿照英格兰的嘉德勋章（Order of the Garter）和苏格兰的蓟花勋章（Order of the Thistle），1783 年在爱尔兰设立了圣帕特里克勋章（Order of St Patrick），授予优势集团内那些最有势力的英 – 爱土地所有者，目的是将他们更加紧密地与不列颠王国联系在一起。

19 世纪拉开帷幕之时，大多数贵族都是在拥有世袭头衔的同时，也拥有至少每年一万英镑的土地收入，这大约相当于拥有一万英亩的土地；而像圣文森特（St Vincent）、纳尔逊（Nelson）和惠灵顿（Wellington）等伟大的战时指挥官在被授予爵位之时，议会也会给予他们可观的金钱补贴，使他们能够通过确立自己的地产，保持与他们的名誉爵位相称的尊严。这些人往往在多个郡（或国家）拥有大面积土地及多座乡间大宅，而且在伦敦某个最漂亮的位置，比如梅菲尔（Mayfair）或后来的贝尔格莱维亚（Belgravia）等上流住宅区拥有一座房产。这就使他们在议会开会时可以居住在首都，并参加伦敦上流社会的社交活动，也能够生活在乡村并维持当地的社会和政治关系。相比之下，对于那些享有每年 1 000~1 万英镑土地收入，以及相应土地面积的乡绅们来说，他们的资源和社交活动，甚至他们的视野可能就具有极大的局限性。他们更有可能仅局限于在某一个郡县拥有不动产；他们没有从广泛的非农业收入来源中获益，也不太可能拥有伦敦的房产。但像那些地位在他们之上的权贵一样，这些拥有土地的乡绅也属于有闲阶级，他们没打算或没必要工作。他们参与当地的活动，特别是打猎和围猎等活动；他们也有可能会是所在郡县的选区代表。他们中的一些人，像赫里福德郡（Herefordshire）汉普顿宫的阿克赖特（Arkwright）家族一样，是地主阶级相对较新的成员；而另外一些人，像邻近伍斯特郡（Worcestershire）的麦德里斯菲尔德（Madresfield）的利根（Lygon）

家族，却已经是延续几百年的地主了。

这三类往往把拥有土地和经营企业联系在一起的所谓“两栖”中产阶层富人，又逐渐分化出两个层次，其下层的社会地位较低、富裕程度不高，他们住在伦敦的部分地区，英格兰首都以外的城镇地区，苏格兰的爱丁堡和格拉斯哥，爱尔兰的都柏林和贝尔法斯特（威尔士没有同等规模的城市或城镇）。从曼彻斯特和伯明翰等新工业中心，到林肯和诺里奇（Norwich）等传统城镇，许多地方都形成了由银行家、律师、酿酒业者、公证人、神职人员、保险从业者、医生，以及很多从事农业加工和小规模制造的人构成的社会网络。这是简·奥斯汀在《傲慢与偏见》中描写的世界，小说中的贝内特（Bennet）家族战战兢兢于乡绅高贵地位的不保，而伍德豪斯（Woodhouse）家族和费尔法克斯 (Fairfax) 家族与《爱玛》(*Emma*)中的乡绅奈特利（Knightly）先生同属一类人。在诺福克（Norfolk）的乡村与农业地区的现实生活中也有同类人物，包括从事银行业的格尼（Gurney）家族、保险业的比格诺尔德（Bignold）家族，以及酿造业的巴克斯顿（Buxton）家族，而在工业化的伯明翰，同类人物是从事制造业的马修·博尔顿（Matthew Boulton）和詹姆斯·瓦特（James Watt），从事银行业的桑普森·劳埃德（Sampson Lloyd），以及食品加工业的乔治·卡德伯里（George Cadbury）。还有一些靠自身努力自学成才的土木工程师，如约翰·雷尼（John Rennie）和托马斯·特尔福德（Thomas Telford）等，有在牛津、剑桥、格拉斯哥、爱丁堡、阿伯丁、圣安德鲁斯和都柏林等大学城任职的学术研究者，也有汉弗里·戴维（Humphry Davy）、詹姆斯·哈顿（James Hutton）和弗朗西斯·博福特（Francis Beaufort）等科学家和学者。再下一个社会层级包括海关和税收人员、教师、店主、税吏、枪匠、珠宝和帽子制造商；还有那些从事奢侈品贸易、“玩具”贸易和零售业的人员；他们共同组成了一个无疑是到18世纪末逐渐扩大的中产阶层下层。拿破仑轻率地把英国描述为“小店主构成的国家”(且错误地对此表示鄙夷）显然事出有因。

这些不同的职业类别和群体转而又分化出那些被称为“工人阶级”或“下层人士”的社会弱势群体，他们构成了联合王国人口的绝大多数，占比可能高达75%。到18世纪末，这些人所从事的职业五花八门前所未有，而且与同期欧洲的所有地方相比，他们的分工可能也更多样化。他们中的许多人都是农业劳动者：事实上，绝大多数人都受雇于爱尔兰、苏格兰和威尔士（而不是英格兰），长时间在农田里辛苦劳作从事农耕，或在荒凉的山坡上放牧羊群。有些人在捕鱼船队工作，尤其是在北海以及大西洋航行至冰岛、格陵兰岛和纽芬兰岛海岸。有些人是矿工：在西郡（West Country）开采锡矿；在中部和北部，煤的开采量越来越大。有些人在制造业工作，但几乎没有在工厂工作的，因为大多数人都受雇于小型作坊。其他人则受雇于政府直属的单位，如造船、或皇家造币厂，这些单位可能是当时就业人数最多的地方了；或者自愿加入英国陆军或被迫加入皇家海军。这些工作岗位大部分雇用的都是男性，但成千上万的妇女受雇从事家政服务：在贵族的庞大宫殿里，级别稍低的乡绅宅第里，以及中产阶层居住的舒适别墅和排屋里。处于这些男女就业者之下的是那些因为体弱或遭遇不幸而无法工作的人，提供给他们的是保证他们不至于饿死的基本的贫困救济。这种做法源自都铎王朝时期，但在食品价格和失业率居高不下的18世纪90年代，许多《济贫法》的监督者在执行时都根据当地情况做出了许多不同程度的修改。

就财富的分配、权力和地位等方面来说，18 世纪末的联合王国是一个极不平等的社会。其不公平程度可能不如俄罗斯帝国，但必定高于美国（如果像其开国元勋们那样把奴隶和美洲原住民排除在外的话）。在最富有的公爵和最贫困的穷人之间存在着巨大的经济差距，可能实实在在地比我们当今社会存在的差距要大，这意味着随着人们所处的社会阶层的降低，其生存境况也显著恶化。在极少数掌握权力的人，如内阁大臣，贵族，议员或治安法官等，或作为选民被承认为国家政治组成部分的人，与绝大多数没有这种权力或因此不被承认的人之间同样存在巨大的差距。那些在英格兰或威尔士或爱尔兰是国教信徒，以及在国家的公共生活中能够充分发挥作用的英国人，与在法令禁止范围内的那些顽固的持不同政见者或天主教徒之间也存在差距。在性别问题上也存在着一系列的不平等：男性在公共生活中发挥的作用比女性更大，实际上只有男性有投票权；而在婚姻方面，妇女的财产权及各种法定权利由丈夫代行，妻子几乎没有任何权利。另一个不平衡现象的存在是因为尽管所有的英国人在法律面前都应该是平等的，但现实情况却大相径庭，18 世纪的最后 20 年里情况更是如此。因为法律更多的是保护财产（这点对富人更有利），而不是保护人（这点会对穷人更有利）。到 18 世纪的 80 年代和 90 年代，适用于死刑的法律规定大大增加，但更关注财产犯罪而不是针对人的犯罪；尽管有一些中上层阶级的成员曾因欠债而入狱，但被关押的大多是穷人而不是富人。

18 世纪末的联合王国与许多不平等的社会一样，即使面对严重的紧张和压力，也不乏高雅文化的典范之作。乔治三世及其长子几乎无法在任何事上达成一致意见，但他们都是艺术赞助人。乔治三世对温莎城堡进行了装饰美化，而且是一位重要的书籍和天文仪器收藏家；威尔士亲王（Prince of Wales）创立了布莱顿穹顶宫（Brighton Pavilion）非凡的东方盛会，并大规模地扩建了他在伦敦的住所卡尔顿府邸（Carlton House）。在之前一位君主的支持下，大英博物馆于1753年成立，成为世界上第一个此类大型公共机构，而皇家艺术院（the Royal Academy）也在乔治三世的积极鼓励下紧随其后于1768年成立。皇家艺术院早期最杰出的院士就包括约书亚·雷诺兹（Joshua Reynolds）、托马斯·庚斯博罗（Thomas Gainsborough）和约瑟夫·马洛德·威廉·透纳（Joseph Mallord William Turner）[德比的约瑟夫·赖特（Joseph Wright）拒绝当选]。当时还有许多建筑师也同样出类拔萃，其中包括亚当兄弟、威廉·钱伯斯爵士（Sir William Chambers）和约翰·索恩爵士（Sir John Soane）。18世纪初的几十年兴起了两种新的文化活动形式。一个是小说创作，到19世纪初为止最杰出的两位小说作者都是女性：简·奥斯汀和范妮·伯尼（Fanny Burney）。另一个是评论家兼作家，其中塞缪尔·约翰逊（Samuel Johnson）是这方面的先驱，詹姆斯·包斯威尔（James Boswell）写的关于他的传记于1791年出版。当时的许多乡间府邸都是建有图书馆、音乐室、长廊和花园的重要文化中心；而在伦敦、爱丁堡和都柏林（至少在合并之前），以及首都以外的许多城镇和城市，社交生活则变得更加丰富且更有文化气息。以伯明翰为中心的月光社（Lunar Society）就是这方面的代表，其早期成员包括塞缪尔·高尔顿（Samuel Galton）、约瑟夫·普里斯特利（Joseph Priestley）、约西亚·威基伍德（Josiah Wedgwood）、伊拉斯谟·达尔文（Erasmus Darwin）、博尔顿和瓦特，他们定期在满月之日的月光下会晤讨论科学和文化方面的问题。

广泛开展的此类文化活动，往往将文雅和社交与对知识和学问的热切追求结合在一起，无论从社会角度还是从地理角度来说，都表明了欧洲启蒙运动给 18 世纪末的英国带来了多么深远的影响。这一切尤其（但并不完全是）与日益受到宽容和理性、改良和进步等思想和理想吸引的中产阶层稳定而成功的崛起有关。要说明的是，与英格兰相比，苏格兰的此类启蒙现象更为明显，且与那几所古老的大学密切相关（相比之下，牛津和剑桥的学术活动就比较少），与爱丁堡的新古典主义新城镇建设［大部分是罗伯特・亚当（Robert Adam）的作品］密切相关，与大卫・休谟（David Hume）、亚当・斯密（Adam Smith）、约翰・米勒（John Millar）、威廉・罗伯森（William Robertson）及约翰・普莱费尔（John Playfair）等思想家和作家密切相关。对比而言，18 世纪 90 年代的英格兰则代表着对这种共同的启蒙价值观的严重挑战。年轻的杰里米・边沁（Jeremy Bentham）针对近期监狱在押人数增多的现象设计出了一种新型的“环形监狱”(Pan-opticon)，这是一整套对服刑人员的“思想造成强大攻势的新型”监视系统。自然神论者兼自由思想者约瑟夫・普里斯特利认为法国大革命体现了启蒙价值观和理想的最终胜利；而另一方面，约瑟夫・班克斯（Joseph Banks）却认为这场充满暴力和非理性的革命，完全站在了启蒙运动所代表的一切的对立面。

这表明，对于许多英国人来说，18 世纪 90 年代的文化生活和政治生活密不可分，不论是对法国大革命持赞成态度的人还是持反对态度的人都是如此看法。托马斯・潘恩写的《人的权利》(*Rights of Man*）一书是众多激进作品之一，呼吁人们推翻政治不平等，这种不平等存在于英吉利海峡对岸攻占巴士底狱之前的法国，似乎在 18 世纪末的英国社会也同样存在。在 18 世纪 90 年代之初，凯瑟琳・麦考利（Catharine Macaulay）就谴责了波旁王朝、贵族阶级、唯我独尊的当权政府以及政治的不平等，并呼吁发挥“更广泛和平等的选举力量”。苏格兰的辉格党人詹姆斯·麦金托什（James Mackintosh），在他的《法国辩护》（*Vindiciae Gallicae*，1791 年）一书中进一步论述了法国大革命的正当性，他认为，法国政府和社会非常暴虐且满目疮痍，确实迫切需要创立新的制度，这样才有可能使基于理性的新政治形式蓬勃发展。两年后，威廉·戈德温（William Godwin）出版了他的《关于政治正义的探询》（*Enquiry Concerning Political Justice*），他在书中坚持认为人类必然朝着开化和完善的方向进步，而在这一过程中必须废除所有权、君主制和婚姻［但是他却在 1797 年与玛丽·沃斯通克拉夫特（Mary Wollstonecraft）结了婚］。威廉·布莱克（William Blake）用《纯真与经验之歌》（*Songs of Innocence and Experience*，1794 年）以诗歌的形式对在他看来是“桎梏心灵的镣铐”的残暴宗教，以及工业生产中虐待童工等弊端表示了抗议。从 1794—1807 年，潘恩分期发表了他的檄文《理性时代》（*The Age of Reason*），进一步对正统宗教发出了质疑，质疑宗教的非理性教义及其作为国家权力的使女地位，抨击教会腐败，质疑《圣经》的合法性和权威性，认为理性高于神谕。同时，伊拉斯谟·达尔文在其《有机生命的法则》（*Zoonomia*，1794 年）一书中所思考的则是一些无法回答的问题，为自己的孙子查尔斯提出有关进化和自然选择的思想奠定了基础；威廉·华兹华斯（William Wordsworth）和塞缪尔·泰勒·柯勒律治（Samuel Taylor Coleridge）出版了《抒情诗集》（*Lyrical Ballads*，1798 年），其革命性既体现在诗歌本身，也体现在政治方面。

埃德蒙·伯克（Edmund Burke）在其所著的《法国革命论》（*Reflections on the Revolution in France*，1791 年）中以最夸张的

言辞对旧政权的组织根源和传统结构进行了辩护，谴责了对法国国王和王后暴力和毁灭性的处理方式，并哀叹这意味着骑士时代已经消亡，对因此而造成的“欧洲荣耀的永远消失”感到悲哀。而潘恩、麦考利、麦金托什和戈德温等人的这些作品，则都是对他观点的回击。不久之后，英国圣公会牧师威廉·佩利（William Paley）在《满足的理由》（*Reasons for Contentment*，1792 年）一书中，敦促“英国的劳动人民”应该感谢上天给予他们的命运，并接受和感激由来已久的传统社会等级和自己在其中的身份和地位。汉娜·莫尔（Hannah More）在她的《廉价的道德和宗教知识宝库》（*Cheap Repository of Moral and Religious Tracts*）中也表达了基本相同的观点，这本书从 1795—1810 年印刷量达到几百万册，提倡的是纯洁、约束、顺从、礼仪和爱国主义等精神，尤其对工人阶级来说和那些没有工作的人来说更要如此。威廉·威尔伯福斯（William Wilberforce）的《关于知名基督徒的普遍宗教体系实用观点》（*Practical View of the Prevailing Religious System of Professed Christians*，1797 年）一书也持相同观点，他在书中谴责了大多数英国人有名无实的虔诚，讲述了他自己寻得耶稣基督的精神之旅，并号召人们把自己的生活重心放在耶稣身上，这样才有可能恢复和加强社会的精神基础。两年前，威尔伯福斯曾支持小皮特中止人身保护令，他还与莫尔一样坚决支持正统教会与国王的统治。两人都很重视维护英国社会的精神和道德基础，反对他们所认为的来自法国的那些颠覆性的、有毒害性的无神论信条。

在 18 世纪 90 年代充满困扰和创伤的 10 年里，对于英国社会究竟是一个不平等和没有变化的传统有机体，还是一个令人压抑沮丧、不满且处于革命边缘的社会，当时的人一直无法达成一致看法。这反过来则意味着，对于联合王国的社会结构，人们也没有一致的看法。对于伯克、莫尔和威尔伯福斯等保守派来说，它是不同层级的人群之间相互紧密联系的阶级社会，往上是国王和最显赫的顶层人物，中间是许多相互融合的社会阶层和职业层级，往下是那些在底部徘徊的贫困人群。因此，不列颠是一个历史悠久、具有地域性以及有机演化的、神圣的传统社会，需要保护以防那些受到错误思想引导的革命者对其进行破坏。对其社会结构持第二类观点的人分为三种：一是那些享有租金收入、不劳而获的地主；二是从其职业酬劳或生意利润中赚取收入的中产阶层；三是那些以工资谋生的下层民众。这种社会观及其分析，通过亚当·斯密所著的《国富论》(*The Wealth of Nations*，1776 年）得到了广泛支持，特别是受到了那些“中产人士”的欢迎，这些人从 18 世纪 90 年代开始越来越强烈地希望在英国的政治和社会中发挥更充分的作用。关于英国社会结构的第三类观点更多地受到了潘恩、戈德温、沃斯通克拉夫特及其激进的支持者的欢迎，他们认为在这个社会中，拥有权力和财产的人与没有权力和财产的人之间存在着深深的鸿沟，分化严重，他们希望通过革命的力量推翻这个不公平的制度。这些观点中没有一个是完全准确的。但贯穿整个 19 世纪，所有这三个观点都有其强大的市场。实际上，贯穿 20 世纪一直持续到我们自己的这个时代也是如此。

以上就是对英国社会秩序的通俗解释。但是，随着时间从 18 世纪步入 19 世纪，联合王国的统治精英们对他们所统治的、并为其立法的国家真正了解多少呢？答案是：他们比其前辈们了解得多，但了解的程度还不像现在的政府那么深。格雷戈里·金（Gregory King）和约瑟夫·马西（Joseph Massie）等人曾试图对英国人口的规模进行计算并对其社会结构的性质进行描述，但他们的研究都是基于大量的猜测，且往往局限于英格兰范围内。1801 年进行了第一次人口普查，但不包括爱尔兰，而且充满了不准确之处。因此，当马尔萨斯在 1798 年发表他的《人口论》之时，没有人能确定联合王国的人口是（像他所坚持的那样）在增长，还是在下降或没有变化，也没人能确定这四个国家的人口模式和发展趋势是否存在不同。关于土地所有权的分布情况、人们收入的数额和来源、具体某个城镇、城市和郡县的人口数量，都没有可靠的统计数字。越来越多的人提到了“中产阶层”的重要性，但是没有人知道他们的数量，或者他们的价值何在。18 世纪 90 年代和 19 世纪初，人们普遍对贫困现象存在担忧，但同样也没有这方面的全国统计数据，因为各地方政府在许多方面都独立于威斯敏斯特议会和白厅政府各自为政。凡是系统性的信息采集，都是由个人进行的，最著名的是约翰·辛克莱爵士（Sir John Sinclair），他在 1791—1799 年建立了 21 卷的《苏格兰统计报表》(*Statistical Account of Scotland*)。但直到 19 世纪 30 年代和 40 年代政府才开始系统地采集关于联合王国情况的信息，而即使那时候也有许多统计数据是带有偏见且极为主观的。

反过来，这又意味着，小皮特和他那一代人无法预知他们正经历着以“农业革命”和“工业革命”为名的那些转变的早期阶段，回头来看，这些名称的使用具有误导性却令人难忘。到 18 世纪中叶，英格兰已经非同寻常，因为尽管农业劳动力占比最大，但服务业也已经非常发达，生活在城镇和城市的人口比例比欧洲其他所有地方都高。这就解释了为什么伦敦能够获得巨大发展而成为一个金融和服务中心、制造业中心及重要港口，而这意味着到《联合法案》通过之时伦敦已经成为欧洲（也许是世界上）最大的城市。自18 世纪 70 年代中期以后经济变革的步伐开始加快：公共用地的圈地速度加快，耕种面积增加，农业产量和生产力也得以提高；新的道路和纵横全国的运河网建立起来；采煤的技术和产能得以改进和提高；纺织和钢铁行业出现了一系列的技术创新；许多新的国家银行成立，金融基础设施得以扩建。但绝不能夸大这些方面的发展。如同人口的同步增长一样，这些发展都是演变的过程而不是革命性事件。可以肯定的是，农业变革在英格兰很普遍，而苏格兰也很快经历了具有自身特色的、以“高地驱逐”为形式的更具破坏性和争议性的农业变革。但威尔士和爱尔兰则没有发生明显的变化，不列颠的大部分地区和几乎整个爱尔兰都没有受到其他地方出现的工业和机械化生产等发展的影响。此外，到 18 世纪 90 年代为止，经济前景似乎还远没有那么令人向往：周期性波动越来越明显，失业率居高不下，食品价格飞涨，有些人认为人口增长正在失控，而且与法国之间将再次发生一场代价高昂的战争。

所以，1800 年大不列颠和爱尔兰的合并没达到充分和彻底的情况下，就不可能有人能预见到在接下来的这个世纪里英国会成为世界上最先进和最成功的工业经济体（当然也有例外情况），而爱尔兰会成为欧洲最失败、经济最停滞不前的经济体（尽管也有例外情况）。在不列颠，但几乎不包括爱尔兰的任何地方，对能源的依赖逐渐从有机形式（风力和马力）转变为无机形式（化石燃料，尤其是煤炭），形成了似乎不可逆转的根本转变；而到 19 世纪中叶，铁的制造方式和棉花的生产方式的早期变革预示着即将迎来一个以机械化的作坊与工厂为基础的经济发展形势，尽管这种发展是迂回曲折的，充满不确定性的，且只是出现在某些特定的地区。这就是到 19 世纪 50 年代将在不列颠群岛的部分地区，但绝不是全部地区，完成的非同一般的经济变革，而这些变革在 18 世纪 80 年代到 90 年代就已初露端倪。虽然当时的人并未意识到这一点，但这使得联合王国在最近的对法战争中取得了短期的决定性优势，而从长远来看，则促使它成为世界上最耀眼的经济强国。如此一来，英国就成了遥遥领先于其欧洲邻国和竞争对手的国家，也遥遥领先于那些亚洲强国，比如中国，它的成功和富饶程度在 18 世纪 70 年代中期之前很可能一直与欧洲最先进的经济体不相上下。事实上，英国成功地成了第一个工业国家，成为世界上首屈一指的金融强国。毫不夸张地说，正是这两者的结合，使英国到 19 世纪中叶时取得了全球的霸主地位。

然而，尽管 19 世纪初这些权力和繁荣的广阔前景即将展开，但在成立不久的大不列颠和爱尔兰联合王国，大多数人都生活在艰难的挣扎之中。大多数人的寿命都不到 40 岁，其中许多母亲是因分娩而身故；消毒剂、抗生素和麻醉剂还不存在；而勉强活到老年的人，也没有养老金或任何形式的社会保障。许多人既不会读，也不会写，他们的正规教育仅限于在当地教会学校待了几年，他们对自己所处时代的那种生气勃勃的高雅文化了解甚微。因为夫妻一方英年早逝，大多数婚姻都很短暂，由此带来的不易察觉的结果可能是人们不会轻易离婚，而后来随着夫妻双方寿命的延长，离婚则变得更轻率了。即使是最豪华、设施最好的房屋也一样不暖和、密封性很差，蜡烛是唯一的人工光源，几乎没有热水供应；而在社会最底层，住房拥挤、寒冷、阴暗、潮湿，几乎无法过冬。城镇和城市污染严重：烟雾弥漫，污水横流，到处是动物的排泄物，这意味着恶臭和肮脏就是城市生活的组成部分，对富人和那些特权阶层如此，对于那些没钱没权的人更是如此。这是个政府管理（小皮特和他的继任者为防止颠覆而雇用的那些总体上不可靠的告密者除外）还非常不到位的国家，没有用以维持秩序的警察部队，政府还没有义务将其所拥有的资源用来帮助那些无法自助的人。尽管在某些地区人们对 19 世纪初的联合王国确实还存在着这样或那样错误的怀旧心理，但我们还是应该高兴把那个世界远远地甩在了身后。

联合王国与德意志北部皇室诸邦之间的这种联系也因为共同的新教信仰得到了进一步的加强，而这一信仰对于 19 世纪 30—50 年代英国王室的婚姻具有特殊的意义。但是，英国与欧洲大陆的联系也超越了宗教、政治和国际竞争，因为尽管有 1789 年革命及其带来的血腥岁月，但从某些方面来看，最密切的文化联系却存在于英国与法国之间。在某些方面，英国的新教徒（而非爱尔兰天主教徒）认为自己比法国天主教徒优越并与其水火不容，但在其他方面，这两个国家及其两种文化之间的关系却是亲密多于对抗。在地理上，法国是欧洲大陆上与英国位置最近的国家，在和平时期（有时甚至是在战时），巴黎是英国人最常访问和赞赏的欧洲都城。无论是出于外交还是其他目的，受过正规教育的英国人都说法语，而英国的体制则受到了孟德斯鸠（Montesquieu）和伏尔泰（Voltaire）等法国哲学家的极高赞赏。对于非常希望了解欧洲文化的英国上流社会来说，法国毫无疑问是他们首选的目的地；但还有一个与英国贵族有着紧密文化联系的目的地，那就是欧洲大陆的第二大天主教地区意大利。18 世纪时，英国上流社会的年轻人很看重去意大利王国和城邦的旅行，他们会在那里学习古罗马的经典文化，以及中世纪晚期和现代早期文艺复兴的惊人成就。因此，英国许多的乡村宅第都装饰着古罗马雕塑（或其仿制品)，而吉本则是因为看到了古罗马的议事广场遗址受到启发后写就了他史诗般的《罗马帝国衰亡史》。纵观整个 19 世纪，无论外交压力多么大，局势多么紧张，联合王国与德国、法国和意大利之间的这些文化联系始终很紧密：事实上，对于像帕默斯顿（Palmerston）和格莱斯顿等受过良好教育的人来说，这种“欧洲意识”就是他们心理框架的重要组成部分。

世界上还有另外一个与联合王国始终保持着紧密文化联系的地区，那就是北美洲，尽管英国在那里刚刚丧失了 13 个殖民地。在接下来的 100 年里，它与新成立的美国联邦之间的官方关系始终很冷淡，偶尔还会发生冲突，但在其他很多方面两国之间仍然保持着很紧密的联系。美国体制是英国体制的一个简洁版本，用总统替代了君主，并实现了立法、行政和司法之间的权力分立，这种模仿和改写是对英国最诚挚的恭维。联合王国和美国联邦还拥有共同的语言和由此带来的文化传承，法国和西班牙这两个美国的故交，虽然曾是其独立战争中的盟友，但在这一点上却无法相比。1783 年实现了和平以后，联合王国和美国联邦之间很快建立了正常且日益亲密的外交关系，以至于到 19 世纪初，不论在美国还是在英国，乔治三世都几乎一样受到人们的欢迎。他不再被视为企图颠覆美国殖民地人民自由的暴君，而是逐渐被人们视为一个体面、可敬、笃信基督教的绅士。这反过来又意味着，尽管两国最初因为血腥和激烈的分歧而各行其道，但美国很快就重新确立了自己的地位，成为对那些想离开英国，尤其是想离开苏格兰和爱尔兰的移民来说最有吸引力的目的地，最热情好客的地方。从 18 世纪 90 年代到 19 世纪初，成千上万的移民就像 1776 年之前他们的前辈所做的那样，又一次跨越大西洋朝彼岸进发。与此同时，美国殖民地虽然举行了反叛行动，但沃尔夫（Wolfe）将军在“七年战争”（Seven Years War）期间从法国人手里夺来的加拿大，却仍然效忠于英国的王室和政府，并成为此后英国人（尤其是苏格兰人）向西进入新大陆寻求新生活的一个优选目的地。

联合王国与欧洲之间，以及联合王国与北美洲之间交替出现的文化和人际联系对它们本身来说具有重要意义（且随着 19 世纪的到来而变得更加重要）；但将这些北半球国家和地区联系在一起的还有其他一些重要的纽带。因为英国四面环海，这不仅有助于防止外国入侵，还可以通过英吉利海峡、北海和大西洋与其他贸易伙伴联系起来。到 18 世纪末，英国已成为世界上最重要的贸易国家，不仅在和平时期，有时在战时也是如此。尽管英法之间的仇恨长达几百年之久，最近还愈演愈烈，但英国却从旧政权下的法国购买奢侈品，反过来也向法国出口廉价的产品；与德意志之间的贸易不仅限于商品，还有文化和观念；同时英国也从美国进口原材料（尤其是棉花）并日益扩大对美国出口制成品。这反过来也解释了为什么 18 世纪的伦敦能够成为如此巨大的港口，并逐渐变成为全球大部分贸易服务的金融中心的原因。但是，后来，即 19 世纪的大部分时间里，英国的目光仍集中在北半球。相比之下，与拉丁美洲的西班牙帝国和葡萄牙帝国、奥斯曼帝国、俄罗斯帝国以及中国都几乎没有任何贸易，它们都不欢迎英国商人或英国货。1793 年，当马戛尔尼勋爵（Lord Macartney）带领的命运多舛的英国远征队伍抵达北京时，中国皇帝对他进献的工业品显然很不感兴趣，虽然英国当时正在超越中国成为一个经济大国，但英国商人真正打开这个远东市场将是几十年以后的事情。

尽管英国大部分的海外贸易都是在欧洲大陆和北美洲之间进

行的，但在 18 世纪末，世界上还有另外两个地区与它保持着密切的商业往来。一个是西印度群岛，另外一个是印度，英国失去了 13 个美国殖民地之后，这两个地区变得更加重要：加勒比海的这个地区只是短期内，而在南亚印度则时间比较长。英国与西印度群岛主要进行的是两类在当时被视为商品的糖和奴隶贸易，而这两者之间的关系密不可分。在非洲西海岸抓捕和“收购”奴隶以后，以极为残暴和骇人听闻的残忍方式运到加勒比海地区的甘蔗种植园劳动；运送奴隶的那些船只随后将蔗糖运回英国以满足其国内对蔗糖不断增长的需求，然后通常是空船去往西非开始他们新一轮的这种三角贸易航行。在加勒比海地区和拉丁美洲都实行帝国统治的其他西方国家，如法国、西班牙和葡萄牙，也参与了奴隶贸易；但英国人贩运奴隶的数量比它们都多，人数超过 300 万，它们在西印度群岛也占有更多的岛屿数量，其中包括牙买加、巴巴多斯、特立尼达、尼维斯岛、圣基茨岛和圣露西亚岛，这些岛屿在 18 世纪的大部分时间里都是英帝国在海外最有价值的组成部分。一些英国人移民到加勒比海地区因为种植园而大发其财，而在联合王国国内的很多人和地区也因此变得非常富有。利物浦的格莱斯顿等从事贸易的家族通过贩卖奴隶大赚其钱，约克郡哈伍德庄园（Harewood House）的拉塞尔（Lascelle）等地主家族也是如此；同时，西面的布里斯托尔，利物浦和格拉斯哥等港口，也分别因为大力参与这个三角贸易而变得非常富有。由于上流社会相互之间存在的这诸多联系，在奴隶贸易最赚钱、英属西印度群岛的蔗糖生产最鼎盛的时期，奴隶主和奴隶贩子在议会形成了一个强大的游说集团。

当时的人们不可能知道，截至爱尔兰的《联合法案》通过之时，西印度群岛已经从其经济发展的顶峰衰败下来，而 19 世纪的大部分时间里，加勒比殖民地成了大英帝国中最萧条、最不受重视的地方之一。不仅如此，到 18 世纪末，一个最终更有利可图、非比寻常的帝国贸易投机地已经初露曙光，这就是印度次大陆。失去了美洲殖民地之后，从 19 世纪初至 50 年代联合王国把这里看作是帝国头等重要和关注之地。就像之前加勒比地区的情况一样，伊丽莎白女王在其在位的最后几年时间里给东印度公司颁发了王室特许证以后，英国与南亚之间就开始变成了商业投机关系。到 18 世纪中叶，英国已经在加尔各答、孟买、马德拉斯等地建立了主要贸易站，东印度公司垄断了出口英国制成品到印度以换取大量原棉供应的权利。但东印度公司并不是唯一一个与南亚进行贸易的此类欧洲企业：法国也是不容小觑的存在，贸易竞争很快演变为军事竞争，到七年战争期间罗伯特·克莱夫（Robert Clive）通过 1757 年的普拉西战役（Battle of Plassey）战胜孟加拉的纳瓦布（Nawab of Bengal），这位法国人在当地的主要盟友时达到顶峰。从此以后，东印度公司逐渐地参与到印度、特别是孟加拉的政治事务中，看起来至高无上的莫卧儿帝国皇帝（Mughal Emperor）不再对孟加拉拥有统治权，而由英国人取而代之。英国人不仅是商人和士兵，还是收税者和管理者。然而，该公司的那些员工根本没有受过执政训练，他们中的许多人也非常腐败，通过非法的私下交易积累了大量财富。

这种局面越来越令人不满。英国政府施行了两项重要立法，目的是使东印度公司在某种程度上处于官方控制之下。第一个是 1773 年通过的诺德勋爵调节法案。这个法案确立了孟加拉总督为最高权威和事实上的英国驻印度总督，其权力在马德拉斯以及孟买总督之上。该法案还禁止私下贸易，并在印度建立了一个由英国法官组成的最高法院。11 年后，皮特又通过了第二个法案，旨在进一步加强政府的监管。该法案设立了一个管理委员会，该委员会主席实际上是负责英国在印度的各种事务。这个职位往往由内阁成员担任，亨利·邓达斯、卡斯尔雷勋爵（Lord Castlereagh）和乔治·坎宁等都担任过这一职务。1786 年皮特派康沃利斯到印度，在孟加拉实施了被称为“永久殖民地法案”（the Permanent Settlement）的重要的土地税收改革，并在第三次迈索尔战争（Anglo-Mysore War）中击败了法国扶持的蒂普苏丹（Tipu Sultan）。康沃利斯的职位最终在 1798 年由莫宁顿伯爵（Earl of Mornington）［其后是韦尔斯利侯爵（Marquis Wellesley）］接任，莫宁顿伯爵坚信英国在印度的使命不是为了商业及金钱目的，而是要实行地方管理和帝国统治。为此，他建立了威廉堡学院（Fort William College），培养英国的年轻人学习如何治理印度，他还花了巨资在加尔各答建造了一座宏伟的政府大厦，理由是大英帝国应该在宫殿里而不是商业场所实施对印度的统治。

英帝国在其美国殖民地反叛成功以后，保留下来的部分一共包括英属北美洲地区、加勒比海群岛以及它逐渐加强统治的印度。除这些地区之外还必须加上直布罗陀，西非海岸的一些奴隶贸易据点，南大西洋中部的圣海伦娜岛（拿破仑最终流放之地），以及美洲地峡上面的一个小殖民地。但还有两个新近确立的殖民地，在当时极具边际重要性，也代表了英帝国未来发展的信号和征兆。其中之一是 1788 年在澳大利亚的博特尼湾（Botany Bay）建立的殖民地，即后来在亚瑟·菲利普（Arthur Phillip）船长的指挥下运送英国囚犯的，被称为“第一舰队”的船只到达的地方。澳大利亚是 1770 年詹姆斯·库克（James Cook）船长“发现”的，随着美国殖民地的失去，它似乎成了运送罪犯的另一个合适的目的地。尽管澳大利亚有原住民，英国当局却宣称那里是“无主地”，即土地不属于任何人，这意味着新的移民者可随意占据。在建立了后来称为新南威尔士的桥头堡之后，1803 年英国人又在当时被称为“范迪默（Van Diemen）之地”的地方开始建立第二个殖民地，这是靠近澳大利亚大陆南部的一个岛屿，即后来的塔斯马尼亚（Tasmania）。在博特尼湾登陆的四年以后，逃离美国而在加拿大新斯科舍（Nova Scotia）落脚的大约 1 700 名获得自由的黑人奴隶，起航去往非洲西海岸的塞拉利昂（Sierra Leone）。他们希望移民到英国的殖民地，开始自己的新生活，但前几次的尝试均告失败。18 世纪 90 年代的大部分时间里，一直困扰塞拉利昂的问题是来自加拿大的移民，当地的英国官员，以及另一群来自牙买加的自由黑人三者之间关系紧张。为此发生了大量流血事件，尤其是一些黑人被殖民者与当局之间的流血冲突，但这个殖民地最终还是确立了。

塞拉利昂的情况以一种夸张的方式表明，所有的英国殖民地，无论是在加拿大、加勒比海、非洲还是南亚，都是伦敦以独裁的方式进行统治的，而同时期的欧洲各帝国对其殖民地的统治也是如此。英国派驻在每个殖民地的总督，对所在殖民地都拥有完全的绝对领导权，无论黑人还是白人，移民或原住民，任何人都没有投票权。因此，18 世纪末的大英帝国无疑比英国本国政府更专制。然而，必须要做三方面重要的说明。首先，许多在美国革命时期支持英国统治的被殖民者已经去了加拿大，他们认为在加拿大会比待在独立后的美国更自由：对这些所谓的“忠于帝国的人”来说，大英帝国是自由之地，而新成立的美国联邦则是令人无法容忍的专制国家。也有越来越多的人要求大英帝国全面废除奴隶制，理由是这种制度违反了上帝的旨意，即在造物主的眼中应该是人人平等。1787年“伦敦废除奴隶贸易委员会”（London Committee for Effecting the Abolition of the Slave Trade）成立，由托马斯·克拉克森（Thomas Clarkson）和威廉·威尔伯福斯领导。两年后，威尔伯福斯提出了第一项废除奴隶贸易的法案。与此同时，出于对印度当地人民利益的关切，同时为了坚决杜绝英国人对他们进行剥削和虐待，伦敦历届政府也在努力对东印度公司开展的事务进行规范。因此才有了对英国驻印度第一位总督，沃伦·黑斯廷斯（Warren Hastings）的弹劾，他是于1788年开始担任此职的，而弹劾的理由是所谓的他对当地人民犯下了“大大小小的种种罪行”以及他令人无法接受的专制行为。经过长达12年的审理之后，最终宣告黑斯廷斯无罪，但在埃德蒙·伯克带领下对他进行的起诉，则有力地证明了大英帝国正在建立起一种责任感，这种责任感形成了后来的托管制度。

这就是当时在失去美洲殖民地之后二十几年的时间里进行了重新组合，巩固、发展和扩张的大英帝国。这个帝国，在受吉本影响的悲观主义者眼中看似正在日益衰败，但对乐观主义者来说却展现了未来进一步向加拿大和印度，或许也包括向澳大利亚和新西兰扩张的前景。这个帝国，是政府的专制和管控模式与自由思想、对当地人民的关心以及日益增长的改革势头相互矛盾、互不协调地共生共存的帝国。这个帝国，是建立在新教信仰基础上的帝国，却与信奉其他派别基督教的人（如法裔加拿大天主教徒）或根本不信基督教的人（如南亚的印度教徒和穆斯林）经常发生摩擦。伦敦的历届政府对帝国的了解远不如他们对自己，其官员的心态就是一种类比思维，例如，他们会把印度土邦统治者比作本国的大贵族和大地主富绅。这个帝国也非常具有不列颠特色，而不只是英格兰帝国。

不论作为统治者还是作为士兵，在印度次大陆工作的英国人中特别突出的是苏格兰移民；而小皮特的同僚亨利·邓达斯本人就来自北疆，他在做控制委员会主席（President of the Board of Control）的那些年（1793—1801年）里，为了推行所谓的“印度的苏格兰化”毫不留情，并为此而备受敬仰（或指责）。同样说明问题的是，从《联合法案》实施以后，爱尔兰人不但对自己半殖民地的从属地位表示愤懑，而且在出任加拿大和印度的殖民地总督时，在作为移民（尤其是去澳大利亚）以及“英国陆军”（在他们看来，这个词显然具有误导性）中的官兵时，他们的地位与他们对大英帝国的贡献都不相称。

因此，18世纪末的联合王国是一个拥有分散无序且不稳定的海外帝国的、复杂而激烈动荡的国家。随着1793年2月大革命的法国对英国及其帝国宣战，联合王国又卷入了另一场世界冲突。这场冲突的战场是在欧洲大陆上，在公海上，并进一步深入延伸至其他地区，时间长达20多年，只在1802—1803年间有极为短暂的停战。此时距英国在美国独立战争中灰溜溜的败绩还不到10年时间，这10年时间虽然对小皮特来说已经足以在某种程度上修复国民的士气和公共财政的损失，但这次战争却无法调动英国执政圈子中任何人的积极性，不仅仅是因为对现行统治来说，与1776年那13个殖民地的领袖在《独立宣言》中宣布的思想意识相比，它所具有的颠覆性和革命性的思想意识更令人忧心忡忡。皮特希望采取与他父亲在七年战争中大获成功的相同的政策来赢得这场新的英法冲突，即英国将资助其欧洲盟友在欧洲大陆上遏制法国，而皇家海军将在公海击败法国并肃清其殖民地。因此，1793—1814年，经过英国政府费尽心力的反复召集，不同国家陆续加入，最终达成了7个国家的联盟。但正如这个数字所暗示的，这项政策在皮特生前并没有取得成功，在他身后几年也没有成功。早期的联盟未能在大陆上遏制法国，更不用说打败法国了，尽管皇家海军成功地阻止了敌人的入侵，但这次扫荡法国殖民地的行动更加困难。不仅如此，皮特的内阁同僚还迫使他同意让英国军队参与大陆上的军事行动，但这个致命的战略妥协并没有奏效。

然而，在对法战争刚开始的时候，即在皮特于 1792 年中期组成并资助的、主要由奥地利和普鲁士构成的“第一联盟”之时，他很自信地认为这场战争会很快结束。最初似乎存在乐观的理由，因为法国对荷兰的进攻遭到失败，在法国旺代（Vendée）发生了保王党叛乱，在法国最大的海军基地土伦（Toulon）发生了倒戈。但盟军未能利用好这个大好的军事和政治形势；法国开始实施“全民皆兵”政策，把法国变成了当时世界上前所未有的具有最佳战斗力的国家；拿破仑发挥出了将军的非凡才能，有一段时间他似乎是所向披靡、绝对无敌（连续打赢了头 12 场战役）。结果是，到 1797 年的春天为止，荷兰人、普鲁士人、奥地利人均被击败，“第一联盟”走到了尽头，英国在欧洲大陆失去了盟友，并被赶出了地中海。可以肯定的是，海军在对法战争中取得了几次胜利：1794 年在阿申特岛（Ushant）的“光荣的六月一日海战”，1797 年 2 月在佛得角的圣文森特之役；英国占领了科西嘉岛，并在荷兰被法国攻占之时，从荷兰人手中获得了开普殖民地、马六甲和锡兰。但这些只能聊以安慰：1797 年年初之后的 18 个月里，法国在欧洲节节胜利，而英国似乎身处战败的边缘。英国国内面临着被颠覆的窘迫局面，爱尔兰暴动一触即发，法国正在计划入侵英国，海军发生兵变，出现了迫使英国央行暂停现金支付业务的重大金融危机。面对失去盟友、爱尔兰叛乱和国内潜在的革命动乱、海军不可靠以及国家破产似乎迫在眉睫的局面，皮特只能选择承认失败，在 1798 年提出了和解。但法国的好战派却因胜利而得意扬扬，对他提出的妥协条件不满意，所以并没有停战。

接下来的战争阶段无论是在海上还是陆地上，在许多方面都是之前战争的重现。1798 年皮特艰难地组成了包括普鲁士、奥地利和俄国在内的“第二联盟”，以求在大陆上对抗法国，而这逐渐却意味着对抗拿破仑。这些国家的军队得到的资助在很大程度上来源于皮特新实施的所得税收入。同时，英国重新进入地中海，进一步取得了几次海战的胜利：在坎珀当（Camperdown）打败了荷兰人（1797 年 10 月），在尼罗河打败了法国（1798 年 8 月）；在韦尔斯利的敦促下，他们在印度的第四次迈索尔战争（1799 年 5 月）中击败并杀死了蒂普苏丹，并占领了马耳他（1800 年 9 月）。这些海战和占领殖民地方面所取得的成功，生动地说明了这是一场帝国战争，至少也是一场国家间的战争，但是，这些成功却无法抵消“第二联盟”在陆地上遭受的一连串败绩。乔治三世的儿子约克公爵未能在荷兰取得胜利，英国人在欧洲大陆的其他战事也同样遭遇失利。与此同时，在埃及陆地上赢得了胜利却在海上遭受败绩的拿破仑，于 1799 年 8 月返回巴黎，并于 12 月宣布成为“第一执政官”，完全控制了政府。在权力得到保障的情况下，他迅速而果断地采取行动，准备彻底摧毁第二联盟的军队，并在马伦戈战役（Battle of Marengo）中取得了惊人的成功（1800 年 6 月）。奥地利因此退出了第二联盟，俄国也随即效仿，英国在欧洲大陆上再次失去了盟友。更糟糕的是，1800 年 12 月，斯堪的纳维亚各国形成了所谓的“武装中立联盟”（League of Armed Neutrality），以防止英国的中立船只搜寻违禁品。从英国的角度来看，更糟糕的则是，这意味着遭受重创的法国舰队会因强大的丹麦舰队的加入而得到加强，而进行沥青、麻和松木等宝贵的航海物品运输供应的波罗的海则对英国皇家海军实行了封锁。

短暂而黯淡的和平时光

1801 年 2 月，小皮特因为在天主教解放问题上与国王意见不合而辞职，此时距离与爱尔兰的联合法案生效刚好一个月时间。因此，他作为战时领袖的声望远远低于他在之前的和平时期担任首相时的声望。他严重低估了始于 1793 年的这场战争所持续的时间和所需的军费，也低估了法国人的智慧和适应能力；高估了俄国、普鲁士、奥地利和荷兰军队对抗及战胜武力强盛的法国集结部队的能力。虽然英国在海上取得了胜利，夺取了法国和荷兰的殖民地，却无法避免天平向败局的倾斜。作为一个“经受了风雨的飞行员”[①]，皮特功成名就，可以就此享受天伦；但由于他的清心寡欲，他不清楚自己接下来要做什么，也不知道怎么做才好。当亨利·阿丁顿在 1801 年 3 月接替他担任首相时，他面临着许多爱尔兰合并后尚未解决的问题以及因战争失败而导致的军事挑战。皮特内阁的一些人认识到了国家面临的国内和国际危机，选择继续在新政府中任职，而皮特本人则选择在外围向阿丁顿提供支持。皮特曾在 1799 年拒绝了拿破仑提出的和平谈判建议，但阿丁顿更愿意进行谈判，他指

① 坎宁在诗歌中对他的评价。

示外交大臣霍克斯伯里勋爵着手开始谈判。尽管英国在海战和夺取殖民地方面取得了胜利，但它的谈判地位仍然很弱，即使把霍雷肖·纳尔逊（Horatio Nelson）在哥本哈根战役中冒险取得的胜利考虑在内也无法改变这一地位。在 1801 年 4 月的这场战役中，纳尔逊摧毁了丹麦舰队，终结了“武装中立联盟”，确保了英国皇家海军继续在波罗的海长驱直入。

1801 年 9 月，协议初步达成。之后不久，阿丁顿派遣当时已经不在爱尔兰任职的康沃利斯去完成与拿破仑的哥哥约瑟夫·波拿巴（Joseph Bonaparte）及其外交部长塔列朗（Talleyrand）之间的谈判。英国新政府要求康沃利斯必须达成最后的协议，在这种强大的压力下，他于 1802 年 3 月底在亚眠签署了一个条约。联合王国在条约中所获得的利益明显劣于法国，将其占领的大部分殖民地还给了法国。好望角和前西印度群岛归还给了荷兰；梅诺卡岛（Minorca）归还给了西班牙；在印度和非洲占领的各军事驻扎地要归还给法国；圣露西亚、多巴哥、马提尼克、圣彼埃尔和密克隆岛等西印度群岛殖民地也要归还给法国；英国政府还同意撤回驻马耳他和埃及的军队。英国只保留了早期从西班牙手中夺取的特立尼达，以及从荷兰手中夺取的锡兰等殖民地。但经过近 10 年毫无意义的战争和旷日持久的国内动荡之后，这种和平局面在英国广受欢迎，当下议院就此条约举行辩论时只有 20 名下议院议员投票反对。然而，目前已经不在政府里任职的皮特的前同僚们，却强烈地感觉英国的让步太多了，尤其是在战争后期阶段，形势已经看似正在变得对英国有利的情况下更无法接受。格伦维尔（Grenville）勋爵和斯宾塞勋爵都谴责这是个耻辱的条约，亨利·邓达斯也在私底下对这个条约表示了反对，而威廉·温德姆（William Windham，皮特的前战争部长）据说对这个他所谓的对国家形成“致命打击”的条约“暴跳如雷”。这并不完全是 1783 年的翻版，但《亚眠条约》也并没有带来胜利与和平。康沃利斯持有同样的疑虑，且对于他被迫接受阿丁顿政府的压力而签署这个条约感到非常不满。但最后他还是服从了指示，因为他也担心“重启令人绝望的血腥战争……会带来毁灭性的后果”。但是，人们却普遍认为“战争的重启”是必然的事情。

第二章

不列颠的复兴，1802—1815 年

旷日持久的英法较量在最后阶段陷入了僵局，这个结果既受人欢迎又令人失望。所有认为这只是暂时休战的人都没能预测到，联合王国在十年多一点儿的时间里会完胜法国，19 世纪的世界会更多地“属于”英国而不是其他任何国家。《亚眠条约》曾乐观地宣称，两国之间存在着“和平、友谊和良好的了解”，而 1802 年的后几个月里，英国人蜂拥至法国访问，反过来也有大批的法国游客到英吉利海峡对面的英国旅游，他们中的许多人都渴望恢复自 18 世纪 90 年代初中断的政治友谊和文化交流。其中到达巴黎的第一个英国人是查尔斯·詹姆斯·福克斯，他想看看大革命后的法国究竟是什么样子，但他与拿破仑的几次会谈都毫无收获，并使他产生了具有重大政治影响的清醒认识。其他访问者包括科学家威廉·赫歇尔（William Herschel），他与天文台的同行进行了会晤；艺术家透纳，他在卢浮宫举行的法国工业产品展览会（*Exposition des produits de l'industrie française*）上画了一整本的素描；还有哲学家、画家兼评论家威廉·哈兹利特（William Hazlitt），他在卢浮宫花三个月的时间研究和临摹了大师们的绘画作品。同时，威廉·华兹华斯和他的妹妹多萝西（Dorothy）一起到了加来（Calais），他

们在那里邂逅了安妮特·瓦隆（Annette Vallon），九年前发生在他们之间的情事，使他有了一个女儿，此时华兹华斯第一次见到女儿卡罗琳。他后来写过一首十四行诗，回忆访问期间与女儿海边散步的情景："这是一个美丽的傍晚，风平浪静，气定神闲。"而在同一时间造访英国的法国游客有蜡塑艺术家玛丽·杜莎（Marie Tussaud），她在伦敦首创和策划了类似于她在巴黎的先锋展览；热气球驾驶者安德烈－雅克·加纳林（André-Jacques Garnerin），他在伦敦进行了表演，也驾驶热气球从伦敦飞行 45 分钟到了科尔切斯特（Colchester）。

这些跨过海峡的英国游客中许多都是相对年轻的人：哈兹利特 24 岁，透纳 27 岁，华兹华斯 32 岁。因此，他们都属于充满渴望和激情的一代人，对在他们才十几岁的时候发生的法国大革命最初都是如此热衷。同一年，亚瑟·韦尔斯利（Arthur Wellesley）只有 33 岁，约克公爵 39 岁，威尔士亲王 42 岁，威廉·皮特 43 岁，纳尔逊勋爵 44 岁，而查尔斯·詹姆斯·福克斯 53 岁。可以肯定的是，尽管乔治三世当时刚过 60 岁，但在很大程度上，19 世纪初的联合王国是年轻人的国家，是年轻人执掌的帝国的核心，并打了一场年轻人的战争。部分原因是，大多数英国人的平均寿命只有四十出头，他们还没达到《圣经》中所称的 70 岁的寿命①就已经离世。活到老年十分难得且绝非寻常。但能够成为年轻人的国家，也是 18 世纪的下半叶新生人口激增的结果，这意味着当时英国年轻人的比例超过以往任何时候，而 19 世纪上半叶，年龄低于

① 《圣经》诗篇中写道："我们一生的年日是七十岁，若是强壮可到八十岁……"

24 岁的人口比例超过 60%。事实上，属于这第一代婴儿潮的人中就包括后来的托利党首相利物浦勋爵（之前的霍克斯伯里勋爵）和乔治·坎宁，他们都出生于 1770 年，以及出生于 1788 年的罗伯特·皮尔爵士；而在辉格党首相之中则包括生于 1779 年的墨尔本勋爵 (Lord Melbourne)，生于 1784 年的帕默斯顿勋爵和生于 1792 年的约翰·罗素勋爵（Lord John Russell）；而领导着一个联合政府的阿伯丁勋爵（Lord Aberdeen）则与帕默斯顿同年。这也意味着，在 19 世纪前三分之二的时间里，领导英国及其帝国的是一些在其非常敏感的年轻时代一直生活在法国大革命及其恐怖的阴影里的人，相对来说，所有这些人在滑铁卢战役发生时年龄还都很小。

现在，联合王国与大革命后的法国之间出现了《亚眠条约》宣称的"和平、友谊和良好的理解"，但是很快就显示出这种用不得已换来的喘息时间非常短暂，因为事实上条约中的某些实质性条款从没有得到尊重或兑现。英国拒绝解除武装，而是保留了 18 万人的"维持和平"的军队；他们也拒绝从联合王国到孟加拉航线的重要中转站马耳他撤军；而刚刚击败蒂普苏丹的韦尔斯利勋爵，也没打算在印度履行这个和平条约。拿破仑则更具挑衅性，完全无视条约的存在，派兵进入了瑞士和意大利北部，入侵了汉诺威（这在乔治三世眼中是一个非常严重的问题），并派遣海军远征队越过大西洋重新获得了对海地革命的控制，并收复了 1801 年西班牙割让给法国的路易斯安那。随着两国再次滑向战争的泥潭，正式恢复敌对行动只是一个时间问题，而那些仍逗留在法国的英国游客则面临着严重的风险：他们有可能在战争开始之前无法脱身回国。英裔爱尔兰作家玛丽亚·埃奇沃思（Maria Edgeworth）在巴黎度过了 1802—1803 年的冬天，然后便不得不匆匆离开，她很幸运在 3 月安全返回多佛。另一个作家范妮·伯尼（Fanny Burney）就没那么幸运了。她在 1803 年 4 月前往巴黎与丈夫亚历山大·达尔布莱伯爵（Comte Alexandre d'Arblay）团聚，但英国为了反击拿破仑越来越咄咄逼人的掠夺和挑衅行为，于 5 月再次向法国宣战。因为重新开战，伯尼无法离去，1815 年战争结束前一直被迫在法国逗留。同样的命运也降临在苏格兰贵族埃尔金勋爵（Lord Elgin）的身上，他被困在从希腊返回英国的旅途之中。他之前刚从希腊（与他的名字永远联系在一起的）帕特农神庙得到了几块大理石，而政府最终于 1816 年从他那里购得了这些大理石并转交给了大英博物馆。

漫长而艰难的全球性冲突

1803 年重新开始的英法之争是两国之间的第七次，也是最激烈的一次冲突。上次两国之间的战争是威廉三世与路易十四的对峙，于 1688 年“光荣革命”后戛然而止。但英国和法国在之前 500 年的时间里大多处于敌对状态：17 世纪初及这 17 世纪 20 年代，交战时间比较短；16 世纪 10 年代到 50 年代交战时间加长；14—15 世纪交战时间更长，处于所谓的“百年战争”之中，其百年战争的冠名引人注意但不正确。实际上这场中世纪晚期的对峙从 1337 年到 1453 年持续了 116 年的时间，却短于从 1689—1815 年那场持续了 126 年的战争。两者的差别还不仅限于此。第一次百年战争实质上是英国王室与法国王室之间的一场王朝斗争；1803—1815 年的冲突则是两个国家及其帝国之间的斗争。百年战争中主要都是英格兰军队与法国军队作战；但 1803—1815 年的战争中，英国军队还招募了苏格兰、爱尔兰和不列颠大陆的士兵，而法国军队则征召了许多被拿破仑征服和收买的欧洲地区的士兵。百年战争在很大程度上仅限于交战双方即英格兰和法国之间，但拿破仑战争则蔓延到了从西班牙至瑞典、葡萄牙至俄国、挪威至那不勒斯等欧洲的大部分地区。百年战争几乎全部在陆地上发动并分出胜负；但1803—1815 年的对峙战场则既有海洋也有陆地，也远远超出了欧洲范围，蔓延至地中海、大西洋、加勒比海、北美洲、非洲南部和南亚地区。事实上，就持续时间、激烈程度和所耗费用而言，拿破仑战争超过了之前所有的英法冲突，而从拿破仑战争以后，两国之间再也没发生过战争，而是始终处于同一条战线。

冲突重启伊始，阿丁顿政府就试图再次采取小皮特曾用来应对大革命时期的法国却遭遇失败的策略去应对拿破仑领导下的法国，即发动并赢得海上战争，征服敌人的帝国前哨，资助那些充当陆地战斗主力的欧洲盟友，并时不时派英国部队登陆偷袭。但在大多数情况下，结果也就是好坏参半，因为在之前的大革命战争中，英国在海洋上拥有控制权，但法国在陆地上占优势，而这个僵局经过了许多年以后才得以打破，英国才占据了决定性的优势。虽然皇家海军的舰只近期有所减少，但战争再次发生时，它的地位还是相对很强。它很快就收回了法国及其同盟所占据的包括圣露西亚和多巴哥在内的加勒比海各岛，并攻占了荷兰占据的圭亚那。与此同时，英国政府说服俄国和奥地利加入了反对拿破仑的“第三联盟”，它们在战场上每投入 10 万人，英国就付给他们 175 万英镑。但法国陆军领导有方，训练有素，经验丰富且机动性极强。1804 年，拿破仑不仅宣布自己为法国皇帝，还下决心入侵和征服英国，并再次在布伦集结了大量陆军兵力。与其前任在 1797 年和 1798 年遇到的情况一样，拿破仑如果要实现这一目标，就需要稳固的海上控制权。可以肯定的是，他已经建立了一支具有相当强大战斗力的法国海军，而西班牙在 1804 年加入拿破仑阵营之后，又进一步加强了他的海军力量。遭受入侵的恐惧又一次在整个联合王国大面积蔓延。但是 1805 年 10 月，纳尔逊在特拉法尔加战役中击败了法国和西班牙的联合舰队，而他自己却在大获全胜之时倒下了。法国入侵的威胁解除了，英国的海上霸权从此全无敌手，而皇家海军则出现了一位永垂不朽的民族英雄，在举行了空前盛大的葬礼仪式后，纳尔逊被葬在了圣保罗大教堂。

当皇家海军在海洋上所向披靡之时，陆上战争却再次遭遇失利，因为第三联盟与前两次联盟一样遭遇了令人感到耻辱的败局。甚至在特拉法尔加战役之前，拿破仑就将其陆军紧急从布伦派到了多瑙河上游，在乌尔姆战役（Battle of Ulm）中歼灭了奥地利军队（1805 年 10 月），然后他迅速调动部队向东行进，在奥斯特里茨战役（the Battle of Austerlitz）中粉碎了奥 – 俄联军（1805 年 12 月）。哈布斯堡皇帝再次被迫求和，这使法国得以兼并意大利北部曾经属于哈布斯堡皇帝的领土。这些惨痛的败绩再次说明了在欧洲支持并维持一个成功的联盟是多么困难，尤其是遇到拿破仑这样的军事天才时，更是只有被其战胜的命运。1806 年，俄国、萨克森（Saxony）和瑞典加入联合王国阵营，并与普鲁士一起组成了“第四联盟”，普鲁士之前没有介入战争，导致前一个联盟的力量遭到了严重的削弱。但拿破仑于 10 月份在耶拿战役（Battle of Jena）中击败了曾经强大的普鲁士军队，并很快占领了柏林。俄国部队进行了更顽强的抵抗，但他们在 1807 年 6 月的弗里德兰战役（Battle of Friedland）中也遭遇惨败。当年的晚些时候经过谈判签订了一系列的《提尔西特条约》，这标志着第四联盟的终结。普鲁士失去了它的大部分土地，变成了法国的一个事实上的依附，俄国同意禁止对英贸易，并最终加入了与法国的联盟。拿破仑已经取得了欧洲大陆的霸主地位，无论是路易十四还是查理曼（Charlemagne）都无法与之匹敌。西班牙、意大利和各低地国家低头屈服，德国南部和西部大部分地区被并入了亲法的莱茵邦联（Confederation of the Rhine），波兰西部变成了同样友好的华沙大公国，建立了新的威斯特伐利亚（Westphalia）王国，拿破仑的弟弟杰罗姆·波拿巴（Jerome Bonaparte）做了国王。神圣罗马帝国被宣布终结。只有葡萄牙和瑞典仍然是联合王国的欧洲盟友。

由于未能成功地发动海上入侵行动，拿破仑决心用其他手段击败这个“小店主国”。1806 年和 1807 年，他多次颁布法令，禁止他统治下的任何国家与英国进行贸易往来。这对联合王国构成了严重的威胁，因为其工业产品严重依赖欧洲的出口市场。与此同时，拿破仑试图囤积波罗的海国家和达尔马提亚（Dalmatia）供应的木材和其他造船资源，并禁止对皇家海军供应这些资源，给英国制造了另一个困难。此外，英国出口收入的减少使伦敦缺少必要的资金，影响其向未来的联盟支付补贴，购买自己远征军的物资，或用于维护皇家海军等。拿破仑此时的目的就是要削弱联合王国的经济、财政和军事力量，一旦再次建起法国舰队，他就能够直接横渡英吉利海峡发动新一轮进攻。英国政府则在 1807 年发布了一系列“枢密令”（Orders in Council），反过来也禁止联合王国或其盟友或任何中立国与拿破仑统治下的法国进行贸易，并授权皇家海军封锁法国与其盟友所有的港口。但有一段时间，拿破仑的策略似乎起到了作用，因为英国对外国贸易的高度依赖使其深受贸易禁令的影响。1808 年，还有后来的 1811—1812 年，由法国及其欧洲盟友和客户发动的这场商业战争对英国的出口贸易造成了严重的影响：工业产品在泰晤士沿岸的仓库堆积如山，其生产者无法找到欧洲市场，而伦敦各码头也堆满了殖民地的农产品，无法再转运出口。同时，联合王国的国债以惊人的速度膨胀，人们担心离国家破产可能不远了，而拿破仑也可能真的会赢得这场经济大战。

可以肯定的是，在特拉法尔加战役之后，皇家海军在海洋上没有遇到任何挑战，这使英国得以进一步征服一系列殖民地。这些殖民地包括 1806 年（再次）占领的好望角；1807 年的库拉索岛（Curacao）和丹麦占据的西印度群岛；1808 年摩鹿加群岛（Molucca）中的几个岛屿；1809 年的卡宴（Cayenne）、法属圭亚那、圣多明各（San Domingo）、塞内加尔和马提尼克；1810 年的瓜德罗普、毛里求斯、安汶岛和班达以及 1811 年的爪哇（Java）。英国人也进一步在南亚取得了多次胜利，总督韦尔斯利勋爵和他的继任者黑斯廷斯侯爵通过发动对马拉塔人的战争占据了大片的领土，企图将南亚次大陆纳入大英帝国，与拿破仑在欧洲大陆建立和巩固起来的广大的法兰西帝国相抗衡。英国取得的最著名的胜利是 1803 年 9 月由韦尔斯利勋爵的弟弟亚瑟·韦尔斯利领导的阿瑟耶之战（Battle of Assaye）。1790—1815 年，东印度公司的战斗部队从 9 万人增加到了 20 万人，一跃成为世界上人数最多的常备军，这既是南亚地区战争大幅升级的原因，也是其结果。英国在欧洲大陆上可能算不上是军事强国，但它在亚洲次大陆上却逐渐成为军事强国，英国军官在那里指挥着由所谓的“印度土兵”（sepoy）组成的大量的印度部队。同时，皇家海军在靠近本土的地区先发制人，成功地对丹麦海军实施了毁灭性的打击。（据说）根据《提尔西特条约》的秘密条款，为了进一步加强拿破仑的舰队力量，丹麦海军要由法国接管。伦敦政府无法接受这种权力的转移，而丹麦人也拒绝把自己的舰船交给英国，于是，在 1807 年夏末，皇家海军在没有宣战的情况下就炮轰哥本哈根，造成了 2 000 名平民死亡，摧毁了很多著名的建筑物，并夺取了 18 艘丹麦舰船。据说连拿破仑都对英国海上力量的这种无情展示深感震惊。

然而，这几次胜利都没能促使英国人在陆地上打败法国人，而在其他战场上，情况也依然没有起色。1807 年秋天，法国军队入侵了葡萄牙。葡萄牙是联合王国仅存的两个盟国之一，也是拿破仑在欧洲大陆对英国实行封锁后，英国货物仍然可以进入欧洲的一条重要通道。此后，法国军队转而向东，并确立了对西班牙这个法国长期盟国的直接控制。到 1808 年的年中，他们占领了马德里，废黜了国王斐迪南七世（King Ferdinand Ⅶ），拿破仑的另一个兄弟约瑟夫·波拿巴被任命为西班牙的新国王。那一年的晚些时候，西班牙发生了反对废黜其君主的叛乱，但法国皇帝迅速而果断地粉碎了此次叛乱。1809 年“第五联盟”建立，因为奥地利非常不明智地试图挽回先前的损失，所以再次与法国翻脸为敌。但哈布斯堡皇帝的军队在 7 月的瓦格拉姆战役（Battle of Wagram）中惨败，于是维也纳方面被迫再次求和，割让更多的领土给法国，并支付了一大笔赔偿金。欧洲大陆的所有地方，只要反对拿破仑的意愿和统治，就会被迅速而有效地解决掉。在奥地利遭受最后一次失败之后，第五联盟彻底崩溃，成为自 1793 年以来欧洲大陆上建立的所有联盟中最短命的一个。而那些耗时费力、无法先发制人的拙劣计划使皇家海军原本唾手可得的胜利也化为乌有。1807—1808 年轰炸并占领布宜诺斯艾利斯的行动就是一个明证，英国军队希望通过这次行动为英国的货物全面打开西班牙在美洲的殖民地市场，但最终却被迫撤退。第二个例证是 1809 年派遣 4 万人的强大远征军去占领位于斯凯尔特河（River Scheldt）河口的瓦尔赫伦岛（Walcheren），目的是占领安特卫普，摧毁在附近停泊的法国舰队，以缓解奥地利的压力。但此次的军队指挥官显然是领导无方，这些目标一个都没有实现，在人员伤亡惨重的情况下铩羽而归。

因此，战略僵局依然没有改变：大不列颠称霸海上，而拿破仑称雄陆地，但双方都无法有效地攻入对方的地盘。然而，现在回首看去，当时形势已经开始朝着有利于英国的方向转变了，因为拿破仑在 1808 年攻占西班牙时，第一次没有取得全面胜利。可以肯定的是，他已经征服了西班牙的军队，但当地的民众已经对他哥哥约瑟夫·波拿巴的统治越来越不抱幻想，不再默默忍受而是采取游击战进行反抗。法国军队可能在战场上所向披靡，但面对这种完全不同的战斗形式，他们却束手无策，这意味着法国 30 多万人的军事力量很快就被困在伊比利亚半岛（Iberian Peninsula）上长期无用武之地。这次西班牙起义也给了英国自 1793 年以来第一次在大陆上站稳脚跟的机会，而在 1808 年 7 月，中将亚瑟·韦尔斯利爵士被派遣带领 9 000 人到葡萄牙对起义者进行援助。当时他已经从印度回国成为议会议员，并担任爱尔兰首席大臣。他一开始在葡萄牙取得的胜利都因为《辛特拉公约》（Convention of Cintra）而没有得到承认，但经过最初的几次耽搁和挫折之后，韦尔斯利最终证明了自己是一位富于想象力、足智多谋的领袖。1809 年他在葡萄牙的波尔图（Oporto）和西班牙的塔拉韦拉（Talavera）都赢得了胜利；一年后，他在托雷斯韦德拉什（Torres Vedras）取得了防御战的辉煌战果；1811 年他在奥诺若的弗恩特斯（Fuentes de Onoro）击败了法国人；1812 年在罗德里戈城（Ciudad Rodrigo）、巴达霍斯（Badajoz）和萨拉曼卡（Salamanca），1813 年在布尔戈斯（Burgos）和维多利亚也都取得了胜利。这些显著的成就给韦尔斯利带来了无尽的荣誉，使他最终成为惠灵顿公爵，并成为这场战争中英国的第二位伟大的英雄。伊比利亚的起义也带来了其他益处：因为在联合王国前几次对法冲突中，西班牙大多是位于敌方阵营。现在他们变成了盟友，这不仅意味着得到安全保障的直布罗陀加强了英国在地中海的地位，还意味着尽管与拿破仑的法令背道而驰，但是西班牙及其在拉丁美洲的殖民地还是对英国出口产品开放了市场。

长期悬而未决的伊比利亚战役被称为拿破仑的“西班牙溃疡”，第一次表明他可能也不是不可战胜人。惠灵顿在比利牛斯山脉西南部对法国军队的一系列胜利本身还不足以打垮这位皇帝，他还继续控制着欧洲的大部分地区。在大陆的主要战场上必须以一支庞大的军队才能打败拿破仑。然而，要实现这一目标，必须成功组建一个反对他的欧洲联盟，但前五个联盟的先例并不令人鼓舞。最后，倒是这位法国皇帝因为自己做出要在 1812 年入侵俄国的错误决定而挑头促成了一个这样的胜利组合。拿破仑率领一支 60 万人的强大军队，对莫斯科发动了进攻，但结果证明这完全是一场灾难：27 万士兵丧命，另有 20 万人被俘，这位皇帝也损失了大量的枪支和马匹而无法得到补给。结果是法国军队的士气遭受了沉重打击，而西班牙、葡萄牙、俄国、瑞典和英国又成功地组建了“第六联盟”，普鲁士和奥地利也于 1813 年加入进来。联合王国再次提供了资金和武器，但这次联盟得以维系没有解体，部分原因是惠灵顿在维多利亚战役中战胜约瑟夫·波拿巴的军队起到了鼓舞作用。后来奥地利、瑞典、普鲁士和俄国组成的联军在 1813 年在莱比锡

(Leipzig) 名副其实的“民族会战”中击败了拿破仑，这场战役的规模超过了惠灵顿部队在伊比利亚半岛进行的所有战役，经过 4 天残酷的战斗，36.5 万联军大胜拿破仑的 20 万军队。这对自大革命以来似乎战无不胜的法国军队来说是一次彻底的溃败。

事实证明拿破仑入侵俄国的决定是致命的错误，他在东线的一系列决定性失利标志着其神话走向终结，这是惠灵顿在西班牙取得的胜利永远也不可能达到的结果。经过莱比锡战役以后，法国军队被赶出了德意志，被迫撤退到莱茵河以西，最终被迫退回到自己的国家。1814 年年初，拿破仑在法国的东北部地区实施了出色的防御战术。但此时他的军队已经元气大伤，士气严重受挫，且新兵比例过高；此时的战争虽然是在法国的土地上展开，但是民众对这位皇帝的支持也开始慢慢消融。他最后就寄希望于第六联盟的解散，因为这些同盟国在最终的战争目标问题上发生了分歧。但崭新的胜利前景使他们依然保持团结，而 1814 年春，英国外交大臣卡斯尔雷与俄国、普鲁士和奥地利协商签订了《肖蒙条约》(Treaty of Chaumont)，也成功地掩盖了先前所有的分歧。大家一致同意，在最终打败拿破仑之前第六联盟会一直存在，而联合王国则承诺再提供 500 万英镑的补贴。此时的拿破仑要在法国土地上的两条战线上作战：联军向西推进，惠灵顿的军队则越过比利牛斯山脉从南部挺进。拿破仑的将军们勉强接受了战争失败的事实。1814 年 4 月，皇帝拿破仑退位，这个曾在欧洲绝大部分地区称霸近 10 年的人被流放到了地中海的厄尔巴岛（Elba）。他在自己的鼎盛时期说的话恰如其分，“我的权力取决于我的荣耀，而我的荣耀取决于我取得的胜利”。一旦拿破仑停止了胜利的脚步，荣誉便随之烟消云散，权力也灰飞烟灭，即便是在法国本土也是如此。或者说，当时当刻似乎是这样。

于是，因为第六联盟的团结一致及拿破仑的战败，小皮特和他的继任者们一直奉行的政策虽然经历了长久的失望却终于开花结果迎来了曙光。但这是一场漫长而艰苦的斗争，直到最后阶段，盟军的胜利之路也并不确定、不明朗。对联合王国来说，情况尤其如此，其与法国之间的战争余波未平：它与位于世界另一端的新近独立的美国之间发生了另一场冲突。1783 年，美国殖民地与大英帝国的分裂既不友好也不彻底。战争期间以及战后，效忠英国的那些美国人成千上万地涌入加拿大，渴望留在大英帝国，这就是英美会再次爆发战争的原因。与此同时，这个羽翼未丰的共和国也开始想要满足自己的帝国野心。1803 年，托马斯·杰弗逊总统以 1 100 万美元从法国人手里购买了其新近从西班牙手里收复的路易斯安那，而对一些美国人来说，英属加拿大明显是下一个要吞并的地区。1783 年还有涉及边界和捕鱼权等方面事务尚未得到解决。合众国和联合王国之间的关系从一开始就很难推进，拿破仑战争久拖未决，这也使美国人对其所认为的英国在大西洋上的霸道行为变得越来越不满。“枢密令”干扰了美国的自由航运，因为英国声称有权搜查所有中立国船只，数以千计的美国商船水手被强行征入皇家海军。美国人也意识到，英国人正与居住在美—加边境的原住民部落结盟，目的是夺回美国革命前属于他们，现在由华盛顿政府治理的领土。

这些紧张局势在 1812 年 6 月达到顶点，就在拿破仑入侵俄国的同一个月，美国向联合王国宣战。美国的人口明显多于英属加拿大，但是尽管英国深陷欧洲战场，但还是能够投入更多的兵力，其中许多士兵都是现役军人，他们的海军也有足够的多余兵力用于对美国海岸的封锁。此外，美国的军队组织涣散指挥随意，因为英国成功的防御战，他们对加拿大最先几次的进攻行动都轻易受阻。但到 1813 年年底，美国提高了军事能力，并获得了伊利湖（Lake Erie）的控制权。第二年，英国则入侵美国进行了反击，在马里兰州的布莱登斯堡（Bladensburg）打败了美国军队，还一度占领了华盛顿特区，甚至放火烧了白宫和国会。至此，事实越来越明显：双方势均力敌，都不可能战胜对手。于是，1814 年 6 月双方开始在比利时的根特（Ghent）进行和平谈判。当年年底，两国达成一致，美国和加拿大之间的边界将保持战前的位置不变，冲突正式结束。但签订条约的消息传到西半球尚需时日，于是 1815 年 1 月，美国人在新奥尔良成功地击退了英国人的攻击，而英国则在鲍耶堡（Fort Bowyer）打败了美国人。相比于在西班牙和东欧发生的激动人心的大事，这场战争在某些方面可以说是无关紧要。在英国，很多人甚至不知道他们的国家正在与美国交战；许多严重依赖跨大西洋英美贸易的新英格兰人，对这场冲突始终态度漠然；对这场战争结果的最好评语就是双方打成了平局。但正如拿破仑统治的法国未能战胜沙皇俄国一样，联合王国也没能打败美利坚合众国。这是英国 19 世纪全球霸权受到遏制的早期迹象，而随着 19 世纪的继续，这种迹象则变得更加明显。

地缘政治的重大转变距离当时还很遥远：从 1814 年 4 月起，英国与奥地利、普鲁士和俄国一样，所面临的紧迫任务是努力实现持久的欧洲和平。随着拿破仑的退位及其流放到厄尔巴岛，波旁王朝复辟，被送上断头台的前君主的弟弟路易十八即位。5 月签署的《巴黎条约》（Treaty of Paris）宣布法国的边界恢复到 1792 年大革命战争开始前的状态；将荷兰和比利时合并建立一个新的荷兰王国，作为防止法国进行进一步领土扩张的缓冲区。9 月，各强国的代表又转到维也纳，计划解决所有的遗留问题，并考虑如何在后拿破仑时代的欧洲维持来之不易的和平。各国的皇帝和国王、贵族和显要人物都出席了这些会议，他们在白天艰苦谈判，夜晚却大摆筵席相互宴请。英国参加这些会议的最重要的人物是惠灵顿和卡斯尔雷。他们的目标不仅是要给饱受战争折磨和蹂躏的这片大陆带来和平，还要恢复法国大革命和篡位的拿破仑错误地决意要推翻的等级制度与价值观，即君主制、正统性、秩序和传统，这些都是被神化的年迈的乔治三世代表的社会制度和观点。联合王国是唯一没有受到入侵和占领的国家，其不成文宪法和议会政府保存完好，它在国内成功地镇压了颠覆活动和革命，如果惠灵顿和卡斯尔雷能得到响应，那些欧洲大陆存在的对稳定性的威胁也会消除。这个世界已经不同于以往，英国的世界地位也与其 1789 年或 1802 年的世界地位大不相同。

爱国主义的政治氛围

联合王国和大英帝国在过去两个半世纪里参与的每一次重大的现代战争，都离不开重要的（虽然并不总是成功的）政治领导作用：七年战争时期的老皮特，美国独立战争时期的诺斯勋爵，法国革命战争时期的小皮特，克里米亚战争时期的帕默斯顿勋爵，布尔战争时期的索尔兹伯里勋爵，第一次世界大战时的阿斯奎斯（Asquith）和劳合・乔治（Lloyd George），以及第二次世界大战时的温斯顿・丘吉尔。这些都是因为军事胜利厥功至伟，也为军事灾难承担责任的人。但是有一个明显的例外，这就是 1803—1814 年的拿破仑战争，这场大规模的冲突完全不符合这个一般规律。因为尽管纳尔逊和惠灵顿这两位毫无疑问的民族英雄都是军事领袖，但当时却没有一位长期任职并具有明显优势地位的首相，相反，从战争冲突开始到结束，一共有六任不同的政府，它们的平均执政时间不到两年。这是自乔治三世即位头十年以来未曾有过的一段长期的政治高度不稳定时期，但是，此时的英国总体上处于和平的局面；而 1802—1814 年的大部分时间里联合王国都处于战争之中，当时及现在的人们都广泛认为在大战之中频繁更换领导人绝非好事。然而，在与拿破仑作战并取得胜利的那段时间里，国内却没有一位首相能够成功确立自己稳固的领导地位，或成功策划海外军事行动：阿丁顿被嘲笑平庸无能；小皮特 1804 年短暂恢复执政时，他不过是在走自己以前的老路而已；他的直接继任者格伦维尔勋爵（Lord Grenville）和波特兰公爵，是两个和稀泥的辉格党人；接下来的是斯宾塞·珀西瓦尔（Spencer Perceval），被称为“小 P”（Little P）而被赶下台；1812 年当利物浦勋爵（原来的霍克斯伯里勋爵）组建自己的政府时，没有人会相信他 15 年后还会在位任职。

尽管因为缺乏具备最高指挥官和果敢战略家素质的首相，拿破仑战争时期的英国政治形势不同寻常，但需要对这种情况加以说明，部分原因是 19 世纪初的政治不稳定与 18 世纪 60 年代只是表面相似而已。乔治三世上台之初曾不断对国家事务进行干涉，他的观点往往能决定大臣和各部门的命运；但到了 19 世纪初他的影响力和参与度都大大减少。他反对天主教解放运动的立场坚定不移，并因此导致了小皮特的辞职，但除此之外，这位国王已经与半个世纪前大不相同，他个人对政府的快速更迭没有任何责任。其中三届政府的短命是因为其领导人在执政期间去世或丧失行为能力：小皮特是现在第一个任期届满的首相，波特兰公爵因为 1809 年秋中风而不得不辞职，而斯宾塞・珀西瓦尔则被刺杀身亡。此外，这些政府首脑快速的更迭也隐藏了重要的连续性。在阿丁顿执政的大部分时间内小皮特都给予了积极支持；皮特重新上台之后，很快就说服了阿丁顿［还有锡德茅斯子爵（Viscount Sidmouth）］加入了他的内阁；皮特的继任者格伦维尔勋爵上台之后，锡德茅斯仍继续留任。更重要的是，英－爱贵族卡斯尔雷几乎成了政府里一个恒定的存在，他连续对数届内阁产生了显著的影响，到拿破仑战争结束时他被欧洲视为英国的一个重量级政治家。《联合法案》通过时他是小皮特的爱尔兰首席大臣；他进入阿丁顿内阁担任了控制委员会主席，负责英帝国的印度事务；除了格伦维尔勋爵的内阁之外，他在所有六届战时政府中担任过职务；他从 1812 年春开始担任外交大臣，极具影响力。

卡斯尔雷任职的第一个内阁，是接任小皮特担任首相的阿丁顿在 1801 年年初组建的内阁，不仅因为小皮特在天主教解放问题上冒犯了国王，还因为他连续近 20 年担任首相职务，已是身心俱疲。阿丁顿因为自己的卑微出身以及缺乏其前任所具有的威严而遭人看不起；当时社会上流传着贬损他的顺口溜说：“伦敦帕丁顿，帝都与小镇。皮特阿丁顿，怎能相并论。”然而，这是一种非常不公平的说法，因为在阿丁顿的推动下，和平谈判才得以举行，《亚眠条约》才得以最终签署，为英国赢得了时间和必要的喘息空间。而与法国重新开战之时，他便拿出了一个关于国内、军事和外交等事务的带有明确目的的新政策。他通过在源头上减税的方式修改并完善了皮特开创的所得税方案，简化了制度，减少了逃税，从而为联合王国奠定了坚实的财政基础，保证了为历次大陆联盟提供补贴，直到最终打败拿破仑。阿丁顿支持海军大臣圣·文森特勋爵改革皇家海军的管理并进行了纪律整顿，这意味着皇家海军很快就拥有了足够的舰船用于保卫本国的水域，并派遣足够的兵力前往西印度群岛。他在维护公共秩序和抑制潜在的革命威胁方面也显示出了果敢和决策力，在爱德华·德斯帕德（Edward Despard）上校的事件上尤其突出。德斯帕德上校是爱尔兰人、前陆军军官，他出于个人恩怨，不切实际地设计了一个要刺杀国王及其大臣们的阴谋。但 1803 年德斯帕德遭到逮捕并处决以后，关于阴谋和宣誓的谣言，以及伦敦酒馆密室的夜间秘密会议等传言就销声匿迹了。与 1797—1798 年相比，1803—1805 年人们对于法国要入侵英国的担忧变得更加强烈，但对国内发生颠覆的恐惧却大幅减弱。

这不仅是因为政府成功地消灭了潜在的革命者。也因为在大众政治领域，爱国主义越来越多地取代了抗议。人们之前对法国大革命的热情已经基本上消失了，因为在人们眼里，拿破仑不再是自由、平等和博爱的化身，而逐渐成了一个篡位者、暴君，以及决心按照自己的意愿把包括英国在内的整个欧洲大陆收入囊中的自大狂。公众情绪的这种变化主要体现了阿丁顿在巩固国防和激发全国人民行动起来并（实际上）武装起来等方面取得了显著成就。到 1804 年年初，他已经召集了 8.5 万民兵，并招募了超过 40 万的志愿者保家卫国，在易攻难守的南方各郡之中，年龄在 17~55 岁的男子约有一半加入了进来。找不到确切数字，但似乎有 80 万人，或 1/5 的兵役年龄范围内的男性人口，在那个时候都武装起来了，这是英国汉诺威王朝最大规模的武装动员，这是为维护秩序而非颠覆秩序而进行的动员。从当权者的角度来看，这么多英国人同时拿起武器也可谓是前无古人后无来者之举。同时，华兹华斯、柯勒律治和骚塞等先前对法国大革命持赞成态度的诗人也早已放弃了之前的激进观点，而以前同样持这种异见的那些辉格党人最近也改变了看法，例如查尔斯·詹姆斯·福克斯，在巴黎会见了拿破仑以后抛弃了对他的幻想。还有剧作家、辉格党政治家理查德·布林斯莱·谢立丹（Richard Brinsley Sheridan）也是这样。随着对遭受入侵的恐慌的日益加剧，民众的爱国热情也日益高涨。与海峡对面的那个暴君、自大狂和篡位者相比，国王乔治三世越来越被视为优雅、廉洁和正统的化身，他每次去视察志愿者部队并发表讲话时，迎接他的都是欢呼和赞美之声。

这些并不是人们表达爱国主义仅有的途径。19 世纪初期，伦敦舞台上演的都是关于入侵主题的戏剧和反法宣传剧，其中包括莎士比亚的《亨利五世》(*Henry V*)，罗杰·波义耳（Roger Boyle）的复辟剧《“黑太子”爱德华》(*Edward the Black Prince*)，《英国人为保卫家园而战》(*Britons Strike Home*）的歌曲演唱以及其他许多唤醒爱国主义精神的作品。出版了大量关于不列颠的漫画作品，以不列颠人的视角刻画了欧洲的命运和未来，画中一头天生神力的约翰牛不费吹灰之力就打败了又矮又瘦的拿破仑。1799 年，为纪念英国海军最近取得的胜利，雕塑家约翰·弗拉克斯曼（John Flaxman）曾提议在格林尼治山（Greenwich Hill）上建一座高 230 英尺[①]的雕像，以赞颂“神赐胜利的大不列颠”。最终虽然没有建成，但正如其标题所暗示的那样，那些年英国人的爱国主义既具有政治性也具有宗教性。可以肯定的是，正统的英国教会未能适应人口增

① 1英尺合0.3048米。

长和分布模式的转变：1800年在诺福克的乡村和农业地区有700个教区，但在工业化与城市化的兰开夏郡却只有70个。但新教却一直具有凝聚和团结的力量，如其常挂在嘴边的祝酒词中所示："为了教会和国王。"在公众的心目中，福音运动可能与其反对奴隶贸易和奴隶制的运动密不可分；但威尔伯福斯和他的朋友们显示了正统教会成员仍然充满活力和奉献精神，并且仍然对既定秩序持坚决支持的态度。卫理公会运动也是如此，尽管卫理公会在1791年约翰·卫斯理（John Wesley）去世后脱离了英国教会，但它也一样对既定秩序持坚决维护的态度。只是卫理公会仍然支持托利党的观点及其内含的专制本性。杰贝兹·邦廷（Jabez Bunting）是卫斯理最有影响力的接班人之一，用他的话说："卫理公会讨厌民主的程度与憎恨原罪无异。"在针对英国宿敌的最后几次战争中，受民众欢迎的新教是一股强大的力量。

然而，阿丁顿付出大量心力助推的民众爱国主义抗战情绪，并没有使他从中受益或得到承认。最初支持他的小皮特，后来却对这个继任者充满愤恨。结果，阿丁顿地位不保，1804年5月皮特又回到了唐宁街10号。但在他最后一次短暂的任期内，皮特并没能成为一个成功的战争领袖，情况与其在1793—1801年的执政没有什么不同。《补充兵力法案》（The Additional Force Act）试图在阿丁顿征召数量的基础上再招募更多的兵力，但显然没有达到目的。1805年特拉法尔加战役的胜利意味着对第二次法国侵略的恐惧已经过去，但同年拿破仑在奥斯特里茨战役中取得骄人胜绩，有效瓦解了皮特在欧洲建立的第三个、也是他建立的最后一个失败的联盟。但更具破坏性的是皮特最亲密的政治伙伴，即刚被授予梅尔维尔子爵（Viscount Melville）贵族头衔的亨利·邓达斯，被指控贪腐。他与皮特一起重返政府任职并担任海军大臣。1805 年年初，公共账目审查专员在第 10 号报告中指控梅尔维尔挪用公款；这次指控让皮特潸然泪下，5 月梅尔维尔被迫辞职。皮特后来抱怨说："我们可以拿下奥斯特利茨战役，却栽在了 10 号报告上面。"事实上，皮特也是束手无策，只能接受这些失败：他身患严重的肠道疾病，也可能是致命的肠癌，他对战事的指挥、在下议院的权威地位以及对政府事务的掌控等都逐渐势微、力所不及。几乎可以肯定的是，如果他没有在 1806 年 1 月去世，当年的晚些时候下议院就会让他下台。有一种说法是他最后一句遗言是："噢，我的国家！我把国家弄成了什么样子！"这表明他也认识到了自己的不足之处(另一个说法是"我来一个贝拉米肉馅饼没问题")。皮特的葬礼是另一件大事，但他的葬礼不是在圣保罗大教堂而是在威斯敏斯特教堂举行的，也无法与纳尔逊的盛大葬礼相提并论。

纳尔逊 47 岁身故，小皮特则在 46 岁去世。小皮特去世后，乔治三世任用了格伦维尔勋爵。格伦维尔曾在 1791—1801 年担任皮特的外交大臣，但之后却与福克斯派辉格党走到了一起。此时他组成了一个被称为"全才政府"的内阁，这个称呼很具乐观意味却具有误导性。与 1801 年或 1804 年相比，此届政府官员的变化比较大，皮特最亲密的追随者显然都没在新政府中任职。但锡德茅斯继续留任，而福克斯重返政坛担任了外交大臣和下议院领袖，但他任职的时间太短也太晚（他上次在政府任职是 1783 年)。从来都不喜欢他的乔治三世能勉为其难同意对他的任命，也许是因为福克斯似乎改变了对拿破仑时期（有别于法国大革命时期）法国的态度。但这届政府的管理谈不上成功，反倒是混乱不堪：格伦维尔缺乏权威，财产税的增加不受欢迎，出现了试图将用于民兵和志愿者的人力和资源调给正规军的决策失误。与此同时，福克斯违背国王的意愿，向法国人提出了一些看似卑躬屈膝的求和建议。但当时横扫整个欧洲大陆的拿破仑根本无心去接受这些建议；除此之外，福克斯在 1806 年 9 月因酗酒和私生活放纵而丧命。这意味着政府在下议院失去了唯一的权威人物，政府倒台只是时间的问题了，而一直争论不休的天主教解放问题再次成为这届政府倒台的原因。福克斯派辉格党一直赞成天主教解放，但乔治三世始终坚决反对，于是格伦维尔政府所能做的就是退一步，只允许天主教徒在武装部队中担任官职。但这种做法也是国王无法接受的，国王要求大臣们永远不要再提天主教解放的问题。格伦维尔及其内阁不愿意遵从，于 1807 年 3 月辞职。

但格伦维尔政府在倒台前不久却成功地通过了一项重要的立法，即在整个大英帝国范围内废除奴隶贸易的立法，此举使已经长达 20 年的废除奴隶贸易运动达到了顶点。这个运动从 1787 年成立“伦敦废除奴隶贸易委员会”开始，是由威廉·威尔伯福斯领导的福音派发起和推动的。运动伊始，威尔伯福斯就不断提交禁止这种可怕的活人贸易的提案，1792 年，下议院同意分阶段废除奴隶贸易。但西印度群岛的种植园主组成了一个有序的游说团体，他们在上议院势力比较强大，对废除之事远无认同之意，拒绝通过从下议院提交上来的这个法案。结果，反对奴隶贸易的公众运动越来越声势浩大，议会接到了大量的请愿，支持者中不仅有中产阶层的福音派人士，还有许多工人阶级的成员。然而，在令人焦头烂额的 18 世纪 90 年代，无论是政府还是议会，都无意在任何问题上屈服于大众压力，而 90 年代中期之前发生的一系列奴隶起义只是让种植园主们更加坚定了不妥协的决心。但到 1805 年前后，奴隶贸易的重要性逐渐下降，因为加勒比海地区奴隶死亡率的下降意味着奴隶人口可以自给自足；英属西印度群岛殖民地的发展重心已经从依靠奴隶的蔗糖生产转向了英国制成品对拉丁美洲的再出口。福克斯派辉格党人重新掌权，以及一直热心废奴的福克斯本人的去世，让他的同僚们集中思想要使这个福克斯致力已久的事业通过立法得以实现。那些种植园主也不像以前那样坚持反对的立场了。1807 年年初，上、下两院都以绝对多数票通过了这个立法。大英帝国范围内仍然允许奴隶制的存在，但通过法律禁止其存在也是迟早的事。

格伦维尔政府辞职以后，乔治三世便转而任用波特兰公爵，波特兰也是辉格党人，曾在 1783 年担任福克斯 – 诺斯联合政府名义上的领袖。他也在 1794 年站到了皮特一边，但与格伦维尔不同的是，他自此一直忠于这位领袖，在皮特的最后一届政府中担任枢密院议长。波特兰的内阁中包括了三位未来的首相：财政大臣的斯宾塞・珀西瓦尔、担任内政大臣的霍克斯伯里勋爵（1808 年成为利物浦勋爵），以及担任外交大臣的乔治・坎宁。而卡斯尔雷也重回政府担任了战争部长并负责殖民地事务。但是波特兰年老体弱，他常常因病重无法参加自己召集的内阁会议，他没能发挥足够的领导能力管理好自己的同僚。尽管皇家海军具有海上霸权，并炮击了哥本哈根，但抗击拿破仑的战争并不顺利：第四联盟和第五联盟都已解体，远征瓦尔赫伦岛成了灾难，内阁成员在枢密令问题上存在严重的分歧，而辉格党反对派也表达了强烈的反对意见。还发生了一连串的具有破坏性的丑闻。首先是亚瑟・韦尔斯利爵士，因为《辛特拉公约》，他在伊比利亚半岛发动的战役开局不利，皇家海军根据该公约将 2.6 万名法国士兵遣返法国，结果此举引起了公众的强烈抗议，华兹华斯在此过程中谴责政府的行为是“卑躬屈膝、失信于民、贻害无穷”。然后是约克公爵，他是乔治三世的一个不争气的儿子，但自 1798 年以来一直担任英国军队的总司令。他此时卷入了由前情妇玛丽·安妮·克拉克（Mary Anne Clarke）揭露的丑闻之中。面对公众的质询和议会对他腐败行为的指控，公爵别无选择只能辞职。最后一件丑闻是 1809 年 9 月，波特兰内阁中的两个同僚卡斯雷尔和坎宁成了势不两立的仇人，他们在帕特尼希斯（Putney Heath）进行了一场决斗。坎宁受了轻伤，两人随即辞职。这届政府于 10 月初解散，而波特兰在 10 月底之前辞别人世。

国王此时将希望寄托在了斯宾塞·珀西瓦尔的身上，他是一个狂热的福音派，坚决反对天主教解放运动；但由于辉格党人冷眼旁观，而卡斯尔雷和坎宁都无法体面地回到政府中任职，珀西瓦尔很难组建一个政府。上届政府的主要人物中，只有利物浦勋爵继续留任，而亚瑟·韦尔斯利的哥哥成了外交大臣，他以前曾担任过英国驻印度总督，而此时已经成为韦尔斯利侯爵。珀西瓦尔和他的同僚们在大部分时间里都专注于处理王室事务。1809 年 10 月，即他组建自己的政府的同月，乔治三世迎来了其在位的第五十个年头，为庆祝金禧，民众对他赞誉之词铺天盖地，国家出资的慈善活动源源不断，其规模前所未有，因此珀西瓦尔在成为首相之前的几个月呼声就已经非常高。在所有庆典和聚会的盛况背后，人们逐渐认识到，从 18 世纪 90 年代开始，这位国王已经成为英国坚决与法国战斗到底这种精神的代表人物，没有哪位富有争议的政治家能够在短暂的任期内起到这种作用；越来越多的人达成了更普遍的共识，乔治三世已经是秩序、等级制度及正统合法性的代表，与远在巴黎的大革命政府和拿破仑政权所代表的混乱、恐怖及篡权行径水火不容。这位年轻时曾因过多干预政治，因为失去美国殖民地的灾难而遭受批评的国王，在年老时转变成了一个德高望重、受人崇敬的人物，被誉为“臣民之父”。在英国及其帝国的整个范围内，乡村、城镇和城市都自发举行了庆祝活动和教堂仪式；地主们为自己的佃户举办宴会和庆祝活动；国王和他的家人在温莎参加了感恩节仪式；伦敦的公共建筑装饰一新，彩灯高悬。同时，因欠债而入狱的人被释放，非法国裔战俘被赦免回家，国王宣布对所有愿意重新加入自己原先的舰船或兵团的逃兵进行大赦。

但最终事实证明乔治三世的金禧庆祝是他最后的狂欢。他逐渐失明，健康每况愈下（因而没能参加在伦敦以他的名义举行的感恩节公共庆祝仪式），他已经在 1788 年、1801 年以及 1804 年三次长时间遭受了似乎是精神失常发作的困扰，每一次都得以康复。但 1810 年 10 月，他最小的也是他最喜爱的女儿阿米莉亚（Amelia）公主去世，这导致他再也没有从最后一次精神崩溃中康复。这意味着国王的长子威尔士亲王此时要被立为摄政王，这正是威尔士亲王自 1788 年就期待的。这位亲王终其一生都是辉格党人的朋友，反对父亲所支持的托利党，与查尔斯·詹姆斯·福克斯的关系也极为亲密。这位亲王在 1788 年就曾打算作为摄政王动用一切王室权力把辉格党人推上执政地位。但乔治三世最终康复，亲王为此感到很失望。但是因为有前车之鉴，而且对国王的康复心存希望，珀西瓦尔政府在 1811 年 2 月通过立法防止摄政王在接下来的一年之内做出国王康复后可能会反对的任何不可逆的行为。在那段时间，摄政王对他与辉格党及其政府的关系，以及东部战线和西班牙等地的战争进程进行了思考。他最后得出结论，在这样一个关键时刻，他的职责就是支持当权者，于是它“抛弃”了辉格党。1812 年春，王室的这个决定性支持行为给了珀西瓦尔加强政府力量的底气：韦尔斯利辞去外交大臣职务以后，他把卡斯尔雷召回了政府；锡德茅斯也同时重回政府任掌玺大臣；第二任梅尔维尔子爵，即小皮特那个丢人现眼的苏格兰心腹亨利·邓达斯的儿子，担任了之前他父亲担任过的海军大臣一职。这些人最终都亲眼看到了战争的胜利；但珀西瓦尔本人却没能看到胜利，因为他在 1812 年 5 月 11 日在下议院大堂里被一名疯狂的破产者枪杀，从而成为英国历史上唯一一位被刺杀的首相。

尽管惠灵顿在伊比利亚半岛持续推进，但能否打败拿破仑，在珀西瓦尔去世之时形势还不明朗。经济战争的进展尤为不利，英国从事商业和贸易的人士要求废除枢密令的活动越来越声势浩大，而联合王国和美国之间逐渐恶化的紧张局势也越来越令人担忧。然而，英国正在其国界之外进行的全球战争与狭隘封闭的议会政治世界之间明显脱节，于是经过 11 周的政治操纵和党争内斗之后，终于得出决议：由利物浦勋爵于 1812 年 7 月出任下一任首相。但是，尽管进行了漫长而拖沓的磋商，但新政府与它所取代的旧政府基本无异。与之前的珀西瓦尔和波特兰一样，利物浦也是一个“皮特派”，自 1799 年以后，除了“全才政府”执政时期短暂离开之外，他几乎一直在政府中任职。他工作也很努力，讲求效率，与丑闻绝缘且非常幸运，因为他在战争势头最终转向对英国有利之时当上了首相。可以肯定的是，对防止与美国之间的冲突来说，枢密令的废除为时过晚，但拿破仑入侵俄国的失败突然使军事形势转向对英国有利。而作为第六联盟主要组织者之一的卡斯尔雷跻身欧洲第一流的政治家之列。坎宁怀疑利物浦政府不会维持很长时间，于是拒绝在他麾下任职，并无视现实选择离开英国政界到里斯本大使馆就任。事实证明这是坎宁所犯的一个可怕的判断错误，因为这让卡斯尔雷把持了外交部；到 1814 年的春天为止，一直把欧洲盟友联合在一起的非卡斯尔雷莫属，而法国皇帝退位之时，也正是卡斯尔雷和惠灵顿一起代表联合王国参加了随后的大国谈判。

即使在逐步确立自己的地位，并密切注意看似进入最后阶段的抗击波拿巴的战争之时，利物浦政府也没有忽视国内事务，特别是商界和持不同意见的中产阶层所施加的越来越大的压力，这些人越来越倾向于支持更符合自己利益的政策。对策之一就是废除了枢密令；对策之二是允许一神论信徒享受 1689 年《宽容法案》（Toleration Act）带来的益处；对策之三是趁 1813 年东印度公司特许状更新之际减少了它的商业特权，允许该公司继续经营，但对其未来的商业运作条款做了大幅修改。该公司对中国贸易的垄断保持不变，但以伦敦为基地的与印度和东南亚的垄断贸易被取缔：今后，允许所有的英国人与这块次大陆开展贸易，他们从此可以通过许多区域港口及伦敦港进行贸易往来。这些变化对私营企业和各地的海外商人来说是一次胜利，代表着该公司的权力遭到削弱乃大势所趋。与此同时，禁止从印度进口成品棉到英国，这对次大陆来说是一个灾难性的措施，对印度本土的纺织工业造成了毁灭性打击。从此以后，印度就逐渐取代了美国联邦，沦为一个廉价原棉的供应地，而这些低价进口原料则是兰开夏郡棉花产业快速扩张的关键。英国地方企业再次受益，而印度经济则遭遇困境，不仅因为其国内棉花产业遭受了损失，还因为其原棉的出口价格遭到了无情的打压。东印度公司特许状另一个更新的条款是，废除了之前不允许基督教传教士进入印度的禁令。这一条款主要是为了应对那些雪片一般的请愿书，这让人联想起之前为了反对奴隶贸易而递交的那些请愿书。至此，各派系的合作达到了一个顶点。

这些措施得以通过之时，抗击拿破仑法国的战争也进入了最后阶段，联合王国国民表现出的爱国热情，让人联想到1809年金禧庆典时的情景，从1814年6月初开始，一直到整个夏天结束，人们都在举行各种和平庆祝活动。来自得胜一方的联盟成员——奥地利、普鲁士、俄国、瑞典和一些德意志邦国——的国王和将军接受了英国政府和摄政王的邀请，在从巴黎去往维也纳开会的路上稍事停留，于6月7日到达伦敦对联合王国进行了访问。这些人中包括俄国沙皇亚历山大、普鲁士国王腓特烈·威廉三世（Frederick William Ⅲ）和奥地利梅特涅亲王（Prince Metternich）。在接下来的两个星期里，连续举行了一系列娱乐和庆典活动：宫廷招待会、阿斯科特赛马会、牛津大学的荣誉学位授予仪式、伦敦城宴会，以及在朴次茅斯对海军的检阅。但这些庆祝活动通常都有针对性，只限于著名要人参加，普通人只能做观众。相比之下，8月1日举行的“盛大金禧庆祝”则要亲民得多：它不仅是和平庆祝活动的高潮，也是对汉诺威王朝统治的百年纪念，以及对纳尔逊尼罗河战役胜利16周年的纪念。海德公园、格林公园和圣詹姆士公园人潮涌动，一系列的娱乐活动和庆祝活动似乎既是对胜利的庆祝，也是对光荣和平的庆祝。其中最令人印象深刻的是格林公园壮观的焰火燃放活动，在燃放的焰火之中，一座“巨型哥特式城堡”奇迹般地变成了一座“和谐殿堂”。其高墙之上是一系列的寓言形象：冲突与暴政被和平与胜利所驱逐，高墙之下是逐一显现的几个大字，代表着取得胜利的大不列颠，先是“审慎、节制、公正和坚韧”，然后是“艺术、商业、工业和家庭美德”。

战争的支柱和胜利的代价

在“和谐神殿”的高墙上显现的那些（精心选择的）代表大不列颠形象的寓言画面和词语，可以说令人五味杂陈，把它们与英国最近为取得战争的胜利而付出的努力联系在一起时尤其如此。在英国的领导人身上，并没有体现出多少“节制”的品质，而小皮特则是最不节制的人，即使以当时的标准来看，他每天喝掉的葡萄酒量也属过度，这可能也是加速他死亡的原因；而查尔斯·詹姆斯·福克斯也是一个著名的酒鬼，他与小皮特除了同好消遣娱乐，罕有什么共同的政治目标。在国家的财政管理方面，“审慎”也同样没有得到认真的践行，因为抗击大革命战争和拿破仑战争所付出的高昂代价前所未有，这其中既包括联合王国自身的军费开支，也包括对一系列欧洲联盟的资助。因此，皮特在失去美洲殖民地之后欲重振国家财政的早期努力大部分都没有实现目标。从 1793 年起，总支出缺口达 7 亿英镑，几乎是用于与美国殖民地开战的军费的 6 倍。可以肯定的是，大幅增加的开销大部分是通过提高税收筹集资金填补的，1802 年税收占国民收入的 14%，到 1806 年上升到了 19%。但是，全球性的陆地和海洋战争也需要增加更多的贷款和债券：从 1793—1816 年，国家债务翻了两番，到战争最终结束时达到了前所未有的 9 亿英镑。这大约是国民总收入的 3 倍，仅利息支出一项就占政府总支出的 1/4，人们普遍担心国家破产的风险甚至比 1797 年还要高。

这一切看起来都与“审慎”不沾边，因为英国政府筹集并花费的钱比以往任何时候都多，累积欠下的债务也创下新高。但从另一个角度来看，这是一个令人印象深刻的“坚韧”表现。这场战争漫长而艰难，付出的代价也高过以往，统治阶级在这期间一直不敢有丝毫松懈，而不论是筹集资金，还是为进行全球战争提供必要的资源，不列颠英国都变得比法国更高效。通过间接和直接方式得到的税收收入持续增长：关税和消费税收入从 1793 年的 1 350 万英镑增加到 1815 年的 4 480 万英镑，增长超过 3 倍。而新的收入税和财产税的收益则从 1799 年的 167 万英镑增加到了战争最后一年的 1 460 万英镑，提高了近 10 倍。这使历届政府得以保持英国的国内和国际信誉，也就意味着他们能够筹集到比拿破仑想要或能够获得的更多的贷款。在战争最后几年的关键时期，英国政府每年借贷超过 2 500 万英镑，财政收入的增加使它既能支付日益增长的债务利息，又能支付战争所需的费用。1804 年从法兰克福来到英国的犹太金融家纳坦·罗斯柴尔德（Nathan Rothschild）就是一位特别善于利用这些机会的银行家。归功于他的四个兄弟，他在欧洲大陆拥有的客户人群无人能及，他筹集资金资助英国在德意志和荷兰，甚至在法国本土的军事行动，其中大部分资金是直接输送到了葡萄牙为亚瑟·韦尔斯利和他的军队所用。罗斯柴尔德声称，这是“我做过的最好的生意”。到 1814 年为止，他借给了英国政府近 120 万英镑，并因此确立了自己作为欧洲顶尖银行家的地位；事实上，耐人寻味的是，他被人称作“金融界的拿破仑”。

与此同时，不列颠英国的民用和军事领域也变得更加高效，在生产必需品和做出必要的安排方面都能有效地为战争服务。战争的最终获胜要归功于在海洋作战的海军上将和水兵以及陆地战场上的将军和士兵，但也要归功于英国政府的官员这些“幕后人员”，是他们负责监督舰船的修造、武器的供给，为英国取得陆地和海洋上的胜利提供必要的物资供应。19 世纪初，英国军队的状态和工作状况得以改变，大大提高了后勤效率和能力：消除了腐败行为，延长了工作时间，改进了征兵工作，加强了财务管理，鼓励部门间的沟通，文职人员的数量增加了一倍。这一切都离不开陆军总军需官约翰·赫里斯（John Herries）、副总军需官及后来的副战争大臣（Undersecretary of State for War）亨利·班伯里（Henry Bunbury），以及海军大臣威廉·马斯登（William Marsden）和副大臣约翰·巴罗（John Barrow）等人的努力。由此带来的结果是，负责提供给养，保证英国军队食物供应的“储备委员会”（Victualling Board）成为政府中最高效的机构。它必须保持高效，因为惠灵顿在半岛的军队人数达到顶峰时，每天消耗的饼干量就达 44 吨。同样，英国海军部也将舰船的定期整修效率提升到了新的水平，这意味着皇家海军可以比敌舰的作战时间更长，打击更狠、更致命。1814 年夏末，联盟国的君主们会在他们的胜利之旅中造访朴次茅斯，参观那些巨大的工厂，观看那里制造的——事实上是大规模生产出来的——舰船组件也就不足为奇了。

19 世纪初，新一代年轻人不再冷漠、自私和堕落，而是全身心地努力工作并为公众提供无私的服务，作为战争制造机器的英国政府在职责的发挥方面也发生了革命性转变。不仅如此，国家与企业之间也进行了前所未有的合作，因为许多战争的必需品是私营企业生产和提供的。例如，从 1803—1815 年，超过 3/4 的海军舰船是由个体承造而不是皇家造船厂建造。这个例子表明，这些年，英国政府对英国经济提出了前所未有的要求，而工业产量也有了很大的提高，部分（而不是全部）是由于对铁、煤和木材，以及战争所需要的武器和舰船的需求增加所导致的直接结果。生铁产量从

1788 年的 6.8 万吨上升至 1806 年的 24.4 万吨，提高了近 4 倍，而到了 1811 年又进一步提升至 32.5 万吨；纺织品制造在美国独立战争时期尚无足轻重，但从印度和埃及进口的原棉从 1789 年的 3 250 万英镑到 1804 年的 6 200 万英镑，几乎翻了一番，到 1810 年又再次翻了一倍多，达到了 13 240 万英镑，到 1815 年，棉纺织品是英国最大宗的出口产品。在这些年里“运河建造热潮”也达到了顶峰，在英格兰（大联盟及大枢纽运河）、威尔士（有着壮观的庞特卡萨鲁岧水道的兰戈伦运河）和苏格兰（刚开始建造喀里多尼亚运河）等地的内河航道建设上面投入了大量资金；《联合法案》实施以后，又开始了连接伦敦与霍利黑德的一条新道路的建设。这些产业发展和基础设施建设解释了为什么 1814 年有人会有如此感叹：“过去 30 年大不列颠制造业的进步简直让人感到惊叹甚至震惊。特别是法国革命战争开始以后，其发展的速度之快完全超出想象。”

19 世纪最初的 15 年里，“坚韧”和“工业”在英国都有实在的体现，因此也就有了“商业”的体现。尽管有拿破仑的竭力阻挠，而且有段时间许多利润最丰厚的欧洲市场都对英国正式关闭，1812—1814 年的美国市场也处于封锁状态，但日益增长的工业产出意味着联合王国的海外贸易仍在持续增长。部分原因是欧洲和北美市场实际上都没有完全关闭。从 1807—1814 年的一整段时间内，黑尔戈兰岛（Heligoland）和萨洛尼卡（Salonika）等地方受贿的官员大开方便之门，让大量英国制成品及殖民地转口产品直接运到了西班牙和葡萄牙，或被走私到欧洲大陆的其他目的地；以同样的方式，英国产品也通过加拿大间接出口到了新英格兰。海外贸易有所增加也是因为在包括亚洲、非洲、西印度群岛和中东（其中加勒比和印度的市场尤为重要）等没有受到“拿破仑大陆体系”

（Napoleon's Continental System）的影响，也没有受到美国“不插手政策”染指的地区，英国的贸易也有所攀升，从而逐渐对其出口经济起到了支撑作用。其海外贸易增长的最后一条原因则是拿破仑在欧洲大陆远端的外交和军事发展，导致其全方位对英国封锁的企图与他征服俄国的企图一样遭遇了彻底的失败。1808 年，西班牙改变了立场，这不仅使欧洲大陆的很大一部分地区，还使拉丁美洲的大片地区为英国的出口商品打开了大门，拉丁美洲第一次成为（也许时有夸大）重要海外市场。4 年后，拿破仑入侵俄国，这使英国商品得以大量涌入波罗的海和北欧地区，极大地弥补了它在美国市场上（只是暂时，绝非全部）的损失。

这些金融、工业和贸易方面的发展，进一步证明了国家正经历空前变革。联合王国的人口在持续快速增长，从 1801 年的大约 1 600 万人增加到 1821 年的近 2 100 万人。许多城镇的人口，特别是北部和中部地区的城镇人口，在这 20 年中的增长速度前无先例、后无超越：曼彻斯特从 7.5 万人增长到 12.6 万人，伯明翰从 7.1 万人增长到 10.2 人，利物浦从 8.2 万人增长到 13.8 万人，格拉斯哥从 7.7 万人增加到 14.7 万人。但伦敦这个大都市依然遥遥领先，成为这段时期本国（以及欧洲）唯一一个人口超百万的城市：1801 年达 95.9 万人，1811 年为 113.9 万人，1821 年为 137.9 万人。伦敦这个“人口巨城”在英国城市中独占鳌头也不足为奇：它是法院、政府和议会的所在地；是文化和知识生活的中心；是主要的制造业中心之一；算不上世界最大也称得上是欧洲最大的港口。事实上，19 世纪最初的 10 年时间内，从老伦敦池（Pool of London）顺流而下的沿岸建造了许多新的设施，增建了包括西印度码头（1802 年）、东印度码头（1803 年）、伦敦码头（1805 年）和萨里

（Surrey）商业码头（1807 年）等在内的大量新码头。在人口、工业生产、海外贸易和商业空前扩张的基础上，农业产量和生产力也在同步提高，因为要为数量空前的英国人口提供粮食。早在 1783 年年初，大不列颠就成了小麦的净进口国，但战时进口变得更加困难，这进一步增加了提高产量的压力。因此，18 世纪 90 年代和 19 世纪初对于公共土地的圈地数量急剧增加，种植面积急剧扩大，山坡耕地的海拔高度也超过以往，事实上还在不断增高。由此得知，一切迹象都表明英国在与拿破仑抗战的岁月里，其经济发展全方位呈现出了前所未有的繁荣兴旺。

反过来这也许可以解释为什么 19 世纪最初 15 年里，面对各种不同程度的军事和政治的严峻形势，“艺术”仍然能繁荣发展。之前那些曾对法国大革命持欢迎态度的浪漫主义诗人此时却越来越趋向于保守和自我：柯勒律治染上了鸦片瘾，华兹华斯在英格兰湖区定居，而骚塞则在 1813 年撰写了关于纳尔逊生平的作品并在同一年被授予“桂冠诗人”称号。极具原创性和创造力的建筑师约翰·索恩爵士（Sir John Soane），正忙于建立英格兰银行、切尔西皇家医院和达利奇画廊等分属金融、军事和艺术领域的三大建筑。建筑师詹姆斯·怀亚特（James Wyatt）在方特希尔修道院（Fonthill Abbey）、贝尔沃城堡（Belvoir Castle）和阿什里奇（Ashridge）建造了他最精致华丽的一些哥特式建筑，对大革命时期的法国古典主义的复活进行全方位反击。乔治三世的长子确立了自己的摄政王地位，战争也开始转向对英国有利。于是他委托约翰·纳什（John Nash）对伦敦中心的很多地区做了重新规划。1811—1815 年，简·奥斯汀出版了《理智与情感》《傲慢与偏见》《曼斯菲尔德庄园》和《爱玛》；而《诺桑觉寺》和《劝导》则分别于 1817 年底年和 1818 年年初在作者去世后面世。尽管奥斯汀的兄弟也在拿破仑战争中参战了，但她的小说却很少提及这场战争，她更喜欢描写那些交织于中上层阶级男女之间的生活和爱情故事。相比之下，透纳将迦太基战争和拿破仑战争相提并论的历史画作《汉尼拔翻越阿尔卑斯山》（1812 年）则是故意针对他在 1802 年访问巴黎时看到的雅克－路易·大卫（Jacques-Louis David）的画作《拿破仑翻越阿尔卑斯山》而创作的。两年后，透纳又绘制了《汉尼拔》，沃尔特·司各特爵士（Sir Walter Scott）（匿名）出版了以苏格兰小王子查理 (Bonnie Prince Charlie) 时代为背景的第一部小说《威弗利》(*Waverley*)。同名主人公最初被詹姆士党[①]人的奋斗目标所吸引，但后来转而效忠乔治二世。《威弗利》出版时正值纪念汉诺威王朝登上英国王位百年之际，小说的结局十分契合当时的形势。

贯穿大革命战争和拿破仑战争期间“科学”也得到了繁荣发展。也许令人惊讶的是，1814 年 8 月举行的大不列颠胜利庆典虽然有“艺术”的积极参与，却没有得到“科学”给予的支持。大不列颠皇家科学院（The Royal Institution of Great Britain）由亨利·卡文迪什（Henry Cavendish）、约瑟夫·班克斯爵士和本杰明·汤普森爵士（Sir Benjamin Thompson）（等人）建成于 1799 年，恰在《联合法案》通过之前，旨在促进公众更好地理解“科学在普通人生活中的应用”。该学院很快就在伦敦上流社区梅菲尔的阿尔伯马尔街建起了几座宏伟的建筑。它的第一位讲师兼实验室研究人员是出身

---

① 詹姆士党（Jacobitism），指支持斯图亚特王朝君主詹姆士二世及其后代夺回英国王位的一个政治、军事团体，多为天主教教徒组成。

卑微的科学家汉弗里·戴维。一时间他在伦敦声名鹊起，成了讲台上魅力十足的佼佼者。戴维于1802年在该学院开设的“化学课程导论”，是英国最早宣告科学将会有更大进步并能带来效益的课程之一。而19世纪10年代后期，戴维便发现了钠、钾、钙和镁等化学元素，他雇用了年轻的迈克尔·法拉第（Michael Faraday）做自己的实验室助理。1815年，戴维发明了安全灯，大大减少了矿工的伤亡人数，4年后，他被授予男爵爵位。他的前辈、出身较好的博物学家及植物学家约瑟夫·班克斯爵士也曾被授予过类似的荣誉。班克斯曾陪同库克船长乘坐“奋进号”航行前往太平洋，也曾在1778—1820年担任英国皇家学会主席。班克斯曾为乔治三世在其皇家植物园做顾问，努力在拿破仑战争期间与法国科学界保持联系，并赞助了后来乔治·温哥华（George Vancouver）及（不走运的）布莱（Bligh）船长等人参与的几次太平洋远征。班克斯与戴维一道，是他们那个时代最杰出的英国科学家，既取得了伟大的学术成果，又得到了广泛的公众赞誉和重要的官方认可。

至于1814年金禧庆典上展现和颂扬的“家庭美德”，乔治三世和他的妻子无疑做出了最好的榜样，他们生活正派且遵守夫妻之道，出生于德意志的艺术家约翰内斯·佐法尼（Johannes Zoffany）在其言谈和画作中都有所表达和展现。但他们的儿子们可大不一样，无一例外都很叛逆，其表现就是花钱无度和私生活不检点，而摄政王就是最臭名昭著的典型。国王因为其婚姻上的正派表现而被称为“农民乔治”，这无疑是促成他晚年被神化的原因；但是到了19世纪10年代，一些上层阶级的成员中更加放纵自我的做法成为时尚，而这位摄政王，即未来的乔治四世就是这方面的代表人物。但情况还不止于此，因为也许是受福音派运动及其“呼吁严肃生活”的影响，像利物浦勋爵和罗伯特·皮尔等政府官员将个人美德与公共责任结合了起来。无论是在伦敦还是各地方区域，中产阶层越来越趋向于将职场和家庭分离，为构建以作为“家庭天使”的妻子和母亲为中心的、充满爱意的和谐家庭生活提供了更多的机会，但很难弄清楚这些态度和做法是否也影响到了中产阶层以下的阶层和人群。至于“公正”，毫无疑问，联合王国没有出现法国恐怖统治时期出现的大量司法杀戮和断头台的滥用，因为免于被入侵，其居民也避免了遭受占领军常常出现的强奸和掠夺行为的涂炭。但在18 世纪 90 年代那些黑暗的日子里，英国人的自由无疑也受到了立法和司法机构的损害和限制，而这种情况一直持续到与拿破仑的战争取得最终胜利后方才结束。

然而，政治形势的复杂性往往比这更甚。虽然在某些方面这些年来的统治政体无疑很残暴，但是乔治时代末期的伦敦都市文化却在其他方面明显不甚顺从当时的政府统治。19 世纪最初的 20 年是政治漫画和讽刺漫画最具创造性和批判性的年代，具体体现在托马斯·罗兰森（Thomas Rowlandson）、詹姆斯·吉尔雷（James Gillray）和年轻的乔治·克鲁克尚克（George Cruickshank）等人优秀但常常脏话连篇的作品中。这些漫画受众广泛，因为学习了先前由威廉·贺加斯（William Hogarth）创立的做法，他们经常将漫画进行刻板印刷，所以能够以低廉的价格大量出版。罗兰森和吉尔雷都出生于 1756 年：罗兰森曾在皇家艺术学院和巴黎学习；吉尔雷，先过了一段当兵以及做流浪艺人的日子，然后也进入皇家艺术学院学习。他们都是在 18 世纪 80 年代初转向漫画创作的，都因为对法国大革命的大失所望，创造了“约翰牛”这个代表英国人的民族认同和全方位民族自豪感的标志性形象。但他们也对被他们谴责为迟钝和吝啬的乔治三世国王，对他的儿子们，尤其是威尔士亲王任性的自我放纵，极为厌恶；他们对包括小皮特和阿丁顿在内的同时代大多数主要政客也同样持轻蔑态度。他们的各种漫画常常极端不敬和下流；但没人进行审查，他们可以自由表达，这是在拿破仑帝国或沙皇俄国不可能发生的事情。吉尔雷在 1815 年去世，而罗兰森则逝世于 1827 年。乔治・克鲁克尚克随后继承了他们的衣钵，至少在他职业生涯的早期阶段如此。他也很乐于描绘约翰牛并对英国的敌人加以谴责；但他也非常享受对王室的攻击和讽刺，以至于 1820 年有人贿赂他（但没成功）让他“不要对（乔治四世）陛下任何不道德行为进行攻击”。1792 年出生且一直活到 1878 年的克鲁克尚克，后来却是以插图画家的身份出了名：他为包括查尔斯・狄更斯的一些早期小说在内的许多书籍画过插图。

正如克鲁克尚克职业生涯轨迹的转变所表明的那样，英国的这种把所有权威人物当作合法目标的讽刺漫画和下流漫画传统，到维多利亚女王继位之时，在很大程度上已经消失，而“得体”越来越成为口号。但是，19 世纪初自由主义盛行的伦敦存在的另一个现象在维多利亚女王统治时期却得以存在和延续，即它对那些在欧洲和西半球其他国家遭受革命或迫害而逃离出来的人表示欢迎并提供庇护。当 13 个美国殖民地宣布独立时，成千上万名忠于英国王权的美国人回到了祖国，这其中就有本杰明・汤普森爵士。汤普森于 1784 年由乔治三世授予爵位，既是一个有多项发明的发明家，也是对皇家科学院的建立起推动作用的人之一。从 1789 年起，除了第一次美国革命的受害者之外，又来了许多法国大革命中的失败者，他们逃到伦敦以躲避恐怖统治和断头台。流入的人口如此之多，以至于 1793 年政府通过了一部《外国人法案》（Aliens Act），要求这些新近来英者必须向当地治安法官做登记。但该措施并未禁止外来人口涌入，并于 1815 年被废除。届时，包括贵族和天主教神父在内的生活在英国的法国男女至少有一万人，他们大部分住在伦敦，分别居住在位于牛津街南部和北部的索霍区 (Soho) 和菲茨洛维亚区（Fitzrovia）。不久之后，除了这些革命的受害者，又从拉丁美洲来了一些革命者，这些长期居住在英国的人当中就包括弗朗西斯科·德·米兰达（Francisco de Miranda）、安德烈·贝洛（Andrés Bello）和何塞·玛里亚·布兰科·怀特 (José María Blanco White)，他们在 19 世纪最初的 10 年之内都在致力于推动西属拉美的反抗运动。还有西蒙·玻利瓦尔 (Simón Bolívar)，他曾在 1810 年短暂居于伦敦，然后与他之前的米兰达一样，回国拿起武器为反对西班牙统治而战。这些外来人口中有些人是暂时居住，有些则居留了很久；有些人反对革命，而有些人赞成革命。在接下来的几十年里，还会有更多这样的人来到伦敦。

对 19 世纪初那些逃离革命或密谋革命的人来说，英国可能是一个吸引人的地方，一个具有魅力的目的地，但在这些流亡者和寄居英国的人当中，有许多人长期面临着艰难和贫困、孤独和抑郁的境况。因为在大多数时候，英国在与法国的斗争中是否能占上风还远不明朗。英国海军虽然在 1797—1805 年取得了多次胜利，但之后两国就陷入了长期的战略和军事僵局，很久之后的 1812 年，抗击拿破仑的浪潮才发生了转向，所以，面对看似取胜无望的无休止的战争所带来的长期而持续的压力，英国经济和英国人短期内似乎经常处于崩溃的边缘。食品价格飙升到了前所未有的高水平；出现了几次大的银行恐慌和金融危机；工业生产和产量短期内出现了惊人的波动；出口市场也经常不稳定；到 1812 年，面对拿破仑的大陆封锁和美国的“不来往”政策，用最好的话说，经济前景似乎是存在不确定性，用最坏的话说就是看似毫无希望。这就意味着，尽管 18 世纪 90 年代大革命的干扰似乎真的已经减少，但民众中仍然存在严重的不满情绪，而这种不满完全有道理。面包价格飞涨意味着经常会发生粮食骚乱；快速发展的北方工业城镇常常是环境极为肮脏；经济低迷时期的失业率很高；人们抗议使用新的机械，因为看起来是机器抢走了传统工人长期赖以生存的谋生手段。这些不同形式的疏离、痛苦和抗议情绪从来没有合力形成一个具有政治主张并要求推翻现有制度的运动。但是，这些情绪无疑与爱国主义文化和武装志愿者的思想格格不入，形成了反差。同时也生动地提醒人们，这些年来大多数人的生活的确非常艰难。

在拿破仑战争时期的每一个阶段，对能否保持经济的正常发展以及能否维持现有的社会制度，都存在着来自社会下层的抗议以及来自社会上层的焦虑。1803 年重新开战以后，英国经济又增加了新的压力，导致粮食价格突然上涨。多地举行多次罢工：泰晤士河上，1801 年政府船坞举行了罢工，次年非政府船厂的造船工人罢工；1802 年和 1808 年，西南部以及北部各郡县的纺织工人罢工；1803 年泰恩河船工罢工。更不妙的是一个被称为“卢德主义”（Luddism）的运动的兴起，这是以其虚构的创始人内德·卢德（Ned Ludd）之名命名的运动。大多数卢德派是高度熟练的纺织品和袜业工人，因为使用新的机器设备，他们的工作保障和高工资正在受到威胁。他们开展运动的地点都带有明显的地域特点，特别是在老工艺羊毛纺织技术盛行的威尔特郡（Wiltshire）和格洛斯特郡（Gloucestershire），中东部和约克郡西部等地区。他们的攻击目标经过了精心挑选，他们的活动也得到了某个团体的支持，这个团体培养的一种强烈的手艺意识此时受到了新技术的威胁。因此，1802年威尔特郡的工匠对织布机进行了破坏，同时呼吁应宣布此类机械非法并向议会请愿应该维护手工艺的传统和操作手段。此后，形势一直很不稳定，1808 年是拿破仑决定对英国实施封锁之后情况尤其糟糕的一年。1806 年的出口额为 4 080 万英镑，在两年内则下降到了不足 3 520 万英镑；利物浦的原棉进口量从 1807 年的 14.3 万袋下降到第二年的 2.3 万袋，而谷物进口则下降到了 1807 年的二十分之一。需求疲软导致了低工资和工作时间缩短，而粮食贸易的混乱意味着玉米价格直线飙升，1 夸脱[①]玉米的价格从 1807 年的 66 先令涨到了 1808 年的 94 先令。

因此，抗议和暴力罢工频繁发生也就不足为奇了，而曼彻斯特在这些方面的糟糕形势最引人注目。与此同时，议会中少数激进派对议会进行某些改革的要求也越来越强烈。所以珀西瓦尔政府支持那些不走运的英国人采取企图占领布宜诺斯艾利斯的行动也就不足为奇了，他们希望以此打开更多的市场，缓解经济压力。这是过于乐观的想法，但接下来的几年，拿破仑的大陆体系的确开始松动(或后撤)。尽管如此，1811 年的英国经济形势比 1808 年更糟，因为伴随着政府支出的重大困难和金融恐慌也出现了海外贸易危机。英国对北欧的出口下降，仅为 1810 年的 20%，对美国的出口则下降 76%，而对南美的贸易额仅为前一年的 2/3。事实上，英国 1810 年的出口总额已经恢复到了近 6 100 万英镑，此时突然下降到仅有 3 950 万英镑。贸易额（其中最显著的是南美市场随着投机泡沫的破灭而崩溃）缩减了，政府的收入自然就减少了，而此时政府的支

① 容量单位，1英制夸脱等于1.136 5升，即0.001 136立方米。

出却高于以往任何时期：对历次联盟的补贴费用从1808年的600万英镑升至1810年的1 400万英镑，在西班牙作战的花费也高于以往，而1809年和1810年的歉收也导致谷物购买量增加。这种糟糕的局势又因为严重的金融危机而变得更糟：曼彻斯特最大的五个企业在1810年年末破产，由此引发的金融危机导致了全国范围内的破产和停工风潮。到1811年5月，兰开夏郡的工人一周只工作3天，这当然是在他们有工作的前提下，破产已经达到创纪录的水平，人们对国家的经济前景普遍深感沮丧。

1810年前后的那段时期，农业歉收，赋税沉重，物价上涨，失业率升高，出口市场波动频繁，社会持续动荡且趋于严重。1809年在考文特花园发生了“价格暴动”，在诺丁汉发生了骚乱；但最大的不满出现于1811—1812年，特别是在中东部地区的制袜行业。事实上，据估计从1811年3月到1812年2月，共毁掉了约一千台织袜机。在约克郡，熟练工人抗议使用剪羊毛机，机器被破坏，一些较大的羊毛纺织厂被烧毁，至少有一名厂主遭到杀害。政府试图通过更严厉的惩处手段，以弥补当地对此类行为管控的低效。打砸机器，破坏财产或宣誓加入卢德派都被定为死罪。军队进驻相关地区，并在1813年1月处决了17名卢德派成员，另外6人被流放到澳大利亚。这些措施虽然对卢德派有威慑作用，但并没有彻底消灭他们：他们以更隐秘的方式坚持着，并且到战争结束前一直继续着他们的活动。他们中的一些人也是政治激进分子，要求议会进行改革。而另一些人则可能采取更进一步的行动，其部分原因是针对政府的报复行为，他们企图推翻整个议会政体。当然，社会上流传着各种关于秘密会议、偏远地区的实弹演习，以及计划暴力革命等传言。事情可能还没有发展到那么严重的地步，但当斯宾塞·珀西瓦尔遭到暗杀时，在诺丁汉和莱斯特确实举行了庆祝活动，当摄政王决定支持现任政府而不是转而支持辉格党以后，1812 年 4 月在曼彻斯特交易所发生了暴动，而针对英国政府及当时所进行的战争而举行的抗议活动一直持续到战争结束才停止。

到 1812 年，民众抗议的原因和动机既有工业发展方面也有政治方面的，这些抗议与威斯敏斯特议会中极少数比较传统的激进反对派议员的意见不谋而合，这些议员试图与议会之外那些有不满情绪的人建立联系。然而，不论政府和公共服务在提供作战所需要的后勤保障，以及人员、武器和费用供给等方面有多么高效，梅尔维尔丑闻、约克公爵的不法行为，以及威尔士亲王的不得人心和债台高筑都导致了议会中的激进派要求进行议会改革，在他们看来现行体制已经彻底腐朽和衰败，他们把改革视为对这种体制的一种净化。威廉・科贝特（William Cobbett）和约翰・卡特赖特（John Cartwright）等作家对这种不满情绪起到了煽风点火的作用。曾因藐视下议院议长而被关押在伦敦塔里面的富有而激进的弗朗西斯・伯德特爵士（Sir Francis Burdett），成了所谓的“汉普登俱乐部”（Hampden Clubs）的主席。这个俱乐部意欲继续鼓动 18 世纪 90 年代由相应的社会团体发起的激进改革运动。这是对政府权威的又一次挑战。但正如卢德派所表现的那样，其威胁可能也没有看起来那么大。汉普登俱乐部的会员严格限于那些有钱人，而伯德特、科贝特、亨特和卡特赖特更感兴趣的不是推翻现行体制而是对体制进行改革。其他许多地区也出现了民众抗议。许多中产阶层人士强烈反对“枢密令”，理由是它们损害了经济，于是在 1812 年 6 月，政府为顺应时势正式废除了“枢密令”。第二年，政府试图实施一项立法，将玉米价格保持在最近达到的高水平上。联合王国各地的制造业者、小店主和工人都参与到各种集会和暴乱之中，这次运动在1814年持续了一整年，甚至战争结束，进行和平庆祝时也没有停止。一时之间他们取得了很大的胜利，因为没有任何与玉米相关的重要立法得以通过。

从1802—1814年的联合王国是集政治不满、民众抗议与爱国热情等于一身的国家，经济上经历了严重的短期波动与长期的增长并存的局面，甚至在其筹集和花费资金的能力达到前所未有的水平时却遭受了金融危机；对拿破仑统治的法国的抗战中，大部分时间都看似取胜无望，但最终大获全胜。最近并入联合王国却没有完全融入进来的爱尔兰也是个问题。可以肯定的是，18世纪90年代末存在的法国入侵和国内叛乱危险已不存在，许多爱尔兰人都在不列颠军队中参加抗击拿破仑的战斗。但19世纪初爱尔兰面临着比大不列颠更高压的政治形势，乔治三世的执拗使天主教解放毫无希望，人们对此普遍感到遗憾的同时也越来越清楚地认识到，爱尔兰很大程度上始终还是一个劣等异族，即使合并也无法改变这种局面。惠灵顿和卡斯尔雷是1814年英国在欧洲的两个著名人物，一个是军事方面的，一个是政治方面的。他们都是来自爱尔兰的地主家庭，但惠灵顿“更喜欢英格兰，因为我的朋友和亲戚都住在那里”，而卡斯尔雷被认为是“非常不像一个爱尔兰人”。亨利·格拉顿（Henry Grattan）是一个不折不扣的爱尔兰人，在都柏林议会被迫迁到威斯敏斯特之前曾担任过议员。在纪念《联合法案》实施10周年之际，他提出了一系列质疑：“统一体现在哪里？共同利益何在？支撑整个国家的核心应该是什么？”在同一年，即1812年，爱德华·韦克菲尔德（Edward Wakefield）出版了两册《爱尔兰统计和政治报告》（*Account of Ireland, Statistical and Political*），在书中他宣称爱尔兰是联合王国统治下的一个边远省份，联合王国充其量能发挥“一半影响力”。如果说西班牙是拿破仑的溃疡，那么爱尔兰就是英国的脓疮，溃烂持续的时间会更长。

但短期内，苏格兰却是各种不满表现最明显的地方，而这些不满都是由人们熟知的“高地驱逐”政策引起的。从一个角度来看，这是一直在英格兰和威尔士大行其道的农业圈地和改良做法的一个最具争议性、最残酷的翻版。从另一角度看，这些做法是针对经济萧条和边缘化的农村地区所做的一种尝试，这些地区的特点是贫穷、机会有限、人口膨胀，现有资源根本无法满足需求。但从第三个角度来看，这些做法又是大地主们的理性选择，他们通过在交通改善和港口建设等方面大量投资，把自己的土地租赁给商业化养羊的农民赚取更多的利润等做法，试图改善和改变他们的落后和投资不足的地产。但因此而造成的结果是，成千上万的佃户被迫从自己的小块农地上迁走，他们因为无情地主的铁石心肠、贪婪和残忍而成了牺牲品。伴随而来的往往是暴力拆迁，许多房屋及其附属建筑物被烧毁，以防止那些被驱逐的人再回来，而那些无依无靠的人常常被迫移民，特别是移民到英属加拿大，以及后来的澳大利亚。18 世纪 90 年代驱逐运动的节奏明显加速，但最臭名昭著的阶段开始于 1810 年前且一直持续到 1820 年。特别需要提到的是，在苏格兰最北部，萨瑟兰伯爵夫人收回了百万英亩的大片地产。驱逐行动由她的代理人帕特里克·塞勒（Patrick Sellar）监督执行，他所使用的残酷手段受到了广泛的谴责，导致伯爵夫人最终将其解雇。高地其他地方的驱逐行动则一直延续到 19 世纪 40 年代，给人们留下了长期充满痛苦和愤恨的记忆。不仅爱尔兰人对“凯尔特的附属”身份感到失望和怨恨，与爱尔兰人一样，19 世纪 80 年代，苏格兰人也再次对这种不公正的地主体制提出了极为强烈的抗议。

最终取得的变味的胜利

1814 年春拿破仑战败并退位之后，欧洲的政治家们试图重建欧洲大陆的秩序，因此大不列颠和爱尔兰联合王国面临的是如此多变和不确定的形势，饱受创伤和喜气洋洋，分裂和统一，幻想破灭和忠贞不贰，各种状况交替出现。但 1815 年 2 月下旬，正当维也纳会议（Congress of Vienna）还在开会商讨之时，流放到厄尔巴岛的波拿巴从岛上逃了出来，从而拉开了被称为“百日行动”的拿破仑战争的最后一幕。复辟的波旁王朝还没有真正赢得其法国臣民的人心或思想，仍然实行高税收以支付 18 世纪 90 年代初就开始的这场漫长战争的高昂花费，其发表的复兴民族宗教的激进宣言也使许多受过良好教育且思想自由的人不能接受，这一代人一直接受的都是大革命时期的反教权主义思想。当拿破仑在 3 月份返回法国时，他的老战友们迅速汇集到了他们心目中这位具有传奇色彩、非常出色的领袖身边；3 月 20 日，他趾高气扬地回到了巴黎，大量民众集聚起来向他致以欢呼。但是，奥地利、普鲁士、俄国和联合王国先前组建的联盟还没有解散，因为面临着可能重返战场再多打几年战争的局面，于是各国达成一致意见，在彻底击败拿破仑最终签署和平条约之前各自保留 7.5 万人的武装力量。于是第七个也是最后一个联盟就此成立，英国政府承诺再为其提供 900 万英镑的资助。6 月 18 日，拿破仑及其 6.8 万人的部队与惠灵顿率领的由英国、荷兰和德意志军队组成的一支 7.2 万人的联合部队在布鲁塞尔以南 8

英里[①]的滑铁卢对战。这场长时间的艰苦战役大多时候都是处于胶着状态，而在陆军元帅布吕歇尔（Field Marshal Blücher）率领下的普鲁士军队迟迟抵达战场的那一天，盟军才取得了优势。到了傍晚，法国军队的抵抗全线崩溃。拿破仑回到巴黎，第二次退位，而后被流放到英国位于南大西洋中的圣海伦娜岛，这个边远的小岛根本无从逃脱。1821 年 5 月 5 日，51 岁的拿破仑在岛上去世。

惠灵顿后来把滑铁卢战役描述为“一生经历过的最势均力敌的战役”。这当然没错，而这场胜利不仅对英国人来说具有十分重大的意义，从参加这场最后决战的各民族的角度来看，这至少对第七联盟整体来说也具有同样重大的意义。但命运总是与成功复出的拿破仑对着干，因为就在生死关头的当天，在“铁腕公爵”惠灵顿和布吕歇尔已经战败的情况下，俄国和奥地利的援军迅速从东边赶来，没过多久就给已经遭受严重打击的法国军队以致命的一击。所以对于大国之间的那些交战区域广大的长期战争来说，获胜不只是战略战术和将才的问题，虽然自古以来这些都很重要，还有敌对双方之间资源的相对分布问题。一旦英国人、奥地利人、普鲁士人和俄国人能够像他们 1813 年以来成功做到的那样最终（姗姗来迟地）达成一致意见，团结一致抗击法国的篡位者，他们能够召集和动员的人力、金钱和武器装备，与全民皆兵的法国相比就具备了压倒性的优势，这意味着尽管拿破仑的军事才华毋庸置疑，他也迟早会面临战败的结局。这场持续时间事实上超过 20 年的欧洲及全球战争就这样结束了，在这场战争中，估计有 500 万人丧生，英国人几乎是从头至尾都参与其中，不仅在欧洲，更是在世界各地的每一个

---

① 1英里约合1.61公里。

战场上。滑铁卢战役之后，军方领导人、政客和政治家们如释重负地回到维也纳以完成重绘欧洲版图、重建各国政体和政治格局等工作。惠灵顿的成功毫无疑问有布吕歇尔的功劳，但与之前相比他更是名噪一时的英雄了，英国在欧洲享有的声望之高超过以往，或者说以后也再无超越，甚至在 1945 年，其声望也无法与之相提并论。

联合王国与俄国共同成为拿破仑战争的主要受益者，这两个国家（帝国）在欧洲大陆称雄并不是巧合。正是俄国巨大的人力资源与英国日益增长的经济优势和不可否认的海上霸权相结合，才最终结束了这名科西嘉暴君的统治并挫败了他统治欧洲大陆的计划。18 世纪 80 年代，与英国相比，法国（跟中国一样）经济发展状况没有明显的劣势。而刺激英国经济发展，从而使联合王国在战争中发挥出空前能力的大革命和拿破仑战争，却成了法国的一场灾难，使它在人口增长方面落后于英国，没有实现工业化，也没有筹集到足够的资金以保证战争的最终胜利。最终的和平解决方案很宽宏大量，让法国保留了其 1793 年之前的边界，其加勒比海殖民地也大多失而复得。但是拿破仑将路易斯安那、埃及和南亚等收入囊中的世界帝国梦想早已被抛到九霄云外。法国也不是唯一帝国抱负破碎的国家，因为就在这之后几年的时间里，西班牙和葡萄牙在拉丁美洲日益风雨飘摇的帝国也被殖民地的起义推翻了，而起义中的许多领导人都曾经在伦敦生活过。这些起义的成功堪比 1776 年的美国殖民地起义。同时，英国得到了爱奥尼亚群岛、马耳他、黑尔戈兰岛、特立尼达、多巴哥、圣露西亚、圭亚那、锡兰、毛里求斯和开普殖民地，以及西非冈比亚的贸易点。它还占据了包括直布罗陀、马耳他、悉尼、开普敦、新斯科舍的哈利法克斯和牙买加的金斯顿等在内的许多世界上最好的港口。

到 1815 年年底，沉浸在胜利喜悦中的联合王国和大英帝国成为世界上最强大、最富有、最有实力的国家。但很多生活在社会底层、终其短暂的一生都处境艰难的贫穷国民可能不这么想；但英国的统治阶级却可以对不列颠惊人复苏的国家命运进行庆祝了，因为其国运在 1783 年曾经几近毁灭、在 1793 年遭受巨大威胁、在 1797 年非常消沉、在 1802 年极为动荡，而在 1812 年又是如此绝望。正如爱德华・吉本在其《罗马帝国衰亡史》中捕捉到的是之前国民的悲观、焦虑和清醒等情绪一样，如今在滑铁卢战役之年，帕特里克・卡胡恩（Patrick Colquhoun）在其《论大英帝国的财富、权力和资源》(*Treatise on the Wealth, Power and Resources of the British Empire*）中赞颂的则是到 1815 年时人们普遍持有的幸运解脱和帝国复兴等截然不同的感受。就像当时在政治计算和国家量化等方面给出的大多数指标一样，他采用的数据往往也令人生疑；但显示出的数量级还是有意义的，可以用比较现代的统计学加以更新和扩展，总体布局很明确。卡胡恩计算认为，包括美国殖民地在内，1750 年不列颠统治的人口有 1 250 万；到 1815 年甚至已经失去美洲殖民地的情况下，人口还有 6 100 万。这两个数字应该都是低于实际人口数量的，即到 1815 年，在联合王国和大英帝国生活的人口很可能接近 2 亿，或者说占到了全球人口的 1/5。这是一个非常巨大的数字，这意味着就总人口这方面来说，英国也无疑是一个世界大国。卡胡恩还计算出，包括国内的民兵和东印度公司在南亚的军队在内，大英帝国的陆军与海军力量加在一起达 100 万人。这一前所未有的军人数量代表了英国陆军和海军从 1793 年起扩大了 3 倍，首次使英国军队的人数接近奥地利（60 万）、俄国（150 万）和法国（1811 年 100 万，但 1815 年后只有 20 万）等欧洲各国陆军与海军的总和。

再次重申，这些数字非常巨大；而英国军队在全球的地理分布同样意义重大。皇家海军在波罗的海、北海和大西洋等北部海域巩固住了其霸主地位；在西部，它取代了法国、西班牙和威尼斯成为地中海的霸主，也很快摧毁了土耳其帝国在东部至高无上的地位。在波斯湾、印度洋及红海地区，英国的海上力量则取代了荷兰人和法国人成为优势力量；在由詹姆斯·库克船长最近开拓的太平洋地区，西方没有任何海军力量能够与英国的舰船抗衡。1745 年，大不列颠第一次可以自豪地夸耀，其在全球海域称霸，并拥有实质性力量，因为纳尔逊永垂不朽的功绩，皇家海军创造了集领导力和天才、责任和牺牲等精神于一体的神话，所具有的教育意义在后来的几十年仍具有深远影响。与此同时，英国军队越过比利牛斯山脉入侵了法国，重新在欧洲大陆占有一席之地，惠灵顿是值得英国人夸耀的天才，一个民族英雄，在欧洲取得了自马尔伯勒公爵（Duke of Marlborough）以来再也没有出现过的一系列胜利。英国势力在印度的逐渐强大则具有更重要的长远意义，这意味着联合王国现在可以重复其长期以来在地中海的做法，对俄罗斯帝国在亚洲的疆域发起挑战。这些扩大的军事资源和不断取得的胜利也相应地保障了其巨大的收益。卡胡恩估计英国王室所拥有的私人和公共财产总计达 4 万亿英镑，细算下来，其中有 1/4 是在印度、非洲和加勒比海等地近期的交战中获得的。以财富总量进行衡量的话，这意味着不列颠，再加上其帝国，比法国或俄国都富有，而且是世界上经济最先进、国际贸易额最大的国家。

从所有这些方面来看，1815 年欧洲最终实现和平之际，大不列颠和爱尔兰联合王国看似是一个地位突出、不可或缺的国家。然而，在接下来的一个世纪中，它对欧洲大陆事务持续而直接的军事介入是自 1688 年算起最少的，而它与帝国统治之外的更广泛世界的接触，以及在国际贸易、投资和移民等方面投入的精力却超过以往任何时候。只是在 20 世纪初的时候，英国才再次全身心投入了欧洲大陆事务。滑铁卢战役之后，人们广泛认为，与所有欧洲列强相比，联合王国的政治文化与生俱来就更“自由”：与法国、俄国、奥地利或普鲁士相比，英国对君主的约束力更强，新闻更自由，在宗教方面的宽容度更高，舆论更具影响力。“自由”是当时刚时兴的时髦词，是从那些反对拿破仑的西班牙人那里借用过来的。随着工业化发展的壮大，以及人们生活条件的逐渐改善，英国进入了社会安宁和政治长期稳定的阶段，成为全世界羡慕的对象，同时也为从狭隘的寡头政治渐进而有序地过渡到更广泛的大众选举政治创造了条件。后来几十年的时间里，在欧洲大陆又发生了许多次革命和流血事件，但由于人民的力量和上天的眷顾，联合王国避免了此类事情的发生。它成功地使自由与秩序、繁荣与进步相辅共生，这是其他国家完全无法与之相比的。这就是我们看到的从 1815 年开始建立世界霸主地位的英国在这个世纪里的样子，以及逐渐自信起来的过程。因此，英国人津津乐道且以实际行动展现的，是地球上所有国家都无法相比的最令人振奋的利己主义民族叙事。

在某种程度上，这种典型的辉格党式叙述没有错，但只是在某种程度上而言。因为各国创造和发展出来的所有关于自己的神话，都是事实与虚构的共鸣。尽管联合王国最终在经济、制度、帝国扩张及全球化上占据了优势地位，但是它能够战胜大革命时期及拿破仑统治下的法国并不存在什么必然性，也不是命中注定；甚至到了 1812 年最后的几个月，最终的结果还依然是未知数。英国的政治文化可能在某些方面独具“自由”特点，但在19世纪的上半叶，这一点也并不总是很明显，它与欧洲大陆的发展之间存在的差异和优越性常常被夸大。19世纪初到19世纪40年代的几十年里，也算不上社会安宁和政治稳定；19世纪下半叶，许多欧洲国家在拥护民主方面更热情，而当时的英国领导人对此却是很不情愿的态度。和许多欧洲国家一样，联合王国是一个复杂的多民族君主制国家，《联合法案》并没有让爱尔兰人感到满意和平静。虽然在联合王国及其移民殖民地可能有自由的存在，但在大英帝国的其他地区施行的却是非常专制的统治。尽管英国具有不可否认的全球优势地位，但这种地位并非天意注定，也不会永远如此。这在很大程度上取决于运气，也因为在欧洲和其他地区缺乏竞争对手，而这种在欧洲大陆和全球范围无可匹敌的局面也不会永远存在。我们今天回头去看才知道，英国在19世纪的成功看似如此彻底、如此确定，且如此自信。但当时的人们可不这么认为，当然在1815年时英国人也没有进行回顾。因为当时掌权的人们都在展望国内和国外不确定的未来，企业和商人阶级在担心出现新一轮的经济衰退，而大多数人在胜利带来的短暂兴奋过后，仍然继续着每天的劳碌，生活依然没有得到保障。

第三章

大国的沧桑巨变，1815—1829 年

在滑铁卢之后，惠灵顿再次与卡斯尔雷一起参加了维也纳会议，英国与同盟中的其他战胜国重新回到会议的议题，即恢复欧洲传统的君主与贵族统治制度，因为 1789 年释放的颠覆思想对这个制度已经构成了几近致命的威胁。对复辟的法兰西王朝和获胜的奥地利王朝，塔列朗和梅特涅都持赞成态度，而像他们这种旧制度的维护者在维也纳虽然尽到了最大的努力，但君主制的恢复永远也不可能彻底实现。然而，1848 年之前在马德里以及巴黎、那不勒斯、维也纳、柏林和圣彼得堡等地仍然在位的许多国王和他们的顾命大臣还是坚信君权的合法性。相比之下，联合王国却不需要为此刻意而勉强地发起对抗性革命，因为由王权与教权，政府和议会构成的现行制度得到了广泛的爱国主义情绪的支持，经过 25 年的全球战争始终很稳固。不列颠的颠覆活动和爱尔兰的叛乱都得到了镇压。联合王国一直在世界的海洋上，（最终）在陆地上也所向披靡，曾对一系列的大陆联盟慷慨地提供了资助，各次联盟虽几经开局不利，但最终还是打败了拿破仑。随着庆祝法国最终失败的胜利钟声的响起，英国战时的胜利的确看似是其陆海军将士、政治家和国家公仆们因其勇敢和勇气、责任感和训练有素、英雄主义和专业精神

而带来的良好结果。这个 18 世纪末 19 世纪初的军事财政国家，得到了不断发展壮大的工业经济的支撑，能够筹集到的资金数量前所未有，其政府能人林立且领导作风强硬，最终造就了成功的结局并取得了胜利的成果，这既有他们的付出也是天命注定。

但换一个角度看就是另一番景象了。因为 1815 年的联合王国是一个气数耗尽的国家，很快就进入了严重的战后经济衰退状态，而在许多人看来，随着一个日益疏远民众、自私、贪婪并以自我为中心的精英集团的上台，国家陷入了挥霍和腐败的泥潭。和平时期担任首相的小皮特曾努力让英国政府变得更加理性、更负责且更高效，虽然在美国殖民地战争中耗资巨大，但还是努力使国家财政处于更稳定的状态。大革命和拿破仑战争把那些努力一笔勾销，且使国债翻了两番，加上军费开支的相应增加，联合王国并没有显示出其潜在的经济实力和财政能力，而是显露出国家破产和经济崩溃的迹象。此外，根据威廉·科贝特和约翰·韦德（John Wade）等作家和评论家的观点，由于存在着他们所描述并谴责的“旧腐败”现象，联合王国的公共财政情况愈加糟糕，给格伦维尔和韦尔斯利等家族的挂名闲职和养老金每年就要花掉几十万英镑。科贝特和韦德认为，军人及政府官员根本不是英雄行为和无私的爱国责任的代表，而是一些自私自利、大捞不义之财、不择手段追求自我成功的人。王室成员更为糟糕，因为摄政王和约克公爵仍然负债累累，婚姻丑闻和性丑闻缠身，因此始终极不受欢迎，广遭厌恶。乔治三世晚年可以说成了完美的典范，被称为“人民之父”，但在自己的儿子面前他却是一个失败的父亲。

这个寡头政府看似更加利己而非爱国，对国家财政的管理不够审慎并且很不负责任，这一点得到了滑铁卢之后随即发生的两件事的进一步证实。第一件事与所得税有关，所得税是作为临时措施和战时权宜之计，由皮特在他 1798 年 12 月的政府经费预算中提出的，1803 年与法国重新开战后由阿丁顿再次征收。这个税一直是英国军方得以成功融资的关键。面对史无前例的公共债务及 1816—1820 年间的 3 200 万英镑这整个 19 世纪当中最高的年均利息数额，利物浦勋爵的政府试图在和平时期也继续征收这项“临时”所得税。但下议院拒绝批准这项提议：许多议员不赞成政府在战争结束后还要维持那么巨大的开销，还有一些人认为所得税带来的收入仅仅是为“旧腐败”支付花销和提供资金。结果利物浦政府无法长期实施应对债务的连续政策，而财政大臣尼古拉斯·范西塔特（Nicholas Vansittart）被迫采取各种短期措施，其中就包括继续从伦敦金融城[①]和英格兰银行巨额贷款。第二件事是《谷物法》的通过，这件事更具争议性，让政客和民众在 19 世纪 40 年代甚至之后的时间里付出了大量精力，该法案规定国内小麦没有达到每夸脱 80 先令的价格之前全面禁止进口其他国家的小麦。之前采取这种措施的尝试都以失败告终，但此时的政府坚持认为这项立法会极大地激励国内的生产者，并能够以稳定的价格保证小麦的稳定供应。但对中产阶层和工人阶级来说，这种说法就是骗人，因为他们认为《谷物法》是一个以地主的自利行为为中心的立法，没有顾及全体人民的福祉。

在议会围绕《谷物法》展开辩论之时，全国各地都在举行抗议集

① 简称伦敦城，是英国大伦敦的32个郡之一，位于伦敦著名的圣保罗大教堂东侧，占地2.6平方公里。由于该地聚集了大量银行、证券交易所、黄金市场等金融机构，所以又称为伦敦金融城。

会，还有一场广泛的请愿运动。聚集在威斯敏斯特宫外的人群在军队的干涉下才被驱散，较为著名的该法案支持者们则在伦敦的家中遭到袭击。这股风潮似乎是贫穷的工薪阶层真正自发的愤怒行为，这些人被迫支付更高的费用购买面包果腹，那些地主、闲人和富人却仍然能够拿着租金过着舒适的生活。但这一切努力都无济于事，而这也进一步为那些激进派和未来改革者提供了支撑依据，他们呼吁改变立法体制，使其不那么自私，更能代表全体人民和整个国家的利益。1815 年年末突发的经济衰退进一步推动了这些需求，因为和平既没有给厌战的人民带来繁荣，也没有给他们带来充足的收入。相反，公共开支即时削减，加上军需品的后续订单取消，成千上万的退役士兵回国后常常找不到工作，许多人的日子越来越艰难。相对于其他地方而言，欧洲大陆的情况可能最糟糕，那里充斥着饥荒、动乱和高失业率，发生了自法国大革命以来最广泛、最激烈的粮食骚乱。萧条混乱的欧洲大陆也不是英国工业产品销售的好去处，1814—1816 年间，联合王国的海外贸易额下降了 1/3。随着经济步入衰退［在伦敦仅斯皮塔福德（Spitalfields）区就有 20 多万纺织工人失业］，仿佛 18 世纪 90 年代的狂热和颠覆形势又回来了，在国外取得的胜利能否保证国内的政治和社会稳定根本就是个未知数。对于利物浦勋爵和他的同僚来说，和平时期的挑战与战争时期的问题一样巨大，而至少就这一点来说，他们与自己治下的人民没有什么不同。

欧洲、帝国和世界

尽管国内有许多不确定因素，但利物浦勋爵的执政却一直持续到了 1827 年年初他丧失工作能力为止。他连续在位 15 年，是小皮特之后执政时间最长的人，超过了其 19 世纪所有的继任者。这种政治上的高度连续性也更进一步表明，在这段时间内英国的海外关系仅由三人主宰：卡斯尔雷和坎宁相继担任外交大臣及下议院领袖，而第三个人则是巴瑟斯特伯爵（Earl Bathurst），他在这段时间内一直都在担任战争大臣兼殖民地大臣。卡斯尔雷不仅是伟大的英 – 爱贵族王朝的后裔、伦敦德里侯爵 (Marquis of Londonderry) 的继承人，还是小皮特的门生，他从 18 世纪 90 年代中期就一直活跃在公共生活中，对《联合法案》的通过起到了重要作用。而后他成为拿破仑战争结束时进行和平谈判的一个重要人物，他的目标是通过维持战败的法国与胜利的同盟国之间的力量平衡维护欧洲的和平，从而使英国继续谋求其帝国利益和海上发展，而不是再次被欧洲大陆重燃的战火所拖累而深陷其中。卡斯尔雷长期的政治对手和最终的继任者是坎宁；坎宁也是一个皮特派，曾在波特兰公爵手下担任过外交大臣，但他出身卑微，能在 19 世纪那个年代担任外交大臣极不寻常。坎宁的母亲是个演员，父亲是一个境况不太好的律师，而他本人（与格莱斯顿的父亲一道）在利物浦政府做了 10 年的议会议员，这意味着他非常了解商业和贸易人士的意见，与卡斯尔雷不同，他的外交政策被广泛认为更注重这些人的利益。巴瑟斯特也是一个贵族地主，是惠灵顿关系密切的朋友，他主持殖民地部，负责殖民地的巩固和扩张，也就相当于意义重大的大英帝国的扩张。

卡斯尔雷、坎宁和巴瑟斯特掌握着什么样的资源可以让他们用于策划和维护英国在海外的势力？他们的背后是无坚不摧的皇家海军和（最终）取得胜利的英国陆军，巴瑟斯特通过将战争部和殖民地部合并明确了权力与政策之间的联系。在与法国的敌对状态即将结束之时，在削减军费开支的问题上政府面临着巨大的内、外部压力，所以英国陆军和皇家海军都适当缩减了人员；但由南亚次大陆而不是由英国纳税人资助的印度军队，却仍然保持在战时水平，尽管如此，皇家海军船舰的数量还是很多，比位列其后的三个海上强国加在一起还多。但卡斯尔雷、坎宁和巴瑟斯特可调配使用的人员，无论是在伦敦还是在海外，数量都极少。1821 年，外交部的全部工作人员只有 28 人，其中包括两名副大臣和一名土耳其语翻译；而英国外交部全部的驻外费用每年不足 30 万英镑。1792 年殖民地部负责的殖民地有 26 个，但到 1816 年则达到了 43 个，但就其在白厅雇用的人员数量来说，始终比外交部人员还少。这两个部门都没有一个合理的或任人唯贤的招聘制度，因为各项任命都是依据大臣的恩惠和家庭关系等情况而定。卡斯尔雷任命的驻外大使包括卡思卡特伯爵（Earl Cathcart，军人，派驻圣彼得堡），斯图尔特爵士（Lord Stewart，他同父异母的哥哥派驻维也纳）和亨利·韦尔斯利（惠灵顿的弟弟，派驻马德里）。这几个人当中没有一个人有什么过人之处。在殖民地部，乔治三世的另一个儿子肯特公爵于 1802 年被任命为直布罗陀总督，但因其严厉的处罚方式引起了叛乱，很快就被召回，但是他在 1820 年去世之前名义上还一直担任着这个职务。1808 年，曼彻斯特公爵被派往牙买加担任总督，直至 1827 年。两人都是职业军人，但都没有出众之处，而肯特唯一留名青史之处是他在去世的前一年生育了后来的维多利亚女王。

卡斯尔雷战后的目标是确保欧洲大陆不再陷入代价极高、极具破坏性的长期战争之中。为此，他试图建立一个名为“欧洲会议制度”（Congress System），或“欧洲协调”（Concert of Europe）的制度，将近日在维也纳召开的一系列会议变成一个半永久性的例会，因为联合王国、奥地利、俄国和普鲁士等四大强国的代表都同意在今后定期举行会议，以维护国际合作，讨论共同关心的问题并解决它们之间存在的一切争议。（还有一个好处是卡斯尔雷会亲自参与此类商谈，虽然大大增加了自己的工作量，但他也不会让他的那些毫无影响力的大使来代替他。）在滑铁卢战役之后，卡斯尔雷曾与其他三个战胜国共同研究提出了这种做法，他们与他一样，也渴望建立共同的安全防御体系，其中一个标志就是，这四个国家一致同意，在未来二十年内如果有波拿巴家族的成员重新上台执政，他们将立即对法国宣战。第一次此类议会于 1818 年在亚琛（Aix-la-Chapelle）召开，俄国沙皇、奥地利皇帝及普鲁士国王都出席了会议，英国的代表则是卡斯尔雷和惠灵顿。会议的主要目的是安抚法国：降低了因大革命和拿破仑战争给同盟国造成的破坏所应支付的赔款的金额，同盟国从 1814 年开始的占领宣告结束，法国加入欧洲协调。但此后，英国开始与俄国、普鲁士和奥地利发生利益分歧，这三个国家已经形成了自己独立的“神圣同盟”，以保护专制君主制及其强硬政府，并确保对今后发生的革命予以镇压。卡斯尔雷出言不逊把这个联合体斥为“极端荒谬、愚蠢之至”。

可以肯定的是，卡斯尔雷反对革命，惠灵顿公爵更是如此：他们都曾对 1789 年法国革命和 1798 年爱尔兰叛乱感到惊骇。但他们也在某些方面为议会负起了那些专制君主及其大臣没能担负的责任：卡斯尔雷作为外交大臣对下议院负责，惠灵顿于 1818 年作为军械总长加入利物浦政府对上议院负责。不论在自己的国家，还是在欧洲其他地方，卡斯尔雷和惠灵顿都不喜欢“舆论”，自身不受舆论约束也不关注舆论，但他们却不能完全无动于衷。英国和“欧洲协调”内的专制政体成员之间的意见分歧在 1820 年公开化，这一年在西班牙、葡萄牙、那不勒斯及皮埃蒙特（Piedmont）发生了起义和革命。篡夺王位的拿破仑的哥哥约瑟夫・波拿巴退位之后，波旁王朝于 1813 年在西班牙复辟，但斐迪南七世重新夺回王位之后废除了 1812 年通过的自由宪法，试图在国内恢复专制君主制并击败同时期在拉丁美洲寻求独立、摆脱马德里统治的起义者。但是到 1820 年，西班牙政府实际上已经破产了，税收提高到了令人无法接受的程度，军队中普遍存在怨愤情绪，公众的不满也随之高涨。斐迪南被迫认可 1812 年通过的宪法，召集议会，并让位于自由政府。伴随着西班牙危机，意大利也发生了类似的事件，西西里王国和那不勒斯王国的斐迪南国王也被迫接受 1812 年的西班牙宪法，而皮埃蒙特 – 萨丁尼亚（Piedmont-Sardinia）的国王维克托・埃马努埃莱一世（Victor Emmanuel Ⅰ）于 1821 年被迫退位。葡萄牙受邻国西班牙的激励和鼓舞也发生了一场自由起义，要求流亡的王室从巴西返回，但也要建立一个合法的君主立宪制。

“神圣联盟”认为他们应该干预此类革命威胁。相比之下，急于维持势力平衡的卡斯尔雷则凭直觉站在了既定秩序的一面，他认为“为了强制实现对执政权威的服从”干涉其他国家的内部事务是错误的行为，他坚持认为，那不勒斯、西班牙和葡萄牙的革命是其“国内问题”，仅仅作用于欧洲大陆的外围地区，对欧洲整体的和平与安全大局没有威胁。因为英国与奥地利、俄国和普鲁士之间产生了疏离，他拒绝参加 1820 年在特罗保（Troppau，旧称奥帕瓦 Opava）以及第二年在卢布尔雅那（Laibach/Ljubljana）召开的会议，这两次会议的目的都是探讨如何对伊比利亚半岛和意大利发生的起义做出强有力的回应。相反，卡斯尔雷派自己同父异母的弟弟斯图尔特勋爵去参加了会议，但身份不是与会者而是观察员。他重申了英国的立场，即干预欧洲其他国家的内政违反国际法，也违反他们最初制定的联盟条款，这么做没有任何好处。但摩尔达维亚（Moldavia）和瓦拉几亚（Wallachia）这两个亲俄的公国在 1821 年反抗奥斯曼帝国的统治，一个自封的“希腊国民议会”于 1822 年年初发表了自己的独立宣言，脱离“奥斯曼强权的欺压”。联合王国的舆论压倒性地站在了希腊人一边，但这一次卡斯尔雷对反叛和镇压行为孰好孰坏却持有不同的看法。他担心希腊人的反叛会严重削弱已经岌岌可危的奥斯曼帝国，而他急于支持奥斯曼帝国以对抗俄国，因为他与后来的多任外交大臣一样，担心沙皇对英国的印度帝国和英国在地中海的优势地位包藏掠夺野心。眼前他更担心的是俄国为了形成对奥斯曼帝国的长期严重打击可能会支持希腊的叛军。因此，卡斯尔雷决定参加计划于 1822 年秋在维罗纳（Verona）召开的下一届会议，这样他可以与俄国沙皇当面讨论这些问题。但过度劳累产生了恶果：当年夏天卡斯尔雷出现了严重的精神崩溃症状，并在 8 月自杀身亡。

至此，他已经连续担任了 10 年的外交大臣，这个任职年限记录直到 20 世纪初爱德华·格雷爵士（Sir Edward Grey）任职时才被追平。卡斯尔雷在他生命的最后一年继承了家族的财产和头衔，并因此以伦敦德里侯爵的身份（但是他的后人认同的始终是卡斯尔雷的名号）转到上议院短暂任职。在他执政的大部分时间里，他一直致力于欧洲事务，但是他在生命的末期却对“欧洲协调”越来越持怀疑态度，并敦促英国不要介入欧洲事务。事实上，1822 年 10 月，即卡斯尔雷去世两个月后，由惠灵顿作为政府代表参加的维罗纳会议上，联合王国就永久地脱离了“欧洲会议制度”即“欧洲协调”。卡斯尔雷一直是君主制、贵族制和等级制的坚定拥护者，并致力于维护欧洲的和平；但在其生命的最后阶段俄国崛起为强国，迫使他必须关注大不列颠的亚洲事务，而拉丁美洲的西班牙殖民地发生的反对其帝国统治的长期大规模叛乱也开始成为他关注的问题。新近担任利物浦勋爵政府控制委员会主席的坎宁接替了他在外交部的职务，负责监管东印度公司的事务。坎宁的语言天赋和表达技能大大超过其前任，是第一位出版了大量外交信件为自己行为的合理性进行辩护的外交大臣。卡斯尔雷与新闻界的关系不好，或者说他事实上也从来不想建立这种良好关系，而坎宁在这一点上也强过卡斯尔雷。虽然西班牙和葡萄牙发生的事件迫使坎宁把拉丁美洲事务作为其关注的焦点，但他最优先考虑的也一样是超出欧洲范围的全球性事务，而非欧洲大陆事务。

到 19 世纪 20 年代中期，人们之前抱有的西班牙和葡萄牙能在君主立宪制下拥抱自由宪法的希望也没能实现。1823 年法国入侵西班牙，目的是恢复斐迪南七世的统治，他最近因为坚决反对自由立宪派被西班牙议会废黜。坎宁坚持卡斯尔雷的不干涉其他欧洲国家事务的政策，又受最近国防经费遭到削减所限，坚决反对英国卷入其中。斐迪南如愿复位且又继续统治了 10 年时间，在此期间，他巩固了自己的专制君主政体，并对早先反对他的自由主义者进行了报复。与此同时，葡萄牙的若昂六世（John Ⅵ）已于 1821 年从巴西流亡地回国，一开始他按照西班牙的新模式接受了一个限制他自己权力范围的自由宪法。但是法国对邻国西班牙的干预鼓励葡萄牙军队发动了政变，推翻了现有的议会和宪法，赋予国王更多的权力。若昂六世一直统治到 1826 年，最终由他的儿子米格尔一世（Miguel Ⅰ）继承王位。米格尔一世是梅特涅亲王的朋友和崇拜者，事实证明他实行了更加专制的统治。在这种情况下，坎宁决定派遣一支远征军进行干预以维护葡萄牙的自由。但这根本行不通，而米格尔这个刚愎自用的君主，到1834年被推翻并被迫流亡之前一直在位。虽然坎宁以其无敌的手段在议会和媒体间为此事进行辩护，但也没能形成一项长期或成功的外交政策，而最终的结果是专制的君主政体在西班牙和葡萄牙都得到了加强，这更加遂了“神圣联盟”那些君主而非英国政府之意，并得到了同样反动的法国国王查理十世的热心支持。

坎宁的反应是远离欧洲大陆西端这些可悲的死灰复燃的专制统治政体，并“召集新世界的力量与旧世界抗衡”。这句话也是他的言语中被人们援引最广泛的。自从法国入侵伊比利亚半岛以后，拉丁美洲的西班牙和葡萄牙殖民地就一直在寻求从马德里和里斯本的帝国统治下解放出来，这两国的君主要么是拿破仑式的篡位者，要么是后来复辟的合法但专制的君主，到19世纪20年代初期，这些殖民地大部分都成功地取得了独立。由于未能阻止西班牙和葡萄牙等专制政权的复辟，坎宁决定对独立后新建立起来的布宜诺斯艾利斯（后来的阿根廷）、墨西哥及哥伦比亚等共和国予以承认，并在1825年年初付诸行动。不久后，他与葡萄牙的若昂六世谈判达成了协议，后者终于承认了巴西的独立，而他自己的儿子佩德罗阁下（Dom Pedro）已于三年前宣布自己为巴西独立的立宪君主（实际上是皇帝）。坎宁是想通过对这些新独立国家的承认，显示自己崇尚的是自由国际主义而不是欧洲大陆的专制主义，但他也有商业方面的考虑，因为他坚定地（也许过度地）认为，目前建立起来的拉丁美洲开放市场很快会成为英国商品和资本的主要销售渠道。他得意地在下议院宣称：“西（班牙）属美洲是自由的，如果我们能管理好自己的事务，她就会成为英国的！”这句话完全道出了他的内心所想。坎宁对拉丁美洲感兴趣最主要是因为其贸易潜力，而不是因为进一步统治的欲望。美国总统不久前实施了门罗主义政策，不仅对前西班牙殖民地的独立予以承认，还强烈反对任何欧洲列强今后对西半球的这些国家和事务实施政治或军事干预。坎宁也试图在英国实施类似门罗主义的政策。

坎宁的拉丁美洲政策虽然没有得到全面的接受，却非常受新闻界、舆论和商业及贸易人士的欢迎，也使人们忽略了他在伊比利亚半岛事务上不太成功的做法。乔治四世（他在1820年其父亲去世后以摄政王的身份更进一步正式即位）、惠灵顿公爵和其他居于高位的托利党人不喜欢他对叛乱分子的支持态度，他们认为这些叛乱分子受“法国思想”的误导和煽动，对他们合法的君主统治有危害。但坎宁认为西班牙和葡萄牙的帝国行将就木，自己是支持赢家反对输家，这也会给英国带来长期的商业利益。在世界的另一边，奥斯曼帝国这个曾经的伟大帝国也处于衰落之中。然而对于在卡斯尔雷执政即将结束时发生的希腊起义，坎宁采取的政策却截然不同。在诗人拜伦勋爵等对希腊人怀有特别好感的人看来，希腊人与拉丁美洲的人一样，因为他们也是反对专制统治，为自由而战。但坎宁与卡斯尔雷持有相同的观点，认为支持奥斯曼帝国非常重要，这是对俄国在地中海和亚洲扩张野心的必要抗衡，而俄国对希腊反对派的支持态度更坚定了他的这个看法。他愿意认可希腊人起义，并且于1823年年初付诸了行动；但他坚持英国保持中立，拒绝加入欧洲协调，担心出现奥斯曼帝国遭胁迫导致俄国取胜的结果。但1825年12月初，独断的沙皇亚历山大一世（Tsar Alexander Ⅰ）去世开启了一个机会，惠灵顿被派去与沙皇的继任者尼古拉一世（Tsar Nicholas I）谈判，结果是1827年7月签订了《伦敦条约》（Treaty of London），根据这个条约，英国、俄国和法国同意确认希腊对其内部事务拥有主权，但奥斯曼苏丹仍保留其总体统治权。

因此，坎宁对自由主义者和革命者的支持受到了更广泛的地缘政治因素的制约。虽然这些起义在拉丁美洲取得的成功对伊比利亚半岛没有什么益处，但如果它们反抗的是英国不赞成的政府，他就会给予支持；而如果他们反抗的是联合王国希望维持的政权，特别是奥斯曼帝国，他充其量也就是摆出不冷不热的态度。与卡斯尔雷相比，他无疑是一个更浮夸、更会讨好媒体的外交大臣，但他工作的环境如此不同，所以争论这两人在政策方面各有多少连续性或非连续性似乎没有什么意义。巴瑟斯特爵士在殖民地部长期任职期间，其职责就是维持联合王国与世界许多地方的关系，而其政策的连续性与非连续性程度与他们差不多，相对于后来的坎宁来说，他会更支持卡斯尔雷。巴瑟斯特与卡斯尔雷和惠灵顿都是好朋友，且与他们一样认为政府的首要任务是帮助维护国内和国外的既有秩序，他也曾在斯宾塞·珀西瓦尔政府短期担任外交大臣。巴瑟斯特也厌恶法国大革命，他作为殖民地大臣完成的最惬意的任务就是适宜地选择了圣海伦娜这个偏远的岛屿作为拿破仑最终流放的地点。他作为国库出纳兼王座法庭公诉书记官拿着一份闲职收入，因此也是激进者深恶痛绝的“老腐败”的受益者。他在教会和托利党内部都身居高位，是格洛斯特郡显赫的地主，终生支持农业利益，对1815年的《谷物法》投了赞成票。因此，对于堪称在联合王国占支配地位的“军事–农业复合体”来说，巴瑟斯特是一个不折不扣的忠实维护者；作为殖民地大臣，他对建立代议制度以及在英国的海外领土上发展新闻自由都充满敌意。

因为是在拿破仑战争的最后阶段上任，从 1812—1815 年，巴瑟斯特更多关注的是他在军事方面的成就，而不是他对殖民地和帝国的责任：他负责为惠灵顿在半岛的军队，及其后来在滑铁卢的部队成功地提供了军需补给（因而成就了后来的亲密友谊），也负责组织联合王国对美国的另一场战争（因此他才对英属加拿大的安全问题很关注）。但也正是在这些战争年代，殖民地部才第一次成为大家认可的国家重要部门，因为它承担着拿破仑战争中英国新增殖民地的监管任务。殖民地部的负担和业务量大幅增加，但它的部门规模依然很小且资金不足，大英帝国在壮大，它却没有随之壮大。事实上，巴瑟斯特在白厅的全部工作人员从来没有超过 20 人，他们却掌管着逐渐成为世界上最大、发展最迅速、地理上最分散的帝国的大片殖民地。但在税收居高不下、国债剧增的情况下，白厅政府机构的开支必须维持在最低限度，对此，大英帝国的行政机构和政府也不例外。巴瑟斯特本人就是一个高效且认真负责的官员，但他对殖民地部的管理却是传统的家长式管理。就像外交部一样，殖民地部国内职位的任命仍然是以赞助为基础，而海外职位也大多与地位和家族关系联系在一起。1814 年，巴瑟斯特任命博福特公爵的儿子查尔斯·萨默塞特勋爵（Lord Charles Somerset）到南非开普殖民地任总督；4 年后，当他自己的内兄里士满公爵（Duke of Richmond）陷入财务困境时，巴瑟斯特派他去做了加拿大总督；1826 年他又任命自己的女婿、陆军少将弗雷德里克·庞森比爵士（Sir Frederic Ponsonby）担任马耳他总督。

巴瑟斯特之前曾担任过贸易委员会主席，并将战争部和殖民地部合并在了一起，他对大英帝国的定义中既有商业成分也有军国主义成分。作为《谷物法》的支持者，他赞成在帝国内部开展贸易，不仅仅是因为贸易收入会有助于支付殖民地的管理开支。他也坚定地拥护被称为“专制平均地权论”的帝国思想和做法，强调圣公会、传统的社会等级、耕种农业、派贵族驻外任职、军备以及稳固的民事政权等的重要性。因此才发展出了极具仪式感的地方总督制度，主角常常就是开普殖民地、爱奥尼亚群岛和马耳他等地带有头衔的贵族总督。因此，才有农业专家从苏格兰和爱尔兰迁移到帝国去鼓吹他们的农业改革。因为从 1814 年到英国于 1815 年征服了包括康提国王（King of Kandy）的土地在内的锡兰内地，也因此进入了帝国对南亚进行大肆侵占的新阶段，并开始将注意力转向进一步东扩。早先拿破仑在入侵荷兰之后就占领了爪哇；但 1815 年它又被还给了荷兰。斯坦福德·莱佛士（Stamford Raffles）是参与那次战斗的年轻人之一，他从 1819—1823 年为帝国占领了新加坡岛，意图使其成为英国贸易在印度和中国之间一个重要的转口港。他这个早期的榜样很快就得到了认可：一个名不见经传的小人物，突然之间与其地位毫不相称地为帝国扩大了疆域，让伦敦的帝国当局颜面大失。

巴瑟斯特在其副手亨利·古尔本（Henry Goulburn）以及他任命的殖民地部顾问詹姆斯·史蒂芬（James Stephen）的帮助下，也曾试图实施一系列的改革。其中有些改革以失败告终。统一上、下加拿大是他最雄心勃勃的计划，目的是加强英国在北美洲与美国的相对地位，但安大略和魁北克的居民希望保留他们各自的殖民地身份，于是计划搁浅。尽管巴瑟斯特在牙买加拥有一个农场，但他是威廉·威尔伯福斯的朋友，并热切地希望尝试改善加勒比奴隶的生活条件。在史蒂芬的支持下，他给殖民地总督施加了巨大的压力，但当地议会不愿意采取这种政策，也不愿意考虑对奴隶的逐步解放，这反过来又激发了 1823 年德梅拉拉（Demerara）奴隶的起义。而在帝国治理和管理的其他领域巴瑟斯特则取得了比较大的成功。1821 年他将分散在冈比亚、黄金海岸和塞拉利昂的沿海殖民地和前奴隶贸易港口合并为一个英属西非殖民地；但是黄金海岸的英国人和阿善堤人（Ashanti）发生了一场长期战争，这场战争从 1824 年持续到了 1831 年，因为英国人反对结束有利可图的奴隶贸易。同时，巴瑟斯特在白厅对殖民地部进行了扩大和重组：对职员做了分级并任命了新招募的职员，“以期获得更有效的服务”，也恢复了 1816 年撤销的第二副大臣职位。他还特别指派了高级官员对帝国进行分地区管理。一位副大臣负责管理西半球：加勒比地区、圭亚那和洪都拉斯、北美殖民地和纽芬兰岛。另一位则负责直布罗陀、马耳他、爱奥尼亚群岛、英属西非、开普殖民地、新南威尔士和范迪默之地、锡兰、新加坡和毛里求斯，也负责与摩洛哥、阿尔及尔、突尼斯和的黎波里的联系。

但是，正如上述存在着多方面差异的这些殖民地所示，获得和管理这些殖民地并没有形成连贯的或系统性的帝国“计划”。其中有海军基地、移民殖民地、流放殖民地、热带殖民地和西非海岸的前贩奴港口；殖民地部也与世界上的一些根本没有正式纳入大英帝国的部分地区打交道。此外，虽然锡兰受殖民地部管辖，但英国在印度扩张的帝国尽管从某些方面来说是其最重要的海外领土，却没有隶属于殖民地部管理。1813 年更新特许权之后，它基本上还是东印度公司的商业领地，由总督和伦敦的控制委员会管理，但事实上大部分权力掌握在总督手里，控制委员会没有实施任何实际的持续监管行为。黑斯廷斯勋爵（Lord Hastings）从 1813 年开始一共做了 10 年的总督，他追随韦尔斯利，主张扩张帝国。从 1817—

1819 年，黑斯廷斯发动了英国人在印度内地的最后一场战争，与马拉地人（Marathas）之间的这场战争以英国人的决定性胜利结束。结果，英国确立了在这块次大陆上的最高权力地位，而在亚洲取得的这场胜利，可以与它之前在欧洲取得的滑铁卢的胜利相媲美，而且在此之后又多次取得胜利。某位地方总督说，“我们必须有信心通过征服印度内陆的敌人来扩大我们的领土”，他毫不怀疑“一定会有机会实现这种征服”。事实上，机会确实出现了，在黑斯廷斯的继任者阿默斯特勋爵（Lord Amherst）的领导下，扩张进入了一个新的阶段。1821 年阿瓦的缅甸国王们吞并了阿萨姆（Assam），两年后又入侵了英国人的地盘。这是一次严重的挑衅。由此导致的缅甸战争让英国付出了超过 1 300 万英镑的代价，但是英国人占领了仰光，阿瓦国王最终被迫求和，大英帝国在印度大面积向东扩张。到 1825 年，它沿着缅甸海岸从伊洛瓦底江（Irrawaddy）向北一直延伸至吉大港；第二年，阿萨姆王国也遭到吞并。

尽管东印度公司表面上仍然是一个贸易企业，但是属下有大规模的军队，控制的地盘也越来越大，这意味着该公司的员工以及监管他们的英国官员，逐渐都把自己当成了统治者而不是商人。从 1820 年到 1827 年统治马德拉斯的托马斯·芒罗爵士（Sir Thomas Munro）认为，“我们不应该把印度当作一个暂时的占领地，而应该作为一个可永久保有的地区，以期在将来的某个时期当地人能抛弃他们的大部分迷信和偏见，具备足够的知识水平，建立一个自己的常规政府”。这类人尤其认为只有推行西方教育才最能使印度人适应未来的自治。从 1819—1824 年担任孟买地方长官的蒙斯图特·埃尔芬斯通（Mountstuart Elphinstone）解释说：“如果希望在印度消灭自焚和杀婴等可怕现象，并最终消除迷信，唯一成功的途径就是传播知识，这一点无须证明。”1828 年接替阿默斯特担任总督的威廉·本廷克勋爵（Lord William Bentinck）尤其笃信这些观点，他坚定地推行了包括重组司法制度、改革西北各省的税务、废除“殉夫”做法（丈夫火葬时烧死其寡妇殉葬），以及镇压杀人帮会（职业刺客行会）在内的许多现代化与西化的政策。本廷克在任期间对西方总督权力的发挥达到了持续性和系统性的最高水平，目的是推动他心目中原始的南亚社会发展成为 19 世纪英国所代表的高水平文明社会。

这就是滑铁卢之后，联合王国与欧洲、大英帝国、拉丁美洲和更广泛世界之间的官方联系。但是，英国与世界上不同的民族和政治的接触却超越或低于政府层级，在许多不同层面，以许多不同的方式进行。1815—1830 年，因为战争中的高税收，以及随之而来的农业萧条和工业不景气，超过 15 万失去信心的英国人移居美国，其中许多人是苏格兰人或爱尔兰裔苏格兰人。甚至有更多的英国人移民到了当时被称为“英属北美”的地方，但在这块辽阔的土地上生活的人口不到 100 万，讲英语和讲法语的人之间关系非常紧张，进出口量低到极点，这些殖民地使英国国库严重耗竭。同一时期，近 1 万人离开联合王国移民到了澳大利亚。但在拉克兰·麦觉理（Lachlan Macquirie）担任总督期间，新南威尔士开始从罪犯流放地转变成移民殖民地：他修建道路和公共建筑，设立了警察队伍，悉尼成了一个重要的人口聚居地，居民达 1 万人，建有农舍、商店、教堂和学校。1803 年在“范迪默之地”开始建第二个殖民区，1829 年从珀斯（Perth）开始，在西澳大利亚建立第三个殖民区。随着英国殖民者开始向内陆扩张，他们因为觊觎原住民的土地而遭到了原住民的进一步对抗。也有一些人移民到新近获得的开普殖民地，但人数最少。英国新移民与 17 世纪原荷兰殖民者的后代布尔人的关系很不融洽：他们的语言、文化和宗教信仰不同，对原住民的态度也不同。1828 年，英国政府宣布，黑人和白人在法律面前一律平等，这一决定使布尔人感到震惊并疏远了英国人。

在随后的几十年中，英国向外的移民数量大幅增长，很快，加拿大的英国移民与法国人之间，南非的英国移民与布尔人之间既有的紧张局势进一步加剧，英国移民与澳大利亚、新西兰和南非的原住民之间也出现了野蛮冲突，但大多是后来发生的事情。同时，大革命和拿破仑战争带来的另一个结果是，伦敦已经取代阿姆斯特丹成为欧洲乃至全世界的贸易和金融中心。尽管战后的经济衰退使口了过得并不轻松，但是 1815 年恢复和平局面以后，英国马上就恢复了与欧洲大陆的贸易，也重新建立了文化交流，例如，1824 年，贝多芬做出决定，把他的《第九交响曲》献给“伦敦爱乐协会”（Philharmonic Society of London），而这部作品是该协会七年前委托他创作的。联合王国也因为 1815 年后美国经济的快速发展而受益，成为新旧大陆之间新兴贸易的主要转口港，英国的投资成为美国向西扩张的主要经济驱动力。与南亚的贸易也在增长，部分是因为结束了东印度公司的垄断，这意味着更多的企业可以参与进来，但也因为棉织品成品的进口被原棉采购所取代，这对兰开夏郡的纺织工厂主有利，却真正摧毁了印度的纺织业。再往东，东印度公司保住了对中国的贸易垄断，新加坡很快成为其对中国贸易的主要中转站。尽管 18 世纪末的中国皇帝禁止鸦片进口，但英国人为了交换丝绸、瓷器和（尤其是）茶叶还是贩卖了鸦片。到 1830 年为止，中国出现了上百万鸦片成瘾者，而东印度公司向中国经销商出售了 1.8 万箱这种明令禁止的东西。在世界的另一端，拉丁美洲的机会也极具吸引力，因为从西班牙和葡萄牙人的统治下获得独立意味着解除了之前这两个帝国强加的高关税；而在 19 世纪 20 年代初期，就像坎宁曾希望的那样，阿根廷和巴西成了对英国商人和投资者特别具有吸引力的市场。

理念、信念和疑惑

到 19 世纪 20 年代中期，联合王国作为一个贸易和投资国家，一个拥有海上霸权的强大帝国，与世界上很多地方建立了联系，在这一点上超越了世界上所有其他国家，联系也更充分，其程度也超过了以往任何国家。然而，它的统治在许多方面很明显依然建立在 18 世纪辉格党和托利党之间的家族关系和分歧之上。党派的身份认同常常极其模糊。小皮特一直自称是一个“独立的辉格党人”，1812 年当摄政王请利物浦勋爵建立政府时，这位未来的首相告诉摄政王他会以“辉格党的原则”执政。然而，从小皮特到斯宾塞・珀西瓦尔，到利物浦，再到 19 世纪 40 年代的惠灵顿和皮尔，直接体现在政策和人员方面的皮特派传统一直在加强并延续着，而这一点从根本上说是不可否认的托利党作风。尽管通过斯宾塞、德文希尔、贝德福德、格伦维尔等家族交叉通婚，辉格党人始终保持着很强的裙带关系，但家族关系也已经弱化；毫无疑问，这一点与查尔斯・詹姆斯・福克斯日渐受到尊崇的事实共同促成了他们从 1793—1830 年几乎没有间断地长期处于反对党的位置。总体上，托利党人更忠于既有的秩序，致力于加强政府领导和英国国教，而辉格党人更愿意接受解放天主教等“自由”的思想，“中等阶层”

和非国教徒对他们的支持程度超出人们的想象。因此，他们越来越倾向于议会改革，这些年上议院的格雷勋爵和下议院的约翰·罗素勋爵的态度虽然时有摇摆且缺乏连续性，但对议会改革都表示接受。即使是在发生颠覆活动和危难之时，他们也能以相对轻松的态度看待当时发生的事情：因为辉格党人执政的时代比其对手托利党人的时代更伟大、更扬眉吐气、更富有且更利己。

利物浦、皮尔以及罗素等许多公众人物，无论他们对党的忠诚度如何，都是十分理智之人，他们积极参与到当时对于理念和公众争议问题的探讨中，也加入到当时人们所熟知的“知识分子的发展”（march of intellect）等问题的探讨中。这种讨论和辩论大多在创立不久的具有鲜明党派倾向性的期刊上进行，从《爱丁堡评论》（*Edinburgh Review*）（1802 年，总体代表辉格党观点）和《季度评论》（*Quarterly Review*）（1809 年，基本上代表托利党观点）开始，到 19 世纪 20 年代《布莱克伍德的爱丁堡杂志》（*Blackwood's Edinburgh Magazine*）（1817 年，代表“极端”托利党人观点）和《威斯敏斯特评论》（*Westminster Review*）（1824 年，极端激进派）创立之后，这些分歧又进一步激化。无论关心的具体主题和分歧的具体领域是什么，所有这些期刊都起到了同样的作用：为人们提供了消化吸收和评估公共大事件的影响和时代发展理念的论坛。通过亚当·斯密，“苏格兰启蒙运动”在政治经济学家大卫·李嘉图（David Ricardo）的著作中持续发挥着影响。李嘉图与自己的导师一样，坚决主张自由贸易，反对 1815 年的《谷物法》。然而，启蒙理念也是支持美国和法国革命的理念，启蒙运动不仅对（英）帝国及（法国）国内的既有秩序有颠覆作用，还是无神论者的革命，对既有的宗教秩序同样具有颠覆作用：美利坚合众国实行严格的政教分离，而法国革命既提倡无神论，也提倡无政府主义，其标志就是把巴黎的万神殿从一座神圣的教堂变成了一座世俗的陵墓。这些比较广义的问题具体体现在一个存在争议的问题上，引起了 19 世纪一二十年代的英国作家和知识分子的关注，其关注程度甚至超过了政治家：联合王国政教合一的体制是否合适？对不列颠来说，是该为这种体制感到欢欣鼓舞，大肆庆祝并予以维护，还是说这种体制已经陷入了“旧腐败”的泥潭，需要改革甚至予以推翻？

在这些问题及其非正统性和对抗性的答案背后，有着埃德蒙·伯克和托马斯·潘恩的幽灵，他们似乎在 19 世纪的一二十年代转世成了塞缪尔·泰勒·柯勒律治和杰里米·边沁；对他们那一代人来说，他们共同体现了此时已经具有浪漫主义和理性主义的竞争理念。柯勒律治早已放弃了自己早期的激进观点，真正继承了伯克的衣钵，相信社会是一个网络或一个有机体，随着时间的推移按照传统的方式缓慢发展是神圣的上帝创造的结果。他坚持认为，社会的守护者和指导者应该是那些他称为“知识阶层”的人：知识与文化的精英团体，应该通过政客和管理者之手，对下层阶级进行指导，提供保护，为他们打算，甚至（在必要情况下）以家长的身份对他们进行管控。相反，边沁则认为根本不存在柯勒律治所描绘的“国家精神”之类的东西；反过来，他坚持认为人类进步的关键是要把个人利益与广泛的公共利益相结合。着眼于这些极为不同的观点，边沁在 1818 年出版的一个小册子中指出，议会的改革势在必行，因为只有通过成年男性的普选，立法机构才能完成迫切需要的彻底变革计划。那时的边沁身后追随了一些能人，其中的许多人都住在布鲁姆斯伯里（Bloomsbury），后来都成了《威斯敏斯特评论》的幕后中坚力量。他们还在 1826 年成立了一所非宗教大学，收费比牛津和剑桥低，为更广泛的社会群体提供接受高等教育的机会，对高等教育中存在的狭隘垄断的教权发起了挑战（针对此举英国圣公会三年后成立了国王学院）。对被称为实用主义者的边沁和他的追随者来说，社会并不是伯克等人所说的根据上帝的设计缓慢进化的有机体。相反，它是一种以逻辑和理性的方式发展起来的机构，为的是把最大的幸福带给最大多数的人。实用主义哲学家约翰·斯图尔特·穆勒（John Stuart Mill）在 1840 年写道："从本质来看，当前的英国人只有两类，要么是边沁派，要么是柯勒律治派。"

尽管对英国社会的愿景存在着种种分歧和差异，但是边沁和柯勒律治与其同时代的大部分人一样，想的和写的基本上都没有脱离基督徒和宗教的思想框架。因为功利主义者与柯勒律治派一样都需要一个上帝，即使他们对上帝的身份和目的存在异议，也都理所当然地认为上帝是存在的。在前者的眼里，上帝被想象成一位给钟上弦使其持续运转的机械师，而在后者眼里，上帝更像编织工，把社会千丝万缕联系在一起。不管怎样，上帝都必不可少，而在当时其他许多不同的宗教中也都渗透和包含着这种共同的臆断。英国国教教士认为《圣经》是神圣的知识宝库；他们强调去教堂的必要性，强调宗教的圣典和祭司制度，并认为敬拜的目的是宣扬崇高并维护既定的社会结构。相比之下，虽然福音派同样认为要遵守法律和秩序，但他们更注重皈依、信念和热情，更关注奴隶制问题。1807 年废除奴隶贸易后，之前为奴的那些人的情况并没有得到改善。于是，在 1823 年春，威廉·威尔伯福斯、托马斯·克拉克森以及扎卡雷·麦考利（Zachary Macaulay）等著名的福音派中产阶层人士成立了"反奴隶制协会"（Anti-Slavery Society），其目的是立即改善奴隶的状况并最终消灭奴隶制本身。民众因对法战争而产生的宗教和爱国情绪激发了第二次福音派热潮，这次热潮则是为了在海外传教。18 世纪 90 年代和 19 世纪初成立了许多传教士团体，而 1813 年对东印度公司特许状的改革则意味着传教士首次能在这块次大陆上开展工作。到 1821 年，英国传教士各种团体一年的总收入达到了 25 万英镑，在 20 年代那 10 年之中，随着帝国领土和商业范围的不断扩展，南亚、非洲的西部和南部沿海地区，以及澳大利亚和新西兰等所谓“传教前沿地区”也在同步扩大。

尽管凭借着对法战争刺激而复兴的新教的普及，宗教信仰毫无疑问产生了活力也发挥了作用，但也有许多迹象表明，正统教会未能很好地应对时代的挑战。到 19 世纪 10 年代，人们普遍担心英国国教已经无法适应北方快速发展的工业化城镇中不断增长的人口，而这一担心不无道理。19 世纪早期像伯明翰这样的人口聚居区如雨后春笋般涌现，而对于这其中大部分人来说，教堂数量严重不足。1821 年，该城只有 5 个教区，要容纳每 10 年增长 30% 的人口数量。事实上，在许多新扩建的城区，教堂的容量不到人口的十分之一。在滑铁卢战役之后，这种情况引起了国教教士和福音派同样深切的担忧，最终战胜法国之后，越来越多的人感觉应该建更多的教堂，这不仅是宗教本身的一个紧迫需求，也是国民感恩上帝赐予胜利的必要。1815 年理查德·耶茨（Richard Yates）教士出版了题为《教会岌岌可危》(*The Church in Danger*）的一本小册子，指出了公共礼拜场所严重不足的问题。但是解决这一问题的钱从哪里来呢？在乡下，与人为善的当地地主可能会提供足够的地方，但是在工业城镇里却鲜有这样的人存在，而当地政府既没有钱也没有权力对此进行干预，这个问题又该如何解决？1815 年底国教教士约书亚·沃森（Joshua Watson）和福音派教士约翰·鲍德勒（John

Bowdler）联合各方力量给利物浦勋爵提交了一份请愿书，敦促建设更多的教堂，且由国家承担费用。此时，空前的国家债务正使人们处于深深的焦虑之中，这一提议看似非常冒失且不计后果。

但如同这些自称为宗教改革者的人所担心的，在滑铁卢战役之后的那些年里，民众和精英人士的反教权主义思想都越来越明显。威廉·科贝特抱怨，人们对英国国教从根本上就理解错了，因为永远都不应该有什么改革，也不应该解散修道院。杰里米·边沁在其《英国教会问答》（*Church of Englandism Examined*，1818年）中，谴责英国教会是名誉扫地的政治、法律和教权主义机构的一部分，批评它对年轻人产生错误的引导，反对将其扩展到新产业工人阶级队伍中，认为这只是另一种延续其弊端的行为。不久之后，约翰·韦德在其《黑皮书》（*Black Book*，1820年）中将英国教会描绘成“旧腐败”的一个基本组成部分，认为其高层陷入了铺张浪费的泥潭，带来了危险而不负责任的政治影响。坎特伯雷大主教（Archbishop of Canterbury）和达勒姆主教(Bishop of Durham)除了拥有名副其实的富丽堂皇的住宅之外，每人都有1.9万英镑的年收入，而从1780—1829年享受达勒姆大教堂“圣俸”的第八代布里奇沃特伯爵，在什罗普郡（Shropshire）有两个家族圣职却住在巴黎，身边围绕着打扮成人类模样的猫猫狗狗。同时，激进的议会议员约瑟夫·休姆（Joseph Hume）认为，在战后经济困难时期，国家不应该给国教教会花这么多钱；相反，教会的钱应该重新分配给异教徒生活的城镇，而不应再分给富有的天主教堂和富裕的乡村地区。因此，英国国教不但与越来越多的城镇居民拉开了距离，而且变得越来越享受特权、越来越富有，花钱也越来越多，令人无法接受。事实上，曾有某个人在其所写的一本小册子中计算出来，大革命后的法国每百万居民每年只花费 3.5 万英镑用于教会，而“神职高于一切”的意大利也只有 4 万英镑，英国教会每年的花费却是令人瞠目的 325 万英镑，成为西欧花钱最多的教会。

这些数字无疑有所夸大，但引起了人们对英国国教拥有的特权和便利、局限和不足的关注，也一定对改革者和批评人士起到了促进作用。同时，与看起来腐败和名誉扫地的圣公会相比，各种不同的新教教派则提供了看似很好、更有吸引力的教义。许多主要的商业和企业家族都是贵格会信徒、一位论派或浸礼宗教徒，比如从事酿造业的科布鲁克代尔的达比家族（Darbys of Coalbrookdale）或惠特贝瑞（Whitbreads）家族等。在普通人当中，卫理公会则显示出了新教教派最强大的吸引力，这个教派是在大革命和拿破仑战争那些年发展起来的。卫斯理本人已于 1791 年去世，他曾谴责法国大革命的共和主义无神论，并宣称他对英国王权的忠诚坚定不移；他一直明确表示不希望脱离英国国教。但早期的卫理公会教徒大部分都是工人，他们被吸引并皈依之时正值其实际收入下降之际，正处于被称为“末日焦虑”的情绪之中。而能够吸引他们、让他们皈依的是他们向往的那个此生永远也看不到、能给予他们安慰和抚慰的另一个世界的天堂。正是这些新入教者在卫斯理去世不久迫使卫理公会脱离了英国国教。卫理公会新人皈依和入教的第二个高潮发生在 19 世纪 20 年代初，但时代发生了很大变化，入教者的背景也相应地有所不同：中产阶层多于无产阶级。此时，许多工人阶级都已经脱离了卫理公会，原始的卫理公会教徒、圣经卫理公会教徒、革新卫理公会教徒，独立卫理公会教徒，以及那些仍然坚持卫斯理原始教义的人更多的是具有中产阶层背景的人。

总体来说，19 世纪初的几十年内，不同的信仰，特别是卫理公会，在英格兰发展显著，因为圣公会看似越来越发挥不了作用，以至于杰里米·边沁认为应该以“安乐死”的方式结束它的存在。而在联合王国的其他地方，情况却大不相同。卫理公会对威尔士的农村和工业化人口的吸引力越来越大，那里的语言差异日益扩大了国教教会和非国教教会之间的分歧。在苏格兰，长老会与统治机构的联系不像南部边界的国教教会那样多，其组织中的等级也不那么分明；但对于格拉斯哥和福斯克莱德（Forth-Clyde）山谷不断增长的城市和工业人口来说，长老会的吸引力难以施展。而爱尔兰的情况又有所不同，因为工业化的影响有限，教徒数量的减少并不能用以衡量逐渐受政治左右的宗教对立的增强，也就不构成其主要的宗教问题。爱尔兰正统教会吸引的是英国化的新教地主精英，以及都柏林的专业阶层人士。但阿尔斯特的许多居民都拥有爱尔兰裔苏格兰血统，总体来说大多数新教教徒都属于长老会教派，而在爱尔兰其他地区，绝大多数人都是天主教徒，对英－爱“优势”家族以及对与不列颠的合并都持反对态度。这些宗教问题与英国教会在工业化城镇中面临的宗教问题截然不同；但毫无疑问这些问题都非常重要，而随着这个世纪的推移变得更加重要。此外，许多托利党新教议员甚至感到英国政府对梅努斯天主教神学院进行资助也难以接受；19 世纪 10 年代到 20 年代，福音派试图对爱尔兰天主教进行一场“新宗教改革”（New Reformation），结果并没有带来大量教徒改换门庭的局面，反而使宗教分裂雪上加霜。

当时的人无从知晓，与 18 世纪 80 年代相比，19 世纪 20 年代联合王国的基督教人口比例是否更高；也无从知晓这几十年也是英国历史上人口增长率最高的时期，19 世纪初期到 19 世纪 20 年代中期人口数量达到了峰值。1801—1821 年，生活在联合王国的人口数量从 1 600 万增加到近 2 100 万，到 1831 年，达到了 2 400 万。按照当时的标准来看，这种增长达到了惊人的程度；爱尔兰显然与大不列颠一样，这主要是出生率提高带来的结果，而出生率的提高又是因为人们结婚年龄变小带来的结果。大部分人口仍然生活在农村和小城镇，人口增长非常显著的是那些新的工业中心。1801—1831 年，伯明翰和利物浦的人口都增加了一倍多，格拉斯哥、曼彻斯特和梅瑟蒂德菲尔（Merthyr Tydfil）的人口都几乎翻了 3 倍。可以肯定的是，到 1830 年为止，联合王国绝不是一个主要的工业社会，但其最重要的发展和转变却是出现在工业领域，1825 年从斯托克顿（Stockton）到达灵顿（Darlington）第一条商业客运铁路的开通就是最好的证明。在纺织业，从 1815—1830 年，原棉的进口翻了 3 倍，曼彻斯特的棉纺厂数量从不到 60 家增加到 90 多家。同期，煤炭生产从 1 600 万吨左右提高到近 3 000 万吨，有力地证明了从风、水和动物为动力到煤和蒸汽为动力的经济转型在持续加强。因此，工业生产效率在提高，竞争力在增强，产品价格在下跌，英国人制造的商品比欧洲大陆生产的商品明显更便宜。尽管价格下降，但销售额却增加了，这不仅弥补而且增加了财政收入，因为出口额从 1815 年的 3 500 万英镑增长到了 1830 年的 4 700 万英镑。

正如诗人兼记者罗伯特·骚塞恰如其分的评论所说，“蒸汽机和纺纱机”这类机器的出现意味着“经济活动、进取心、财富和国力的增强”，回想起来，这正是当时英国经济发展的方向。但他也承认，它们在短期内也会带来“不幸、不满及政治不稳定”，因为与长期趋势相比，短期波动更明显，造成的影响更大。由于滑铁卢战役之后的经济衰退，从 1815—1820 年经历了一段痛苦和动荡的时期，其严重程度超过前 25 年所经历的一切。在地理上波及的范围更广，在英国快速发展的工业城镇，尤其是在兰开夏郡和约克郡，以及伦敦本地，都产生了更大的影响。在英国的一些地方，居高不下的面包价格是引发民众骚动的原因；在兰开夏郡和诺丁汉的部分地区则发生了多次反对使用机械设备的抗议，因为机器的使用威胁到了依靠手工技能的工人的就业和生计；南威尔士的梅瑟蒂德菲尔发生了反对削减工资的骚乱；伯明翰的失业人员走上了街头；在格拉斯哥，严重的骚乱导致了流血事件。但最著名的骚乱则发生在 1816 年年底的伦敦。11 月 15 日，演说家亨利·亨特（Henry Hunt）在斯帕菲尔兹（Spa Fields）公园举行的集会上呼吁议会改革，认为这是“人民”摆脱高物价和高税收负担的唯一途径。多达 1 万人参加了这次集会，亨特的追随者举着三色国旗和枪尖上挑着革命帽[①]的长矛。12 月初在同一地点又举行了第二次集会，但还没等亨特发表讲话，抗议活动就被更激进的托马斯·斯彭思（Thomas Spence）的追随者取而代之。人们广泛（也许是无根据地？）传言说有夺取伦敦塔，甚至接管英格兰银行的革命阴谋，而在新年之初，摄政王在前往议会的路上有人向他扔了一块石头，这件事被认为就是一个小小的证明。

当时的气氛异常狂热，1817 年 2 月，一个秘密委员会在其报告中指出，危险的激进分子利用了劳动阶级和制造工人的不满以寻求“全面推翻一切既有政府机构”。这种说法可能有些夸大了，但

---

① 即弗里吉亚无边便帽，本为古代小亚细亚的弗里吉亚人所戴，是一种与头部紧密贴合的软帽，其帽尖向前弯曲，典型的颜色是红色。古希腊、古罗马文化中，弗里吉亚帽是东方的象征。在18世纪美国革命和法国大革命中，弗里吉亚帽成为自由和解放的标志而广为传播。

经济依然萧条，约克郡和英格兰中东部的一些在地区正在酝酿举行全面暴动的计划。更值得一提的是，在接下来的那个月，曼彻斯特的失业织工出发去往伦敦准备举办一场抗议游行，但没有成功；1817 年 6 月，失业的刺绣和编织工人表示不满的行动同样徒劳无功。当年下半年，农业收成好转，贸易开始回升，1818 年发生的激进抗议和政治活动有所减少。但次年，经济又一次陷入困境，工作时间缩短，失业率升高，呼吁结束高税收和“旧腐败”并进行重大议会改革的抗议集会也有所增加。1819 年 1 月，伦敦、伯明翰、利兹和曼彻斯特都举行了群众集会，演说家亨特在其中许多集会上都有讲话。8 月，形势日益紧张，且有许多报道称兰开夏郡的产业工人正在策划革命。在这种情况下，亨特被邀请回到曼彻斯特，在圣彼得广场（St Peter's Field）举行的一个集会上发表讲话，这场集会至少有 6 万人参加，与会者都拿着写有革命口号的横幅。没有骚乱发生，但治安官失去了理智，派骑兵队去驱散会议。结果造成 600 人受伤，11~17 人当场丧生或是后来因伤重而死。这一事件很快就被称为“彼得卢大屠杀”，这是借用惠灵顿与拿破仑的那场战斗之名进行的讽刺。这一事件普遍引起了人们的愤慨。事实上，1819 年接下来的时间里，激进活动第一次变成了真正的全国性的活动，骚乱和抗议活动在全国各地到处发生。

第二年，形势依然没有得到缓解。刚从监狱获释的亚瑟・蒂斯特尔伍德（Arthur Thistlewood），策划了一个（完全不现实的）夺取伦敦并刺杀整个利物浦内阁的计划，并希望由此展开革命的总暴动。他是托马斯・斯彭思的著名助手，曾参与 1816 年斯帕菲尔兹公园的骚乱。这一所谓的“卡托街阴谋”（‘Cato Street Conspiracy’）计划在 1820 年 2 月 23 日实施，但由于有人告密，当局得知了其行动细节，阴谋者及时被抓捕，包括蒂斯特尔伍德在内的五个人于 5 月 1 日以叛国罪被处以极刑。1820 年 1 月，乔治三世去世，这也是该阴谋确定于 2 月实施的部分原因。蒂斯特尔伍德和他的朋友们认为，不受人欢迎的新君主刚即位，其地位尚未确立，随后的这段时期存在不确定性，是发起叛乱的理想时间。他们以为自己即将大展宏图，结果证明这个想法大错特错；但他们认为新君主的统治不会有前途，这一点倒没错。乔治四世登上王位时广为人知的是他私生活不检点并且在经济上不负责任；他决心要和自己的妻子卡罗琳王后（Queen Caroline）离婚，而她与他一样没有道德底线，而且从结婚一开始两人关系就不和。但当国王为离婚做铺垫敦促利物浦勋爵政府在上议院提出《剥夺公权法案》(Bill of Pains and Penalties）之时，卡罗琳结束在欧洲大陆长期放纵的游荡，于 1820 年 6 月回到了伦敦，令人难以置信的是，她得到了绝对的拥护，成了人民对抗腐败政府和君主的代表。她得到了大批民众的热烈欢迎，受到了激进媒体的吹捧，对她表示支持的请愿书如雪片般递交到了议会。上议院只是以微弱优势通过了这项法案，而政府不愿冒着在下议院失败的风险撤回这项法案。伦敦街头张灯结彩，激进分子在为自己取得的伟大胜利而庆贺。但胜利的喜悦很快就化为灰烬：这位王后根本不是人民真正的朋友，也不是自由的拥护者，她接受了一笔国家养老金，在国王加冕典礼上沦为笑柄，于 1821 年 8 月去世。

这次“卡罗琳王后事件”的结束，终结了长达 5 年的经济衰退、贫困和抗议活动，以及焦虑、不安和压抑等政界的普遍情绪。这也许可以解释为什么那么多的艺术家和作家在这期间创作的大多是表现自然、逃避现实和充满幻想的作品。约翰・马丁（John

Martin）创作的多幅具有预示性的巨型画作，如《巴比伦的灭亡》（*The Fall of Babylon*，1819 年），《伯沙撒的盛宴》（*Belshazzar's Feast*，1820 年）和《埃及的第七次瘟疫》（*The Seventh Plague of Egypt*，1823 年）等，都把人类描绘成渺小的生物，面对表示上帝发怒降下的自然灾害完全无力承受，一败涂地。虽然透纳和康斯特布尔（Constable）都很关注工业新技术的发展，但两人却都在用风景画表达浪漫主义方面更游刃有余：透纳表现的是广袤的荒野景观，而康斯特布尔表现的则是萨福克（Suffolk）和平而温馨的画面。威廉·戈德温和玛丽·沃斯通克拉夫特的女儿玛丽·雪莱（Mary Shelley）则沉迷于科幻小说的创作，其哥特式浪漫恐怖小说《弗兰肯斯坦》（*Frankenstein*，1818 年）最为典型。小说中一个年轻的科学家创造了一个他无法控制的怪物。而在其预示世界末日的未来主义作品《最后一个人》（*The Last Man*，1826 年）中，她描绘了一个瘟疫横行的世界。沃尔特·司各特爵士，此时已经完全步入了高产小说家的行列，创作了一系列轻松的历史传奇作品，其中包括《罗伯·罗伊》（*Rob Roy*，1817 年），《中洛锡安之心》（*The Heart of Midlothian*，1818 年），以及《拉美莫尔的新娘》（*The Bride of Lammermoor*，1819 年）；他创作的关于英格兰的长篇小说，所涉年代从 12 世纪一直到 16 世纪，如《劫后英雄传》（*Ivanhoe*，1819 年），《凯尼尔沃思》（*Kenilworth*，1821 年）和《山顶的佩弗里尔》（*Peveril of the Peak*，1822 年）；他在边境乡村阿伯茨福德（Abbotsford）建造了装饰以炮塔、山墙、各种盔甲和盾形纹章的典型的苏格兰风格的宅第。同时，拜伦、雪莱和济慈等新一代诗人，代表了更富热情且饱受创伤的浪漫主义天才：才华横溢，反复无常，反对现有制度，健康状况不佳，不断变换恋爱对象，英年早逝且客死异乡（济慈于 1821 年逝于意大利；雪莱于 1822 年逝于意大利；拜伦于 1824 年逝于希腊），他们的逝世地都是令人流连忘返的美丽的地中海沿岸地区，对许多英国人来说都极具吸引力。

到 19 世纪 20 年代初，英国经济明显改善，势头一直持续到 1825 年年底。其发展动力来自：主要是对南美洲那些新独立共和国的出口有了快速的发展；伦敦证券交易所的股票价格大幅上升；各乡村银行在英格兰银行的鼓励下降低了借贷的门槛。随着就业机会的增加，民众抗议活动逐渐停止，激进思想失去了先前的吸引力，文化自信取代了文化焦虑。1823 年为满足迅速扩大规模的大英博物馆的需要而建设的新大楼按照罗伯特·斯默克爵士（Sir Robert Smirke）的设计开始动工。次年，国家美术馆建成，这要归功于政府从约翰·朱利叶斯·安格斯坦 (John Julius Angerstein) 的继承人手里购买了 38 幅画作，也要归功于约翰·博蒙特爵士（Sir John Beaumont）捐赠的另外 16 幅油画。20 年代初，因为在议会为卡罗琳王后进行辩护而成为伦敦民众宠儿的布鲁厄姆勋爵（Lord Brougham）转而提倡对工薪阶层实施教育并在 1826 年创立了“有益知识传播协会”（Society for the Diffusion of Useful Knowledge），旨在“竭尽全力让知识就像我们呼吸的空气一样得到大量普及”。但此时人们的这种乐观和信心看似又一次发生了严重偏差，因为 1825 年 12 月出现了严重的金融危机，南美出口泡沫破裂，导致股价暴跌，许多资金不足的公司倒闭。由此造成的经济崩溃在破坏程度和造成的损失方面都达到了史无前例的水平。1826 年最初的几个月就有 80 家乡村银行倒闭，英格兰银行本身只是因为欧洲大陆金条的大量涌入而得以幸免，而在 1824—1825 年的泡沫期间成立的 624 家公司中有 500 家在 1827 年倒闭。1821 年乔治四世举行加冕典礼之际，《布莱克伍德杂志》曾预言“平静的时代”已经到来。但平静并没有持续很久，而平静时代的终结所带来的政治后果却非常严重。

自由的保守主义

就其对全球事务的影响力角度来说，联合王国在 1815 年后被广泛认可为世界上最强大的国家，卡斯尔雷和惠灵顿坚决而周密地施加了这种影响力，并通过坎宁进一步发扬光大。但在国内，局势却远没有那么稳定也没那么安全，因为经济的剧烈变化引起了社会动荡，并由此产生了政治上的不满，而利物浦勋爵和他的同僚们正是在这种充满不确定性的背景下，努力维持社会的秩序并试图恢复良好的公共财政状况。18 世纪 90 年代初所说的“当前的不满情绪”在紧张冲突的年月里可能暂时减弱和缓解，但在目前胜利与和平的年月里，这种情绪卷土重来，甚至程度更加强烈。因此，在战争刚刚结束的那段时间负责内政的两位大臣采取的还是一贯的镇压政策，对普通民众的贫困状况和政治愿望缺乏同情。其中之一是 1805 年受封锡德茅斯子爵的前首相亨利·阿丁顿，他在斯宾塞·珀西瓦尔手下担任一个低级职务，从 1812—1822 年担任利物浦勋爵的内政大臣。第二位是埃尔登伯爵，他是一位靠自身努力成才的律师，并在法律这行赚了大笔钱财，从 1801—1827 年几乎不间断地一直担任大法官（Lord Chancellor）一职。埃尔登伯爵遭到大多数激进人士及辉格党人的讨厌，因为（根据约翰·罗素勋爵的说法）他就是“偏见和褊狭的化身”，他体现的只是某种司法保守主义、法律滞后以及狄更斯后来在《荒凉山庄》（*Bleak House*，1852—1853 年）所描述的那种律师特有的拖延行为。当拜伦把注意力转向英国的国内事务时，他谴责了锡德茅斯和埃尔登毫无建树的保守主义，并把卡斯尔雷也归为其同类；他在《审判的幻景》（*The Vision of Judgment*，1822 年）一书中还嘲笑骚塞是为利物浦政权做辩护士的托利党人。

但反对利物浦勋爵及其政府的不仅是辉格党人和激进人士。后来的保守党领袖本杰明·迪斯雷利（Benjamin Disraeli）在其小说《科宁斯比》（*Coningsby*，1844 年）中嘲笑他的前任是“带领而不是管理着一个‘庸才内阁’的‘大庸才’”。然而，尽管在联合王国长期任职的（以前和现在的）所有首相中利物浦都算是最没有名气的一位，但迪斯雷利的这种描述也不全对。他曾是阿丁顿的外交大臣、波特兰的内政大臣，并在巴瑟斯特之前担任过斯宾塞·珀西瓦尔的战争及殖民地大臣，一直负责为惠灵顿在半岛打仗的军队提供军需，此项工作后来由巴瑟斯特接手。利物浦当任的政府中包括 6 个做过首相或后来成为首相的人：锡德茅斯、坎宁、戈德里奇（Goderich）、惠灵顿、皮尔和帕默斯顿（他从 1812—1827 年担任过战争秘书，但不是内阁成员）。可以肯定的是，虽然锡德茅斯和戈德里奇算不上政治巨头，但这些人中没有一个是庸才，卡斯尔雷和埃尔登还是强人。能这么长时间驾轻就熟地维持住自己的政府，并管理好这些个性鲜明的大人物，利物浦也绝不是“大庸才”。他圆滑老到、经验丰富、智能高超；他既能控制好年长的政治家们，也能同时引入新的人才；他认为自己维护了政治和公共生活中皮特派的传统精髓。虽然这只是加强了批评者持有的代议制度已经烂到根了的观点，利物浦却在1812年、1818年、1820年和1826年连续四届赢得大选，这意味着他在这个国家的一些地区必定得到了至少一部分的支持。他对骚乱和不满情绪的镇压和压制既坚决又无情，尤其是在滑铁卢到彼得卢之间的那些年里，当时1789年和1798年的事情还令人们记忆犹新且仍有警示作用。（利物浦19岁住在巴黎时，目睹了攻占巴士底狱的暴乱。）但他也支持国内的一些有限的改革，在经济形势改善带来了社会气候缓和的19世纪末20年代初期，其支持力度也逐渐加大。

后滑铁卢时代政府从镇压到改革的政策转变之路很快就越来越明显地充满了不确定性。一个因战争紧急状态延误太久的悬而未决的问题就是国家的货币问题。小皮特在1797年的金融危机期间暂停了现金支付，这意味着银行票据不可以再兑换成黄金了。由此导致的结果就是英格兰银行发行了过量的纸币，而这正是19世纪初国内价格大幅上涨的一个原因：这至少是下议院一个被称为“金砖委员会”（Bullion Committee）的调查小组的结论，而该委员会曾在1810年提出了重返金本位的建议。但在战争期间并没有采取任何相关措施，直到1819年，罗伯特·皮尔任主席的一个委员会才再次提出这个问题。皮尔刚让出了爱尔兰首席大臣一职，但在托利党中却一直保持上升的势头。皮尔的委员会也敦促重返金本位，经过内阁和下议院长时间激烈的辩论之后，英格兰银行决定恢复现金支付。此举立即改善了联合王国在外汇市场上的地位，因为海外黄金开始流入。但黄金价格却再次下跌，下降幅度甚至超过了1814年前后的程度，而价值低于5英镑的纸币流通实际上已经崩溃了。地主和实业家普遍批评说，与伦敦市的利益相比，他们的利益处于从属地位。事实上，伯明翰钢铁厂厂主兼银行家托马斯·阿特伍德

(Thomas Attwood) 认为他所称的“皮尔法案”带给“国家的痛苦、贫困、不和谐以及除死亡以外的一切灾难，比阿提拉（Attila）带给罗马帝国的还要多”。另一方面，皮尔家族得以发财致富的经济产业，即棉花产业的领袖们却表示强烈赞同，因为他们认为回归金本位将有助于稳定国际贸易并带来出口的增长。

1815 年《谷物法》公然表现出了阶级偏见，所实施的短期财政政策产生的效果充其量算是好坏参半，经济衰退严重，这些方面加在一起并没有使大多数人向平静局面的转变之路变得更轻松。为应对 1816 年 12 月在斯帕菲尔兹举行的大型集会和随后的骚乱，阿丁顿带领议会通过了遭受谴责的“堵嘴法案”，旨在以遏制煽动性言论为名限制公民的自由。于是，人身保护令再一次失效，对 1798 年的法令做了进一步的延伸：认定煽动性集会为非法，“诱导”陆海军士兵对他们的君主采取不忠行为非法，所有为保护国王免受叛国活动伤害而采取的措施也扩大范围以保护摄政王的安全。两年后，在为“彼得罗大屠杀”而举行的多次抗议活动之后，政府又匆忙通过了被称为《六条法案》(Six Acts）的更进一步的镇压措施。法案规定超过 50 人参加的“煽动性集会”即为违法；不允许召集武器使用培训会议；增加了对亵渎性和煽动性诽谤做出处罚的规定；对所有期刊征收印花税，希望以此提高那些激进报刊的价格，让工人（或失业者）买不起；赋予地方治安官对所有私人处所进行武器搜查的权力。就像 18 世纪 90 年代和 19 世纪初一样，内政部建立了全国的间谍和奸细网络，渗透到了各个激进的组织中。毋庸置疑，执法也变得更加严厉：从 1811—1819 年，英格兰和威尔士的收监和定罪人数翻了三倍，死刑判决的数量从每年的 359 人升至 1 206 人，而实际执行死刑的数量也从每年 45 人升至 108 人。所有这些措施都表明锡德茅斯和埃尔登的重拳出击，他们的本意是要消除人们的不满情绪，但在短期内却进一步强化了这种不满。

当民众的不满情绪平息下来以后，虽然这些镇压措施并未废止，但政府已经计划要撤销这些新的法案或者无视其存在了（1824年《煽动性集会预防法案》被废止，《六条法案》中的两条改头换面后今天仍然有效）。不仅如此，执行镇压政策的同时也进行了社会改良的初期尝试。主要由地主支付的贫困救济支出，从1803年的410万英镑增加到1815—1816年的570万英镑，1817—1818年达到了790万英镑的峰值，此后仍然居高不下。1817年，财政大臣尼古拉斯·范西塔特带领议会通过了《穷人就业法》（Poor Employment Act），为愿意对公共工程计划进行投资从而创造就业的个人或公司提供了175万英镑的国库券；这些钱用于开凿运河、修建道路和进行湿地排水以开垦更多的耕地。这些计划标志着国家资助活动的显著扩展。1819年政府实施了《棉花工厂法案》（Cotton Factory Act），这是一项重要的社会立法，因为它禁止雇用9岁以下的儿童，设定了年龄为9~16岁的工人每天工作不超过12小时的限制。3后，通过了第一项对待动物的规范措施，判定虐待牛、马、羊或对它们造成不必要的痛苦是犯罪行为，并很快迎来了这方面的第一次起诉。这一立法代表了人文关怀方面的显著变化，1824年防止虐待动物协会（Society for the Prevention of Cruelty to Animals）的成立再次强调了这种情怀。这些政府对自由市场运作的早期干预行为只是最基本的尝试，贯穿19世纪所有进一步的干预行为都遭到了议会的强烈反对，后来格拉斯顿试图解决令人烦恼的爱尔兰土地问题时就深有体会。但即使在一个盛行放任主义意识形态的时代，这类干预行为也表明政府对市场和私有财产的管控成了一个日益受到争议的重要问题。

前文说过，英国教会与英国的工业化城镇和不断扩大的城市的居民之间的关系不再那么融洽，因而逐渐成为激进人士和非国教徒的批评对象。所以，这段时间，利物浦勋爵的政府也在寻求应对这些日益严重的问题的措施。1817 年指定了一个委员会以建立一个“为中下层阶级增加教堂数量，促进公众敬神活动”的社团，次年，议会批准给予 100 万英镑资金建立新的教堂，并成立了一个委员会对这笔钱的支出和教堂施工进行监督。利物浦认为这是他实施过的“最重要的”措施。在某些地方该委员会拨付全部款项以满足教堂建设所需的资金，而在另外一些地方，则通过私人捐赠和公众捐款补足部分差额；委员会对一个项目的拨款从来没有超过 2 万英镑。到 1821 年 2 月为止，已经建造了 85 座教堂，可容纳将近 15 万教众，但是这笔政府拨款基本都花完了，所以还有 25 座计划建设的教堂由于资金短缺而推迟建设。3 年后，议会又第二次批准了 50 万英镑的拨款，该款项分成多个比较小的资金拨款分给了更多的地方，资助了另外 500 座教堂的建设。这又是前所未有的一个国家干预的例子，为了在战争、革命、人口增长和大规模城市化之后的新形势下促进国家的宗教发展。但这些人们所称的“滑铁卢教堂”或“长官教堂”的建设，并没有完全解决问题，即没有在不列颠群岛迅速扩大的城镇和城市为圣公会教徒提供足够的做礼拜的地方。而另一方面，教会可能在提供基础教育方面做得更成功。到 1820 年为止，大多数儿童都能够在其童年的某个时段入学读书，尽管英国的脱盲比例低于法国、普鲁士或斯堪的纳维亚，但其大部分人口基本上都是识字的。

到 19 世纪 20 年代初，随着经济开始复苏，贫困动荡的最糟糕岁月似乎正在过去，这些令人欣慰的情况改善也同时伴随着两次政治上的重大变化。第一次是在20年代伊始摄政王登基成为乔治四世。他既不是一个招人喜欢的继承人，也不是一个受欢迎的君主。他对艺术给予了重大的支持和赞助，但这也让他花了更多的钱并欠下了更多的债务。他对卡罗琳王后的态度进一步损害了他在公众眼中的形象，他的加冕礼过分张扬和奢华，场面宏大却演变成一场闹剧。但是王后的去世给了他一个短暂的喘息空间，在这期间，他对其王国比较偏远的地区做了两次别出心裁的访问，一是在当年晚些时候访问了爱尔兰，二是次年访问了苏格兰。对他的批评者来说，访问的仪式和他之前的加冕典礼一样华而不实。但对他的崇拜者来说，这些仪式既受人欢迎又令人欣慰，表明君主从没有像现在这样接近人民。其崇拜者中就包括了沃尔特·司各特爵士，他曾计划用苏格兰格呢短裙来配合这次爱丁堡的盛会。与父亲不同的是，乔治四世更愿意做表面文章而不是做一个干预政事的君主，即他更渴望表演和做样子，而不愿意与他的大臣们一起积极地处理艰苦的政府事务。可以肯定的是，他坚持要推行《剥夺公权法案》，给利物浦勋爵带来了麻烦，后来又在天主教解放问题上制造了许多困难。但到了统治末期，这位君主果断干政的能力与他20年前担任摄政王时有显著差距。1830年这位国王去世之时，惠灵顿形容乔治四世为“极端不同个性的混合体，并将其优势发挥得很好”。《泰晤士报》却没有那么宽容，评论道：“从来没有人像这位逝世的国王一样，在自己的同胞中得到的哀悼之情如此之少。”

第二次也是比较大的一次政治变化是利物浦重组内阁，采取这种做法的部分（也仅是部分）原因是卡斯尔雷1822年8月自杀。但这位首相几年之前就已经决定要引进新人才，并加强对下议院的管理，因为下议院遭受了太多的挫折（如 1815 年关于所得税的提案被否决）。他在 1818 年年初就已经开始实施变革，任用弗雷德里克・约翰・罗宾逊（Frederick John Robinson）接替表现平平的克朗卡蒂伯爵（Earl of Clancarty）担任贸易委员会主席（他从 1812 年以后一直担任副主席）。1822 年 1 月，利物浦任命皮尔取代锡德茅斯出任内政大臣，而皮尔就是刚刚成为呼吁重返金本位的那个委员会的主席。同年 9 月，他又把坎宁召回来取代卡斯尔雷在外交部的职位并出任下议院的领导人。坎宁曾出任波特兰的外交大臣，从 1816—1821 年担任控制委员会主席。1823 年 1 月，罗宾逊接替事故频发的范西塔特担任财政大臣，而同年 10 月，此前已经取代罗宾逊担任贸易委员会主席的威廉・赫斯基森（William Huskisson）进入内阁。可以肯定的是，惠灵顿和埃尔登仍然是比较“极端的”保守主义的代表人物，卡斯尔雷到坎宁的外交政策转变更算是一种风格的转变，而不是实质上的转变，而不久后皮尔在内政部以及赫斯基森在贸易委员会实施的改革，在他们掌权之前就已经讨论过了。但是任用更多具有贸易和商业背景的人之类人事政策方面的变动，加上经济好转带来的更为轻松的氛围，意味着利物浦执政的第二个阶段比第一个更“自由”，他很乐于让赫斯基森、罗宾逊、坎宁和皮尔在各自的部门打上他们不可磨灭的业绩烙印。

但如同 20 多年后迪斯雷利的挖苦，1823 年乔治四世告诉利物浦勋爵说他的政府是“各部门支撑的政府”时，并不是在表示赞赏。恰恰相反，他认为自己首相的领导力不尽如人意，更遑论领导有方，他认为他就像“一个旅馆的领班”。这种评价很不公平，因为利物浦的协调执政能力虽然不那么显山露水却游刃有余；但是有些大臣之间无疑存在着很紧张的关系，既因为他们超群的个性也因为他们对政策存在争议。例如，利物浦任命赫斯基森为贸易委员会主席时，并没有立即让他进入内阁，这引起了他的不满，并始终陷在偏执和自怜自艾的情绪中不可自拔。惠灵顿与卡斯尔雷关系密切，从“维也纳会议”以后一直在外交政策上有共识，但他对坎宁从没有好感，既不喜欢他承认拉丁美洲各共和国独立的政策，也不喜欢他在下议院和国家事务中表现出的矫揉造作。在利物浦内阁中，“极端”托利党人与比较倾向于自由的政党之间也存在着巨大分歧。惠灵顿、埃尔登和锡德茅斯对 1789 年发生的事情既不能忘怀也无法原谅。他们信奉政府应保持强硬，反对危险和不负责任的改革措施，信奉土地利益所有人具有上帝赋予的统治权，信奉既有教会的重要性。但是，坎宁和皮尔这种来自不同社会背景并认识到贸易和工业发展变得日益重要的人，则不相信拥有土地的贵族是天生的统治者，并且认为政府应该为整个社会谋福利，“激发工业的发展，鼓励生产，奖励劳动，纠正不规范做法，净化污浊和腐败”。

这些观点对赫斯基森和皮尔此时准备实施的改革无疑起到了促进作用。在贸易委员会中，赫斯基森努力要把英国工业初期的领先优势以及 19 世纪 20 年代初经济蓬勃发展的优势发挥到极致。1823 年，他实施了《关税互惠法案》(Reciprocity of Duties Act)，打破了《航海条例》(Navigation Acts) 中体现的保护原则，因为该法案规定进口英国的货物只能由英国船只运输。而从此以后，任何欧洲国家的船只都可以运送进口商品进入英国，只要对方给予英国相同的权利即可。在接下来的两年时间里，赫斯基森降低了包括各种原材料在内的各种进口货物的关税，废止了 1 000 多项《关税法》(Customs Acts) 规定，并大幅降低了保留下来的关税征收额度。比如，对进口的制成品设立了一个总体原则，即征收 20% 的关税，而不是 50% 的关税。他还取消了不允许英国殖民地与外国直接贸易的限制，并取消了所有此类贸易应经过伦敦转口的要求。这就是赫斯基森希望“建立”的“自由原则”，在贸易自由化和出口增长之间似乎有着明确的联系。随着经济的繁荣，以及政治骚乱的停止，似乎迎来了废除 1799 年和 1800 年通过的《联合法案》的契机，该法令规定工会和罢工行为非法。1824 年如期完成了这项工作，但合法化的工会迅速涌现，并组织了要求提高工资和改善工作条件的罢工，其中一些演变成了暴力行为。1825 年，在制造商的压力下，赫斯基森决定必须对新立法进行重大修改，并再次通过了一项立法，宣布一切被认为是“抑制行业发展”的密谋或合作行为为非法。可以肯定的是，行业工会仍然可以合法存在，但对其行为设定了严格的限制。

同时，皮尔在内政部也实施了一系列改革和合理化措施。他的动机与其说是人道主义，不如说是技术官僚主义，因为他希望更好地发挥法律的作用（作为一个笃信宗教的人，他也信奉惩罚罪恶）。因为缺乏适当的成文法，英格兰的法律（苏格兰和爱尔兰是独立的司法管辖区）复杂而混乱，而法官可以对那些犯下比较轻微罪行的人做出严判。因此，一些最严厉的惩罚是针对财产犯罪而不是针对伤害犯罪。如果觉得会有重判的结果，陪审团经常会不考虑被告是无辜还是有罪便宣布其无罪。皮尔认为对那些相对较轻的犯罪不再判处死刑是对法律更大的尊重，1823 年他首次试图通过引入五条法规来解决这些问题，从而显著减少了法官能够判处死刑的罪名。同年，他实行了《监狱法案》(Gaols Act)，这是一项开创性的改革，标志着一项国家级监狱政策的开始：每个郡和大城镇都要通过当地的税收维持监狱的运行，狱卒要得到适当的报酬，同时也规定要对监狱进行定期检查。女囚要由女狱卒监管，所有犯人都要接受一定程度的教育和医疗，禁止使用镣铐和手铐。1825年，皮尔还实行了另一项巩固性立法，即《陪审团法》(Jury Act)，对80多条现存法规进行了合理化修订，并明确了陪审团遴选的程序。这项措施也为另外两个巩固性法令的修订铺平了道路：第一个是为了改善中央的司法管理；第二个是用只有5个条款的法令取代了有92个条款的混乱且重复的盗窃法条。除此之外，这两个法案涵盖了超过3/4的最常见的罪行。至此，皮尔还停止了使用间谍和特工，这种做法是19世纪10年代末恢复的，但这些人的情报往往很不准确而且夸大其词。

这些都是利物浦政府在国内取得的重大成就，但还有其他一些迟早会引起人们注意的问题，而且这些问题无一不是更重要也更具分裂性的问题，只是暂时没人有所意识。首先是废除奴隶制问题。1823年，即"反奴隶制协会"成立的同一年，托马斯·福韦尔·巴克斯顿（Thomas Fowell Buxton）在下议院提出了反对奴隶制的决议，使巴瑟斯特勋爵在促进英国加勒比地区改革的努力遭遇失败；第二年威尔伯福斯和巴克斯顿都在后续的议会辩论中发言要求废除奴隶制，但没有成功。大多数辉格党人也对此持赞成态度，部分原因是出于对查尔斯·詹姆斯·福克斯的忠诚缅怀。一时间废奴努力止步不前，因为种植园主在议会中的游说团体势力依然很强大。但是如果立法机构进行了改革，那么废除奴隶制的机会就会大大增加，而议会改革也是一项辉格党追求的事业。1819年，年轻的约翰·罗素勋爵宣布自己支持剥夺腐败选区的选举权；两年后，他成功地剥夺了以腐败而臭名昭著的康沃尔（Cornwall）格兰庞德（Grampound）选区的权利，该选区的两个议员席位重新分配给了约克郡（但不是他所希望的工业城市利兹)。1822 年，罗素宣布“下议院没有得到人民的尊敬和敬畏”，他试图从小城区拿走 100 个席位，并将其中的 60 个重新分配给各郡县，其余 40 个给大城镇，但以 269 票对 164 票被否决，而另一个类似的动议在 1826 年被更多票数否决。然而，虽然 19 世纪 20 年代这些好年景里废除奴隶制和议会改革的努力逐渐减弱，但总有人希望（或害怕）如果经济再次走下坡路，改革事业又会迎来显著改善的局面，民众的不满情绪和激进骚动会再次成为关注的焦点，就像在滑铁卢和彼得卢之间的岁月一样。

这两个问题在（不久的）将来又会再次提上日程，但对利物浦勋爵来说眼前更需要关注的问题是爱尔兰的局势以及悬而未决的天主教解放问题。《联合法案》的通过很快就要过去 25 年了，但其承诺的允许天主教徒进入议会并担任高级公职的政策，仍然没有成为法律规定。乔治三世和乔治四世虽为父子却几乎没有共同之处，但他们都持有一种相同的政治观点，就是对天主教解放怀有顽固的敌意。他们认为这样做就是违背了自己要维护法定的英国教会和新教徒宗教信仰的加冕誓言。英国君主第二次在爱尔兰问题上表现得如此顽固出现在维多利亚时期，她当时是因为对在爱尔兰实施“地方自治”感到不满。乔治四世在 1821 年成功访问了爱尔兰，但这既没有改变也没有缓和他对此问题的敌对观点，而利物浦勋爵就像他的导师小皮特一样，认为应该遵从乔治四世的意见，他认为他或他的阁僚都不应该正式向国王提及这个问题。但利物浦尽量不把天主教解放问题提上政治议程还有其他的理由，因为出乎意料，他的大臣们在这个问题上也存在着严重分歧。在比较自由的托利党人中，皮尔强烈反对，而赫斯基森则表示赞成。尽管惠灵顿和卡斯尔雷有着共同的爱尔兰贵族背景，他们的外交政策也很接近，但在这件事上，他们之间的分歧却由来已久，公爵与皮尔一样反对态度坚决，而卡斯尔雷自从帮助实施了《联合法案》以来，就一直持赞成态度。卡斯尔雷和坎宁虽然一直互为对手互相敌对，他们实施或提出的外交政策也大不相同，但他们都支持施行将天主教徒完全纳入国家公共生活的政策。

针对这些分歧意见，利物浦勋爵的做法是让他所有的部下同僚做出承诺：他们不会与国王讨论天主教解放问题，也不会在内阁中提出这个问题。但是，虽然他可以有效地阻止其同僚提出这个问题，但他无法阻止内阁之外的其他人这么做，尤其是在爱尔兰本土更不可能。亨利・格拉顿就是其中之一，他作为爱尔兰议员，曾对《联合法案》提出过强烈的反对意见。他在 1805 年当选进入英国议会后，立即着手发起天主教解放运动，以此作为废除《联合法案》的第一个重要步骤。他的一些提案在下议院获得了通过，但被上议院直接否决。他在 1819 年的最后一次努力得到了卡斯尔雷和坎宁的支持，但最终也没有成功。两年后，代表都柏林大学的议员威廉・普伦基特（William Plunkett）提出的一项措施在下议院获得了通过，但上议院再次予以否决。此时，一位名叫丹尼尔・奥康奈尔（Daniel O'Connell）的都柏林律师得出结论说，实现解放的唯一途径是将爱尔兰舆论的强大压力施加给威斯敏斯特议会。为此，他于 1823 年成立了“天主教协会”（Catholic Association），该组织得到了爱尔兰人和天主教神职人员前所未有的广泛支持。为动员这些神职人员反对伦敦的利物浦政府，奥康奈尔曾发表过鼓舞人心的雄辩演讲。但是利物浦政府认为他是蛊惑人心的煽动者，于 1825 年解散了天主教协会。同年，另一项在下议院通过的解放措施又被上议院否决了。作为回应，奥康奈尔又成立了“新天主教协会”

(New Catholic Association)。像它的前身一样，该协会是从普通爱尔兰人那里筹集资金，且常常得到天主教神职人员的帮助。该协会在1826年大选中支持那些赞成天主教解放的候选人，击败了新教地主提名的候选人，但其中许多上报的候选人遭遇重选。尽管利物浦的意愿（还有国王的意愿）与此相反，但解放问题再次成为焦点也只是个时间问题。

到1827年年初，利物浦勋爵已经连续执政15年，领导着一个托利党人构成的广泛联盟，不断通过内阁为其注入新的活力，其管理技巧和旺盛的精力都令人印象深刻。但他感受到了千头万绪的执政工作以及一系列的危机带来的持续压力，在19世纪20年代的大部分时间里，他遭受了我们现在所说的“压力性失调”症状的折磨。把阁僚团结在一起变得越来越困难，还有一些悬而未决的问题显然不能无限期掩盖或推迟。尽管反对“旧腐败”的人证据确凿，但从小皮特时代开始，政府可以依靠其在议会中给予支持的“禄虫”、养老金领取者和担任闲职者的数量却在不断减少，这意味着利物浦在下议院持有的大多数席位一直面临着风险。虽然废除奴隶制和改革议会的事情似乎在19世纪20年代中期就搁置不谈了，但如果经济再次崩塌，这两件事可能会再次将民众的意见和议会中的辉格党人团结在一起。1825年，天主教解放的问题将利物浦和皮尔推到了辞职的边缘，丹尼尔·奥康奈尔在次年选举结果出来后必然会在这个问题上继续施压。1825年12月，经济真的再次崩溃，导致接下来的12个月内失业率上升，民众抗议活动增加。对于一个疲惫不堪、身体虚弱的首相来说，这一切实在难以承受。1827年2月，利物浦勋爵因中风而倒下，两个月后退出了公共生活，后于1828年12月去世。

政治危机开始

皮特去世时只有 46 岁，而利物浦去世时只有 58 岁。他们的寿命虽然比联合王国当时男性的平均寿命要长，但这仍然说明，长期担任最高职务让他们付出了代价，尤其是面临战争与和平时期双重重任的情况下，这两个重任同样具有挑战性，只是挑战方式各不相同。但是，尽管利物浦延续和复兴了人们熟知的皮特托利党政权，但任何接替皮特的人都不可能重复他的辉煌。利物浦在 19 世纪 20 年代实行的政策是支持既有的制度，并允许实行一些适度的改革措施，同时把有争议的问题搁置起来不予讨论。但自此以后却再也无法以此为基础维持住这个托利党联盟，部分原因是意见越来越两极分化，另一部分原因是各种事件的压力又进一步加剧了这种两极分化。像惠灵顿和埃尔登这样的极端托利党人不想再做任何改变，尤其在天主教解放或议会改革方面更是如此。皮尔希望进行更多的刑事改革，但他与惠灵顿一样对天主教和议会改革持反对意见。但也有像坎宁、赫斯基森、罗宾逊［现在被授予了戈德里奇勋爵（Lord Goderich）的贵族称号］和帕默斯顿等其他人，虽然热情程度有所不同，但都愿意考虑扩大改革范围，而且越发觉得他们与反对派辉格党的共同观点更多，而与他们自己的执政党内比较反动的党员却鲜有共识。从这个角度看，利物浦的离世预示着各政党的一次重大政治重组，而这种重组在 1846 年、1859 年和 1885 年以后又多次发生。

显而易见，政治重组已经迫在眉睫。1827 年 4 月，乔治四世顶住了托利党右翼敦促他任命惠灵顿的游说，转而让坎宁组建政府。坎宁曾是利物浦内阁中最有才华的人，他反对议会改革，理由是立法机构已经有效地起到了舆论和新闻界要求其所起的作用。但他出身卑微，他的做作和浮夸，他在议会内外表现出来的雄辩，他的“自由”外交政策和对天主教解放的支持，让那些自称为“极端”托利党人的人极为厌恶；因此，惠灵顿、埃尔登和巴瑟斯特拒绝在他的领导下任职，皮尔也一样，尽管他不是极端托利党人，但他仍然坚决反对天主教解放。坎宁也担任了财政大臣一职，并在后来自己组建的政府中任用了戈德里奇、赫斯基森和帕默斯顿等自由托利党人。为了填补剩余的空缺，他任用了像波特兰公爵、兰斯当侯爵和卡莱尔伯爵 (Earl of Carlisle) 等最不顺从政党忠诚历史观念的辉格党人。这极大地激怒了辉格党领袖，即下议院的约翰·罗素勋爵和上议院的格雷勋爵，相比之下，他们把所有的托利党人都视为敌人，但这表明从 19 世纪 10 年代到 20 年代普遍秉承的政党效忠原则正遭到越来越严重的背离。坎宁希望实行利物浦政府在最后阶段达成一致意见的一项措施，即对 1815 年的《谷物法》进行修改；但惠灵顿坚持要求上议院推翻原有的法案，坎宁被迫撤回该项措施。比较积极的是，坎宁政府进一步重申了惠灵顿于 1826 年 4 月在圣彼得堡签署的议定书，该议定书确立了希腊脱离奥斯曼帝国实现独立的一项措施，为保证这些条款的实施，1827 年 7 月由英国、法国和俄国一起签署了《伦敦条约》。这三个强国还派遣了舰队前往地中海东部，如果奥斯曼拒绝合作，他们就强制执行这些条款。

人们也希望（或害怕）坎宁会通过天主教解放法案，但他却在就任首相仅仅 4 个月后于 1827 年 8 月初去世，年仅 57 岁，成了又一个被政务负担累垮的首相。于是国王转而任命戈德里奇勋爵为首相。作为利物浦的财政大臣，戈德里奇在 19 世纪 20 年代中期的经济繁荣时期赢得了“繁荣罗宾逊”的绰号。他的目标是继续走坎宁刚建立的自由托利党和保守辉格党的联合执政之路。他成功地让其前任的许多大臣继续在自己的政府内留任。但是戈德里奇缺乏坚韧和决心（他被其同时代的某个人形容为“如芦苇般坚定”），他没能把内阁成员团结在一起，很大程度上是因为他任由乔治四世指手画脚，任命了一个极端保守的托利党人约翰·查尔斯·赫里斯（John Charles Herries）做财政大臣。在利物浦执政时期，赫里斯就坚决反对赫斯基森实行自由化的财政方针，此时的赫斯基森是戈德里奇的战争与殖民地大臣，这两个人很快就显示出他们在戈德里奇的政府里根本无法共事。在是否应该指派辉格党人奥尔索普勋爵（Lord Althorp）出任某个财务委员会主席的问题上，赫里斯和赫斯基森之间出现了争议。奥尔索普勋爵是斯宾塞伯爵的儿子和爵位继承人。赫斯基森非常赞成，赫里斯则坚决反对。戈德里奇认为他们两人缺一不可，却几乎注定无法双全。1827 年 12 月，他写信给国王解释了自己无能为力的感觉，乔治四世却选择把这封信当作辞职信。接着又发生了另一桩阴谋，次年的一月，戈德里奇得到通知说国王认为他的政府已经走到了尽头。他的政府只存在了 5 个月，还没有与议会正式碰过面，因为在那段时间整个议会的工作都暂时搁置。赫斯基森写信给一位朋友说：“头一次见到一个国家首脑会那么软弱、优柔寡断，完全处于无助状态。”

既然国王不会支持辉格党人，那么他唯一能指望的就只有惠灵顿。虽然惠灵顿在 1818 年就加入了利物浦内阁，但这位滑铁卢战役的胜利者，从其经历和秉性来看，更像一位军人而不是政治家。他缺乏平易近人的气质，对舆论也毫不在意。他在议会发表的讲话常常轻率鲁莽让人始料不及，他不适合谈判，不懂妥协和审时度势，而这些都是政治生活不可或缺的组成部分。然而，尽管有这些明显的不足，惠灵顿在构建其政府方面却表现出相当高的政治技巧。他留住了包括赫斯基森和帕默斯顿在内的自由托利党人，并把皮尔召回担任内政大臣和下议院领袖。他拒绝任用像埃尔登和威斯特摩兰（Westmoreland）这样的“极端”托利党人，弃用了那些在坎宁和戈德里奇政府任职的辉格党人。结果是组成了一个出乎人们意料的走中间道路的政府。事实上，皮尔的父亲认为，“因为适当考虑了人才、家族背景和帝国的形势”，新政府让人们“总体上感到比较满意”。但是国王和首相本身都不是走中间道路的人。在委托惠灵顿组建政府时，乔治四世曾规定“内阁不应该对罗马天主教问题给予考虑”，而天主教徒则不能在爱尔兰政府担任高级职位。对于这位公爵来说，他认为没有必要为了“使人民更满意而改变目前”的代议制度。但事实很快就显示出，这些关于天主教和宪法的立场观点已经不可能达到“总体上比较满意”的程度。

第四章

破除传统的年代，1829—1841 年

惠灵顿公爵从来没能像之前在军队里指挥士兵一样管理好自己的内阁或立法机构，因为专制手段是他知道的唯一领导之道，这意味着他的政府几乎从一开始就困难重重。为了响应沉寂了近 40 年后再度活跃起来的新教异见者发动的一场运动，1828 年 2 月，下议院辉格党领导人约翰·罗素勋爵又提出了一项废止《宣誓法》（Test Act）及《结社法》（Corporation Act）的法案。这些法案长期以来一直是托利党的信条，一方面是要对新教徒区别对待，同时也为了维护正统英国国教至高无上的地位。但罗素的提案在下议院以 44 票得以通过，极端托利党右翼虽然对此颇有微词，上议院却也通过了这个提案。实际上，废除这两个法案对于那些异见者的生活没有任何影响，因为它们早已是一纸空文。另一方面，这种削弱既定秩序的法律和宗教的举措，可能被看作是对宪法和教会，特别是对天主教解放运动这个棘手的问题，进行深入改革的一个可喜或不祥的前奏。这是对惠灵顿和皮尔的直接挑战，虽然近年来他们两人已经在私下（而非公开）放弃了早先的顽固态度，但要承认这种举措势在必行，他们还是很不情愿的，为此他们需要得到思想更自由的政府成员的支持。但在《宣誓法及结社法》废止不久的 1828 年

春，赫斯基森、帕默斯顿和另外两个“自由”托利党人却辞职而去，表面上是因为修改了1815年的《谷物法》，实则因为惠灵顿与他们之间的关系出现了问题。

在其思想最自由的成员离职之后，惠灵顿试图对其政府进行重组。但却因为指派了一位名叫维西·菲茨杰拉德（Vesey Fitzgerald）的爱尔兰乡绅出任贸易委员会主席，无意中引发了一场重大的政治危机。皮尔对这位乡绅评价很高，而他本人对天主教解放运动持赞成态度。按当时（且一直延续至这个世纪结束）的惯例，出任政府职务的议员有义务寻求连任；虽然这种递补选举通常就是走个形式，但是偶尔也会出现令人吃惊和不安的反转结局，菲茨杰拉德争取连任的情况就是如此。因为他代表的是克莱尔郡（County Clare）的爱尔兰选民，但此时他发现自己的对手不是别人，正是丹尼尔·奥康奈尔。丹尼尔·奥康奈尔越来越多地得到他三年前成立的遍布爱尔兰大部分地区的“新天主教协会”的支持。菲茨杰拉德身为赞成天主教解放的地主，有望再次赢得选举，但选民们听从了教士的建议，结果奥康奈尔以一千多张选票的优势顺理成章赢得了竞选。然而，因为他是天主教徒，法律禁止他在下议院任职。考虑到爱尔兰民众焦虑的舆论动态，政府担心实施这一禁令不仅会导致克莱尔郡选民的明确立场被无视，还可能引发爱尔兰人大规模的暴动。叛乱会使只有25年历史的“英－爱联盟”（Anglo-Irish Union）陷入危险，但英国统治阶层却越来越认为对这种事情绝不能让步。惠灵顿和皮尔虽然不愿意，但决定顺从大局，他们认为，如果要在否决天主教解放并使联盟处于危险之中，或容许天主教解放并维持联盟的存在这两者之间做出选择，他们必须选择后者。

这是一个大胆而勇敢的决定，因为惠灵顿和皮尔此时要实施的举措是他们自己在19世纪20年代初很长一段时间内一直反对的，会带来严重的破坏性政治后果。许多“极端”的托利党议员和同行认为他们的党派之所以存在，就是要维护既有的教会，对于他们来说，这就相当于他们自己领袖的“背叛行为”；那些更具同情态度的“自由”托利党人——也可能是之前在内阁中支持惠灵顿和皮尔的人，已于最近辞职；而乔治四世对这个问题的态度与他父亲一样，毫不妥协。这意味着1828年7月举行的克莱尔郡递补选举后的短时间内，惠灵顿和皮尔都无法将他们的决定公之于众，因为他们需要时间去做那些“极端分子”和国王的工作。结果是，对该问题持不同意见的双方之间关系越来越紧张，爱尔兰海两岸的形势也越来越紧张。爱尔兰爆发了多次支持奥康奈尔和解放的天主教群众示威，与之针锋相对的是宣誓效忠联盟和新教的“不伦瑞克俱乐部”（Brunswick Clubs）创立，特别是在北爱尔兰的阿尔斯特（Ulster），还有英格兰。惠灵顿努力说服愤恨不已的国王接受天主教解放不可避免这一事实也耗费了很多时间，最终国王勉强让步。但结果是，直到1829年2月，惠灵顿和皮尔才得以公开宣布施行解放运动的决定。而此时这一决定看起来更像是对爱尔兰暴民的被迫让步，而不是以政治家的风范对克莱尔郡选民意愿的承认。这一决定最终在4月得到国王的“准奏”以后，爱尔兰天主教人士对此仍不完全满意：一些政府高级职位仍然仅限于新教徒担任；包括奥康奈尔的“新天主教协会”在内的许多政治团体被明令禁止；而爱尔兰人的参政权明显受限，投票门槛原来是只要拥有年价值为40先令的土地，现在则提高到了10英镑。

面对如此多的政治不确定性，皮尔却成功地通过了一项国内立法，这是他作为一位改革型内政大臣达到的事业顶峰，至少回首看来是这样。1822 年，因为担心新近发生的“卡罗琳王后事件”会对公共秩序造成威胁，他在议会设立了一个委员会，以探求在伦敦成立“不违背自由国家性质的”警察机构的可能性。包括爱丁堡和格拉斯哥在内的一些苏格兰城镇，已私下经由《议会私法法例》（Private Acts of Parliament）成立了这种警察部队；都柏林已在 1808 年拥有了自己的警察；皮尔自己在此六年后创建了一支爱尔兰国民警察部队，但是该部队的主要任务是既要铲除政治颠覆行为，也要对付犯罪活动。该委员会拒绝提出皮尔想要的建议，但他的第二轮努力比较成功。他设立的第二个委员会在 1828 年 7 月提出建议，赞成建立“一个高效的大都会警察体系以有效保护人们的财产并预防和侦查犯罪行为”。于是皮尔提出立法，提案于 1829 年 6 月得以通过进入法典，创建了一支直接受内政部领导的警察部队，管辖除伦敦市之外的所有大都会地区。批评者指责这支新部队“违反宪法”，也有人担心它会演变成欧洲大陆（或爱尔兰？）式的秘密警察。第一批被任命去领导这支部队的两个指挥官都来自爱尔兰家庭，而大多数的高级军官及许多警员都有军事背景，这些情况几乎印证了人们的担心。虽然 1829 年以后大都市的犯罪率明显下降，但是却经过了很多年才建立起一支令人满意的警察队伍，而在英格兰和威尔士各个城市和郡县推广这种伦敦警察模式则历经了 25 年的时间。

大改革法案

1829 年天主教解放问题才是最棘手的政治问题。可以肯定的是，它的通过最终完善了与爱尔兰的《联合法案》，达到了小皮特近 30 年前的初衷。然而，尽管皮尔和惠灵顿有着最好的意图，但其后果的破坏性却比其改善作用更大。对于大多数爱尔兰人来说，这种解放太微不足道，来得也太晚，无法让他们属意这种合并，也无法让他们拥护伦敦的政府；这还引发了一场重大的政治危机，从而迎来了为期 10 年的前所未有的大规模改革。何以如此？从某个角度来看，在 1828 年和 1829 年占主导地位的问题，无论是在议会里还是在媒体上，都主要是关于宗教和教会的问题，关注的是减少对持不同政见者和天主教徒的法律歧视。但这些问题也产生了深远的政治影响。《宣誓法及结社法》的废除，结合《天主教解放法案》的通过，突然从根本上削弱了英国的宗教性质，因为此前英国规定只有完全服从国教教会并领圣餐的成员才能充分参与公共事务的管理。这不仅仅是一个宗教问题，还是一个宪法问题。许多圣公会托利党人觉得惠灵顿和皮尔背叛了他们：对这些人来说，他们的领袖不能根据急剧变化的形势明智而负责任地改变他们的想法，他们不是勇敢的政治家，而是懦夫和变节分子，用当时某个人的话来说，他们“扼杀了宪法”。因此，惠灵顿不仅丧失了自由托利党人的支持（这些人在 1828 年初就离开了他的政府），到次年还失去了许多“极端”托利党人的支持。

公爵的政府在上下议院都束手无策，并在自己昔日大量的支持者面前失去了信誉，正当此时，议会改革的问题通过威斯敏斯特宫内外不同的渠道又开始被提了出来。出乎意料的是，此时承担起改革任务的一群人，正是迄今为止一直最反对修改宪法的那些人，即“极端”托利党人。他们肯定注意到了天主教解放在大多数笃信新教的英国人民中曾经非常不受欢迎，这意味着更具代表性的下议院根本就不会通过这项措施。因此，他们接受改革，也是希望避免今后出现类似的灾难。同时，心怀不满的自由托利党人和辉格党人开始更坚决地要求进行议会改革，部分原因是既然天主教的问题已经解决了，他们就需要追求一个新的事业目标，部分原因是有迹象表明，这个动议自19世纪10年代末期以来第一次受到比较广泛的欢迎。各种郡县会议中都提出了这种要求，许多政治联盟的形式存在的新的议会外组织也提出了。第一个此类组织于1830年1月在伯明翰成立，到1832年春，联合王国境内包括利兹、曼彻斯特、布里斯托尔和布莱克本在内的一百多个城镇都成立了类似的组织。就像“政治联盟”这个名词所示，它们通常是由社会背景广泛的人员构成，其政治观点也同样涵盖广泛，从“极端”托利党银行家，如伯明翰的托马斯·阿特伍德，到工薪阶层的激进人士。正是这些议会内外的发展形式相互结合，解释了罗素为什么会在1830年2月提出将议会席位转给曼彻斯特、利兹和伯明翰，解释了为什么格雷后来谴责惠灵顿和他的同僚们不适合执政。

这些年来经济动荡和社会压力不断加剧，使得民众的抗议和议会提案显得越发意义重大，更像不祥的预兆。1825—1826年金融危机的影响挥之不去，使投资者的信心难以恢复，也阻碍了经济的增长。从1827—1832年，经过连年的歉收之后食品价格上涨，而工业产品价格、利润、工资和投资明显下降。在北方，不断上升的失业率在兰开夏郡和约克郡引发了罢工，而在南方，农村纵火案和破坏机器的暴动频发，这是由当地激进分子和农业工人发动的、以虚构的领袖名字命名的、被称为“斯温长官”（Captain Swing）的暴动。1829年3月，安德鲁·杰克逊就任美国总统，他的上任被视为美国民主进入更强大的新时代的标志；1830年7月，法国再次爆发革命，准备实行专制统治的查理十世被推翻，一个更具宪法意识的君主路易·菲利普（Louis Philippe）取代了他的位置，这两件事进一步加强了英国民众的不满情绪和公众的幻灭情绪。议会危机日益加剧、公众日益不满、国际形势日益不稳定，在这种背景下，乔治四世于 1830 年 6 月去世，这就使在惠灵顿政府比较糟糕的执政期本不可能举行的大选势在必行。投票在 7 月和 8 月举行，虽然存在竞争的选区数量有限，但还是有 50 个席位易主，数量超过了近期举行的任何一次选举。这无疑是一次具有重大意义的投票，显示了人们的不信任，且毫无疑问是对进一步受到削弱的惠灵顿政府的不信任，也许也是对整个议会制度的不信任。

因此 1830 年的初秋是一个令人紧张而又躁动不安的时期，而另外两件事又加剧了这种焦虑和不安的气氛。第一件事发生在 9 月 15 日，就在选举结束后不久，新议会即将开会之前，在利物浦—曼彻斯特铁路的开通仪式上，乔治·斯蒂芬森（George Stephenson）的“火箭号”牵引的一列火车撞到了威廉·赫斯基森，赫斯基森成了第一个在铁路事故中丧生的人。皮尔和惠灵顿也出席了这个仪式。这是令人震惊和充满暴力的另一个未来图景，快速与危险、机械化与技术化、工业化与城市化相互交替，每一段都像那些新政治联盟所表现的那样不祥和令人不安。第二件事发生在 11 月初，随着公众对议会改革施加的压力逐渐加大，惠灵顿在上议院宣布，他坚决反对任何此类做法，因为他坚信当前的代议制完全不需要改进。他强调说：“英国拥有一个能充分满足所有立法目的的立法机构，好过任何国家的任何立法机构。”惠灵顿旨在让他的支持者们放心，他之前在天主教解放问题上是改变过想法，但不会在议会改革这件事上重蹈覆辙。但他没有事先征求其阁僚的意见，其中一些人开始认识到，某种做法可能是不可避免的，而公爵的不当用词只是证实了人们普遍持有的观点，即他完全不了解大众的情绪。两周后，惠灵顿政府的一项财政议案被驳回，于是惠灵顿辞职。作为滑铁卢战役的胜利者，他自 1815 年以后一直是无可争议的民族英雄，但始终不改对议会改革的反对态度，他在接下来的两年时间里成了英国最不受欢迎的人。

新君主威廉四世是乔治四世的弟弟，就像其前任国王不赞成天主教解放一样，他也不赞成议会改革，但最终证明他的反对同样无效。惠灵顿辞职以后，国王很不情愿地转而任用已经担任辉格党领袖近 10 年的格雷伯爵。这是辉格党命运的转折点。从 18 世纪 10 年代末到 60 年代，辉格党一直是英国政治中的主导力量，但此后他们只在 1783 年，以及 1806—1807 年（当时格雷在“全才政府”里担任外交大臣）短暂执政，而此时由于各种原因、危机和巧合的非凡组合，他们得以重掌执政大权。人口的长期增长，部分经济的逐渐转型，城镇规模的发展，让人们普遍不满于一个看似越来越反常的过时、腐败的代议制。19 世纪 20 年代末，经济的突然衰退引起了民众对议会的不满，程度比 19 世纪 10 年代末更为强烈和集中。天主教解放后托利党的分裂导致了一场高级政治危机，1830 年乔治四世的去世使大选势在必行，尽管程度有限，但仍然将大众政治和高级政治联系在了一起。这推动了辉格党的重新掌权，而他们面临的挑战是通过一项议会和公众都会接受的改革措施。但格雷不是激进派。相反，他是诺森伯兰郡一个拥有广阔土地的、人脉良好的地主，从 18 世纪 90 年代以后就确立了自己对议会改革持有温和的基本观点。1831 年 11 月他告诉上议院：“我反对年度议会、普选权和不记名投票选举，在这一点上没有人比我态度更坚决。”

在接下来几个月的危机中，格雷的目标是“对类似希望和计划不予支持，而是要使其终止”，他最终成功实施了这种本质上非常保守的做法。其内阁的构成进一步充分证明了这届新政府并没有要履行革命这项议程。其成员包括一位“极端”托利党贵族里士满公爵，他担任财政部主计长（Paymaster General）。他支持的议会改革是确保不会再通过天主教解放之类的法案。内阁成员还包括戈德里奇勋爵、帕默斯顿勋爵和墨尔本勋爵这三位“自由派”或“坎宁派”托利党人，他们分别在殖民地部、外交部和内政部任职：他们与格雷一样，绝不会屈服于乌合之众的要求。内阁的大部分成员都是非常重要的辉格党人。地产广袤的第三代兰斯当侯爵担任了枢密院议长，他也曾在 1806—1807 年担任过财政大臣，1827—1828 年在背运的戈德里奇政府中担任外交大臣。掌玺大臣是达勒姆伯爵（Earl of Durham），他是格雷的女婿，在其爵位称号所在的达勒姆郡拥有富煤的田产，是《改革法案》的起草人。财政大臣是阿尔索普子爵，他是斯宾塞伯爵的继承人，所以处于辉格党的核心地位。斯坦利勋爵是爱尔兰的首席大臣，他是德比伯爵（Earl of Derby）的继承人，他在兰开夏郡拥有的土地甚至比达勒姆在潘宁山脉一带的土地更值钱。1831 年 6 月斯坦利才开始进入内阁，同时进入内阁的还有财政部主计长约翰・罗素，他是贝德福德公爵的儿子，是所有这些辉格党人中最富有的人，部分原因要归功于托马斯・丘比特（Thomas Cubitt）最近在伦敦布鲁姆斯伯里的房地产开发。就其成员的财富、血统和地位而言，格雷的政府比惠灵顿政府要显赫得多，事实上，他也曾自诩他的内阁同僚所拥有的土地规模超过了以往所有政府的内阁成员。

使国王明显感到不满和沮丧的是，格雷把进行议会改革当作了接受任命的一个条件。1830 年 11 月他在对上议院政府前座议员做第一次演讲时把这句话讲了出来，接下来的 18 个月里，不论是威斯敏斯特宫内，还是整个联合王国，都处于一个高度戏剧化的紧张时期。惠灵顿认为“这个国家正处于改革的疯狂状态”，而当 1831 年 3 月 1 日罗素在下议院拿出了激进程度超出预料的政府改革法案时，议会里有很多人都认为格雷和他的同僚们也同样在他们所认为的大规模革命疯狂面前投降了。更多的代表席位给了包括曼彻斯特、伯明翰和利兹在内的那些郡县和 11 个大城镇，每个地方分别分配了两个议员席位，而英格兰的 60 个腐败选区被完全剥夺了推举权利，这项最终提案令托利党议员们感到不可思议并遭到了他们的嘲笑。但是，在当前舆论焦虑不安的形势下，没有其他办法比辉格党这个影响广泛（但远不是革命性）的措施更能满足公众的需求。而如果无法使舆论得到满足，那么最近法国发生的一系列令人不安的事件对未来形势走向来说就可能是一种警示。该法案的二读①最终在下议院通过，但双方仅相差一票，这意味着它肯定会在全体委员会阶段遭到否决。不久之后，政府的一项给养动议被否决，尽管距上次选举时间还不到 12 个月，但是格雷说服国王解散了议会。接下来在 1831 年 4 月到 6 月举行的辩论，人们普遍的要

① 三读立法程序中的一个步骤。由于进行该程序时，法案或议案的草案之标题会被三度宣读，因而该程序被称为三读，其中以英国议会的三读程序最为典型。在三读程序中，首读（First Reading）指法案或议案在立法机关首度曝光并宣读其标题。二读（Second Reading）是对法案、议案之内容及原则展开辩论，并交付议会专责委员会研究和修正。其后大会通过该法案、议案后，第二度宣读其标题。三读（Third Reading）是对经修正或无经修正之法案、议案的草案作文字上辩论。通过后，第三度宣读其标题。

求就是“实施该法案，不偏不倚地实施整个法案”；伦敦民众针对该法案反对者的抗议呼声非常高，愤怒的抗议者甚至砸碎了惠灵顿位于伦敦海德公园一角的阿普斯利大厦的窗户。

对格雷来说，这次选举取得了压倒性的胜利，因为辉格党在英格兰的 30 多个郡县获胜，获胜选区的数量比这还多一倍。格雷政府的胜利证明了其做法是正确的，于是罗素又提出了与前一项法案基本无异的第二项改革法案，该法案于 1831 年 7 月初在下议院经过第二轮投票获得 136 票得以通过。但在全体委员会上遇到阻力，因为托利党反对派试图延缓其实施并稀释其条款［例如，将投票范围扩大到所谓的“自愿佃农”（tenant at will）[①]，因为他们认为这些人一定会投票支持自己的地主］，但该法案经过第三轮投票最终在 9 月以绝对多数得以通过。然而，10 月轮到上议院投票时，上议院的贵族们以 41 票之差否决了这项法案。这种对下议院和人民意志的公然对抗再度导致了民众的愤怒爆发，这是整个改革法案危机中持续时间最长、最猛烈的、最大程度的愤怒爆发。伦敦（更多贵族的窗户被砸碎）、德比（暴乱导致了伤亡）、诺丁汉（纽卡斯尔公爵的住所被烧毁）和布里斯托尔（主教的宫殿和属于托利党城镇委员会的财产成了袭击目标）都发生了严重的骚乱。作为内政大臣，墨尔本勋爵采取了强硬的行动，但他也一样被布里斯托尔发生的一系列事件“吓得要死”，因为军队用了三天时间才在布里斯托尔控制住局面，恢复了秩序，而俄国大使的妻子利文公主（Princess Lieven）则因为英国已经“处于革命的边缘”而感到惊恐不已。这可能是有些夸张，但也的确令政客们不敢掉以轻心。沃恩克利夫勋

① 即没有订契约的佃户农（可随时赶走，不必提前通知）。

爵（Lords Wharncliffe）和哈罗比勋爵（Lords Harrowby）等托利党的温和派同僚开始与大臣们商谈，希望达成一项他们在上议院能给予支持的妥协法案，而格雷认为国王虽然勉强但还是给了他一个承诺，即如果上议院仍然阻挠的话，国王就分封更多的新贵族成员来确保这项法案在上议院得到通过。

随后又回到下议院重新投票，提交的第三版《改革法案》将其中一些条款略微做了淡化，1832 年 3 月仍然以 355 票对 239 票的绝对多数得以最终通过。于是这项法案第二次提交到了上议院。拿着自认为的国王的承诺，格雷说服了一些托利党的“摇摆者”和几个主教改变了他们的投票立场。4 月 14 日，在上议院的第二轮投票中该《改革法案》以 184 比 175 微弱但充分的优势得以通过。然而，三周后，惠灵顿政府的前托利党大法官林德赫斯特勋爵提出的一项决议遭到了否决，推迟了与剥夺腐败地区推举权相关的几个关键条款的审议。不管国王先前做过什么承诺，他此时拒绝兑现他的承诺——分封足够多的新贵族以确保法案通过，格雷及其同僚难以接受这种局面，于 5 月 8 日辞职。此时的国王再次转而任用惠灵顿，希望他能领导政府提出一个让上议院能够接受的适度的改革方案。尽管这位公爵之前反对一切修改宪法的议案，但还是愿意尽忠，接受了君主的委任，他坚信在“五月天”的狂热气氛中，国王的政府无论如何必须继续存在下去。但舆论不支持再次由惠灵顿组建政府，激进的领导人弗朗西斯·普莱斯（Francis Place）试图通过敦促储户从英格兰银行提款的方式来强化这种敌对和不确定的情绪，从而加剧已经很严重的经济危机。为此，他提出了一个具有不祥预兆的口号：“没有金条，公爵不倒。”

这场运动本来不太可能阻止惠灵顿履行他的爱国职责，但惠灵顿的努力最终证明是无济于事的，因为皮尔直截了当地说，他不会改变对这第二个重大问题的立场，而且他拒绝与这位前任首脑一起共事，这就意味着公爵实际上组成政府已经无望。但是惠灵顿（也许皮尔也一样？）此时意识到进行某种议会改革已经不可避免，而且只有得到君主全力支持重新上台的辉格党政府才能做到。因此在公爵的建议下，国王再次派人找到格雷，这次他明确而肯定地保证，他准备分封必要数量的新贵族，以确保法案在上议院通过。与此同时，惠灵顿敦促其上议院的追随者在《改革法案》重新提交时投弃权票，以示默许这项法案，这样他至少避免了大量新贵族的加入。结果是该法案最终在 1832 年 6 月 4 日的三读中以 106 票对 22 票在上议院通过：大多数惠灵顿的托利党同僚都确实按照他的要求弃权了，只有少数的顽固派坚持投了反对票，徒增痛苦。3 天后，在广大民众的欢欣雀跃之中，“大改革法案”[①] 得到了王室的批准（不久之后，苏格兰和爱尔兰也分别实施了类似的法案）。对格雷来说，这是他个人取得的一个非同寻常的胜利：他团结自己的内阁经受住了 20 个月的艰难考验；面对着既定秩序受到的革命威胁，他始终鼓足勇气；他勇敢地战胜了态度敌对不予配合的君主。随着新的代议制的确立，他坚持再举行一次大选。1832 年 12 月，格雷取得了比前一年更大的胜利，在下议院赢得了 300 个压倒性多数席位。

辉格党真正实现了宪法改革，也真正实现了他们阻止革命的愿望，他们通过实施似乎是经过认真研判和精辟计算的措施实现了这两个目标，这个措施在议会看来是其勉强容忍的极限，在民众眼中

① 《1832年改革法案》的别称。

是其接受程度的底线。一直以来，辉格党的基本目标都是明确、简单而直截了当的，因为他们中的许多人都属于传统的“土地既得利益者”，就像格雷在辩论中坚称的那样，拥有财产的中产阶层头脑清醒、正直独立，“是真正有效代表舆论的群众。没有他们，就谈不上士绅的权力”。所以作为这个国家天生的领导阶层，他们的目的就是要通过给予这些人推举权的方式来加强自己的传统利益。再次形成一个新的世界来抗衡旧的世界，但这次是在国内（而不是国际上），而且是在辉格党（而不是托利党）的领导下。然而，这两种臆断都是不可信的伪命题，在社会学上也站不住脚。辉格党人虽然长期没有上台执政，但他们中的显贵却倾向于认为土地利益者是一个不可分的整体，他们站在这些人的最前面，因此就能够代表他们；但辉格党和托利党一直泾渭分明；尽管辉格党在1831年和1832年的两次大选中赢得了大部分农村选民的选票，但让他们大失所望的是，这其中许多人对托利党的忠诚似乎与生俱来，他们在30年代后期又重新支持托利党。至于中产阶层，格雷及其同僚们则寄希望于他们能发挥正直和正派的品质来维持土地所有者的利益。实际上，关于中产阶层包括哪些人，他们是做什么的，分布情况如何，或者有多少人，根本就没有任何可靠的信息，也没人了解构成这个群体的人多种多样，其复杂程度远高于前面那些高度概括的描述。

但是，尽管存在局限性、不精确性和含糊性，这些基本假设对辉格党在制定其改革措施的详细条款方面还是很有帮助。保护土地所有者利益的一个办法就是使其少受腐败和自私自利等骂名。因此英格兰56个总人口不到2 000居民的腐败行政区的推举权才会被彻底剥夺；也因此才会从另外30个总人口不足4 000人的选区中各拿走一个议员席位。支持传统乡村等级制度的第二种方式是给更大的农村选区提供更多的代表席位，于是英格兰和威尔士各郡县的席位数量从 92 个增加到了 159 个，而推举权资格继续基于（部分有添加和修改）传统的“四十先令不动产价值”的标准。同时，各地方城市中产阶层也得到了承认：包括曼彻斯特、利兹、伯明翰、布拉德福德（Bradford）和谢菲尔德在内的 22 个大城镇被授予推举权，每个城镇都有两个议员席位；包括哈德斯菲尔德（Huddersfield）、罗奇代尔（Rochdale）和索尔福德（Salford）在内的另外 19 个城镇各得到一个议员席。此外，推举权资格的标准为每年拥有 10 英镑财产的业主，或是拥有长期租约支付等额租金的人。在威尔士，各郡县的代表席位略有增加，而斯旺西（Swansea）和梅瑟蒂德菲尔也给分配了议员名额。在苏格兰，第一次真正建立了类似的郡县选区，格拉斯哥得到了个议员席。因为 5 个新区议员席位增加，爱尔兰在威斯敏斯特的代表数量略有增加。至于选民数量，在英格兰和威尔士，从 35 万人（显著）增加到 65 万人，在苏格兰从 5 000 人（惊人地）增加到 6.5 万人，但是在爱尔兰则从 7.5 万人只增加到了 9 万人（少得可怜）。

这些的确是重要的改变，但正如辉格党打算的那样，他们更倾向于保护旧制度，而不是屈服于激进的变革要求。尽管在辉格党和托利党之间仍有分歧，但在 19 世纪末之前，土地拥有者的利益一直排在第一位，且一直是上、下议院和内阁的主导思想。尽管最腐败的选区已经失去了推举权，但许多选区实际上仍然掌握在大地主手里：其中，纽瓦克由纽卡斯尔公爵掌控，年轻的格莱斯顿先生因为是托利党议员曾在 1832 年遭遇重选。尽管推举权的范围有相当大的扩展，但这个制度不断发生着反常的变化，意味着一些行政区内的选民数量在 1832 年之后的几十年里实际上是下降了。在整个联合王国，1/7 的成年男性现在有投票权，但这意味着绝大多数仍然没得到选举权，而《改革法案》是第一个正式宣布只有男性（不包括女性）有投票权的此类立法。此后，不到 10% 的成年人口会参与选举下议院的议员，而上议院几乎还完全是世袭的。英格兰被拿走了少量的议会席位，重新分配给了威尔士、苏格兰和爱尔兰，但这种代议制仍然倾向于以英格兰为中心。不列颠群岛上男性选民的比例也有很大差异：英格兰和威尔士是 1/5，苏格兰是 1/8，而爱尔兰只有 1/20，而且其选举权资格仍然受天主教解放运动时设定的比较严格的限制约束。对感到不满的爱尔兰人来说，这又一次证明他们的国家在《联合法案》执行方面做得很不好。

甚至在《改革法案》通过以后，联合王国的代议制在许多方面仍然存在前后不一致、有局限性和寡头政治等反常现象。但这正是格雷及其同僚一直想要的结果：绝不妥协于通过年度议会、普选或不记名投票等渠道提出的激进要求，这对于从 1830 年到 1832 年参与运动和抗议的许多人来说，最好听的说法是感到失望，说得难听一些是觉得受到了背叛。然而，当惠灵顿后来描述（并哀叹）这种有限的宪法改革是“经过正当法律程序的革命”成就时，他并没有完全说错。一个被普遍嘲笑为不具代表性的下议院，尽管不是百分之百但最终还是遵从了英国人民通过两次大选以及无数的骚乱、抗议和请愿所表达的观点。最终，贵族和国王都无法再与公众和下议院的联合力量相对抗。当罗素宣称“一个派系的窃窃私语不可能凌驾于国家的意志之上”时，他可能是过于简单化了，但是国家的意志确实战胜了派系的低语。也许这就是后来的激进派议员约翰·布赖特（John Bright）所要表达的意思，他评价说，改革法案“不是一个好法案”，但它得到“通过之际是一个伟大的法案”。辉格党除了显示出其决心和掌控能力之外，也有非常幸运的成分：部分原因是威廉四世最终做到了审时度势，惠灵顿是一个愚蠢的对手，而皮尔也能够低下头来；另一部分原因是在这项法案实施后不久英国经济就复苏了，这意味着至少在一段时间内，民众抗议和政治不满逐渐消失殆尽。而对于这两种情况，辉格党既感到恐惧又有所依赖，因为要使其法案得以通过，它们的存在很有必要。

1830—1832 年，欧洲许多国家都处于剧烈的动荡之中，此时“大改革法案”的通过就不仅是在英国国内取得的胜利，放在欧洲大规模的混乱和革命的背景下来看更是具有重大意义。除了 1830 年 7 月的法国革命外，荷兰、意大利和德意志的部分地区，伊比利亚半岛和俄国都发生了起义，1815 年复辟的王室合法性秩序有一段时间看似处于极大的危险之中。相比之下，不列颠似乎是一个更为稳定的国家，一个更为强大的政体，实施《改革法案》之后，可称得上是人们眼中最自由、最开明的欧洲国家。参政权范围可能仍然很小，但按照欧洲大陆的标准衡量，联合王国的新选民群体算是非常庞大了。目前有投票权的男性数量比法国或西班牙都多，而奥地利、丹麦、俄国和希腊根本就没有通过选举产生的国民议会。事实上，在 1832 年的欧洲，只有斯堪的纳维亚部分地区的积极公民权[①]范围有所扩大。但在欧洲的主要强国中，唯有联合王国做到了在没有发生革命的情况下扩大了参政权资格范围，并同时维护了政府的稳定。其结果是，英国议会再次具备了合法性，英国宪法再次获得了尊重，

① 指组织和教育机构所倡导的一种理念，它主张慈善组织、公司或民族国家的成员对社会和环境具有一定的作用和责任，尽管这些成员可能没有特定的管理角色。

不仅在国内，在国外也如此。大约 30 年后，查尔斯·狄更斯在《我们共同的朋友》(*Our Mutual Friend*，1864—1865 年）一书中对这种沙文主义倾向进行了莫大的讽刺，书中的波德纳普（Podsnap）先生向一位困惑不解的“外国绅士”解释了这一立场：“我们的宪法，先生。我们英国人对我们的宪法感到自豪，先生。这是上天赐予我们的。我们国家受到的垂青任何国家都不能比。”

然而，除了实现了辉格党政府的许多目标之外，“大改革法案”的通过也使英国的政体和宪法成了许多欧洲国家羡慕的对象，同时也带来了许多意想不到的结果，这些结果也实实在在带来了一些政治性质与政治实践方面的重大变化。尤其在政府（包括君主）、议会（尤其是下议院）、选民和公众之间的权力平衡方面更是已经开始转变；从总体上来说，平衡点开始远离政府，从今以后政府就不得不更注重立法机构、选民和人民的意见。腐败行政区数目的显著减少意味着下议院变得更加独立于行政机构，因为越来越多的议员认为在某些特定问题上他们必须尽量考虑到选民的压力，同时也必须认识到更广泛的舆论的重要性。这反过来意味着，在小皮特、卡斯尔雷、利物浦甚至惠灵顿自己身上体现出的托利主义的专制旧世界，已经一去不返了，至少就联合王国政府而言是这样。但对于帝国的（非移民）殖民地来说并不是这样，还有印度，在那里的许多地方统治精英仍然持有很强的专制主义态度。这也意味着，面对某些选区的争议，议员们可能会在非选举时期推翻政府，比如 1855 年阿伯丁（Aberdeen）联合政府在下议院因不利的投票结果而下台。但《改革法案》带来的最具有预示意义的结果是，未来所有选民都必须登记注册，会有更多的选区参与竞争，而因为增加席位数量不再受地方影响力的主导，政党领导层有了更多的干预机会。

因此，这两个主要政党逐渐要在全国范围内组织选举，而从19世纪40年代起，选民的意见对于是否要推翻政府起到了决定性的作用，这在1830年以前是根本不可能发生的事情。因而在伦敦的蓓尔美尔街（Pall Mall）建立了卡尔顿（Carlton）（托利党）俱乐部和（辉格党）改革俱乐部，作为两个党派新的常设中央总部，监督资金的收取和支付事务，与许多选区建立联系，支持选民登记工作，为各省的政党积极分子提供住宿条件。由此，卡尔顿俱乐部和改革俱乐部代表了对新的选举制度有意而坚决的接受，取代了以前在皮卡迪利附近圣杰姆斯大街上的代表贵族进行政治赌博的怀特（托利党）俱乐部和布鲁克斯（辉格党）俱乐部。这两个地方以前曾是两党的非正式据点，但在改革的新时代里，它们似乎太侧重社交、不太专业且太奢华。更广泛地说，在《改革法案》背后建立起来的、对法案的通过至关重要的公众支持势头，也促使民众产生了更多的期望，期望辉格党政府和经过改革的议会能全力解决当时在旧托利党政权下已经搁置太久了的许多紧迫问题。如果议会为了重新确立其合法性可以进行一次改革，那么，如果能确保国家经济和社会环境进一步改善，它为什么就不应该再次改革呢？在“大改革法案”通过后不久，约翰·罗素勋爵就宣布它是宪法的“最终”解决方案，但他后来后悔说了这句话，而随后发生的、他自己也在其中发挥作用的许多大事件，证明他的预言是完全错误的。

养尊处优的辉格党人？

辉格党作为反对党几十年毫无作用，且看似永远无法改变这种地位，但过了这段时间，辉格党就一直都处于执政地位，只在1830年到1841年夏天中断了几个月。从某种意义上来说，辉格党在整个19世纪开了先河，且无其他政党能与之匹敌，这意味着19世纪30年代是持续改革的10年，1832年划时代的立法既是这10年改革的必要前提，也是非常重要的先兆。辉格党的领导层通过《改革法案》不仅证明了自己，还强化了它作为一个富有和享有特权的小集团的自我形象，而这个小集团无疑代表了自由主义和自由、进步和改良。而在19世纪30年代余下的时间里，辉格党认为他们有权尝试找出并解决似乎困扰整个联合王国的主要经济、社会、宗教和政治问题。他们如此有信心，是因为惠灵顿的托利党政府人心涣散、举步维艰，而与之相比，格雷的内阁看起来人才济济、引人注目，成员中包括前首相戈德里奇勋爵，还有四位未来的首相：墨尔本勋爵、约翰·罗素勋爵、帕默斯顿勋爵及斯坦利勋爵。(另一个带有质疑的观点是，这是“一群自命不凡的人”组成的政府，格雷将他们团结在一起实属不易。）结果是辉格党执政的这10年立法涵盖面更广泛，举行的议会会议会期更长，政府专业化程度更高，所有这些方面都超过以往任何时候。以惠灵顿公爵为代表的、主要目的是筹集资金和应对战争的军事财政国家的时代正在退场；改良的时代，即意味着从立法角度解决当代问题的时代正在拉开帷幕。

解决工厂的童工雇佣问题是这些大政方针的改变以及干预措施得到加强的最早体现，当然，事实上利物浦勋爵的政府在1819年就已经有过解决这个问题的先例。改革的最初动力不是来自辉格党政府，而是来自两位托利党人迈克尔·萨德勒（Michael Sadler）议员和艾希礼勋爵［Lord Ashley，后来的第七代沙夫茨伯里伯爵

（Earl of Shaftesbury）]，他们对制造商和放任的资本主义的傲视使他们格外重视儿童福利。在《改革法案》实施之后，他们为纺织行业中的童工问题建立了一个议会委员会，提供了大量证据证明该行业存在着剥削童工的悲惨现象，最终形成了《1833 年工厂法案》(后文简称《工厂法》)。在制造商和自由放任主义追随者的抗议声中，由地主和激进分子组成的联盟促使这一法案在下议院得以通过。这项在大多数纺织厂得到贯彻执行的法案规定，年龄在 9 ~13 岁的孩子每周只能工作 48 小时，必须每天上学至少两小时，而不满 18 岁的人一天工作不能超过 12 小时。但从某些方面来说，《工厂法》中最具创新性和最具影响力的条款是设立一个督察团来监督这些条款的执行情况。此举开了先河，并树立了政府对其他以前完全脱离于国家监管或监督之外的企业、生产和制造领域进行干预的典范。继萨德勒和艾希礼之后，在《工厂法》草案中最具影响力的人物是年轻的埃德温·查德威克（Edwin Chadwick），他精力充沛，积极追随杰里米·边沁的思想，在后来的 20 年里时间里投身于公共卫生和社会改革事业，是其中最具影响力的政府公务员。

在爱尔兰问题上，辉格党政府要停止实施《联合法案》以来一直在实施的托利党政策，弱化强制性（因为强制的前提是认为爱尔兰人顽固不化、落后、态度敌对），更多的是对他们进行安抚，把他们当作英国同胞对待，对他们的统治和执法应该基于相同的原则，与英国大陆一视同仁。这是一个慷慨而高尚的立场，但很难维持下去，因为天主教解放运动的失败，丹尼尔·奥康奈尔和他的追随者们很难与联合王国和解。相反，奥康奈尔及其追随者却因此而受到鼓励，并在天主教神职人员的怂恿下发起运动，煽动废除《联合法案》。1832 年的选举之后，奥康奈尔在联合王国的议会中得到了将近 40 名志同道合的爱尔兰议会议员的支持。从短期来看，爱尔兰人的这种持续的不满情绪意味着格雷内阁又要被迫通过一个《爱尔兰强制法案》(Irish Coercion Act)，给予爱尔兰总督宣布宵禁和镇压颠覆性集会的权力，但是实施起来却很谨慎。三年后，又用另一个比较温和的措施取代了这个法案，但取代措施从来没有实施过，1840 年便完全废除。至此，在第一次安抚工作的尝试中，政府实施了《爱尔兰教会临时法案》(Irish Church Temporalities Act)，试图对（占少数的新教徒）爱尔兰教会进行改革，以使它更能被（占多数的天主教徒）人口所接受，做法是废除了两个大主教职位和 18 个主教职位。在人口稀少地区合并圣公会教区，并减轻爱尔兰纳税人为了维护圣公会教堂而尽的义务，在他们中的大多数人看来，圣公会就是一个外邦教会。

但就像 19 世纪爱尔兰的许多立法一样，这一做法在爱尔兰海的两岸都没有奏效。因为它没有规定将改革爱尔兰教会所节省的任何款项用于支持爱尔兰的天主教会，奥康奈尔及其在议会内外的追随者都感到更加气愤。与此同时，托利党反对改革的顽固派基于正好相反的理由也强烈反对这一措施，其理由是这是对现有的正统教会和圣公会等级制度的进一步无理和亵渎性的攻击。最后，该法案在皮尔和惠灵顿的支持下才得以通过。但不久之后，1834 年 5 月，格雷的四个同僚辞职。不仅如此，其中三人，即斯坦利勋爵（他作为爱尔兰的首席大臣，比大多数内阁成员都更不容易妥协），里彭勋爵（Lord Ripon，就是之前的戈德里奇）和詹姆斯·格雷厄姆爵士（一个北方乡下的男爵，前海军大臣），最终于 1841 年入职皮尔政府。格雷适时着手重组内阁，但因为对重新实施爱尔兰《强制法案》再次出现分歧，他的努力宣告失败。下议院的民众领袖、极具影响力的财政大臣阿尔索普勋爵也因此辞职。格雷认为如果没有阿尔索普勋爵，他就不能继续执政了，所以也在 7 月初辞职。于是，爱尔兰事务再一次导致了一届政府的终结。格雷再也没有担任过政府职务，他退职后在其位于诺森伯兰郡的豪威克庄园（Howick）度过了最后 11 年的生命时光。人们后来在一条庄严的大街上举行了纪念他的活动，并在泰恩河畔纽卡斯尔附近的中心位置矗立了一根高大的柱子，立于柱子顶端的是他的雕像。

格雷辞职后，国王转而任用墨尔本勋爵，墨尔本明显继承了格雷的衣钵，其内阁也与这位前任的内阁非常相似。新任首相的首要任务是落实辉格党政府于 1832 年成立的一个王室委员会的建议，调查《济贫法》的落实情况，每年用于该法实施的费用从 18 世纪 90 年代中期的 200 万英镑增加到当年的 700 万英镑。由于受边沁思想的深刻影响，又因为埃德温・查德威克到处调查的结果，委员会得出结论：用于资助穷人的钱花得太多了。从本质上说，靠当地税收资助的、以教区为基础的“户外救济”制度，既不经济，效率又低，而对那些有资格领取贫困救济金的人进行救济时太大手大脚，这意味着他们不会产生就业的欲望。委员们对复杂多样的贫困原因了解甚少，他们更多关注的是农村地区而不是城市地区，他们决定建立一个更加合理统一的制度，这样做还可以节省纳税人的钱。1834 年，他们的提议体现在《济贫法修正案》中，其主要原则是那些不愿意或没有能力工作的人不应该得到如此慷慨的补贴，让他们比那些有工作的人生活得还好。实际上“户外救济”做法已取消，后来，是否可以领取贫困救济以“不适合工作”作为判断标准，主要通过贫民习艺所发放，贫民习艺所的条件比户外条件还差，人们不到万不得已不会赖在这里。在当地选举出来的《济贫法》监督者委员会的监督下，委员们对降低成本有着强烈的积极性，因为他们要求的连任必须依赖于纳税人的投票。而对整个系统起监督作用的一个新的中央机构也成立了。

《济贫法修正案》从一开始就颇具争议。该法的实施无疑降低了政府开支，至少在短期内是这样的：到 1837 年，英格兰和威尔士每年用于贫困救济的支出已经下降到 400 万英镑。然而，尽管这可能让那些有经济头脑的纳税人感到欣慰，但穷人们却开始憎恨那些令人厌恶的习艺所，那里实行监狱般的监管且毫无隐私可言，这正是一直延续到 1929 年的福利制度所体现的令人憎恨和无情之处。但是，通过了这项法案之后，1834 年 11 月威廉四世实际上就解散了墨尔本政府，因为他越来越担心辉格党可能（正如他所认为的）正在考虑进一步破坏爱尔兰的正统教会。此时的国王转而任用罗伯特·皮尔爵士（他已于 1830 年继承父亲的男爵爵位）。皮尔组建了一个少数党政府，因为辉格党人仍然在下议院占大多数，他是最后一位国王违背大多数议员的意愿任命的首相。国王准许皮尔解散政府，而为了 1835 年年初举行的大选，国王提出了他的《塔姆沃思宣言》(Tamworth Manifesto)，敦促保守党（逐渐为人熟知的托利党的新称呼）要实行自由的而不是“极端”的政策，尤其是要将“大改革法案”视为“不可撤销的最终的解决方案”。托利党人取得了实质性的胜利，但辉格党人仍然维持多数党地位，在下议院连续遭遇失败后，皮尔于 1835 年 4 月辞职，于是国王被迫召回墨尔本。对国王来说这是一次重大的挫折，因为选民拒绝支持他弃用辉格党：在违背选民意愿的情况下，单靠国王旨意已经不足以维持政府的存在。(在这段政治高度不确定的时期，两个特别委员会受委派去调查国内和殖民地的情况，而他们提出的建议和意见实际上导致了“旧腐败”的终结。)

在改革了议会和《济贫法》之后，辉格党把注意力转向了地方政府，1835 年将近年底时，他们又通过了一项重要的立法，即《市政法人法》(Municipal Corporations Act)，这是“大改革法案”的社区对应版，落实的是 1833 年成立的另一个“王室委员会”的建议。该法案主要有两个目的：首先，打破在许多行政区存在的封闭的寡头（往往是托利党的）管理制度，这种制度下权力都集中在一个狭隘自保的集团手中；第二，使那些最近获得议会代表资格却只拥有最基本的地方政府形式的大型工业城镇，建立起自己的政府。因此，《1835 年法案》以纳税人选出的地方议员组织取代了 178 个封闭的行政区政府，这些地方议员任期 3 年，与推荐产生的任期为 6 年的高级市政官和 1 名市长一起进行管理，而市长由全体管理层选举产生，任期 1 年。同时也规定，那些未组建政府的城镇通过申请可以设置类似的市政管理体系，到 1838 年，伯明翰和曼彻斯特都已经这样做了。虽然参政权资格仅限于居住 3 年以上的纳税者，但《市政法人法》却是 19 世纪的一项重大改革，因为它从根本上重组了地方政府，并赋予这些新的管理机构征税的权力，以用于解决诸如供水、铺路和照明等迫切需要解决的问题，也要求他们建立由地方政府领导的警察武装，而不是像伦敦那样警察归内政部领导。因此，这项法案反映出辉格党政府真正关心的问题是加强地方社区的力量并培育负责任的公民，同时对传统的托利党权力和影响力表现出比较强烈的党派敌意。

在对议会、工厂、《济贫法》及地方政府进行改革的过程中，辉格党对国家事务的介入力度和范围都超过了以往任何一届政府：设立了各种调查委员会，并采取了思想高尚，同时也带有政治党派倾向的改进和干预措施；对放任政策和自由市场有时怀有敌意（如《工厂法》），而有时又比较同情（如《济贫法修正案》）。无论在哪种情况下，人们都清楚地认识到，在一个经历着前所未有的混乱和变革的国家，其政府必须弄清楚发展情况并进行更多的干预。政府的职能不能仅仅限于提高财政收入和维护国家安全。这无疑是约翰·罗素勋爵的观点，他接替了墨尔本在内政部的职务，并加快了皮尔在 20 年代开始的内政部改革的步伐。他获得了任命地方监狱督察的权力，通过了一系列法案，免除了对大多数入室抢劫、拦路抢劫、伪造和纵火案等犯罪的死刑判决，也免除了对除叛国罪以外的所有非暴力犯罪的死刑，还授权治安法官在各郡县建立警察武装。废除了猎熊及其他一些残忍的消遣活动，也废除了戴枷示众的做法。1836 年，规定就出生、婚姻和死亡等做民事登记是应尽义务，结束了依赖英国圣公会牧师在每个教区提供此类服务的传统制度。与此同时，非圣公会教士主持的婚姻仪式完全合法化，其中包括在非国教教堂中持其他宗教信仰的牧师所主持的此类仪式，正如这种做法最坚定的支持者所认为的那样，辉格党人这么做进一步动摇了英国国教的正统地位。

1837 年 6 月，威廉国王去世，他年轻未婚的侄女继承王位，成为维多利亚女王，她是肯特公爵（Duke of Kent）的女儿，乔治三世的合法长孙女。由于性别的原因，她被禁止成为汉诺威选帝侯（Elector of Hanover），于是这个称号传给了乔治三世最后一个在世的儿子，即她的叔叔坎伯兰公爵（Duke of Cumberland）。但再次变换君主要求在联合王国举行大选。皮尔的保守派取得了更大的收益，但总体来说辉格党仍领先 30 个议员席，当然在后来的几年里其领先地位逐渐遭到了削弱。与此同时，辉格党进行的改革仍在继续，其中包括制定了《农村警备法》(Rural Constabularies Act)，规定各郡县政府有义务建立自己的警察武装，还有为学校的建设和运行提供政府补助的《教育法》(Education Act)。但政府的工作主要集中在宗教问题和爱尔兰事务上。就英国教会的问题来说，他们的目的不是像来自托利党的批评者所说的那样要进一步削弱它，而是让它更好地面对城市化和工业化社会的挑战。1836 年，辉格党已经用《什一奉献法》(Tithe Commutation Act) 废除了实物支付形式，取而代之的是强制性的租金收取。他们确定了主教薪俸的标准为每年 4 000 英镑，建立了一个永久性的“宗教委员会”(Ecclesiastical Commission) 对教区重新划定边界并对其收入重新进行分配。1838—1840 年，他们通过了一项禁止神职人员同时在相距 10 英里以上的两个教堂兼有带薪教职的法令，废除了许多非固定的教堂职位。此类节约措施对“旧腐败”的终结进一步做出了贡献，也再次重申了城镇中的教堂建设问题，希望以此确立教会的地位（用坎特伯雷大主教的话说）以“抵御对其怀有敌意之人的攻击”。

辉格党一直寻求在爱尔兰以安抚和对等政策取代强制和敌意，而相比于以往，30 年代的后半段在这方面取得了更大的成功。罗素宣称，英格兰应该停止透过“警察望远镜”看爱尔兰，对待这两个国家应该一视同仁，“两国的法律和制度要尽可能一致”，这一点很重要。这方面的努力从 1831 年就已经开始了，按照不列颠的模式设立了一个“爱尔兰工程委员会”(Irish Board of Works)，目的是使爱尔兰在通信和经济基础设施上达到不列颠的标准。不仅如此，到 19 世纪 30 年代后期，辉格政府与丹尼尔·奥康奈尔及其议会追随者之间的关系也有了很大的改善，只要辉格党愿意使联合王国的这两部分达到“法律的同一性、制度的同一性，以及自由的同一性”，奥康奈尔就可以放弃他对合并的反对态度。为此，辉格党通过了一系列的措施，将英国最近制定的法案用于爱尔兰的治理，因为随着他们在下议院多数地位的丢失，他们越来越依赖于爱尔兰议会议员的支持。因此，1836 年成立了爱尔兰警察部队，沿袭了皮尔 1829 年为伦敦设立的指导路线，这意味着这支武装的军事化程度比他 1814 年在爱尔兰创立的早期军事组织要低。因此，两年后，《济贫法修正案》延伸到了爱尔兰，并根据英国两年前确立的思想路线逐步解决了什一税问题。因此，1840 年爱尔兰地方政府进行了改革，意在“遵循与英格兰和苏格兰已经通过的法案相同的原则”，但托利党（或称保守党）反对派对当时的改革措施做了大幅修改，因为这些反对派担心权力会从他们自己盟友的手中完全落入奥康奈尔及其追随者之手。

经济的兴衰与民众的不满

依据 1832 年几乎是革命性的立法而实施的这些前所未有的大规模改革，意味着 30 年代是 19 世纪联合王国历史上最关键的 10 年，同时也见证了辉格党和托利党比较正式地开始了两党的组织建设。这些改革是由政府（而不是后座议员）主持进行的，其认真程度前所未有。这些改革依赖于新式的（有时是蓄意伪造的）大量数据搜集和证据支撑，他们给新一批的公务人员、督查人员、专家、专业人士和狂热分子提供了机会。这些人出于正义，不管不顾地迫使议会和政府努力解决当时一些紧迫的社会问题。但是，尽管格雷和墨尔本在政治上比惠灵顿更为老到，但他们都没做到把内阁成员一直团结在一起。此外，贯穿 19 世纪 30 年代，下议院对政府的支持呈下降状态；有几次格雷和墨尔本只能在皮尔和奥康奈尔及其爱尔兰追随者（大张旗鼓）的支持下使立法得以通过；托利党人在上议院拥有天然的多数席位，使得他们更是势单力薄，而威廉四世对辉格党也没有好感。此外，格雷和墨尔本是在经济转型、周期性破坏和民众骚动的不利背景下推行改革，这使辉格党在立法机构中比其反对派具有更大的政治影响力，但也意味着有许多以前的支持者因为政府做得不到位而感到不满，觉得受到了背叛。

1830 年，当乔治·斯蒂芬森的“火箭号”撞死威廉·赫斯基森时，没人能想到未来的 10 年内，利物浦和曼彻斯特之间铁路的开通会预示着一场运输（以及在其他许多方面的）革命，改变了英国的经济和社会，并最终大大改变了世界。至此，继之前斯托克顿（Stockton）到达灵顿（Darlington）先开通铁路之后，连接英国主要城镇和城市的多条铁路线已经列入规划，其中大部分都在 19 世纪 30 年代开工建造。但铁路建设缺乏全国统一的指挥协调，显著的表现就是各地轨距不统一。大多数公司遵从最初斯蒂芬森在北方各线路使用的尺寸，以 4 英尺 8.5 英寸为标准，但是西部大铁路公司（Great Western Railway）个性张扬的总工程师伊桑巴德·金德姆·布鲁内尔（Isambard Kingdom Brunel）喜欢更宽的尺寸，把轨距定为 7 英尺，其中一些铁路线一直到 19 世纪末之前还在沿用这个轨距。1835 年，英国只开通了 338 英里的铁路，但到了 1841 年，这个数字已经上升到 1 775 英里，大部分主干铁路线要么已经建成，要么正在建设中。从 1825 年斯托克顿—达灵顿铁路开通以后的 15 年里，从伦敦起始的铁路线通到了南安普敦、朴次茅斯、布赖顿和多佛，通到了布里斯托尔（延伸到埃克塞特的铁路在建设中)，通到了伯明翰（正继续通往利物浦、曼彻斯特和一些西北部城镇)，通到了赫尔、约克和纽卡斯尔（以及东北部的城镇)。同时，从卡莱尔（Carlisle）到纽卡斯尔、从利物浦到利兹、从德比到布里斯托尔等许多纵横全国的铁路也在运营之中。不出所料，惠灵顿不仅对议会改革表示反对，对铁路建设也一样充满敌意，他担心铁路会“鼓励下层阶级四处游荡”。

30 年代这 10 年期间铁路的迅猛扩建（在 1836 年达到高峰）是一个革命性的发展，不亚于“大改革法案”的通过，但这只是英国经济在这几年正在发生根本性转变的表现之一，因为煤炭、铁、棉花和纺织品的产量大幅提高，这些产品也在英国出口产品中占据越来越大的份额。这 10 年的变化程度通过下面这些实例便可见一斑。1831 年，英格兰、威尔士和苏格兰的人口刚超过 1 620 万。10 年后，人口已经超过了 1 850 万。与此同时，爱尔兰的人口在这十年间从 770 万上升到 810 万。与 19 世纪初、19 世纪 10 年代以及 20 年代初较高的增长速度相比，增长率虽然呈缓慢下降趋势（尤其是在爱尔兰)，但在绝对数量上仍然增长显著。而由此带来的长期影响力却非同寻常：到 1841 年，不列颠群岛人口是 1783 年的两倍多，这意味着其人口的增长速度超过欧洲大陆的任何地方。只有工业经济的发展才有可能带来这样的持续增长。除了铁路建设外，还有其他大量的显著发展。从 1835—1840 年，原棉消费从 31 800 万英镑上升到 45 900 万英镑，而棉花工厂的工人数量从 22 万人增加到 26.4 万人。作为新工业世界先驱的英格兰中部、西北部和东北部的工业化地区以及格拉斯哥和贝尔法斯特，其发展程度也超过以往。到 19 世纪 30 年代末，曼彻斯特已经获得了独一无二的全球声誉，被称为“棉都”以及当时“最具冲击力的城市”。

但在这幅发展图景中必须加上对几项条件的阐释，因为只有现在回顾才能知道，基于工厂的工业之所以能不断向前发展，往往是有矿物燃料做动力，而大规模的集约化生产方式似乎是这10年的主旋律。第一个条件是技术变革本地化，而且很少涉及此阶段的大规模工厂生产。1841年兰开夏的1 000家纺织公司中只有25家雇用的工人超过1 000人，各家雇用工人的数量平均不到200人，而约克郡西部的大多数毛纺厂雇用的工人不到50人。除了纺织业，超过3/4的英国工业仍然是小规模的作坊，由水、人或动物做动力而不是以蒸汽驱动；在伯明翰等城镇，产量增加是由于小作坊数量的增加，而不是以大型工厂替代小作坊带来的结果；伦敦作为最大的制造中心，继续小规模生产鞋类、服装、肥皂、纸张、啤酒和其他商品，生产手段基本上还是工业化前的传统方法。然而，产量的增长必然意味着参与生产的总人数增加了，这意味着在伯明翰和曼彻斯特等城镇生活的人口在这10年中大大地增加了，并且（第二个条件）污染、恶臭和肮脏程度也相应恶化，因为在《市政法人法案》通过之前，最大的工业城镇中有许多只拥有最基本的地方自治形式。因此，城镇的道路、治安和照明都达不到要求，许多居民都是在极端肮脏和恶劣的环境中生活和工作，19世纪30年代以及未来10年中，在许多报告和调查中都特别提到了这种状况。

另一个必须说明的情况是：虽然英伦诸岛的某些地区经历了工业化转变，但也有其他部分地区，以及某些传统的职业团体，却没有因为这种实实在在却不均衡的发展而受益，反而成了受害者。威尔特郡、诺福克郡和萨福克郡等“老牌”羊毛生产地，因为生产未能跟上约克郡使用的那些具有开拓性的新方法，出现了一些引人注目的去工业化实例，对其他地方的变化造成了反作用力。在兰开夏郡的奔宁山脉（the Pennines）地区，手工纺织无法与新动力纺织竞争，手工纺织工人的工资和人员数量都急剧下降，从 1835 年到 1845 年人员数量减少了 2/3。19 世纪 30 年代，爱尔兰的纺织业出现了严重的衰落，导致大量的纺织工人移民到了英格兰和北美洲。结果是，除了都柏林、贝尔法斯特和阿尔斯特的部分地区之外，爱尔兰仍然以农业经济为主，而其人口中太多人依赖于马铃薯这种单一作物的种植。最后一种情况是，虽然当时的人们认识到了社会正在发生根本性的变革和实实在在的转变，但也不断有证据证明：经济经历了严重的波动，尤其当坏收成与投资的减少和工业生产的衰退同时发生时更是如此。19 世纪 30 年代是以这种剧烈而严重的萧条开始和结束的：从 1829—1832 年，议会改革的骚动正好伴随着严重的经济衰退和高失业率；1836 年后情况同样如此，近几年的一系列好收成在这一年结束，商业、贸易和出口严重萧条，这意味着失业率急剧上升，而铁路建设也陷入停滞。

19 世纪 30 年代，辉格党正是在这样一个动荡的背景下试图进行统治、改革并维持社会秩序。托马斯·阿特伍德后来宣称，“导致（议会）改革骚乱的主要原因是英国的贫困”，而格雷在 1830 年年底就任首相时，民众的骚动情绪已经全面高涨。这位新首相告诉新国王：“并不是我们挑起了人们对改革的兴奋情绪。我们上台的时候就已经是群情激昂的状态。”但是尽管辉格党人渴望利用广泛而日益增长的民众不满的情况对国王、上议院和下议院施加政治压力，但他们和惠灵顿本人一样，都站在法律和秩序的一边。作为内政大臣，墨尔本对 1829 年和 1830 年席卷各农村地区的“斯温暴动”尤为敌视。破坏打谷机，放火烧干草和玉米秸秆，抗议征收什一税，要求给予生活工资，以及愤而反对《济贫法》的实施等都是这场自发运动的组成部分。这场在英格兰南部，从肯特蔓延到多塞特的运动还被称为“乡村劳动者造反”。为了应对这场运动，墨尔本给地方行政机构发出命令，要求其迅速而坚决地采取果断强硬的行动，他也不间断地对这些造反行动进行冷酷无情的镇压。1830年12月，他委派特派员去审判这些造反者，审判的结果是19名工人被绞死，400多人被流放，400多人入狱。虽然这些人只是想努力使一项改革法案得到通过才造反的，但墨尔本不同意采取积极措施以缓解危难，他坚持认为辉格党人要坚决维护公民社会的宪法和财产权利。

《改革法案》危机一直在持续，而辉格党政府面对民众压力和抗议的矛盾态度也一直在持续。一方面，1831年10月该法案在上议院遭到否决之后，辉格党比以往任何时候都更需要舆论的支持，甚至也需要公众的骚动，因为他们希望与人民一起对抗愚昧和反动的力量。但许多民众的观点不仅对威廉四世和惠灵顿来说过于激进，而且对首相及其内阁来说也过于尖锐和颠覆。实际上，格雷所希望的是（也是他的策略），一旦议会改革尘埃落定，“社会中所有合理的部分不但会从那些（激进的）团体中分离出来，而且会直接站到其对立面，每一个有理性的人都一定会感到这些组织的永久存在有违国家安全”。对格雷来说，这是他根本的保守目标，但这也是为什么一旦改革法案通过，随着人们开始了解这项措施的细节和结果，许多为之激动的人会感到大失所望、幻想破灭。正如1832年10月《穷人卫士报》(*Poor Man's Guardian*) 载文所说的那样：“《改革法案》的支持者不是要计划颠覆我们的贵族制度，甚至也不是要改造它，而是通过加强来自中产阶层的次贵族阶级来巩固它。”这与格雷本人的言论如出一辙，但得出的结论却大不相同。同样是在这个报纸上，亨利·赫瑟林顿（Henry Hetherington）及其在所谓的“全国工人阶级工会”（National Union of the Working Classes）里的朋友们则把“大改革法案”斥为一个“虚妄、趋炎附势、似是而非的不公平的法案”。只对社会“一小部分特殊的人”有利。

如果1833年和1834年经济依然低迷，而民众的骚动也持续存在，那么“大改革法案”的通过似乎就不会是我们今天所看到的辉格党治国大略（和计算）的胜利。这届政府很幸运，因为从1833年到1836年，部分受第一次铁路“繁荣”的刺激，经济开始好转，农业也连年丰收（小麦价格从1832年每8蒲式耳63先令下降到1835年年底的36先令），并且在近10年的时间里第一次接近了充分就业。因此，要求进行更进一步政治改革的激进骚动逐渐消失，社会关注点转移到通过促进和组织工会来提高在岗工人的工资和工作条件上。这些努力取得了不同程度的成功。1833年10月，一位农场工人兼卫理公会传教士乔治·拉夫里斯（George Loveless）在多塞特（Dorset）的托尔帕德尔（Tolpuddle）成立了“农业工人友好协会”（Friendly Society of Agricultural Labourers），目的是以公平的方式保障所有成员得到公正的劳动报酬。这仅仅是一个实例，代表了为非技能型农村劳动力建立行业工会而广泛开展的运动，由于机械化的普及，这批人的工资遭到了无情的削减。但是，墨尔本因为对将近一年前发生的“斯温骚乱”仍记忆犹新，所以对这些事态的发展持悲观态度，当一位地方法官拘捕了拉夫里斯和他的5个同伴时他给予了支持。这位地方法官认为他们违反了1797年通过的一项禁止非法结盟的严酷法令。墨尔本的妹夫帕默斯顿勋爵以非正当手段匆忙地进行了审判，判处这6个人流放澳大利亚7年。这几个人立即成了“托尔帕德尔勇士”，并顺理成章地取得了与平等派（the Levellers）和卢德派（the Luddites）同等的地位，最终受到了劳工的敬仰膜拜。当时公众在著名的激进分子的领导下也进行了强烈抗议，1836 年约翰·罗素勋爵接替墨尔本在内政部的职位后赦免了这些勇士的罪名。

在这些为“托尔帕德尔勇士”争取自由的运动中起带头作用的是著名的名为“全国统一工会大联合会”（Grand National Consolidated Trades Union）的一些领导人。这个联合会成立于 1834 年 2 月，其指导思想来自罗伯特·欧文（Robert Owen）的观点。欧文是棉花生产商，是实行家长式管理的雇主，他在曼彻斯特附近的新拉纳克市（New Lanark）以及大西洋彼岸印第安纳的新哈莫尼（New Harmony）建立了一些模范社区，致力于为工人谋福利，建立合作所有制和建设理想化社会主义。在这些思想的指导下，“全国统一工会大联合会”的目的是促进工人阶级的团结，通过和平的手段达到对所在行业的掌控，并将它们重组为合作企业，从而迎接乌托邦式新千年的到来。因此，“全国统一工会大联合会”是近几年建立起来的最大的工人阶级组织，有着严密的全国组织结构，但它并不是唯一的此类组织，因为建筑工人、棉纺工人、陶工和制衣工也都建立了各自独立的工会组织。由此形成了大面积的行业骚动，以及一系列愈演愈烈的罢工行动，形成了工人联合起来与雇主反联合的对立局面。但是这样的抗议活动没有取得什么结果。“全国统一工会大联合会”声称为各地所有工人代言，但是许多其他工农业工会证明这个说法不实。在某些特定的行业和地区，特别是伦敦，它也未能对其成员进行有效指挥，尽管它高调倡导和平，但它参与组织的一些罢工却很暴力，令人厌恶。此外，要建设的空想社会主义也如此遥遥无期毫无希望。1834 年 8 月，“全国统一工会大联合会”成立刚好 6 个月便解体了，其他大部分工会组织也都以失败告终，这让辉格党政府感到大为宽慰。

从 1834 年秋季“全国统一工会大联合会”解体到 1837 年年初的几个月，工人阶级的政治活动主要局限于少数群体的范围内，其中最重要的是由亨利・赫瑟林顿、弗朗西斯・普莱斯和威廉・洛维特（William Lovett）等经验丰富的激进分子于 1836 年 6 月成立的“伦敦工人协会”（London Working Men’s Association）。它承诺要推动所有劳动者和工人开展独立行动，不仅要争取更好的报酬和工作条件，还要调查更深层次的“压迫他们的罪恶原因”，这似乎预示着政治斗争的回归，工人要进一步与这 10 年中辉格党令人不满意的有限改革做斗争。在“伦敦工人协会”成立后不久，因为经济再次走下坡路，这种战略的转变变得至关重要：连年的丰收好景不再，推动小麦价格再次升高；美国爆发了金融危机；近年来的贸易繁荣景象消失。到 1837 年夏，伯明翰和利物浦开始抱怨“剧烈衰退”带来了“令人担忧的后果”。曼彻斯特的长、短期失业者达 5 万人。尽管在 1838 年和 1839 年出现了部分的复苏迹象，但在兰开夏郡和英格兰中部地区，失业率仍然居高不下，因此出现了严重的民众骚乱。1840 年的情况略有改善，但在接下来的一年里经济又由衰退陷入萧条。长期的企业困境、国内投资和海外贸易的崩溃，以及 4 年的农业歉收，使联合王国“感到不安和害怕，成了一个充满矛盾和绝望的国家。”如果有这么多的工厂处于闲置状态，这么多的工人无事可做，“世界工厂”之名意义何在？

很明显，失业者没有资格为缩短工作时间、争取更好的工作条件或更高的工资进行谈判，而辉格党政府颁布的《济贫法修正案》和严酷的监禁措施，使工人阶级的许多成员（尤其是那些失去工作的人）产生了越来越多的怨恨和敌对情绪。同时，乔治·格罗特（George Grote）、约瑟夫·休姆和 J.A. 罗巴克（J. A. Roebuck）等激进的议会议员提出了每年举行议会选举及以家庭为单位进行投票的建议，而他们为确保此提议得到通过而做出的努力在其议员同僚当中没有得到任何支持。“伦敦工人协会”成立不久之后就发表了一篇名为《腐朽的下议院》(*The Rotten House of Commons*，1836 年）的檄文。它提醒人们注意，社会的主导地位一直由地主占据着，现在商人和资本家这些劳动工人的敌人也加入了他们的队伍之中。该檄文的作者们总结认为，下议院应该是“人民的议会，下议院里应该能听到我们的意见，应该倡导我们的权利，应该代表我们的利益，否则我们与农奴无异”。正是由于那些受挫的激进的议会议员和“伦敦工人协会”的共同努力，在 1837 年年底起草了包含 6 项要求的一个“宪章”，其中至少 3 项格雷伯爵曾经笃定绝不会出现在任何他主持的议会改革方案中。这 6 项要求包括：全体成年男性都拥有选举权；实行无记名投票；议会选区规模均等；废除议员任职的财产要求；给议员付工资；议会任期一年。引人注目的是，在新一轮的经济萧条时期，该“宪章”重新提出了曾在同样经历经济衰退的 1829—1832 年间提出的激进要求。这么做的目的是要建立一个比辉格党 1832 年创建的代议制更进步更民主的代议制。该“宪章”的最终草案于 1838 年 5 月确定，不久之后，各工人阶级团体达成一致意见，将各自的诉求结合在一起为共同的目标团结斗争。

这就是宪章运动（Chartism），它被描述为现代英国激进主义的第一次有组织的群众运动，这个说法恰如其分。它也是未来 10 年联合王国民众抗议的最重要形式。事实上，尽管短期内并没有达到其提出的 6 个目标（其中议会任期一年的要求至今仍未实现），但从某些方面来说，它也是 19 世纪最重要的民众抗议活动。宪章运动一开始就在伦敦和曼彻斯特、利兹、伯明翰和格拉斯哥等新兴大工业城市中得到了工人阶级的广泛支持，也得到了手工织布工人等各种职业团体，以及新工业资本主义没有光顾的西南部等经济衰退地区广泛的支持。因此，这场运动集中表达了大量的各类不满情绪，而它的吸引力大大增加是因为一个爱尔兰新教律师弗格斯·奥康纳（Fergus O’Connor）积极参与了更激进的“伦敦民主协会”（London Democratic Association）的活动，这个协会是“伦敦工人协会”的竞争对手。到 1838 年年底，他开始在利兹出版《北极星》报（*The Northern Star*），该报很快成为宪章运动的主要新闻机构，奥康纳利用这份报纸倡导全体工人举行总罢工，甚至暗示要发起更具有革命性的运动。1838 年期间，全国各地的大城镇都举行了各种声势浩大的大规模集会，表面上的目的是选举代表参加一个在伦敦召开的向议会提交请愿书的“全国宪章运动大会”（National Chartist Convention）。该大会如期于 1839 年 2 月召开，一份附有 100 万人签名的倡议“六点要求”的请愿书提交给了议会，但下议院在 7 月以 234 票对 46 票否决了这份请愿书。

在起草请愿书的那次会议上，出现了明显对立的两派：一些人主张“和平、法律和秩序”；一些人倾向于采取暴力，甚至革命的策略。议会对宪章运动的轻视态度更加剧了运动中的这种分裂状态，温和派越来越远离大会。经过长期激烈的辩论，大会于 1839 年 9 月解散。当年的下半年，许多大城镇都普遍发生了骚乱，在蒙茅斯郡（Monmouthshire）的纽波特，前市长和前治安官、激进的纺织品商人约翰·弗罗斯特（John Frost），领导了一场反对该郡政府的武装叛乱。辉格党政府再次以法律和秩序的名义予以了严厉的打击，召集军队镇压了抗议者：包括弗格斯·奥康纳在内的许多宪章运动领袖被逮捕并被关押入狱；14 名纽波特叛乱者被军队杀害；弗罗斯特则被判死刑，随后减刑为流放。到 1840 年 6 月，超过 500 名宪章运动领袖被关押，在接下来的两年里，这场运动似乎真的沉寂无声了。但是将军查尔斯·内皮尔爵士（Sir Charles Napier），一个异常聪明的杰出战士，却没那么确定。他曾被任命担任陆军的北部战区指挥，他处理骚乱时比其他许多同僚都更具同情心（也更不情愿）。他对工业城市曼彻斯特的肮脏和污染状况感到非常震惊："世界的烟囱"是他对这个城市最好听的描述；而更生动描述则是，（这里）"打开了地狱的入口"。他认为那里的人以及其他地方的人会抗议也就没什么奇怪的。他在日记中写道："我宁愿去澳大利亚，这样我就不会接受因为保守党的不公正和辉格党的愚昧而产生的这项工作，在人们挨饿时还坚持缓慢改革的原则是最愚蠢的，因为挨饿的人们等不起。"

全球事务

参与对宪章运动的镇压只是内皮尔在军事生涯中一段短暂的国内插曲，因为他军事生涯中的大部分时间都是在海外度过的，他之前曾跟随惠灵顿在伊比利亚半岛服役，也曾在地中海地区服役，后来在印度结束了其指挥官的生涯。而这也不是他海外事业的全部，因为在 19 世纪 30 年代，他曾被提名到加拿大任职（但他拒绝了)，并参与了在南澳大利亚建立一个新殖民地的计划（这是上一段中引用的他关于澳大利亚的那句话的典故出处)。因此，内皮尔的职业生涯正好说明了这些年辉格党的崛起过程，以及国内前所未有的变革和分裂状况，同时提醒我们这些年也是英国人逐渐远离自己的海岸线参与更广泛的世界事务的时期。参与更广泛全球事务的一个表现就是，从 1830—1841 年（除了 1834—1835 年托利党试图组建政府却以失败告终的那几个月之外)，帕默斯顿勋爵在格雷勋爵和墨尔本两届政府中都担任外交大臣。他是联合王国外交政策制定过程中最具影响力的人物，实际上他的这个地位一直保持到 1865 年他去世为止。巴瑟斯特在利物浦执政时期任职殖民地部时所保持的那种发展连续性无人能及。相反，从 1830—1841 年，战争和殖民地部大臣换了 6 任，这表明在联合王国的海外事务中，帝国事务的地位明显低于外交事务。但是对帝国发展的推动力来自多方面且多样，这些年来帝国事务也变得越来越重要，其重要性甚至超过了殖民地大臣职务本身。

从 19 世纪 30 年代开始，帕默斯顿因为以“正义和权利的捍卫者”的姿态支持欧洲的“自由”政权，并通过所谓的“舰船外交”在世界其他地区大力维护英国的强权和利益而逐渐赢得了一个看似合理而恰如其分的声誉。他因此成了一种特别强烈的爱国主义精神的化身，这种爱国主义声称既要为国家谋利益，也要给世界带来文明，用他自己的话概括就是，英国“没有永远的盟友，也没有永久的敌人。我们的利益是永恒的，而追逐这些利益就是我们的职责所在”。更具体地说，这意味着与之前的卡斯尔雷和坎宁一样，帕默斯顿的一个主要目标就是要维护欧洲的权力制衡，在 19 世纪 30 年代这就意味着控制住后拿破仑时代的法国，并遏制俄国在地中海东部的扩张野心，以及在亚洲对印度的扩张野心。帕默斯顿理想中的状态是通过外交手段而非军事手段来约束法国和俄国，从而避免直接参与欧洲大陆事务，这也是他支持那些新兴自由民族主义者从俄国人和奥斯曼帝国的独裁政权中争取独立的首选方式。他的愿望是这些新的国家能仿效不列颠的制度，在自由和法治的基础上建国，帕默斯顿给下议院讲话时用了“宪法国家”这个原本用于速记的名词，“我认为宪法国家是我们国家的天然盟友”。在更广泛的全球范围内，帕默斯顿的目标是保护和扩大英国商人和投资者在海外的机会，从而巩固和扩大联合王国新近在财政、工业和贸易方面确立的世界领先的强国地位。

这就是帕默斯顿作为外交大臣要努力落实的国际事务议程，完全不考虑那些对 19 世纪 30 年代高级和低级政治造成破坏的国内纷争和骚乱。但把注意力只放在帕默斯顿身上，会误导我们过分倾向于将这一时期英国越来越多地参与海外事务的做法打上个人标签。因为当时在不列颠国内外，各方面都向着更纵深的方向发展，但这些发展都远远超出了官方政策制定的范畴，他在其中既是推动者也是受益者。19 世纪 30 年代既是国内政治发展关键的 10 年，也是国际范围内一个新时代的开始，因为全球大多数为英国在 19 世纪余下的时间里成为世界强国打下基础的有利条件已经开始出现并汇聚起来。人们逐渐认识到拿破仑对英国造成的那种威胁已不复存在，法国可以得到有效的遏制和约束；人们也逐渐认识到维护好欧洲的权力制衡是可以做到的，这意味着不会再出现 1793—1815 年战争时期的那种艰辛状态；人们也越来越意识到奥斯曼帝国、波斯帝国和清帝国的脆弱性，这意味着英国贸易和投资有了新的机遇；完全脱离伊比利亚人统治的拉丁美洲各共和国，对不列颠来说也意味着同样的发展前景；英国货物、人力和资本的出口能力大幅提高。其结果是英国与世界许多地方的联系显著增强，这涉及许多人和利益，绝不是外交部（或殖民地部）拟定一个单一的总体计划就能达到的，而是体现了“混沌多元化”（chaotic pluralism）这种表述所代表的许多手段的综合作用，这些手段使英国前所未有地与世界上更多地区、以更多的方式逐渐加强了联系。

但帕默斯顿在 1830 年接管外交部时急需解决的根本问题是欧洲问题，因为他连续见证了四次革命，1815 年达成的解决方案一度似乎陷入了危险境地：首先是法国驱逐查理十世，推举路易·菲利普当上了国王；然后是在各个低地国家，比利时要脱离尼德兰王国寻求独立；接下来是意大利发生了多起反对教皇和奥地利统治的叛乱；最后是波兰发生反对俄国君主统治的叛乱。帕默斯顿认为这些革命“对自由主义原则在欧洲的支配地位起到了决定性作用”，但同时也威胁到了权力制衡，而实际上，他的政策并不像他斩钉截铁所说的那样是“自由”政策。在法国，帕默斯顿别无选择，只能让事情顺其自然，而新的“七月君主政体”确实比之前的政府更加自由。比利时革命特别值得关注，因为不列颠不希望英吉利海峡对面的海岸线（像 1793 年那样）受到潜在敌对外国势力的影响。因此，帕默斯顿在伦敦召开了一次会议，说服欧洲大陆其他主要强国承认比利时独立，而维多利亚女王的舅父、萨克森－科堡－哥达公国（Saxe-Coburg-Gotha）的利奥波德（Leopold）坐上了比利时王位（协议在 1839 年最终得到确认）。帕默斯顿在其他地方的影响力要小得多。1831 年俄国人对波兰叛乱的镇压得到了欧洲各地自由主义者和知识分子的支持，但不列颠实际上没有起什么作用。英国在意大利也同样没有任何影响力，帕默斯顿拒绝干涉意大利事务，革命者也一样受到了镇压。因此，当他在 1832 年声称“由于英格兰的真诚、温和和坚定，目前她在对外关系中所受到的尊重超过以往任何一个时期”的时候，他对自己所取得的成就的描述可谓非常偏颇不实。

这就是“大改革法案”正在争取议会通过之时帕默斯顿实行的对欧洲大陆外交政策：没有他声称的那么自由，但成功地避免了军事干预。一旦这个法案得以通过，辉格党就可以转向更广泛的改革议程，而帝国自然是其中的一部分。上次他们掌权时，于 1807 年废除了奴隶贸易。1832 年以后，几乎所有人都认为一个更具代表性的议会要采取的首批行动之一就应该是废除奴隶制本身。在这几年中，威廉・威尔伯福斯、托马斯・克拉克森和伊丽莎白・弗赖（Elizabeth Fry）等热切而坚持不懈的福音教派人物一直领导着人们进行废除奴隶制运动。在《改革法案》实施之后，西印度群岛种植园主在议会的游说团体不再像以前那样强大，而此时，奴隶制和蔗糖贸易的重要性也都在下降。此外，1830—1832 年，与议会改革本身相比，民众更普遍的诉求是支持废除奴隶制。立法机构总共收到了有 150 万人署名的 5 000 多份请愿书，其中附加了一封特殊的妇女请愿书，长度有半英里，上面共有 18.7 万个签名。1833 年，新任殖民地大臣斯坦利爵士成功地在整个大英帝国废除了奴隶制，而威尔伯福斯也在有生之年看到了这个法案的通过。种植园主得到了 2 000 万英镑的慷慨补偿，所有奴隶都在一年内获得了自由，但他们对于前主人应尽的学徒义务被迫延长到 1838 年才结束。此后，皇家海军继续在非洲、加勒比海和南美洲海岸巡逻，以堵截挂着其他国家旗帜的贩奴船，并释放船上的奴隶。身为外交大臣的帕默斯顿对这些行动给予了大力支持，并得到了公众广泛的认可。

在接下来的半个世纪里，其他西方强国都纷纷效仿英国这个榜样的做法。但实际上，解放对改善前奴隶的生活状况没有起多大作用，而英属西印度群岛殖民地成了死水一潭，帝国的行动和优先考虑的重要事务逐渐转向东方。这些事务议程的改变有一个标志，即在废除奴隶制的同一年，辉格党政府取消了东印度公司保留的最后一些与中国开展贸易的垄断权，并进一步得到指示“以最快的速度结束其商业业务”，从而为私营企业打开了新的海外市场提供了主动权。事实上，该公司并没有听从指示，而是继续交易鸦片这种臭名昭著的商品，而1833年后，许多新的英国经销商也加入其中。从1821—1837年，鸦片的销售额增加了5倍，而到1838年为止，英国人每年向中国销售的此类毒品达1 400吨。第二年，中国皇帝决定取缔这种对其如此多的臣民造成巨大损害的“有害毒品”贸易，没收并销毁了英国船只运输的此类货物。这场争端升级为我们熟知的“第一次鸦片战争”，最终皇家海军在1841年1月和5月两次轰炸了广东港及其周边地区。帕默斯顿认为这一行动很有必要，但并不是说有必要进行鸦片贸易，而是因为需要在中国打开更大的市场。但在下议院的不信任提议面前，他的政府只以9票优势而没有倒台，格莱斯顿谴责帕默斯顿是在保护“这种臭名昭著的走私”，他认为这是“英国对中国犯下的罪孽”。

中国当时虽然是日渐衰落的帝国之一，但似乎提供了令人兴奋的新的贸易和投资机会，而更令人担忧的问题是奥斯曼帝国的衰败。奥斯曼帝国占据着通往印度的必经陆路，而这条路越来越受到了英国人的关注。如果奥斯曼帝国解体了，从领土的角度来说，俄国很可能是最主要的受益者，这可不是英国想要的结果。自从拿破仑入侵埃及以来，法国人也对这个地区存有贪婪的野心。1831年，埃及帕夏穆罕默德·阿里（Mehmed Ali）放弃对奥斯曼人的忠诚，占领了叙利亚，并威胁要向苏丹首都伊斯坦布尔进军。帕默斯顿不喜欢穆罕默德·阿里，认为他是一个“无知的野蛮人”，并决心支持奥斯曼苏丹对他进行打击。但是当他提出提供军事援助时内阁没有给予支持，结果是俄国在伊斯坦布尔获得了更大的影响力。1839年，穆罕默德·阿里和苏丹再次开战，但这次帕默斯顿促使法国、俄国、奥地利和普鲁士之间达成了一个协议，保证了奥斯曼帝国的完整和独立。但法国政府宁愿支持穆罕默德·阿里而不愿支持苏丹，所以对此协议很不满意。于是，帕默斯顿通过协商达成了另一项把法国人排除在外的协议。最终，穆罕默德·阿里放弃了对叙利亚的占领，并以每年向苏丹缴纳贡品作为条件确定了他对埃及的世袭所有权。奥斯曼帝国得以继续存在，也成功挫败了俄国的掠夺野心。法国也一样遭到挫败，它与英国的关系因此而严重恶化，巴黎和伦敦都笼罩在即将到来的“东部危机”的阴云之中。

不管怎样，帕默斯顿在处理奥斯曼帝国的问题上显示出了极大的外交技巧和韧性。他希望这个帝国能保持“十年的和平时期”，并在此期间能进行改革和重组，“再次成为一个值得尊敬的强国”。不仅如此，他还在 1838 年与苏丹政权达成协议——苏丹的疆土对外国商人和贸易者开放，他希望此举会为英国的企业带来有利可图的新市场，同时也能增加土耳斯国内改革的可能性。但尽管帕默斯顿已经阻止了俄国在地中海东部的扩张野心，他仍然害怕（也许言过其实？）英属印度未来在面临俄国的进攻时会不堪一击，而进攻的前奏可能就是对波斯或阿富汗的入侵。1835 年他对英国驻德黑兰大使查尔斯·埃利斯（Charles Ellis）说：“俄国在波斯问题上的利益和政策，几乎在所有方面都与大不列颠大不相同，不仅不同还针锋相对。”帕默斯顿希望波斯能成为俄国和英属印度之间起缓冲作用的国家，但到 1838 年人们却广泛认为俄国在波斯已经建立了一个坚不可摧的霸权，因为帕默斯顿没有尽到努力，对波斯政权的安抚作用不足，也没有起到警告俄国不要插手此地的作用。从 1836 年开始担任印度总督的奥克兰勋爵此时总结说，如果波斯难以争取且形势不稳定，就必须扶持相邻的阿富汗作为另一个缓冲区。他的计划是派遣英国军队到那里去废黜亲波斯（因此也亲俄）的埃米尔[①]·多斯特·穆罕默德（Emir Dost Mohammad），用亲英国的沙舒贾（Sha Shuja）替代他。1809 年沙舒贾被废黜并遭到驱逐，此后一直在英属印度流亡。1839 年，英国军队入侵阿富汗，占领了坎大哈和喀布尔，多斯特·穆罕默德逃离，沙舒贾至少暂时顺利地成为新的埃米尔。

在一段时期内，这项政策似乎起了作用，就像之前在地中海东部发生的事情一样，俄国在英属印度也得到了有效的遏制。这次遏制更为重要，因为近年来，部分福音派和部分实用主义者一直在英属印度进行重要的改革和重建，从 1828—1835 年，奥克兰的前任、印度总督威廉·本廷克勋爵一直在推动此事的进展。像内皮尔一样，半岛战争期间，本廷克曾中地中海地区服役，也曾担任过马德拉斯总督（Governor of Madras）。他是辉格党的大人物、热心的改革者，决心提高英国政府的效率，促进他所谓的“印度的道德复兴”：因此而禁止了殉葬等陋习，取缔了土匪路霸。本廷克虽然不想干涉印度本国王公们的事情，但他根据居民的要求罢黜了残暴的古尔格王公（Raja of Coorg），占领了加贾尔（Cachar），并由于

① 阿拉伯国家贵族头衔，原意为“受命的人”“掌权者”。

该王公的苛政激起民愤而担起了整个迈索尔政府的职责。但本廷克最具影响力且最具争议性的决定是与教育有关的决定，他宣称联合王国的“伟大目标应该是在印度人当中推广欧洲文学和科学”。本廷克在查尔斯·特里维廉（Charles Trevelyan，一位在印度工作的热心公务人员）和妻兄托马斯·巴宾顿·麦考利（Thomas Babington Macaulay，1830—1833 年担任议会议员，1834 年加入印度最高委员会）的支持下，强制规定英语为正规的教学语言和官方管理语言，毫无商量余地。

帕默斯顿希望的是通过对英国开放贸易和商务，让奥斯曼帝国和中国得以更接近较高水平的西方文明，而本廷克则希望通过这些手段使印度得以复兴，两者如出一辙。辉格党在治理和改革印度方面表现出了信心和把握，但他们对自己统治和改革联合王国的能力却表现出明显的担忧和焦虑。大英帝国在其他地方的管理和扩张行为很大程度上表现随意且不可预见，主动权通常掌握在个人和私营企业手里，而不是伦敦的帝国当局手里。下列两个地方的获取具有不可否认的战略重要性：一是马尔维纳斯群岛（1833 年），这是从南大西洋到太平洋这条路线上的一个安全基地；二是亚丁（Aden，1839 年），这是从红海到印度这条路线上的一个重要港口，当时它实际上是在加尔各答治下。但在这 10 年里，大英帝国的大部分利益来自那些渴望通过私人企业推动移民的激进分子。其中最著名的是爱德华·吉本·韦克菲尔德（Edward Gibbon Wakefield），他于 1836 年成立了股份公司“南澳大利亚协会”（South Australian Association），以期为英国在澳大利亚和新西兰（澳－新）（Antipodes）建立新的移民殖民地。但该公司经营不善，政府被迫介入暂停其特许状，不久后南澳大利亚成为皇家殖民地。至此，韦克菲尔德已经把注意力转向了澳–新的另一个地区，于1839年创立了新西兰公司（New Zealand Company）。按照他的计划，殖民者会在第二年首次登陆，并与当地的毛利人酋长们谈判达成《怀唐依条约》（Treaty of Waitangi）。不久后，新西兰也被迫变成了一个英国皇家殖民地。这么做部分原因是为了确保韦克菲尔德的公司遵守其特许状条款规定，部分原因是为了保护原住民与英国殖民者的权利，还有一部分原因是为了在法国可能做出吞并行为之前先下手为强。

英国的官僚机构在澳大利亚和新西兰都不情不愿地在跟着私有企业移民方案走，但相比之下，帝国在南非的扩张动力则来自开普殖民地总督（Governor of Cape Colony）本杰明·达尔班爵士（Sir Benjamin D'Urban）。他从1834—1837年一直努力想要吞并由当地黑人部落占据的邻近边境地区，以缓和原住民与英国移民以及布尔殖民者之间的关系。但他在当地采取的措施却起到了双重的反作用。英国政府拒绝接受吞并，因为他们确信殖民者的暴力行为激起了黑人部落对他们的攻击；而布尔农场主则对废除奴隶制感到恼火，他们认为官方对当地原住民过于重视，因而不承认英国人的统治开始了“大迁徙”，他们在奥兰治河对岸建了一个新的国家，以期能够按照自己的意愿生活。大迁徙到1837年结束，但在同一年，英国又面临着对帝国另一种形式的排斥：在上加拿大（以多伦多为中心的大湖区，居民中英国人占绝对多数）和下加拿大（以圣劳伦斯和魁北克为中心，居民以法国人为主）同时发生叛乱，在上加拿大是因为立法委员会和议会在货币和税收问题上出现分歧；在下加拿大则是因为法国人认为英国人的侵入在日益加强，所以心存不满。叛乱虽然被镇压了，但是墨尔本勋爵还是派达勒姆勋爵前去进行调查。达勒姆勋爵发表于1839年的报告强烈建议上、下加拿大合并，共同组建一个议会并由大英帝国给予其有限的自治权，其中许多提议在 1840 年通过的《加拿大合并法案》中得到了体现。

在官方层面，19 世纪 30 年代英国参与更大范围内世界事务的政策是由外交官、地方总督、公务员和士兵具体实施的，大多数人都具有贵族或土地主背景，因此产生了许多自相矛盾和前后不一致的问题。帕默斯顿在外交部的政策远不是他叫嚣的那样，而是比较谨慎且相互矛盾：他支持比利时的革命，而对波兰的革命却不支持；他宁愿保持奥斯曼帝国的完整而不愿意它解体；与许多外交大臣一样，他很可能也夸大了俄国对英国利益的威胁程度。英国在印度的一些统治者相信他们可以将这个“落后的世界”重塑成“他们自己那种文明的样子”。据麦考利说，威廉·本廷克勋爵已经将“英国的自由精神注入东方的专制主义之中”，且“牢记政府的终极目标就是给被统治者谋幸福”。但也有人认为英国统治过于军事化和专制，从未与当地各民族有任何相近的认同。而在殖民地则又是不同的景象。在澳大利亚和新西兰，殖民地部不愿意采取那些个人采取的初始做法，更倾向于采取对原住民更有利的做法，而不是偏向于那些来自英国的新移民。在加拿大，达勒姆勋爵的报告和建议在英法两国之间、被殖民者及母国之间起到了修补作用。但南非的英国人、布尔人和原住民之间的关系依然令人烦恼。

无论怎样，尽管英国的官方政策存在不可否认的局限和矛盾，但这只是越来越多的英国人与更广泛的世界互动的方式之一。事实上，在帕默斯顿勋爵看来，辉格党政府本身对这其中的某些关系只是提供服务而不是进行支配，他在 1839 年也曾告诉议会“本政府的宏大目标就是把我国的商务扩展到世界的每一个角落”。其中一些期望，尤其是对拉丁美洲、黎凡特（Levant）和中国等地的期望，至少在短期内是言过其实的。19 世纪 30 年代的英国海外贸易绝大部分仍然集中在欧洲和北美。但可以确信的是，随着英国经济的增长，其海外贸易也会得到相应的发展，这 10 年之中还开始了大量的海外投资业务，每年的投资超过了 400 万英镑。19 世纪 30 年代也是英国向外移民数量开始显著增长的时期：1832 年，超过 10 万人移民到了欧洲以外的其他目的地，到 1840 年英国向外移民数量超过了 70 万，几乎是 1815—1830 年向外移民数量的两倍。超过 40% 的人去了美国，但大多数人去了英属北美洲及澳 – 新地区。这是不列颠世界扩张的开端，到 19 世纪末则形成了极其庞大的帝国。最后，在非洲、澳 – 新地区，同时也包括中国在内，都有了大量的传教士，在这 10 年中他们在当地的传教活动空前活跃。他们关于帝国的观点不一定与贸易商、移民或官方意见一致，他们的目标是把当地人转化为基督徒，并敦促英国政府保护他们不受殖民者入侵以及贩卖枪支和酒精的商业行为的侵害。

辉格党政府在执政的那些年中，以所有这些多变、多元、互不相同且互不调和的方式，使联合王国各民族与世界其他地区的接触范围显著扩大，接触程度明显增强，正如 1837 年的一个议会委员会所证明的那样，“在与地球上非文明国家进行交流方面，大不列颠超越了所有其他强国”；可能还会加上一句，与“文明国家”的交流也是首屈一指。在帕默斯顿（有选择地）大力推动下，官方对外交、军事、帝国等事务的参与程度无疑也有所提高，但也只是其政府工作的一部分，因为英国许多不同的游说团体和利益集团，以及外围那些雄心勃勃贪得无厌的人，都在对帝国施加压力，迫使帝国加快其扩张和吞并领土的步伐。无论方式如何，其结果都是使 30 年代成了英国 19 世纪国内外发展中非常关键的 10 年。因为有大量证据表明，这10年中英国社会在蓬勃发展，其国家资源正在增加，其全球视野正在扩大。但这远没有展示其发展全貌。离开联合王国的人口数量超过以往，这些人要么移民海外，要么在帝国范围内服兵役。这一事实表明，对于许多英国人来说，国内的形势不那么乐观，也没有多少希望；不仅如此，新南威尔士和“范迪默之地”在1853年之前仍然是囚犯流放地。联合王国的工业实力可能在不断增强，它在世界上的地位可能得到了加强和提高，但几乎没有迹象表明普通人的生活质量因为这些发展而得到了改善。

危机文化

尽管经济变迁、社会忧患、民众抗议、文化焦虑以及宗教烦扰是19世纪30年代的特点，但当时也有一些积极的发展方面，伦敦市中心摄政街南端附近进行的新建筑工程就是明证。约翰·纳什（John Nash）在蓓尔美尔街和滑铁卢广场（Waterloo Place）的转角处为联合服务俱乐部（United Services Club）建造了一座新古典建筑，这是个成立于1815年，为陆、海军高级军官提供服务的绅士俱乐部；1832年和1834年之间，在滑铁卢广场上矗立起一根柱型雕像，是为约克公爵竖立的纪念碑，他早年不光彩的名声近来已被人遗忘；1840年，根据查尔斯·巴里（Charles Barry）的规划开始建设特拉法尔加广场，同时按照威廉·雷尔顿（William Railton）的设计也开始建造纳尔逊纪念碑（Nelson's Column）。这些建筑作品生动而持久地提醒人们不要忘记法国大革命和拿破仑战争，但在同一个街区也有其他代表不同文化情感和国家大事的建设项目。1824

年建成的雅典娜图书俱乐部（the Athenaeum）是“为文学界和科学界以及美术界的人”而设立的聚会场所。该俱乐部的会所于 1830 年开业，它与滑铁卢广场和蓓尔美尔街对面的绅士俱乐部一样都是古典风格建筑，由年轻的德西默斯·伯顿（Decimus Burton）设计。1832—1838 年，在后来的特拉法尔加广场北侧建造了由威廉·威尔基（William Wilkie）设计的国家美术馆。它处在伦敦东西向居中的位置上，建在这里的初衷是既能吸引那些生活富裕的人来参观，也能吸引工人阶级的成员来参观。伦敦知识分子紧密团结，普通民众又得到了改善生活和接受艺术熏陶的机会，这样一个社会与 19 世纪 30 年代初期《改革法案》引起的骚动以及末期宪章运动进行的示威活动似乎完全不沾边。

伦敦为我们提供了鲜活生动的发展例证，但发展并不仅仅局限于这个都城。在联合王国内迅速发展的工业城镇中，用于文化和娱乐目的的新建筑不断被建造，因此也抵消了环境恶化的影响。在伯明翰，由约瑟夫·汉瑟姆（Joseph Hansom）设计的古典风格的“市政厅”（Town Hall）于 1834 年投入使用。尽管以市政厅命名，但该建筑的主要目的却是作为始于 1784 年的“伯明翰三年展音乐节”（Birmingham Triennial Music Festival）的主场地，或作为举行各种政治会议的场所［约翰·布赖特和约瑟夫·张伯伦（Joseph Chamberlain）后来经常在此发表讲话］。利物浦也不甘落后，在这 10 年中建造了“圣乔治大厦”（St George's Hall）进行反击，这是一座更宏伟的新古典建筑，其中包括一个为这个城市自己的音乐节而设的音乐厅，同时也为当地的巡回法院提供了充足的使用面积。这些年也是许多地方文学和哲学社团的鼎盛时期，这些社团相继于 18 世纪 80 年代以后的半个世纪里，分别在利兹、利物浦、曼彻斯特、赫尔和莱斯特等地成立，通常都设在图书馆内并经常举办关于政治、科学与艺术等方面的讲座和讨论。这些建筑和组织都位于各地方城镇的中心位置。但是随着环境逐渐恶化、污染情况越来越严重，中产阶层的许多成员都搬到了在此期间开发的新郊区居住，他们在那里也建立了更多的志愿社团，既有庇护聋哑人和盲人的收容所，也有充满了稀有物种及外来物种的植物园。这些在滑铁卢之后的 25 年里逐级成熟起来的地方中产阶层，数量上史无前例，无论从在谱系上还是文化上都是其 18 世纪末启蒙运动先辈的直系后代。他们也是辉格党最急于（却并不总是能）给予投票权的人。他们通常都是福音派或异见者，很关注奴隶制等问题，在后来的几十年里，他们在政治以及文化方面都起到了越来越重要的作用。

19 世纪 30 年代也是关于地球、关于人类，以及关于理解物质世界的科学方法等新思维方式层出不穷的时代，这些思维方式大部分都是以演讲的形式在“文学和哲学学会”（“Lit and Phil”）中传播开来。汉弗莱·戴维（Humphry Davy）的最后一部作品《旅行中的慰藉》（*Consolations in Travel*）在他去世后于 1830 年出版，他在书中思考了许多关于永久、不朽以及变化等跨越无限的时间和空间的问题，似乎预料到了接下来的 10 年中将要发生的破坏性发展。同年，数学家查尔斯·巴比奇（Charles Babbage）写出了《对科学衰落的反思》（*Reflections on the Decline of Science*），书中谴责英国皇家学会（Royal Society）是“旧腐败”的“外垒”，敦促英国要对科学教育进行改进，认为统治阶级必须接受更理性的思维方式。与此形成鲜明对照的是，同样在 1830 年发表《自然哲学研究初论》（*Preliminary Discourse on the Study of Natural Philosophy*）的约翰·赫舍尔（John Herschel）却在其书中提出了截然不同的观点，他概述了如何运用科学来定义良好的品格和适当的行为方式，隐秘地描绘了科学及其公共目的的乌托邦式理想。4 年后，玛丽・萨默维尔（Mary Somerville）面向广大普通读者发表了《论物理科学之间的联系》(*On the Connexion of the Physical Sciences*)，他呼吁天文学、实验物理和化学等许多领域的新进展不应只是产生各个独立的学科，因为从数学角度上它们可能是相互统一和相互关联的。1830—1833 年，查尔斯・莱尔（Charles Lyell）写出了三卷版《地质学原理》(*Principles of Geology*)，提出地质学是一个不应该参考《圣经》进行研究的复杂科学课题。1835 年，爱丁堡的律师兼讲师乔治・库姆（George Combe）出版了一本廉价版的《人的构造》(*The Constitution of Man*)，试图重新阐释科学的基础知识，他认为心智的功能取决于大脑的物理特性。

这些科学著作与 19 世纪 30 年代的政治骚动有着强烈的共鸣，其中一些也隐含了对基督教《圣经》权威的颠覆性看法。与此同时，詹姆斯・凯（James Kay）、彼得・加斯克尔（Peter Gaskell）和安德鲁・尤尔（Andrew Ure）等一批自封的社会调查人员，写出了一系列的报告，而报告依据往往都是从曼彻斯特获得的。这些报告引起了人们对城市产业工人阶级日益艰难的困境的关注。而长期对当时恶化的社会环境进行批判的人之中最重要的当数年轻的托马斯・卡莱尔（Thomas Carlyle）。1829 年，他在《爱丁堡评论》(*Edinburgh Review*) 上发表了《时代的标志》(*Signs of the Times*)，谴责工业化和机械化的新力量，以及与之相伴产生的功利主义和放任主义的意识形态，共同破坏了人类的个性，压制了人类的精神。10 年后，他出版了《宪章运动》(*Chartism*)，在书中他将批评的范围扩大到了正在形成的“机械社会”。人们熟知的“工业主义”的经济活动新形式可能会带来改善总体福利的希望，但这与最近发生并仍在持续的城市贫民境况的剧烈恶化却几乎无法调和。这反过来意味着卡莱尔所说的“英格兰机体”远非健康或充满希望的，而宪章运动带来的骚乱只是一个更深层、更危险的征兆，表明这个国家罹患了日益严重的疾病。他坚持认为如果政府不采取行动，承认和改善工人阶级的困境，就很可能要发生一场革命。他总结说，非常迫切需要的是由一个“真正的”新贵族阶层（这与柯勒律治所说的“知识分子”有些相似）带领人民和国家度过这些颠覆性的变革和变迁过程中的阵痛，走向一个更好、更安定、更人道的未来。

这些年来，不仅是社会调查者和文化批评家们感到焦虑和悲观。许多托利党人对他们自己的领导人在天主教解放问题上的背叛行为仍然感到很愤怒，他们对辉格党通过的法案也感到很恼火，认为这些法案进一步破坏了英国教会的特权和独尊地位。他们认为1832年2月从印度经由汉堡传染到伦敦并引起数千人死亡的霍乱瘟疫，是愤怒的上帝对天主教解放进行的审判。他们认为，1834年大部分旧议会大厦被大火烧毁（透纳对此做过生动的描绘）也是上帝对“大改革法案”得以通过的一种报复行为。两个即将成为终生对手的、野心勃勃的年轻政治家，此时却对辉格党的所作所为一致表示厌恶。1835年年底，还没当上议员的本杰明·迪斯雷利出版了《对英国宪法的辩护》(*A Vindication of the English Constitution*)，他在书中谴责了辉格党政府、自由功利主义者，以及基于抽象的错误原则而进行的所有改革；对人民当家和普选权等观点表示蔑视，重申了传统、先例和贵族的重要性，认为社会有机体应该保留永恒的英国风格。3年后，早已经被誉为“坚定而不屈不挠的托利党人的希望”的年轻的威廉·尤尔特·格莱斯顿，出版了他的第一本书

《国家与教会的关系》(*The State in its Relations to the Church*)，书中指责两党这10年制定的法律毫无意义，并敦促英国政府和圣公会平等共存，教会对国家给予支持，而国家也对教会给予支持。

对传统的宪法组织和教会组织的重申，对世俗和工业化的时代潮流的抗议，在19世纪30年代普遍存在。在1833年的巴士底狱日，约翰·基布尔（John Keble）以"国家背道"（National Apostasy）为主题在牛津的大学教堂布道，抗议辉格党政府通过《爱尔兰教会临时法案》(Irish Church Temporalities Act）的"背叛"行为，这标志着人们熟知的"牛津运动"（Oxford Movement）的开始。基布尔的观点得到了大学教堂牧师约翰·亨利·纽曼（John Henry Newman）和钦定希伯来语教授皮由兹（E. B. Pusey）的支持。在1833—1841年出版的题为《时论册集》(*Tracts for the Times*)的一系列小册子中，基布尔、纽曼和皮由兹谴责了认为英国教会仅仅提供了神学便利的观点，坚持认为它是得到了神圣启示的汇集教义、智慧和传统的宝库，是政府的干预使它处于危险之中。第二个特立独行的更世俗化的运动是由乔治·斯迈思（George Smythe）和约翰·曼纳斯勋爵（Lord John Manners）等贵族领导的"年轻的英格兰"(Young England）组织，他们是从沃尔特·司各特爵士的小说以及凯内尔姆·迪格比爵士（Sir Kenelm Digby）的《荣誉的基石》(*The Broadstone of Honour*，1822年）中得到的启发。他们也反对激进派、制造商、工业和功利主义，并认为未来最大的希望在于复兴的家长式贵族与工人们联合起来共同捍卫传统的、恭顺的社会有机体。他们的中世纪复兴运动于1839年在埃尔郡（Ayrshire）埃格林顿城堡举行的锦标赛中达到高潮，在那里人们再现了沃尔特·司各特爵士小说中的那些侠义故事。一万人出席观看了骑士们身穿铠甲举行的比赛，但却赶上了大雨滂沱。对于在经济衰退、失业率高居不下以及民众普遍不满的时候举办这种花费巨大、自我陶醉的花哨比赛，人们广泛给予了批评。

这种对当时现代化趋势的敌意，在“哥特复兴”中找到了最具创造性和持久性的表现形式。1831 年托马斯·洛夫·皮科克（Thomas Love Peacock）出版了一部小说《克罗契特城堡》(*Crotchet Castle*)，书中虚构了一座中世纪的克罗契特城堡，城堡的主人公叫钱恩迈伊先生（Mr. Chainmail），他认为 12 世纪以后一切都在走下坡路。虚构的钱恩迈伊先生的观点却在现实世界中引起了一位年轻建筑师的共鸣，这位近乎疯狂的天才名叫奥古斯塔斯·韦尔比·皮金（Augustus Welby Pugin），他于 1834 年皈依罗马天主教，是哥特式艺术的狂热信徒，因为与这些偶像破坏时代的传统智慧相比，它体现了一种更有益的社会观点。两年后，他出版了《对比》(*Contrasts*)一书，堪称中世纪复兴主义的建筑宣言，他在书中赞扬“中世纪的宏伟建筑”远远超越了“当代建筑”。他坚称，中世纪的城镇有教堂尖顶，有为穷人提供服务的仁慈医院，纯净的水从哥特式喷泉中奔流而出；而新的工业城镇则被林立的烟囱、工厂、污染和残酷无情的济贫院所摧毁。修建哥特风格的新立法大楼的决定给皮金带来了把这些理论付诸实践的重大机遇，这一决定一方面是为了与威斯敏斯特教堂和威斯敏斯特大厅保持协调，另一方面是因为哥特风格被认为是英国风格的卓越代表。威斯敏斯特新宫由查尔斯·巴里规划设计，但皮金负责装修装饰。结果是建造了一座伪中世纪的梦幻建筑，体现了极为保守的宪法和社会秩序：下议院简单朴素，上议院富丽堂皇，堪比华丽的皇家宫殿。这是水泥砖瓦砌就的“年轻的英格兰”，但不是“大改革法案”的支持者所希望建成的样子。

第五章

“饥饿的”40 年代，1841—1848 年

到 19 世纪 30 年代末，政治改革的势头逐渐放缓，失去动力，脱离轨道，面临着撞上“防撞栏”的危险（鉴于即将到来的铁路时代及其早期的许多事故和死亡人数，这个全新的比喻竟十分恰当）。辉格党未能维持住他们在 1832 年年底的大选中所赢得的下议院大多数席位，随后斯坦利勋爵（Lord Stanley）、里彭勋爵、詹姆斯·格拉汉姆爵士（Sir James Graham）和奥尔索普子爵的辞职严重削弱了内阁的力量。此外，墨尔本勋爵的领导能力和素质也比格雷逊色一些，尽管辉格党最近在选区和中央组织中的势力有所壮大，但在议会中保持辉格党路线的难度越来越大。因此，政治主动性逐渐开始无情地从政府转向反对派，皮尔为 1835 年的大选而提出的《塔姆沃思宣言》，无疑具有重要的创新意义。它为全体选民提出了一个纲领，并承认政治正逐渐具有全国性，而不仅仅是地方性，将来的政治既与立法紧密相关，也与执政紧密相关。该宣言还标志着该政党领导的态度发生了重大转变，走出了惠灵顿的制度不妥协的时代，认识到了全国对于变革的强烈愿望，并承诺如果托利党获得下一届执政权，它会开始“以友好的态度，认真审查民间和教会的各个机构，在坚定维护既定权利的情况下，纠正那些被证实的不公

正和冤情”。如此可以看到，逐渐被称为“保守党”的该党领导人宣称赞成保留政府和权威的既定结构，同时也承认有必要进行明智但有限的改革。

通过这样的手段，皮尔着手重新对保守党进行定位，摒弃“年轻的英格兰”“牛津运动”和“哥特式复兴”的蒙昧和幻灭思想，接受改良和改革的时代精神，保守党必须进行调整以适应这个时代精神。可以肯定的是，1835 年年初，他短暂执政的少数党政府只不过是出于王室的突发奇想而建立，并没有维持多久。然而，尽管辉格党重新上台掌权，但托利党在随后的大选中却获得了大约 100 个席位，这证明皮尔实施的温和尽责的政策得到了拥护。在这十年余下的时间里，他使保守党表现出了无私爱国的政党形象，乐于支持辉格政府进行明智的温和改革，也只有在托利党，尤其是上议院托利党人的支持下，墨尔本和他的同僚们才得以实施有关爱尔兰的立法措施。1837 年大选之后，辉格党仍然是最大的政党，但保守党也再次取得了显著的成果：政府的多数党席位减少到了 50 以下，这是自 1832 年以后保守党第一次赢得英国选区议员席位的优势。此后，墨尔本在议会的地位进一步弱化，1839 年 5 月，他仅以 4 票的优势通过了下议院的不信任提案。年轻的维多利亚女王对自己的第一任首相产生了深深的迷恋，但令她感到失望和悲哀的是，他却辞职而去。她不得已派人去找皮尔，但他提出要女王把自己寝宫里的那些夫人们换成支持托利党观点的女性，女王拒绝了他的建议。被女王拒绝后，皮尔放弃了组建政府的想法，于是墨尔本重新上台执政。但 1841 年 6 月，他在下议院因一票之差败北。在随后的大选中，保守党以超过 70 个席位的明显多数优势重回执政地位。

至少在短期内，皮尔在民意测验中取得了巨大胜利，这是他实行的温和的保守主义战略以及支持辉格党改革的远见卓识带来的胜利。事实上，对许多人来说，他作为反对派时表现出的是利他而非利己主义，其政治行为更像一位政治家的作为而非党派之争。皮尔早已成为首相的不二候选人，现在成了真正执政的首相，至少按某些标准来看，如此令人心悦诚服地拿到了唐宁街 10 号的钥匙是一个好兆头。贯穿整个 19 世纪 40 年代，联合王国的经济，特别是其发展壮大的制造业和商业，总体表现非常好。棉花产业的就业人数从 1838 年的 26 万增加到 1850 年的 33 万，增加了将近 1/3。同期英国注册的船舶总吨位从 280 万吨上升到 360 万吨。“建造铁路热”在 19 世纪 40 年代中期达到顶峰，从 1841 年到 1851 年，国民生产总值从 4.52 亿英镑增至 5.23 亿英镑。世界上没有任何其他国家能够与这种异常活跃和创新的经济表现进行竞争或相提并论。然而，必须相当谨慎地看待这些数字，因为当时的人对 19 世纪 40 年代进行展望时，并没有像现在的历史学家回头看时感觉那么好。事实上，从经济和社会、政治和意识形态、国内和国际等不同角度来看，40 年代可以说是 19 世纪最混乱的十年。痛苦和绝望，焦虑和愤怒是整个联合王国那个时代的表现模式和情绪状态。爱尔兰遭受了一场灾难性饥荒，这是联合王国遭受过的最严重的自然灾害，而宪章运动的复兴和精心策划的反对《谷物法》的煽动活动，对英国既定秩序来说构成了自《改革法案》骚乱以后最大的威胁。从这个角度看，保守党赢得 1841 年的大选并不是一件好事，而辉格党落选反而是一个比较好的结果。

国家状况

1837—1843 年，经济长时间处于严重的萧条之中，程度比“滑铁卢”与“彼得卢”之间的那段时期发生的经济衰退更严重，影响更深刻，也超过了从实施天主教解放到“大改革法案”通过的那段时间持续的危机。事实上，贫穷和失业是如此普遍，以至于有许多人都认为正在工业化和城市化的联合王国根本算不上是在开拓通往未来的希望和乐观之路，建设的目的也不是为进步和改善生活，而是迅速走向错误的方向，甚至可能在走一条通往民族彻底自我毁灭的下坡路。托马斯·卡莱尔在 19 世纪 30 年代曾反复提出这一观点，而且有很多充分的理由在接下来的十年里继续坚持这个观点。1843 年，他在《过去和现在》(*Past and Present*) 一书中发表了他对系统性的社会和经济危机的最新思考，在他看来，这个国家一直在遭受摧残和打击，他在书中再次对任由自由市场资本主义发展、机械化和劳动力的退化、掌权者对无权者的剥削、工资低下和普遍贫困等现象进行了谴责。他认为，出现前所未有的抗议和普遍的不满情绪不足为奇。他指出，“现在许多准备印发的小册子，以及所有深思熟虑的头脑中那许多未发表的想法，都认为英格兰（他很可能是指整个不列颠群岛，这个推断似乎也很说得过去）的情况，是这个世界曾有过的最坏的情况之一，而且也是最奇怪的情况之一”。

工业化和城市化的不利影响，加上人口的迅速增长，对 19 世纪 40 年代普通人的生活水平和生活质量造成了比以前更为消极的影响。1841—1851 年，英格兰、威尔士和苏格兰的人口从 1 850 万上升到 2 080 万，虽然英国经济这 10 年中的总体增长十分显著，但也不足以使增加的近 500 万人在经济上达到温饱水平。1840 年，人均糖消费量仅为前 40 年的一半，而茶叶和面包的摄入量很可能也在下降。事实上，对经历城市化和工业化的那些教区而言，19 世纪 40 年代可能是自发生黑死病以后人们寿命最短的十年，其间那些寻找工作的人生活在肮脏和拥挤的环境中，很容易感染上霍乱、斑疹伤寒、肺结核和痢疾等传染病。因此，1841 年，全国人口的平均寿命为 40 岁，而在曼彻斯特仅为 27 岁，利物浦仅为 28 岁。利物浦的人均寿命数字也掩盖了显著的阶级差异：专业人士阶层的寿命是 35 岁，但对于商贩来说，只有 22 岁，而对于技工、佣工和体力工人来说，寿命甚至更短。这些数字很难准确掌握。所有的大型工业城镇都有妓院、各种酒馆、小偷窝点、肮脏的居住区、贫民窟、公共厕所、粪坑、垃圾堆、粪堆，以及野狗、野猫和老鼠到处乱窜的坑洼街道。其中大多数地方都是嘈杂吵闹、臭气熏天、烟熏火燎、污染严重；夜间漆黑一片，冬天寒冷刺骨，人们长年受到跳蚤和虱子的困扰。

因此，19 世纪 40 年代，联合王国远非处于健康的状态。对日益增长的人口来说，如果没有这样的工业发展和转变，人们生活水平的下降幅度可能会更大一些而已。但即便如此也是在下降，所以卡莱尔得出结论：工业化和城市化更像是诅咒而不是祝福。而持这种观点的人也绝非仅有他一个人。除了这些不利的趋势之外，生活条件的急剧恶化也是雪上加霜，因为从 1837—1843 年，制造业产量下降，出口减少，农业连年歉收。小麦的价格一直保持在接近或高于每夸脱 77 先令。此外，1839 年又发生了一场严重的金融危机，进一步加剧了经济萧条。铁路建设停滞，从 1839—1843 年没有新的线路开通，而在整个不列颠，1842 年是整个 19 世纪最黑暗、最痛苦的一年。兰开夏郡和柴郡棉纺厂的工人要么以较低的工资打短工，要么完全失业。在斯托克波特，据说半数以上的大制造商都难以为继。在利兹，接受贫困救济的家庭人员从 1838 年年底的大约 2 000 人增加到 1842 年年初的 4 000 人。一位当地人哀叹道："持续 4 年的大萧条使这个区的境况变得极其可悲，这里最年长的居民都未曾经历过。"1842 年年初，苏格兰的佩斯利（Paisley）递交了一份请愿书向政府告急，称 1.7 万名公民正"因为资源枯竭而濒临饿死，人民的健康和体力明显受损，而救济委员会又资金不足"。

在这些情况下，许多失业、贫困和不满的人又转而支持宪章运动也就不足为奇了。1840 年，跟随在苏格兰成立的普选中央委员会 (Universal Suffrage Central Committee) 的脚步，英格兰全境的各宪章运动中心区域出现了重新活跃起来的明显迹象。其目的是在更健全的组织基础上恢复此项运动，为此，7 月在曼彻斯特召开了一次大型会议，会上成立了一个"全国宪章协会"（National Charter Association）。1839 年因为未能获得议会听证机会，宪章运动者在保留其 6 项要求的同时，采取了包括演讲、发布宣传小册子、募捐以及大量地方分支机构协同等在内的一种新的和平说服策略。1841 年夏天，爱尔兰新教律师、《北极星》出版商弗格斯・奥康纳获释出狱后随即领导展开了得到更广泛支持的第二次请愿活动，请愿书由全国宪章协会起草并最终于 1842 年 5 月提交给了议会。据称追加签名之后请愿书上的签名超过了 300 万个。伦敦的签名人数位居榜首（20 万人）；然后是曼彻斯特（9.9 万人)、纽卡斯尔 (9.2 万人)、格拉斯哥（7.8 万人)、布拉德福德（4.5 万人)、伯明翰（4.3 万人）和利兹（4.1 万人）等主要工业中心；甚至一些像布莱顿（1.2 万人）、切尔滕纳姆（Cheltenham）（1.1 万人）和伍斯特 (Worcester)（1 万人）等小城镇也表示了支持。但这次请愿同样没有取得任何成效，因为请愿书在下议院以 287 票对 59 票遭到否决，这个结果比 1839 年 7 月那次还要差。麦考利可能不反对“大改革法案”，但他强烈谴责普选的诉求“对政府存在的重要意义是致命的”且“与文明的存在完全不相容”。1832 年第一次当选的激进派约翰·亚瑟·罗巴克甚至也谴责奥康纳是“一个危险怯懦的煽动者”。

回过头看，自下议院对第二次宪章运动请愿书驳回开始，这场运动走向终结，但当时看起来并不是这样，因为 1841 年下半年经济形势继续恶化，导致骚乱和混乱的局面愈演愈烈，许多宪章运动领袖参与其中却很少负起责任。1842 年夏初，高失业率、低工资和大规模的贫困等情况叠加在一起，使英格兰和苏格兰的工业区陷入了几近绝望的状态。兰开夏郡和约克郡的失业人群经常手持棍棒和铁棒聚在一起，要求得到救济，袭击商店并与警察发生冲突。斯塔福德郡的煤矿业主试图削减工资导致罢工和停工，而莱斯特郡的矿工、织袜工和手套织造工人也举行了罢工。骚乱和不满不断蔓延，到 1842 年 8 月，以北部的利兹和普雷斯顿（Preston）以及南部的莱斯特和伯明翰为界的整个英格兰中部工业区也处于动荡之中，而南威尔士的泰恩赛德（Tyneside），以及苏格兰的矿区和工业区也发生了罢工和骚乱。纵观不列颠的东西南北，监狱、市政厅、警察局、法院、火车站、济贫院、商店和面包房，以及治安法官和神职人员的私人住所等都遭到了袭击和洗劫。11 月，记者查尔斯·格雷维尔（Charles Greville）对这些争议和问题进行了总结，他记录道，英国的“人口众多且仍在不断增长”，而且存在“严重的困苦和匮乏状况，劳动力需求不足（乃至）没有任何需求”，导致人们产生“普遍的惊恐、忧虑和不满”。事实上，“我们现在所面临的严重事态是我一生中从未见过的”。他总结说，“按照我们自己的想法建设起来”的这个国家“不但是世界上最自由和最强大的国家，而且拥有着全世界最讲道德、最有智慧的人民”，发展到如此地步真是令人感到耻辱。

在许多方面，格雷维尔的焦虑也代表了托马斯·卡莱尔的想法：不论以何种标准衡量，联合王国可能都是世界上最成功、最富有创新精神和最富有的国家，但在如此大范围存在的苦难、贫穷和不满等现象表明，它事实上是在沿着错误的道路前进，甚至或许可以说是沿着错误的铁轨前进。事实上，在卡莱尔出版《过去和现在》这本书的前一年，埃德温·查德威克就出版了《大不列颠劳动人口卫生状况的报告》(*Report on the Sanitary Condition of the Labouring Population of Great Britain*)，书中记录了没有排水设施的街道，不洁净的饮水，拥挤、无法通风的住宅等严峻状况，他认为所有这一切都与普遍存在的犯罪、疾病和不道德行为密切相关。两年后，年轻的弗里德里希·恩格斯（Friedrich Engels）将曼彻斯特描绘为一个利欲熏心的工厂老板和被压迫和剥削的工人之间存在鸿沟和敌对关系的地方，认为如此下去最终的结果必然是发生某种无产阶级革命。他本人就在曼彻斯特管理着家族拥有的棉纺厂。1845年，本杰明·迪斯雷利出版了《西比尔》(*Sybil, or The Two Nations*）这部被明确归为“英格兰写实”类小说的作品。在这部小说中，整个不列颠就是恩格斯所说的那种曼彻斯特社会，“富人”和“穷人”之间横亘着巨大的鸿沟，他们“对彼此的习惯、思想以及情感一无所知，好像生活在不同的地域，或者说是不同的星球上面”。近 10 年后，查尔斯·狄更斯写出了《艰难时世》(*Hard Times*，1854 年)，这本书是对早年那些痛苦和幻灭岁月的回忆，从书名上就能明显感到他对工业化的敌对态度和对穷苦工人的同情。在这部作品中，他以曼彻斯特和普雷斯顿为原型虚构了一个叫“焦煤镇”的地方，那里被迫劳作或失业的工人，“面庞呈不自然的黑红色，就像经过了描画的原始人的脸”。

从某种意义上来说，所有这些作品都有误导或夸大成分。查德威克非常急于实现卫生改革，所以他故意隐瞒了可能会改变他那令人沮丧的黑暗和痛苦景象的一些证据，而集中描述了经济衰退时期的情况。迪斯雷利把不列颠描绘成“互不交往，互不同情的两个国家”，这是片面的，因为在现实中，社会结构更为复杂和多样，甚至在新的工业城镇之中，社会结构是一个从最顶层的极度富裕到最底层的极度贫困的细化的等级体系，但这两极之间却有许多不同的群体和职业，收入水平也参差不齐。“焦煤镇”这个虚构出来的地方具有代表性，它暗示了所有新的工业社会和城市都是一样的，狄更斯的作品也有误导性，因为像曼彻斯特和伯明翰这样的城镇在经济和社会结构上也有很大的不同。同样，像以纺纱和针织业为主的兰开夏郡各城镇，生产羊毛的约克郡各城镇，利物浦和格拉斯哥等港口城镇，以及散布在北方工业化地区的矿业村庄等也都各有不同。但是，尽管这些作者和当时许多其他评论家并没有完全理解 19 世纪 40 年代他们国家正在发生的事情，或者无法理解这些事情从长远来看会有怎样更为积极的意义，但他们的观点也不完全错误。事实上，他们还是认识到了史无前例且普遍存在的悲惨、苦难、匮乏、贫穷和危难状况，就这一点来说他们无疑是正确的。

但在 19 世纪 40 年代初的联合王国，不仅是劳动（或失业）

阶层中的幻灭和疏离感达到了如此之高的水平，许多商业和制造业阶层的人也同样感到失望和幻灭。他们有此感受是因为贵族统治在政府内部以及对政府本身的持续影响似乎并没有因为施行了“大改革法案”遭到破坏，而是得到了巩固（这实际上正是该法案的拟定者所希望的）。而1815年通过并在13年后进行了修改的《谷物法》，就是这种根深蒂固的持续影响最臭名昭著的象征和最具煽动性的维护工具。这项立法的目的是为地主阶级和农业利益者提供特权，而这两个群体恰恰是在议会两院中占主导地位的群体，这也绝不是巧合。实质上，《谷物法》通过禁止小麦进口保护了英国农业免受来自国外的竞争压力，结果导致国内小麦价格飙升，以至于造成国内面临饥荒的威胁，而从1837—1842年，农业连年歉收，饥荒差点儿就变成了现实。因此，人们谴责《谷物法》是“贵族式暴政”的象征：一项公然利己的立法，人为地推高了农业的价格和租金水平。这与非传统贵族专制主义的利他信条相悖，也与那些认为联合王国的未来在于出口制成品，并从海外进口原材料和食物的人的观点背道而驰。对于商人和企业家来说，废除《谷物法》就意味着他们的工人会有更廉价的粮食，因此也就不太可能要求提高工资。而低价小麦和进口小麦的持续供应将意味着饥荒的终结，粮食更廉价，劳动阶层能更正常地就业。

但随后进行的反谷物法运动不仅仅基于强烈的物质利益意识。人们认为废除《谷物法》就会带来自由贸易，而对于自由贸易来说，《谷物法》不仅仅是一种经济信条，它也是一种半宗教性质的信仰条款。如这种观点所称，如果世界上所有的国家都以联合王国为榜样，取消他们的关税，其结果不仅是世界贸易畅行无阻，还会实现国际友好、全球友善及世界和平。阻挡建成这一“新耶路撒冷”的障碍就是那些地主无知的私心，就像当时的一个小册子所描述的：“这个对面包都征税的寡头统治，毫无原则、铁石心肠、贪得无厌且掠夺成性。”为了推动这些伟大的事业，“反谷物法联盟”（Anti-Corn Law League）于1839年在曼彻斯特成立，并很快成为19世纪不列颠出现的最有组织性且资金最充足的施压团体。该联盟的支持者们在曼彻斯特建造了“自由贸易大厦”作为他们的总部及公众集会场所。到1845年，英格兰已经有225个附属社团（大多数位于伦敦、兰开夏郡和约克郡），苏格兰也有35个［主要是实现工业化和城市化的福斯－克莱德运河（Forth-Clyde）沿岸］。3家发行量很大的全国性报纸成立起来，即《联盟报》(*The League*)、《反面包税通告》(*Anti-Bread-Tax Circular*）和《反谷物法通告》(*Anti-Corn-Law Circular*)，出版商们创新性地利用了新的廉价邮政系统：1843年2月的一个星期内，就邮寄了900多万份报纸。从某个角度来看，该联盟以筹款义卖、化装舞会、茶会和宴会等形式开创了一种新的戏剧政治学。但这也是一场宗教圣战，得到了圣公会教徒和非国教教徒的支持。在1841年8月举行的一次会议上，700位牧师赞扬废除《谷物法》的事业是“福音政治学”就充分证明了这一点。

反谷物法联盟的两个最著名、最有影响力的领导人是激进派议员理查德·科布登（Richard Cobden）和约翰·布赖特，他们分别于1841年和1843年当选进入下议院。(他们也更喜欢逐渐常用的“自由党”称呼，以示他们与贵族派辉格党人的分别。）科布登是曼彻斯特商人、印花布制造商，英国圣公会教徒，布赖特是附近罗奇代尔的工厂主，贵格派教徒。两人都笃信宗教，雄辩的口才在下议院和公众集会上都极具鼓动力；都反对他们所谴责的贵族“专制”，热情地致力于世界和平事业。在他们的领导下，反谷物法联盟对既有秩序构成了比宪章运动更严重的威胁：该联盟资金雄厚，组织严密，开展的是一场全国范围的统一运动，具有半宗教圣战性质，它毫不留情地专注于尤其容易伤害地主和农业利益者的单一问题。因此，该联盟对既定秩序构成了自10年前反对《改革法案》活动以后最大的政治威胁；尽管该联盟与宪章运动组织者联合起来的努力没有取得什么进展，但皮尔和他的同僚们却越来越担心该联盟在各处的演说家会逐渐得到工人（和失业）阶层对他们事业的支持。政府对这项拥有广泛基础的运动的发展前景感到了惊恐，1842年12月，皮尔内阁的两名成员（经过他的批准）在《季度评论》上发表了一篇题为“反谷物法煽动活动”（Anti-Corn Law Agitation）的文章，文中谴责该联盟不道德、不负责任，是违反宪法的颠覆性组织。这就默认了它比宪章运动具有更大的威胁性，尤其是因为它看起来对劳动阶级产生了有害的影响，这些阶层的人已经非常不满，不需要任何额外的推动力，他们就能举行抗议、煽动或颠覆活动。

更糟糕的是，与爱尔兰的非产业工人后来在这10年中遭受的苦难相比，英格兰以及苏格兰和威尔士部分地区产业工人所承受的艰辛简直是无足轻重。与不列颠一样，爱尔兰人口从18世纪最后25年开始就以前所未有的速度增长，从1800年的大约500万上升到1821年的近700万，而20年后则超过了800万。尽管在《联合法案》实施之后都柏林的地位有所下降，但它仍然是欧洲的大城市之一，贝尔法斯特和科克（Cork）也是相当大的城镇，并且拥有重要的以家庭生产体系为主的纺织工业。但是1815年之后，面对来自苏格兰和英格兰北部的工厂生产竞争，纺织品行业已经走向衰落，而随着农产品价格的下降，爱尔兰农业从粮食生产转向牛羊的养殖出口。1815—1845 年，100 多万人离开了爱尔兰，留下来的人当中至少有 1/3 完全依赖于仍然大量种植的单一作物，即马铃薯。这意味着许多爱尔兰男女和儿童的生活一直处于风险之中。马铃薯的存储期不能超过 12 个月，所以某一年多余的收成几乎无法弥补其他年份的食物短缺；如果坏天气或疾病导致农作物歉收，数百万人便没有可替代的食物。到 1830 年，爱尔兰局部的马铃薯歉收已经很频繁，构成了威胁，而 1845—1848 年，由一种真菌引起的马铃薯枯萎病几乎毁掉了整个收成，而当时的科学家们对这种病害还无计可施。由此造成的人口数量和资源之间的不平衡，即人口太多而食物不足，用约翰·罗素勋爵的话说，就是一场可怕的马尔萨斯灾难："13 世纪的一场饥荒降临在了 19 世纪的人身上。"

与英国工人阶级在 40 年代早期所遭受的贫困相比，这场大饥荒的影响更持久，而且在地理分布上也更广泛、更分散。整个爱尔兰直接或间接死于饥饿和营养不良的人口接近 100 万，占总人口的 1/8：年轻人因痢疾而倒下，而老年人和体弱者则受斑疹伤寒的传染。正如罗素的预言，这是一场当代欧洲其他地方从来没有发生过的规模空前的人口灾难。对于那些幸存的人来说，爱尔兰似乎是一个没有未来的地方，最好离开。1845 年后的 10 年里，至少有 150 万爱尔兰人出国逃生。许多人逃往不列颠，在那里找到修建铁路的工作，而其他人移民到新世界，特别是美国东部沿海地区，他们希望在那里找到一个更美好、更光明的未来。但他们无法忘记自己曾遭受的苦难：19 世纪晚些时候，波士顿变成了为芬尼亚会成员（the Fenians）和赞成爱尔兰自治的人提供支持的堡垒；一直到 20 世纪，对不列颠的敌意仍然非常强烈。至于那些留在爱尔兰的人，对许多人来说，大饥荒进一步证明了与不列颠合并是一个可怕的错误。1897 年在庆祝维多利亚女王统治钻石禧年（60 周年）之时，他们组织了反示威游行，提出的口号是：“六十年：在饥饿中等死。”爱尔兰海的一侧是贫穷失业的工人，另一侧则是营养不良、垂死和外迁的农民，如果这两种情形结合起来，我们就不难明白为什么这凄凉萧条的 10 年会沦落为这些人的后裔所称的“饥饿的 40 年代”。

皮尔上台

从 1841 年秋到 1846 年夏，罗伯特·皮尔爵士及其保守党的同僚们要负起的责任就是努力解决工人阶级的不满和贫穷、反谷物法联盟有意点燃的道德义愤，以及造成爱尔兰大饥荒的根源等问题。皮尔政府面临的挑战还不止这些，因为 1837 年年初的经济衰退还意味着皮尔政府上任后也面临着国家财政的重大危机。到 1841 年，已经连续 3 年出现了预算赤字，皮尔的政府接手了 750 万英镑的累积赤字，而 1842 年的预计赤字额又多了 240 万英镑。这确实是艰难的时期（而且是不争的事实），正如科布登在皮尔上任不久后给他兄弟的信中所写：“贵族和民众都在盯着他，想知道他要怎么做。”他在所谓的“寝宫危机”之后，进一步因女王的敌视受到了打击，至少最初一段时间是这样，但皮尔还是认为以自己的资质，接受这个任命绰绰有余。他的父亲是白手起家的棉纺厂主，他本人是一位拥有大量土地的准男爵，在牛津的哈罗公学和基督教会受过教育（他在古希腊和古罗马文学及数学课程中都取得了第一名)，这意味着皮尔是带着才智和基督教意识走上了首相的工作岗位，具有比较广阔的视野和社会关系，绝非统治精英中的平庸之辈，其长期的执政经历可以追溯到 1812 年。当他清楚地意识到自己所在的内阁必须实施《天主教解放法案》时，他的勇敢精神和政治家风范足以使他改变自己的看法；他认为 19 世纪 30 年代末辉格党的改革更为明智并颇有洞见地表示支持，表现出他对政府的行政能力坚信不疑；他成功地使其政党从 1832 年的选举失败中重整旗鼓。

皮尔在执政期间表现出他是一位有创造力的政治家，对所面临的社会问题和政治挑战不断寻找建设性解决方案，足智多谋且十分成功，后来他最有名气的门生格莱斯顿评价他是“所有首相中最好的商人”。然而，并不是每个人都能以如此褒扬或赞赏的眼光来看皮尔的。也许是因为社会出身相对较低，个性腼腆而矜持，他常常显得冷漠而傲慢。与他素来不睦的艾希礼勋爵，曾经把皮尔形容为“表面稍有融化的冰山”。同样毫不留情的丹尼尔·奥康奈尔，曾把皮尔的微笑比作棺材盖子上的银牌发出的光，这成了广为人知的比喻。这位首相在对下议院讲话时，总是画蛇添足地大论他的动机如何纯洁、良心如何端正、品格如何正直和行为如何高尚等，这种自以为是的态度与认为政治就是追求权力、地位和特权的游戏的那些人格格不入。此外，无论是在下议院还是上议院，仍有许多保守党人因为《天主教解放法案》的通过而无法原谅皮尔，他们不认为这是一种负责任的无私政治家的勇敢之举，而认为这是背信弃义和背叛行为，这意味着他永远不可能再次得到全面的信任。皮尔本人则对上、下议院的保守党人也持悲观看法。他认为许多党派成员智力欠缺，而且过于强调派系，而他本人的信条是回归到了早先的皮特和利物浦时期（或者说我们现在看来是这样），那时的统治是为了国家利益而不是某个政党的利益。简而言之，皮尔不是一个能将其政党团结在一起的核心领袖，或者换句话说，他不是政党的核心领袖，其政党不会因为成员与他离心离德或反对他而出现解体或分裂。

此外，1841 年，保守党在英格兰各郡和较小的自治区赢得了绝大多数选票，但是这些选区的选民与他们退回到下议院的那些议员一样，都是强烈支持保留《谷物法》的人。事实上，皮尔已经认识到保守党贸易保护主义一派的重要性，他任命了其中最重要的一位捍卫者白金汉公爵（Duke of Buckingham）做掌玺大臣。他内阁中的其他成员在其构成上属于更温和的中间派。惠灵顿是任何保守党政府中都不可或缺的成员，但这次他是一个没有实职的大臣，没有执掌任何部门而是提供声援，如果上议院需要通过某些有争议的措施，他总是会在必要的时候给予大方向的把握。有 3 名辉格党人背叛了自己的党派，他们因爱尔兰教会问题于 1834 年辞职，并在这个十年的末期接受了皮尔的保守主义，他们是：贸易委员会的里彭勋爵、殖民地部的斯坦利勋爵及内政部的詹姆斯·格拉汉姆爵士。林德赫斯特勋爵（Lord Lyndhurst）一直担任坎宁、鲁滨孙、惠灵顿和皮尔（短暂）政府的大法官，现在又重新回到了这个职位。以前曾在惠灵顿政府任职的阿伯丁勋爵担任外交大臣。同样曾在惠灵顿内阁任职的亨利·古尔本受命执掌财政部（皮尔本人对此职位非常感兴趣）。本杰明·迪斯雷利没有得到任何职位，考虑到他只做了 4 年的后座议员，他没有担任职务也无可厚非。但 1843 年 5 月，格莱斯顿接替里彭在贸易委员会任职。因此，皮尔的内阁不仅包括两位前首相，即里彭和惠灵顿，还包括了阿伯丁、斯坦利和格莱斯顿这三位未来的首相。皮尔在他的许多同僚，尤其是格莱斯顿等年轻人的身上，激发出了一种狂热的类似于宗教般的奉献精神。

皮尔急需解决的问题是改善国民经济和财政状况，这两方面的状况从 1837 年的经济衰退以后一直在恶化。1842 年年初，首相本人而非其财政大臣提出了本届政府的第一个预算。他最重要的提议是恢复征收所得税，征服所得税曾经只是战时临时的权宜之计，于 1817 年废除。新的所得税只对年收入超过 150 英镑的部分，以每英镑 7 便士的固定税率进行征收，并且仍然只是短期举措。在和平时期这样直接征税是一个大胆而具有争议的做法，但这种做法使皮尔得以开始填补公共财政存在的缺口。这也为他提供了另一种收入来源，也意味着他可以继续进行进口关税的削减工作，征收关税是由自由托利党人于 19 世纪 20 年代发起，由辉格党人在 30 年代继续推行的。于是，仍在征收的 1 200 个保护关税项目中，皮尔减少了大约 750 项，他认为，减少间接征税会有助于发展工业、扩大贸易，并通过降低消费品的成本改善众多“社会劳动阶层”的生活。他还降低了 1828 年修改后的《谷物法》所规定的小麦关税，希望这样能终结当时居高不下的小麦价格，使许多贫穷饥饿的人买得起面包，同时使农业利益者仍然保持偿付能力。尽管皮尔实施了他的预算案，但许多农民和地主都悲叹他破坏了对农业的保护。下议院中有 85 名保守党人因反对该预算而反目，而自称为“农民的朋友”的白金汉公爵，则在任职仅 4 个月后从内阁辞职，并向首相保证他会继续支持政府的一切措施，但绝不支持对《谷物法》做任何进一步的修改。

皮尔认为他的首个预算案仅仅是一个开始，他要在整个联合王国，而不仅仅是在英格兰，解决当前令人不满意的状况。通过增加廉价小麦的供应，他希望提高劳动阶层的生活水平，同时通过削减制造商的成本来提高他们的就业机会。然而，实际上政府在缓解贫困和失业方面几乎没有别的办法，而且增加的与工厂相关的立法大部分都是由艾希礼勋爵带头制定的，他当时已经是一位公认的慈善家和社会改革家，但也是一个保护主义者，对皮尔没什么特别的崇敬之心。尽管如此，政府支持对妇女和儿童的工作时间进一步做出法律限制，并在 1842 年通过了禁止女童和妇女，以及 10 岁以下男孩在煤矿下井工作的《矿业法》(Mines Act)。两年后，通过了一项《工厂法》，进一步对从事工业生产的（9~13 岁的）儿童和女性的工作时间做出限制。为了防止出现逃避法律管束的行为，又进一步规定所有员工每天都要在同一时间开始工作，第一次由议会对成年男性的工作时间做出了规定。正如艾希礼勋爵的例子所表明的那样，在这样的问题上，政府更有可能获得农业从业者和保护主义者的支持。许多土地权益者不喜欢强烈要求废除谷物法的商人和实业家，他们把那些一心向钱看的资本家谴责为无视自由原则、自私自利、漠视其雇员痛苦的人，也对限制雇主随心所欲自由行动的立法表示支持，为有机会进行反击而感到高兴。

这两项改善性质的法案分别得以通过之间的时段，是皮尔政府经历的一段艰难的时期，现在回想起来，这对未来并不是好兆头。前一年大胆创新的预算案能否开始重振国家财政状况在 1843 年还远不明朗，因为财政部并没有达到预期的 50 万英镑的适度盈余，反而又产生了 200 万英镑的赤字。1 月，皮尔的秘书因为被误认为首相遭刺客杀害，而在下议院，科布登把这个国家的混乱状态归咎为皮尔个人，而皮尔则通过谴责反谷物法联盟的威胁伎俩予以了反击。当年晚些时候，该联盟将总部从曼彻斯特迁往伦敦，目的是在下一次大选前对议会施加更大影响，争取和培养选民。同时，那些地主和农民对皮尔在第一次预算案中减少对玉米征收关税的做法感到惊恐，建立了他们自己的两个组织：针对前者是“反联盟”组织（Anti-League），针对后者则是“中央农业保护协会”（Central Agricultural Protection Society），分别是由里士满公爵和白金汉公爵领导。结果是，想要自由贸易的商人和制造商与想要维持保护政策的地主和农民之间的关系日益紧张，在议会内部和全国范围内，政治气候不断恶化，形成了敌对态势。许多保守党议员们感到与自己领导人的意见越来越不一致，不一致的原因却完全相反：有人是因为他对自由贸易的推动力度不够，有人则是因为他太推崇自由贸易。1844 年夏，议会的这种不祥的幻灭意识显露无遗；皮尔减少进口食糖关税的努力一开始就在下议院遭到失败，因为希望废除这些关税的自由贸易者与根本不希望减税的保护主义者之间结成了反对联盟。

最终皮尔还是实施了自己的政策，但付出的代价是使许多对他不满的追随者更加疏远了他。他们憎恨他的蔑视和专制的态度，而他希望人们能表现出更多的忠诚。在这些（部分是自身原因造成的）政治困境中，令政府感到鼓舞的消息是，到 19 世纪 40 年代中期，不列颠（但不是爱尔兰）的经济逐渐从长期的严重衰退中崛起。部分原因是贸易和制造业复苏，以及 1842—1843 年出口恢复良好，但也因为第二次且更大规模的铁路建设的兴起。19 世纪 30 年代末 40 年代初，几乎没有任何新的铁路建设项目，但从 1844—1847 年通过了 442 项《铁路法案》，因此有超过 2 000 英里的铁路得以开通。在这些高峰期，铁路建设吸引了全国一半的私人投资，并为 25 万名工人（其中许多是来自爱尔兰的因饥荒而挨饿的移民）

支付了 1 600 万英镑的工资，而新的铁路线则将不列颠周边地区与伦敦这个大都会中心联结在了一起。罗伯特·斯蒂芬森（Robert Stephenson）建造了大不列颠桥（Britannia Bridge），跨越威尔士的梅奈海峡（Menai Strait），通过火车将伦敦与安格尔西岛（Anglesey）连接起来（而安格尔西岛与都柏林之间是通轮船）。他还在贝里克郡（Berwick）建造了“皇家边境大桥”（Royal Border Bridge），在东海岸干线上将伦敦与爱丁堡连接起来。约瑟夫·洛克（Joseph Locke）督造了连接卡莱尔与格拉斯哥和爱丁堡的新北方铁路网。伊桑巴德·金德姆·布鲁内尔在德文郡和康沃尔郡铺设了一条规模庞大的铁路线，将英格兰西部与他之前在伦敦、布里斯托尔和埃克塞特之间建造的西部大铁路连接起来［透纳为此而创作了《雨、蒸汽和速度》（*Rain, Steam and Speed*），1844 年首次在皇家艺术学院展出］。到 19 世纪 40 年代末，坐火车从伦敦到布里斯托尔的旅途不到 4 个小时，从伦敦到曼彻斯特是 8 个小时多一点儿，每年的火车旅客量超过 4 000 万人。

由于经济状况显著改善，1844 年联合王国的公共财政显示有 400 万英镑的盈余，非常健康：关税和所得税的收益都超过预期，而支出却低于预期。在这个比较强劲的形势下，由于其预算政策也证实卓有成效，皮尔试图实施进一步的财政措施，希望通过这些措施防止再次出现从 19 世纪 20 年代末到 40 年代初所经历的那种具有猛烈破坏性的经济波动。1844 年的《银行特许法案》（Bank Charter Act）通过加强英格兰银行对金本位的遵从，强调其在货币发行中的国家主导地位，并通过强制要求纸币与黄金储备之间建立更紧密的联系来稳定银行信贷等做法，完善了他在 1819 年的早期立法。皮尔的目的是防止再次出现 19 世纪 30 年代中期出现的铁路股份中的“轻率投机”行为。同样在 1844 年通过的《公司法》（Companies Act）是一项配套法规，具有相似的监管目的。从此以后，所有公司都必须注册，他们有义务公布自己的章程和资产负债情况。但铁路公司是由议会单独批准的，这意味着它们可以不受这项立法的约束。然而，自 1839 年起，贸易委员会对它们的监督一直处于最低水平，贸易委员会只是委派调查员调查各种事故的原因，并对今后如何避免这些事故的发生提出建议。格莱斯顿在其贸易委员会主席的短暂任期内，通过了《1844 年铁路管理条例》（Railway Regulation Act of 1844），制定了三等旅客出行的最低标准，并赋予议会权力，即如果铁路公司赚钱太多就可以对其实行国家管控（然而这些公司从来没有出现这种情况，事实上也从来没有援引过这个条款）。

随着经济的复苏和公共财政情况的好转，皮尔把注意力转移到了情况不那么令人鼓舞的爱尔兰。尽管他以极大的个人和政治代价实现了天主教解放，但皮尔也认识到了大多数爱尔兰人对合并仍然不情愿，于是想尽办法减少这种持续的敌意。他的解决方案是给培养了大多数爱尔兰教士的梅努斯天主教神学院提供额外的财政支持，希望以此获得他们的认可，并通过他们获得更多爱尔兰人的认可。因此，1845 年，皮尔提议将每年的政府补助从 9 000 英镑增加到 2.6 万英镑，另外增加 3 万英镑的一次性拨款用于其建筑工程。国家对神学院给予支持的原则从 18 世纪末开始已经被接受了，而且所需经费也并不多，但是从实现天主教解放以后，不列颠的反天主教情绪越发强烈，皮尔的许多提议都引起了广泛的愤慨和沮丧。“反梅努斯委员会”（Anti-Maynooth Committee）成立，组织人们上街举行抗议活动，包含超过 125 万个签名的 1 万多份请愿书雪片般提交给了威斯敏斯特宫。在议会中，许多保守党人谴责皮尔再次背叛了新教事业，但他坚持政府必须做正确的事情，“不要盯着过去，也不要太把政党必须从中获得利益放在心上”。这些话语没有起到平复作用，反而激化了矛盾，几乎一半的保守党议员都投票反对，这项措施依靠辉格党人的支持才得以通过。格莱斯顿尽管很钦佩自己的领袖，但还是出于抗议辞去了贸易委员会主席的职务，因为他仍然相信国教教会的正当性和必要性。

此时的皮尔根本没有心情对其政党中那些越来越激进的新教徒及不满的贸易保护主义者让步，尽管这些人在食糖关税和梅努斯等问题上给他带来了麻烦，但他还是决心沿着自由贸易的方向采取进一步的行动。1845 年，他再次亲自提出了政府预算案，建议将所得税的征收（暂时）延长 3 年，因此而增加的收入将有可能进一步降低消费品的关税和间接税。食糖的关税将再次降低，还在征收关税的进口商品大部分也会取消关税（其中包括棉花和其他工业原材料），而对所有英国商品的出口关税将完全取消。这项预算实际上基本完成了恢复公共财政的任务。它还通过将收入税从间接转向直接，重新平衡了公共财政，这进一步刺激了已经开始的经济复苏。皮尔如期拿出了自己的提案，从而赢得了商人和制造商以及即将享受廉价进口食品的劳动阶级的喝彩。但是保守党内的农业利益者们并不觉得愉快，因为他的预算对农业部门毫无帮助。1845 年 5 月，皮尔对据说是他的追随者的人发表了讲话，他当时讥讽说：“我们已经减少了对农业的保护，并试图为爱尔兰和平奠定基础，这些都是无法弥补的罪行。”此时的皮尔在自己的政党中引发了越来越多的不信任和失望，但他是一位无与伦比的指挥官，在全国享有着广泛的声望。维多利亚女王于 1840 年与阿尔伯特亲王结婚，而此时接受丈夫指导的她甚至也成了皮尔的铁杆崇拜者。

1845 年上半年快结束的时候，皮尔私自决定要彻底废除《谷物法》。虽然 1842 年以后关税已经明显减少，但这些法案的继续存在是实现大规模自由贸易的最后一个巨大障碍，而废除这些法案则明确了政府对劳动阶层（他们购买面包的价格会更低）和制造业主阶层（他们面临的来自员工增加工资的压力会减少）的深切关注。皮尔还认为他对土地和农业的长远利益的了解超过许多地主和农民。他自己就是一个“改良”的地主，他相信废除这些法案会使英国农业受制于国际竞争对手的低价农产品，但不会因此对英国农业造成破坏，相反会刺激它变得更加高效。皮尔坚信贵族需要负起责任并应该受人尊敬，他认定废除法案的行为本质上是一种保护措施(格雷早先在《改革法案》问题上也是如此坚称的)。这会消除民众仅存的在立法方面对地主的不满，也就是说《谷物法》的继续实施会表明他们不是出于公德心，而是自私的。在皮尔看来，废除《谷物法》将是一个伟大而富有想象力的社会改良和民族和解行动，而且倾向于在下一次大选之前，即于 1848 年最初的几个月内付诸行动。但紧接着在爱尔兰发生的事情使形势发生了意想不到的转折，不合时宜的天气，加上农业歉收和大面积暴发的枯萎病，意味着到 1845 年 11 月为止，马铃薯显然要颗粒无收了，而第二年的情况可能也不会有改观。巨大的社会灾难和人口灾难即将出现。爱尔兰紧急请求政府施以援手提供帮助，而不列颠的反谷物法联盟则感觉这场灾难可能是他们的机会，于是提出了开放所有港口以利于小麦和谷物自由进入的要求。

正是因为这一点，皮尔决定马上着手废除《谷物法》，以使爱尔兰人能获得更多的小麦供应，此后他总是把需要避免即将到来的饥荒作为他决策的理由。然而，在某种程度上，这更像是一个借口而不是理由：皮尔本可以暂时中止实施《谷物法》，而不是完全废除。短期内，废除该法案对爱尔兰日益严峻的局势没有什么缓解作用；不管怎样，它是在 3 年时间内分阶段逐步完成的。因此，马铃薯饥荒给皮尔的决策提供了机会而不是其原因。这么做的意义还远不止于此。面对这次不断发展的空前灾难，政府必须表现得有所作为，但能做的事情却很有限。此外，如果皮尔只是暂时中止实施《谷物法》，他就不得不再行恢复，这无疑会引起反谷物法联盟煽动更大的骚动，可能意味着仅这一个问题就会决定下次大选鹿死谁手。这会加深、加剧国内的社会和政治分歧，而这是皮尔最不希望看到的结果。他开始说服内阁同意立即废除《谷物法》，但到了 1845 年 12 月初，斯坦利勋爵辞去了殖民地大臣的职务，因为后座议员对此事的敌对情绪甚至比对食糖关税或梅努斯问题还要大，政府要实施这项措施似乎已无可能，于是皮尔辞职了。同时，取代墨尔本成为辉格党领袖的约翰·罗素勋爵，转变态度公开宣布他支持皮尔的事业，于是女王请他组建政府，他公开宣称他的政府要实现废除这项法案的目的。但是罗素没能获得他的那些资深同僚的支持，而辉格党政府也不太可能在上议院让这项措施被通过，因为上议院本身就是保守党人占据多数。

经过 11 天毫无结果的商讨之后，罗素被迫谢绝女王的委任，皮尔接受了废除《谷物法》这杯“毒酒”后重新掌权，他的许多年轻助手与他一样享受着这近乎救世般的欢乐。1846 年 1 月，他如期在下议院提出了废除措施。废除措施会分步实施，并与其他措施结合进行：取消或减少对奶酪、黄油和干鱼等大批食品征收的关税（希望此举会降低生活费用）；实施国家对地主和农民给予贷款建议排水系统的计划（旨在提高农业生产率）。因此，废除措施只是涵盖范围更广的大计划中的一部分，旨在对地主和劳动阶层都能起到安抚作用。皮尔还希望通过尽早实施这项措施结束反谷物法联盟的运动和带来的胁迫。但他面临着严重的个人和政治困境。乔治·本廷克勋爵和本杰明·迪斯雷利（此时斯坦利勋爵也加入他俩的阵营）在下议院为愤怒的保守党农业利益者做了代言人。本廷克身为公爵的儿子特别热衷于跑马赌博。他谴责皮尔是一个不诚实的骑手，欺骗了支持他的人，应该被禁止进入赛马场；迪斯雷利为报复皮尔 1841 年不给他提供内阁职位的（完全正当的）决定，针对这位首相之前在天主教解放和梅努斯问题上的做法，恶毒地攻击说他再次背叛了自己的党派和自己的原则。该议案在下议院寻求通过之时，三分之二的保守党议员投了反对票，这项措施得以通过只是因为得到了辉格党的支持；而它在上议院能够通过，只是因为惠灵顿出于对皮尔的忠诚放弃了自己的保护主义倾向，并获得了足够的缺席议员的代理投票权，才确保这项措施得以通过。

皮尔废除《谷物法》不仅是为了他所在党派的利益，而是有更高的利益诉求。他的目的就在于使贵族政府重新合法化并维持其统治地位，并通过促进“人民生活极大的幸福和满足，消除他们不满的声音”来弥合国家的社会分裂。但这些崇高的目标在爱尔兰却无法实现，而他为废除《谷物法》所付出的政治代价却十分惨重。如果皮尔对他的后座议员表现得更宽容和谦逊一些，他可能就会大大减少背叛他的关键投票者的数量。但他似乎急于求得他不可避免的殉难宿命，而本廷克野蛮的谴责以及迪斯雷利高明的嘲讽，长期以来却得到了那些感到再次受到背叛的愤怒的保守党人的欣赏和铭记。他们也很快就开始复仇。废除《谷物法》的目的本是为了缓解爱尔兰人的痛苦和不满，但从短期来看，这个国家的困境却导致另一个《爱尔兰强制法案》同时被引入，这正是保守党新教徒和保护主义者惯常支持的一种措施。但这次不同，因为在 1846 年 6 月 26 日下议院对该法案进行第二轮表决，这个时间刚好与上议院对废除法案进行最后一次投票的时间重合。许多保守党议员决心让他们憎恨的领袖下台，于是与辉格党联合起来否决了这项法案，3 天后皮尔辞职。他作为首相的最后一次讲话充满自以为是和自鸣得意的语气，完全体现了他的个性，从其结束语中就可见一斑：他希望自己能留下“一个美名，那些通过挥洒额头上的汗水来换取每天的面包、因为吃到不必交税的丰盛食物而从筋疲力尽的状态中重获力量，并且因为不再受到不公正待遇而感觉生活更加甜蜜的劳动者，在自己家里时不时想起他时，会心存感激，这样他便心满意足了”。

帝国内外

皮尔的政府与他之前的辉格党政府一样，都因国内事务的压力和争议而深受困扰，保守党因财政问题而分裂，而皮尔最终却因爱尔兰问题上得到的反对票而落败。国内事务占主导地位也表现在皮尔在保守党内阁中关系最密切的三位同僚，都在国内事务方面执掌大权，他们是财政部的古尔本、内政部的格拉汉姆和（某段时间内）贸易委员会的格莱斯顿。而皮尔的执政经历中从未直接涉足外交事务，反而一直限于爱尔兰、内政部和（非常短期的）财政部的事务，而最后一项则是他在 1834—1835 年的“百日”执政期间作为首相兼任的职务。然而，这正是联合王国不断发展的工业经济的本质，正值英国不断广泛并多维度地参与海外事务，其国内问题往往也不可避免地成了全球性问题。引起皮尔和他的同僚们如此关注的形势的周期性跌宕起伏，既取决于国际贸易和投资模式，也取决于国内的工业和农业生产动态。肆虐爱尔兰马铃薯作物的枯萎病起源于墨西哥，并经由美国东海岸到达爱尔兰。同样，坚持废除《谷物法》会导致英国农业灭亡的人认为（至少在短期内证明这种想法是错误的），欧洲和俄国的小麦会突然间大量涌入。那些以宗教狂热态度主张废除《谷物法》的人之所以这样做，是因为他们认为，终结《谷物法》的实施、支持自由贸易不仅会带来国内的平静与和解局面，还会带来世界和平与充满兄弟情谊的全球新秩序。因此，19 世纪 40 年代的英国政治不但具有局部性和民族性，而且不可避免地具有全球性和帝国性。

然而有必要重申的是，不论在那些感到忧虑的人眼中当时联合王国的经济是多么脆弱和失衡，19 世纪 40 年代大部分时间里其所有的长期趋势和绩效指标都是在向前和向上发展的；这些发展都解释了联合王国在这一时期是如何巩固了它作为第一个和最重要的工业国家的地位，如何在这 10 年结束时在更广泛的国际范围内确立了其前所未有的国际参与度和影响力。1830 年，英国出口商品的名义价值已达 3 800 万英镑，而到 1850 年为止已增加到 5 200 万英镑，其中对北欧、美国、加拿大、澳大利亚和英属印度的出口占据了最大份额，但数据清楚地表明其在拉丁美洲、奥斯曼帝国和远东地区的市场也在扩大。到 19 世纪 40 年代末，在世界各地开展贸易的英国商业公司达到 1 500 家，其中近 2/3 总部都设在欧洲大陆之外，仅布宜诺斯艾利斯就有 41 家。19 世纪 40 年代也是移民人数增加更为显著的 10 年，因为离开联合王国的人数从 19 世纪 30

年代的 70 万人增加到 40 年代的 160 万人。美国仍然是首选的目的地，但加拿大、澳大利亚和新西兰也变得越来越有吸引力。可以肯定的是，许多离开的人都是在大饥荒之后逃离爱尔兰的，但是不管他们的情况和动机如何，这种海外移民在继续创建更大的不列颠海外世界的过程中是一个关键的组成部分。与此同时，传教士的活动也比以往任何时候都更加集中和义无反顾：到 19 世纪 40 年代末，总部位于伦敦的各协会已经确定了包括从中国到非洲，从印度到加勒比海地区的一个全球性的业务范围。包括贸易商和出口商、移民和传教士等在内的所有这些组织，逐渐施加压力迫使伦敦政府给他们提供支持，并保护他们（不一定两者兼顾）搜刮海外利益和兼并领土。

这就是联合王国在 19 世纪 40 年代逐渐参与更大范围世界事务的情况。与以前一样，正式（但并不总是快乐地）负责监管这方面大部分事务的是外交大臣和殖民地大臣。实际上，皮尔政府整个执政期间只有两个人担任过这两个职务，而且，非同寻常的是，他们以前都在其各自所在部门有过主管的经历。外交大臣是阿伯丁勋爵，终身保守党人，自 19 世纪一开始便一直活跃在公共生活中，是小皮特的门生。阿伯丁在其职业生涯早期的大部分时间里都在从事对外事务和外交事务，1828—1830 年，他已经在惠灵顿政府担任过外交大臣。殖民地大臣是斯坦利勋爵，他以辉格党人的身份开始了自己的政治生涯，1833—1834 年，他曾在格雷勋爵麾下短暂地负责过殖民地事务，在大英帝国全境实施了废除奴隶制的法案。他与辉格党在爱尔兰宗教改革问题上闹翻，后来加入了托利党。1845 年 12 月因抗议皮尔决定废除《谷物法》而辞职之前他一直在殖民地部任职。阿伯丁和斯坦利都是贵族大地主，受过良好教育，饱读诗书，且游历广泛。阿伯丁是一位严肃的建筑与古迹史学家；斯坦利则是一位极有造诣的优秀古典学者，后来还翻译了《伊利亚特》(*Iliad*)。阿伯丁不仅进行了传统意义上的广泛游历，还曾在黎凡特大范围旅行，而斯坦利则在意大利、加拿大和美国四处旅行。因此，在处理英国与世界上其他地区的官方关系方面，他们都很擅长。他们的职责有时会有重叠：例如，如果阿伯丁与美国谈判，就必然会涉及加拿大，这就意味着斯坦利也会参与其中。

阿伯丁和斯坦利都是怀着很复杂的心情接受了皮尔的任命，重返各自的岗位。现在回过头看，无论从国际角度还是从国内角度，19 世纪 40 年代对联合王国来说都要比他们当时的预期要好得多。尽管这 10 年间工业化、移民和宗教同时发挥着强大的驱动力，促使不列颠与世界其他国家之间的交往越来越有利于英国的利益，但在阿伯丁和斯坦利看来，他们从辉格党政府手里接管的国际局面就像古尔本及格拉汉姆（和皮尔）接管的国内局面一样，完全是不健康和不确定的。他们认为，这主要是帕默斯顿好战和虚张声势相结合、越来越不负责任的外交政策所致。这种外交政策到 1841 年为止，导致不列颠与西方世界的法国和美国，以及与亚洲的中国和阿富汗之间的关系处于完全不能让人感到满意的状态。由于“1840 年东方危机”(Eastern Crisis of 1840)，法国与英国的关系仍然很疏远，而一系列边境事件使英国和美国也濒临战争边缘。在阿富汗，因为当地人的敌对态度，英国军队面临着越来越大的风险，而在中国的鸦片战争似乎“非常不尽如人意”。阿伯丁勋爵在就职前不久对利文公主这样说道：“在外交事务中，我们要处理的棘手事情真够多的。与中国发生了战争，与波斯的战争也一触即发，黎凡特发生的各种事务也对保证持续和平状态造成了威胁……除此之外，我们与美国的关系比以往任何时候都要糟糕。”在接下来的5年里，阿伯丁被迫应对世界各地的危机，而斯坦利更关注的则是维护英国现有海外领地的繁荣和安全，而不是要获得更多的领土。因此，他就要使他的殖民政策与皮尔谋求的良好的财政状况和社会稳定等国内事务利益相一致。

世界上许多地方都处于战争之中或传言要发生战争，皇家海军主要局限于国内和地中海水域，军队在中国和阿富汗的战线全面拉开，国内的困苦和动荡局面不断蔓延加剧。面对这些情况，阿伯丁必然不会实行他前任那种标志性的威吓和炮舰外交，而是要实行和解和妥协的外交政策。他特别急于缓解英国和法国以及英国和美国之间的紧张关系：不论与这两个国家中的哪一个交恶都是一个严重的问题，都可能带来像美国独立战争后期的那种灾难。19世纪30年代这10年对英美关系来说可不是好年景：对1812年战争的不愉快记忆仍然挥之不去；在经济衰退的时候，位于伦敦的几家美国银行并没有履行他们的义务；1833年英帝国全面废除奴隶制后，遭到英国人抨击的美国南方奴隶主感到非常不满。19世纪20年代末以后在美国和加拿大之间就缅因州与新不伦瑞克的边界问题长期存在争端，谈判一直在毫无结果地拖延，言辞也越来越尖刻。1837年的加拿大叛乱中又出现了一个难题：在叛乱中一个美国人在美国的土地上被加拿大军队杀害，美国则逮捕了一个名叫亚历山大·麦克劳德（Alexander McLeod）的加拿大人作为报复。麦克劳德很可能会被处决，而如果发生这种情况，英国和美国之间就会终止外交关系，因此大西洋两岸普遍出现了即将发生战争的传言。同样严重的是，19世纪20年代中期所有大国一致同意废除奴隶贸易，英国为了强制废除奴隶贸易而提出自己要做“维护海上秩序的警察”，但美国拒绝接受英国的这一主张。美国人认为英国人太霸道，在干涉美国事务；英国人则认为美国人是在默许奴隶贸易继续非法存在。

阿伯丁回到外交部任职后急于与美国达成总体和解。两个政府实际上都不希望发生战争，美国国务卿丹尼尔·韦伯斯特（Daniel Webster）寻求与包括英国在内的所有主要欧洲大国建立良好关系。由于边界争议会有很多细节问题要讨论，因此商定在美国进行谈判。为此，阿伯丁于 1841 年年底派阿什伯顿勋爵（Lord Ashburton）前往华盛顿。后者既不是政治家也不是外交家，但他是巴林家族（Baring family）的一员，这个家族的银行在伦敦为资助美国的经济发展起到了极为重要的作用。因此，阿什伯顿在美国有非常好的人脉；不仅如此，他妻子是美国人，他跟美国的许多大人物都很熟，其中也包括韦伯斯特本人。随后的谈判冗长而拖沓，但从英国的角度来看，总体来说很成功。关于亚历山大·麦克劳德和奴隶贸易等法律问题，都以模糊和折中的外交语言做了巧妙的处理，但缅因州和新不伦瑞克的东北边界争端却不适合这种简单的解决方案。阿伯丁认为“为了区区几英里的松树沼泽而打仗”是一个错误，但皮尔和惠灵顿则认为阿什伯顿应该采取更强硬的不妥协立场。虽然阿伯丁担心这种姿态会危及他决心实现的总体和解，但最终还是达成了妥协，于 1842 年年初美利坚和联合王国达成一致意见并批准签署了《阿什伯顿－韦伯斯特条约》（Ashburton-Webster Treaty）。帕默斯顿抨击这是“投降行为”，但该条约受到了普遍欢迎。正如查尔斯·格雷维尔所指出的，“这个问题的悬而不决会让大家都感到不安，人们普遍都怀有一种愿望，那就是要解决我们与美国之间存在的各种分歧，以助于恢复相互的尊敬和善意。”

尽管此前存有疑虑，但正是得益于皮尔的深思熟虑，才通过签订《阿什伯顿－韦伯斯特条约》确保了联合王国和美利坚之间达成“令人满意的永久和平局面”，于是皮尔特别希望阿伯丁也能在法国问题的处理上取得类似的成功结果。19 世纪 30 年代，英法两国的关系变得越来越紧张，尤其是在地中海东部，英国的政策仍然是支持奥斯曼帝国，以此作为抗衡俄国的砝码，而法国对穆罕默德·阿里叛乱的支持对苏丹政权构成了破坏性威胁。但皮尔和他的同僚们太心急了，他们指责帕默斯顿之前不该疏远法国，而温文尔雅的法国亲英派首相弗朗索瓦·基佐（François Guizot）也同样渴望改善与英国的关系。他于 1847 年秋接受路易－菲利普的任命担任首相，同时兼任外交大臣。奥斯曼帝国的事务是一个很好的起点。在阿伯丁和基佐时代，英国和法国总体上能够达成一致意见，不干预苏丹事务，并支持其多次进行可以提高其政权稳定性的改革。1843 年秋，维多利亚女王和阿尔伯特亲王访问法国时，两国关系已有所改善，这是英国王室和法国王室成员的第一次会晤，以后又有过多次会晤。因此，路易－菲利普和基佐都迫不及待地宣布两国之间重新建立了友好关系。可以肯定的是，法国继续参与西班牙和希腊事务仍然使英国感到很紧张，而法国在北非和太平洋地区的扩张野心也带来了进一步的焦虑。但总体而言，皮尔和阿伯丁在他们合作任职期间确保了英法之间对条约的信守。

由于当初阿伯丁付出的努力，英国和美国之间、英国和法国之间，以及英国和敌对联盟中的两个大国之间发生战争的可能性都大大降低了。在美国，“蓄奴的南部”（这是兰开夏生产用棉的主要来源）和东北部商业区（与利物浦、伦敦和格拉斯哥关系密切）的急速扩张意味着两国相互之间的经济依存度日益加强，这使得阿伯丁在和解和绥靖方面更有必要，也更有可能付出努力。而在欧洲，由于 19 世纪 30 年代东部危机已经过去，法国似乎不太可能会再发动对英国的战争，从约克镇战役到滑铁卢战役以及此后，对法战争一直是白厅持续不断的梦魇。1845 年，惠灵顿对皮尔说："除非与法国之间能够互相谅解，否则只能通过战争来解决欧洲或黎凡特的问题；而要解决世界其他国家的问题，则必须是法国与相关国家达成良好谅解。"总体来说，这种良好的谅解现在达成了。另外，与美国一样，法国也是一个重要的贸易伙伴，而且与英国有着很紧密的文化纽带和联系。随着与大西洋沿岸国家关系的改善，与法国关系的改善，以及欧洲局势趋于相对稳定，英国的贸易和投资不但在美国和欧洲大陆得以扩展，而且远及其他地区。在奥斯曼帝国当然也是如此，1838 年帕默斯顿所缔结的条约使苏丹的土地对英国出口市场和英国企业开放，并建立了拉利斯（Rallis）和罗多那契斯（Rodocanachis）等英国和希腊合资的公司。拉丁美洲的情况也是如此，英国海军在其大西洋海岸持续巡逻并对奴隶贸易予以打击，几家英国大公司在那里占据着主导地位，尤其是在巴西的咖啡和食糖贸易方面。

马尔维纳斯群岛是皇家海军在南美作战的基地之一，1833 年英军占领该岛，10 年后建立了永久移民点，命名为斯坦利港，以纪念皮尔的那位殖民地大臣。但对于斯坦利的这种认可也许勉强算是一种安慰，因为就像外交部的阿伯丁勋爵一样，斯坦利从他的前任那里在太多的地方接手了太多要缓解的问题，而意料之外的事件、战略上的焦虑、传教活动和当地商业事务共同构成了支持进一步无情兼并和持续占有殖民地的驱动力。斯坦利本人与其殖民地部工作人员一样总体上持谨慎的看法，并不是帝国扩张主义者。相反，他认为殖民主义的扩张造成了不必要的开支和不必要的冲突，令人感到遗憾；他认为英国不应该再占有任何其他的海外领土。斯坦利认为，已形成的帝国为建立、扩展商业和贸易提供了基础，英国建立国际优势的关键是确保获利，而不是占有殖民地。他的帝国观不是教条主义而是实用主义：他决心维护已经确立的大英帝国，他认为英国的海军霸权有助于实现这个目标，他认为这才是维护英国全球势力的关键。这也就意味着他强烈拥护维持对殖民地的优惠政策，但却反对殖民地的自治要求。对斯坦利来说，帝国的保护和优惠的殖民地关税是确保英国经济繁荣并保持其与殖民地紧密联系的必要财政基础。因此，他反对对殖民地实施宪法改革的激进要求，并反对皮尔所做出的必须以自由贸易取代殖民地优惠政策的决定。

所有这些都是在 1841 年 8 月斯坦利出任皮尔政府的职务之时还没有发生的事情，而当时他要解决的是两个会产生不同结果的相互冲突的遗留问题。第一个是阿富汗正在进行的战争，英国军队和印度军人被敌对情绪越来越强烈的阿富汗人围困在喀布尔已达近两年的时间。他们的领导人埃尔芬斯通将军（General Elphinstone）认为自己有把握保证行动的安全，能把部队带回家。但是在 1842 年 1 月，他和 1.6 万名士兵在从喀布尔向英属印度撤退途中，在西北边境全军覆没。英国在喀布尔的代理人以及埃米尔沙舒贾也被杀害。斯坦利因此面临着一个严峻的现实，即英国在该地区的影响力已经完全消退。英国总督奥克兰勋爵（Lord Auckland）是因为害怕（很可能是过高估计的）俄国的势力才把这支英国军队派往了阿富汗。于是，埃伦伯勒勋爵（Lord Ellenborough）此时取代了奥克兰勋爵的位置。他立即派出一支远征军去解救被围困在坎大哈和贾拉拉巴德的驻军，并营救喀布尔的那些幸存的被俘英国军人。英国军队随后撤退，返回印度，允许多斯特・穆罕默德在阿富汗重登王位。埃伦伯勒成功地营救了被俘军人，帮助英国恢复了地位，但是他深信英国军队进驻阿富汗没有必要，只会招致更多潜在的灾难。斯坦利与埃伦伯勒意见一致，他很高兴这位总督迅速而果断的行动将英国“救出了泥潭”。他辩称撤军至印度河的边界以内是一个良策，与之相比，帕默斯顿要实现英国对亚洲的大范围统治则是不负责任的白日梦。

这样直接与埃伦伯勒打交道的过程中，斯坦利本人也涉足了许多更应该由控制委员会监管的印度事务。事实上，埃伦伯勒有自己的帝国发展计划，尽管他反对英国在阿富汗派驻军队，却坚决支持在其他地方进行扩张。吸引他注意力的一个地区就是位于旁遮普省南部的信德省（Sind），这个省与阿富汗之间有很长的一段边界线。它的位置明显具有战略重要性，英国在阿富汗遭受军事挫折以后，信德的埃米尔就开始质疑是否应该继续他们忠于东印度公司和支持英国的传统政策。为了镇住埃米尔，埃伦伯勒派出查尔斯・内皮尔爵士，迅速地占领了信德省并单方面将其吞并。（他风趣地用拉丁语给加尔各答发电报称：“我犯了罪。”）内皮尔用比较慎重的语气在其日记中写道：“我们没有权利占领信德省，但我们还是这样做了，这会成为一个非常有利、有益且人道的流氓行为。”皮尔和斯坦利勉为其难地接受了这个既成事实，但当埃伦伯勒继续将瓜廖尔（Gwalior）城邦纳入其保护之下，他们对他持续的扩张野心及其越来越高压的行为逐渐产生了警惕。控制委员会显示出了难得一见的果断，于 1844 年 4 月及时召回了埃伦伯勒，由亨利・哈丁爵士（Sir Henry Hardinge）取代了他的总督之职。但在邻近旁遮普省的锡克教徒对新近发生的帝国占领行为感到非常愤怒，于1845年12月与英国开战。新年之初他们在利瓦尔（Lliwal）和索布隆（Sobraon）战役中都失利了，1846年3月签订了《拉合尔条约》（Treaty of Lahore），将他们在比亚斯河（Beas River）和萨特莱杰河（Sutlej River）之间的土地割让给了英国人。但双方都认识到这只是一个临时的休战协定，第二次英国人与锡克教徒之战的发生只是个时间问题。

阿富汗的惨败和对信德省的兼并只是以不同的方式说明殖民地大臣可以施加的影响力非常有限，一方面是指向英国海外地区施加的影响力，另一方面是指对那些过分热心的殖民总督的控制权。斯坦利接手的第二个危机体现了他处理各种事件的能力在其他许多方面也受到了严重限制和约束。1841年1月，英国和中国政府就结束第一次鸦片战争的谈判失败了。在1841—1842年的那个冬天，英国军队在郭富（Hugh Gough）将军的领导下，显然下决心从新近占领的香港基地对中国大陆发动进一步的进攻。斯坦利不希望冲突进一步加剧，此举付出的代价太大了，他也不想再占有更多的领土。他所寻求的目标就是对给英国臣民造成的伤害进行补偿，以及与中国建立和平友好的关系，并以此为立足点为未来不再产生误解提供永久的安全保障。但从1842年2月起，行动的指挥权实际上落在了埃伦伯勒手上，他对中国就像当年对印度一样“很熟悉情况”。在埃伦伯勒的敦促下，郭富带领他的军队占领了上海，并进一步沿长江下游向上游挺进，造成了相当大的中国军队和平民伤亡。斯坦利看到帝国在当地采取行动时错误地表现出过度的热情，并由此导致了“极其令人失望的战争”，对此他再次感到惊愕。他告诉埃伦伯勒说，“对中国人进行大屠杀，英国虽然没有任何损失，但也没有什么利益和光荣可言”；他急于“结束这场不幸的战争，无论是通过签订条约，还是通过继续控制我们已经占领并选择保留的部分地区”。

不论是在中国还是在印度，斯坦利和他的同事们都并不热衷于为英国扩大领土。他们还是为付出的代价感到忧心忡忡，他们也担心（最终证明这种担心是正确的）任何兼并行为都会危及他们未来与清朝皇帝的关系。斯坦利更愿意与中国依据条约协议开展合法贸易，而不愿意“占领一两个中国的‘直布罗陀’”，他愿意随时放弃占领香港。但伦敦军方、民间和商界都施加了强大的压力，他们都认为确实应该吞并该岛，而远东地区的各种事件本身也起到了推动作用。1842 年 8 月，郭富的军队即将占领南京，面对此种威胁，清朝皇帝求和，《南京条约》的签订结束了双方的敌对状态。当谈判的详情最终传至伦敦时，斯坦利对于战争的结束颇感欣慰，但当他得知埃伦伯勒和郭富已经明确表示英国会占领香港，而且根据商定好的进出口关税，以上海为首的 5 个重要港口将向英国商人开放，他又感到很沮丧。鸦片的进口被禁止（但这个禁令常常遭到漠视），清朝皇帝同意为英国商人遭受的损失和远征军付出的费用支付巨额赔款（这让中国人心里一直气愤难平）。斯坦利只好接受占领香港的既成事实，但他下定决心，香港要由伦敦的殖民地部监管，而不是由加尔各答的总督进行管理。他希望香港会成为“所有国家开展贸易以及与中国扩大合法贸易的巨大商贸中心”。英国贸易商很快就在香港和上海建立了蓬勃发展的商业局面，斯坦利任命约翰・戴维斯爵士（Sir John Davies）为香港总督，因为相信他会真正致力于结束现在已经被视为非法的鸦片贸易。

斯坦利对远东和南亚代价高昂的过度殖民扩张感到焦虑，同时，他认为各种英属公司对澳大利亚和新西兰进行系统殖民化所表现出来的热忱很不正常，并对此感到担忧。把殖民扩张当作解决 19 世纪 30 年代末 40 年代初国内显著的贫困和失业问题的灵丹妙药，想法过于简单且过于天真。但致力于殖民地开拓的那些公司在伦敦也形成了强大的游说团体，而且在伦敦与澳大利亚和新西兰之间邮递信件，单程就要用将近 6 个月的时间，斯坦利很难及时掌握发生在地球另一端的情况，他对于那里发生的事件及进展所能施加的影响力必然非常有限。在英国以及澳大利亚和新西兰地区，甚至在这两地的中间地带也存在一些特殊的问题。一些从事殖民地开拓的公司很不可靠，许多贫穷的英国人特别容易因受骗而失去他们一生的积蓄，而运载乘客奔赴新生活的许多越洋客船也没能提供令人满意的食宿条件。在新西兰，《怀唐依条约》保证了毛利人能够拥有自己的土地，并赋予他们英国臣民的权利和特别待遇，但是随着移民开始逐渐大量涌入，殖民地部越来越难以兑现和执行这些承诺。事实上，斯坦利甚至已经因为“新西兰公司”（New Zealand Company）“从头至尾的每一步行动都在使用各种小伎俩”而向皮尔进行了告发。在澳大利亚情况也一样糟糕。当地经济的剧烈波动意味着新来的移民看到的土地价格经常远远高于他们在伦敦受宣传引导所期待的地价，而 1836 年刚建立的南澳殖民地已经濒临破产。范迪默之地仍然是一片暴力罪犯集中的殖民地，心地善良的副总督约翰·富兰克林爵士（Sir John Franklin）要维持好那里的社会秩序面临重重困难。

对澳大利亚和新西兰这些沉积的问题，这位殖民地大臣最大限度地做出了有力回应。他出台的《1842 年殖民地旅客法》（Colonial Passengers Act of 1842）对运载移民到澳大利亚和新西兰的相关事项做出了规定，而同年的《澳大利亚和新西兰法案》（Australia and New Zealand Act）也尝试对殖民地的土地出售做出规定。斯坦利在引导下议院通过这些法案的同时，也抓住时机批评了那些对前往南半球移民的人所做的误导性宣传，这类宣传称大好机会正等待着他们。他坚信不应该对那些渴望改善生活的英国人掩盖殖民地的严酷现实。他还试图通过增加拨款的方式来稳定南澳和西澳的财政，也不得已地承认这些处于早期发展阶段的地区对母国来说是沉重的负担。相比之下，新南威尔士是一个较为成熟的殖民地，斯坦利通过立法建立了一个更受欢迎的体制，并赋予了那些拥有财富的人以政治权利，让他们在政府中拥有决定权。但他取得的成效却极为有限。虽然他从范迪默之地召回了约翰·富兰克林爵士，但这个殖民地的发展依然萎靡不振，混乱一片：一半的成年男性以前是囚犯，而霍巴特（Hobart）和朗塞斯顿（Launceston）这两个最大的城镇则因为这些人目无法纪的恶行而臭名昭著。斯坦利在新西兰也没有取得更大的成功，他任命罗伯特·菲茨罗伊（Robert Fitzroy）为总督，菲茨罗伊曾担任皇家海军舰艇“小猎犬号”（*Beigle*）的船长，载着查尔斯·达尔文（Charles Darwin）去往加拉帕戈斯群岛（Galapagos Islands）。斯坦利指示他要确保严格遵守《怀唐依条约》的各项条款。菲茨罗伊像斯坦利一样也开始怀疑新西兰公司，他支持毛利人对自己土地所有权的索求，因而引起了殖民地移民的对抗。到 1844 年，原住民和新来的移民之间发生了多次激烈的冲突，菲茨罗伊被迫召集新南威尔士的军队来重新恢复秩序。在伦敦，新西兰公司继续毫不让步地向这位殖民地大臣施压，让他支持殖民地移民，传教士团体则认为他们的行为非法而提出了抗议。

南非和加拿大的英国殖民地移民也给斯坦利带来了一系列帝国难题。布尔人试图摆脱开普殖民地的英国统治，于 1835 年年初开始了“大迁徙”。这一迁徙行动结束之后，约 1 万布尔人定居在了纳塔尔（Natal），他们不久就与已经居住在那里的英国商人以及巴苏陀族（Basutos）和祖鲁族（Zulus）等原住民部落发生了冲突。得到开普殖民地同胞支持的英国殖民地移民强烈要求正式兼并纳塔尔，以维持秩序，维护布尔人与原住民部落之间的和平相处，并确保这里成为从英国到印度这条漫长海洋航线上的重要基地。与对远东和南亚的态度一样，斯坦利也不想在南非扩张英国的殖民地，但出于战略考虑再加上当地的压力，到 1842 年年底，他在不得已的情况下兼并了纳塔尔。而这位殖民地大臣所面临的加拿大问题则与此不同且更多样化。达勒姆勋爵关于 1837 年加拿大叛乱的报告提交之后，辉格党政府通过了一项立法，统一了（法国人为主的）上加拿大和（英国人为主的）下加拿大，并建立了一个立法委员会，由一个任命产生的政务委员会和一个选举产生的地方议会共同组成。但这些改革措施并没有缓解叛乱后仍然存在的愤恨和不满情绪：事实上，这两地（此时的魁北克省和安大略省）的强制合并只是增强了敌意并加重了紧张局势。连续两位总督，即查尔斯・巴戈特爵士（Sir Charles Bagot）和查尔斯・梅特卡夫爵士（Sir Charles Metcalfe），都得到了明确的指示要努力促进和谐并进行安抚工作，但他们都没有取得什么进展。《泰晤士报》（*The Times*）发文称：“面对的尽是敌意的时候，就很难通过安抚去进行体制建设。”1843 年斯坦利通过了《加拿大谷物法案》（Canadian Corn Laws Bill），更进一步参与北美事务，这个法案略微降低了对加拿大进口小麦征收的关税，同时提高了通过加拿大进口的美国小麦的关税。

斯坦利与阿伯丁勋爵一样也渴望与美国搞好关系，面对帕默斯顿勋爵对《阿什伯顿－韦伯斯特条约》的攻击，他积极做了辩护。出于同样目的，他否决了建议英国吞并上加利福尼亚的领土以限制美国向南扩张到墨西哥的一项提案，理由是此时常有人说起的“在遥远地区建立新殖民地，除了增加与其他国家之间产生误解和冲突的可能性之外”，还将“带来巨大的直接开支和更大的间接开支”。（不出所料，刚从印度归来并被任命为海军大臣的埃伦伯勒，对此提案兴趣盎然，但是未达成愿望。）但是英美之间还有一个悬而未决的问题，那就是美国和加拿大之间从落基山脉到太平洋沿岸的西部边界的确定。英国人希望以北纬 49 度线为界，但 1844 年 11 月，詹姆斯·诺克斯·波尔克（James K. Polk）以毫不让步的“54 度 40 分，宁开战不妥协”的兼并主义口号当选了美国总统。在 1845 年的大部分时间里，人们又开始担心英美之间可能会发生战争，而爱尔兰局势的恶化再加上制造业区持续处于困境之中，都意味着英国政府迫切需要解决这个问题。所以，虽然这位总统很具挑衅性，但美国人也一样急于解决这个问题，于是最终两国达成一致，将以北纬 49 度线为界，稍微偏离一些把整个温哥华岛划归英国所有。这次谈判还是在华盛顿举行的，当 1846 年 6 月 29 日早上达成协议的消息传到伦敦的时候，皮尔恰要发表他作为首相的最后一次讲话，他在其讲话中宣布了这一消息。他告诉下议院，英美两国政府“本着克制（和）互妥协的态度，两个有着共同语言和相同血统的国家避免了可怕的战争灾难的发生，而这场战争如果爆发，就可能使文明世界普遍卷入一场冲突之中。”

饥荒、焦虑与乐观

皮尔政府在废除《谷物法》之后成功地通过协商签订了《俄勒冈条约》（Oregon Treaty）可以说是顺理成章：因为其政府的指导思想就是实现国内和平与国际友好。皮尔开始认为，取消对农业的保护将消除中产阶层和工人阶级谴责贵族政府的最后一个合法理由，而1846年7月反谷物法联盟也确实走到了尽头。尽管外交和帝国事务从来都不是皮尔优先考虑的事情，但他强烈地希望英国保持和平而不是发生战争。为取得这些成就付出的代价就是他造成了保守党长达约30年的分裂，而他本人在实施《改革法案》之后的那段时间里，曾为该党的重建及为其争取候选资格做出了巨大的贡献。现在处于斯坦利勋爵和迪斯雷利领导下的那些热心的保护主义者从没原谅他在天主教解放和《谷物法》问题上的双重背叛（尽管斯坦利曾赞成天主教解放，而迪斯雷利1829年时还没有进入下议院）。但是皮尔身后也有一群年轻、野心勃勃、有献身精神的追随者，其中就包括阿伯丁和格莱斯顿，他们的观点与保守党格格不入，但也无法苟同辉格党的观点，更不会同意科布登和布赖特的激进主义。结果是，两党政治暂时搁置：保护主义的保守党只能组建少数党政府；而由自称自由主义者的激进派与辉格党和皮尔派组成的联盟天生就很不稳定。至于皮尔本人，他再也没有担任过政府职务，但在其生命的最后几年里，他在英国公共生活中占据着独特的地位。他在下议院给予接替他的辉格党政府重要的支持，并被许多中产阶层和工人阶级尊为偶像。他于1850年7月逝世，大量民众对此表示了极大的哀悼之情，这是对他在重新使贵族统治合法化并弥合英国的社会分裂等方面取得的成功所给予的肯定。

然而，1846 年夏约翰·罗素勋爵接任皮尔的职务之时，这一结果还根本未成定局。下议院里的辉格党人和自由党人比托利党人和保守党人少，而因为托利党人和保守党人之中的皮尔派（Peelites）和保护主义者在下议院越加势不两立，罗素的政府在短期内只是苟活而已。罗素这位公爵之子组建了辉格党政府，与此对应的是他的内阁也非常贵族化。内阁的 16 个成员中有 8 个人位列上议院，其中就有兰斯当勋爵、明托勋爵（Lord Minto）、格雷勋爵和克拉伦登勋爵（Lord Clarendon）等真正的大贵族。作为爱尔兰贵族，帕默斯顿勋爵继续在下议院任职，莫佩斯勋爵（Lord Morpeth）——另一位辉格党政要卡莱尔伯爵的继承人——则是他在下议院的内阁同僚之一。内政大臣乔治·格雷爵士（Sir George Grey）是北方郡县拥有大片土地的准男爵（也是实施《改革法案》的那位格雷勋爵的亲戚），还有一位是财政大臣查尔斯·伍德爵士（Sir Charles Wood），他后来被授予爵位成为哈利法克斯子爵（Viscount Halifax）。尽管他们是辉格党同宗，但对于罗素来说管理这样一个内阁也并非易事。尽管他拥有聪明的才智、强烈的历史意识和勤奋工作的能力，但与皮尔相比还是不够威严：身材特别矮小，脸皮太薄，缺乏魅力或社交风度，其政治作风常常难以捉摸。在 1847 年夏天举行的大选中，辉格党和自由党联合起来打败了保守党的皮尔派与保护主义者组成的联盟，赢得了微弱多数，而且由于罗素与其同僚们的分裂程度没有反对派那么严重，他得以执政到 1852 年 2 月才离任。但他既想战胜皮尔派，又想打败越来越独断的激进派，而这两方面他都没有做到。

罗素政府通过的法案可以看作是对皮尔早年立法措施的巩固和加强；但它们也是暂时的政治忠诚变化带来的结果，或是各个部门内部行政发展势头带来的结果。例如，1847 年通过的另一个《工厂法》正是党派的团结遭到破坏所带来的结果，该法案将妇女和青少年每天的工作时间减至 10 小时。辉格党和保守党的保护主义者组成的临时联盟顶着皮尔派和自由党制造商的压力实施了这项法案，因为后者担心缩短工作时间会造成利润的进一步减少。同年，以一个会长为首的“济贫法理事会”（Poor Law Board）取代了 1834 年成立的“济贫法委员会”（Poor Law Commission），这在很大程度上是对官僚主义所做的一次清理。1848 年的《公共卫生法》要极大地归功于埃德温·查德威克爵士坚持不懈的努力，也得到了罗素的大力支持。虽然这项法案在下议院被弱化了，但它是为全民谋福利的第一部全国性立法，并以此成立了“卫生总理事会”（General Board of Health），作为一个督察机构监督由市议会或新建的地方卫生局对卫生政策的执行。1849 年，政府废除了《航海条例》（Navigation Acts），从而结束了最后一项帝国保护措施，再加上同年《谷物法》的永久性废除，共同标志着自由贸易的最终确立，顽固的保守党保护主义者无论怎样反对都无济于事了。皮尔当年对辉格党人的依赖性逐步加大，是因为他要靠他们的投票来确保比较具有争议性的措施得以通过，同样，罗素和他的同僚们也常常需要皮尔的支持来促使他们自己的立法得以通过。

然而，这种让人宽慰的持续发展掩盖不了这样一个事实：19 世纪 40 年代末期是如此令人烦忧、不安且不稳定，以至于有段时间里，皮尔在社会改良方面的勇敢和自我牺牲的努力看似并未取得成功。英国经济再次大幅下挫：“建铁路热”的投资泡沫在 1845 年年末破灭，铁路股很快崩盘了。1847 年再次爆发金融危机，导致北方及英格兰中部地区的纺织业再次出现严重的失业现象。与过去发生的几次严重衰退一样，投资和工业的萧条，以及贸易和出口的不景气，也再次因农业的连年歉收而加剧，每夸脱的玉米价格飙升到了 100 先令。这反过来又意味着要大量进口粮食，于是导致黄金储备减少、信贷紧缩和企业破产；同时，随着计税基础大幅减少，政府收入也直线下降。这场危机的严重程度至少与 1841 年年底皮尔政府上台时遭遇的危机一样，而欧洲大陆的发展形势又加剧了这场危机。同样面临着一场严重的大面积经济衰退，欧洲的反应是在 1848 年发生了革命，这些革命让人联想到的不是 1830 年的革命，更多的是联想到了 1789 年的革命。在法国，路易・菲利普的君主政体被推翻；在意大利，许多小的王国和君主国都发生了革命；在维也纳，哈布斯堡皇帝被迫让位给他的侄子——年轻的弗兰茨・约瑟夫（Franz Joseph）；而在普鲁士，国王也度过了一段王位堪忧的时间。这一切破坏和革命活动使欧洲大部分地区的传统权威都摇摇欲坠，此时，卡尔・马克思和弗里德里希・恩格斯两位年轻人出版了《共产党宣言》(*Communist Manifesto*)。书中号召不再抱有幻想的新工业无产阶级全面起来反抗，推翻既有秩序，结尾提出了那个著名的德语口号，用英语翻译过来就是:“全世界的无产者，联合起来！”

整个联合王国以及更大范围的大英帝国都广泛地感受到了这些破坏活动的冲击。在爱尔兰，农业危机开始得更早影响更深，但是“马铃薯饥荒”的全面影响在罗素执政时期才显现出来。1845 年和 1846 年，作物都遭受了枯萎病；1847 年，枯萎病的发生有所下降，但在 1848 年和 1849 年又再次肆虐。这意味着，最初，这是皮尔的问题，除了废除《谷物法》，他还试图通过公共工程建设（由地方税收和中央贷款提供资金支持）和紧急粮食供应（通过进口印度食品、调用食品储备和降低价格）相结合来改善爱尔兰迅速恶化的状况。但是，根本不存在能够应对这种规模的经济灾难和饥荒的官方机制。在政府内部，人道主义热情与人们普遍的看法——伦敦方面资助的改进项目在思想上无法接受或根本不起作用——发生了冲突。而由于再次发生的这次经济衰退导致政府收入严重减少，进行大规模救济和福利支出的理由难以成立，行动上也难以实现，其难度都超过了以往。这些爱尔兰问题和挑战是罗素政府上台伊始就面临的问题，处理这些问题他们不但缺乏足够的资源，而且严重估计不足。由于资金不足，思想上认识不足，对爱尔兰人存在憎恶情绪等各种因素，导致政府的干预明显减少。户外救济取代了公共工程计划，不再实施大规模的铁路建设方案，土地复垦计划也被抛弃。1849 年的《抵押土地条例》试图通过允许负债沉重的地主以有利的条件出售土地来振兴爱尔兰农业，但收效甚微。最后，还是以马尔萨斯的方式解决了马铃薯饥荒引起的马尔萨斯危机：挨饿、死亡和移民。

正处于“大饥荒”时期的 1847 年 5 月，丹尼尔·奥康奈尔去世。他活着的时候，爱尔兰的不满主要集中在为退出联合王国而举行的运动上，与不列颠的宪章运动没有关系。但现在他离世了，“大饥荒”以及在人们看来英国政府对此显示出来的冷酷无情和应对不足，引发了越来越强烈的激愤情绪，这意味着爱尔兰抗议者在短期内确实接受了宪章运动。事实上，1848 年 4 月，《泰晤士报》声称这项运动现在已经成为“爱尔兰阴谋的衍生物”。但这话并没有道出事情的全貌，因为 40 年代末的严重经济衰退也刺激英国宪章运动者做出了事实上的最后一次努力。自 1842 年第二次请愿行动失败以后，这场运动便基本失去了活力和目标，并转而关注土地所有权合作制度问题，在此制度下劳作者可以在土地上过着有尊严的生活，而不是被现代机器所奴役。但是 1847—1848 年的经济危机将宪章运动变回了政治动乱，回到了其创始文件的 6 项要求上。1848 年初春，法国和意大利爆发革命的消息传到了英国，于是宪章运动者开始组织第三次请愿，这次提出了 5 项要求，取消了投票表决一项。他们在伦敦召集了一次新的会议，并计划在肯宁顿公地（Kennington Common）举行一次大规模的示威集会，并于 4 月 10 日再次提交请愿书。虽然当局采取了强有力的预防措施以保护伦敦这个大都市的财产并维护其治安，但伦敦宪章运动的组织人员组织工作十分不力，加之当天又遇上大雨，导致参加的人数少于预期而且很快就散了，议会也没遇到什么大的困难就驳回了第三次递交的请愿书（据称上面有许多伪造的签名）。与 1848 年欧洲大部分地区的情况相比，宪章运动的最后一次行动实际上是以失败告终。

这似乎证明皮尔的自由贸易和社会改良政策是正确的，而这些政策也是对 19 世纪 30 年代辉格党推行的改革措施的加强和延伸。1848 年 4 月，一位乡绅在宪章游行和平结束后写道："《改革法案》已经通过，《谷物法》也废除了，我们现在终于可以感谢上帝了。"不仅如此，除了这种释然的感觉以外，人们越来越多地感觉到联合王国确实是一个独特的地方，避免了那么多欧洲大陆国家遭遇到的革命动荡。但它的独特仅限于某种程度：因为贫穷、失业和不满在不列颠仍然很普遍地存在；爱尔兰的马铃薯饥荒是一个人口和环境灾难，其规模之大闻所未闻；就像斯坦利勋爵开始意识到且感到害怕的那样，对于殖民帝国的治理和控制似乎越来越难。虽然 1848 年联合王国可能避免了在国内发生革命，但帝国却在海外实实在在地经历了一系列危机。斯坦利在担任殖民地大臣的整个生涯中，在应对伦敦的许多集团施加的兼并压力方面，以及驾驭外围地区许多士兵和地方总督的扩张本能方面，取得的成绩都很有限。其结果是，到 1848 年为止，大英帝国因为超负荷，显然越来越受到许多问题的困扰，比如过度依赖不受欢迎的地方税收资助的多民族农民武装，尤其是在印度和非洲南部更是如此。此时，英国政府本身在民政以及帝国驻军方面的支出达到了前所未有的高度，公共财政问题一直是造成焦虑的根源。但这笔支出似乎不可避免，因为除了拥有初选议会的加拿大和新南威尔士之外，大英帝国的统治更多的是依靠权威和武力，而不是靠共识。

英国人在国内也许可以为自己和平的宪法进程感到自豪，但在帝国范围内情况却完全不同。1848 年在大部分欧洲地区出现的大量不稳定因素，包括平民的反抗、财政危机以及外国军事力量的过度扩张等，在更大范围的大英帝国大部分地区也同样存在。此外，辉格党政府解决宪章运动威胁和大饥荒引发的爱尔兰骚乱的办法之一就是增加流放到各殖民地，尤其是澳大利亚和开普殖民地的囚犯数量，其结果是带来了一系列帝国危机和对抗行为。马耳他、爱奥尼亚群岛和锡兰都发生了骚乱和叛乱。加拿大的蒙特利尔竖立起了高高的路障，议会大厦被烧毁。在开普，新南威尔士和范迪默之地都发生了平民反抗运动，因为那些白人移民对帝国增加流放罪犯数量的做法表示抵制。在新西兰，人们担心他们的殖民地可能被用作新的罪犯流放地，一个观察者声称惠灵顿的人民因此变成了宪章运动支持者。在牙买加和英属圭亚那等地还存在着严重的财政危机，因为在 1847 年的全球商业危机之后，当地经济崩溃，其殖民政府被迫暂停了所有公共开支。难怪国内的英帝国政治家和国外的英国殖民统治者都感到自己面临的这些帝国外围地区的动荡局面非常类似于美国革命时期和欧洲当时出现的动荡局面。殖民统治的抗议者和英帝国统治的反对者也有同感，他们使用的辞藻和观点显然都是源自 1848 年的革命语言。宪章运动最终以失败告终也许让人们普遍感到松了口气，但无论是在国内还是在国外，“饥饿的 40 年代”都没能善终。

然而，就像动荡的 19 世纪 30 年代一样，这 10 年的整体特征都无法简单地加以概括。所有读过埃德温·查德威克的《报告》(*Report*)，托马斯·卡莱尔的《过去和现在》，或者迪斯雷利的《西比尔》的人都会确切地得出结论：19 世纪 40 年代初是非常艰难的时期，尤其是在工业化的英格兰北部和中部地区。而在这 10 年的后半段大量涌现的许多出版物则在更大范围内对当代英国的弊病进行了谴责。夏洛特·勃朗特的《简·爱》(*Jane Eyre*) 和她妹妹艾米丽的《呼啸山庄》(*Wuthering Heights*)（均出版于 1847 年）都对两性关系、父权社会和阶级不平等提出了尖锐的批评。查尔斯·狄更斯的《董贝父子》(*Dombey and Son*，1848 年) 谴责了虐待儿童的行为和以金钱利益为目的的包办婚姻。查尔斯·金斯利（Charles Kingsley）的《酵母》(*Yeast*，1848 年) 同样批判了使大量农业劳动者陷入贫困的社会制度。伊丽莎白·加斯克尔（Elizabeth Gaskell）的《玛丽·巴顿》(*Mary Barton*，1848 年) 再次引起了人们对曼彻斯特产业工人阶级困境的关注。在《名利场》(*Vanity Fair*，1848 年) 和《彭德尼斯》(*Pendennis*，1848—1850 年) 中，威廉·梅克皮斯·萨克雷（William Makepeace Thackeray）对他所认为的在上流社会中仍然普遍存在的贪婪、懒惰、势利、欺骗和伪善等现象进行了抨击。这些批评的声音也不仅仅局限于小说作品。约翰·斯图尔特·穆勒（John Stuart Mill）的《政治经济学原理》

（*Principles of Political Economy*，1848年）表明他对供求关系铁律的分析虽然很精辟，但却不太认同。穆勒很快就被认为是支持工人阶级的最重要的知识分子。在宪章运动最终惨败之后，金斯利成了基督教社会主义（Christian Socialism）的创始人之一，发动运动反对个人主义和不平等带来的不人道行为。在《建筑的七盏明灯》（*The Seven Lamps of Architecture*，1849年）一书中，约翰·拉斯金（John Ruskin）发展了皮金早先提出的观点，宣称新工业城镇中的建筑缺乏生命力和精神内涵。

与此同时，从其他角度和发展方面也体现了截然不同的观点。1840年，约瑟夫·帕克斯顿（Joseph Paxton）为德文希尔公爵在查茨沃思（Chatsworth）所建的大剧院（Great Conservatory），全部用铁和玻璃制成，大剧院可能缺乏精神内涵，但它绝不缺乏活力或独创性。两年后，阿尔弗雷德·丁尼生（Alfred Tennyson）出版了包括《洛克斯利大厦》（*Locksley Hall*）和《尤利西斯》（*Ulysses*）在内的两卷诗集，这部作品确立了他的公众声誉，使他当仁不让地继承了华兹华斯的"桂冠诗人"头衔。19世纪40年代初期出现了邮票［据说是由罗兰·希尔爵士（Sir Rowland Hill）发明的］，商业圣诞卡［由亨利·科尔爵士（Sir Henry Cole）普及推广］和摄影［很大程度上要感谢威廉·亨利·福克斯·塔尔博特（William Henry Fox Talbot），至少在不列颠是这样］，这些事物促进了通信的发展，也促进了人们对家庭生活的热烈向往。布鲁内尔（Brunel）1843年下水的"大不列颠号"，以及不久后斯蒂芬森开始建造的"大不列颠桥"，都激发了人们的赞赏和广泛的好奇，前者被誉为"迄今为止海上航行的最大、最宏伟的军舰"，后者被誉为"雄伟壮观的新奇事物"，当之无愧是"代表所建造时代进取心和活力的纪念碑”。1848 年，最后一次宪章运动游行之后，威廉・霍尔曼・亨特（William Holman Hunt）、约翰・埃弗里特・米莱（John Everett Millais）和丹蒂・加布里埃尔・罗塞蒂（Dante Gabriel Rossetti）立即着手创立了“前拉斐尔派兄弟会”（Pre-Raphaelite Brotherhood）。前拉斐尔派寻求恢复他们所认为的文艺复兴以后丢失的精神与创造力的结合，既拥护浪漫主义也支持中世纪精神，并强调应该由每一位艺术家个人来决定自己的想法和绘画方法。虽然这个兄弟会本身存在时间并不长，但前拉斐尔派及其追随者一直到 19 世纪末仍然是英国的一支主要的艺术力量。

然而，19 世纪 40 年代对当时很多评论家和艺术家表示出来的怀疑、焦虑和忧虑情绪持强烈反对意见的非常突出的人物当数托马斯・巴宾顿・麦考利。他闻名遐迩，是《爱丁堡评论》的一位才华横溢的评论家，在探讨《改革法案》期间是下议院极具魅惑力的演说家。1834—1838 年，他曾是印度最高委员会（Supreme Council of India）的成员，任职期间热心支持威廉・本廷克勋爵的改革。1835 年，麦考利出版了他极具影响力的《教育备忘录》(*Minute on Education*)，极力主张要给那些最有能力的南亚人灌输西方的先进知识，从而培养出“一批具有印度血统和肤色，但具有英格兰人的品位、观点、道德和才智的人”，这些人会在当地英国统治精英和大多数的人口之间起到斡旋和调解作用。他一回到联合王国就开始专职写作，并于 1842 年写出了《古罗马谣曲集》(*Lays of Ancient Rome*)，这是一系列的叙事诗，讲述了早期罗马历史上的一些英雄故事，教授的是勇气、爱国主义和自我牺牲等价值观，后来成了一代又一代公立学校的男生背诵学习的材料。麦考利曾在罗素的政府短暂地担任过财政部主计长，但由于在 1847 年的大选中失去了自己的席位，任职仅一年多就被迫辞职。第二年他出版了自己的《英格兰历史》（*History of England*）前两卷，出版后立即就成了畅销书。书中为 1688 年的“光荣革命”正了名，认为这次革命本身功绩多多，也因为这次革命，后来的宪法优越性和物质繁荣才得以实现。这是一部充满民族乐观主义的作品，宣称“我们国家过去 160 年的历史，本质上是物质、道德以及知识不断进步的历史”。他的批评者认为这是一部宣传唯物主义的自鸣得意的作品，但至少在麦考利看来，19 世纪 40 年代的结局很是不错，这一点与其他许多不列颠人的看法很不相同。

第六章

伟大的展会，中场休息，1848—1852年

尽管麦考利坚信自己知道历史前进的确切方向，尽管他对自己和国家都有着不可动摇的信心，但对联合王国的各位领导人及各民族来说，法国大革命、《联合法案》签署以及数次反法战争以后，时局变得动荡而艰难。与欧洲大陆的大部分地区不同，不列颠可能是避免了从18世纪90年代到19世纪40年代发生的重大政治动荡，但对于那些执掌政府权力的人来说，这几十年却是特别具有挑战性的时期，而且实际上对于其他所有人来说这些年也是具有破坏性的混乱年代。然而，这个世纪刚过一半的时候，突然间天空似乎晴朗起来，云层也散开了，天气平静了下来，因为最终的结果证明19世纪40年代末的经济衰退是始于滑铁卢战役之后的一系列恶性经济衰退的最后一次。由于工业的长期增长比短期周期性波动更为明显和重要，所以1848年宪章运动造成的各种困扰也成了同类困扰的最后一次，此后工人阶级的骚动和不满由更具改革精神的姿态和更具同化效果的活动所取代也就不足为奇了。与此同时，国际形势和帝国的形势也变得明朗起来。尽管偶尔出现短期的紧张局势，但英法之间和英美之间的协议仍然得到遵从；免受1848年欧洲大陆遭受的创伤，也极大地提升了不列颠的民族士气；同年发生的几

次帝国骚乱大多数都很快得到了解决；这个10年结束之前又多吞并了一些领土，尤其是在印度。到了19世纪50年代初，英国的局势似乎已经缓和下来，令人异常鼓舞，这意味着麦考利的《英格兰历史》的出版（第三和第四卷于1855年面世）恰逢其时，因为该书恰好表现出了他一贯秉持的乐观态度。

帕默斯顿勋爵作为政治人物既是这个突然转变的主要受益者，在某种程度上也是这个转变的设计师。1846年夏，辉格党在皮尔政府垮台后重新掌权，他再次接管了外交部。在罗素组成的内阁中，帕默斯顿是最具优势、经验最丰富、最难相处以及（最终）最具破坏性的人物。他从19世纪初就出现在公众生活之中，这个时间跨度是他所有同僚都无法匹敌的。他在19世纪30年代因为长期担任外交大臣且充满自信而赢得了巨大（但也是颇具争议）的声誉。此时重返岗位的他决心撤销他一贯批评的阿伯丁勋爵奉行的和解和绥靖政策。处理联合王国与外部世界关系的另一个主要参与者是一直在罗素政府中担任殖民地大臣的第三代格雷伯爵。他父亲就是那个通过了《改革法案》的第二代伯爵，最近去世了，于是他继承了父亲的伯爵头衔。外交和操纵帝国政策再次成为贵族的副业，这是皮尔政府和罗素政府之间连续性的一个重要体现。但是，这些方面的政策却已经发生了变化，因为帕默斯顿立即重新推行了好战且战虚张声势的旧政策。1847年，有一个名叫唐·帕西菲科（Don Pacifico）的葡萄牙犹太人，他出生于直布罗陀，因此是英国臣民，但他当时住在希腊。唐·帕西菲科一直是反犹攻击的受害者，在反犹攻击期间，他在雅典的房子被洗劫一空。希腊政府拒绝对他进行赔偿，于是唐·帕西菲科转而向伦敦方面求助。1850年年初，帕默斯顿派遣英国船只封锁希腊，通过威胁或在必要时使用武力为他争取补偿和赔偿。

不出所料，帕默斯顿的行为极具争议性。对他在议会内外的朋友和仰慕者来说，这么做维护了不列颠的全球势力，并相应地承认了不论其臣民生活在世界的什么地方，不列颠对他们都负有支持和保卫的责任。但对于包括激进派、皮尔派、辉格党人和自由党人在内的反对者来说，这次行为是英国式好战咄咄逼人、毫无道理的表现，令人不舒服地表现出了对和平与友好新秩序的蔑视，而这种新秩序正是新近英国支持自由贸易之后所希望出现的局面。1850年6月中旬，议会就帕默斯顿采取的行动进行了五天五夜的辩论，科布登和格莱斯顿，皮尔和阿伯丁都严厉批评了他的“炮舰外交”。但帕默斯顿以一场演讲针对自己受到的谴责性动议进行了反驳，演讲结束时，他对联合王国国内的稳定局势和强势的全球影响力发出了赞美，尽显其精妙的语言艺术。他坚持认为，联合王国避免了1848年欧洲大陆发生的那些革命，因为它有着独特的社会结构，再加上尊重既定秩序，有广泛的机遇实现自立，所以每一个不列颠人都看似有可能追求更好的自我，并提高自己的社会地位：

> 我们已经树立了一个国家的典范：每个社会阶层都乐于接受上天赋予它的命运；同时，每一个阶层的每个人都在不断地试图提高自己的社会地位，不是通过暴力和非法手段，而是通过固守自己良好的品行，并且坚持不懈地努力利用好造物主赋予他的道德和智慧才能。

帕默斯顿继续说道，要适应这个非常稳定但流动的社会结构，就要具备同样无与伦比的在海外展现国家实力的能力，因此，他得出结论说，只有议会能够决定：

> 我们能否像从前的罗马人那样，当说出“我是一个罗马人”时就能免受侮辱；同样，作为一个不列颠臣民，无论身处何地都应该相信，英格兰的保护无时不在，其强大的臂膀能够保护他免于不公正和冤屈的待遇。

帕默斯顿“从黄昏到黎明”一直在滔滔不绝地讲话，虽然距离辩论结束还有两天的时间，但是实际上反对派已经被打败了。在保守党强有力的支持下，他以 310 票对 264 票的优势赢得了下议院的胜利，而唐·帕西菲奥最终也获得了希腊政府和英国政府的双重补偿。但是，尽管他的演讲使他在议会辩护中取得了胜利，但帕默斯顿结束语中的两个命题却非常荒诞并带有倾向性。他对英国社会结构自鸣得意的描述并不能代表 19 世纪上半叶的真实情况。因为完全不能说明绝大多数英国人已经“乐于”接受天意安排给他们的普遍艰难的命运，在社会层级中的上升机会也并不像他所说的那样充足和充分。下层人士的亲身经历和看法都是反面证明：(例如)那些滑铁卢之战后再次陷入贫困和失业的伤残士兵；那些因技术进步而失业，变得无所事事的手工织布工人；经济发展再次下滑时经常面临失业风险的产业工人；那些曾受雇在工厂和矿井里干活的妇女和儿童；那些在高地清理期间被驱逐的苏格兰农民；那些在大饥荒中幸存下来却被迫移居国外的爱尔兰劳工。尽管他自吹自擂，但“英格兰强大的臂膀”也无法保护世界所有地方的每一位不列颠臣民，使他们“免遭不公正和冤屈的待遇”，第一次阿富汗战争中遭受的耻辱就是显而易见的证明，而 19 世纪 50 年代至少还有两次残酷的证明。尽管他的言辞振奋人心，但帕默斯顿所描绘的内部稳定、安居乐业，海外无坚不摧的联合王国形象就像麦考利的《英格兰历史》一样夸张和过于简单化。

19 世纪中叶的英国

无论如何，与 1832 年之前相比，这是一个公众和选民都变得更加重要的新世界。在这个新世界执政的政治家就是要告诉人民，联合王国国内的社会结构是怎样的，该如何处理与世界其他国家和地区的关系，这是他们工作的一部分。而帕默斯顿恰是英国公众生活中最早认识到这一点的人物之一。就像他发表的“唐·帕西菲奥事件”演讲的结束语所显示的，帕默斯顿知道如何传递这些主题的信息，达到具有说服力的强大效果，但这些也远不是全面或完整的信息，而且（正如帕默斯顿的评论所示）容易因为面临的政治紧迫性而受到曲解，并出于对党派利益的考虑而有所取舍。然而，无可否认的是，到 19 世纪中叶，人们对联合王国的经济状况和各民族的了解比 50 年前要多得多。1841 年的人口普查调查的信息数据比前 4 次都要多（人口普查从 1801 年开始，每 10 年开展一次）。这次人口普查也是首次在中央机构监督下在整个联合王国范围开展。19 世纪三四十年代也见证了前所未有的由议会和皇家各委员会对英国社会、城市和工业生活的变化情况所做的普查，对“英国状况”的各个方面还有许多非正式的调查。关于这方面的研究，是公务员兼统计学家乔治·理查森·波特（G. R. Porter）在 19 世纪 30 年代末开始的，他在 1851 年出版的《国家的进步》（*Progress of the Nation*）一书的序言中展现出的乐观和自鸣得意，与麦考利或帕默斯顿堪有一比：

> 无论在任何时候，弄清楚某些社会团体通过何种方式方法在不同国家间获得令人瞩目的地位，都是意义重大且非常有用的事。对决定自己国家卓越地位的各种环境进步进行探询简直就是一种责任。

距离帕默斯顿发表他的“唐·帕西菲奥”演讲不到一年的时间，即1851年春，再次开始了全国人口普查，这次比10年前的那次普查更彻底。因为不仅记录了截至3月30日夜里联合王国所有居民住户的姓名和数量，还准确地登记了他们的出生地、年龄和职业等详细情况；记录了他们的婚姻状况、与户主的关系以及（是否有）残疾等新信息。此外，政府对人们参加宗教仪式等情况也进行了普查，这方面的普查在英格兰和威尔士都尽可能做得详尽，在苏格兰就差一些，而在爱尔兰根本就没有做（也许是因为当局不想知道罗马天主教在其大多数居民中的接受程度和普及性究竟如何）。这次宗教普查是对国民的忏悔生活所做的一次前所未有的官方调查，尽管这次普查存在缺陷而且不全面，但也具有极强的揭示作用，此后再也没有做过类似的普查。同时，也做了第三次教育情况的普查，目的是通过确定男女孩童在指定的某天到课堂上课的人数，以及他们就读学校的类型和规模等情况，调查本世纪中叶联合王国在教育方面的基本情况。与宗教普查一样，这类调查以前没有做过，之后也没有再做。综上所述，这3项调查代表了一种新颖而独特的尝试，用以确定联合王国的社会、宗教和教育结构究竟是什么样子（与帕默斯顿所说的结构明显不同）；从这些数据中得出的结论乍一看很明显，但实际上却模棱两可。

从这些 19 世纪中叶的调查中得出的最重要的概括结论是，自 1801 年在英格兰和威尔士所做的第一次人口普查以后的半个世纪，联合王国既有发生变化之处，也有没变化的方面；而且从其民族和地域、经济和社会、宗教和教育模式等方面来看，它正变得越来越多样化和多元化。1851 年，英格兰和威尔士的人口接近 1 800 万；大不列颠为 2 100 万；大不列颠和爱尔兰联合王国的人口超过 2 700 万。一个世纪以前，这些都是不可想象的数字，或者说，如果有任何人想到有可能出现这种爆炸式的人口增长，一定是具有警示性意义的．就像马尔萨斯后来所说的那样，在目前的自然资源与经济活动水平之下，这样的人口增长不可持续。但自 18 世纪末以后，大不列颠人口的增长却很惊人：1801 年以后的半个世纪里，英格兰和威尔士的居民数量几乎翻了一番，苏格兰的人口也一样，从大约 150 万人增加到了近 300 万人。爱尔兰到 1841 年之前也一直保持着这种人口增长速度，但随后发生的大饥荒意味着在 40 年代这 10 年结束的时候，它的人口发展情况与联合王国其他地方有了很大的不同。由于其极高的死亡率和移民水平，人口出现了灾难性的下降，从 1841 年的 800 多万人下降到 10 年后的 650 万人。这一人口发展情况不同于大不列颠大陆地区，与所有西欧国家也没有相似之处，而在 19 世纪余下的时间里，大不列颠和爱尔兰的人口发展轨迹也极为不同，前者持续增长，后者却看似一路下降，不可遏制。

这些数据还表明，相对于联合王国其他地区而言，英格兰的主导地位在日益提升，因为它的人口比威尔士、苏格兰和爱尔兰的人口总和还要多。不仅如此，虽然“凯尔特边缘”的大多数人仍然在农村生活和工作，而英格兰的大多数人口在 1851 年就不再是乡下人，而是变成了第一批城镇居民。事实上，除了低地国家之外，当时的英格兰是世界上城市化程度最高的国家。但这些总体数字再一次掩盖了许多重要的局部变化。英国可能是一个快速城市化的国家，伦敦是无与伦比的全球大都市，曼彻斯特也是 19 世纪 40 年代“令人震惊的城市”，这些都给罗伯特·沃恩（Robert Vaughan）当时宣称的这是“以伟大城市著称的时代”的说法提供了某种佐证。然而，在 19 世纪中叶，以及整个 19 世纪 50 年代，更多的英格兰成人和孩子是生活在约克、林肯、伍斯特（Worcester）和赫里福德（Hereford）等城镇，而不是在利兹、利物浦、曼彻斯特和伯明翰等城市。相比之下，1851 年的苏格兰，只有 1/3 的人口被归类为城市人口，但其城镇居民明显集中于以爱丁堡—格拉斯哥为轴线、从福斯湾（Firth of Forth）到克莱德河的那部分地区。在总人口仅略多于 100 万的威尔士，最大的城镇是梅瑟蒂德菲尔，但它的居民却不到 5 万人，而加的夫和斯旺西还远远落后于它。而在城市化程度甚至比威尔士还低的爱尔兰，都柏林虽然没有受到全国人口急剧下降趋势的影响，反而呈增长状态，但其人口也只是从 1841 年的 23.3 万人增加到 10 年后的 25.4 万人而已。

因此，从整体上来说，1851 年的联合王国绝不是一个强大的城市化国家，而且，尽管 18 世纪末以后它的某些经济领域发生了巨大的变化，但它也不是一个工业化强国。即使是经济的先进程度远远高于爱尔兰的大不列颠，1851 年从业人数最多的行业仍然是农业（主要是男性），务农人员接近 200 万人；其次是家政服务业（大部分是女性），从业人士刚刚超过 100 万人；第三是棉纺织工人，略多于 50 万人（基本上男女各半）；第四是各种各样的建造工匠（男性占绝对优势）；第五是一般的劳动者（同上）；接下来是制帽工、缝纫工和裁缝，大约有 30 多万人（绝大多数为女性）。相比之下，只有不到 30 万的男性和女性受雇做毛纺工人，而煤矿工人的总数仅略多于 20 万人。综上所述，利用这些详细程度超过以往任何人口普查所能提供的职业统计数据的信息，我们就能得出一些很有趣的比较结论。从事农业的人员数量超过了纺织业和重工业的总和，从事家政服务行业的人员数量超过了棉、毛纺织业的从业人员，铁匠的人数比铁厂雇用的工人多，而且在马路上赶马车的男性比在铁路上开蒸汽机车的多。即使是在不列颠的新型经济产业部门中，生产单位也相对较小（每个棉纺厂的雇工平均不到 20 人），蒸汽动力也仅应用于有限的行业中。因此，在 19 世纪中叶，不列颠（而不是爱尔兰）被称为“世界作坊”更加合适，而不是“世界工厂”。

即便不是以工厂而是以作坊为基础，这种具有开拓性的先发制人的经济优势也付出了很高的国内成本。在没有出现这种进步和改良的爱尔兰，由于其经济没有实现工业化，造成了大饥荒和饿殍遍地的可怕后果，人民也因此遭受了极大的痛苦。许多贫困的幸存者离乡背井去了美国，还有一些人渡过爱尔兰海到了不列颠，这意味着到 1851 年为止，在一些港口城市形成了大量的爱尔兰天主教社区，如格拉斯哥（占其总人口的 20%）和利物浦（近 33% 的人口是爱尔兰人）等。不列颠的大部分地区正是因为工业化和经济的加速增长而没有遭受爱尔兰的命运，这使得其人口能够以马尔萨斯永远无法想象的方式持续大规模增长。其结果就是，19 世纪上半叶的实际工资水平充其量也只是维持，并没有什么提高。工业化带来的好处可能就是使收入水平保持了稳定，或防止了其灾难性的下降，而并没有提高。工业革命在其第一阶段完全没有出现后来的涓滴经济学[①]的预兆。这种最近才显现的进步和改良成果，大多数普通的不列颠人还根本没有看到。约翰·穆勒在1848年写的《政治经济学原理》(*Principles of Political Economy*) 一书中就明确且极为正确地指出了这一点：

> 迄今为止，令人质疑的是，是否所有的机械发明都减轻了人类的日常辛劳。它们使更多的人照旧过着苦役和囚徒般的生活，使越来越多的制造商和另外一些人发了大财。它们提高了中产阶层生活的舒适度，但还没有开始给人类命运带来重大变化，而改变人类命运才是它们应该并且在未来要成就的结果。

事实上，看起来更可能的情况是，在19世纪上半叶的联合王国，不平等现象日趋严重，而这与帕默斯顿在其“唐·帕西菲奥”演讲中所声称的情况大相径庭。

作为一个在许多方面都代表了18世纪辉格党的人，帕默斯顿并不是一个宗教狂人，他在其“唐·帕西菲奥”演讲的结尾对于“天意”的援引更多的是一种修辞手段，而不是什么虔诚的基督教信仰的表现。然而就这一点来说，帕默斯顿可以算是与众不同。因

① 涓滴经济学常用来形容里根经济学，因为里根政府执行的经济政策认为，政府救济不是救助穷人最好的方法，应该通过经济增长使总财富增加，最终使穷人受益。

为就像关于天主教解放和梅努斯资助等问题的激烈辩论——更不用说牛津运动引发的教会分裂，以及被认为是因为卫理公会的日益普及和影响所带来的焦虑——所显示的那样，宗教仍然是 19 世纪中叶联合王国公共生活的中心，也是许多人个人意识的中心。但是没有人知道它到底占据着怎样的中心位置，而 1851 年宗教普查的目的就是要找出答案。选择的方法就是确定“宗教皈依”的程度，并对 3 月 30 日那个“普查礼拜日”在英格兰和威尔士，以及苏格兰所有教堂参加礼拜的人进行记录。由于最终的数据记录的是参加各种教会活动的会众人数，所以有可能有人在那天参加过不止一次仪式；这次调查并没有想要弄清楚所有不列颠人的宗教信仰，如果那样就不用理会人们那天是否去过教堂了。因此，在 1854 年那些调查数据和表格最终发表的时候，却很难对其进行解释。但人们普遍认为，就英格兰和威尔士的情况来说，在那个礼拜日去教堂的人仅是能参加者的一半。参加礼拜的人中又有一半（这意味着占全部人口的 1/4）是那些在正统英国国教教会里做礼拜的圣公会教徒；而另一半（因此是人口中的另一个 1/4）去的是其他宗教的宗教场所或（数量更少的人去了）天主教教堂。

这些数字对于 19 世纪中叶联合王国居民所尊奉的（或不尊奉的）基督教的强弱程度究竟意味着什么呢？这很难下定论。从一个角度来看，这些结果令人深感沮丧。英格兰和威尔士足足一半的人口，即可能意味着绝大多数处于社会下层的人，宗教信仰都不够虔诚，根本不去教堂；而另一半去教堂的人之中，英国国教的信徒人数占一半，其他宗教信徒加在一起人数占一半。显然，伊丽莎白一世在全国范围内实现全民信教的理想即便实现过也早已名存实亡。虽然仍有一些信徒相信英国国教能够体现整个国家的精神生活和良知，但实际上其影响力也并没有超过 1/4 的人口范围；而 18 世纪末以后卫理公会的大规模扩张意味着，许多不同教派加在一起对公众的吸引力已经与国教不相上下。关于英国宗教状况最悲观的结论莫过于贺拉斯·曼（Horace Mann）所提出的结论，他是一位编制这些统计数据并撰写宗教普查报告的官员。针对一半的人口在礼拜日根本不参加任何形式的正式礼拜的情况，他评价说“令人悲哀和震惊的是，大部分英格兰人对于公共宗教活动条例形成了习惯性的疏忽”。当然也可以用比较乐观的眼光来看待这些数字。尽管过去半个世纪经历了破坏和剧变，但大部分人口仍然保持了参加宗教活动的习惯，英国国教仍然是最大的单一教派，出席其活动的人数在全国的分布也比较均衡，均衡程度超过任何其他教派。1851 年，超过 4/5 的婚姻仪式是由英国圣公会牧师主持完成的。

对这次宗教普查最公平的评判是，对于大多数人口来说，都铎时代开始受到国家支持的英格兰和威尔士的国教不再是覆盖全国的统一官方宗教：到 19 世纪中叶，从出席礼拜日宗教活动的角度来说，这些教会基本上已经成了“自愿机构”。但是对于正统的教会，以及对于不同的教派（以及实际上对于英国经济的结构）来说，全国的这些汇总数据掩盖了非常显著的局部差异。相对于北部和西部地区，圣公会在英格兰南部和中部地区要强盛得多：从肯特到多塞特，从汉普郡到伍斯特郡，都有最古老和最富有的教区，安东尼·特罗洛普（Anthony Trollope）很快就在其小说《监狱长》（*The Warden*）中对此做了很好的描写。这部小说是他“巴彻斯特郡编年史”系列小说中的第一部，出版于 1855 年，即宗教普查结果公布后的第一年。相比之下，像达勒姆、卡莱尔、林肯和切斯特这些教区则更大、更穷，而且一直没有完全融入后改革时期的圣公会社会；而在威尔士的正统教会则是一个少数教派，主要局限于讲英语的地主、专业人士及其相关人员。其他教派的礼拜模式同样具有地域性特点。起源于 17 世纪的那些非国教教派，即公理会、浸礼会、长老会和贵格会——在从东安格利亚贯穿中南部一直到西南部的一个条状地带势力最强；而长老会在苏格兰边境的诺森伯兰郡（Northumberland）则具有很强的势力。相反，卫理公会在威尔士影响力非常强，是操当地语言的人普遍信仰的宗教，而在诺森伯兰郡延伸到林肯郡的英格兰东部各郡其势力也很强大。从另一方面看，近几十年来，那些英格兰和威尔士的人口增长和经济变化最为迅速的各郡，却是国教教会势力最弱而非国教势力最强的地方；在那些几乎谈不上发展以及发展缓慢的多塞特和萨福克等郡县，国教则仍然保持着最强的势力。

然而，尽管存在宗教多样性并且人们对宗教态度漠然，但英格兰和威尔士仍然是伊丽莎白女王时代开始确立的新教占绝对主导地位的国家。在这两个国家，罗马天主教徒只占极少数。有些是不屈从权威在宗教改革中坚持下来的士绅，尤其是在英格兰的北部和西部；但是到了 19 世纪中叶，尤其是在英格兰和威尔士的各教派中，大多数天主教徒都是刚从爱尔兰移居而来的。尽管苏格兰的统计数据不完整，但揭示出来的宗教状况却大不相同。那个“普查礼拜日”上午参加教堂活动的苏格兰人数量比例明显高于英格兰和威尔士，但在其北部边境地区，最大的教派不是圣公会，而是长老会。苏格兰人参加礼拜日教堂活动的比例较高，而且他们参加的是正统的长老会教堂活动，这一事实反映了，宗教改革以后，苏格兰的宗教发展走上了不同的道路。然而，像威尔士和英格兰一样，苏格兰也仍然是一个新教占绝对主导地位的国家，天主教徒占极少数。尽管爱尔兰没有进行宗教普查，但那里的宗教生活模式始终存在很大差异。据估计，那里至少 80% 的人口是天主教徒，与不列颠的新教神职人员相比，天主教教士在人们生活的方方面面都发挥着更重要的作用，因此参加教堂活动的人数比例也更高。除了地主和都柏林的专业人士，正统的圣公会在阿尔斯特地区之外几乎没有信徒；而在阿尔斯特的许多新教徒因为是苏格兰后裔，所以也属于长老会教派，而不是圣公会教派。因此，把大不列颠和爱尔兰联合王国作为一个整体来看，英格兰、威尔士和爱尔兰参加正统国教教堂活动的信徒也是所有参加教堂活动教徒中的少数人群，在整个人口中更是极少的少数。

因此，也就看到了 1851 年这些普查事实揭示出的第二个矛盾：联合王国既是一个工业生产只涉及少数人的工业国家，也是一个大多数人拒绝在其正统教堂里敬拜的表面上的基督教国家。同时这些调查也揭示出了第三个矛盾：英国可能是世界上最先进、最现代化的国家，但它也是一个大多数人口就业不足、营养不良、对宗教态度漠然的国家，不仅如此，大多数人的受教育程度也不够。在 1851 年进行的 3 类普查中，关于教育情况的调查是最不准确的，因为许多学校拒绝提供信息，就学人数似乎也存在严重的水分。曼自己的结论是，普通孩子的在校时间不到 5 年。实际上，这意味着中上阶层的孩子有 6 年的时间接受教育，而劳工阶级的孩子上学的时间只有 4 年多一点儿。这使他能够以一种乐观的态度随意地下结论："完全没有接受过教育的孩子占极少数。"（他特别强调这一点）。但曼提出的就学人数达 80% 的说法显然是有所夸大了，而根据当时其他的证据，就学人数可能只有 50%。实际上，尽管所有的学校都教阅读，但 30% 的学校不教写作，超过 33% 的学校不教算术。19 世纪中叶英国人的识字率可能比 50 年前高，也比当时的日本、澳大利亚或法国要高，但最近的研究表明，这一水平仍然远低于美国、荷兰、瑞典和德国在 19 世纪中叶达到的水平。

这些回顾性的比较印证了当时许多评论家所表现出来的焦虑情绪，即从欧洲西部来看，英国工人受到训练的情况是最差的，而英国制造商也是受教育程度最低的。这意味着，尽管联合王国廉价商品的集约化生产量可能比世界上所有其他国家都要多，但相比于欧洲大陆，尤其是法国和普鲁士生产出的更精巧、更有设计感的手工制品，联合王国的产品往往质量低劣。1835 年，一个“下议院专责委员会”（House of Commons Select Committee）最先对改善英国制品的美学价值进行了尝试。努力探索“对人民（尤其是英国制造业的从业者）进行美术知识和设计理念普及的最好办法”。该委员会确信，“对我们这个独具特色的制造业国家来说，艺术和制造业之间存在着重要的关系”，因为担心许多欧洲国家的政府比联合王国投入了更多的资源用以对艺术家和工匠进行教育，所以该委员会建议成立设计学院，以实施全面的艺术教育计划，到 19 世纪中叶，在伦敦和各地方大城镇中建立了 20 所这样的学院。但很快情况就清楚地表明，这些学校并未达到当初建校时设立的“提高产品工艺水准”的目标，而对于这个“第一工业国家”来说，这一点所引起的焦虑则越来越严重。

尽管其人口的文化水平低于一些西欧和北美国家，19 世纪中叶的联合王国还是很有骄傲的资本：其公众的阅读量巨大，阅读范围非常广泛，在其发展的顶峰，印刷文化可能也是世界上最先进的。由于辉格党政府在 1836 年大幅降低了对报纸征收的印花税，报纸的发行量明显增长：1829 年，整个不列颠群岛的报纸发行总量已达 3 200 万；到 1850 年，仅在英格兰就已经达到了这个数字的两倍。那一年，《泰晤士报》这个毋庸置疑的全国发行量最大的日报，每天早上都会卖出近 4 万份，被普遍视为具有独一无二影响力的报纸［帕默斯顿与该报的主编德莱恩（J. T. Delane）关系特别好，后来罗素和女王都因此而吃了苦头］。一些始于 19 世纪 40 年代的半政治性周刊也有特别好的发行量：到 19 世纪中叶，《力量》杂志（*Punch*，1841 年创刊）每周销售 3 万份，《伦敦新闻画报》（*The Illustrated London News*，1842 年创刊）每周 10 万份，《世界新闻报》（*News of the World*，1843 年创刊）每周 5.6 万份。那些 19 世纪 30 年代建刊的重要季刊，即《爱丁堡评论》《季度评论》《布莱克伍德》和《威斯敏斯特评论》，持续刊载关于当时所有重要的政治和公共问题的各种文章，提出各种极为不同的解释和针锋相对的观点，依然能够吸引高素质的撰稿人和范围广大的读者。但援引另一个季刊，即（神学和宗教的）《前景评论》（*Prospective Review*，1845 年创刊）的话说，小说才被认为是“现代需求和趋势的重要产物”，虚构类小说作品一直是 19 世纪中叶联合王国文化景观的一个组成部分。

具有 19 世纪 40 年代明显特征的“英格兰写实”类小说仍不断面世，只不过作品数量呈减少趋势。其中就包括狄更斯的《艰难时世》（1854 年）、金斯利对宪章运动表示同情的《奥尔顿·洛克》（*Alton Locke*，1850 年）以及伊丽莎白·加斯克尔的《南方和北方》（*North and South*，1855 年）。加斯克尔在《南方和北方》一书中描写了一个叫密尔顿的虚构的工业城镇（以曼切斯特为原型）里发生的工厂主和工人的故事。但总的来说，19 世纪 50 年代的小说家们反映了这 10 年的情况变化，他们对不同的问题进行了探索，探讨范围也有所拓宽。狄更斯创作了他最接近自传的作品《大卫·科波菲尔》（1849—1850 年），然后转而思考了更广泛的社会和经济问题:《荒凉山庄》（1852—1853 年）中法律行业的不法行为,《小杜丽》（*Little Dorrit*）中的债务和监狱（1855—1857 年），以及《远大前程》中的富裕和贫困（1860—1861 年）等。对城市的肮脏和工业发展现状从不感兴趣的萨克雷（Thackeray），在《纽克姆一家》（*The Newcomes*，1855 年）中还是着迷于描述跻身权贵的行为，以及势利和虚伪等现象，他在这部作品中使用了“资本主义”这个词，成为最早使用这个词的作家之一，但他的兴趣后来在其《玫瑰与戒指》（*The Rose and the Ring*，1855 年）中转向了空想，在《弗吉尼亚人》（*The Virginians*，1859 年）中转向了历史。由《巴彻斯特养老院》（1855 年）开始，特罗洛普一共写了 6 本书，对牧师的生活进行了深入的描写，然后他一改之前的描写领域，创作了《里士满城堡》（*Castle Richmond*，1859—1860 年），对饥荒造成的饥饿和死亡进行了感同身受的深刻描述，同时也对那些悲惨的发生在爱尔兰的事件进行了令人震撼的“宿命”解读。查尔斯·金斯利则转而创作了《希帕蒂娅》(*Hypatia*，1853 年）和《向西去！》（*Westward Ho*！，1855 年）等历史小说，还创作了一本关于希腊神话的儿童读物《英雄》（*The Heroes*，1856 年）。到 19 世纪 50 年代末，新一代小说家开始赢得人们的赞誉和关注，这其中就包括《白衣女人》（*The Woman in White*，1859 年）的作者威尔基·科林斯（Wilkie Collins）与《理查德·费弗雷尔的磨难》（*The Ordeal of Richard Feveral*，1859 年）和《埃文·哈林顿》（*Evan Harrington*，1860 年）的作者乔治·梅瑞狄斯（George Meredith）。

这些高质量的报纸、期刊和小说处于一个由作家、编辑和出版商构成的错综复杂、相互联系、纷繁变化的文学世界的顶峰。狄更斯、特罗洛普、萨克雷和科林斯通常都是先创作连载小说，然后结集成精装本；狄更斯是一本新周刊《一年四季》(*All the Year Round*，1859 年）的所有者和版权方，萨克雷是其竞争对手《康希尔杂志》(*The Cornhill*，1860 年）的首任编辑；这些作家和出版商中有许多人都是雅典娜图书俱乐部的成员。但 19 世纪中叶的文学作品大多是为了取悦更广大的素养不太高的公众，内容多为“低俗怪谈”，形式为“进步”期刊，还有大量的“色情”文学、哥特式幻想和各种剽窃小说等。在许多文学领域都能游刃有余的当数亨利·梅休（Henry Mayhew），他不断在记者、剧作家、社会研究家和改革家的身份之间变换角色。他在 1812 年出生于伦敦，是家里 17 个孩子中的一个，后来与萨克雷结为好友。梅休是《笨拙》杂志的联合创始人，也是《伦敦新闻画报》的早期撰稿人。但他最著名的是在 1851 年出版了三卷本的《伦敦劳工和伦敦穷人》(*London Labour and London Poor*)，源自他早先在《纪事晨报》(*Morning Chronicle*）上发表的文章，生动地描绘了伦敦这个大都市里下层社会的悲惨景象。素材来自他对市场商贩、街头艺人、劳工、血汗工厂的工人和妓女的采访。梅休描述了这些人最详尽的生活细节，通过这些描写他清楚地展示了在当时这个世界上最伟大、最富有的城市里，许多人朝不保夕的生存状况。援引当时另一个人的话来说就是，这部作品展示的是一幅令人难忘的“在我们脚下慢慢燃烧的、苦难的或者说悲惨的地狱”画面。

造成伦敦总体环境恶化的原因之一是，对于一个在 19 世纪上半叶人口就从 100 万增长到 200 多万的城市来说，它的治理和基础设施完全不能满足需求。当时没有中央集权管理，地方权力分散在大量的教区委员会、教区和专员手里，这种混乱的相互矛盾和重叠的司法管辖体制，就能说明为什么污水始终是未经处理就排到了泰晤士河里，从而造成了危害人们健康的严重后果。1848 年又一次暴发了霍乱，仅在伦敦就夺去了 1.4 万人的生命，而 10 年后这座大都市又遭受了被称为“大恶臭”（Great Stink）的问题的困扰。那年夏天，排入泰晤士河的污水臭气熏天，在新近完工的议会下议院里，窗帘必须经过漂白剂的浸泡议员们才能正常工作。1854 年成立的“大都市工程委员会”（Metropolitan Board of Works）就是要确立一个对城市进行统一管理的权威机构，但由于“卫生委员会”（General Board of Health）的存在，它的权力也很有限。当时，奥斯曼男爵（Baron Haussmann）为拿破仑三世，以及弗兰茨·约瑟夫皇帝分别实施了对巴黎和维也纳的大改造方案，而在伦敦就没有实施类似的计划。由摄政王构思、约翰·纳什具体落实的那些伟大的建筑和城市规划举措早已完成。相比之下，维多利亚中期的伦敦明确表示反对专制主义和国家干预。从布鲁姆斯伯里延伸到海德公园边缘的大贵族庄园，都被一些投机建筑商重新开发成了住宅区，托马斯·丘比特就是其中最著名的投机商。尤斯顿站（Euston，1837 年建但 1849 年扩建）、滑铁卢站（1848 年），国王十字站（1852 年）、帕丁顿站（Paddington，1854 年）和维多利亚站（1860 年）等火车站，都是企业资本主义力量的纪念碑，而非地方政府或国家政府成就的标志。

因此，根据这一观点来看，伦敦可能不算宏伟也不算辉煌，但至少它的人民并没有受到残暴政权无孔不入的恐吓和胁迫。正如当时某个人解释的那样：“公共建筑很少，而且大部分都很破旧……但是这样又如何呢？生活在一个人民享有自由的大都市里，是多么了不起啊！”但认为恶臭、破旧和肮脏在某种程度上代表了英国是自由国度这种想法，对于梅休的那些采访对象，也就是那些不幸的人来说，却几乎没有任何说服力。另一方面，起初人们害怕罗伯特·皮尔建立的大都市警察部队会与欧洲大陆的宪兵一样，但后来这种想法证明是毫无根据的，到 19 世纪中叶，警察被称作“皮尔人”或“鲍比”，更多的是表示赞赏意味。此外，伦敦一直有一个响当当的名声，即它是一个对所有人开放的目的地，尤其是对那些在欧洲其他地方遭受迫害逃离而来的人们敞开大门。事实上，这座城市对流亡者和外侨的吸引力在 1848 年之后旋即达到了顶峰，当时它为许多在改变世界的行动中失败的鼓动者和革命者提供了一个避风港，这些人中有来自法国的路易·勃朗（Louis Blanc），来自德国的卡尔·马克思，来自意大利的朱塞佩·马志尼（Giuseppe Mazzini），来自西西里岛的斯卡利亚（Scalia）兄弟和来自匈牙利的拉约什·科苏特（Lajos Kossuth）。伦敦还有亚历山大·赫尔岑（Alexander Herzen）率领的一个俄国流亡者团体，以及包括斯坦尼斯瓦夫·沃塞尔（Stanislaw Worcell）在内的波兰人团体，他们不愿受沙皇专制统治的折磨，而选择自由的生活。这些流亡者中的许多人忍受着艰苦和单调的生活，常常集中于索霍区（SoHo）和莱斯特广场（但是马克思更喜欢长时间待在大英博物馆的阅览室）。与此同时，与 1776 年和 1789 年以后的情况一样，伦敦也继续吸引着那些试图阻止革命变革而遭遇失败的统治者和反动派，最著名的是来自法国的路易·菲利普国王和来自奥地利的梅特涅亲王。

联合王国保持其边境开放，欢迎持各种政治观点的欧洲流亡者，允许他们在伦敦长期居住，这些都是其民族自豪感的一个重要来源，这种特殊的自鸣得意感在 1848 年后的英国尤为显著，那时不列颠不但本身没有发生革命，而且也为那些在其他地方试图进行革命却失败了的人提供了第二个家。1853 年年初，《泰晤士报》如此评论：

> 地球上所有的文明民族一定都充分认识到了英国是各民族的庇护所，为保卫这个庇护所它会耗尽最后一盎司的财富，流尽最后一滴血。这是迄今为止最值得我们骄傲且坚持不动摇的事情。

但并不是所有人都认为对失败的革命者展开双臂是英国表现自由主义、宽容和四海一家思想的无私姿态。相反，庇护这些持不同政见者和鼓动者的做法并不是提供“各民族避难所”的崇高行为，它是在对那些没有被 1848 年革命推翻的许多反动政权宣示完全的敌视态度。正如比利时的利奥波德国王（King Leopold）向他的表姐维多利亚女王所说的：“科苏特、马志尼……之流就像豢养在英格兰动物园的一群野兽，偶尔散放到欧洲大陆上给欧洲的宁静和繁荣造成破坏”。他的观点与《泰晤士报》截然不同，却是欧洲许多地方盛行的观点。而在麦考利和帕默斯顿时代，这两种观点也并不完全令人感到意外。

全球霸主？

这就是 19 世纪中叶约翰·罗素勋爵及其辉格党同僚执政的国

家：旧事物和新事物、贫穷与富有、农村和城市、农业与工业、宗教和世俗、英格兰人和凯尔特人、新教和天主教并存，充满矛盾和多样性。他们执政的首都是世界上最伟大、最繁荣的城市，但也是一个污染严重、大雾弥漫、遭受热病困扰的城市，当然它也是那些从自己的家园或欧洲大陆其他国家逃离而来的流亡者和逃亡者的希望灯塔。罗素上任后主导的那段时期至多可以算是一个低能量的、对皮尔派国内立法的巩固时期。但是在 1850 年 9 月，即显示出经久不衰的民众爱国主义力量的“唐·帕西菲科”事件发生几个月之后，突然之间新教再次得到广泛普及，而事情的起因是教皇庇护九世（Pope Pius Ⅸ）决定在英格兰重建天主教等级制度。因为在宗教改革时期，一般的教区牧师取代了主教，取消了天主教等级制度。第二年进行的宗教普查的结果表明，人们对英国国教这个教会组织的忠诚度呈下降趋势，但尽管如此，要加强教皇对联合王国事务的影响力这一提议还是激起了宗教对抗，再次确认了宗教在公众意识中的重要性。该计划由尼古拉斯·怀斯曼（Nicholas Wiseman）提出，他是英国天主教会的负责人，新近被任命为枢机主教。在提出此想法之前，他不仅与教皇磋商过，而且还与罗素本人商量过。罗素既信奉“国家万能”（Erastian，认为教会应该从属于国家），又是辉格党人（坚持宗教宽容政策），一直对天主教试图摆脱“无能”（即法律对它的制约和限制）的想法持赞成态度。

新的宗教等级制度必然应该从属于罗马教廷，但怀斯曼在宣布这个决定的过程中，很不明智地使用了过激的语言，宣称“英格兰天主教”将再次成为“光明和活力的源泉”。这种措辞似乎意味着该教会正在试图干涉一个新教主权国家的事务，而人们普遍的观点是教皇根本没有这种权力。鉴于新近对 1829 年的天主教解放运动以及 1845 年对梅努斯神学院的捐赠存在争论和抗议，更不用说在 1780 年戈登暴乱中所表达出来的反罗马天主教民意，这样重申教皇的权力似乎是不必要和不明智的挑衅。在大不列颠罗马天主教徒可能是极少数人群，但在大饥荒过后，利物浦和格拉斯哥等城镇的天主教徒数量迅速增长，而在爱尔兰天主教徒占绝大多数的这一事实，只是进一步激起了新教徒的盛怒。此外，19 世纪 40 年代发生了几位杰出的高教会派圣公会教徒（High Church Anglican）和牛津运动成员皈依天主教的事情，其中非常著名的是 1845 年约翰·亨利·纽曼（John Henry Newman）本人的皈依。在那 10 年的时间里，他不是第一个转而皈依罗马教廷的圣公会牧师，但他转变信仰的决定鼓励了其他人的效仿，其中就包括赞美诗作家兼神学家弗雷德里克·威廉·费伯（Frederick William Faber），以及那位著名的福音派和反奴隶制运动人士的小儿子亨利·威尔伯福斯（Henry Wilberforce）。这样的叛教行为预示了一个令人担忧的前景：日渐衰弱、节节败退的英国国教正在被复兴的、决心要破坏和扭转宗教改革成果的坚定的天主教所瓦解和打败；而随着后来奇切斯特的执事长亨利·爱德华·曼宁（Henry Edward Manning），东约克郡的执事长罗伯特·威尔伯福斯（Robert Wilberforce），即亨利的大哥等人改信皈依，这方面的焦虑也日益加剧。

威廉·威尔伯福斯的孩子们各自选择了不同的宗教道路之后，就再也不属于同一个幸福的家庭了。二儿子即塞缪尔主教（Bishop Samuel），一直是英国国教的坚定支持者，对查尔斯·达尔文的进化论持强烈的批评态度。但是正当天主教复兴的危险似乎近在眼前之时，正当那些皈依罗马教廷的人给新教徒带来极大恐慌（无疑有所夸大）之时，教皇决定在 1850 年秋任命第一位英国主教，人们对这种被称为“教皇侵犯”的行为普遍做出了抗议也就不足为奇了。这位教皇在这个新天主教教阶的顶端建立了威斯敏斯特大主教区，在英国国教教会没有涉足的地方建立了带有领地性质的主教教区，但在整个过程中他也一直努力避免伤害圣公会的情感。但他失败了，不仅仅是因为罗素放弃了他之前对该计划看似支持的态度，转而支持随后发生的不友好的民众抗议活动。1850 年 11 月，他公开了自己写给达勒姆主教的一封信，信中谴责了教皇的行为，抨击他企图“将自己的镣铐拴在一个长久以来如此崇高地维护了其言论自由权利的国家之上”，并对牛津运动进行了声讨，认为这个运动将“迷信的傀儡”重新引入了英国国教。第二年，罗素通过了《教阶等级法》(Ecclesiastical Titles Act)，规定如果天主教使用了与英国国教相同的教阶名称即为违法。但这个法案严重损害了他作为一名辉格党人和改革者的声誉，在下议院遭到了爱尔兰天主教议员、格拉汉姆和格莱斯顿等皮尔派，以及布赖特和科布登等激进派的反对。这个做法也没有必要，因为教皇在命名他的主教时，一直很谨慎避免违反该法案的规定。不管怎样，格莱斯顿还是在 1871 年废除了该法案。

罗素最终似乎采取了反天主教的立场，这虽然与他先前在这一问题上的立场相抵触，但无疑在信奉新教的大部分不列颠地区引起了共鸣，这可能就是他要这么做的原因，想要使帕默斯顿难堪。但在威斯敏斯特宫却没为他赢得几个政治朋友。他为了在刚愎的内阁同僚面前重申自己的权威而做的这一尝试没有取得成功，而他放弃了辉格党具有重要历史意义的国家全能和宗教宽容原则，似乎是对其王朝传统和天生权力的一种投机取巧的抛弃。然而，这并没有反映出事情的全貌，因为罗素就像他的许多前辈祖先一样，一直反对阴魂不散的天主教专制和教皇的绝对权威，避免国家的臣民被来自遥远罗马的外来陌生的宗教权威所奴役。而在 19 世纪 40 年代末 50 年代初的狂热气氛中，这种担忧可能并不是完全没有根据的。不管怎样，罗素在抨击“教皇侵犯”行为时，也在深思进一步扩大参政权（他作为主要的设计者和主角之一，之前极力主张 1832 年的解决方案）必须是“最终的”考虑。1850 年秋，因为帕默斯顿对任何进一步扩大选民范围的做法都表示反对，罗素又一次试图绕开他制定一个扩大选民的方案，并于 1851 年 2 月突然通知下议院，他将在下年年初提出新的改革提案。但他未能获得多数支持，于是很快辞去了首相职位。随后出现了一段混乱的高级政治时期，类似于先前皮尔在 1845 年初辞职时的情况，而在混乱结束之时罗素又重新掌权，但他的政治权威却因此进一步受到削弱。

在外交和议会改革两方面存在的这些政治困扰是一系列危机和争议的开始。这些困扰此消彼长，一方面突然从一个地方冒出来并迅速消失，一方面则是个人对抗、政治麻木和党派混乱的副产品，在接下来的 15 年时间里，它们在不列颠的公共生活中（包括议会内部和全国范围内）占据着主导地位。但在这两者中，外交事务更为重要。这在一定程度上是默认的情况，因为从天主教解放到废除《谷物法》等各种激化政治矛盾、激发又毁掉党派忠诚的国内重大问题，大体上已经平息了，这意味着为改革议会再次做出的努力又付诸东流了。但也是由于 19 世纪 50 年代和 60 年代初的英国达到了全球霸权的顶峰，与更广阔的世界进行了多方面的交锋，而这又完全得益于此时的英国已经确立了最具创新性、先进性、尖端性和繁荣性的无可比拟的全球经济地位。就国内而言，19 世纪中叶的英国工业化有着不可否认的局限性；但从国际角度来说，联合王国远远领先于所有的竞争对手——事实上，它们几乎不对其构成竞争威胁。英国的煤炭产量和消耗量是法国的十多倍，最终达到了德意志帝国等国家的 6 倍，而其铁的产量和消耗量则分别是他们的 3 倍和 4 倍。蒸汽机可能还没有得到很广泛的应用，但在 19 世纪中叶，他们给英国提供了 129 万马力的动力，相比之下，法国是 37 万马力，而德国是 26 万马力。尽管法国和德国拥有的土地面积后来很快超过了英国，但英国修建的铁路线比法国和德国加在一起还要长。

这些数字还必须放在更宏观的背景下来审视。到 19 世纪中叶，世界上一半的生铁产量来自英国，世界煤炭产量的一半也来自英国，而其织机和纺锭消耗了全球近一半的原棉产量，在世界制造业总产量的份额也达到了它的最高水平。换言之，这意味着如果把 1851 年的英国工业化指数设为 64，欧洲大陆最接近它的竞争者也是可怜兮兮地远远落后：位于第二位的比利时仅为 28，瑞士为 26，法国为 20，而德国则只有 15。同年，英国人均国内生产总值比德国高 65%，比美国和荷兰都高 30%。这种显著的工业优势意味着英国与更大范围世界的接触比任何其他大国都更多更广。其工业制成品的主要市场一直是欧洲和北美洲，但它也是对拉丁美洲、黎凡特和中国的出口大国；它从世界各地进口原材料和食品。到 19 世纪中叶，英国也以前所未有的规模做资本出口：在滑铁卢之后的 10 年里，它每年在海外的投资额达 600 万英镑，而到 19 世纪 50 年代时，这个则数字增加了 5 倍。部分是因为大饥荒带来的后果，它也出口了更多的资金和更多的人口：19 世纪 40 年代，160 万英国人迁至澳大利亚和新西兰、英属北美地区和美国；在接下来的 10 年里，这个数字增加到了 230 万，在 1850 年后的 21 年时间里，移居国外的人数年均超过 20 万。由于原材料、制成品、海外投资和英国移民的大量流动，世界上 60% 的海洋吨位均在英国注册也就不足为奇了。

19 世纪中叶英国的生产力和国际先进性都得到了加强，而加大力度增强对自由贸易原则的遵守既是其原因也是其结果。皮尔废除《谷物法》以及罗素废除《航海条例》之时，可能是存在争议，而且托利党保护主义者也从未对此有过让步，但自由贸易很快就成了维多利亚时代大多数政治家、银行家、商人和制造商们的一个信念，而且一直持续到 19 世纪末，在某些方面持续时间甚至更长。当然，在这一切当中会有欺骗和虚伪的成分：英国人动辄主张所有在世界市场上抢夺业务的人机会平等，得到“公平待遇，没有偏袒”，因为他们知道自己将赢得世界上所有市场的最大份额。但也有这样一种感觉：对某些人而言，自由贸易确实看似一场真正的世俗与宗教的改革运动，将救世主教义及反谷物法联盟信仰全球化了。一位英国驻香港总督对《新约》做了新颖却得到广泛认可的解释，用他的话说就是：“耶稣基督就是自由贸易，自由贸易就是耶稣基督。”但关于这个自由贸易天堂应该如何在地球上实现，这个口号也掩盖了许多不同的观点。像科布登和布赖特这样热爱和平的国际主义者认为，自由贸易本身会在世界各地带来平等的关系、和平与和谐的局面。但许多商人并不认同这种虔诚乐观的观点，他们支持帕默斯顿的做法：在那些只能通过武力强行实现自由贸易的边远地区，派遣炮艇去开拓市场。

然而，这样的霸权却有其局限性：因为尽管联合王国在工业和金融方面具有优势地位，并拥有无与伦比的全球经济影响力，但 19 世纪中叶的英国却不具备同等规模的海外势力。它无可争辩的经济实力并没有直接转化为同等的军事实力。相反，盛行的自由放任思想以及在大革命和拿破仑战争时期积累起来的巨额债务所造成的长期财政阴影，意味着削减公共开支的压力一直持续到了皮尔和罗素（实际上也持续到了格莱斯顿）时期。1815 年后的几十年里，陆军和海军的开支始终保持在绝对最小值，相当于国民生产总值的 2%~3%，这个数字比 18 世纪的大部分时间都要少，也少于后来 20 世纪的大部分时间。事实上，联合王国在这期间进行的有效战争“动员”或资金储备，很可能比斯图亚特王朝初期以后的任何时候都要少。这意味着从 19 世纪中叶开始，作为欧洲军事强国的英国陆军（6.5 万人）已经无法与普鲁士（12.7 万人）、法国（32.4 万人）、哈布斯堡帝国（40 万人）或俄国（90 万人）竞争，而且，英国经济在滑铁卢战役之后的现代化转变并没有在其军队建设中产生相应的改进和创新。因此，尽管英国一直持续关注伊比利亚半岛、比利时和达达尼尔海峡（Dardanelles）等战略上至关重要的外围地区，但他们对欧洲大陆的军事干预丝毫不感兴趣，也没有能力这么做，就没什么可奇怪的了。

还有，大多数英国士兵都被部署在远离英国海岸以及欧洲之外的帝国范围内，他们也得到了印度士兵的支持，30 万印度士兵可以为帝国服务却不用花费英国纳税人一分钱。但是，尽管有印度士兵在东非、中东，以及中国这种遥远的国度参与了军事行动，但英国的海外军事官员和总督仍然不断抱怨，他们所指挥的军队人数不足以控制所辖的领土范围。相比之下，皇家海军确实在形式上占据了全球优势，因为它的规模一直比排在其后的三四个国家的海军总和还要大。它在北海和地中海的主要舰队在欧洲大陆沿海地区给联合王国提供了一些政治杠杆；而在欧洲之外，皇家海军保持了海上贸易航道的开放，打击了海盗，拦截了贩奴船，保住了英国的海洋帝国，对那些负责与土著统治者和各民族打交道的当地官员给予了支持。但与英国陆军一样，皇家海军自 1815 年以后一直在持续裁军，由于木质帆船建造成本相对较低，因此在低预算的基础上暂时还能维持英国的世界地位。此外，国际形势也远不如 1815 年以前那样充满竞争：法国和西班牙不再为建造帝国而与英国作战；俄国在亚洲的对抗只是偶尔会引起恐慌；而德国变成以普鲁士人为主的国家，还是距此 20 年以后的事情。也因为得益于世界上许多地区存在的强权真空，19 世纪中叶的英国作为世界上最重要的工业和金融国家确实能够以低廉的代价称霸全球。

这就是 19 世纪中叶联合王国国际地位的优势和弱点，可以帮助我们解释帕默斯顿回到外交部以后为什么要急于维持各强国在 1815 年维也纳会议中确立的领土平衡。他希望保留欧洲大陆联盟，以避免英国卷入费力又费钱的军事纠葛。他认识到英国的海外干预能力和意愿都存在相当大的局限性。实际上这意味着帕默斯顿做事常常看起来反复无常：他可能显得异常理性并且非常自我；他可以拥护自由原则和得到广泛民众支持的事业；如果认为合适，他会与暴君共处，并与他们做交易。他也会威吓、恐吓和恃强凌弱，而这么做有时很管用，有时无济于事。至于殖民地问题，滑铁卢以后进行的大规模土地兼并没有明确的模式或理由，在 19 世纪下半叶的时间内也依然如此。历届政府总体上来说都不愿承担更多的责任或兼并更多的领土，因为这么做无疑要花钱；但人们也不免谨慎地意识到，英国遍及全球各地的商业扩张，再加上海外移民规模的不断扩大，可能会需要官方的海外干预，尽管不受欢迎，但最终也无法避免。贸易和商业，投资和移民，这些行为本身并不总是意味着帝国扩张：有时是，有时则不然。但是一旦将某些殖民地纳入版图，人们即便是极其不情愿，也普遍认为必须要保住这些土地。也许是想到了 1776 年的事情，1849 年罗素对格雷勋爵说："失去我们殖民地的任何一大部分，都将削弱我们在世界上的重要地位，而那些秃鹫很快就会聚集起来，掠食掉我们帝国的其他部分。"

这些制约英国全球霸权的情况也给帕默斯顿和外交部以及殖民地部的格雷限定了什么事情能做、什么不能做。在欧洲外围，帕默斯顿先前试图对西班牙王室混乱的王朝政治进行干预，他的做法就是为伊莎贝拉女王提供一位潜在的追求者，从而挤掉邻国法国提出的候选人，但并没有成功。他对 1848—1849 年在隔北海相望的地区发生的第一次石勒苏益格 – 荷尔斯泰因（Schleswig-Holstein）危机（德国和丹麦两国的民族主义者之间发生的冲突）也没能施加任何重大影响，因为他没有能力在该地区部署英国军队。当欧洲心脏地带在 1848 年春爆发革命时，帕默斯顿积极表示维护宪法秩序，赢得了欧洲大陆自由人士的赞扬，但他的主要目的是阻止大规模战争，并防止欧洲权力平衡发生变化，因为这会损害英国的利益。因此，他努力确保法国不会以牺牲奥地利为代价扩大自身影响力；因此，他最初对科苏特领导的匈牙利反对奥地利的起义给予了支持；但他后来也因此支持了专制的俄国介入为奥地利镇压此次起义行为；因此，当为建立一个统一的大德国而做的努力无疾而终时，他也感到释然。帕默斯顿也有过令他学得新闻界和公众之心的出色的政治表现：他对唐・帕西菲科事件进行辩护，1851 年科苏特来到英国时他默默地给予了支持，他也容忍了把奥地利的各位皇帝谴责为"可恶可憎的刺客"的一个演讲。尽管帕默斯顿对其外交部前任颇有微词，但英国和美国于 1850 年签订的同意停止对中美洲实行殖民统治的《克莱顿－布尔沃条约》(Clayton-Bulwer Treaty)，却秉承了之前阿伯丁勋爵遵循的和解谈判传统。

执掌殖民地部的格雷勋爵不得不应付 1848 年大英帝国许多地区发生的不同程度的动荡局面。虽然他是一个谨慎的决策者和创新者，但正是在这一时期，英国开始实施新政策，向殖民地授予相当大的政治自治权，这与英国政府在 18 世纪 70 年代对 13 个美国殖民地所采取的灾难性不妥协立场截然不同。做法是以各种民选机构确立“代表性”政府，然后通过建立对这些立法机构负责的各种行政机构来构成“代议制政府”(Representative Government)，以期通过这样的手段把这些后期建立的殖民地留在帝国的版图中，也使得到承认的代议制政府有义务自己承担军事和行政开支。对于英国的决策者和殖民总督而言，在保留外交政策控制权的同时，放权给殖民地让他们对自己的国内事务拥有一定的自治权，同时也减轻了英国财政的负担。除了格雷本人，对此项新政策最重要的支持者当数埃尔金勋爵。他在 1847—1854 年担任加拿大总督，并于 1848 年在该殖民地引入了代议制政府的做法。新斯科舍和新不伦瑞克在同一年，爱德华王子岛在 1851 年，纽芬兰岛在 3 年后也都实施了同样的政策。19 世纪 50 年代，除了西澳大利亚之外的所有澳大利亚殖民地以及新西兰都建立了代议制政府，但是对于那些原住民民族的管理，是由代表英国君主的总督负责，还是由代表殖民地的首相负责，却始终不是很明确。开普殖民地也存在同样的不确定性，当地在 1851 年得到承认的宪制，也是实行代议制政府的新实践取得的一次进步。

但是在对帝国内一些地方放手管理的同时，大英帝国在其他地方还在持续进行扩张，因为那些当地负责人的扩张主义冲动和贪婪的热情胜过了殖民地部不愿进一步扩张领土的总体想法。在南非，英国对纳塔尔不得已的兼并行为只是促使移民殖民者进一步越过奥兰治河入侵了邻近地区，从而加剧了英国和布尔人之间的紧张关系，也加剧了欧洲白人和原住民民族之间的紧张关系。1848 年 2 月，开普殖民地总督哈里·史密斯爵士（Sir Harry Smith）专横地宣布这里已成为英国拥有主权的奥兰治河移民点，使格雷感到非常沮丧。事实上，格雷 3 年后就告知史密斯，“最终放弃奥兰治的主权应该是我们确定不变的政策”。但是与 1848—1856 年担任印度总督的达尔豪西勋爵（Lord Dalhousie）相比，史密斯的抗命和贪得无厌简直是无足轻重。史密斯到任时再次面临着锡克教徒的反叛和威胁，但不到一年，他们就被彻底打败了，整个旁遮普被兼并。1852 年，因为与在住民首领意见不合，他支持英国驻仰光伊洛瓦底江（Irrawaddy）中队的海军准将发动了第二次“英缅战争”（Anglo-Burmese War），结果是英国又一次取得胜利并又一次采取了兼并行为，这次兼并的是勃固省（Pegu）。达尔豪西还援引所谓的“失效理论”，在他的总督任期内兼并了包括阿尔果德（Arcot）、阿瓦德（Awadh）和占西（Jhansi）等在内的 7 个土邦，因为这些地方的统治者没有合法继承人。与此同时，他开始计划建造一个覆盖全印度的铁路系统，由私营企业承建，但印度政府保证给投资者 5% 的回报。

这些做法完全不是 19 世纪中叶不干涉政策或自由贸易的帝国主义行为，而是英国强行施加国家干预的帝国主义行为，因为哈里·史密斯爵士和达尔豪西都一直对兼并、扩张和干预行为所具有的益处、必要性和可能性坚信不疑。史密斯在占领奥兰治河移民点之前，曾于 1846 年在印度与锡克教徒作战（并得胜），19 世纪 30

年代在南非服役，跟随惠灵顿在滑铁卢作战。达尔豪西也是惠灵顿的门生，与其前任总督乔治·本廷克勋爵一样，他认为英国在印度实施统治应该就是解决夺取和兼并、进步和现代性、干预和投资、技术和改革等问题。但在殖民地部或外交部看来，这并不是英国的帝国使命，唐宁街 10 号更是不能认同他的想法；而关于英国与世界其他地方应该建立怎样的关系及其要务是什么，与英国全球商业网络密切相关的许多制造商、贸易商、银行家和金融家们有着大不相同的看法。他们的利益又与越来越多的定居在加拿大、南非、澳大利亚和新西兰的英国移民不同，他们比英国政府的官方代表更渴望获取土地、更不关心原住民的权利。但是，专注于把联合王国与世界各地联系起来，并在此时激发英国人想象力的人，既不是政治家也不是那些地方总督、士兵、商人、制造商、银行家或移民，而是苏格兰传教士、探险家和反奴隶制运动人士戴维·利文斯通（David Livingstone）。他在 1852 年开始了穿越非洲的史诗般的远征，并成为 19 世纪 50 年代末一个伟大的公众人物。他于 1873 年去世后，心脏被葬在非洲，尸身则葬在威斯敏斯特大教堂。

展示不列颠，海纳全世界

19 世纪中叶联合王国及大英帝国的复杂形势就是如此。也许能找到比以前更多的证据来支持帕默斯顿在他的“唐·帕西菲科”演讲结束时对英国的乐观描绘：英国是一个安逸自在的国家，在世界各国当中处于优势地位。卫理公会教徒阿布萨隆·沃特金（Absalom Watkin）是一个工厂主，以前也参与过反谷物法运动，他的观点与帕默斯顿基本相同，只是表达得没那么咄咄逼人："与以往相比，我现在更能清楚地证明英国的总体康乐水平。毫无疑问，我们的国家正处于一个非常幸福和繁荣的状态：开展自由贸易，拥有和平与自由。"麦考利也是极尽赞誉之词。但这只代表一方的观点，与当时许多的作家，尤其是马克思和梅休的观点正好相反。不仅如此，经济是否会从 1848 年的衰退中复苏还不确定，而且，尽管爱尔兰大饥荒最严重的时期已经过去，但由此造成的恶劣影响短期内还不会消失。大多数英国人营养不良、受教育程度低下，对基督教基本信条知之甚少。这可能也算是一种"自由"，与许多欧洲国家相比，不列颠没有那么强的侵略性，也不那么专制，这一点毫无疑问，但这种自由显然是有代价的，事实上有那么多人决定离开英国，（特别是）离开爱尔兰到国外去寻求更好的生活，对帕默斯顿过于乐观的结论来说是当头一棒。狄更斯在小说《大卫·科波菲尔》中就塑造了米考伯先生这样一个移民形象。他总是债台高筑，但总是希望最终会"有所转机"，他移民到了澳大利亚，他在那里也的确转运了，成了一个受尊敬的人，并担任了所在市镇的市长。

这些矛盾和焦虑通过一个著名的原创方案生动地（在某些情况下是无意识地）展现出来，这个方案的结果是促成了从 1815 年滑铁卢战役到 1897 年维多利亚女王钻石禧年这段联合王国历史中最重要、最具决定性意义的（也是有不同理解和解释的）大事。这个方案的最终结果就是"万国博览会"（Great Exhibition of the Works of Industry of All Nations）的召开。这是 1844 年年底由弗朗西斯·维肖（Francis Wishaw）提出的想法，他是不久后成立的皇家艺术学会（Royal Society of Arts）的秘书。考虑到工人教育程度的不足和英国设计水平的欠缺，他认为如果能够追随最近欧洲大陆柏林和巴黎的先例，说服英国的实业家和制造商在展览上展示他们的产品，必将带来巨大的公共利益。他希望借此提高公众和消费者对其工厂和产品的兴趣，鼓励他们之间的友好竞争，从而提高工艺和设计的整体水平。但维肖接触的制造商中几乎没有人支持他的想法，直到后来由亨利·科尔（Henry Cole）在40年代末接手此事，该方案才开始有所推动和发展。科尔曾做过公务人员、记者、历史研究者，对进步、商业、思想自由以及自由贸易拥有强烈的信念。他社会关系广泛，对自己坚信的事业不遗余力乐此不疲，他是皇家艺术学会的成员，对工业设计有着浓厚的兴趣。科尔在1847年和1848年连续举办了两次英国产品展览，得到了实业家们比较热心的支持，并开始在一定程度上引起了公众的兴趣。

科尔下决心要在这一初步成功的基础上再接再厉，他对罗素的政府成员，还有他自己在下议院的朋友们进行游说，促成议会设立了一个特别委员会，以探索工业设计的标准和方法。1849年他获得了维多利亚女王和阿尔伯特亲王的支持，举办了第三次展览，正是他们的支持确保了许多制造商以前所未有的热情参与其中。受此鼓舞，科尔说服皇家艺术学会主办即将于1851年在伦敦举办的第一届国际工业制品展。他得到了阿尔伯特亲王和罗伯特·皮尔爵士的支持，1850年1月成立了一个皇家委员会来监督展览的举办，监督规划和建筑所需的场馆，鼓励海外制造商展示他们的产品，并出台方案为最佳展品公正地颁奖。该委员会委员包括阿尔伯特亲王、巴克卢公爵（Duke of Buccleuch）和格朗维尔伯爵（Earl Granville）；约翰·罗素勋爵、斯坦利勋爵、罗伯特·皮尔爵士、理查德·科布登和格莱斯顿先生；皇家学会会长、皇家学院院长、地质学会会长和土木工程师学会（Institute of Civil Engineers）

会长；曼彻斯特商会主席和东印度公司董事长；建筑师查尔斯·巴里，利兹毛纺品制造商约翰·戈特（John Gott），以及英国最大的两个银行家托马斯·巴林（Thomas Baring）和奥弗斯通勋爵（Lord Overstone）。他们来自不同的地区，社会和职业背景亦大不相同，但他们大多数人都很富有且受过良好教育，并且有着丰富的政治和公共服务经验。委员的组成既代表了金融、工业和商业利益，也代表了地主的利益，大多数委员都曾支持过政治方面的改革措施并致力于自由贸易、进步和改良，其中只有 4 个人是贸易保护主义者。

因此，委员们的中心思想更明显带有皮尔派、辉格式、自由主义甚至激进的特点，而非保守派、保守党或保护主义特点。他们大都对科学和艺术有着浓厚兴趣；他们总体上都赞成个人主义、竞争和自由贸易；他们更倾向于强调联合王国内部不同的社会群体所具有的共识，而非他们各自的竞争利益；以一种宽容的、非教条的态度去理解基督教，从而可能进一步推动整个不列颠群岛的国家团结意识；他们相信国际友好关系和人类的手足情谊从经济上体现，在信仰上也必不可少。19 世纪中叶，英国经济处于过渡阶段，与此相适应，他们认为“工业”不仅仅意味着机器制造的产品，还包括诚实劳作和手工劳动所生产的一切产品；他们希望此次展览在展示世界上所有先进国家生产的最高质量产品的同时，能够提醒英国制造商认识到自己许多产品的缺陷，以及他们手下许多工人受教育程度的不足。然而，尽管委员们的思想意识和世界观有共同之处，但他们是否能组织和资助第二年春末即将举行的世界上最大的国际展览，在 1850 年年初还远不明朗。资金从哪里来？英国公众是否会感兴趣？联合王国和世界各地的实业家和制造商是否会接受邀请在伦敦展出他们的产品？从 1850 年 1 月到这次“万国博览会”预计开幕的 1851 年 5 月，筹备之路非常崎岖，时间也相当局促。

1850 年的上半年，委员们几乎没有取得任何实质性进展。最初的想法是以利润分成的形式争取私人赞助来举办展览，但他们很快就发现，举办这样一个重大的国家性质的展览用这种方式获取资金是行不通的，于是委员们决定转而从公众中寻求更广泛的资金来源。委员会下属的承担着具体各项责任的各小组委员会也不总是意见一致，而科尔的热情和决心有时会适得其反。一开始公众和议会都普遍反对把海德公园作为此次展览举办地的决定，理由是这样会破坏那里的树木、花园和草坪，而且会让那些国内外不受欢迎的人大量涌入伦敦的这个中心地区。为消除人们一开始的这种抵触情绪也耗费了一些时间。此外，最初的场馆建造提议是要建一个砖质建筑，长度是威斯敏斯特教堂长度的 4 倍，拱顶规模超过伦敦的圣保罗大教堂及罗马的圣彼得大教堂，尽管其中大部分是由布鲁内尔设计的，但还是遭到了人们普遍的讥讽和嘲笑。到 1850 年夏，似乎整个计划的崩盘近在眼前，7 月初罗伯特·皮尔爵士去世，该委员会又失去了一位最有名望、最坚定的支持者。然而，皮尔的逝世似乎促使委员们采取了一种虽然姗姗来迟但更坚定的行动方式。到当年年底，他们同意了由约瑟夫·帕克斯顿（Joseph Paxton）提出的以铁和玻璃为材料建造场馆的方案，他刚为查茨沃思的德文希尔公爵建造了一些温室，受此启发做出了这个革命性的设计。委员们也成功地获得了必要的财政支持，其中大部分出自伦敦市，也有部分来自英格兰的中部和北部地区、威尔士南部和苏格兰的福斯克莱德地区等大型工业城镇。

在最终确定了地点、场馆建筑和资金来源之后，委员们又为人们提供的展品数量感到震惊不已。当博览会在水晶宫（帕克斯顿的建筑以此名广为人知）开幕时，参展单位，包括个人和公司，共计 1.4 万，提供的展品超过了 10 万件，都是由英国及其殖民地和其他国家的数百个委员会挑选出来的。当时有人评价说，按字母顺序排列的展品从一个撒丁人提供的“苦艾酒”（字母 A 开头）一直排列到两个维也纳制造商送来的齐特琴（字母 Z 开头），展品共分为 4 类：原材料（矿物、金属、化学品、食品）；机械（从铁路机车到工业设备到军事工程及农业用具）；制造品（棉制品、皮革、服装、餐具、珠宝、玻璃、陶瓷）；以及美术制品（绘画、建筑、雕塑、马赛克、珐琅）。使委员们感到欣慰的是，1851 年 5 月 1 日，在一群耀眼的国内名流和国际来访者面前，维多利亚女王准时开启了这次万国博览会的大幕。仅在开幕当天就有超过 2 万人聚集在水晶宫周围，还有数千人聚集在伦敦的大街上一睹女王和阿尔伯特亲王的尊容。在接下来的 5 个月中，有超过 600 万人买票参观了这次被许多人认为是世界第八大奇迹的展览，到 1851 年 10 月展览闭幕的时候，很可能有 1/5 的英国人都看了这个展会。在整个人类历史上从未有过类似的壮举：《泰晤士报》把这次开幕式称为“创世以后来自世界各地所有民族的人聚集在一起共同做一件事的第一个早晨”，只有联合王国才能举办这样的展览会，也只有在伦敦才能举办这样的展览会。

对于数百万参观者中的大部分人来说，从地球上各个角落汇集来的这些丰富多彩的神奇展品，是如此的不同凡响令人难忘：“美之大成，实用之大成，来自我们这个美丽的行星。”这是丁尼生在他的“博览会颂歌”中的词句。的确，有些参观者不仅对帕克斯顿极新潮的创新建筑感到迷惑和惊愕，同时也被建筑里面的产品数量和种类所震惊，有一个人承认说自己面对如此丰富的展品完全处于一种“懵然状态”。但是，挤进水晶宫的人至少和展出的产品一样不同凡响，因为数以百万的参观者来自联合王国各地且社会背景涵盖广泛。在一开始就现身展览的人大多来自有传统头衔和领地的阶层，以及专业人士、企业家和金融资产阶级；但到 1851 年 5 月底实行了“先令日”（shilling days）之后，大多数参观者都是来自较低的社会阶层。许多人来自伦敦，但也有大量的参观者乘坐短途列车从各地赶来，而正是新近建设的铁路网使他们得以成行。事实上，据称 1851 年铁路运载英国旅客的数量超过其历史上的任何时期，他们以友好和谐的方式乘坐火车旅行并参观了水晶宫，从而掩饰了过去几十年及最近几年出现的社会紧张和冲突状况。约翰·塔利斯（John Tallis）在他写的 3 卷本的“万国博览会”历史中声称：“各个阶层的人从来没有如此自由而大规模地聚集在同一个屋顶之下”。据当时的一个人所说：“该博览会非常受欢迎，这一点最终也成了它最大的奇迹”。1951 年 10 月 11 日，水晶宫关闭，就在此日期的前几天《泰晤士报》载文称：“现在，人成了博览会的看点。”

然而，尽管 1851 年的这次伟大展会无疑在数百万参观者中广泛引起了赞叹，但它也传递出了许多其他信息和各种不同的信号。19 世纪中叶英国经济以混合性与过渡性为特点，手工业者、作坊和工厂等生产形式并存，国内展品中有许多都是冒“工业”之名，展示的许多产品都是个体工匠制作的，尽管帕克斯顿的水晶宫非常现代，但是它的 3 万块窗玻璃却不是集约化生产出来的，而是人工吹制的。万国博览会的构思和具体操作从来就不只是，甚至也不主要是展示现代化、工厂化那种令人欢欣鼓舞的制造业。对这次展会最不感兴趣的人就是农民和农业利益者，这也就帮助我们解释了为什么更多的展品是来自英格兰，而不是来自威尔士（除了南部的煤田），不是来自苏格兰（除了低地中部的工业区），也不是来自爱尔兰（只有贝尔法斯特、都柏林和科克提供了屈指可数的几件展品）。通过向广大公众介绍制造业的成就和工业奇迹，这次展会主要用作了教育教学场所，"更像是一个学校，而不是一个展会"。但鉴于当时工人阶级教育和文化的普遍水平，这个目标似乎并没有达到。还有一个目的就是要展示最佳的实际操作，以便英国制造商可以从中学习，但对他们当中的许多人来说，万国博览会更多的是提供了一次营销机会，而不是一种学习活动，而且到水晶宫关门之际，陈列的大部分商品也确实都已经售出了。

这次万国博览会也适当地展示了除联合王国以外的"更大不列颠"，因为占据最中心位置的展品都是那些在其《参展目录》(*Official Catalogue*）中描述为来自"英国在亚洲的属地"(印度和锡兰)，欧洲属地（马耳他、直布罗陀和海峡群岛)，非洲属地(好望角、毛里求斯和塞舌尔)，美洲属地（加拿大和加勒比群岛)和澳－新属地（澳大利亚和新西兰）的产品。这里传递出来的同样是模棱两可的信息。"英国属地"这一说法暗示伦敦的控制权和帝国的一致性程度很高，但事实并非如此。尽管英国人在最近征服旁遮普之后得到的"光之山"钻石（Koh-i-noor Diamond）也在展览之列，也体现了达尔豪西最近在印度侵略性兼并的战果，但大部分殖民地还是被描述为出口英国的原材料的来源地（其中包括加拿大的木材和毛皮、澳大利亚的羊毛和印度的棉花)，以及返销英国制成品的市场。英帝国的部分地区也利用参与展览的机会来展示它们自己特定的历史和希望：例如，澳大利亚殖民地已然从罪犯流放地转变为未来帝国的重要组成部分；而开普殖民地的总督则希望南非的展品能鼓励更多的英国人移居到那里。从更广义的角度来说，万国博览会通过水晶宫内的展品，以各种新颖的方式将大英帝国清晰地展示在英国的首都和英国人面前，从而使参观者能够感知到他们从未见过，很可能永远也不会去看的那些遥远的地方。对于那些以前可能与英帝国关系不大或根本没有关系的英国人来说，万国博览会清楚地表明了英帝国是英国财富、权力和全球威望的重要组成部分。

然而，就其展品和体现出来的民族精神来说，万国博览会也引起了相当大的争议，批评者从各种相反的角度对它进行了抨击。年轻的威廉·莫里斯（William Morris）认为水晶宫和里面的所有展品都“丑陋不堪”，不喜欢铁和玻璃这些新材料的约翰·拉斯金也持有相同的观点。奥古斯塔斯·皮金也与他们看法一致。委员们慷慨地让他在展会上建造了一座哥特复兴式风格的中世纪宫廷建筑，以赞颂传统工艺和工厂出现之前的生产方式，因此他对几乎所有其他展品都大肆抨击。同样，艺术历史学家以及后来的国家美术馆馆长拉尔夫·尼科尔森·沃纳姆（Ralph Nicolson Wornum）对制成品和制造商的浅薄、风格的不协调和装饰过度提出了批评，他写道：“它们给具有批判性思维的人留下的首要印象一定是鉴赏力教育的普遍缺失。”但是这些反对工业发展的批评者也没有独善其身。一位为《折中评论》（*Eclectic Review*）撰文的匿名作者认为皮金建造的并不是一个真正的中世纪宫廷建筑，是“低劣、艳俗的冒牌货”，其“总体布局错误，装饰不协调”，显然远远落后于形式为功能服务的现代机械。与此同时，苏格兰工程师兼发明家詹姆斯·内史密斯（James Nasmyth）认为，试图提高英国商品质量，使之能够与欧洲大陆生产的最好的产品相媲美的想法本身就是错误的、具有误导性，而且也没必要。他坚持认为，“在抽象完美方面”英国制造商永远是“外国人的手下败将”，因此，与其努力按照他们的标准与他们展开竞争，不如集中精力以“数量和普遍优质”取胜。他可能有点儿乐观了，但他坚称：“英格兰永远都要靠数量取胜。经济性生产是我们的强项，这一点永远不会改变。”

因此，万国博览会看似基本上是一个世俗的事业（最初的委员中没有一个是神职人员），主要的目的是歌颂进步，赞扬改良并确认私营企业的合法性。但是，尽管联合王国可能是现代性的先锋，但此次展会也表明它已经面临严峻的国际竞争。正如委员们从一开始就认识到的那样，一些最好的设计产品和最先进的工业产品是在欧洲或北美制造的，而在需要运用先进科学知识的液压机械或电气机械等领域，不列颠明显落后于美国，这一点令莱昂·普莱费尔（Lyon Playfair）和查尔斯·巴比奇等观察家感到很沮丧。因此，在普遍的自鸣得意情绪背后，人们也对英国未来的经济前景有一些清醒的担忧。这也不是万国博览会展现出来的唯一的问题，这些问题可以被称为19世纪中叶发展带来的各种矛盾。因为，正如宗教普查问题以及民众反对恢复天主教等级制度的情绪爆发所显示的那样，英国在许多方面仍然是一个受信仰约束的社会，万国博览会从其规划阶段开始，就存在很多宗教方面的评论和争议。对批评者来说，水晶宫是现代版的“巴别塔”，处处体现出享乐主义、无神论和物质崇拜，理所应当地会受到神的惩罚和报应。但对推崇它的人来说，这是一个神圣的事业：在开幕式上，坎特伯雷大主教祈祷全能的上帝能为展会祝福，人数众多的唱诗班合唱亨德尔（Handel）的《哈利路亚》，歌中充满信心地宣称：“我们正在践行上帝伟大的旨意，并得到上帝的祝福。”

上帝会支持召开万国博览会这一想法，与博览会和平国际主义的总体主题也十分契合。阿尔伯特亲王认为这次展会“不仅是个人之间，而且是地球上的各个国家之间和平、友爱和互相帮助”的节日，理查德·科布登认为它会“打破不同国家人民之间的分隔障碍，并见证世界的大一统”。但在“唐·帕西菲科”那个时代，这种基督教国际主义也变为一种更具体的坚定信念，即万国博览会宣告联合王国注定要成为实现上帝旨意的全球先锋。查尔斯·金斯利的观点如下：

> 在我看来，多轴纺织机和铁路，丘纳德游轮和电报都……说明我们至少在某些方面与整个宇宙和谐共生；我们中间有一股强大的精神力量……即创造万物的上帝的旨意。

但包括查尔斯·巴比奇在内的其他一些人对这个观点也存在质疑，以更宏大、更具怀疑精神、更明智、不那么沾沾自喜的视角来看待这次万国博览会：

> 这是一个发人深省的严肃问题：此次博览会是否很清楚明确地表明，许多欧洲国家，甚至是那些明显落后于我们的国家，它们的工业发展速度都比我们自己的发展速度要快；如果这是事实的话，而且我相信这是事实，那么不用费脑筋就会知道，在漫长的竞赛中，最快的船即使暂时落后，最终也一定会赢。

巴比奇用吉本虽然难听但很恰当的话总结道：“罗马帝国的迅

速衰亡，是因为它为了满足其国民的虚荣心，没有汲取失败的教训而没能转败为胜。”

后果及余震

1851 年 10 月 11 日是万国博览会的最后一天，当天参观水晶宫的人数超过了 5 万；那些一直等到下午 5 点关门的人唱起了国歌；接着人群中欢声雷动，参观者随着响起的钟声向出口走去。但这一史无前例的展会留下了什么呢？作为一个从规划阶段就由不同的人进行投资并具有多重意义的展会，其长期影响也相应地处于不断的变化中。对于许多英国人来说，在 19 世纪后半叶的时间里，这次博览会越来越笼罩在怀旧的光辉中：1862 年跟随其脚步在南肯辛顿举行的“国际展览会”（International Exhibition），相比之下就显得很乏味；10 年后，简·巴奇（Jane Budge）评价说，1851 年是“整个维多利亚时代最辉煌的一年，那时……世界和平，英格兰国内繁荣昌盛，国外享有美誉，几乎所有国家的人都聚集在英格兰参与友好的竞赛”。水晶宫建筑本身被拆除后又在伦敦南部郊区锡德纳姆重建，并进行了装饰和部分增建，而这一切都没有引起更多反响。直到 1936 年被烧毁之前，在那里又举办了更多的展会、音乐会和体育赛事。更为持久的影响是，万国博览会创收的剩余款项接近 20 万英镑，后来用来购置了南肯辛顿地区的土地，在那块地上建造了维多利亚和阿尔伯特博物馆（Victoria and Albert Museum），自然历史博物馆和科学博物馆，以及帝国理工学院和皇家阿尔伯特音乐厅（Royal Albert Hall）。这种对科学、应用艺术、教育和设计的制度化投入，是这位女王的丈夫在他选定的土地上留下的永久遗产，从那以后，再也没有哪位英国王室成员对联合王国的文化和知识领域做出过如此多方面的贡献。

这次万国博览会胜利闭幕后不久，法国发生的事件对英国的国内政治产生了重大影响，国际事务随之再次进入英国公众视野。“七月君主政体”在 1848 年的革命中垮台，之后，前法国皇帝的侄子路易 - 拿破仑（Louis-Napoleon）被选为法兰西共和国总统；但 1851 年 12 月，他发动了一场针对共和制的政变，废除了共和国，宣布他自己直接继承他伯父的皇位，称拿破仑三世皇帝。在没有得到内阁及女王许可的情况下，帕默斯顿立即表达了英国政府对路易 - 拿破仑违宪行为的“完全赞许”。对于一位自诩一贯反对欧洲大陆专制统治的外交大臣来说，这似乎是一种非同寻常的软弱表现，而当初与拿破仑一世皇帝进行的漫长而艰苦的战争所留下的痛苦记忆，仍在英国民众和政界的心中挥之不去。但帕默斯顿相信拿破仑三世是个亲英派，认为他对英国的态度比任何一届法国政权都要友好。然而，女王和阿尔伯特亲王都感到非常恼怒：他们不喜欢自己这位外交大臣在他们看来是擅作主张的行为，也不喜欢他那种放纵的 18 世纪的道德表现，他们敦促罗素解雇他，而罗素在这一年还没结束时就依令执行了。后来被维多利亚女王形容为“两个令人讨厌的老家伙”的罗素和帕默斯顿，一直关系紧张，而现在给了这位首相一个机会，使其在内阁中重振其日渐消减的权威。但好景不长，因为帕默斯顿决心与罗素“针锋相对”，于是在 1852 年 2 月，根据帕默斯顿提出的议案，该届政府在下议院遭遇失败，罗素因此辞职。

罗素辉格党政府的下台迎来了一个极为不同的新议会政治时

代。19 世纪三四十年代的大部分时间里，辉格 – 自由党和托利 – 保守党之间都存在着相对清晰的党派分歧，在这个时代这种分歧已不那么分明了。准确地说，19 世纪中叶也不只是让人感觉到了旧世界似乎在让位于新世界，因为万国博览会和水晶宫似乎已经预示了未来：19 世纪的后半叶可能与前半叶大有不同，与此同理，把联合王国与 18 世纪末 19 世纪初充满动乱和战争的艰难严苛的岁月连在一起的那些以前的杰出人物，也即将退出舞台。19 世纪 30 年代的两位辉格党领袖都已经退出了致命的旋涡：通过了《改革法案》的格雷伯爵于 1845 年去世，他的继任者墨尔本勋爵三年后也随他而去。威廉·华兹华斯于 1850 年 4 月去世，他曾在 18 世纪 90 年代以年轻人的天真热情地迎接法国大革命的新曙光，但早已接受了更保守的观点。他自 1798 年以后一直在创作的自传体长诗《序曲》(*The Prelude*)，经过大量修改以后在他去世几个月后终于出版了。不久之后，罗伯特·皮尔爵士逝世，被世人尊崇为他那个时代最伟大的政治家。心怀感恩的工人们凑钱在全国各地为他立起了雕像。1851 年最后几个星期的时间里，英国最伟大的画家约瑟夫·马洛德·威廉·透纳度过了他生命的最后时刻。凝结他毕生心血的作品如此真实地再现了联合王国从 18 世纪 90 年代到 19 世纪 40 年代的变化和进步，以及在此过程中人们的思维方式和物质特性。在生命的最后几年里，他仍然在艺术上做了大胆突破，尝试半抽象的新风格，维多利亚女王后来对她的孙子即后来的乔治五世国王说透纳疯了。

所有这些人都曾生活在法国大革命时代，但 1852 年 9 月 14 日，却有两个相隔 40 余年先后来到这个世界的人去世了：出生于 1812 年英年早逝的奥古斯塔斯·韦尔比·皮金，以及比他年长很多的生于 1769 年的德高望重的惠灵顿公爵。皮金与透纳一样也是一个毋庸置疑的天才，但按照维多利亚女王的标准，这两个人相比他更接近癫狂，而且他在去世前就已经完全陷入了疯癫状态。他在水晶宫建造的中世纪宫廷建筑受到了福音派人士的批评，他们认为他把天主教和迷信带进了万国博览会的中心，一位从利物浦来参观的英国圣公会牧师声称那里面“堆满了巴比伦的服装和牵引玩具”。皮金去世两个月后，威斯敏斯特新宫殿揭幕，而其装饰和图案大多是他创作的，与帕克斯顿极新潮的水晶宫形成了鲜明对照。此时，惠灵顿公爵还没有安葬，他去世 8 个星期以后才被葬在圣保罗大教堂，与纳尔逊毗邻。对一年前万国博览会的成功还记忆犹新的阿尔伯特亲王决心要为这位伟大的公爵举办一个盛大的葬礼，于是花了两个月的时间组织人们建造了那辆由 12 匹马拉动的极尽奢华的超重“灵车”。但在葬礼当天，在去往圣保罗大教堂的途中，灵车时不时地陷在伦敦的泥道上无法前行。公爵的葬礼仪式混乱不堪，但除了之前 1806 年 1 月纳尔逊的葬礼和之后 1898 年 5 月格莱斯顿的葬礼之外，他的葬礼是最大的一次公开悼念仪式，150 万人出门观看。阿尔弗雷德·丁尼生成为桂冠诗人后承担的第一个重要任务就是创作了一部壮丽的葬礼颂歌，在哀悼“最后一位伟大的英国人低入了尘埃”的同时，也捕捉到了划时代的转变意味。

除了“大改革法案”通过时期的危机岁月，惠灵顿是自滑铁卢战役以来最受人尊敬的偶像式人物：说他受人尊敬，是因为人们普遍铭记并认可和感激他在军事上的辉煌战绩；说他是偶像，是因为他是有史以来在视觉形象在各种画作、印刷品和雕刻，以及许多消费品上出现最频繁的英国人。他既是英国政体这座大厦的顶梁柱，也是它的装饰，他最后一次为国家尽义务是在逝世的前一年。

那一年麻雀在水晶宫筑巢的问题让维多利亚女王感到困扰，她向公爵寻求解决办法，他的回答是“用雀鹰，夫人”，而那些不受欢迎的鸟就这样被赶跑了。但是，被托马斯·卡莱尔斥为用帷幔、旗帜和徽章“不伦不类地堆砌在一起”的那辆过分奢华的灵车，也在无意中证明了万国博览会的教育目标之一的必要性，即英国设计确实需要改进。此次葬礼的第二个失误是丁尼生造成的，因为他把惠灵顿描述为“最后一位伟大的英国人”：因为惠灵顿的祖先是英裔爱尔兰人，坚信英国及其帝国的伟大。这位桂冠诗人思考如果没有惠灵顿这位公认的英雄，英国会如何应对困境，这一点倒是无可厚非，因为他长久以来一直是在世的、与拿破仑战争最密切相关的人物，而且回想起来他取得的胜利也越来越显然比当时的忧患更有意义。而这正是让维多利亚女王与她的许多臣民感到焦虑的问题，即巨人时代已经结束，侏儒时代即将到来。这是一种不必要的悲观忧虑，因为在未来的岁月里并不会缺少英雄人物（其中就包括女王和这位桂冠诗人，更不用说格莱斯顿先生了）。

但在短期内这种焦虑情绪的存在却不无道理，因为虽然 19 世纪 50 年代余下的时间内英国仍然维持着社会的稳定和物质的逐渐繁荣，但英国作为全球霸主的优势地位，以及维多利亚时代核心的宗教信仰，都从根本上受到了动摇。当时已经有一些人在怀疑联合王国是否有望继续保住其广大的帝国了，因为其地域特点和治理结构都存在很大的差别，英国的投入又很少，在维系帝国时，情感和威吓的作用至少应该与强权和武力相当。那么，作为一个从大西洋延伸到太平洋的陆基帝国，正在迅速发展的美国情况又如何呢？正当此时，《经济学人》撰文警告说：“美国相对于英格兰所具有的优越性，最终必将使英格兰黯然失色。”作为世界上最大的英语国家，这个巨大的共和国在人口和资源方面都已经远远超过了分散于加拿大、澳大利亚、新西兰及南非的英国殖民地。这就是伦敦的那些政治家、决策者和专家越来越关注这些移民殖民地未来发展的众多原因之一，从 19 世纪 60 年代起，它们越来越成为帝国统治议程的重中之重和当务之急，最终超越了印度事务本身。从英属北美开始，然后是澳大利亚，最后是（最不成功的）南非，英国对于这些分散的殖民地区域进行巩固和防御成为帝国治理的一项主要任务，而这反过来又引起人们进一步呼吁要以某种更大的帝国联邦形式将帝国全部移民殖民地维系在一起。

到 19 世纪中叶，不断发展壮大的大英帝国进一步给帝国首都的统治者带来了难题，不是地缘难题，而是宗教难题。自从在美洲建立殖民地以后，许多英国人把他们的世界帝国视为通过新教表达出来的实现上帝神圣目的的神授工具。然而，实际上其大多数臣民越来越多地拥有了截然不同的信仰：在爱尔兰和加拿大有天主教徒；在南部非洲有荷兰改革教会的信徒；居住在英属印度的数以百万计的人绝大多数是穆斯林和印度教教徒。此外，传教士为使迄今为止在帝国占据最多人口的那些南亚居民皈依基督教所做出的努力也是徒劳无功。因此，就其总人口而言，大英帝国已经根本不是一个新教帝国，这种可能性也一去不返了。这不仅削弱了英国人持有的注定要统治世界并在这个过程中将“异教徒”转变为优越的基督教信徒的信念，还使处于维多利亚中期的人对《圣经》本身的正当性逐渐产生了怀疑，对此丁尼生在其出版于 1850 年的《悼念集》（*In Memoriam*）中也表达过深思。因为他虽然一再重申基督教信仰的重要性，也一再声明他相信死后世界的存在，但他也认识到要想坚持《圣经》中叙述的上帝创世和大洪水是真实的已经不太可能。

丁尼生的结论是，人类可能还有宗教信仰的基础，但如何在怀疑和信念、焦虑和希望之间维持平衡，却不是那么确定的事情：

> 我曾经坚定的脚步如今却踌躇蹒跚，
> 我背负着重重的顾虑
> 穿过这个伟大世界的黑暗
> 跌倒于奔向上帝的祭坛的台阶，
>
> 我伸出僵痛的信仰之手暗中摸索，
> 却抓到了尘土和糠壳，
> 我呼喊自己眼中的万能至上，
> 却很难相信这更大的希望。

第七章

平衡与烦恼，1852—1865年

约翰·罗素勋爵的政府一直摇摇欲坠，但从 1851 年 2 月开始熬过了 12 个月的时间才最终垮台。它实际上是由帕默斯顿拉下台的，他刚被罗素辞掉，于是与保守党反对派联合起来进行报复，在下议院提出了一项针对政府的《民兵法案》(Militia Bill) 修正案。罗素第二次辞职，第十四代德比伯爵（斯坦利勋爵在前一年继承了他父亲的这个头衔）组成了他将在未来 16 年中执掌的保守党少数党政府，也是 3 个短命的保守党少数党政府中的第一个。虽然今天几乎完全没有人记得他了，但德比也是 19 世纪英国公共生活、社会生活和文化生活中的伟大人物之一：他是一位杰出的辩手，著名的古典学者及跑马场的重要赞助人。他也是一位地道的显贵，在兰开夏郡拥有煤储丰富的田产。他连续 22 年担任保守党领袖的纪录无人能及。但他一开始从政并不是很顺利。当年还是斯坦利勋爵的他以辉格党人的身份于 1820 年进入议会，“大改革法案”通过期间曾在格雷勋爵领导下担任低级职务；但他因为爱尔兰教会改革问题与政府产生了分歧，于 1834 年辞职。随后，他接受了皮尔改革保守主义的新思想，并在 1841 年皮尔成立的政府中担任殖民地大臣。因为抗议废除《谷物法》，斯坦利又一次与他的前任领导闹翻并辞职。从 1846 年开始，他就成了保守党保护主义者阵营实际上的领袖，因为像格拉汉姆、赫伯特（Herbert）、阿伯丁和格莱斯顿等忠心耿耿的皮尔派对此都坚决避而远之。

因此，德比尽管有点儿独树一帜，但他在组建其第一届政府时就已经是一位经验丰富的政治家了。他的同僚们可不是这样，因为在 19 世纪 40 年代，保守党大部分有才能和经验的人都与皮尔派站在到一边，这些人一离开，剩下的就只有地主、农业利益者和贸易保护主义者，他们越来越边缘化且越来越狂热，尽管他们在 1852 年正式摒弃保护主义立场，但还是难免逐渐沦落为“愚蠢的党派”。德比身边都是这些没有前途和未曾历练过的“人才”，所以他组建自己的内阁时遭遇困难也就不足为奇了。如果 1846 年保守党没有发生分裂，也没有发生事实上皮尔派的离职，他的同僚中就很少有人能有机会在政府中任职了。德比政府后来以臭名昭著的“谁？谁？”（Who? Who?）政府而留在人们的记忆中，之所以有这个名字是因为有人向又老又耳背的惠灵顿公爵提及那些名不见经传的内阁成员时，他总是一再地问：“谁？”内政大臣斯宾塞·沃波尔（Spencer Walpole）有一个在 18 世纪响当当的名字，但他只是从 1847 年开始位列下议院。外交大臣马姆斯伯里勋爵（Lord Malmesbury）认为唯一让沃波尔具备任职资格的是他编辑了他祖父的信件，而他祖父曾是驻西班牙、俄国、普鲁士和法国的大使。殖民地大臣是约翰·帕金顿爵士 (Sir John Packington)，一个不为人知的伍斯特郡的乡绅准男爵，他能成名主要是因为他结过 3 次婚。但德比最不寻常也最具重要影响力的举动是任命本杰明·迪斯雷利为财政大臣。迪斯雷利是一个皈依了圣公会的犹太人，既没有进过公学也没有进过老牌的大学，以无耻的冒险家的名声为人所知，没有明确的政治原则，是一个以模仿他人作品见长的自命不凡的小说作家，尤其是小说《西比尔》(1845 年)，是他写作“英格兰写实”类小说的试笔之作。

皮尔派（尤其是格莱斯顿）讨厌迪斯雷利，因为他在 19 世纪 40 年代末以野蛮的方式攻击了他们的领袖，技艺高超、极具伤害性，并因此在议会赢得了声誉，他用来表达保守党农业利益者和圣公会高教会派教徒所怀憎恨和愤怒的语言，令人难忘（且无法辩驳），因为这些人认为皮尔不止一次（在废除《谷物法》问题上）而是两次（还有在天主教的解放问题上）背叛了他们。然而，神职人员和贸易保护主义者也同样讨厌迪斯雷利：他不是本地人，在 40 多岁上才拥有了乡间的田产，没有贵族的家族传承，几乎完全是一个“外来户”。因此，1846 年保守党分裂时，保护主义者起初更希望乔治·本廷克勋爵成为他们的下议院领袖。还有一位贵族，即后来成为第六代拉特兰公爵（Duke of Rutland）的格兰比勋爵(Lord Granby）支持他。只在 1852 年 2 月德比组建自己的第一个政府之际，迪斯雷利才成为保守党在下议院中无可争议的领袖，这一领导地位一直持续到 1876 年他进入上议院为止。但是他完全不适合担任财政大臣这一职位：他的个人财务状况一直很混乱，而对于掌控财政事务和公共账目错综复杂的具体状况并不是他的强项。此外，保守党内部许多人都希望恢复贸易保护主义，但对于少数党政府来说，在下议院绝大多数人都支持自由贸易的情况下，这是不可能实现的。由此产生的预算案既是权宜之计又是在耍小聪明：为了安抚农业利益者，迪斯雷利减少了麦芽税；为了满足激进分子，他对所得税做了“既得”和“未得”的类别划分；他使用了不同的手腕对付不同的人。对迪斯雷利攻击皮尔的行为一直耿耿于怀的格莱斯顿，发表了一篇有力的演讲予以回击，从而彻底粉碎了这个预算案。预算以305票对285票被否决，而德比政府在执政不到一年后辞职下台。

政治变迁

格莱斯顿和迪斯雷利在1852年预算案上的冲突，是两人之间著名的个人对决和强烈的政治仇恨的开始，这种情况一直持续到1881年迪斯雷利去世，也成了那个时代公共生活的显著特征之一。两人起初都是保守党人，尽管迪斯雷利后来与皮尔决裂了，但他仍是忠诚的托利党人，深信坚持党派路线的重要性；而格莱斯顿却一直忠于皮尔，开始踏上了一条极为不同的政治道路，朝着不久之后形成的自由党的方向前进，并且最终（至少按照维多利亚女王所说）发展为一种“半疯狂”的激进主义。然而，这是预料之中的事，因为在未来10年半的大部分时间里，格莱斯顿和迪斯雷利都算不上是那个时代最好的政治领袖。惠灵顿那一代人可能已经退出政治舞台，但所有在19世纪50年代后半段，以及在19世纪60年代前半段担任首相的人，都出生于18世纪的最后20年，依据当时的标准和统计数据来看，他们都相当长寿：阿伯丁从1784年一直活到1860年；同年出生的帕默斯顿一直活到1865年；罗素是他们之中最长寿的，生于1792年，逝于1878年；而德比在1799年降生，在1869年逝世，是4个人当中辞世年纪最小的人。帕默斯顿是首位80岁还在位的首相，而罗素比他还多活了6年。相比之下，迪斯雷利出生于1804年，格莱斯顿晚出生8年（1809年，与查尔斯・达尔文同年)，维多利亚女王和阿尔伯特亲王都是 1819 年生人。因此，阿伯丁、帕默斯顿、罗素和德比是 18 世纪的最后一代人，而迪斯雷利、格莱斯顿、维多利亚女王和阿尔伯特亲王（及达尔文）则都是 19 世纪的第一代人。

19 世纪 50 年代初，维多利亚和阿尔伯特还只有 30 岁出头。维多利亚 18 岁就成了女王，刚刚 20 岁就结婚了。尽管他们打交道的大多数英国政治家不但更为年长，而且在世界事务上更有经验，(至少与女王相比）也接受过更好的教育，但是出于不同但同样令人信服的原因，他们两个都没有因此而感到惊慌失措：维多利亚是因为刚愎自用和任性才这样，而阿尔伯特虽然认为他毕生的主要任务就是帮她改掉这些性格缺陷，但事实上他从未成功过。因此，当发生所谓的“寝宫危机”时，她才下定决心让墨尔本勋爵留任，让皮尔出局，当然年轻女王对墨尔本勋爵的迷恋也是原因之一。而亲王尽管对与之打交道的政府官员也有强烈的爱憎情感，理由却大为不同：阿尔伯特作为德意志新教徒统治阶层中一位亲王（尽管地位较低）的儿子，具有强烈的王室特权意识。他认为在英国公共生活中，君主政体具有重要的作用而不仅仅是装饰门面；他希望王权高于政党，若不是这样王权就应该边缘化并保持中立，但若是如此王权就能够公正地参与国家事务；他渴望积极参与大臣们的治国和决策，因为许多欧洲君主都是他和女王的王室亲戚，他认为完全可以通过自己和女王与这些王室亲戚直接通信的方式进行他们自己的外交。此外，阿尔伯特在万国博览会这件事上与当时许多重要的公众人物和政治人物的成功合作，似乎也是对这一观点的有力证明。

虽然维多利亚和阿尔伯特从来没有像希望的那样果断或成功

地行使过王权，但是从政治的变迁和流动角度来看，这也是个有利于行使王权的时代。可以肯定的是，随着“改革俱乐部”和“卡尔顿俱乐部”的成立，“大改革法案”的通过给党派带来了显著的推动力，但这些做法对于普通选民来说既不对口味，也没起到动员作用。“大改革法案”通过之后，联合王国只有 1/7 的成年人有投票权（在英格兰和威尔士，数字是 1/5）：妇女被明确排除在外，根本没有这种参政权。与 17 世纪末和 18 世纪初相比，19 世纪三四十年代的英格兰选民在全部人口中所占的比例很可能减少了。虽然大多数最严重的腐败和滥用权力现象都被消灭了，但在许多自治区域和郡县，地主的影响力仍然很强：白金汉郡是受白金汉公爵影响的保守党势力范围，同样，贝德福德郡则是被贝德福德公爵左右的辉格党势力范围。此外，连续的“普选”，不管这个词是否名副其实，其始终都是一些为地方事务而展开斗争的特定竞赛。席位的比例很高，有时会超过一半，根本不存在竞争；尽管皮尔出台了《塔姆沃思宣言》，但是全国性的党建规划对许多大臣、议员或选民来说都没有什么意义。正如皮尔在废除《谷物法》的过程中认识到的那样，在这个国家，受民众欢迎的东西不一定会受到下议院中许多普通党派成员的欢迎。

因此，当两个主要政党的身份和组织在 1832 年之后变得更加明显以后，此后的每一届政府，尤其是 1846 年之后的政府，都面临着一些党派成员（最终无法控制的）组织涣散的问题。墨尔本、皮尔和罗素都遇到了这个问题，他们最终都在下议院失去了多数支持；1846—1865 年，只有成立于 1859 年的帕默斯顿政府，在 1865 年 7 月解散之前一直没有失去其普通党派成员的支持。但是，不仅仅是政府难以维持表面上的，且往往是以前的追随者对他们的忠诚，在 1846 年之后，两个最大的政党在下议院中都没有获得过足够的席位以赢得独立掌权所需要的选票。由德比和迪斯雷利领导的保守党是两大党中人数较多的一个，但他们的人数也是不断在 230 ~280 之间波动，在德比去世之前，他们从未取得过明显的多数优势。尽管辉格党在不知不觉中几乎与那些自称自由党的人逐渐相互融合，但他们的人数在下议院中从来没有达到保守党那么多，而且无论怎样，他们的两位领导罗素和帕默斯顿都常常是竞争对手，站在对立面，而不是盟友。剩下的还有 3 个群体：激进人士，以及皮尔派和爱尔兰人，他们所能施加的影响简直不成比例，因为托利党和辉格党都不可能单独获得下议院多数席位。这 3 个群体都不喜欢辉格党人，因为他们太傲慢、太狭隘，生活太优越，对进一步改革不屑一顾；但他们也一致对一直坚定地推行英国国教的保守党有着更强烈的蔑视。这意味着这些独立的组织更有可能支持辉格党而不是托利党，也解释了为什么德比勋爵会领导着三个少数党政府；但是辉格党失去这些组织的支持也是迟早的事。

由此可见，19 世纪中叶，政府是否能在台上执政不是由仍然非常有限的选民决定的，而是由下议院决定的，而且正是因为议会的这种不同寻常的流动性和不确定性，才让维多利亚和阿尔伯特有了相当大的干政空间。1852 年 12 月，德比的第一个保守党少数党政府垮台后，他们马上就付诸行动，要求阿伯丁勋爵组建一个由皮尔派、辉格党人、自由党人和激进派构成的联合政府，而正是这些群体组织刚刚把德比政府拉下了台。自 1846 年保守党分裂以后，已经进入公众生活达 40 多年的阿伯丁一直是皮尔派的公认领袖，是自 1763 年比特勋爵以后的第一位苏格兰人首相。当年早些时候，他与罗素达成了一项协议，既为建立联合政府铺平了道路，也表明皮尔派正朝着左翼方向发展。即便在支持阿伯丁的议员还不到 40 人的情况下，皮尔派在联合政府中也占据着有利位置：其中 6 人进入新内阁，与在议会中占绝大多数的辉格党人数完全相同，只有一个激进派进入内阁。罗素执掌外交部，因为在国际事务上阿伯丁和帕默斯顿从未有过一致意见，所以这位新首相特别希望把帕默斯顿限制在国内事务上，派他去内政部任职。除了首相一职，皮尔派被任命的最高职务是财政大臣，阿伯丁任命格莱斯顿担此重任，因为对于格莱斯顿在议会中成功粉碎迪斯雷利的预算案仍记忆犹新。迪斯雷利甚至在这个拼凑的内阁正式成立之前就已经发表过看法，当时他在他的一次预算演讲中评论说“英格兰不喜欢联合政府”，他指的是将保守党排除在外的联合政府，而这正是阿伯丁切实践行的一点。

就好像是给迪斯雷利的怀疑论调提供佐证似的，本质上来说阿伯丁联合政府从一开始就很不稳定。皮尔派虽然数量很少，但获得了如此多的内阁职位，对此辉格党人普遍心存不满，同时还涉及了私人之间的宿怨。由于以前就存在冲突和异议，帕默斯顿和罗素之间，以及帕默斯顿和阿伯丁之间的关系素来不睦，建立联合政府是阿伯丁和罗素之间谈判的结果，但这些谈判让罗素感到不快且愤恨不已：部分原因是他觉得辉格党人遭受了不公平待遇，部分原因是他对阿伯丁感到恼火，因为阿伯丁对自己应该执掌哪个职位的问题含糊其词。两人对联合政府的看法也极为不同。阿伯丁已经着手从可用的“人才”中组建一个联合政府，在他眼里，罗素只不过是众多看似可信的人当中一个不得不用的人。另一方面，罗素认为自己和首相之间结成的是一个势均力敌的联盟，因为阿伯丁说有一天他会辞去首相之职让位于罗素，而罗素对于阿伯丁这种含糊不清的保证却过于看重了。罗素随后的古怪行为也使事情变得更加糟糕。除了外交部，他还统领着下议院，因为阿伯丁下定决心不让帕默斯顿碰到这个位置。1853 年 2 月，罗素担任外交大臣不到 3 个月就辞了职，由克拉伦登勋爵接任。此后，罗素不断担任了一些无关紧要的职务，于是他感到越来越沮丧和不满，因为阿伯丁并没有表现出要把首相之位让给他的任何迹象。罗素、阿伯丁和帕默斯顿这三位以前、现在和后来的首相，个性各异水火不容，他们构成的这种不稳定的三角关系注定了这届联合政府实际上根本不可能稳定。

不管怎样，就国内问题而言，这届政府还是取得了一些可圈可点的成就，尤其是在初期阶段，其中最值得注意、最具重要影响力的是格莱斯顿提出的第一个预算案。1846 年以后，皮尔派从自身感受出发，一再谴责各届政府对于财政的不负责任：谴责罗素政府是因为皮尔好不容易取得的财政盈余被他用在了大饥荒之后的救济项目上，皮尔派认为这是错误而代价高昂的浪费。谴责德比政府是因为迪斯雷利做了没有根据的不合格的预算案。继承皮尔衣钵的格莱斯顿，对金融诚信和财政责任持有积极的信念。他下定决心，自己的第一个预算案要使对公共钱包的管理回归至审慎和专家的水准。他于 1853 年 4 月用了长达 4 个半小时的时间公布了这一预算案，与他所有的前任都不同的是，他试图着眼于对未来 7 年做出规划。他减少了对茶叶的征税，废除了肥皂的消费税，从而促进了禁酒和卫生等净化社会风气的事业的发展。他把所得税征收范围扩大至之前已经免征所得税的爱尔兰，作为回报免除了没有还清的大饥荒债务，而所得税征收点从 150 英镑降到了 100 英镑。但是，实行这些直接的所得税扩增做法的同时，他也连年下调了所得税率，从 1 英镑征收 7 便士的当前税率下调至 1860 年年底的零征收，从而在皮尔逝世后证明了他当初所言非虚：他在1842年重新征收所得税时说过，这只是一个临时措施。这是一击漂亮的出拳，而之所以能做到，完全是拜19世纪50年代初繁荣的经济和迅速增长的政府收入所赐；这项预算案奠定了格莱斯顿作为年轻一代中最重要政治家的声誉，他具有崇高的目标，具备对复杂事物的理解力以及对下议院的掌控力，令他同时代的人望尘莫及。

为减轻工业化和人口增长带来的最坏影响，帕默斯顿采取了一系列改革和规范措施，以此证明了自己在内政部所发挥的强大推动作用，这一点也许很出乎意料，因为这并不是他明显的强项，而这些做法在利物浦执政时期（帕默斯顿自己当时曾效力过的政府）也是不可想象的。他通过了一项新的《工厂法》，弥补了先前立法中的许多漏洞，规定年轻人在下午6点到次日早上6点之间工作属于违法行为；一项《交易法案》（Truck Act），禁止雇主用产品支付工人工资或强迫工人只能在公司的商店里买东西的行为；一项《消烟法案》（Smoke Abatement Act），旨在抑制城镇和城市中日益严重的空气污染；一项《疫苗接种法》（Vaccination Act），要求对所有儿童实行义务疫苗接种；一项《商船法》（Merchant Shipping Act），巩固了以前的立法，并提高了海上安全标准。帕默斯顿也是一位著名的刑法改革家，成立了第一所少年改造学校，专门为年轻犯人建了监狱，将单独监禁时间从18个月减至9个月，并废除了流放制度最后的残余，只保留了“范迪默之地”（最近改名为塔斯马尼亚）这一个流放地。更具长远意义的是1853年发表了以其两个作者命名的《诺思科特–特里维廉报告》（Northcote-Trevelyan Report），这个报告最终催生了职业的国内公务人员，公务员的招募和提升是基于才能，而不是到目前为止一直在实行的基于恩赐、裙带关系、惯例和资历的做法。该报告建议，未来要通过竞争性考核来任命不同岗位人员，提职晋升也应以能力为依据。这些建议直到 1870 年才被完全接受，但也最终促使一种新的官僚阶层产生：大学毕业、有文化、廉洁、不关心政治，满怀公正无私的精神。

这些措施虽然具有无可置疑的重要性，代表了在过去的基础上取得的重大进步，但它们仍然属于巩固立法、改进管理和提升技术官僚能力的范畴，并不是伟大的事业或改革的产物（当然格莱斯顿成功地在他的预算案中加入了相当多崇高的英雄主义道德成分）。由此可知，在这段时期很适宜实行这些措施，因为此时公众参与国内政治的广度和热情程度都明显不如 19 世纪三四十年代的大部分时期，而且政党的分歧也不那么鲜明，尤其是因为国内明显缺乏前几十年那些重要的事件诱因，也就是没有出现格莱斯顿后来描述（且感到遗憾）的“反改革时期”。但是，如果罗素成功了，这个说法就不会成立，至少不会用来指阿伯丁联合政府执政的那些年。随着罗素越来越清醒、挫折感越来越强，他再次开始了议会改革的事业，提出了一个非常温和的进一步放权的方案。虽然他早些时候坚称他自己引入下议院的“大改革法案”是解决这一问题的最终方案，但他现在变成了能够重启这一事业的前排政治家，并分别在 1852 年和 1854 年按计划提出了两项法案。但无论是公众还是议会都不愿意采取这样的措施，面对反对和冷遇，这两项法案都被迫放弃。遭议会否决的提案还不仅仅是这两个：1854 年关于《济贫法》、教育、政治，以及允许犹太人进入议会等各种提案，也未能形成正式法案。就像这些年里各届政府常常遭遇的情况一样，阿伯丁的联合政府在下议院的支持率也迅速下降。

帕默斯顿、罗素和阿伯丁之间私人对抗的加剧既是联合政府明显丧失其政治势头的原因，也是其结果。帕默斯顿本人强烈（也具有机会主义成分？）反对议会改革，1853 年 12 月，他因为抗议罗素最近对议会改革持有的拥护态度而辞职。他得到了新闻界普遍的好评，不论人们的看法正确与否，他的辞职正值东欧发生危机之际，所以被看作是他强烈支持采取更强硬反俄政策的表现。最终，尽管没有丝毫热情，但阿伯丁还是被迫把帕默斯顿请了回来，但此时帕默斯顿却与罗素结盟，共同与首相抗衡，敦促阿伯丁对俄国采取比他目前实行的更为强硬和好战的政策。从 1853 年夏到 1854 年夏，联合政府逐渐滑向了与俄国的战争，公众强烈支持采取更坚定果断的军事行动，也因此对帕默斯顿本人给予了强烈支持。但 1854 年末的一系列军事灾难严重削弱了阿伯丁政府在议会以及公众心目中的地位。1855 年 1 月，此时已经完全忍无可忍且感到强烈不满的罗素从内阁辞职，然后他以前的那些同僚也都随之提出辞职。维多利亚女王拒绝接受他们的辞呈，并对罗素进行了强烈的谴责。但这只是延迟了阿伯丁联合政府不可避免的倒台而已。当月的晚些时候，激进议员约翰·亚瑟·罗巴克（John Arthur Roebuck）提议任命一个委员会（他自己最后成了这个委员会的主席）对“克里米亚战争”（Crimean War）行为进行调查。该提议以压倒性的 305 票对 148 票得以通过，并导致了联合政府的垮台。阿伯丁从此一蹶不振，再也没有担任过任何政府职务。

现在是要女王和阿尔伯特亲王任命阿伯丁继任者的时候了，他们下决心不用帕默斯顿，因为他们既不喜欢他个人的道德修养也讨厌他在公共事务方面的不靠谱。她第二次转而任用德比勋爵，但他放弃了，因为帕默斯顿和格莱斯顿都拒绝加入保守党主导的内阁。女王接下来找到了罗素，可是他的境遇更惨，由于他在阿伯丁联合政府垮台时候的表现，没有一个重量级的政治家愿意为他效力。因此，女王带着遗憾找到了帕默斯顿，他组建了一个与其前任政府极其类似的政府，只是没有了阿伯丁和罗素的参与。在不到一个月的时间里，格莱斯顿、赫伯特和格拉汉姆等皮尔派的主要人物纷纷辞职，表面上是因为帕默斯顿拒绝否决罗巴克关于战争调查的提议，更具实质性的原因是因为他们在这样一个首相手下任职感到不舒服，因为他实施的政策在很多方面他们都看不上。帕默斯顿现在领导的是一个纯粹的辉格党－自由党政府，但人们认为它也不会维持很久，因为首相已经 70 出头了，约翰·布赖特认为他是一个“老江湖骗子”，而迪斯雷利则斥他“老年痴呆”，称他为“骗子”，说他“耳聋眼瞎，一口假牙。”然而，帕默斯顿又活了将近 11 年，而且，除了 1858—1859 年那段短暂的时期由德比勋爵领导的另一个少数保守党政府执政以外，他一直担任首相到去世为止。帕默斯顿在国外的进步言论（虽然常常虚张声势）以及对国内有限改革的支持态度意味着他通常可以得到比保守党更多的支持，而他在国内享有的也是无与伦比的声望，这要归功于他不遗余力培养的与新闻界和舆论非常密切的关系，在舆论眼里他不是又老又失败，而是充满活力充满男子气概的人。从国内角度而言，这段被称为“均衡时期”的时期是无可置疑的安定和相对平静的时期，而帕默斯顿比其他所有政治家都更能代表那个时代，也更受益于那个时代。

身为首相的他主持进行的是具有实用性的有限改革，正是他早年在内政部任职时的做法。取消了报业的印花税，其结果就是报纸的发行量急剧增加；许多英国公司被赋予了有限责任地位，这意味着它们可以通过出售发行的股份扩张规模，而无须承担任何公司的债务或股东损失产生的责任；成立了“大都会工程委员会”对伦敦的下水道和排水系统进行监管；而迄今未能建立警察部队的郡县现在要强制建立。1857 年的《婚姻诉讼法》（Matrimonial Causes Act）使离婚不必像以前那样要诉诸专门的议会机构，而格莱斯顿对此给予了谴责，因为他认为这样会使所有阶层的人动辄离婚；而同年的《淫秽出版物法》（Obscene Publications Act）禁止出版包含“堕落和腐败”内容的图书刊物，相反要提倡出版倡导更严格的新公共道德的图书刊物。但就像当年阿伯丁联合政府面临的形势一样，帕默斯顿政府不久就遇到了外交事务上的问题。1856 年 10 月，中国政府在广东扣押了一艘悬挂着英国国旗的名为“亚罗号”（*Arrow*）的小型帆船。因为对得到的道歉和补偿不满，香港总督下令对广东进行了轰炸。1857 年 2 月，这个消息传到伦敦时，也许是希望再次取得他之前在“唐·帕西菲科”事件中曾有过的胜利，帕默斯顿很自然地对该总督的决定给予了支持。但这次他在议会中并没有取得同样的胜利，科布登在下议院提交的谴责动议以 263 票对 247 票通过，因为激进派和皮尔派与保守党人联手，而迪斯雷利、格莱斯顿、罗素、科布登和布赖特都站在了他的对立面。帕默斯顿采取的应对手段是重新选举了下议院领导人，在随后的选举中，他超过所有对手赢得了占绝大多数的 85 个席位，取得了 1833 年以后辉格党最大的胜利。

1857 年的选举结果是对帕默斯顿激进外交政策的响亮支持，标志之一就是反对英国以国家为后盾在海外进行此类干涉的科布登和布赖特都失去了自己的席位。但帕默斯顿取得的胜利并没有持续多久。1858 年 1 月，一个曾在英国居住过的名叫奥尔西尼（Orsini）的意大利难民试图在巴黎刺杀拿破仑三世皇帝。法国警方发现爆炸物是在英国制造的，于是拿破仑要求英国政府采取行动防止发生进一步的阴谋，而帕默斯顿认为这是一个合理的要求。他依此引入了适当的立法，但是由于沸沸扬扬的公众舆论，以及不稳定的政党政治，他的执政遭遇失败，因为皮尔派和激进派与保守党联手反对他。这届政府辞职后，女王再次派人去请德比，他就像 1852 年一样试图劝说辉格党人和皮尔派加入他的内阁，而他们也与之前一样予以拒绝。在这第二个保守党少数政府中，迪斯雷利、沃波尔和马姆斯伯里在内阁担任的职位也与 1852 年一样，这届政府的执政时间比其前身稍长，但也不到一年半的时间。这一次通过了一些国内的立法：取消了对议员任职资格的财产要求；经过长达 10 年的争取，那些热心国家事务的犹太人终于获准进入了议会；地方政府的体制和公共卫生管理方面也发生了一些变化。同时，也许是希望战胜辉格党人及其支持者，迪斯雷利决定着手议会改革的事业，提出了一个温和的法案，降低郡县参政门槛，赋予某些具有特定资格的人原来没有的选举权，并提出了一个重新分配选票的微调措施。但 1859 年 3 月，这项措施以 291 票对 330 票遭到下议院否决，随后的普选以无争议选民数量极多而著称，而尽管保守党在这次普选中取得了一些成果，但仍然属于少数党。

帕默斯顿虽然不是维多利亚女王的首选，但仍然再次成了受益者：她召见了人脉很广的辉格党人格兰维尔勋爵，但他未能够组建起政府，因此这位君主再次不情愿地找到了帕默斯顿。此时，他在议会的地位已经大大加强，原因是 1859 年 6 月在伦敦的威利斯茶室（Willis’s Tea Rooms）召开了一次著名的会议，会上辉格党、自由党、皮尔派和激进派都承诺共同合作。帕默斯顿和罗素同意冰释前嫌，不管女王选择谁都会为对方效力，而格莱斯顿最终也决定不理会保守党不断发出的美妙的诱惑之音（德比曾在 1852 年和 1858 年两次邀他进政府任职），相反，却义无反顾地投身于现在正式名称为“自由党”的政党之中。令维多利亚失望的是，帕默斯顿组建的第二届政府在某些方面与之前阿伯丁的联合政府没什么不同，但却带有更激进的色彩：约翰·罗素勋爵（两年后封为伯爵）回到了外交部，格莱斯顿回到了财政部。不仅如此，它不再是一个联合政府，而是更接近于一个真正的自由党政府，几乎完全同化吸收了以前那些皮尔派，也再次进行了涉及食品和饮料掺假、破产和债务无力偿还、苏格兰的警察和公共卫生以及传染病等方面问题的一些审慎的改革，并进一步巩固了刑法。正如未来的索尔兹伯里勋爵后来声称的那样，这不是一个取得了“对议会来说很难做到且很有益的不干预”的政府。它的记录也违背了帕默斯顿自己的强硬说法：“我们不能永无止境地一再立法。”另一方面，罗素 1860 年提出的改革法案与他在 1852 年和 1854 年相继提出却未能通过的那些法案非常相似，这次也没有取得任何进展，内阁和下议院中似乎没有人对此有什么兴趣，更不用说感到兴奋了。

这些年里还有另外一个领域也经历了某种温和的改革，或者至少对改革感兴趣，那就是教育领域。部分原因是伦敦大学学院和国王学院成立了，部分是为了应对牛津运动的破坏性影响。1850 年成立了一个皇家委员会，对牛津和剑桥两所古老的大学进行调查。因为人们普遍认为这两所大学在社会、智力和宗教等方面要求过于狭隘和严格。最终的结果是政府分别于 1854 年和 1856 年通过立法给这两所大学带来了有限的改变，教学岗位的聘任有了一定程度的竞争，并允许异见者攻读学士学位。虽然 1871 年才开始着手进行更重大的改革，但已开始的这些改革反过来又帮助提高了教育水平，并增开了科学和历史等科目的课程。不久之后，又成立了 4

个皇家委员会：纽卡斯尔委员会，审查为英格兰和威尔士较贫困阶层提供基础教育（1858—1861 年）的情况；克拉伦登委员会，审查几所重要的公学，即伊顿公学和其他 8 所公学（1861—1864 年）的情况；“陶顿（Taunton）委员会”，审查除纽卡斯尔和克拉伦登两个委员会审查范围之外的学校（1864—1867 年）；以及阿盖尔（Argyll）委员会，负责审查苏格兰的各所学校（也是 1864—1867 年，爱尔兰没有类似的审查）。与牛津大学和剑桥大学的改革一样，这些实质上都是代表两党进行的审查，它们对地方政府和中央政府在基础教育，以及公学和文法学校的管理、课程和捐赠方面的改革中应起的作用提出了广泛的建议，但直到这个十年结束时这些建议才形成立法。

回想起来，也包括当时来看，从 1846—1859 年，英国政界悬而未决的最重要的个人问题是：格莱斯顿会如何发展？他会像德比想当然认为的那样，甚至像迪斯雷利早已深思熟虑的那样，重新回归保守党吗？或者他会继续他的左倾路线，并与辉格党和自由派打成一片吗？他既不喜欢迪斯雷利，也不喜欢帕默斯顿。然而，展望未来，相比于在德比逝世后做保守党领袖的前景来说，他在罗素和帕默斯顿逝世后成为自由党领袖的前景要更好，因为如果德比逝世，保守党党魁职务肯定会落在迪斯雷利身上。但即便格莱斯顿在 1859 年就做出了选择，已经投身于自由党队伍之中，他在帕默斯顿政府任职也并不是很愉快。克里米亚战争代价巨大，而 19 世纪 60 年代早期的一系列国外危机（如前所述）意味着帕默斯顿一再要求增加军事预算。事实上，与整个 19 世纪的所有其他和平时期相比，中央政府从 1861 年到 1865 年在国防上的开支最大。这又使格莱斯顿不可能像他 1853 年承诺的那样，在 1860 年前逐步废除所得税，而且他曾多次考虑辞职。但得益于经济的繁荣，格莱斯顿成功地降低了超过 150 英镑的那部分收入的所得税率，从 1861 年的每英镑征收 10 便士降到 5 年后的每英镑征收 5 便士。他还在 1861 年废除了纸张税，经历了 1855—1859 年的在野党生涯之后，他关于预算的富有说服力的长篇大论重振了他在议会的声誉。与此同时，帕默斯顿的议会地位似乎越来越无懈可击，因为他设法让几乎每个人都感到幸福，并小心翼翼地做到了一次不会树立两个以上的政敌群体。因此，在整个议会存续期间他始终能获得下议院的多数支持，这在 1832 年以后执政的各届政府中可谓独一无二。

世界大国及其局限性

这些年的高级政治因此呈现出一个有趣的悖论：一方面，一些极其有个性的人构成了一支超乎寻常的政治队伍，这些人的关系不断在紧张、仇恨、背叛、友谊、忠诚和结盟之间切换；但另一方面，公共事业的实质总体上却是狭隘、无聊、低调且平淡无奇（格莱斯顿英勇的预算案是个例外）。内阁成员时不时会包含基本上所有主要的政治人物，而不管他们的个人关系如何，或其党派存在怎样的差别。不论是德比政府还是阿伯丁或帕默斯顿政府，他们所通过的国内法案几乎没有什么区别，都是小心、谨慎地对原有法案进行规范和加强，仅此而已。同样，罗素和迪斯雷利都进行了温和的议会改革，尽管他们提出的改革远没有触及根本，但他们的方案都没有取得任何进展，而这似乎也并不重要。帕默斯顿当然不一样，他执政时的确增加了一些法案，尤其是他自己提出的法案，但肯定不是没有限度；格拉斯顿当然也不一样，他的时代并不完全反对改革，但人们也不热衷于大规模的变革或变革性的干预。事实上，大多数英国人都不希望国家改变现状。从某种意义上说，这些年来最重要的政治事件可能就是1861年阿尔伯特亲王的去世，据说他是因为伤寒，或者可能是慢性肠道疾病而病故。他孀居的妻子郁郁寡欢，沉溺于悲痛之中不能自拔，而威尔士亲王的行为却日益放荡，这两者结合起来就促成了60年代末格莱斯顿所称的“王室大危机”。此外，如果阿尔伯特还活着，他绝不会想到女王能很快与格莱斯顿有如此强烈的异见，如此势不两立，也不会想到她会如此中意甚至迷恋迪斯雷利。19世纪，大多数英国人的去世年纪都与阿尔伯特相仿（42岁），但他的去世却带来了相当严重的政治影响。

由于国内明显缺乏重大政治作为和重大政治事件，外交事务在当时公共事务中扮演了超出以往的非常重要的角色，这几乎成了默认的共识。阿伯丁政府因其军事无能在1855年垮台，两年后，帕默斯顿政府因为对“亚罗号”帆船事件引起的政治和公众情绪有所误判而失败。但事实上，与过去几十年相比，这些年国际发展和全球性事件具有的意义也的确更为重要。从19世纪40年代末到60年代中期，相继爆发了一系列相互关联的危机事件：欧洲革命（1848年）、中国太平天国运动（1850—1864年）、俄国克里米亚战争（1853—1856年）、南亚的印度民族大起义（1857—1859年）和美国内战（1861—1865年）。这些事件都是18年世纪末和19世纪初那些早期的全球危机的直接延续，所有这些都对不列颠在19世纪中叶的世界霸主地位产生了深远的影响。1848年革命是欧洲许多财政军事国家的深层危机导致的结果（之一），它们不仅波及了欧洲大陆的大部分地区，还波及了大英帝国统治的许多地区。太平天国起义进一步凸显了清王朝的衰败，这给急于加强远东贸易的英国商人既带来了挑战也带来了机遇。克里米亚战争之所以发生，是因为俄国人对英国在南亚的地位似乎总是一种威胁，英国政府在不得已的情况下支持奥斯曼帝国并以武力对付俄国人。印度起义对英国在这块次大陆上的统治构成了空前的挑战，起义军还一度看起来有可能获胜。美国内战意味着英国在支持北部还是南部各州之间会面临一些艰难的选择。

从 19 世纪 50 年代到 60 年代初期，世界各地发生的一系列相互联系、相互交织的危机，全都极大地影响了英国的统治及其物质利益，而这又意味着不可能靠某一届政府单枪匹马就能全部解决问题。可以肯定的是，从 1852—1865 年，只有 3 个人担任过外交大臣，而他们的任职时间都很短。马姆斯伯里勋爵在两届保守党少数政府中担任过此职，而约翰·罗素勋爵和克拉伦登勋爵相继在阿伯丁和帕默斯顿政府中担任这一职务。马姆斯伯里远非优秀，罗素很古怪，但克拉伦登却可靠得多，是一个可与之共事的人。像以前一样，外交政策的执行被广泛认为是贵族的专权，马姆斯伯里、罗素和克拉伦登都是真正的大贵族。但在大部分时间里，在处理国际关系方面起主要作用的一个人，或者说那个人，就是帕默斯顿，不管是担任阿伯丁的内政大臣的时候，还是做首相时都是如此。与此同时，从 1852—1865 年，也只有 10 个人担任过殖民地大臣，对不列颠帝国经常发生的动荡事件进行监管，在这个岗位任职超过一年的人少之又少。罗素于 1855 年 2—7 月短暂担任过此职，在墨尔本政府的最后两年也曾担任过这一职务，而除他之外，其余的人都不是一流的政治人物。在这种情况下，与 19 世纪 20 年代、30 年代及 40 年代相比，制定外交和帝国政策就没有那么有条不紊，也不那么深思熟虑。帕默斯顿的立场，尤其是他在帝国兼并或撤军等问题上的立场，永远都不明朗。所以，在这些方面如何行动往往难以预测，是由执政大势、伦敦常任官员的意见和那些当地官员的行为共同决定的。

德比和阿伯丁政府亟待解决的第一个问题是，在与 1848 年相关的破坏行动之后重建移民殖民地的稳定。遵循最近加拿大的先例，最好的解决办法是将代议制政府沿用到帝国的其他移民殖民地。1846 年就已经通过了一个《新西兰宪法法案》(New Zealand Constitution Act)，但乔治·格雷（George Grey）总督反对将该国划分出独立的欧洲人区域和毛利人区域。他担心这会使 1.3 万移民对 10 万毛利人的统治处于不利的地位，在他的建议下，这项措施无限期中止。格雷起草了另一个法案，并由第一个德比少数党政府通过，其中大多数方案在 1852 年的《新西兰宪法法案》中都已经有所体现。它设立了一个“全体大会”(General Assembly)（实质上的议会），由指定的立法委员会和提名的下议院组成，该国的内政将由总督任命的常务委员会（Executive Council）处理。虽然参政权是以财产为基础的，且仅限于男性移民，但其资格门槛相对较低，新西兰拥有选举权的（显然人数很少的）白人男性比例远高于联合王国，而且其参政权范围又在 1860 年进一步有所扩大。但是议会和常务委员会仍然听命于总督，1854 年在奥克兰召开了第一次全体大会，会上呼吁建立代议制政府。殖民地部没有提出异议，1856 年 4 月，托马斯·戈尔·布朗（Thomas Gore Browne）总督设计了其运作程序。面对 1852 年的立法赋予全体大会负责的各项事务，无论同意与否，他都会接受各负责大臣的建议。但帝国利益、外交政策和毛利事务仍然属于英国政府的权力范围。

此时，同样的宪法条款也被扩展运用到澳大利亚殖民地。1851 年，在维多利亚和新南威尔士发现了黄金，促使移民以前所未有的规模大量涌入，不久后刑事流放的做法又真正终结了，这两件事产生的影响叠加在一起，进一步为宪法的进步和巩固提供了动力。1855—1859 年，代议制政府在新南威尔士、维多利亚、塔斯马尼亚、南澳大利亚，最终在昆士兰成为惯例。无论是哪个政党在伦敦掌权，代议制政府制度都一直在逐步推广，到 50 年代末，英国在澳洲及北美洲的移民殖民地都已基本实现其国内事务的自治（但是其外交政策仍然由伦敦中央政府控制）。与帝国的其他地方一样，这种适时的改革对于 19 世纪 40 年代末存在的政治激进主义和民众骚乱起到了重要的平复作用；而在新西兰，由于扩大了选举权范围，成年男性有选举权的比例及其社会阶层的多样性都超过了联合王国，不仅仅是参照“大改革法案”的条款进行比较，参照罗素和迪斯雷利最近提出的方案进行比较也是如此（虽然 1851 年新的开普殖民地宪章只是规定了代表制而非代议制政府制度，但那里人们的参政范围也比联合王国更广泛，而且宪章规定确保了非洲人和移民都有投票权）。19 世纪 50 年代期间，议员们可能对威斯敏斯特议会的进一步改革没有太大的兴趣，但他们对在移民殖民地进行宪法改革以及扩大选举权却抱有相当大的热情。

这显然是一个连续性很强的成功政策，不管谁执掌殖民地部都不受影响。这个政策将代价高昂的直接管理责任转移给了殖民地自身，代之以更宽松的帝国控制，以及重大的宪法创新和自由化。这样就将国内的经济与距离较短的海外地区的巩固结合在了一起，而且不会引起移民殖民帝国的解体。但不可否认，偶尔爆发的摩擦终究会与正在发生的现实相互矛盾，迪斯雷利在 1852 年就宣称那些偶有摩擦发生的殖民地是“套在我们脖子上的枷锁”。在英国在其他地方却没有采用这种明确的模式，因为其在兼并一些地区的同时，也在归还一些地区。1852 年，殖民地部兼并了中美洲加勒比海沿岸小小的海湾群岛（Bay Islands），但外交部却毫不知情。在印度，达尔豪西继续大力推行扩张主义政策，运用“失效的”理论兼并更多的土邦。再往东，清朝皇帝镇压太平天国起义不力，而英国在“亚罗号”事件后轰炸了广东，从而引发第二次鸦片战争（1856—1860 年），最终将皇家园林圆明园付之一炬，清朝政府进一步开放贸易并在管辖权上让步，香港领土遭英国兼并。但在地中海地区，爱奥尼亚群岛于 1862 年移交给希腊；在非洲，1848 年才吞并的奥兰治河移民点六年后放弃；英国虽然在 1861 年占领了拉各斯（Lagos），但随后针对阿善堤（Ashanti）的远征遭遇了失败，致使一个议会专责委员会对所有“进一步扩大领土或政府义务”的行为进行了谴责。

正如殖民地部和外交部在海湾群岛问题上的混乱状态所表明的那样，伦敦中央政府缺乏连续一致的政策，也没有能力制定或推行这样一个政策。兼并印度土邦、吞并拉各斯和轰炸广东等行为，都是当地官员在放纵帝国的贪婪，向前推进军事侵略，英国政府则是非常谨慎地不得已而为之。联合王国可能算是全球霸主，但从威斯敏斯特和白厅官方的主导观点来看，英国的在世界许多地区施加影响力也是不得已而为之。人们普遍不希望干涉别国的内政，而通过兼并和干涉的方式得到的也没有那些当地负责官员希望的那么多。几次鸦片战争和焚毁北京圆明园对中国人来说是一种痛苦的（至今仍然铭记的）羞辱；而对这样一个太平天国起义席卷全国的大国来说，英国除了增加了一定的贸易之外，几乎没有产生什么影响。海军各中队在19世纪50年代封锁了巴西海岸，并沿西非海岸巡逻，目的是阻止屡禁不止的奴隶贸易，但收效甚微。英国人在1858年参加了由美国佩里准将（Commodore Perry）领导的旨在打开日本国门的国际行动，但英国公使卢瑟福·阿尔科克爵士（Sir Rutherford Alcock）却认为这样的干预没有什么重要意义。1857—1858年间的英国–波斯战争不是伦敦方面发起的，而是加尔各答方面发起的，其动机是害怕俄国扩张，而不是想要统治波斯。英国人虽然可能是强行迫使腐朽的奥斯曼帝国开放了国际贸易，但原因是他们认为这也是对抗俄国在陆上和海上扩张的关键砝码，这意味着外交部不希望看到它进一步衰落下去。

这就是19世纪50年代中期联合王国无论如何都要与俄国在克里米亚开战所处的时代背景：帝国根本没有一个持续的政策，而且对世界进行更多干预的意愿和能力都很有限。克里米亚战争是联合王国从1815—1914年参与的唯一一次重大的陆上战争。而人们普遍认为，这种冲突是1815年的维也纳会议可以避免发生的。而俄国不仅是西方“欧洲协调”的成员，也是东方亚洲四大帝国之一，19世纪的不列颠凭借其全球影响力，与俄国之间存在着复杂的地缘政治纠葛。东印度公司扶持的印度莫卧儿王朝的衰败，为英国在南亚的进一步干预和扩张打开了大门，这反过来又促进了与中国的鸦片贸易，引发了随后的两次鸦片战争和对香港的兼并。但随着英国势力在印度愈加根深蒂固，他们也越来越害怕（有所夸大的？）俄国对波斯和阿富汗进行侵略，及其对黑海和地中海地区发起掠夺的野心所带来的威胁。此外，因为俄国的独裁统治，以及对那些（通常从他们流亡生涯中在伦敦的家）推进国内改革却遭遇失败的自由人士采取的野蛮行径，所以在英国公众看来，俄国是最不受欢迎的欧洲大国；在亚洲，它的表现似乎也与其“欧洲协调”成员身份应承担的责任不符。因此，英国人通常倾向于支持腐朽的奥斯曼帝国作为对抗俄国的重要砝码。早在 19 世纪三四十年代进行的那些干预是为了促进奥斯曼帝国政府的现代化，同时也是为了促进英国与奥斯曼帝国之间的贸易，英国希望以此阻止这个不可或缺的病态帝国走向衰落，希望其能够复兴。

但在 1853 年夏，俄国和奥斯曼帝国之间本质上就不稳定的僵局陷入了危险之中，当时俄国派遣军队进入了巴尔干的摩尔达维亚（Moldavia）和瓦拉几亚（Wallachia）公国（大致相当于现代的罗马尼亚），而这两地正式归属于奥斯曼宗主权范围内。这次入侵的理由表面上是居住在那里的正教基督徒受到奥斯曼帝国的排斥和迫害需要保护，但这显然是一种领土侵犯行为，意图彻底瓦解奥斯曼在中东全境的统治。为了保卫自己的领土，奥斯曼苏丹于 10 月向俄国宣战，但俄国人在第二个月就摧毁了黑海港口锡诺普（Sinope）附近的奥斯曼舰队。英国媒体和公众强烈要求对俄国采取军事行动，但是阿伯丁勋爵不想参战，并因他看似飘忽不定犹豫不决的做法而招致大量批评；帕默斯顿最近刚因为反对罗素支持议会改革而辞掉了政府职务，自然逃过了人们的指责。12 月，英国和法国勉强达成一致，认为他们必须合作来拯救奥斯曼帝国免遭毁灭。1854 年 1 月，英国和法国地中海舰队进入黑海，3 月，两国终于对俄国宣战。英法的战略是进行有限的打击，意图夺取俄国在克里米亚的主要黑海港口塞瓦斯托波尔（Sebastopol），从而使俄国舰队无法进入达达尼尔海峡并占领伊斯坦布尔。但由于塞瓦斯托波尔的防御非常强大，海军轰炸不足以保证使其投降，因此英国和法国往克里米亚半岛增派了陆军，目的是增加俄国港口陆地一侧的压力。一开始这个战略似乎奏效了，因为英法盟军在 1854 年 9 月的阿尔马战役（Battle of Alma）中打败了沙皇军队，塞瓦斯托波尔的陷落似乎已经近在眼前。

但随后英国和法国军队开始面临十分不利的形势。在巴拉克拉瓦（Balaclava）和因克尔曼（Inkerman）的两次后续行动（分别发生于 1854 年 10 月和 11 月）都没有取得任何战果：英法盟军未能击败俄国军队，而俄国人也未能将英国和法国驱逐出半岛。因为英国轻骑旅发起的进攻徒劳无功且代价沉重，巴拉克拉瓦战役声名狼藉，而在因克尔曼，英国军队又遭受了巨大的损失。但更糟糕的是冬天来了，就像 40 年前拿破仑认识到的那样，冬天一直是俄国最可靠、最有杀伤力的盟友。由于英国高级指挥官拉格伦（Raglan）和卡迪根（Cardigan）的无能造成的伤亡，再加上霍乱、痢疾和其他致命疾病的大面积流行，盟军面临着全军覆没的危险。多亏有她的朋友、担任阿伯丁勋爵陆军大臣的西德尼·赫伯特（Sidney Herbert）的支持，满怀热情、精力充沛且人际关系良好的弗洛伦斯·南丁格尔（Florence Nightingale）赶到了斯库台湖，对伤病员进行护理，并因此获得了具有传奇色彩的“提灯女神”的美誉。尽管英国高级指挥层有缺陷，而且缺乏食物、燃料、药品和其他供应物资，但盟军在 1855 年年初的时候逐渐开始占据上风，终于在 9 月征服了塞瓦斯托波尔。随后开始了拖沓的外交交锋，最终的结果是达成了 1856 年的《巴黎和约》(Peace of Paris)。俄国失去了它在巴尔干半岛这两个公国所宣称的一切权利；被迫接受了黑海的完全中立，并废除其在黑海的所有海军基地；奥斯曼帝国的存续和完整得到了保证。

不论是从军事角度还是外交角度，这对英国来说都是一个胜利的结果：俄国人（暂时）受到了限制和羞辱，奥斯曼帝国也（暂时）得以保住。甚至在阿伯丁联合政府失去公信力时，英国在战争行动中的一些最明显的缺陷也得到了补救。原本整合了殖民地和战争事务的国务大臣工作又被分开了，成立了一个独立的陆军部。到1855年年初，最严重的供应保障问题得以解决，伦敦和克里米亚之间的各级指挥有所改善。付出的代价相当可观：陆军和海军开支从1853年的1 530万英镑增至1856年的3倍，达4 670万英镑，这使格莱斯顿履行废除所得税的承诺变得不可能。相反，他通过增加税收而不是通过广泛的借贷来满足战争的花费，而在经济繁荣的情况下，也有足够的资金可供借贷。帕默斯顿得以从战争中全身而退，很大程度上是因为他幸运，1855年2月他接任首相之时正是形势开始朝着有利于英国和法国的方向发展的良好时机。但也有严厉批评的声音，尤其是罗巴克等激进派的批评，他们认为领导这场战争的是一个不称职的贵族阶层，完全是领导无方，约翰·布赖特则坚持认为尽管这场战争得到了新闻界和舆论的极大支持，但它完全是错误的。联合王国可能是赢得了胜利，但这不是惠灵顿也不是滑铁卢，正如阿尔弗雷德·丁尼生所说的，在这场战争中“有人犯了错误”（事实上，不止一个人犯了错误），对英国这个世界上最大强国的光荣或威望几乎没有任何促进作用。尽管进步姗姗来迟，但无疑还是有所进步的，但是在联合王国的政府机构和军队的核心仍存在着很多更深层次的问题，其中包括贵族的不专业、坐拥特权、军事无能、管理混乱，或许也要算上参政权严重受限。这些问题迟早都要解决，但在帕默斯顿有生之年却看似不太可能了。

不管怎样，在更遥远的南亚，有一个几乎就在眼前的更紧迫的挑战需要英国军队和大英帝国去面对。联合王国曾参战克里米亚战争，去支持和加强一个陌生的帝国，并对另一个帝国进行威胁和禁锢，以此来维持亚洲势力的平衡，这是人们广泛（但不普遍）认为的英国最好的地缘政治利益。但所谓的印度“暴动”（或“大起义”）是一场野蛮的战役，为的就是使联合王国能够在那片广阔的大陆上维持其帝国和商业利益，并因此维持其全球力量优势和信誉。这次的赌注至少和滑铁卢战役一样高，结果也同样是险胜。从不同的角度来看，被称为印度起义或第一次独立战争的这次战役的原因复杂多样，有从某种程度上来说根深蒂固且经过长期酝酿的原因，但也有更为直接的原因。从最总体的层面上看，英国统治的侵入性越来越强，印度人压抑的反对情绪也越来越强烈；这对印度棉织业来说是一场经济灾难，面对大量进口的英国纺织品，印度棉花产业事实上已经处于崩溃的状态。此外，加尔各答政权在麦考利的敦促下，在人们无知甚至反抗的情况下将英语和英国的价值观强加于许多古老的印度本土文化之上，也引起了极大不满。对那些土邦的侵略兼并，以达尔豪西最终兼并阿瓦德（Awadh）达到顶点，似乎也进一步表明了联合王国的敌意和掠夺的意图；而废除殉葬制度和修建铁路等现代化改革也同样如此，似乎进一步表明了英国人对当地风俗习惯的蔑视。其结果是，到了 19 世纪中叶，人们对英国统治，尤其是对其主要代理人和代表，即富有而贪婪的东印度公司的敌意变得越来越强烈。

然而，在 19 世纪中叶，这家英帝国公司还主要是一家私人企业，不论是伦敦政权还是加尔各答政权，对该公司的事务都没有充分的官方监督。随着该公司的权限逐渐延伸到这块次大陆的全部地区，经过德里的莫卧儿皇帝的勉强同意，它已经能够征收土地税，而这些钱大部分都被抽走使其雇员或其英国股东受益。这一庞大而不断增长的收入也使该公司有能力建立自己的私人军队，人数接近25万，并从英国皇家军队雇用了2万~3万人，用以提高其印度士兵的素质并防止军队发生动乱。尽管该公司已经在1813年和1833年失去了一些贸易垄断权，但它仍向中国大量出口鸦片。这种伪装成英国政府一个部门的奇怪的公司运营模式，其特点是更关注工作岗位、利益和财物掠夺，而绝不是更高尚的帝国使命或帝国目标；它的雇员构成了一个自私、自我存续的寡头集团，渴望更多的领土扩张，以及更多的鸦片贸易。甚至在英国政府授意管理委员会对它的这种压迫行为表示遗憾甚至谴责以后，该公司仍一意孤行渴望攫取更多的机会、更多的收入，放任更多的腐败行为。虽然这是一个贪得无厌、掠夺成性的政权，却很脆弱且不堪一击。这块次大陆的大部分地区仍以独立土邦的形式存在，拥有自己的收入和私人军队，并没有纳入该公司的控制之下。印度与波斯、阿富汗和中国西藏接壤的边界远非安全可言，在其背后存在着俄国的长期威胁。整个公司的存在必然是帝国主义的占领行为而非殖民行为。正如一位总督所说：“与皇家的殖民地不同，印度政府根本没有国家实力要素，在这样一个只有一小撮陌生的英国人构成全部社会的国家里，它完全没有可依靠的后盾。”

达尔豪西勋爵的傲慢行为引起了如此多的不满，导致他于1856年离开了印度，而对英国人在印度的所作所为日积月累的不满终于在第二年爆发了。原因之一是，这一年标志着英国取得1757年普拉西战役胜利100周年，而对于感到幻灭的南亚人民来说，英国一个世纪的暴政统治已经长之又长了。此外，1857年1月，有传言说该公司的军队开始使用的新型步枪子弹用的油脂是由（对印度教徒来说很神圣的）牛的脂肪制成的，由于军人要咬一下子弹才能把它装入步枪，印度教徒感觉这种对其宗教表现出的明显不尊重是极大的冒犯。在 1857 年年初的几个月里，印度北部许多地方发生了印度土兵哗变，最具影响力的是在密拉特（Meerut）发生的兵变。叛军占领了德里，那里最后一个（主要是名义上的）莫卧儿皇帝宣布他支持叛变者，而大部分恒河上游流域和印度中部高地都落入兵变部队的手中。那那·萨希伯（Nana Sahib）等一些在位的君主也加入了兵变。有一段时间，该公司的权力似乎可能就要瓦解了。接着发生了一场残酷而痛苦的战争，双方都犯下了可怕的暴行（但意料之中的是伦敦的报纸更多地关注了印度人的暴行而不是英国人的野蛮）：在坎普尔（Cawnpore），那那·萨希伯下令杀害了数百名英国男子、妇女和儿童；作为报复，当英国人夺回这个镇子时，他们杀了所有被怀疑是叛军的人。但是英国人很幸运，因为这场“大起义”完全不是集中力量、相互协调的行动，也没有覆盖印度全境：无论总体上的不满程度如何，但这块次大陆太大了，不可能做到这一点。为了报复，英国人在新近占领的旁遮普集结了一支军队，他们在 1857 年年底夺回了德里；另外，从英国姗姗来迟的增援部队，沿着恒河逆流而战，实施了野蛮的报复行动。抵抗行动一直坚持到 1859 年，但“大起义”还是被压制了。

克里米亚战争的灾难严重打击了国民和军队的士气，而这次最终取得的胜利促进了士气的恢复，但“大起义”却是大英帝国在 19 世纪面临的最大危机。伦敦政府没有起到直接的作用，英国最初在军事上也反应迟缓，医疗后援与克里米亚战争时一样糟糕。此外，伦敦方面对东印度公司的失利也不能再视而不见了，1858 年，当“大起义”大部分遭到镇压后，帕默斯顿就宣布要解散该公司。他的政府还没来得及通过必要的立法就下台了，但德比勋爵的第二个少数党政府给予通过了，显示两党合作发挥了重要作用。该公司所有的领土和财产移交给了英国政府，管理委员会被解散，政府设立了一个新的内阁职位，即印度事务大臣（Secretary of State for India)。对事务大臣负责的总督，作为君主的代表，被提升为尊贵的“皇家总督”(Viceroy)，后来所有的英属领土都是由印度文职机构管理，其高尚无私的精神与以前盛行的英式风格大不相同。该公司的印度土兵被置于王权控制之下，数量大幅减少，而英国军队的人数比例大幅增加（同样还是由印度纳税人支付费用)。自此以后，有更多的投资用于铁路建设，但是对本廷克、麦考利和达尔豪西等人极具吸引力的印度社会的“现代化”这种宏大目标在很大程度上不再提了。莫卧儿皇帝被废黜，这个朝代的最后一任皇帝因叛国罪受到审判并被流放到仰光。同时，为进一步推翻先前的政策，维多利亚女王发布了一份公告，宣称英国在印度不再打算拥有更多的领土，并将在未来尊重和维护当地王公的权利，而这些王公中的大多数人在 1857 年都表现得很忠心。这意味着从此以后英国政府在南亚更注重的是传统而不是现代化了。

在 19 世纪 50 年代初最早提出的，又经过“大起义”短暂验证和强化的一个非同寻常的计划，就是要建造当时世界上最大的船。最初此船被命名为“利维坦号”(*Leviathan*)，然后改为“大东方号”(*Great Eastern*)，事实最终证明这成了伊桑巴德·金德姆·布鲁内尔（Isambard Kingdom Brunel）最后也是最不成功的想法。他的建议是建造一艘巨大的轮船，带足为全程提供动力的煤，它可以绕过好望角直达印度；带足强化印度军队所需的军人、马匹和大炮，从而做到在这块次大陆发生任何叛乱都能给予有效镇压。这艘近 700 英尺长的船于 1854 年年初开始建造，花了两年多的时间建成，比当时航行的所有船只都大 6 倍，其体量之大 60 年以后才被超越。但是，1857 年 11 月这艘船却没有在泰晤士河上的米尔沃尔（Millwall）成功下水，又花了一年的时间才顺利下水，而为此船的建造进行融资的公司却耗尽了资金。“大东方号”第一次进入海上航行，就遭遇到了一系列怪异的事故和死亡事件，仅有的几次跨大西洋航行又被更进一步的厄运所破坏，建船的初始目的，即驶往印度的航行，从没有实现（也不可能实现）。这是布鲁内尔最引人注目且造价昂贵的败绩工程，直到 1866 年利用此船铺设了第一条跨大西洋电缆时才稍稍挽回了一些损失。但布鲁内尔对此一无所知，因为他在 1859 年就去世了，部分就是因为“大东方号”造成的压力、劳累过度和担忧所致。在某种程度上来说，他是“大起义”中最引人注目的英国受害者。

相比之下，并不是因为帕默斯顿做了什么，而更多的是由于运气和时机，他从克里米亚战争和“大起义”中都得到了很好的结果。而他在“意大利统一运动”(Italian Risorgimento) 中也获得了好评，但在很多方面，主要的推动者都是拿破仑三世，英国只是一个旁观者而非积极的参与者。虽然在克里米亚战争期间英国和法国一直是同盟国，但两国关系在 19 世纪 50 年代末就已经变味儿了，部分原因是发生了奥尔西尼事件；部分原因是拿破仑增加了法国海军和海岸防御力量的开支；部分原因是这重新激发了人们对法国人可能再次跨越英吉利海峡入侵英国的巨大恐惧；还有部分原因是英国人素来讨厌法国人，尤其他们的领导人又有一个“拿破仑”这样不祥的名字。其结果是英国大面积（但短暂）地爆发了一阵疯狂的恐法症，而政府也进一步增加了国防支出，包括建造了南部海岸的堡垒（这些堡垒至今还保留着），以及半自发性地成立了“志愿运动”组织，到 1862 年该组织人数超过了 15 万。同时，拿破仑自称是为意大利统一而开展的民族运动的赞助人和支持者，为此，他于 1859 年与奥地利开战，希望把哈布斯堡皇帝从半岛北部驱逐出去。他的胜利为主要由朱塞佩·加里波第（Giuseppe Garibaldi）和加富尔伯爵于 1860 年促成的意大利统一铺平了道路。帕默斯顿不相信拿破仑的好意，但他的政府却什么都没做，他只是对这场意大利统一的自由运动给予了一般性的支持，但却因此名不副实地得到了意大利人的赞誉，在联合王国也得到了不应有的赞誉。无论怎样令人难以置信，意大利统一都被视为一种独特的帕默斯顿式的胜利：是自由原则和君主立宪制战胜了法国、哈布斯堡和教皇的专制主义。

就 1861 年爆发的美国内战来说，英国的官方态度是在北方和南方之间严格保持中立；联合王国不能也不应该对位于地球另一半的国家发生的内部争吵进行军事干预，但是可以理解的是，政界和民众对此的意见却有着严重的分歧。从一个角度来看，南方是一个类贵族社会，并因此受到许多英国贵族和地主的极大赞美，同时它也是联合王国最重要的原棉供应地。此外，在冲突的大部分时间里，帕默斯顿、罗素以及（尤其是）格莱斯顿总体上都对南方持支持态度。从另一个角度来看，南方又是蓄奴的社会，而英国早在 30 年前就已经在整个帝国废除了奴隶制。这意味着约翰·布赖特等激进派自然会支持北方，而尽管北方对南方的封锁意味着兰开夏郡的工人要失业，因为没有美国棉花可供他们纺纱或织造，但他们当中许多人也还是支持北方。还发生了两次尴尬的外交事件：一是 1861 年年底，联邦海军逼停了一艘英国汽轮“特伦特号”(*Trent*)，并抓走了两名邦联军的间谍，他们想要乘船越过大西洋前往英国，目的是为南方争取支持；二是 1862 年夏，南方在默尔西河（Mersey）河畔建造了一艘小型风帆战船“阿拉巴马号”（*Alabama*）。英国当局在北方强烈的反对之下还是允许它航行在大西洋上，从而摧毁了大量的联邦船只。这两起事件可能会导致英国承认南方的独立和自治，也可能会导致联合王国和北方各州之间爆发战争。但最终灵活的外交手腕，加上对亚伯拉罕·林肯的地位和《解放黑奴宣言》(Emancipation Proclamation）公正性的日益认可，意味着冲突得以避免，北方也恰好在 1865 年春取得了完全的胜利。

事实上，英国对于美国内战来说起不到任何作用，就像意大利统一运动已经表明的那样，对于欧洲事务英国基本上也是无所作为。1863 年，俄国统治下的波兰爆发了另一次起义，而波兰从 18 世纪末分裂以后就一直处在俄国的专制统治之下。这次叛乱再次被严酷镇压，而英国与法国和奥地利一起，对俄国的野蛮行为提出了强烈抗议。但是，尽管帕默斯顿政府表现出了自由姿态，但因为它缺乏为解放波兰而斗争的政治意愿和军事能力，实际上也是无所作为。事实上，对于这种欧洲大陆的冲突，英国唯一一次成功置身其中的是在拿破仑战争时期为西班牙而战，当时也只是派皇家海军在北海、大西洋和地中海不断出现，从而造成一种联合王国是欧洲重要的军事力量的幻觉。这种置身事外（或者，换个词说是软弱）的态度在 1864 年发生恼人的石勒苏益格－荷尔斯泰因公爵领问题时再次浮出水面时便显露无遗了。在 1848—1849 年的前一次危机中，帕默斯顿几乎没有什么影响力；这一次，普鲁士处于残酷无情和精于算计的俾斯麦（Bismarck）的领导之下，帕默斯顿的干预能力就更为低下了。俾斯麦这位“铁血宰相”决心利用普鲁士的霸权实现德意志统一，在这个过程中他为了夺取基尔（Kiel）港，着手挑起了与丹麦的战争。英国舆论强烈支持丹麦对抗普鲁士的这种欺凌行为，但帕默斯顿既拒绝与拿破仑三世一起召集欧洲和平会议，也拒绝与他一道对普鲁士作战。与在波兰问题上一样，英国强硬的言辞毫无意义，虚张声势已无法奏效。俾斯麦发动了战争，取得了军事胜利，也得到了石勒苏益格－荷尔斯泰因公爵领，而帕默斯顿对此无能为力。

这是新欧洲世界将走向强权政治、民族侵略、血腥和铁腕统治的第一个征兆，如今的世界与这位年迈的首相曾经生活和工作的世界已大不相同。帕默斯顿试图对所有这一切一笑置之，他断言只有 3 个人能够正确地理解石勒苏益格－荷尔斯泰因公爵领问题：其中一个已经死了，第二个疯了，他自己是第三个，但他已经忘记了这到底是怎么回事。这是一个难以令人信服的立场，尤其丹麦和普鲁士之间的战争也将悲痛的寡居女王置于特别困难的境地。1859 年，在维多利亚和阿尔伯特的大力推动下，他们的大女儿维多利亚公主（Princess Victoria）与普鲁士王储腓特烈（Frederick）成功联姻。这场婚姻外交的目的是巩固隔北海相望的英国和普鲁士这两个伟大的新教国家之间的永久联盟，王室还进一步希望，公主的自由天性和冰雪聪明能在适当的时候冲淡普鲁士宫廷和人民具有的专制主义和军国主义文化。但是 4 年后的 1863 年，威尔士亲王娶了丹麦国王的女儿亚历山德拉公主（Princess Alexandra），女王希望有着如此迷人美貌和亲切性情的亚历山德拉最终能抑制并缓和亲王越来越任性的道德放纵，只是并没能如愿。一旦这两个国家彼此开战，有一个普鲁士女婿和一个丹麦儿媳的女王就陷入了一种尴尬的境地：这种情况开始表明，欧洲不同国家之间不可能再像维多利亚女王和阿尔伯特曾希望和相信的那样，通过欧洲大陆王室之间普遍联姻形成的个人纽带来维系关系了。

物质的享受、精神的烦恼与文化的丰富

由于这些年人们总是因为国际关系和帝国事务中经常发生的剧烈而恼人的政治事件而处于亢奋状态，所以对于国内发生的政治事件的内容和主题几无兴趣，或不会产生同样的兴奋状态，也就不足为奇了。产生这种普遍的相对平静和安宁的感觉的基础是一个不同于 19 世纪 30 年代和 40 年代的时代，这是一个长期的发展和改善更明显胜过各种功过相抵和周期性波动的时代，而英国的全球经济领先地位很可能正是在这些空前繁荣和稳定的年月里达到了顶峰。可以肯定的是，1853—1854 年间的粮食价格非常高（因为克里米亚战争切断了俄国玉米的供应）；（美国内战导致）1862—1865 年发生了棉花“饥荒”，导致兰开夏郡面临巨大的困难；1857 年（与“大起义”同时）发生了商业危机和金融恐慌。但这些都与 19 世纪 10 年代末、30 年代和 40 年代的严重衰退所造成的破坏不同，在整个 19 世纪 50 年代以及 60 年代初，国家经济表现的所有指标都呈现出似乎无可阻挡的强劲上升状态。1851—1861 年，大不列颠人口从 2 100 万增长到超过 2 300 万（但是爱尔兰的人口在大饥荒后仍然持续下降），到 1871 年达到了 2 600 万。尽管保护主义者曾有过悲观预言，但废除《谷物法》并没有导致英国农业的消亡，而随后的“高效农业”时代见证了比 19 世纪初任何时候都更加繁荣的农业发展形势。铁路线长度翻了一番，在所有欧洲国家中遥遥领先，而货物和客运的收入达到了 3 倍之多。出口以每年 11% 的速度增长，几乎是过去几十年的 2 倍；联合王国拥有全世界 2/3 的棉花生产能力；而且仍占全球煤炭和铁矿石产量的一半。羊毛制品的出口几乎翻了一番，从澳大利亚和新西兰的原材料进口增长了

近 4 倍，尽管面临克里米亚危机和南亚危机，但与世界其他地区的贸易持续增长。

在维多利亚时代中期的这些岁月里，伴随着国内的稳定以及国际贸易和海外投资的增长，似乎存在着一种内在的系统性的进步和繁荣。维多利亚中期英国的经济成功从本质上讲是仰仗于它为世界上大部分地区制造廉价的布匹、钢铁［1856 年亨利 · 贝塞麦（Henry Bessemer）为从熔化的生铁中大量制造钢材的一种新方法申请了专利］和机器设备的能力，以及用英国建造和英国保险的船只将这些产品运到海外的能力。地主、商人、农民和工匠的收入都有了提高，并显示出实质性的收益，这促使国人产生了乐观主义情绪（尽管同时发生的克里米亚和印度大起义对这种情绪有破坏作用）。根据报税情况显示，“报税明细表 A”（Schedule A）体现出英格兰和威尔士的土地、房屋、矿山和其他形式的不动产收入总额从 1843 年的 8 580 万英镑增加到 1865 年的 13 130 万英镑，而同期的苏格兰从 940 万英镑增加到 1 620 万英镑。同一时期，根据“报税明细表 D”（Schedule D) 报告的收入情况，英格兰和威尔士（贸易和从业的利润）从 5 270 万英镑上升到了 9 596 万英镑，而苏格兰从 480 万英镑上升到了 980 万英镑。随着农业的蓬勃发展，房地产、煤矿和码头的收入超过了以往任何时候，贵族和乡绅的收入也超过以往，而像德文希尔公爵、比特侯爵和德比伯爵等大贵族都富足无比。银行家们也同样在赚取高额利润，在发放国际贷款方面更是如此：因此，罗斯柴尔德家族（the Rothschilds) 才得以购买了他们在白金汉郡（Buckinghamshire）的大片土地，并建造了蒙特摩尔塔楼（Mentmore Towers）和沃德斯登庄园（Waddesdon Manor）这样的豪华宅第。中产阶层商人也在

19 世纪第一次享受到了收入的持续稳定增长。因此，一些人尝试与自己的工人建立一种新型的劳资关系，其中西约克郡布拉德福德的泰特斯·索尔特（Titus Salt）为他的雇员建造了一个带有公共澡堂、图书馆和小教堂的名叫索尔泰尔（Saltaire）的完整配套住宅区；而伯明翰的约瑟夫·吉洛特（Joseph Gillott）等其他人则开始热衷于收藏当代英国艺术品。

除了极少数的例外情况，那些在各地方郡县通过工业生产赚钱的人，比如乔赛亚·韦奇伍德（Josiah Wedgwood）、理查德·阿克赖特、杰迪代亚·斯特拉特（Jedediah Strutt）和托马斯·丘比特等，总体上都没有英国最大的地主或伦敦的投资银行家们那么富有，即便是到了 19 世纪中叶仍是如此。由于英国工业的规模总体上仍然很小，英国工业财富的规模总体上也就相对有限。因此不足为奇的是，科布登和布赖特等人都不断哀叹，19 世纪 50 年代和 60 年代的政治在很大程度上仍然掌握在贵族和乡绅的手上，不仅在内阁和上议院如此，在下议院也一样。从这个角度看，中产阶层在这段均衡时期最重要的发展就是逐渐固化，时至今日英国已经固化形成一个全国性的知识阶层：从某种意义上说就是柯勒律治所说的“知识分子”这一代人，即他首创的这个词所代表的博学、有文学素养且拥有文化权威的人。一部分原因是存在着一个成熟的读者群体，渴望并有能力购买由这些知识分子（他们几乎都是男性）出版的报纸和期刊，历史、神学、当代评论、小说和诗歌等著作。一部分原因是存在像达尔文、斯蒂芬、阿诺德、赫胥黎、斯特雷奇（Strachey）和特里维廉这些亲戚套亲戚，并且在工业、土地、政治、教会、学术界以及英国和印度的政界相互交织的家族，这些家族都很富有，因此家族中就有许多人有时间去思考，有闲暇去写作。一部分原因是知识分子也已经成为对各种人才开放的一个职业，比如卡莱尔和狄更斯等自学成才的人就是很好的证明。还有一部分原因是这个以伦敦为大本营的知识分子群体，在很大程度上通过维多利亚中期的餐饮俱乐部和文学社团的繁衍而制度化并相互联系在一起，这些俱乐部中最著名、最重要的当数在 19 世纪 50—70 年代达到鼎盛时期的“雅典娜图书俱乐部”。

不仅仅是贵族，银行家、商人和知识分子也都从来没有遇到过这么好的时光。维多利亚中期，随着人口的持续增长（除了后饥荒时期的爱尔兰），经济也同步增长，尽管农业（其繁荣发展不可否认）的相对重要性持续下降，但工业创造了更多的就业机会。从 19 世纪 50 年代初到 60 年代末，发动机制造工人、造船工人、铁路工人以及印刷工人的数量翻了一番，而同期实际工资也呈明显上升趋势。因为人口持续增长造成过度拥挤和环境恶化，许多工业城镇和城市的生活质量依然令人担忧，而营养不良仍然很普遍，人口寿命依然很短；但平均全职工作时间开始减少，住房条件开始缓慢改善（当然大饥荒之后的爱尔兰又是例外）。正是这些渐进的改善，再加上人们认识到 19 世纪 30 年代和 40 年代的对峙并没有奏效，使工人阶级的政治立场从激烈对峙转变为折中和解。在一些行业中，技术工人创立了拥有全国会员资格、总部设在伦敦的一种新型工会，资金雄厚。成立于 1851 年的“工程师联合会”（Amalgamated Society of Engineers）就是这样一个工会组织，它为后来的反对地区性骚乱或罢工行动的领导人乔治·奥杰（George Odger）和罗伯特·阿普尔加思（Robert Applegarth）树立了榜样。崇尚正派和得体成了一种新思潮，一个表现就是联合王国联盟（United Kingdom Alliance）于 1853 年成立，这是一个全国性的戒酒组织，得到了工人阶级的强力支持。这些发展使弗里德里希·恩格斯陷入了绝望，他在5年后写给卡尔·马克思的信中说道："英国无产阶级正变得越来越资产阶级化。"利兹公爵的一个亲戚西德尼·戈多尔芬·奥斯本（S.G.Osborne）牧师，看问题的角度却大不相同，他在1864年写道，英国人是"一个同胞之间和平相处的民族"。

不无巧合的是，就在1857—1861年这段几乎完全相同的时间里，伦敦一位富有的船主之子亨利·托马斯·巴克尔（Henry Thomas Buckle）出版了其《英格兰文明史》（*History of Civilization in England*）系列的前两部作品，这套书的观点更接近奥斯本，更加乐观且沾沾自喜。这两本书原打算作为一个鸿篇巨制的开篇，将英格兰的文明，尤其是它的优势，与法国、西班牙、苏格兰、德国和美国进行比较，但是1862年巴克尔就去世了，他只完成了他计划创作的巨著的一部分，而只有一章写到了英格兰的历史。与维多利亚中期的许多人一样，他没有像吉本那样把野蛮和文明看作对立的两极，在原始和永久的冲突中相互对立。相反，他认为它们是一个线性的连续统一体的两个极端，认为人类历史是沿着这一尺度"从野蛮到文明的进步"，而且从英格兰自身来说更是如此，与其他任何一个国家相比，英格兰都代表了迄今为止人类各种成就的顶峰，无出其右者。巴克尔的书销量很好，对公众普遍产生了巨大的影响。维多利亚中期的中产阶层世俗主义者、激进派和自由主义者都很推崇这两本书，其中就包括查尔斯·达尔文、赫胥黎及约翰·斯图尔特·穆勒等人，他们喜欢巴克尔的大胆诠释、充满活力的行文，以及对英格兰的进步和优越性所抱有的坚定信念；但他也遭到了保守的宗教和学术作家异常激烈的指责，其中就包括阿克顿勋爵（Lord Acton）和斯塔布斯主教（Bishop Stubbs），他们认为巴克尔对基督教和历史证据的细节不够恭敬，也包括了苏格兰长老会教徒，他们对他怀有敌意，因为他们觉得巴克尔对他们和他们的国家都怀有敌意。无论怎样，巴克尔的《英格兰文明史》是理解维多利亚时代中期的社会情绪和思想的重要著作之一。

巴克尔以一种长远的眼光说明了英国人是如何达到了一个看起来如此独特的先进文明状态的。在同一个 10 年里，另一位作家以常规和说教性的角度，也进行了同一主题的写作，他试图弄清楚这是一个什么样的民族，能够以他们自己的努力和品质，促使事态如此发展，说服其他人效仿自己，并以此为他们自己和国家谋利益。这个人的名字叫塞缪尔·斯迈尔斯（Samuel Smiles），1859 年他出版了自己最著名的著作《自助》（*Self-Help*）。恰如其分地说，斯迈尔斯与巴克尔不同，他是一个来自苏格兰靠自我奋斗成才的人，在 19 世纪 40 年代，他与英格兰的区域性工业经济紧密联系在一起。他大部分时间在利兹生活，在那里他第一次目睹了民众激进对抗的失败。他在那里还详细了解了各种友好的社团和技工学院等可以帮助完善自我的机构，并在一些铁路公司担任经理谋生。这些经历和事业成就他写出了《工程师的生活》（*Lives of the Engineers*），从 1861—1862 年以多卷本形式出版，他在书中歌颂了约翰·斯米顿（John Smeaton）、约翰·伦尼（John Rennie）、托马斯·特尔福德（Thomas Telford）、马修·博尔顿（Matthew Boulton）和詹姆斯·瓦特（James Watt）、乔治·斯蒂芬森和罗伯特·斯蒂芬森等代表性人物，并通过他们的例子展示出拥有良好的品质和应用能力能取得的成就。但《自助》才是他最著名的一本书，强调了运用良好的品格对于日常生活中解决问题和把握契机具有重要作用，他认为这是个人自我实现和社会全面进步的关键。他已经认识到集体对抗成效甚微；而另一方面，个人奋斗和努力如果以性格的力量和值得称赞的抱负为基础，就可能取得巨大成就。这本书在出版的第一年就售出了 2 万本，并被翻译成多种语言，而斯迈尔斯接着又进行了其他研究，并相应出版了《品质》（*Character*，1871 年）、《节俭》（*Thrift*，1875 年）和《职责》（*Duty*，1880 年）等著作。

巴克尔和斯迈尔斯从各自不同的角度，显示了联合王国在世界各国和各种文明中所取得的至高无上的地位，以及未来几代普通人如何努力提高自己，同时进一步改善国家的状况。然而，如同巴克尔和斯迈尔斯所说，这些年在进步与自由、个人主义和自由主义等信念与政府干预不断增长的现实之间存在一种紧张关系，只不过国家干预的程度没有 19 世纪 30 年代和 40 年代的时候那么明显，争议也没有那么大。维多利亚中期的知识分子们都参与了这场涉及个人自由、国家的作用和权力以及社会发展和演变的手段和过程等更广泛问题的辩论中，其中就包括赫伯特·斯宾塞，他是训练有素的工程师，不可知论信仰者，兼具哲学家、生物学家、人类学家、社会学家和自由政治理论家等多重身份。1851 年，他出版了名为《社会静力学》（*Social Statics*）的书，书中强调了个人的权利，反对各种政府干预，并声称人类作为一个物种，其生物学发展的整个趋势是朝着更个性化的方向发展。事实上，他甚至预测人类最终会完全适应社会生活的要求，国家将完全消失。斯宾塞后来在其《新哲学体系的首要原则》（*First Principles of a New System of Philosophy*，1862 年）中又进一步阐述了更全面成熟的进化理论，他在书中极力主张，宇宙中的所有体系都应该从简单未分化的同质性向复杂有区别的异质性发展。他认为，这是一个普遍规律，适用于各种恒星和星系，也同样适用于生物有机体和人类社会组织。

巴克尔、斯迈尔斯和斯宾塞以不同但相关的方式着眼于自由的主题，且或隐晦或明确地论述了自由与政府的关系；但维多利亚中期的另一个知识分子约翰·斯图尔特·穆勒对这些问题的论述则更加直截了当，他是詹姆斯·穆勒的儿子，接受过相当好的教育。此时的小穆勒已经摒弃了父亲的大部分功利主义思想，他于 1851 年与哈丽雅特·泰勒（Harriet Taylor）结婚，曾是东印度公司的首席审查官（Chief Examiner）。尽管历届政府都不断下决心并最终成功地解散了东印度公司，但从 1856—1858 年，他仍然徒劳地主张让该公司继续存在下去。但这些年也是穆勒学术成果收获颇丰的时候。在《论自由》（*On Liberty*，1859 年）中，他主张个人拥有自由、隐私和自我实现的权利，反对专横霸道的政府和（越来越多的）舆论等反面力量，他（与斯宾塞正相反）哀叹舆论正在消除人类的多样性和多元化，使所有人都趋于相似。在《代议制政府》（*Representative Government*，1861 年）一书中，他提倡公民的权利和责任不应该受财产、性别、地位或阶级的影响，但他承认这些权利和责任也不是所有人都能自动享有，因为要依托于最低限度的教育和独立性。在《功利主义》（*Utilitarianism*，1863 年）中，他表达了一个愿望：现存的不平等最终会在局部地区乃至全球消失，而“根据肤色、种族和性别划分的阶层”最终也会消失。对于他的时代，穆勒从未完全致力于实现他所说的隐私、自发性和个人自由，因为他相信要为全社会谋利益，要建立适合不同社会的政治制度，以及要建立积极的公民文化。他对于后者重要性的承认虽然很勉强，但在 1865 年的大选中，穆勒还是作为威斯敏斯特选区的自由党代表进入了议会。

在这些年里，存在着一个人们普遍关注，也是维多利亚中期的知识分子所专注的问题，同时是巴克尔、斯迈尔斯、斯宾塞和穆勒等人以各自的方式进行研究的问题，那就是解释和理解人类（和非人类）历史进步（和倒退）的原因。物种和社会如何随着时间的推移而变化和发展？更具体地说，19 世纪 30 年代以后，讨论一直集中在这样一个问题上：这种进化是一个由万能的“创造者”外在决定的过程，还是根据（某些尚未发现的）自然法则进行的有机和生物驱动的内在过程？这些辩论的结果显然对科学、历史、哲学、神学和政治产生了深远的影响。查尔斯·达尔文是维多利亚中期的一位交友甚广、游历丰富的知识分子，19 世纪 30 年代他开始乘坐“小猎犬号”航行以后就一直在思考这些问题。他稍微延迟了一些时日，于 1859 年末出版了《物种起源》(*On the Origin of Species by Means of Natural Selection*)，这是 19 世纪的联合王国最重要、最令人不安的一本书。达尔文在 1869 年出版这本书的第五版时才真正使用了“进化”这个词，但是在当时的背景下，他对于进化发生的原因显然给出了一个新的解释，即“自然选择”(赫伯特·斯宾塞后来给出的解释是“适者生存”)。可以肯定的是，达尔文对“自然选择”的过程没有给出令人满意的解释，他的发现和主张都是相对试探性的，他在 1871 年出版《人类的由来及性选择》(*The Descent of Man, and Selection in Relation to Sex*) 的时候才全面展示了自己观点的形成过程。但是他的思想得到了广泛的吸收和宣传，他的支持者中不仅有赫伯特·斯宾塞，还有约翰·卢伯克爵士（Sir John Lubbock）、白哲特（Walter Bagehot）和赫胥黎等同时代学者。

像他那一代的许多知识分子一样，达尔文在宗教问题上是持怀疑态度的，但他却是其所在农村教区的忠实支持者，他从没想过他的书成了首要的反基督教战斗檄文（而且，他后来还葬在威斯敏斯特大教堂）。但是他相信进步，相信生存竞争，相信人类是从一个低级的状态逐渐发展到现在的高级状态，而对于那些相信世界是由一个至高无上的存在，据说用 6 天时间按照自己的形象创造出来的信徒们来说，这显然造成了深深的烦扰。在《物种起源》出版后的一年时间里，维多利亚中期的另外两个知识分子在牛津的大学博物馆中，针对这些另类解释展开了著名的辩论，他们是：生物学家兼比较解剖学家托马斯・亨利・赫胥黎（Thomas Henry Huxley），他是达尔文不折不扣的支持者，以及塞缪尔・威尔伯福斯（Samuel Wilberforce），他是当地的主教，一个雄辩的演说家、业余科学家、伟大的反奴隶制活动家之子。当时对于这两人的对峙并没有完整报道，除了赫胥黎和威尔伯福斯之外，（尽管达尔文自己因病缺席）还有许多人也讲了话。威尔伯福斯从看似科学的角度批评了达尔文的理论，据说他问了赫胥黎：他是通过其祖母还是其祖父而认为自己是猴子变来的。在回答中，赫胥黎为达尔文的理论做了辩护，并在结束时坚称他不为有一只猴子祖先而感到羞耻，但他会因为认识一个用其过人的天赋来掩盖真相的人而感到羞愧。事实上，这种交锋也许从来就没有发生过，只是后人对这场牛津辩论赋予了传奇色彩。但是，被达尔文赋予新的力量和魅力的进化论观点，引起了许多受过教育的英国人深深的不安。它对基督教信仰的核心信条提出了最严重的怀疑，它把科学和宗教置于一个对立的状态，时至今日仍然如此。这是那些年里最具颠覆性的发展，它对整个社会、对信仰、对科学无疑都具有极其深远的影响。

1859 年在英国出版业和知识分子的生活中一直可以说是个

“奇迹之年”，因为那一年不仅有斯迈尔斯、穆勒和达尔文等人的重要作品问世，还出现了一个博学、独立、思想自由的女性，名叫玛丽·安·埃文斯（或玛丽安·埃文斯）。她出版了自己的第一部长篇小说。她于 1819 年出生于英格兰中部地区，在一个虔诚的圣公会宗教氛围中长大。但对她所处的时代而言，她是一个受过良好教育的女孩，精通法语和德语，大量阅读过科学、哲学和宗教方面的书。到了 19 世纪 40 年代，她开始反对宗教，而她把两部德文作品翻译成英文以后就更加坚定了这种反对的态度，这两部作品都认为《圣经》里的大部分内容在历史上都站不住脚。1851 年，她移居伦敦，在一个激进、思想自由的都市新闻圈里确立了自己单枪匹马的女性工作者地位；她与出版商约翰·查普曼（John Chapman），与赫伯特·斯宾塞，以及与作家兼评论家乔治·亨利·刘易斯（George Henry Lewes）都建立了亲密的友谊。尽管刘易斯已经结婚，但她从 1853 年起就一直以其妻子的身份与他生活在一起。按照当时的（双重）标准，这种行为比帕默斯顿勋爵的所作所为更离谱，这也就解释了为什么她的第一部小说是用一个男性假名出版的。那个假名是乔治·艾略特（George Eliot），那部小说是《亚当·比德》(*Adam Bede*)。此时，她也陷入了进化论的论战之中，因为达尔文新近出版的作品又进一步加剧了对进化论的争论。她在自己的第二部小说《弗洛斯河上的磨坊》(*The Mill on the Floss*，1860 年）中也间接提到了这些论战。这两部作品使艾略特奠定了她 19 世纪最伟大的小说家之一的地位，她后来出版的《米德尔马契》(*Middlemarch*，1871—1872 年）又进一步巩固了她的这一地位。尽管达尔文思想很自由，但 1882 年还是葬在了威斯敏斯特教堂，而先于他两年去世的艾略特却因为相同的原因而被剥夺了把此地作为最终安息之地的机会。

1858 年 3 月，德比的第二个少数党政府执政之时，印度大起义还没有完全被镇压，也是达尔文的《物种起源》面世的前一年，1764 年就开始存在的被称为“俱乐部”（the Club）的大都市餐饮社团的组织成员在餐后讨论“文明的最高阶段”这个问题的过程中得出结论：“当下的伦敦”正处于这个阶段。有了这样一个现成的市场，难怪巴克尔的两卷书很快就大受欢迎了。“俱乐部”的成员都是男性，包括阿伯丁勋爵、约翰·罗素勋爵、克拉伦登勋爵和格莱斯顿先生等政治精英；麦考利勋爵、乔治·格罗特、詹姆斯·弗劳德（James Froude）和威廉·莱基（William Lecky）等老于世故的史学家；丁尼生和马修·阿诺德（Matthew Arnold）等诗人和文人；还有像塞缪尔·威尔伯福斯主教这样的神职人员（这意味着赫胥黎在威尔伯福斯死后才入选）。俱乐部的许多成员也属于雅典娜图书俱乐部，正是这些关联和联系为奠定 19 世纪 50 年代伦敦大都市知识分子的生活提供了非正式的制度支持，而公众辩论的活力与政治的迟钝形成了鲜明的对比。1857 年，即在这一特殊的晚餐发生的前一年，该“俱乐部”的两个成员——麦考利和斯坦诺普伯爵（Earl Stanhope）——与托马斯·卡莱尔一起在伦敦创办了一个新的企业：国家肖像美术馆（National Portrait Gallery）。其目的是展示英国历史上最重要人物的视觉图像。这似乎可以算是维多利亚中期自我中心和英雄崇拜的另一个例子。但从一开始，人们也认识到，如果某人具有足够的历史重要性，其“品格的缺陷”不应该成为阻止其肖像获得接纳的障碍。鉴于帕默斯顿勋爵众所周知的道德缺失，更不用说乔治·艾略特非传统的生活方式，这一条规定显然非常明智且很必要。

与此同时，联合王国各地方城镇的文化生活也越来越丰富。

其中一些进步是地方当局利用各种《议会法案》(Acts of Parliament)的结果，例如1845年通过的《议会法案》就允许他们为建设地方博物馆征税筹资，5年后通过的《议会法案》又使他们能够以同样的方式在英格兰和威尔士建设公共图书馆（3年后此条款也沿用到了苏格兰）。其结果是维多利亚中期英国许多主要城镇都建立了博物馆和图书馆，目的不仅仅是陶冶和教育中产阶层，也包括劳工阶级。伯明翰中心图书馆（Birmingham Central Library）的创建可能起到了示范作用。根据1850年的立法，该建设项目稍晚一些确立，于1862年开始建设，3年后借阅图书馆开放，1866年图书馆查阅服务开放。乔治·道森牧师（Reverend George Dawson）说："我们已经为我们的人民——为我们的全体人民提供了方便条件。"各种《议会私法法例》也纷纷通过，以建设各种文化机构。1853年，哈利法克斯地方当局获得权力以借贷的方式建造包括市政各部门、法院和警察局，以及一个以君主名字命名的精美的中央区域在内的市政厅。最终建成的是一座由查尔斯·巴里和他的儿子爱德华·米德尔顿·巴里（Edward Middleton Barry）设计的宏伟的新古典主义建筑，1863年由威尔士亲王揭幕启用。甚至在伯明翰中心图书馆建造之前，在1854年就已经通过了一项法案，"要为伯明翰和英格兰中部各郡所有阶层的人传播科学和文学艺术"，并促成了伯明翰和米德兰学院的成立。它取代了新近关闭的已有半个世纪历史的"伯明翰哲学学院"(Birmingham Philosophical Institution)，其附带的博物馆也是该城镇的第一座博物馆。

伯明翰和哈利法克斯只是当时大力投资文化建设的其中两个地方城镇而已。在布拉德福德，另一座名为"圣乔治大厅"（St George's Hall）的新古典主义风格的宏伟建筑由一家合资股份公司资助，于 1851—1853 年建造。它包括一个“为商人提供便利”的餐厅和一个配有巨型风琴的音乐厅，旨在通过为富人和工人阶级举办音乐会和各种会议丰富当地人的生活。在曼彻斯特，为赞颂早年“反谷物法联盟”的成功，通过公开认购的方式，“自由贸易会堂”（Free Trade Hall）于 1853—1856 年建成，并成为阿莱管弦乐团（Hallé Orchestra）的大本营，这是地方上成立的首个乐团之一。自本世纪建成之后，自由贸易会堂一直都是这个城市里最好的音乐厅。在自由贸易会堂启用一年后，曼彻斯特主办了一个名为“大不列颠艺术珍品”的展览，展览时间为 1857 年 5—10 月，展出了超过 1.6 万件作品，参观人数达 100 多万。但是，将公民自豪感与丰富的文化生活结合起来的最重要的举动是在 1853—1858 年建造了“利兹市政厅”（Leeds Town Hall），最初由一家合资股份公司出资，后来由市议会出资。这是 50 年代建造的最宏伟、最奢华的城市建筑，由维多利亚女王及其丈夫共同揭幕启用，成为“利兹合唱团”（Leeds Choral Society）的所在地，这是专门表演清唱剧的此类团体之一［门德尔松（Mendelssohn）的《以利亚》（*Elijah*）于 1846 年第一次在伯明翰市政厅演出］。许多的地方城镇也主办了“英国科学促进会”（British Association for the Advancement of Science）年会，这个促进会成立于 1831 年。1860 年赫胥黎和威尔伯福斯在牛津举行的会议上针对进化论展开了辩论，之后的年会分别在纽卡斯尔、伯明翰、诺丁汉、敦提（Dundee）、诺里奇（Norwich）和埃克塞特（Exeter）等地举行。

这些组织和活动旨在造福英国社会里能够利用其所提供的空前丰富的设施和机会的所有阶级和阶层。其他举措特别针对的是可敬而有抱负的工人阶级，他们在 19 世纪 50 年代开始第一次真正且持久地改善了生活水平。其中最惹人注意的是建立了很多技工学院，其中第一批于19世纪20年代在爱丁堡、格拉斯哥、利物浦、曼彻斯特和伦敦成立，其中在伦敦成立的学院最终演变成伦敦大学的伯克贝克学院（Birkbeck College of London University）。这些学院经常得到当地慈善实业家的支持，其中就包括约瑟夫·惠特沃思（Joseph Whitworth）和詹姆斯·内史密斯这两位工程师，他们热切希望他们的工人能对自己操作的机器有所了解。到19世纪50年代，有五百多所这样的技工学院遍布联合王国的各个城镇，那时候，它们已经能够提供图书馆、讲座，偶尔还有实验室和博物馆等条件去教化成年工人的思想并扩大他们的视野。19世纪中期的这些市政厅、音乐厅、图书馆、大教堂和美术馆一样，为惠灵顿、奥克兰、开普敦和多伦多（以及孟买、加尔各答和马德拉斯）等地的帝国发展中城市建设类似的建筑提供了样板，除此之外，技工学院的数量也在大英帝国各地激增，特别是在澳大利亚和加拿大，当然还有美国。当时酗酒、赌博和对残酷体育运动形式的追求和享受等逐渐被认为是工人阶级恣意妄为的活动内容，而这种目的高尚的学院只要在讲英语的地方建立起来，就成了替代这些活动的一种自助形式。

19世纪50年代以及60年代初，帕默斯顿享有的公众吸引力大部分都源自他似乎是，也确实是，他那个时代的一个摄政人物。他喜欢拳击，据说在温莎城堡逗留期间还诱奸了维多利亚女王的一个侍女。然而，从文化的角度来说，受女王及其丈夫所提倡的迥然不同的民族思潮的影响，当时的主流却与之相反，从“呼吁严肃性”和“发展智力”这两个短语，尤其是所谓“体面”的概念及其实践，就能体现出来。即使到19世纪中叶，去教堂的人次看似已经减少了，但诸如善良和正派、谨慎和节俭等基督教美德仍被许多社会地位较低的人广泛接受。其中一个迹象就是，19 世纪初的几十年中明显代表了工人阶级文化特征的残酷体育运动明显降温。1822 年，规定对牲畜实施虐待是违法行为的立法形成，到 1835 年又进行了扩展补充，禁止斗鸡以及对公牛和獾还有熊的诱捕。5 年后，“防止虐待动物协会”（Society for the Prevention of Cruelty to Animals）获得了维多利亚女王本人给予的皇家支持，这些新法律的实施极为成功，到 19 世纪 50 年代，无论是在城镇还是在农村，非常残酷的运动几乎都消失了，或进入了消失的最后阶段(限于社会更高阶层从事的猎狐运动明显除外)。与此同时，随着储蓄和节俭的习惯越来越普遍，友好社团和保险公司的数量大幅增加[“皇家利物”（Royal Liver）创立于 1850 年，4 年后“保诚”（the Prudential）成立]，对减轻工人阶级生活中面临的失业、残疾和无钱举办葬礼等风险起到了预防作用。这时的世界与帕默斯顿勋爵年轻时的世界截然不同了。

一个时代的终结

自 1846 年秋罗伯特·皮尔爵士因为《谷物法》倒台以后，帕默斯顿一直是不列颠政界的主要人物，既是偶然，也有刻意，他成了国内接下来似乎是“反改革”时代的完美先锋，也成了不列颠在国外获得和确立世界霸权顶峰地位的完美先锋。政党斗争风云变幻，国内对进一步改革兴趣寥寥，外交事务异常重要，英国政体看似独具自由和稳定，英国扩大了与世界各地区的交往，新闻和舆论成为重要的力量。帕默斯顿就是他那个时代的化身和体现，从某种程度上来说，与其同时代的其他政治人物望尘莫及。或许，说他是在白厅的外交部任职期间树立了他最永恒的纪念碑比较合适，这源自1856年他第一次执政期间发起的新政府建筑竞赛。从一开始大家就对合适的建筑风格存在争议。哥特式风格，已被用于议会大厦，成了英国的代名词。但因为皮金的缘故，也让人把它与天主教和“教皇侵略”联想在了一起。古典主义风格曾因为会让人想起法国大革命和摄政王的奢华而遭到蔑视，但对一个现在具有全球势力范围和深远影响的国家来说是否更合适了呢？乔治·吉尔伯特·斯科特爵士（Sir George Gilbert Scott）在德比勋爵第二次短暂执政期间参加了比赛并胜出；但帕默斯顿恢复掌权后，否决了斯科特的哥特式复兴设计方案，并命令他设计一个“普通意大利式”方案来替代，否则就走人。斯科特放下骄傲的身段勉强答应了，继续埋头设计出了新文艺复兴式的雄伟建筑，这座建筑似乎最适合当时世界上最强大的国家用作总部，时至今日依然是白厅的亮点。

1861年年底，《泰晤士报》也撰文表示赞同：“事实上帕默斯顿明确代表了国民的心态，即以反对不必要的改变但不设置任何阻力为原则，并支持所有其他国家模仿英格兰的政治理论和体制。”但是，这些话就像新外交部一贯持有的武断态度一样，隐瞒并否认了他这个时代的许多不确定性。克里米亚战争暴露了英国军队，尤其是其在欧洲或亚洲进行陆基战争的能力存在严重的局限性。“大起义”暴露了英国在印度统治势力的弱点，大起义之后英国的统治变得更加保守，但在加尔各答和孟买逐渐接受良好教育的城市中产阶层中，却因此很快引发了同等但对立的反作用。大西洋彼岸，亚伯拉罕·林肯成功地使美国成为一个独立的国家，从而为它在

19 世纪末发展并崛起为世界上最大的经济强国打下了基础。而奥托·冯·俾斯麦（Otto von Bismarck）全面实行了一种铁血的“强权政治”，很快使德国成为欧洲最具优势的强国。帕默斯顿虚张声势的恫吓政策面对德国已经无济于事，因此他真正变成了迪斯雷利早先斥责他的“骗子”“老年痴呆者”和“老江湖骗子”。这些国际问题及其长期影响，同时伴随着当时以及后来面临的相同的国内发展问题。因为在 19 世纪 50 年代初，丁尼生就诗意地表达了对基督教信仰和《圣经》权威的怀疑，而达尔文的《物种起源》在这个 50 年代末则对此提供了科学验证。现在看来，当时无论是在国内还是在国外，帕默斯顿的“均衡时期”这个词体现了能力上的不自信，在信念上也不是很确定，于是这个时代也就没有持续多久。

从 1859 年 6 月到 1865 年夏，帕默斯顿一直位居唐宁街 10 号(事实上他从 1846 年开始大部分时间都在此任职)，他是自 1832 年以后在议会的整个任期内都保持住了其下议院多数席位的唯一首相。无论是在他之前的墨尔本、皮尔，还是罗素，更不用说德比，都没有做到（德比和罗素在他之后也没有做到)。维多利亚女王和阿尔伯特亲王从来都不喜欢帕默斯顿，他在议会的支持有时也会遇到阻力，但对英国选民来说他从来没有失去过吸引力，他在 1865 年 7 月再次得到了支持，在当时的大选中，他的政府赢得了 12 个席位。但帕默斯顿在 10 月召开议会会议之前去世了，他带着挑战、认命或者玩笑的口吻，留下了最后一句话:“我亲爱的医生，死是我最不愿意做的事！”事实上，人们对他的去世等待已久，有些人感到焦虑不安、顾虑重重，有些人则热切盼望，而政界成员对帕默斯顿过世的反应是既有遗憾又充满热望，遗憾的是这意味着一个非凡的事业和一个非常稳定的时代结束了，充满热望的是这样也带来了使国家再次向前迈进的机会。理查德·科布登（他在次年也去世了）在 1864 年 2 月写道，有必要“进行伟大的改革以避免这个国家发生重大的灾难”，而帕默斯顿并不是做这件事的人选。曾出任罗素的财政大臣的查尔斯·伍德爵士（Sir Charles Wood），在帕默斯顿的葬礼上发言也同样认为“我们平静的日子已经过去了”，但他强调的重点却不一样，他很遗憾，“对我们来说再没有平静可言”。

帕默斯顿的去世恰逢其时，他不论在国内还是在国际上都超越了自己的时代，但还远远不够。在国内，越来越多的人认为，应该而且必须进行包括教育、军事和参政权在内的新一轮重要改革，这是自 19 世纪 30 年代和 40 年代以后就没有再进行的改革，1864 年 3 月（中产阶层）“改革联盟”（Reform Union）的成立，以及一年后（工人阶级）“改革同盟”（Reform League）的创立都证明了这一点。格莱斯顿在他执政的最后几年里发现自己越来越不喜欢帕默斯顿了：这位首相的外交政策持续付出了高昂代价，一再迫使他这位大臣放弃他之前废除所得税的希望；他也越来越不赞成帕默斯顿反对进行任何深入的议会改革的态度。从 19 世纪 60 年代初开始，格莱斯顿开始在伦敦以外各地方发表公开演说，与受人尊敬的工人阶级成员的接触使他于 1864 年 5 月在下议院宣称“任何无法意识到自己不胜任或具有政治危险的人，都过不了宪法的道德关”。他在第二年举行的大选中，不再看重他 1847 年以后所代表的那些牛津大学反动选举人的选票，而是去了兰开夏郡南部更意气相投的选区，“不戴口罩”与工人打成一片。

正如德比勋爵所承认的那样，这意味着格莱斯顿现在是“我们政治中的核心人物”，他的重要性“更可能增加而不是减少”，这无疑预示着一个公共生活新时代的到来。帕默斯顿已经离世，罗素肯定会很快追随其后；而格莱斯顿今后会将自由党带往哪个方向呢？这也不是唯一有待回答的问题。帕默斯顿虚张声势的恫吓政策最近将联合王国变成了欧洲一个无能的旁观者，而什么样的外交政策会取而代之，或者能取而代之？联合王国的历届政府最近实行的巩固和抚慰其辽阔疆域的做法也并非完全成功或充分。1865 年通过的《殖民地法效力令》(Colonial Laws Validity Act) 承认了移民殖民地最近建立的自治政府，并试图阐明和界定伦敦帝国议会和殖民地立法机构之间的关系，前者拥有最高权威，而后者在这些限度之内拥有充分的国内立法权。但加拿大殖民地和澳大利亚殖民地仍然是分割和分散的状态；在新西兰，移民和毛利人之间的关系已经恶化；而在南非，英国人、布尔人和原住民之间的关系仍然麻烦和困扰不断。1865 年 10 月，即帕默斯顿去世的当月，牙买加发生了一次相对小规模的原住民叛乱，难以置信的是爱德华·艾尔（Edward Eyre）总督把它与印度的“大起义”相提并论并进行了残酷镇压，这激怒了国内舆论并导致出现了两极分化的观点。卡莱尔、拉斯金、丁尼生和狄更斯对该总督的行动持赞成态度；达尔文、赫胥黎、布赖特和约翰·斯图尔特·穆勒则给予了严厉斥责。无论是在国内还是在国外，未来的时代都面临着多方面的挑战和麻烦。

第八章

茫然懵懂的跃进，1865—1880 年

在 1859 年以后逐渐有了名气的自由党，在 1865 夏季举行的大选中有了收获，它在爱尔兰、苏格兰和威尔士都取得了多数支持，甚至出乎意料地在英格兰也赢得了多数选票，因此在下议院占据了绝对优势地位。这是帕默斯顿取得的最后一次选举胜利，但还没与新一届议会成员会面他就去世了，所以女王委派罗素伯爵（约翰·罗素勋爵 1861 年晋升为伯爵）在 10 月底组建了一个与前任政府基本无异的新政府。新政府在任职上唯一的重大调整是由克拉伦登伯爵接替罗素担任外交大臣。但这一举措所表明的是政府运行的连续性而非变革，因为克拉伦登伯爵只是复职而已，他在阿伯丁政府以及 19 世纪中期的帕默斯顿政府都曾任此职务。然而，人们普遍认为或者说担心这种连续性不足以应对突变的后帕默斯顿时代。此时已是古稀之年的罗素本人也一定明白这第二届政府将是他执掌的最后一届政府。他决心来一场重大的议会改革，部分原因是他认为这是民心所向，也势在必行；另一部分原因是这将有助于使他重新获得进步事业领军人物的声誉。在罗素晚年的这次奋力一搏中，他最坚定的盟友就是格莱斯顿，他继续担任财政大臣的同时，也成了下议院自由党领袖，这使格莱斯顿所具有的影响力超过以往任何

时候。格莱斯顿接替罗素担任自由党总领导人也仅仅是时间的问题；他所代表的以工人阶级为主的选区，人口密度也远超以往；他从一名前皮尔派的专家政治论的拥护者迅速转变成为更民主、更包容，更有活力的自由主义新派人物。

1848—1865 年，付出了代价的罗素认识到，公众或政党对重启议会改革都没什么兴趣，因为人们普遍认为，议会改革问题在 1832 年已经得以“最终解决”。从那时起，联合王国的选民人数随着人口的增长而有了绝对数量上的增加，但相对而言，增长并不显著：19 世纪 60 年代初期，在英国和威尔士的成年男性中有 18.4% 的人拥有选举权，而在爱尔兰和苏格兰这两个国家都只有 13.4% 的比例。但是随着帕默斯顿的离世，议会改革和进一步扩大选举权又具有了新的紧迫性：罗素急于加快步伐，格莱斯顿也开始认为体面的工人阶级应该被赋予选举权，而且体制中的弊病似乎也日趋明显。例如，虽然霍尼顿（Honiton）、托特尼斯（Totnes）、韦尔斯、马尔堡（Marlborough）和纳尔斯伯勒（Knaresborough）等城镇的人口数量不到 2.3 万，但是其议员数量与人口多达 150 万居民的利物浦、曼彻斯特、伯明翰、利兹和谢菲尔德等城市持平。因此，1866 年 3 月格莱斯顿在下议院、罗素在上议院提出了一个相对温和的扩大选民范围的改革法案，规定达到特定的租金收入标准的人，以及银行存款达到一定数额的人就可以拥有投票权。但格莱斯顿规定的精确数额不但没有消除焦虑反而更引起了人们的焦虑，他的自由党同僚、议员罗伯特·洛（Robert Lowe）发表了一系列言辞激烈的演讲，对这种把选举权赋予那些他认为根本不具备选举资格的人的做法予以抨击。许多帕默斯顿的追随者对自己党派领导人提出的所有改革提案都深感失望，开始倾向于支持由洛和艾尔柯勋爵（Lord

Elcho）领导的自由党反对派。因此，随着这项改革措施在下议院通过，罗素逐渐失去了看似坚不可摧的多数支持地位，1886 年他的政府以 315 票对 304 票的不信任败绩解体。

罗素辞职，德比组建其第三个保守党政府。和前两届政府一样，它也是少数党政府（大多数不满的帕默斯顿派转而投向自由党阵营）。与 1852 年和 1858 年一样，迪斯雷利仍旧担任财政大臣，而且此时的他也是下议院中无可替代的保守党领袖。保守党从 1846 年以后一直是在野党，所以他的主要任务就是使一切重大的立法都得以通过，以表明保守党的再次执政是实至名归。尽管格莱斯顿之前的计划以失败告终，但是改革始终是重要的政治议程。改革方案之所以被搁置，部分原因是 1866 年该项措施的支持者在海德公园发生了骚乱，导致许多栏杆和花坛遭到损坏，但与 19 世纪 30 年代和 40 年代发生的有组织的全国性抗议活动相比，根本没有造成什么威胁。迪斯雷利因此决定推进自己的改革法案，希望获取保守党后座议员、不满的帕默斯顿派及自由党反对派的支持。迪斯雷利的这项改革方案基本上是个保守的方案，加了防止民主泛滥的“安全保障”，而不是像格莱斯顿所做的那样，看似提供了直接走向民主泛滥的路线图。1867 年 3 月迪斯雷利提出自己的法案，并在接下来的两个月里令人惊诧地放弃了所有的“安全保障”，十分可笑地接受了一系列的修正案，最终使该法案的激进程度远超格莱斯顿的法案。但保守党人已经受够了从 1846 年开始就一直没有变化的反对党地位，他们都乐于支持迪斯雷利，再加上迪斯雷利又获得了很多自由党反对派的暂时性支持，于是他的改革措施顺利通过。这是议会取得的一个非同寻常的胜利，这胜利中包含了迪斯雷利孤注一掷的努力、过人的胆识及投机取巧。

德比卸任后迪斯雷利顺理成章成了保守党领袖并在 1868 年 2 月继任首相之职。但是对于在下议院遭遇全面败绩的格莱斯顿来说，这却是一个“前所未有的重创”。

自由党最后的辉煌，保守党卷土重来

议会进入对最终形成的“第二次改革法案”进行最后讨论的阶段时，德比做出了其著名的评价：保守党正在进行“一次伟大的实验”和“一次茫然懵懂的跃进”。事实上，他们最终通过的法案跃进的步子过大，前途过于茫然，远远超出了德比和迪斯雷利的预期。事实上，克兰伯恩勋爵（Lord Cranborne），即后来的第三代索尔兹伯里侯爵及保守党的后起之秀，感到非常愤怒并辞去了印度事务大臣的职务以示抗议。曾经极力阻挠扩大选举权范围的罗伯特・洛也忧心忡忡，担心可怕的民主已经到来，随之而来的就是世界末日；托马斯・卡莱尔将法案的通过比作“飞蛾扑火”，并对“所有人”都应该“完全平等”的理念予以谴责。但是，就像 1832 年的情况一样，这些焦虑都在一定程度上被夸大了，因为虽然迪斯雷利放弃了法案中的许多“安全保障”，但最终的改革措施（1868 年苏格兰和英格兰也通过了相应的立法）带来的变化却远远少于有些人希望的，也远远少于有些人担心的。就普选权问题而言，最显著的变化是在英格兰、威尔士和苏格兰（不包括爱尔兰），不管是否为房主，凡是能够独立支付所住房屋税费的居民，均得到了选举权；在许多郡县也降低了某些选民资格条件。这种扩大普选权范围的做法使选民总数量增加了大约 100 万，主要集中在大城镇。在英格兰和威尔士，所有 21 岁以上（含 21 岁）的男性中拥有选举权的人占 1/3 多一点儿，苏格兰不到 1/3，而在爱尔兰却不到 1/6。这意味着联合王国没有任何地方的选民人数翻倍，而爱尔兰的选民人数根本就没有增加。

“第二次改革法案”扩大的选举权范围可能超过了德比和迪斯雷利的预期，但绝没有达到跃进的程度，1865—1868 年短暂担任议会议员的约翰·斯图尔特·穆勒曾主张女性应该拥有选举权，但他只争取到 73 张赞成票，这一事实就是充分的证明。各选区席位的重新分配情况也是如此：从英格兰和威尔士各小规模自治市镇拿走的 52 个席位中，7 个给了苏格兰，25 个被重新分给了英格兰各郡县，而只有 19 个席位分配给了利兹、曼彻斯特和伯明翰等大城市。与此同时，大伦敦选举的议员人数仅从 18 人增加到 22 人。因此，这项改革法案倾向于乡村而非城镇，农业而非工业领域。此外，自治市镇的选民人数增加比例远大于郡县选民人数的增加比例。由于许多规模较大的自治市镇通常都是自由党的大本营，迪斯雷利毫无疑问会乐于扩大其选民数量；而许多郡县的选民更有可能投票给保守党，这也就解释其选民数量为何没有显著增加。大多数新增选民都只限于大城镇；许多人口总数低于 2 万的自治城镇仍旧可以推选议员；至少有 80 个选区仍然由贵族赞助人控制。这种代表制度既不是全国性的统一制度，也与克兰伯恩、洛或卡莱尔的想法有异，换句话说，它离民主也并不遥远。根据“改革同盟”代理人的观点，因为仍然没有无记名投票，1868 年的选举和之前的选举一样都存在腐败也不足为怪。从党派的角度来看，迪斯雷利试图保留和加强选举制度中那些偏向保守党而非自由党的方面；不管是从哪个角度，都是继续赋予土地利益者以特权。乡绅及贵族仍然是下议院中最大的群体，地主富豪在上议院形成了压倒性多数，到19世纪结束之前他们仍然在内阁中占据主导地位。

从1867—1868年的立法之后的选举制度和议会制度的运行角度来说，所谓的“茫然跃进”在很多方面根本没有产生颠覆性影响，也没有带来社会动荡。只是经历了一代人的时间之后重新回到了1832年的社会状态。处于统治地位的大地主和乡绅常常不得不做出让步和妥协，但他们也因此保住了他们拥有的很多权力和影响力。然而，就像“大改革法案”的结果一样，1867年对议会的进一步改革确实带来了意想不到的重大后果和发展势态。虽然与1830—1832年那段时间相比，1866—1867年间公众的焦虑情绪没有那么强烈或令人不安，但改革联盟与改革同盟的建立表明民众对议会政治的参与度已经达到了一个新的高度，也预示着在党派政治组织方面有了重大的发展。就在“第二次改革法案”通过之前，以约瑟夫·张伯伦为首，一批以新教徒为主的激进人士成立了“伯明翰自由党联盟”(Birmingham Liberal Association)。张伯伦是已经退休的螺丝钉制造商，后来以激进自由党人的身份投身于当地政治活动中，成了伯明翰著名的具有革新思想的市长。该联盟的目的是创建一个重要的地方组织，称为“党团会议”(caucus)，以鼓励选民为自由党投票。很快在全国范围内其他地区类似的组织纷纷开始复制和效仿这种组织方式。1867年，在迪斯雷利的授意下，保守党也相应地建立了很快为人所熟知的“保守党联盟全国总联合会”(National Union of Conservative Associations)，总联合会每年召开会议并努力争取各选区的选民。

所有这一切都还是“未来时”，虽然对于1867年来说，这个未来其实并不遥远。眼前更重要的是两个政党的人事变动以及新一代领导人的产生。帕默斯顿辞世；罗素因为议会改革一项附加措施未能通过而退出公共生活；而德比也在 1868 年提前离职，他是 19 世纪最伟大的公众人物之一，却一直未能组建一个下议院多数的保守党政府。随着他的离去，主要在两大党派的继任者，即格莱斯顿和迪斯雷利之间的议会之争便开始了，而从短期来看，胜利是属于迪斯雷利的。作为罗素的副手，格莱斯顿未能成功实施《自由改革法案》（Liberal Reform Act）。而接替罗素成为自由党领袖之后，他又未能阻止迪斯雷利通过一项看来更为激进的法案。另一方面，迪斯雷利成功击败格莱斯顿，逐步推进自己的改革措施，首先拿到了入主唐宁街的钥匙。但随着“第二次改革法案”的通过，自由党以格莱斯顿为核心再次团结起来，而格莱斯顿已经取得了议会及全国的自由党领导大权，并逐步把自由党发展成为一个为其所用的新型进步组织。他有意对有组织的异见者即被称为“新教良知”（Nonconformist conscience）的信奉者进行了培养，在下议院他针对迪斯雷利政府废除了强制性的教会税。虽然格莱斯顿之前认为国教教会的存在有其重要性及必要性，但此时他又发起了使爱尔兰国教教会政教分离的事业。他还主动向各工会和改革同盟示好，这些组织在即将到来的选举中为格莱斯顿提供了各地的重要信息。

所以当作为保守党领袖的迪斯雷利沉浸在首次入主唐宁街 10 号的短暂的喜悦之中时，身为反对党领袖的格莱斯顿已经开始运筹帷幄，把自己打造成了当时自由党内最具影响力和领导魅力的政治家，而美国的林肯和意大利的加富尔都是他效仿和希望赶超的前辈榜样。格莱斯顿虽然两度在议会改革问题上遭遇了失败，但他作为经商者所拥有的能量以及作为一名政客所具备的能力却无可置疑。他还获得了“人民的威廉”称号，受到了大批民众的支持，他愈加坚信上帝也站在他一边。此外，他在推动使爱尔兰国教教会政教分离的过程中发现了一个问题，这个问题能够使他将国家和下议院中各种不同的政治左翼人士（至少暂时）调动和团结起来。大多数爱尔兰议员乐于赞成国家取消对英国国教的支持，因为在他们的国家，英国国教被普遍视为异端并广受憎恨。而当时的很多激进人士思想都很自由，因此也普遍持赞成态度，只不过出于不同的原因而已；一直信奉宗教宽容原则的辉格党人也同样持支持态度；而那些对受国家支持的任何宗教都普遍没有好感的“新教良知”者也同样表示支持。在迪斯雷利执政的最后阶段，格莱斯顿已经成功地在下议院通过了三项决议，敦促爱尔兰国教教会政教分离，不再享受英国政府支持的特权地位。在随后的大选中，他获得了足以推行这一措施的明显优势，因为自由党获得了 384 个席位，而保守党只获得了 274 个席位。

对自由党在选举中取得胜利的原因进行解释时，格莱斯顿承认了有组织的异见者及苏格兰、威尔士和爱尔兰所起到的重要作用，正如他所说：“苏格兰的长老教会、英格兰和苏格兰的新教徒以及爱尔兰的天主教徒，可以说已经成了我们的三大同盟”。就 1868 年的选举而言，这一分析无疑是正确的。1829 年以后，宗教以及宗教与国家的关系一直是一个重要问题，无论对那些想维系二者关系的人，还是那些想改变二者关系的人来说都是如此。这个问题的实质意义以及对那些想要改变现状的人所具有的政治意义，格莱斯顿都心知肚明（与他相反，迪斯雷利却不明白）。他曾经极力主张保留国教，现在却完全背道而驰，他必须为自己的转变做出合理解释。格莱斯顿的分析也准确地体现了自由党人对“凯尔特边缘”选票的依赖。自由党在“凯尔特边缘”总是能得到大多数人的支持，但是在英格兰各选区只是偶尔能够获得同样辉煌的成果。自由党后来也需要利用联合王国边远地区的投票，确保他们能够统治英格兰；而保守党却是需要以他们在英格兰的势力为基础来统治联合王国。这反过来可能也解释了格莱斯顿为何突然十分关注爱尔兰问题，不仅仅是爱尔兰国教政教分离这个具体问题，还包括普遍意义上的所有爱尔兰问题。正如他所说的，他此时自认为所肩负的新使命就是要“安抚爱尔兰”，这也成了他在此后漫长的政治生涯中为之奋斗的目标。他在这个奋斗的过程中，始终确信上帝站在他这边。在就任首相之时他说道：“尽管我自知鄙薄，但是万能的上帝却出于他自己的某种原因一直在支持我帮助我。”而第一次入主唐宁街 10 号的迪斯雷利在就职时却有着天壤之别的感受，他欢呼道：“万岁！我已经战胜了一切困难到达了巅峰”。

从某些方面来说，格莱斯顿在 1868 年 12 月组建的内阁与帕默斯顿时期的辉格党 – 自由党政府并无显著不同，对那些认为“第二次改革法案”会带来世界灾难的人来说，贵族持续起到的重要作用是一个有力回击。在其 15 名内阁成员中，6 位是贵族(包括 1 个公爵和 4 个伯爵)，还有一个人，即哈廷顿勋爵（Lord Hartington)，则是德文希尔公爵的继承人。克拉伦登勋爵第四次就职于外交部，他于 1870 去世后，格莱斯顿任命曾在其政府担任过殖民地大臣的格兰维尔伯爵接替他的职务。枢密院院长和掌玺大臣分别由格雷伯爵与金伯利伯爵（Earl of Kimberley）担任。阿盖尔公爵担任印度事务大臣，哈廷顿爵士担任邮政大臣。但是其他的大臣却拥有不同的社会背景，从这方面来说，格莱斯顿的第一个内阁可以说是改革与沿袭并重。曾经强烈反对格莱斯顿与迪斯雷利改革提案的罗伯特·洛就任财政大臣，他本人则是一名律师。身为银行家的乔治·戈申（George Goschen）担任济贫法委员会主席。爱德华·卡德韦尔（Edward Cardwell）担任战争大臣，他与格莱斯顿一样，都是前皮尔派，也都是利物浦商人之子。约翰·布赖特担任贸易委员会主席，他是一个激进人士、贵格派信徒、洛奇代尔市的工厂主，也是首位进入英国内阁的新教徒。另一位是威廉·爱德华·福斯特（W.E.Forster），他在 1870 年以教育委员会副主席身份加入内阁，他也是一名新教徒制造商。格莱斯顿的另外两位同僚也都曾有过在帝国的移民殖民地生活和工作的经历：19 世纪 40 年代，罗伯特·洛生活在悉尼；19 世纪 50 年代，休·卡林·厄德利·蔡尔德斯（H. C. E. Childers）在墨尔本担任英国海军大臣。

格莱斯顿先是利用一系列清晰明了的议案将舆论调动起来，在下议院中赢得了超过 100 人的多数支持，组建了一个超出人们预期的更为激进、协调性更好的内阁，接着按计划启动了立法改革，这些改革在 19 世纪 30 年代辉格党改革之后就再没有实施过。但是对于自由党议员及其在整个联合王国范围之内的众多支持者来说，爱尔兰国教政教分离并不是他们感兴趣的焦点问题，但格莱斯顿为何把解决爱尔兰问题列在日程之首？部分原因是在大饥荒结束后很长一段时间里，人们普遍存在着沮丧和不满情绪。但是这种对英国统治表示不满的更具体的形式体现在 1858 成立于都柏林的“爱尔兰共和国兄弟会”，也就是更广为人知的“芬尼亚会”。芬尼亚会得到了此时已经移民到美国东海岸的大量爱尔兰天主教民众提供的重要情感支持和经济资助，到了 19 世纪 60 年代中期，芬尼亚会已经号称拥有超过 5 万人的会员，主要是从爱尔兰的底层农民中招募而来的。1867 年 1 月，一批芬尼亚会成员到达了不列颠，决定发动针对不列颠国家的游击战；9 月，他们袭击了曼彻斯特的一辆囚车，救出了他们的两名同伴，同时杀害了一名手无寸铁的警官；12月，他们炸毁了克勒肯维尔（Clerkenwell）监狱的一面墙，试图解救他们的武器采购负责人，战斗中12名伦敦人被杀，更多人受伤。同年，芬尼亚会试图在爱尔兰境内发动反抗起义，他们在美国的组织成员也试图攻打加拿大，不过都以失败告终。曼彻斯特和克勒肯维尔暴乱的主谋被逮捕，其中几个人被施以绞刑。这次行刑成了英国最后一次公开的绞刑。

虽然这些暴行激起了广大民众的愤慨，但是毫无疑问芬尼亚会重新燃起了爱尔兰的民族主义精神，而他们的颠覆活动使格莱斯顿深信他必须“安抚”这个国家，以维护联合王国的完整。1869年夏天通过的爱尔兰国教政教分离法案从一开始就是他的主张，这是他执政的第一个重要立法方案，从方案起草到提交议会通过都由他亲自负责。从本质上来说，以及从政治角度而言，政教分离都是一件非同寻常之事：1861年，爱尔兰接近600万的人口中只有12%是爱尔兰国教徒，而将近80%的人是罗马天主教徒。因此，对于主要信奉天主教的爱尔兰民族来说，爱尔兰国教教会最强有力地体现了信奉新教的英格兰对他们实行的不受欢迎的统治。因此，政教分离措施是消除大多数爱尔兰人民的不满，明确表达威斯敏斯特议会善意的一个最简单易行的方法，且无须在政治上对他们做出任何实质性让步。爱尔兰国教教会的领袖们认识到这项法案必然会成为法律，于是将争议和谈判聚焦于达成最好的经济收益。爱尔兰教会按计划实施了政教分离，未来的主教不再是按照首相的建议由王室任命，而是由教会法庭任命。取消了对爱尔兰教会的捐赠基金，教会不再有来自英国政府的收入。但它保留了价值超过1 000万英镑的财产和其他固定资产，并且可获得贫困救济和农业改良等

“非宗教”事业方面的额外款项。

格莱斯顿推行的第二项爱尔兰立法改革是关于土地方面的改革，他认为土地问题与政教分离密切相关，也是他未来的 20 年里投入非常大的一件事。虽然爱尔兰人对那些外来的、信奉新教的英裔爱尔兰地主的痛恨程度与对国教教会一样，但土地问题却更为复杂，更难以解决。大多数爱尔兰佃户都想拥有自己的土地，但对于拥有大量土地生活富足的地主与只有少量土地且非常贫困的地主来说，他们的利益天差地别。格莱斯顿坚信乡村阶级的存在是命中注定的，所以他决心维护地主阶级的利益，但这些人当中有很多人却不问世事，不负责任，财务状况也不稳定。这些都是很难协调的状况或者很难实现的愿望。此外，政府只要对地主与佃农之间的关系进行干预就会被视为对神圣不可侵犯的私有财产及契约自由的侵犯。1870 年通过的《爱尔兰土地法案》(Irish Land Act）限制了地主驱逐其佃户的权力，并确保那些曾经为他们做出贡献的佃户一旦离开，就可以获取相应的补偿，也为佃户提供政府贷款以购买地产。格莱斯顿对这些措施深感欣慰，但是这些措施的实施效果远不如爱尔兰教会的政教分离改革，因为这些措施并没有达到预期目标，地主很轻松就避开了其中主要的条款，一是他们以提高租金的方式迫使佃户主动离开；二是硬性增加一些限制性条款，使《土地法案》中的补偿条款名存实亡，而对那些希望拥有自己地产的佃户来说，土地价格太高，拿到手的钱根本不够，所以买不起。因此，这项措施没能去掉爱尔兰地主身上的毛病，也没有解决佃户的问题和困境以及农业方面的结构性问题。

这两项关于爱尔兰的改革法案完全出自格莱斯顿的想法。但是另有一些帕默斯顿政府后期逐渐显现且日益突出的问题，也是自由党政府需要着手解决的。问题之一就是为普通民众提供的基础教育无法满足需求。1861 年，纽卡斯尔委员会曾得意地宣称 11 岁及以下的孩子中 95% 都在某类学校就读。但是，在 19 世纪 60 年代后期进行的其他非官方的调查表明，年龄在 5~13 岁的孩子中，近一半仍然没有接受过正规的基础教育。并非所有这些统计数据都是可靠的，即便不可靠，民众受教育水平较低的数据也似乎比较高的数据更令人信服。人们也普遍感觉到，美国内战中北方之所以能够战胜南方，普鲁士在最近的对奥地利和法国的战争中之所以能取得胜利，其部分原因都在于战胜者的军队所接受的教育比战败者的军队要好。此外，对于许多在 1867 年拥有选举权的城市男性工人阶级成员来说，如果要他们负责任地行使自己的选举权，就必须让他们接受更好的教育，以打开他们的知识面和眼界。罗伯特·洛曾经调侃说，这就意味着“教育我们的这些主人”已经是迫在眉睫。但英国的教育结构乐观地说是混乱，悲观地说简直是一团糟，不仅如此，教育领域还是宗教与派系争夺的对象：其中有与教派无关的、由国家资助的“不列颠学校”，也有属于某教派的义务提供教育的所谓“公立”学校，几乎完全没有政府的资助。但无论资助的方式如何，无论它们属于（或不从属）哪一个教派，联合王国的基础教育体制显然没有满足这个世界最先进的工业社会的需求。

事实上，福斯特的法案既没迎合非国教教徒的要求，也没满足圣公会教徒的要求，而是建立了一个混合式的基础教育体制，既扩大了国家的控制，也鼓励了现存的义务提供教育的教派学校继续存在和扩大。然而，在增加教育经费方面，这项法案却具有长远的重要意义。所有的大城市和许多小城镇都选出了学校董事会，到 1880 年，这些董事会负责监管的学校超过了 3 000 所，其办学条件整体优于教派学校。1870 年伦敦在教育方面的支出为 160 万英镑；到 1885 年这一数字升至 510 万英镑；其他地区的地方政府在教育方面的开支也大幅增加。格莱斯顿政府也将注意力转向了牛津大学和剑桥大学，这两所大学依据 19 世纪 50 年代的立法而建，也因为这项立法结束了圣公会对其本科教育的垄断。1871 年通过的《大学测试法》(University Test Act)，将曾经仅限于圣公会教徒的学术职位对非国教教徒和犹太人开放（实际上也就对无信仰者开放了），只不过是仅限于男性。届时，因为 1870 年 6 月一项枢密院令的颁布，对高级公务员的任用体系也进行了重组，旧的提名制度被废除，取而代之的是各种竞争性测试和所谓的“公开竞争”。这是在 1855 年诺思科特－特里维廉改革基础上的又一重大进步，将赞助制招募改变为“纳贤式”选拔（尽管这种“贤才”只是具备了通过某种考试的能力）。从此以后，占据公务员高层的人逐渐都变成了人们眼中的“最优秀的人才”，即牛津和剑桥的毕业生，其中有许多人都毕业于巴利奥尔学院（Balliol College），1870 年本杰明·乔伊特（Benjamin Jowett）就是在该学院获得了硕士学位，这里也成了培养英国政府官员和殖民地总督的摇篮，地位无可撼动。

帕默斯顿在位的最后几年中，维多利亚中期国家机构的弊端逐渐突显，而此时在基础教育、高等教育和公务员招考等方面做出的改革正是解决这些问题的尝试。爱德华·卡德韦尔在战争部进行的军事改革也是如此，英国军队在克里米亚战争初期的悲哀表现令人难堪，他旨在以这种亡羊补牢的方式来应对暴露出的不足。1869 年爱德华·卡德韦尔废除了和平时期的鞭刑；翌年，他通过立法使男性可以短期多次应征入伍并将总司令（年迈且固执己见的剑桥公爵）置于战争部的直接管辖之下。与教育改革倡导者一样，卡德韦尔也深受普法战争中俾斯麦军队取得的非凡胜利的影响，他决心大力提高英国军队的作战技能、战术技巧、作战效率及适应能力，为此他力求废除军队的买官体制，采纳所谓的“区域化”管理方式。反对买官体制的理由是它事实上把高层军官职位限制在贵族和地主阶级，只有他们才有钱购买军衔；克里米亚战争中所犯的错误显露无遗，他们之中的许多人的确不是做军官的料。但是卡德韦尔的议案在上议院遭到强烈反对，以至于废除购官体制的措施最终在王室授权的情况下才得以推行，并没有立法。至于实行“区域化”管理，卡德韦尔的主要目的是通过将联合王国划分为 66 个区域，将某一特定区域的特定兵团与当地志愿军结合在一起，借此充分利用各郡县的自身特点，提高军队的素质。

在通过这些措施的同时，格莱斯顿也在全力解决他所称的“王室重大危机”。危机原因之一是 1861 年阿尔伯特亲王去世之后维多利亚女王一直陷于悲痛之中无法自拔，这意味着她很少在公开场合露面，大部分时间都在温莎、奥斯本和巴尔莫勒尔（Balmoral）离群索居；原因之二是女王的继承人威尔士亲王任意妄为、丑闻不断。在《英国宪法》（*The English Constitution*，1867 年）一书中，白哲特把这对不幸的王室母子描述成了“不管事的寡妇”和“游手好闲的青年”，令人印象深刻。而法国推翻了拿破仑皇帝的统治，并随后建立了法兰西第三共和国，也进一步激发了公众的不满情绪，在格莱斯顿第一届政府任职期间达到了顶峰。到 19 世纪 70 年代初，共和俱乐部已经遍布联合王国，有些思想先进的自由党人，如约瑟夫·张伯伦和查尔斯·迪尔克爵士（Sir Charles Dilke）等，也毫不掩饰自己的反保皇观点。这一切都引起了格莱斯顿的极大关注。他坚信英国的君主制是国家的基本制度，但令他心痛的是汉诺威王朝末期以后君主制从来没有像现在这样不受欢迎。因此，他一再试图说服女王走出与世隔绝的寡居生活，更多地出现在臣民面前；他还筹划为威尔士亲王谋求职位。格莱斯顿的想法是在爱尔兰建立一个王室府邸，亲王作为名义上的总督每年在此度过一段时间，而具体的国家管理事务由一位王室代表代为处理。格莱斯顿希望这一计划既能让威尔士亲王做点儿有意义的事情，也有助于使爱尔兰人保持对王室的忠诚。

因此，格莱斯顿及其同僚开始积极推进一个宏伟的计划，其中包括1872年引入了无记名投票的《投票法案》(Ballot Act)，应禁酒游说而产生的《授权法案》(Licensing Act) 以及旨在加强工会权利的立法。但是首相及其内阁所取得的成果却存在相当大的局限性。爱尔兰教会的政教分离只是一个重要的象征性姿态，而《爱尔兰土地法案》无论对地主、佃农还是对农业发展几乎都没有产生什么影响。福斯特的《教育法》尽管具有不容置疑的重要性，却导致了普遍的不满情绪，而且也离间了许多非国教教徒，从而破坏了格莱斯顿在全国及下议院建立起来的自由党同盟，政府也没有采取任何行动以解决中等教育问题。公务员招聘体制改革推行缓慢，外交部一直到“一战”结束才采用“公开竞争”的做法。卡德韦尔在军队中废除买官体制的做法，对军官这一社会群体的构成所产生的影响微乎其微，因为他并未提高薪资或减少开支，这就意味着富有的贵族和绅士实际上还是唯一负担得起这些军官职位的人。首相试图解决“王室重大危机”的努力也没有取得任何结果，因为女王已经迷上了迪斯雷利并开始厌恶格莱斯顿了。因此她拒绝格莱斯顿用意良好却缺乏表达技巧的劝诫，不愿意在公开场合频繁露面，而且否定了在爱尔兰修建王室府邸的方案。尽管《投票法案》是一项改变投票程序和选举制度的重要立法，但人们普遍没有什么热情，格莱斯顿也没有从中获得多少政治声誉。

自由党政府在1868年及之后集中表现出来的那种团结、活力、锐气和热情在4年之内便基本消失殆尽，从这一点上来说，所有执政时间比较长的改革政府几乎都一样。同时，由于固执与专权，格莱斯顿在司法和教会等职务人选的推荐方面出现了判断失误，并遭到了下议院的强烈谴责，而在职务任命及财务方面出现的丑闻也使人们对其政府所宣称的公正和能力产生了怀疑。1868—1874年，自由党在递补选举中有32个席位易手保守党，(尽管只有10个选区站到了对立面立场）这一迹象足以表明其政府正在失去对国家的掌控。为了进一步“安抚爱尔兰”，同时也为了恢复其政治上的主动权，格莱斯顿在1873年初推出了一个《爱尔兰大学法案》。爱尔兰天主教徒长期以来一直认为他们缺少合理的高等教育规定，因为都柏林的三一学院是坚定的新教维护者，是英－爱优势人群的堡垒。格莱斯顿实施这个法案的目的主要是建立一所非传统的新型爱尔兰大学，为这个国家的大多数天主教徒服务。他这位首相认为已经获得了爱尔兰罗马天主教徒的支持，因此也就获得了议会中那些爱尔兰议员的支持。但是格莱斯顿错了，他受到了罗马天主教会的指责，指责的理由是拟议成立的新大学没有任何宗教方面的测试，1873年3月，保守党和爱尔兰天主教议员不可思议地组成了联盟，以3票之差否决了第二次提交的该议案。于是格莱斯顿内阁辞职，女王邀请迪斯雷利组建了另一个保守党少数党政府。

格莱斯顿执政的最初几年，保守党反对派也没有任何作为：政治主动权明显掌握在政府手中，迪斯雷利也似乎因为在“第二次改革法案”这一赌局中的失利而受到同党的指责，而且大部分时间里他的身体状况欠佳。但是在 1872 年，政府困境日益突显，而且迪斯雷利的健康状况也有了改善，这就意味着他已经恢复了战斗力。同年上半年，他在曼彻斯特和水晶宫发表了两次不同寻常的演讲，这两次演讲成为保守党复兴的里程碑。与格莱斯顿的风格不同，迪斯雷利不善于在人数众多的公共场合演讲，这可能也是这两次演讲影响意义深远的原因。他痛斥自由党的激进派对现有的国家体制造成了威胁；他批评全体自由党人沉湎于“世界性”和“大陆性”的思想误区不能自拔；他斥责格莱斯顿及其疲顿的内阁同僚与“一座死火山”无异。他坚信，只有保守党才是“立国”之党，立志捍卫国家宪法，决心改善人民的生活条件，并致力于扶植并加强帝国的势力。事实上，迪斯雷利的这两次演讲均言辞高调但行动不足，但它们都迎合了时代的潮流并引起了共鸣，而且加强了人们的印象，使人认为保守党人的回归顺应了历史的发展潮流。但迪斯雷利想要以自己的方式夺回权力，所以他宁愿等待时机，迫使政府在不受欢迎的形势下苟延残喘。所以当格莱斯顿及其内阁在 1837 年辞职时，他婉拒了女王请他组建保守党少数党政府的委任，理由是自由党遭受失败是因为爱尔兰议员与保守党议员组成了暂时的非正常联盟，偏离了议会制度的正常运作所致。

迪斯雷利拒绝委任的行为迫使格莱斯顿不得不复职，而此时自由党的政治命运已经明显衰败，境况岌岌可危。1873 年年末，格莱斯顿试图通过改组内阁改变政府已经不得人心的状况，让人们有一种政府充满活力且目标明确的全新感受：曾在 1871 年年初以健康理由辞职的约翰·布赖特被重新召回担任兰开斯特公国大臣（Chancellor of the Duchy of Lancaster）；罗伯特·洛被调入内政部，而格莱斯顿再次掌管财政部；最后一项立法《司法法案》也得以通过，它重整了当时许多相互矛盾和重叠的司法管理问题，并创立了高等法院和上诉法院。但一切都徒劳无益，于是1874年年初，格莱斯顿突然决定举行大选，令两党都感到惊讶不已。在执政6年之后，自由党人已是精疲力竭，自由党也组织涣散，格莱斯顿没能像他在1868年那样大获成功，没能抓住大好时机出台治国良策。他所能做到的就是在被迪斯雷利嘲讽为“又臭又长”的竞选演说中重申了取消所得税的承诺。曾公开指责格莱斯顿及其同僚与“死火山”无异的迪斯雷利现在完全改变了说法，反而指责他们是过于积极地“不断出台令人困扰的立法”。保守党反其道而行，提出要终止这种立法热，捍卫宪法和英国国教，要“在外交事务上稍微多投入一些热情”。事实上，1874年的大选对两党都起到了消极的抑制作用。

但是这次大选却产生了一个决定性的结果。从1841年到现在，选民首次使保守党重新回到了真正多数党的地位：保守党人占350席，自由党占245席，而57席为爱尔兰自治派［一个新的组织，由新教徒艾萨克·巴特（Isaac Butt）领导，他不支持芬尼亚会的主张，但是对格莱斯顿在爱尔兰问题上所采取的“安抚”政策的局限性也深感失望］。这使迪斯雷利仅仅以不到50席的优势获得了下议院的多数地位；但保守党在英格兰却领先了100席之多。他们在威尔士、苏格兰和爱尔兰仍是少数党，但是新近发展起来的爱尔兰自治派对自由党构成的威胁远远大于对保守党的威胁。保守党在英格兰各郡县的席位十分稳固，在各大自治市镇也收获巨大。格莱斯顿辞去的不仅仅是首相之职，同时也辞去了自由党的领袖之职（他在下议院和上议院的领袖之职分别由哈廷顿和格兰维尔接替）。

随后的几年，他时不时会在议会露面，但完全随心情。同时，迪斯雷利的坚持得到了丰厚的回报。他开始着手创建了皮尔之后的首个有望任届期满的保守党内阁。贵族构成了内阁的半数，而且多数来自传统爵位受封者和领地阶层。外交大臣是 15 世德比伯爵，即前任保守党领袖之子，他曾在 1866—1868 年的少数党政府中担任过该职位；印度事务大臣是那位前克兰伯恩勋爵，最近刚继位成为第三代索尔兹伯里侯爵，现在已与迪斯雷利和解并在其领导下任职；殖民地大臣是卡那封勋爵（Lord Carnarvon）；财政大臣是斯塔福德·诺思科特爵士，一位来自英格兰西南部的男爵；邮政大臣是约翰·曼纳斯勋爵（Lord John Manners），他是拉特兰公爵之子，是迪斯雷利年轻时在英格兰结识的朋友。其中引人注目的是理查德·阿什顿·克罗斯（R.A.Cross）被任命为内政大臣，因为他不是地主，而是兰开斯特的银行家兼律师。

1868 年，身为首相的迪斯雷利得到的只是虚幻的权力，但 1874 年的他就实权在握了。内阁团结一致，两院中都获得了稳定的多数席位，遭受打击的反对党已然溃不成军，而且相对于格莱斯顿来说，君主更钟情于他。面对这种形势，迪斯雷利本可以随心所欲地推行他自己的计划，但是在最终夺取了权力之后，他却不知该如何运用自己到手的权力了。部分原因可能是权力来得太晚了：他第二次就任首相时已是 69 岁高龄，疲惫不堪且时常患病。不仅如此，迪斯雷利也不同于格莱斯顿，他从来都称不上是一个政客，因为他既不是一位具有领袖才能的管理者也不是有创新精神的立法者。他的大部分政治生涯都在反对党的位置上度过，他从没在重要的部门长期担任职务，他实施过的唯一一个重要措施是“第二次改革法案”，而这个法案与其说是经过深思熟虑谋划的结果，倒不如说是他在绝望中采取的机会主义行动。尽管如此，在其第一次内阁会议上，同僚们还是希望迪斯雷利能给出详细的执政规划，从立法角度对他在水晶宫和曼彻斯特两次演讲中所提到的总体议案做出实质性的分析解读。但是迪斯雷利根本无此计划，也无此意图。格莱斯顿曾在 6 年内疯狂地推行了各项立法举措，经历了这一切的迪斯雷利在 1874 年的下半年并没有迸发出其前任在 1868 年表现出的那种立法热情。旨在进一步减少工作时长的《工厂法》早已在酝酿之中，新政府只是接手而已；改变了自由党不利处境的《授权法案》也并没有经过很多的规划或筹备；《公众敬拜条例法案》（Public Worship Regulation Act）在坎特伯雷大主教的倡议下得以通过，旨在遏制越来越普遍的被称作英国国教高派教会教徒[①]在国教礼拜仪式中的“过分行为”，原本也是为了取悦女王，但却没有取得预期的效果。

在 1875 年所有新任大臣都已经就任之后，迪斯雷利政府才真正开始实施社会立法计划，而大部分工作都是由内政大臣克罗斯完成的。关于工会方面的法案有两项，都充分利用了公众对自由党在这些方面的相关立法所抱有的普遍不满情绪，即《阴谋与财产保护法》（Conspiracy and Protection of Property Act）和《雇主与工人法》（Employers and Workmen Act）。前者放宽了设立和平纠察的限制，后者取消了雇主在员工违反合同时所享有的一些特权。这两个法案的目的是废除旧的《联合法》（Combination Laws），加强工会的合法地位，承认工人有举行罢工及集体谈判的权利。《公共卫生法》重整并明确了 19 世纪 40 年代以后通过的繁杂的卫生法规，也包括格莱

① 英国圣公会内一派的教徒，信仰与礼仪与罗马天主教最相似。

斯顿在任期间实施的相关立法，20 世纪 30 年代以前这些法规一直是该领域的基本立法。《食品药品销售法案》(Sale of Food and Drugs Act）禁止在任何食品或药品中使用“有损身体健康”的物质，这也是对早期相关立法的规范和完善，1928 年以前，这个法案始终是这一领域最重要的法律规定。《工匠住宅法案》授权所有的自治市镇对贫民窟进行清理并重新安置居民，此前这项权力仅限于少数几个大城市，因此，联合王国全境的地方政府都能够利用纳税人的缴纳税费改善住房条件。同年，又通过了另一项《工厂法》，进一步保护妇女儿童使他们免受剥削，而诺思科特在财政部也推出了一个《互助会法案》(Friendly Societies Act)，为工薪阶层的储蓄和保险提供额外的法律保障。

此前的各届保守党政府还从来没有在一年的时间之内完成如此多方面的社会改革。但是与格莱斯顿之前付出的努力一样，保守党所取得的成效远不如他们有时声称的那么显著。除工会方面的立法之外，大多数法案只是指导性方针，规定了权力而不具强制性，这意味着所涉及的各级地方政府对其可以采纳也可以无视，而大多数地方政府选择后者。譬如《工匠住宅法案》赋予市政当局提出改善住房规划的新权力，但是因成本过高，纳税人对此根本不感兴趣。到 1881 年，英格兰和威尔士适用该法案的 87 个城镇中仅有 10 个有效推行了该法案（其中最著名的非典型范例是约瑟夫·张伯伦所在的伯明翰市)。同样,《食品药品销售法案》并未强制地方当局必须指派化学分析师，而化学分析师是唯一能提供必要证据证明存在造假的人。《公共卫生法》规定极为详尽，但是实质上仅是做了进一步完善，缺乏新的思想或准则，而关于互助会方面的相关立法并没有真正给人们提供更多的经济保障。因此，这完全不是一个思路清晰的社会改革方案，而是各种法案的大杂烩，这些法案完全是应时而生，没有任何清晰的指导原则，所取得的成效当然也无法与俾斯麦当时在德国推行的国家社会福利法案相提并论。此外，迪斯雷利本人对这些法案并无兴趣，他在参加“年轻的英格兰”组织时的梦想就是要建立一个为工人谋福利的家长式贵族政府，而如果将此时的立法改革视为代表着迪斯雷利为实现这一长期目标而做出的努力，则大错特错了。

像自由党之前推行的措施一样，这些保守党的社会改革并不代表着自由放任的主流意识形态转而进入了国家干预的新时代。1875 年迪斯雷利这样说道，“宽松的立法是一个自由民族的特征”。同年，一个保守党后座议员做了更加生动的表述，他评价这种“牛油布丁式的立法”为“单调，乏味，无趣”，但也“充满智慧且益处良多”。此后陆续推行了其他一些措施，但是所取得的成效与 1875 年一样有限。翌年，通过了《河流污染法》（Rivers Pollution Act）（这是关于环保最早的法规之一），《教育法》（强制父母将年龄在 5~10 岁的儿童送到学校接受教育），以及《商船法》（其目的是确保所有商船都适于海运）等 3 项法案。但是第一项完全没起作用；第二项对在农村建立学校董事会非但没有起到促进作用反而起了阻碍作用；第三项内容存在问题也同样没有任何约束力。1877 年的《监狱法》（Prisons Act）是一项很罕见的立法，因为它将整个刑事体系的管理权集中置于一个监狱专员的手上，而且在爱尔兰和苏格兰也制定了类似的立法，在次年实施的一项《工厂法》基本上也是一项完善性措施。还有，此时的迪斯雷利已经进一步减少参与政府的国内事务了。1876 年的大部分时间内，他都深受支气管炎、哮喘和痛风的折磨，议会议员纷纷抱怨说他已无力在下议院主持政府事务。迪斯雷利对这些批评无可争辩，他的解决办法是继续担任首相但辞去下议院职位，进入上议院，1876 年 8 月他真的如愿以比肯斯菲尔德伯爵的身份做到了。

性别与种族、文化与无政府状态

授予迪斯雷利伯爵头衔是维多利亚女王乐意至极的事情，因为他绝对可以称得上是最受这位寡居女王青睐的首相。格莱斯顿曾经用他冗长的首相备忘录让女王避之不及，且视女王为神圣庄严的君主，而非有血有肉的女性。相反，迪斯雷利则对女王极尽奉承，与她调情，尽管也总是对女王表现出应有的全面顺从，但相处时却视她为丧亲的孤独女人（他自己此时亦是鳏夫）。事实上，正是在他与女王的微妙关系中，迪斯雷利才最充分地感受到了政治作秀和驾驭语言的乐趣。他给维多利亚女王写的信超乎寻常，任何其他首相都不可能给君主写出那样的信。他称她为“神仙女王”，认为她应该拥有比实际掌握的更大的权力。因为赢得了女王的信任及其近似于爱情的情感，他在解决所谓的“王室重大危机”方面所处的地位远比格莱斯顿更有利。事实上，从 1872 年为庆祝威尔士亲王从伤寒中康复所举行的感恩仪式来看，舆论的潮流已从期冀共和回归至君主制。而迪斯雷利抓住时机，鼓励（而不是哄骗）女王开始再次在公众场合露面，标志之一就是 1876 年女王出席了为他举行的议会开幕大典，次年及 1880 年又两次出席，这是女王从来没有为格莱斯顿做过的事情。她也同自己的臣民一样，逐渐从 19 世纪 50 年代和 60 年代的自由主义和国际主义转向保守主义和帝国主义，这也是她在位最后 20 年的显著表现。女王晚年时王室的态度之所以转向了右翼，迪斯雷利是推动者，但他同时也是受益人。很难想象如果阿尔伯特亲王在世他会赞成这么做。

这是 19 世纪联合王国极具反讽意味的诸多事实之一：几乎 2/3 的时间内是由一位女性担任国家首脑，而与女王同性别的其他任何人却很难在英国或大英帝国的公共事务或政治领域起到什么重要作用。另一位女性风云人物是弗洛伦斯·南丁格尔。她本人及媒体对她在克里米亚战争中所从事的医疗工作也许都有所夸大，但是她出版了《护理札记》(*Notes on Nursing*，1859 年）一书，后来护理之所以能够成为一种职业，以及次年之所以能在圣托马斯医院成立全世界第一所护理学校，她无疑起到了重要的推动作用。从此以后，南丁格尔针对全英国以及英帝国的卫生事务著书立说，并通过四处游说以及与西德尼·赫伯特、威廉·乔伊特（William Jowett）等人脉广泛、具有影响力的人物保持密切关系而始终保持着一个重要公众人物的形象。同时代另一位有影响力的女性是安吉拉·伯德特–库茨（Angela Burdett-Coutts)，她继承了祖父的一大笔遗产，收集了大量 19 世纪颇具影响力的艺术作品，查尔斯·狄更斯［《马丁·翟述伟》(*Martin Chuzzlewit*）一书就是写给她的］和惠灵顿公爵都是她的好友。她一生致力于慈善事业，捐出了所继承遗产中的三百多万英镑：给那些被迫犯罪和卖淫的年轻女性提供家庭帮助；为开普敦和阿德莱德教区捐钱捐物；为防止虐待动物及儿童的事业捐赠资金；首开先河提供福利住房。她还与弗洛伦斯·南丁格尔合作，帮助她推动护理事业的发展，并且积极参与改善非洲原住民生活状况的各种活动。

与其他女性比起来，这 3 位女性之间可能具有更多共同之处，因为从某些方面来说她们的阶级身份无疑会使人忽略她们的性别。她们的出身都非常优越且生活十分富足：维多利亚是占统治地位的女王；南丁格尔的父母是富庶的上层社会人士；伯德特－库茨继承了祖父丰厚的遗产。她们的寿命也明显长于19世纪女性的平均年龄：维多利亚去世时81岁，南丁格尔90岁辞世，而伯德特·库茨则活到92岁。她们也获得了诸多荣誉：维多利亚贵为女王；弗洛伦斯·南丁格尔是获得“功勋勋章”（Order of Merit）的第一位女性［1907年获得，下一位获奖者是1965年的多萝西·霍奇金（Dorothy Hodgkin）］；安吉拉·伯德特－库茨本人就拥有爵位（1871年受封，这种身份对于当时的女性就是一种非同寻常的认可）。然而，即使是她们，或者说尤其是她们也都意识到，在男性主宰的社会里女性很难确立自己的社会角色与个人角色。维多利亚女王所面对的政客均为男性，他们所受的教育也远优于她。然而，她也以自己为军人之女而感到骄傲，不喜欢怀孕或为人母，而且即便是她，也认为女性不应该拥有选举权。南丁格尔终身未婚，她与女王一样会经常利用威胁手段，但除了威胁，她还会利用身心疾病等情况让男人们手足无措，以便于她与他们打交道，或者说控制他们。伯德特－库茨一直以慷慨的淑女形象示人，是人们眼中完美的女性，但是她却在67岁时嫁给了自己年仅29岁的美裔秘书，震惊了整个上流社会，而她自己也不得不因此将3/5的收入拱手让给自己的妹妹，因为在她继祖母的遗嘱中有一条禁止她嫁给外国人的无理规定。

威尔士亲王，也就是后来的爱德华七世，更欣赏温婉、性感的漂亮女性，但作为维多利亚女王的长子，他对于所结识的女中豪杰也绝不乏慧眼。他授予弗洛伦斯·南丁格尔的“功勋勋章”，也是他以君王身份送给她的一份个人礼物。而据说他也曾经把伯德特－库茨描述为“联合王国仅次于我母亲的最了不起的女性”。然而现实的情况是，维多利亚女王统治期间，不论从法律还是从习俗角度，几乎所有的女性都是二等公民。“大改革法案”是第一部明确规定妇女在议会选举中没有选举权的立法。但是女性必须结婚，如果不结婚就会被社会视为一种耻辱，至少在第一次世界大战之前是这样。通过婚礼仪式，女性就从法律上变成了丈夫的附属品，她的所有财产归其夫所有，任其处置。除非这位新娘将其财产交由委托人保管才能保住自己的各项权利，但此种安排只有富人才能做得到。1857 年《婚姻诉讼法》（Matrimonial Causes Act）通过之前，未经一条《议会私法法例》批准，根本不可能离婚，甚至在该法通过之后，丈夫提出离婚也远远比妻子提出离婚更容易达到目的。丈夫单凭妻子通奸这一个理由就可以提出离婚，但是家庭法甚至都没有对男性通奸行为给予过错认定。下面这个典型案例就说明了这种双重标准在当时仍然盛行：男性在婚前与婚内与多名女性保持性关系是可以接受的行为，但却不能接受女性如此行事；或者说，她们如果公开这样做，就会为上流社会所不齿。

因为 19 世纪初的几十年里，两性关系的传统观念是建立在“男女有别”的认识基础上：男性在外从事政治、政府、商界及各种专业领域的工作或体力劳动，而女性则留在家里，生儿育女、操持家务，营造一个温馨的生活环境。总之，用诗人考文垂·帕特摩尔（Coventry Patmore）的话说，她应该是“足不出户的天使”。但现实情况更复杂，一概而论极其困难。维多利亚时代中期，有些已婚女性感觉自己受到了婚姻制度和家庭生活的束缚，没有地位可言；有些女性则喜欢灶台、家庭和家人造就的各种机会，丈夫的供养给她提供了衣食无忧的生活，她也乐于与丈夫保持性关系和情感维系并以此为满足。虽然中、上层社会的女性所受教育程度几乎都不及她们的配偶（比较一下维多利亚和阿尔伯特便知），但她们也毫不逊色，培养了范围广大的家居“兴趣”，比如阅读、刺绣、绘画、弹钢琴，且往往达到了令人满意的高水平。而简·奥斯汀、勃朗特姐妹和乔治·艾略特等则成了小说这种 19 世纪英国典型艺术形式的卓越践行者。不管怎样，当时现实生活中的私人领域和公共生活领域之间的界限从来没有像文学作品中所表述的那样清晰和完整。维多利亚时代中期，大约 1/3 的劳动力为女性，而最大的职业群体是家庭佣工，顾名思义，她们是受雇于私人领域的劳动力，而纺织业也是女性（通常未婚）就业的重要领域。

这一时期妇女的法律地位和政治地位也发生了重大变化，虽然只是社会地位较高的女性最受益。1874 年“女性保护和发展联盟”（Women's Protective and Provident League）成立，鼓励女性组建工会，而且这些同类联盟很快得到工会代表大会的认可，但是这样的女性群体仅占加入工会的劳动力中很小的一部分。1870 年通过的《已婚妇女财产法》（Married Women's Property Act）规定已婚的工作女性可保留自己的收入；1882 年之后，女性可以拥有个人的婚前财产，不纳入其丈夫的财产范围。1869 年通过的《市政选举法》（Municipal Franchise Act）赋予女性纳税者地方选举投票权；自此，依照福斯特的《教育法》，女性可以当选进入学校董事会；从 1875 年开始，女性可以成为《济贫法》的监督人。许多中产阶层和上层阶层的女性也开始参与慈善工作，尽管其规模都远不及伯德特－库茨。奥克塔维娅·希尔（Octavia Hill）就是其中的一位，她在 1852 年从剑桥郡的威斯贝奇（Wisbech）迁至伦敦并成为约翰·拉斯金的朋友和崇拜者。她所热衷的事业之一就是在伦敦这个大都市为工薪阶层提供更好的住房条件，拉金斯后来将其部分遗产交给希尔，使她能够在马里波恩（Marylebone）购置房产。她对这些房屋进行了改善，不是用以安置体面的工匠，而是那些临时性或季节性雇工。希尔认为良好的居住环境与道德水平的提高息息相关。她要求这些房客不酗酒，养成有规律的生活习惯，不允许有破坏性的行为或拖欠房租。她还努力对城市环境做更大范围的改善，后来希尔成了“国家托管协会”（National Trust）的创始人之一。

与此同时，女性接受教育的机会也在增加。福斯特法案给男女孩童带来了更多更好的接受基础教育的机会，但中产阶层是教育条件改善的主要受益者。弗朗西丝·巴斯（Frances Buss）于1850—1890年担任成立不久的北伦敦学院中学（North London Collegiate School）的校长，这所中学开了为女孩，尤其是来自中低收入阶层的女孩提供中等教育的先河。巴斯变成了公认的改善女性受教育水平的权威人物：她认为女孩接受教育与男孩接受教育同等重要；她提倡为女孩提供与男孩同等的竞争性测试；从19世纪70年代开始，她呼吁妇女把握机会参与学校董事会和当地政府的工作。针对更高社会阶层的女性，切尔滕纳姆女子学院（Cheltenham Ladies’College）于1853年成立，“女子公学日校”（Girls’Public Day School）公司于1872年成立，此后为女子捐赠创办的文法学校和私立学校日益增多。在许多此类学校里，课程设置主要是关于“家政”和“女性”方面的内容，但书本知识的领域也明显扩大。反过来，这也促使高等教育取得了重大突破，只不过一开始仅是针对极少数女性群体。剑桥的格顿学院（Girton College）（1869年）和纽纳姆学院（Newnham College，1871年）以及牛津的玛格丽特女子学院（Lady Margaret Hall，1878 年）和萨默维尔学院（Somerville College）（1879 年）相继成立。这些发展被认为极具创新也很有价值（在某些地方甚至是很有颠覆性），吉尔伯特和沙利文后来在歌剧《艾达公主》（*Princess Ida*，1884 年）中对这种发展情况进行了暗讽，剧中的女主人公艾达成立了一所纯粹的女子大学，学校里传授的是女性优于男性的观念。

虽然取得了这些进步，但女性在议会选举中得到投票权的前景仍是遥不可及。1867 年 1 月，第一个为妇女争取选举权的组织“曼彻斯特妇女选举委员会”（the Manchester Women's Suffrage Committee）成立，伦敦、伯明翰和布里斯托尔也很快成立了类似的组织。伦敦的分委员会一定程度上起到了全国的协调作用，其中一位最有影响力的成员是米莉森特・福塞特（Millicent Fawcett），她帮助建立了纽纳姆学院。她的姐姐是的伊丽莎白・加勒特・安德森（Elizabeth Garrett Anderson），她于 1870 年在巴黎大学毕业，取得了医生资格，并在毕业 3 年后成了英国医学协会（British Medical Association）的第一位女性成员。这对姐妹深受约翰・斯图尔特・穆勒著作的影响，因为身为议员的穆勒在“第二次改革法案”的多次辩论中一直坚持赋予妇女选举权的观点。他坚持认为没有“足够的理由继续将占据社会人口一半数量的女性排除在外，不仅让她们得不到选举权，甚至在宪法层面让她们没有能力获得认可”。但他的努力毫无成效，于是他在 1869 年出版了《妇女的屈从地位》（*The Subjection of Women*）一书，更系统、全面地阐述了他的这些观点。他强调说，“不同性别在法律上存在不平等关系，这本身就是错误的”。这是“阻碍人类进步的主要因素之一”，所以“应该由一个完全平等的制度予以取代”。他总结说：“无论在什么条件下，在什么范围内，男性都有选举权，而在同等条件下不允许女性参与选举根本没有道理。”但不论是议会还是总体舆论都不同意他的这一观点，因此女性参政之事在19世纪70年代并没有发展起来。

而一些有志参与政治活动的女性效仿19世纪二三十年代那些前辈的做法，转而开始集中针对某些具体问题发起运动。其中最著名（也是最终取得胜利）的运动就是反对分别在1864年、1866年及1869年颁布的《传染病法案》（Contagious Diseases Acts）。这些法案旨在通过要求妓女注册，允许特种警察逮捕这些女性，强迫她们接受性病的医学检查，以减少联合王国各地驻军城镇的卖淫和不道德行为。如果发现妓女感染了性病，就可以把她们送医治疗，情况近乎被监禁。因为女性应该有权自愿选择妓女这一职业，那么这些法案就是对个人自由的侵犯；而被强制接受具有屈辱性医学检查的仅限女性而不包括男性，这一点进一步说明了社会对于男性和女性仍旧采用了双重标准。反对这项立法的运动由“全国反传染病法协会”（National Anti-Contagious Diseases Association）和“全国妇女协会”（Ladies’ National Association）领导。后者的领导人是约瑟芬·巴特勒（Josephine Butler），她撰写了许多关于社会问题的小册子，努力争取增加妇女接受高等教育以及在各专业领域从业的机会。1871年她对“全国妇女协会”讲话时称，“所有的男人，无论其行为多么纯洁”都是“社会堕落的始作俑者，他们笃信上帝创造了不守贞操的男人以及沦为男人附属奴隶的女人，这种不可救药的说教令人深恶痛绝”。1885年，这个《传染病法案》最终被废除。

4年前，另一位杰出的英国籍女性在伦敦去世。她名叫玛丽·西科（Mary Seacole），出生于牙买加的金斯顿，父亲是苏格兰军官，母亲是一个自由的黑人妇女。19世纪40年代，西格尔一直在金斯顿经营一家家庭旅馆，50 年代初开始在中美洲游历。在此期间，西格尔学到了一些基本的护理技能，1850 年，霍乱在牙买加暴发，随即又在巴拿马肆虐，她都在其中参与了对病人的救治。1853 年，克里米亚战争爆发，西格尔决定以护士志愿者的身份前往英国参与伤员的救治。战争部拒绝了她的申请，但她仍想办法到了克里米亚。1855 年年初，她在后方创立了“英国客栈”（British Hotel），为“伤病恢复人员提供舒适的住处”，同时也减轻了战场上一些受伤人员的痛苦。1856 年年底，西格尔重返伦敦，次年出版了她的自传《西格尔夫人漫游记》（*Wonderful Adventures of Mrs Seacole in Many Lands*）。她在 19 世纪 60 年代的大部分时间里都住在牙买加，但常常处于经济拮据状态，同时西格尔基金会在伦敦成立，威尔士亲王、爱丁堡公爵和剑桥公爵都是该基金会的资助人。1870 年她回到了伦敦，并很快得到了王室亲戚的认可：1871 年，维多利亚女王的外甥格莱亨伯爵（Count Gleichen）为她雕刻了大理石半身像，并在皇家艺术院展出，她也成了患有风湿性关节炎的威尔士王妃的私人按摩师。

至于西格尔可否被称为“黑皮肤的弗洛伦斯·南丁格尔”，人们始终未能达成共识。西格尔在 1881 年去世后很快就被人们遗忘了，但是在她人生的最后 10 年里，她在伦敦显然是一位得到公众认可和接受的人物。然而，那一时期，人们的种族主义观念也确实在日益加强，虽然那些年女性拥有的机会在逐渐增多，但人们的种族观念却普遍走向了反面。维多利亚中期的英国人理所当然地认为自己的社会是世界上最文明的社会，同时他们也坚信人类存在共通性、平等性和整体性。这也就意味着对于其他民族或种族来说，如果通过传教、帝国干涉和法令，或者对他们“本土风俗习惯”加以改革等手段给他们提供帮助，他们也同样会进步并发展到更高的文明阶段（这是戴维·利文斯通的总体观点）。但到了19世纪六七十年代，认为种族等级固定不变的观点越来越有市场，这意味着那些处于底层的种族想提升自己的地位根本就不可能。这种观点的改变部分是因为达尔文关于进化论的观点越来越多地被误用：他没有提出过种族优越论的观点，但有些人却认为这正是“适者生存”理论所指的观点所在。查尔斯·金斯利曾在1871年说道：“自然科学正在一步步证明种族的极端重要性；从低等的植物到最高级的动物，一切有机生物体都体现了能力遗传、器官遗传、习惯遗传的重要性。”

那一时期不仅仅是关于种族本性与种族等级重要性的观点在普遍日渐强化，对人们产生影响的还有其他一些观念，而种族本性与种族等级的观点与达尔文无关，与那些引用达尔文观点却做出误导性解读的人也没什么关系。马克思和恩格斯在1848年《共产党宣言》（*Communist Manifesto*）中宣称，人类社会的历史是阶级斗争的历史，但当时包括本杰明·迪斯雷利和苏格兰的医生兼政论家罗伯特·克诺斯（Robert Knox）在内的其他人却持有完全相反的看法。他们坚持认为，“种族”决定“一切”。人类学的兴起只是更加强调了这种观点，“伦敦人类学学会”（Anthropological Society of London）会长詹姆斯·亨特博士（Dr. James Hunt）所持的观点就是典型代表，他宣称“以黑人为标准，高于和低于其位的各有大约6个种族”。此时特别活跃的那些非洲探险家们也持有大致相同的观点。理查德·伯顿（Richard Burton）经常把非洲人和动物做比较，认为黑人的心智发育迟滞，说明他们属于“人类的低等种族”。塞缪尔·贝克爵士（Sir Samuel Baker）在1863年发表的一篇关于艾伯特湖（Lake Albert）和尼罗河流域的文章中提到，“非洲野蛮人身上表现出来的人性的粗鄙与兽类相当，甚至不及狗的品性中高贵的一面”。就在这一时期，查尔斯·金斯利断言，他不再相信人类从本质上来说存在共通性和平等性。他指出：“我也看到了种族之间的确存在巨大的差异，某些种族，比如爱尔兰的凯尔特人，似乎不适合自治。”以这种观点衡量，爱尔兰天主教徒与非洲黑人、西印度群岛的原住民一样都是异类，是低等的人种。其实许多英国政客对于爱尔兰及其人民根本没有直接的了解：格莱斯顿只去过一次爱尔兰，而迪斯雷利从没去过。

这些都是人们在态度上的重大转变，其部分原因也是对帝国内发生的一些事件的反响。印度的“大起义”对英国在南亚推行其帝国计划的信心造成了重大打击。阿盖尔公爵 50 年后回忆起刚听到起义消息的那一刻的情境时，仍能“感到我们焦虑的心情多么糟糕，前景多么堪忧，所有的花朵都失去了颜色”。由此带来的最长远的转变是英国人逐渐对南亚人产生了敌对态度，“温和的印度人”是他们之前对南亚人的典型认知，而如今他们转而认为印度人非常虚伪和残忍。作为起义发生后的第一任驻印皇家总督，坎宁勋爵评价说，“……英国人对当地人的同情已经转变为一种普遍的反感”，对帝国其他移民殖民地区的态度也有类似的变化。19 世纪 60 年代，由于得到了炮兵、骑兵和当地民兵的支持，1.8 万名英国士兵与 4 000 名毛利武士展开了对战，致使之前仅限于殖民者和新西兰毛利人之间的局部冲突升级为北岛（North Island）上的全面陆地战争。毛利人成功地运用了游击战术，但英国人凭借其占据优势的兵力数量和武器赢得了最终的胜利，并从毛利人那里没收了大片土地作为对其叛乱行为的惩戒。但是当地原住民一再“作乱”，而这些代价高昂的长期冲突导致新西兰殖民地移民与联合王国之间的关系一度严重恶化，以至于到 1869 年，《新西兰先驱报》（*New Zealand Herald*）曾公开发表言论认为，如果当初是法国而不是英国首先将旗帜插到这座岛上，情况会比现在好。

1865 年 10 月，牙买加爆发叛乱。爱德华·艾尔总督错误地把这场小规模的叛乱与印度的“大起义”相提并论，并进行了残酷镇压。此次镇压导致 439 人丧生，600 人被执行鞭刑，354 人被交给军事法庭审判。这次镇压行为引发了极大的争议，进而加剧了愈加严重的帝国焦虑情绪，加强了人们日益改变的种族观念。英国人对艾尔行为的看法出现了严重的分歧，尤其在新知识分子这一群体中分歧严重：有些人谴责他报复心切，是残忍的种族主义者，而有些人则称赞他是一个英勇的基督教文明的捍卫者。关于艾尔的争议也延伸至议会的辩论中，最终演化成了“第二次改革法案”。这位总督的支持者们认为，将投票权赋予未受过教育的英国人会导致同样的“恐怖事件”和暴行的发生。他们坚称这些暴行是无教养的牙买加原住民所为，而反对艾尔所作所为的人则想扩大英国人的选举权范围，因为这才是正确的行为，否则就可能对类似新近在牙买加发生的暴行起到鼓励作用。一个皇家委员会最终出台了一份审慎的报告，指责艾尔的鞭刑“极其野蛮”，但也称赞他遏制了骚乱。但《泰晤士报》捕捉到了公众的情绪，撰文称牙买加叛乱比印度大起义“更令人失望”。不管是出于什么样的希望提出来的“黑人可以自治”的观点，现在都因为牙买加事件而被证明是错误的，遭到了摒弃。文章的结束语是：“哀哉！人道的巨大胜利和各种族的进步。”

种族分类和等级方面的观点发生变化，加之“大起义”“毛利战争”及艾尔的行为导致的焦虑和幻灭情绪，在二者的共同作用下，人们的种族观念从19世纪60年代开始毫无疑问逐步得到强化。之前乐观的观点认为原住民可以被动“进步”，可以按照西方的生活和文明标准对他们进行培养，包括培养原住民承担起自治的责任，但现在这些观点大多遭到了摒弃。有色人种被认为是野蛮人，或者是幼稚的人而遭到鄙视，即便接受过教育，也被认为是完全不值得信赖的。正如殖民地大臣金伯利勋爵在1873年所表述那样：“除了一些低级的职位之外，我们对雇用当地人没有安全感”，而且“我也不会与‘受过教育的’当地人群体有任何关系”。因此，在印度以及在英国所统治的许多殖民地内，英国官员与军队之间从那时起逐渐产生了社会立场分歧。但这还不是事实的全貌。在某种程度上，帝国的现代化热潮还以某些形式在继续：19世纪50年代在加尔各答、马德拉斯和孟买（还有悉尼、墨尔本和多伦多）建立大学比在利兹、利物浦、曼彻斯特和伯明翰成立大学早了几十年。不仅如此，这些大学持续培养出的那些满腹经纶的印度人，正是越来越受到帝国官员厌恶和猜疑的“印度恶魔”（infernal baboos）。英国人还在南亚，后来又在非洲继续修建铁路、码头和港口；持续对热带疾病进行医学研究［1897年罗伯特·罗斯爵士（Sir Robert Ross）证明疟疾是由蚊子传播的］；海运及铁路行业中，许多最大最先进的公司均为帝国的企业。后来列宁将帝国主义描述为“资本主义的最高阶段”绝非无中生有。

然而，从19世纪60年代起，帝国执政者的观念也明显地发生了转变，不再坚持进步、改良和现代化的观念，而是重新发现和认识了传统社会制度的价值。查尔斯·伍德爵士在“大起义”之后这样写道：“对印度的贵族及绅士进行打压或折磨直至使其消亡的政策是错误的。我们必须与当地的族长和民众的领导者加强联系。”金伯利勋爵对此表示赞同。在列出了英国不应与其有任何关系的“当地人”名单之后，他补充说：“我只会与世袭的族长打交道，尽可能地努力通过他们实现治理的目的。”迪斯雷利政府的皇家总督利顿勋爵（Lord Lytton）表达了同样的观点，他坚持认为，“我们拥有了土邦头领的支持，就能获得人民的支持”。自此开始，在印度和不久以后获得的非洲大部分地区，帝国采取的都是这样的统治政策和策略：借助英国人认为的与联合王国现有制度相同的传统王室及贵族权力进行统治。对于一个试图以有限的预算和最少的人力投入来治理其帝国的政府来说，这是他们唯一可行的方式，而且无论如何，与出身高贵的土邦头领、埃米尔及族长们合作，对于一直自视为贵族的英国人来说也感觉很自在。不同性别会因阶级的不同而有不同地位，种族也是如此；“男女有别”的做法在现实中已经明显有所改变，同理，以小本经营理念治理帝国的英国政府也需要与当地首领和土邦头领达成和解。但问题是争取到了“土邦头领”的支持并不能确保英国政府就能得到其“人民”的拥护。

关于性别、种族及帝国等当时具有争议的问题也成了 19 世纪 60 年代开始崭露头角的新一代小说家探讨的问题。在《白衣女人》和《男人和妻子》（*Man and Wife*，1870 年）两部小说中，威尔基·科林斯批评了法律的不公平，这种不公平维持了女性低于男性的地位，尤其在经济方面。在小说《米德尔马契》中，除了当代其他问题，乔治·艾略特通过描写女主人公多萝西娅·布鲁克（Dorothea Brooke）没有幸福感的无聊生活，探讨了有才智有理想的女性所面临的种种问题和束缚。多萝西娅因为嫁给上了年纪的牧师爱德华·卡索邦（Edward Casaubon）这个憎恨她的青春、热情和活力的男人，将自己困在了一桩无爱的婚姻之中；而她也很快发现自己曾经希望帮丈夫完成的研究报告已经过时多年，永远不可能出版。在小说《远离尘嚣》(*Far from the Madding Crowd*，1874 年）中，托马斯・哈代通过对芭谢巴・埃弗丁（Bathsheba Everdene）一生的描写，探讨了爱情、荣誉及背叛等主题，哈代在该小说中虚构了一个威塞克斯郡，那里的乡村生活比特罗洛普的巴彻斯特郡系列小说中描述的更为黑暗。虽然富有、高傲、美丽且思想独立，追求者众多，但芭谢巴的感情生活几乎总是阴差阳错，不是因为她太骄傲未能坚持爱其所爱，就是因为所遇男人不忠、不可靠。此时的科林斯也已经发表了他最著名的小说《月亮宝石》(*The Moonstone*，1868 年），标题所指的那颗珍贵的宝石，故事原型就是取材于真正的“光之山”钻石。令人讨厌的赫恩卡斯尔上校（Colonel Herncastle）以欺骗、谋杀等非法手段掠走了这颗宝石并带回英国，但是在故事的结尾宝石又送还给了印度。《月亮宝石》被广泛认为是第一部重要的侦探小说，但这部作品同时也揭露了英国在南亚统治的阴暗与伪善。

然而，虽然这些小说家的作品引起了广泛共鸣，但那一时期对文化发展最具时事影响力的却不是他们，而是诗人兼评论家马修・阿诺德，他在性别和种族等问题上与科林斯、哈代和艾略特等人的观点截然不同。他的父亲托马斯・阿诺德，从 1827 年至 1842 年担任拉格比学校（Rugby School）的校长，是一位改革的倡导者：他改进了课程及教学体制，使宗教成为学校生活的中心内容，他坚持认为培养男子气概和基督徒品格比取得学术成就更重要，对建立其他同样以此为培养目标的公学（其中就包括马尔伯勒公学、蓝星学院、威灵顿公学和黑利伯瑞学院）具有极大的启发意义。马修·阿诺德曾就读于拉格比学校和牛津的贝利奥尔学院，但因父亲早逝，他被迫自谋生计，一生的大部分时间都是靠担任政府的学校督学职位谋生。他从 19 世纪 50 年代初开始发表诗歌，在 1857 年和 1862 年两次当选为牛津的诗学教授。他的大部分诗歌所描写的都是与他父亲那个时代截然不同的社会情况，探讨了当时的怀疑态度对信仰的腐蚀作用。这一点在他的作品《多佛海岸》（*Dover Beach*，1857 年）中表现尤为突出，在这首诗中他描绘了一个充满不确定性的噩梦般的世界，因为达尔文进化论摧毁了以《圣经》为基础的基督教认知，所以这个古老的宗教信仰已经退出了世界。“第二次改革法案”危机期间发生的几次（相对小规模的）暴乱以及在爱尔兰和不列颠发生的芬尼亚会骚乱进一步加剧了阿诺德的焦虑情绪。正是在这种悲观情绪的驱使之下，他开始撰写他那部社会批评的重要著作《文化与无政府主义》（*Culture and Anarchy*）。这部著作从 1867 年到 1868 年在《康希尔杂志》（*Cornhill Magazine*）上连载发表，后来在 1869 年正式成书出版。

阿诺德对格莱斯顿式自由主义的改革热情及基督徒提倡的“新教良知”运动均不以为然。因为在他看来，当时接受进一步议会改革的政治主张是严重错误的。英国国教已经无法给人以坚定的信念和慰藉，而功利主义则错误地执迷于物质主义和对个人财富的追求。那么，在这样一个瞬息万变世风日下的世界里，政治和宗教都无法给出明确的解决方案，而维多利亚时代中产阶层庸俗之风日盛又雪上加霜的情况下，我们还能到哪里找到确定性呢？阿诺德的答案就是“把文化作为帮助我们面对目前困境的重要方式”，无政府状态似乎日渐对社会构成威胁，而他认为这是唯一貌似可行的应对良方。他呼吁说，致力于将“世界上最好的想法和言论”付诸现实，并且“将一股清流注入我们陈旧的观念与习俗”之中，我们就应该能够“消除阶级”并“使人人都生活在轻松友善的氛围中”。从某个角度看,《文化和无政府主义》慷慨激昂地宣称了文化在生活中的首要地位；但从另一个角度来说，它所阐述的观点含糊不清，没有什么实用价值。这本书近乎在阐明成熟的文学文化基本可以取代有组织的宗教形式，而阿诺德在其他作品中曾把宗教描述为只不过是“靠情感触动的道德准则”。虽然他仍旧怀有某种宗教情感，但他怀疑上帝的存在，认为《圣经》所述不是真实存在。他后来在评述耶稣时这样写道:“他的经历不是真的，从来没有真正发生过。”达尔文用科学削弱了宗教的影响力，阿诺德则用文化达到了同样的目的。尽管格莱斯顿政府展现出了自由党的乐观主义，但是怀疑情绪却日益成为那个时代的主流。

国际主义与帝国主义

就在 1866 年 7 月迪斯雷利就任德比政府财政大臣之前，俾斯麦的普鲁士军队在克拉洛韦战役（Battle of Königgrätz）中击败了哈布斯堡皇帝的军队。不久之后，迪斯雷利就英国与邻国之间的关系，以及英国的全球影响力和参与的事务等，在下议院对当时英国引人瞩目的世界地位进行了评述，辞藻华丽、踌躇满志且富于幻想。他说，英国并不是因为“事不关己”而拒绝“干预欧洲事务”，相反，“英国一如既往，心甘情愿地时刻准备着进行必要的干预，但需要审时度势”。他继续说道，事实上，“英国的干预能力无可匹敌”。他坚称，英国“对亚洲进行干预，是因为她既是欧洲（强国)，也更是亚洲强国”。他继续说道，而且英国“也对澳大利亚、非洲以及新西兰的事务”进行了干预。这是迪斯雷利冒用所谓的“帕默斯顿衣钵”中的外交政策和帝国政策的早期实例。然而，英国参与海外事务的现实情况却大不相同。英国自 1815 年以后就再也不具备他所说的那么强大的“干预”欧洲事务的能力，到 19 世纪 60 年代中期，因为欧洲大陆的势力平衡点开始转变，英国“干预”欧洲事务的能力明显减弱，甚至不如帕默斯顿鼎盛的“往日”，这一点因为他无力对石勒苏益格 – 荷尔斯泰因事件施加任何有效影响得到了充分证明。在帝国事务中，拿破仑战争结束后，几乎每一届政府都不想再兼并更多的领土，因为兼并领土必定伴随着各种风险、责任和开支负担。但是，尽管存在这些不可否认的现实情况，迪斯雷利仍抱有幻想，希望人们相信在需要和必要之时，联合王国能够成功地掌控整个欧洲大陆，他会在 1876 年到 1878 年这段时间内实现部分目标，与此同时，他也憧憬着帝国能够不断加强在世界其他地区的军事干预能力。

一个用于殖民地法制和巩固帝国统治的重要立法，即《1867 年英属北美法案》(British North America Act of 1867）就是由德比及后来迪斯雷利领导的少数保守党政府所颁布的。这一立法将新不伦瑞克（New Brunswick）和新斯科舍（Nova Scotia，但不包含 1873 年才加入联邦的爱德华王子岛以及 1949 年之前一直保持独立的纽芬兰岛）这两个海岸省份与从 1840 年开始就存在的加拿大殖民地合并在一起，创立了加拿大联邦，加拿大联邦因此变成了大英帝国老资格的移民领土。只不过原先的加拿大殖民地由一个整体现在分为了魁北克和安大略两个独立的省份。现在看来，有很多原因造就了这个后来又在澳大利亚和南非推行的、具有典型示范意义的开创性帝国巩固计划。原因之一，美国内战影响了英国政府的稳定，再加上英国担心取胜后继续存在的美国联邦会将掠夺的目光投向英国在其北部的那些分散而薄弱的领地，同时也怕芬尼亚会的成员可能继续将这里作为基地进一步发动袭击行动；原因之二，如果有一个统一的政府提供支持，伦敦的投资者就有可能投资修建一条横贯加拿大的铁路线，可与美国 1863 年开始修建的铁路工程相匹敌；原因之三，加拿大联邦有望拥有横贯美洲大陆的领土主权，西部各省份有可能会加入其中（1870 年马尼托巴加入，1871 年位于太平洋沿岸的英属哥伦比亚也紧随其后加入其中）；最后一个原因，德比-迪斯雷利政府希望通过将帝国防御的部分开支从联合王国转移到新的统一主权政府身上，减少加拿大联邦的财政需求，但是（最终证明）没有如愿。

美国联邦得以保留，加拿大联邦成立以及横贯美洲大陆、将东西海岸连接起来的两条铁路线即将竣工，使西半球的地缘政治有了新的变化。拥有巨大农业潜力和矿产资源的两个陆路大国得到了巩固，美洲中西部地区和大草原向欧洲市场开放，美英两国的势力也都延伸到了太平洋沿岸及其海域。美国的东西铁路线于 1869 年贯通（英属哥伦比亚坚持在加拿大的东西铁路线建成后才加入联邦）；同年，随着埃及苏伊士运河的开通，位于世界另一端的地缘政治同样重新进行了定位，这条运河的建成大大缩短了通往印度的海路。这条运河对于英国的重要性超过所有其他欧洲国家，它是连接英国与南亚次大陆人员和贸易往来至关重要的纽带。英国船舶从通航一开始就占据了运河货运吨位的 3/4，充分证实了迪斯雷利所称的英国也是“亚洲强国”的言论。但与此同时，欧洲局势的变化对迪斯雷利的言论不但没能给予证实，反而提供了反证。普鲁士在普法战争之后统一了德国，而英国只不过是一个重要的旁观者。其结果是欧洲势力的平衡点发生了自 1815 年以来最显著的改变，俾斯麦的德意志帝国取代法国成为欧洲大陆最强大的国家。与内战后的美国一样，这个整合后的新德国人口众多，自然资源丰富，是一个庞大的陆地帝国。在 19 世纪的最后 20 年里，德国也与美国一样，对处于工业霸权地位的英国逐渐构成了巨大威胁。

加拿大联邦成立，德国也完成统一之时，也正是格莱斯顿的第一届政府执掌英国的外交及帝国政策之际。和以前一样，外交部与殖民地部均由贵族把持：克拉伦登勋爵和格兰维尔勋爵执掌外交部；格兰维尔勋爵（在克拉伦登去世后从殖民地部调入外交部）和金伯利勋爵执掌殖民地部。格莱斯顿在 1858—1859 年曾出任爱奥尼亚群岛（Ionian Islands）特派专员，但除了这段有些异乎寻常的短暂经历之外，他没有任何外交方面的直接经验，因为与他的前任皮尔一样，格莱斯顿的职责与工作重心基本都在处理国内事务上。但他确实有自己的见解，1862 年美国内战期间他就曾表示支持蓄奴的南方各州，但持续时间不长，他后来接受了自由的道德与宗教观，原来的观点也发生了改变。格莱斯顿对欧洲的历史、语言与文化非常沉醉且十分精通，他对欧洲协调和自由国际主义坚信不疑；他同样坚信政府应该削减开支，所以坚决反对帝国扩张与帕默斯顿式的好战与恐吓做法。因此，他才在 19 世纪 60 年代支持意大利统一，认为这是一项自由国际主义的伟大事业。因此，他才憎恨普鲁士领导下的德国统一，认为这种统一绝对不是自由事业也不是国际主义事业，他对俾斯麦的“谨慎与正直”始终持怀疑态度。他也因此支持格兰维尔勋爵在加拿大联邦成立后采取从加拿大、澳大利亚和新西兰撤回英国驻军，进一步节省帝国开支的措施。而已经开始意识到帝国这张王牌潜力的迪斯雷利则谴责这么做是企图分裂大英帝国的错误行为。

执掌外交部的克拉伦登勋爵思考国际事务时缺乏首相的理想主义成分，但他与格莱斯顿一样都认为欧洲需要和平与合作，坚决反对承担任何额外的条约义务。他曾经试图浇灭最终导致了普法战争的那些火苗却未果，也许俾斯麦说的话有虚伪的成分，但他后来的确说过：如果克拉伦登还活着，这场冲突也许会避免。克拉伦登的继任者格兰维尔勋爵也主张隐忍的外交政策，追求和平，避免在欧洲再建立任何联盟。这意味着，英国除了关注比利时能否履行 1839 年签订的条约一直保持中立以外，始终采取观望态度坐视普法战争的爆发。与此同时，格兰维尔在改善联合王国与美国在美国内战后的关系方面则表现得更为积极，也更为成功。关于“阿拉巴马号”的争端则被提交至国际仲裁，1872 年，英国政府同意向美国支付巨额赔偿金。“阿拉巴马号”是英国为邦联军队建造的巡洋舰，曾对美国联邦军队的航运造成了极大的损害。同年，之前于 1846 年签订的条约没有明确解决的英美两国关于普吉特海湾（Puget Sound）的圣胡安群岛（San Juan Islands）的所有权问题也最终得以解决。因此，英美关系得以改善上了一个新台阶，这也进一步缓解了英国对加拿大安全问题的担忧，而通过仲裁解决两国国际事务争端的做法也树立了解决此类问题的典范。

格莱斯顿采取的不介入欧洲冲突，而与美国建立良好关系的外交政策更多地与阿伯丁勋爵的国际事务观相吻合，与帕默斯顿或迪斯雷利的观点不同，这也没什么可奇怪的，因为阿伯丁与格莱斯顿早在 1841 年皮尔成立的政府中就结成了非常密切的关系。然而，当涉及帝国事务时，差异却没有那么明显：像以往一样，紧缩开支并避免承担新责任的愿望，与需要更多财政投入或兼并更多土地的反作用力僵持不下。1868 年，思想激进、支持共和体制的年轻政治家查尔斯·迪尔克爵士出版了他的畅销书《更大的不列颠》（*Greater Britain*），他在书中呼吁，那些移民殖民地应该摆脱大英帝国统治。但是就目前而言，那些殖民地本身都没有这样做的愿望，甚至在毛利战争时期对英国进行过严厉抨击、于 1856 年获得了自治权的新西兰也没有实际的独立愿望。尽管大起义之后的公告中宣称暂时中止在印度的进一步领土兼并，但是英国不可能放手，其贪欲也不可能得到满足，实际上扩张政策在其他地区仍在执行，非洲就是证明。1870 年还在执掌殖民地部的格兰维尔勋爵宣布他愿意把冈比亚交给法国，但这项提议并没有得到落实。两年后，英国政府以现金购买了黄金海岸的一系列荷兰要塞，并于 1873—1874 年期间，被迫对阿善堤国王发动了一场全面战争，因为这位国王对这些新近从北方人手里购得的财产虎视眈眈，而加内特·沃尔斯利（Garnet Wolseley）将军正是因为在这场战役中担任了英国的军事将领而首次进入了英国公众的视线中。

尽管存在着这些不可避免的例外情况，但 1868—1874 年的格莱斯顿政府总体上采用的是以国内实施改革为主，国外寻求安定为辅的政策，但其后的迪斯雷利政府的重心则恰恰相反。他把很多的国内事务都交给了同僚负责，而他本人则把自己有限的精力时断时续地集中在外交和帝国事务上，而且在 1878 年之前他也得到了外交部的第十五代德比伯爵与殖民地部的卡那封勋爵等贵族的适当辅佐。实际上迪斯雷利虽然远非格莱斯顿那样见多识广且具有世界格局，但他（至少现在看来）非常具有先见之明，因为他早在 19 世纪 70 年代初就敏感地认识到民族主义和帝国主义会取代自由国际主义，他行事浮夸、言辞模棱两可却令人印象深刻，堪称老到，他认为自己完全称得上是世界级政治家。1875 年年底，迪斯雷利以英国政府的名义从破产的埃及总督手中购买了 400 万英镑原属于总督本人的苏伊士运河的股权，这充分证明了迪斯雷利的行事风格和言辞风格都太浮夸。在罗斯柴尔德银行的直接帮助下，迪斯雷利秘密策划了这次收购，收购完成后他才开始寻求获得内阁和下议院的批准。由于运河是英国与印度之间的生命线，迪斯雷利下决心绝不让运河的建造者及最大股东法国人得到埃及总督的股权以扩大他们的利益。尽管各方看法不一，毕竟此次收购并没有使英国对该运河有完全的控制权，但这确是一笔了不起的交易，既是一个令人炫目的政治计谋，后来证明也是一次很好的投资。

第二年，迪斯雷利推行了《王室头衔法案》(Royal Titles Act)，把英国人的生活与英国君主制度更加密切地联系起来，从而进一步强化了帝国在英国人生活中的中心地位。维多利亚女王又被宣布为印度女皇，这意味着从此以后她不再仅仅是维多利亚女王，而是维多利亚女王兼女皇（*Victoria Regina et Imperatrix*)。虽然这理应被看作迪斯雷利的又一个浮夸举措，但女王本人也给首相施加压力让他通过了这项措施，其中原因不仅仅是她不想被她的大女儿维多利亚超越，因为这位王妃终有一日会成为德国皇后。但对此也有更多的解释。大起义之后，莫卧儿皇帝被废黜，印度帝国皇位空悬，因此由英国君主接替成为新的合法皇帝既有可能也合乎情理，只要适当改变并提高王权称呼即可。此外，除了将英国君主置于这个南亚社会等级的顶端，这项法案也进一步强调了先前在 1858 年公告中对印度各土邦统治者的承诺。该法案也进一步证明了迪斯雷利关于英国是“亚洲强国”的说法，因为中国、日本、俄国、波斯和土耳其均由皇帝统治，所以印度由一个具有同等地位和称呼的超级王权来统治，看似合理且必要。这也进一步表明，英国对维护其在亚洲大陆的地位非常看重且坚定不移，也坚决不允许俄国对处于中间缓冲地带的国家构成任何威胁。最后，迪斯雷利也给出了这项立法的合理性解释，他认为“只有将王室头衔升级”才可能“满足国民的想象力”(没人知道他到底想表达什么意思)。

虽然格莱斯顿在选举失败后辞去了自由党领袖的职位，并打算余生致力于做学问，做神学研究，但他仍然是下议院的议员。他对保守党政府的两项法案都持批评态度，批评购买苏伊士运河股份的做法没有起很大作用。升级女王称呼的做法虽然得到了大多数自由党人的支持，但他也提出了批评，因为这么做涉及了君主制度，迪斯雷利当然应该征求反对党的意见，但是他却忽略了这一点，这的确不是明智之举。这些举措的确在某种程度上说明了帝国政策的武断性，但在其他方面来说，则更明显地体现了政策的延续性。对阿善堤的讨伐其实在很大程度上是由殖民地部的金伯利和战争部的卡德韦尔决定的，但是得到了格莱斯顿的默许，同样，1874 年卡那封勋爵对斐济的兼并也得到了格莱斯顿的默许。他在迪斯雷利及其政府同僚不甚知情的情况下，以斐济长期局势不稳为由对这个岛国实施了兼并，那里的地方官员和越来越专权的英国政府代表均需接受一定的监管。但卡那封也是一个对扩张不积极的人，他要求斐济的首届殖民地政府避免“一切不必要的开支”。同样，应格莱斯顿政府紧缩开支的要求，1875 年财政大臣斯塔福德·诺思科特爵士也尝试撤除英国在香港的驻军，因为这样每年就能节约 10 万英镑的税收。但是，像许多尝试减少帝国国防和政府管理开支的努力一样，这项提议也没有得到落实。

迪斯雷利面临的最严峻的海外挑战是如何处理英国、哈布斯堡帝国、奥斯曼帝国和俄罗斯帝国之间错综复杂的地缘政治关系。总体上，英国的政策与克里米亚战争时期一样，仍然支持日趋衰落的奥斯曼帝国继续存在，以此作为对抗俄国的一个重要砝码，因为英国（也许过于夸张）一直认为俄国始终对英属印度帝国虎视眈眈。19 世纪 70 年代中期，巴尔干半岛发生了一系列反对奥斯曼统治的起义，相邻的（急于在该地区扩大影响力的）奥匈帝国和（自称“泛斯拉夫主义”领导人的）俄罗斯帝国都予以支持。1876 年 5 月，奥斯曼帝国政府以极其残暴的方式镇压了保加利亚的民族起义，约有 1.2 万名起义者遭到杀害。迪斯雷利认为这场大屠杀“基本不属实”，完全错误地判断了英国公众的反应。在记者和牧师的领导下很快形成了一场浩大的运动，人们纷纷谴责杀戮，对东正教信徒所采取的报复性屠杀行为谴责尤为强烈。夏末，格莱斯顿本人也加入其中。9 月，他出版了题为“保加利亚恐怖事件与东方问题”（*The Bulgarian Horrors and the Question of the East*）的小册子，谴责奥斯曼当局的行为，并要求他们拿上自己的“全部家当”从“遭受他们涂炭和亵渎的土地上”离开。在 3 个星期内，格莱斯顿的小册子就售出了 20 万册；他重返政治舞台以受迫害的基督教少数派的名义发动了一场如火如荼的公众运动；伦敦以外地区的人、激进派和新教徒都站在他这边，一共举行了 500 次反对政府支持奥斯曼帝国政策的示威活动。

1876 年年底，保加利亚的骚乱势头减弱，却产生了重大的政治影响。迪斯雷利政府由于公众对奥斯曼帝国的反对而方寸大乱，而且再也没有恢复以前的信心，而格莱斯顿则越来越觉得自己必须回归政治斗争前线，发起一场讨伐他所称的“比肯斯菲尔德主义”

（Beaconsfieldism，源自迪斯雷利刚获封的贵族称号）恶行的道德运动。与此同时，俄国在 1877 年年初对奥斯曼宣战，1878 年 1 月，沙皇军队已经兵临伊斯坦布尔城下，这是英国政府无法接受的。皇家海军受命前往博斯普鲁斯海峡，陆军也从印度调往地中海地区。此时，（反对奥斯曼帝国的）卡那封和（反对干预别国事务的）德比分别从殖民地部和外交部辞职。迪斯雷利对此并不很介意，任命迈克尔·希克斯·比奇爵士（Sir Michael Hicks Beach）和索尔兹伯里勋爵分别取代了他们的职位。但联合王国和俄国之间也一度似乎处于另一场战争的边缘，英国政府增加了 600 万英镑的军费预算，而此时民众的意见则发生了逆转，从强烈抗议奥斯曼帝国转向激烈反对俄国。当时的音乐厅里传出来的歌声中唱道：“我们不想打，打起来也不怕；我们有战舰，我们有勇士，我们也有钱。”歌中继续唱道，“伊斯坦布尔不属于俄国佬”。最终这场战争并没有发生，因为 1878 年 3 月奥斯曼帝国与俄国讲和。在奥匈帝国的坚持下，当年底在柏林召开了一次欧洲会议，在这次会议上解决了所有的遗留问题。

柏林会议（The Congress of Berlin）是自 60 年前维也纳会议以来最大规模的欧洲资深政治家的会晤，此次会议的成功之处就在于，让欧洲大国之间在未来超过一代人的时间内没有发生大规模的战争。大多数有争议的问题都已经事先解决，只需要在柏林会议上得到批准即可。这些问题包括巴尔干半岛独立的各斯拉夫国家的边界问题；定都伊斯坦布尔的奥斯曼帝国的独立存续问题；再次确认俄国最近对巴尔干半岛及中东的侵略企图。尤其特别的是，英国从奥斯曼帝国手中获得了对塞浦路斯岛的控制权，英国认为可以在那里设置一个基地，借此在东地中海地区施展其势力。在这些谈判过程中，代表联合王国的是迪斯雷利、索尔兹伯里和担任第一任英国驻柏林大使的奥多·拉塞尔勋爵（Lord Odo Russell）。根据索尔兹伯里的说法，迪斯雷利“对会议内容几乎一无所知”，因为他“耳聋、不懂法语，无法理解俾斯麦特别的说话方式”。毫无疑问，他只用英语讲话的原因并不是出于维护英国的利益，而是他无法用其他语言与人交流。然而，俾斯麦本人对迪斯雷利的表现却持不同的看法，他赞赏地说：“这个犹太老家伙就是有个性！”迪斯雷利当然同意他的评价，当他回到伦敦面对欢呼的人群时，他声称自己维护了“和平的荣誉”，同时也告诉女王说她现在已经是“欧洲事务的仲裁者”。这两个说辞都是他典型的惊人之语，听起来冠冕堂皇。第一个是看似可信，第二个则完全是胡说。

“比肯斯菲尔德主义”的终结

从国内角度来说，1876 年是迪斯雷利政府最辉煌的时期，他以比肯斯菲尔德伯爵身份重获新生，而且女王也成了印度女皇（“礼尚往来”，漫画家们如是说）；而两年后迪斯雷利在柏林会议上取得的胜利则是他在外交事务上的顶峰。此后，政治环境开始对他不利，部分原因是 19 世纪 70 年代末英国商业与工业都经历了严重的低迷时期，维多利亚中期的繁荣戛然而止，同时也预示着英国这个“世界工厂”将面临更为严峻的经济竞争。弗劳德在 1870 年提出警告：“有迹象表明人们已经对英国工业永久的霸权地位有所怀疑。”1877—1879 年，失业率从不到 5% 上升到 11% 以上；企业纷纷破产，其中以 1878 年格拉斯哥银行的破产最为轰动；对于商业和制造业来说，1879 年是 19 世纪下半叶最糟糕的一年。与这些颓势如影随形的是许多地区的农业也出现了不景气，而这种情形对于其支持者主要来自乡村的保守党来说，绝对是坏消息。19 世纪 70 年代末 4 个多雨的夏天预示着更大麻烦的到来。内战之后，随着美国大草原的开放、新型农业机械的使用，以及因为使用蒸汽船替代帆船而带来的运费下降，农产品打开全球市场的同时也导致了农产品的价格相应下降。1877 年产自英格兰的小麦平均价格为 1 夸脱 56 先令 9 便士；第二年下降到 1 夸脱 46 先令 5 便士，此后逐年稳步下降。这种低价进口的谷物加剧了因夏季多雨带来的影响：在联合王国面积广大的耕地上劳作的农民收入越来越少，他们能够付给地主的租金也越来越少。

有些人认为 1846 年皮尔解除对农业的保护政策大错特错（迪斯雷利即是反对者之一），这次严重的经济衰退似乎为这些人提供了迟来的证据。但虽然几乎所有的欧洲国家都对进口食品征收了关税，迪斯雷利却拒绝效仿此举。农业在联合王国经济中的地位不再像 19 世纪 40 年代那样重要；征收食品税也不会为城市的工人阶级所接受，尤其是在工业萧条和失业率不断上升的情况下。情况对那些始终是保守党堡垒地区的乡绅和郡县来说也很不乐观，而工业和贸易的萧条也使许多刚获得选举权的工人转而反对赋予他们选举权的政府。爱尔兰的农业萧条所带来的后果更是灾难性的，大饥荒以后有限的经济复苏又重新归零。佃农无钱支付租金，以租金为主要经济来源的地主收入急剧减少。尽管格莱斯顿在 1870 年颁布了相关立法，但被驱逐的农民数量猛增，暴力行为也不断升级。1874 年首次在议会上亮相的爱尔兰自治党（The Irish Home Rule Party）此前一直遵循着非常谨慎的和解政策，看似对英 – 爱联盟没有任何威胁。但在 1875 年，一位名叫查尔斯·斯图尔特·巴涅尔（Charles Stewart Parnell）的年轻新教地主通过补选进入了威斯敏斯特议会，成为代表米思郡（County Meath）的议员。他决心用更激进的方式与那些地主和英－爱联盟对抗，他的行为加剧了爱尔兰的抗议活动，导致议会出现了严重的分裂。“爱尔兰问题”再次被提起，在 19 世纪接下来的时间里却始终悬而未决，实际上贯穿整个 20 世纪，以及在 20 世纪以后都没有解决。

与此同时，大英帝国的形势也对迪斯雷利非常不利，因为他华丽的辞令和浮夸的行事风格在不断恶化的军事和外交局势下完全发挥不了作用。英国对亚洲和非洲事务的不正当“干涉”，不论在国内反响还是国际声望方面都付出了高昂的代价。19 世纪 60 年代末在南非发现了黄金和钻石，使（开普殖民地和纳塔尔的）英国人，（德兰士瓦和奥兰治自由邦的）布尔人和原住民（尤其是强大的祖鲁王国）之间原本就紧张僵持的关系变得更加令人担忧且难以调和。1877 年，殖民地大臣卡那封勋爵任命巴特尔·弗里尔爵士（Sir Bartle Frere）为英属南非的总督兼高级专员，与此同时又兼并了德兰士瓦，引起了布尔人的愤怒和怨恨。弗里尔是一位坚定的扩张主义者，坚决支持伦敦政府的这次行动，他也无视殖民地部的存在，在这个非洲南端地区继续寻求扩张和加强英国势力。为此他试图收买祖鲁人，但在 1879 年 1 月的伊桑德瓦纳战役（Battle of Isandlwana）中，祖鲁酋长塞奇瓦约（Chief Cetshwayo）率军击败英军，此次黑人对战白人所取得的军事胜利可以说是史无前例，遭受毁灭性打击的英军备感屈辱。迪斯雷利政府对此事的反应既软弱又优柔寡断，既没有无条件支持弗里尔也未将其召回。最终，塞奇瓦约在 7 月进行的乌伦迪战役（Battle of Ulundi）中被打败并被俘虏，他的王国也四分五裂。但随着祖鲁人威胁的消除，布尔人开始信心大增，认为自己有能力抵制伦敦对德兰士瓦的吞并，1881 年 2 月他们在马朱巴山战役（Battle of Majuba Hill）中也打败了英军，德兰士瓦重新独立，获得了英国授予的含义模糊的“宗主权”。

对于一直在极力促进英国的帝国主义发展并把它作为保守党路线的政府来说，在南非遭受的惨败严重地损害了它的形象。与此同时，在南亚推行的管理方针也遭遇失败，完全是雪上加霜。1876 年，迪斯雷利任命利顿勋爵出任皇家总督，他顺理成章地接管了兼具传统与创新风格的印度皇宫，即宣布维多利亚女王成为印度女皇的地方。但像之前的许多英国人一样，利顿也担心会存在俄国人入侵阿富汗的危险，尤其在 1878 年夏，埃米尔接受了一个沙俄代表团的来访，却拒绝一个英国使团入境，这更加剧了他的担忧。利顿正式发出通牒却无人理会，于是 3 支英国军队强行进驻。一年后，阿富汗人将连接本国与印度的山口通道的控制权交给了英国，接受英国的外交政策指示，并在喀布尔安排了一位英国常驻外交使节。迪斯雷利本人看似从未提出过针对阿富汗问题的整体方针，但是他也从未明确表示他希望其总督如此专断行事。这项由驻地总督强力推行的帝国政策再一次适得其反：1879 年 9 月，驻喀布尔的英国新任外交使节及其部下全部被叛乱的阿富汗士兵杀害。毫无疑问，在这个遥远疆域发生的这些反抗行为很快就遭到了报复，10 月，罗伯茨将军（General Roberts）率领英国军队从印度进入了喀布尔，但似乎是再一次证明了英国政府的帝国冒险主义政策缺乏连贯性且执行不利。

严重的经济衰退使人们对迪斯雷利政府的幻想破灭，帝国的这些糟糕的运气和误判又起到了推波助澜的作用，而这一切却正中格莱斯顿下怀。他在保加利亚问题上没能更有效地激发起自由党的热情并因此而感到失望，但他坚信，再发动一场运动就能使英国本土及其帝国摆脱“比肯斯菲尔德主义”。1879 年 1 月，他宣布放弃他的格林尼治席位，在下一次大选中参与中洛锡安（Midlothian）选区的竞争。当年晚些时候，他开始在苏格兰进行巡回演讲，这是在英国政治运动中从未有过的事情。格莱斯顿的一系列的演讲史无前例地吸引了新闻媒体和公众的注意力，他在这些演讲中抨击“比肯斯菲尔德主义”是在所有领域都已经腐败不堪的“一整套政府体系”。他尤其对迪斯雷利执政期间政府大幅增加军费开支置国家财政于危险之中提出了指责，也指责他没能坚持外交政策的基本原则，即促进和平、支持“欧洲协调”，以及避免在欧洲大陆及其他地方卷入“不必要的麻烦之中”。可以肯定的是，格莱斯顿对经济衰退只字未提，因为在这个经济普遍低迷的时期他也无计可施。而迪斯雷利也束手无策，他在这场运动中自始至终漠然处之，没有提出任何政策或计划。最终，1874 年的选举出现了大逆转：保守党席位从 352 个下降到 239 个，而自由党席位从 243 个上升到 351 个（爱尔兰自治党的席位数量从 57 个增加到 63 个）。对此报复心切的格莱斯顿曾生动地评论说，“比肯斯菲尔德主义”就像“一座宏伟的意式浪漫风格城堡凭空消失”一般烟消云散。

这种评述恰如其分，类比也很巧妙。1865—1880 年这段时间，当威尔基・科林斯、乔治・艾略特和托马斯・哈代等作家都在探讨性别、性和种族等当代问题时，英国的“政治”小说也达到了全盛时期，作家们在此类小说中不仅探讨了权力的现实情况，还描写了权力的传奇。为什么会这样？其部分原因在于公众参与政治的方式已经发生了变化，从 19 世纪三四十年代针对议会改革、奴隶制、

《谷物法》及宪章运动等进行的煽动活动，到对皮尔的广泛崇拜，再到后来又出于完全相反的理由支持帕默斯顿，赞赏迪斯雷利和格莱斯顿；这意味着这些首相已经成为政治名人和公众人物，从某种意义上说这是在他们的前辈身上从没有发生过的事情。这一点从米莱（Millais）的油画作品中就可以得到验证，他分别在 1879 年和 1881 年创作了格莱斯顿和迪斯雷利（但这幅没有完成）的巨幅人像作品。但是原因还不仅仅如此，因为政党的组织性越来越强，加入的人也就越来越多。1870 年，迪斯雷利组建了由约翰·戈斯特（John Gorst）为首的“保守党竞选总部”（Conservative Central Office），他振兴了保守党各地方组织的活力。这一举措为保守党在 1874 年的选举中取得胜利发挥了重要的作用。两年后，张伯伦辞去伯明翰市长的职位，通过补选当选为该市的议员。次年，为了推动该党朝着更新锐的方向发展，他成立了“全国自由党联盟”（National Liberal Federation），该联盟的建立得到了“伯明翰自由党联盟”和“全国教育联盟”（National Education League）这两个组织的大力支持，旨在团结全国各地无数的自由党联盟组织，并使自由党组织标准化。公众参与政党政治活动的深度和广度也由于这些发展变化而达到了前所未有的水平。

这段时期政治小说的创作极其繁盛也就不足为奇了，因为读者往往也是选民。安东尼·特罗洛普在后期的创作中，不再描写巴彻斯特郡的教会阴谋，而是创作了 6 部“帕利泽”（Palliser）系列政治小说（最初被称为“议会”小说）。特罗洛普将其系列小说的背景设定在废除《谷物法》之后政党政治不稳定的初期阶段，小说的主人公是普朗泰基尼·帕利泽，即后来的奥姆尼尔姆公爵（Duke of Omnium），他的家族在巴彻斯特郡有着重要的政治影响力，他本人则最终成了自由党和保守党组成的联合政府的首相。而作家乔治·梅瑞狄斯虽然一样笔耕不辍，但态度上却不那么客观公正，他在小说《博尚的事业》(*Beauchamp's Career*) 中满怀同情地描述了年轻的理想主义者内维尔·博尚（Nevil Beauchamp）的人生经历。他自称激进派，他的许多亲戚都是坚决支持保守党的社会上层人士，被梅瑞狄斯讽刺为自私和堕落的人。博尚进入政界后就与他们渐行渐远。然而，这一时期最杰出的政治小说应该是迪斯雷利在选举失败后开始创作的作品。这是迪斯雷利的最后一部作品，名为《法尔科内》(*Falconet*)。小说的主人公以格莱斯顿为原型，在书中被描述成一个一本正经的贵族，总是大家憎恨和嘲弄的对象。迪斯雷利在政治中与在小说中一样，总是把事实与虚构糅合在一起，以至于他最初在自己的第一部小说《薇薇安·格雷》(*Vivian Grey*, 1826 年) 中就虚构了“比肯斯菲尔德勋爵”这个人物。对于他这样一位政治家来说，能寄情文学，游走于虚实之间，也算是一个不错的结局。但遗憾的是，他有生之年却未能完成最后这部作品，但格莱斯顿对此可能会感到非常欣慰。

第九章

“解体”得以避免？1880—1895年

迪斯雷利竞选失败的消息使维多利亚女王备受打击。她无法接受他们的亲密关系就此结束的现实，她对格莱斯顿可能再次当政的前景感到恐怖至极。她认为，他对“比肯斯菲尔德主义”的抨击是极端不负责、缺乏爱国之心的行为。她声称“宁愿退位也不会请这个半疯的煽动者当政或与他有任何瓜葛，这个人很快就会毁了一切，成为一个独裁者”(这是她的重点)。她极不情愿地接受了迪斯雷利的辞职，然后寄希望于分别在下、上议院担任自由党领袖的哈廷顿勋爵和格兰维尔勋爵，挽救她脱离将要面对的可怕命运。但他们却无能为力，因为格莱斯顿已经向他们表明他一定要回归权位，而只有担任首相才可能实现。因此，哈廷顿拒绝了女王邀他组建政府的好意，他与格兰维尔一起跟女王说，她只能邀请格莱斯顿再次执政。选民已经做出最终的决定，因此女王无法拒绝格莱斯顿当政，就像她无法挽留迪斯雷利继续执政一样。她在即位成为女王的头几年还能施加影响维持墨尔本勋爵的地位，将罗伯特·皮尔爵士排挤在外；阿尔伯特亲王也曾坚决主张英国王室要在政府中发挥积极的核心作用；就在不久前，迪斯雷利还为了讨好她，赋予了她比现有权力多得多的实权，而如今已经是今非昔比，这一切都已成了老皇历。

人们常说，格莱斯顿此次是“东山再起气势汹汹”；他已经完全走出了1866—1867年政治挫败的阴影，并在1868年大选中获胜，同样，他现在也从半退休状态走了出来，借着自由党在大选中取得的胜利，要把四分五裂的自由党、激进派、爱尔兰人和新教徒联合起来重建辉煌。尽管女王发自内心地予以反对，但格莱斯顿还是于1880年4月组建了他的第二届政府，与他执政第一届政府时一样获得了下议院多数支持，而此时的他已经70岁。上台伊始，他还额外担任了财政大臣之职，同时还是下议院的领袖，负责议会议事日程的安排。此外，由于外交大臣（再一次由格兰维尔勋爵担任）和殖民地大臣（金伯利勋爵连任）都在上议院，这两个部门在下议院的大部分工作也落在了格莱斯顿肩上。从格莱斯顿第二任内阁的人选就可以看出来，它在很多方面显然还是承袭了传统。另外还有4位贵族，其中两位是自由党的显贵：担任掌玺大臣的阿盖尔公爵和担任枢密院长的斯宾塞伯爵。内政大臣威廉·哈考特爵士（Sir William Harcourt）出身高贵，最终继承了牛津郡纽纳姆（Nuneham）的地产。哈廷顿谢绝女王组建政府的邀请之后，再次就职于格莱斯顿政府，担任印度事务大臣之职。所以，贵族仍然占大多数，辉格党处优势地位，而激进派仍是少数派。年迈的约翰·布赖特重返兰开斯特公国大臣职位；威廉·爱德华·福斯特回到内阁担任爱尔兰首席大臣；但是内阁中最引人注目的新面孔是约瑟夫·张伯伦，他曾担任伯明翰市长，是全国自由党联盟的创建者，他思想激进，野心也非常大，如今在下议院任职仅仅4年之后就成了贸易委员会的主席。

格莱斯顿的第二届内阁虽然与他的第一届内阁有很多相似之

处，但和谐程度却相差很大。内阁成员之间因为个人和政治上的严重分歧而互相指责，短短 5 年之内就几乎分崩离析。然而，这一切在 1880 年春尚未显现出任何迹象，因为此时的自由党看似未来一片光明，而保守党则是黯淡无望。许多保守党人担心 1874 年的胜利只是昙花一现，辉格党－自由党的统治将恢复成常态。在接下来的 12 个月里，迪斯雷利仍旧担任上议院的保守党领袖，但在他 1881 年 4 月去世后，保守党却遵循了当初格莱斯顿第一次卸任时设定的自由党的先例，即下议院和上议院的党首分别由斯塔福德·诺思科特爵士和索尔兹伯里侯爵担任。但是两人的前景并不被看好：诺思科特曾做过格莱斯顿的秘书，根本不是格莱斯顿的对手；而索尔兹伯里对“第二次改革法案”增扩的选民队伍则完全不认同。因此，在 1880 年，没有人能够想象到自由党再次在选举中取得压倒性胜利已经是 25 年以后的事情了，而在这 25 年里，保守党会牢牢确立自己在政府中的执政党地位。正如迪斯雷利曾说的，“英国政坛的变化”实在是始料未及。

美好的时光，糟糕的时光

1883 年，保守党的选举前景仍然看似黯淡无望，索尔兹伯里侯爵在《评论季刊》发表了一篇题为“解体”（*Disintegration*）的警示性文章，文中表露出了他的焦虑情绪。正如文章题目所示，他担心英国本土及其帝国领土正面临着潜在的灾难性危机，因为他认为许多在 1867 年获得选举权的人都是愚昧无知、嫉妒心盛、心怀不满且缺少爱国情怀的人（此时的罗伯特·洛也如此认为）。对于近来（不恰当地）扩大选举权范围的做法，格莱斯顿（现在是张伯伦）领导的自由党则以更激进的政治观点予以应对，因而对英国国内和国外现存秩序来说，都构成了前所未有的挑战。那些敌对的社会团体的领导人应该更了解这一点，所以索尔兹伯里担心，他们会煽动这些团体组织起来彼此对抗，为自己的阶级而战，而传统的有产阶级便陷入了危险之中；“教会人士、地主、酒店主、制造商、房主、铁路股东（和）基金持有者”等人也会面临财产不保的局面。他继续写道，除此之外，这样的党派敌意不但预示着本国会陷入崩溃状态，而且将侵蚀联合王国和海外的统治意志。他担心，爱尔兰是“我们社会弊病的最糟糕表象”，因为解散和放弃“联合体”不但会给我们内部带来灾难性的后果，而且意味着“我们对狭小的本土岛屿以外领地的保护权或治理权都将终结”。索尔兹伯里得出的悲观结论是，放弃对海外承担的大国义务以及统治意志的削弱，必然带来并伴随着“我们大英帝国的土崩瓦解”。

19 世纪 80 年代初，索尔兹伯里对保守党黯淡选举前景的悲观分析，以及对联合王国和大英帝国可能解体的忧虑，也引起了许多保守党贵族、议员和选民的广泛共鸣。维多利亚女王也同样忧心忡忡，她害怕如果格莱斯顿重新掌权，“肆意妄为”，从而使自由党当道，她就可能沦为有名无实的统治者，仅仅作为“民主制度下的君主”而存在。19 世纪 30 年代初，惠灵顿公爵就预言议会改革会招致他所认为的文明的终结，从那时起所有保守党领袖对未来都很悲观，但是此时的悲观超过以往任何时候。然而，索尔兹伯里像之前的惠灵顿一样，严重夸大了国家所面临的威胁。在国内，格莱斯顿可能是表示支持“普通大众”反对“上层阶级”，但他也像索尔兹伯里一样渴望维持既有的社会制度。他们实际上都是“不折不扣的不平等主义者”，而索尔兹伯里对那些没有受过教育、毫无理性的乌合之众的恐惧，很快便与格莱斯顿对财阀腐败势力的担心不谋而合［特罗洛普 1875 年在他那部表达暴怒情绪的最伟大的小说《我们现在的生活方式》（*The Way We Live Now*）中就有过精彩的阐释］。他们都不希望让爱尔兰脱离联合体：他们的实际目标一致，分歧仅在于采用何种最佳方式达到目的，保守党（与以前一样）更倾向于高压政策，而自由党（也是一如既往地）主张采取抚慰政策。虽然两人均无意再扩张领土，或者是说不想再花更多的金钱维持英国世界强国的地位，但他们也都不希望大英帝国四分五裂，因此都勉为其难地承担起更加沉重的帝国责任。与索尔兹伯里观点相悖的是，有很多迹象表明，联合王国的社会状况正在改善和加强，而非逐渐瓦解和衰落。

其中一个迹象是，从 1871—1891 年，尽管爱尔兰的人口数量持续下降，但全国人口从不到 3 200 万增长到近 3 800 万。可能除了比利时和荷兰之外，联合王国是世界上人口最稠密、城市化程度最高的国家，2/3 的英国人居住在城市地区（爱尔兰除外）。人口增长的基础是经济的持续增长，经济增长主要是因为重工业而非纺织业的发展，以从业劳动力的规模来衡量，纺织业的扩张在 19 世纪 50 年代就已经达到顶峰。1851 年煤矿开采雇佣的工人数量已达 21.6 万，但 30 年后，这个数字达到了 49.5 万，而且仍处在不断增加中。在钢铁和工程行业，由于贝塞麦（Bessemer）炼钢法等新发明的推动，从业人数的增长更为迅速。因此，联合王国的铁路里程数持续增长，将爱尔兰最偏远的地区与都柏林连接起来，也将苏格兰和威尔士与伦敦连接起来。此外，世界上大部分的商船均在英国建造和注册。虽然英格兰的工业中心始终是其中部、东北部和西北部地区，但在苏格兰低地（煤炭开采和造船业）、南威尔士（煤炭开采和钢铁）和爱尔兰北部（纺织业和造船业）地区，分别以格拉斯哥、加的夫和贝尔法斯特为中心的工业经济也迅速发展且日益一体化。即使爱尔兰的民族主义呼声愈加强烈，并开始波及苏格兰和威尔士之时，这 3 个地区也始终与联合体密不可分。从原材料和工业制成品方面来看，联合王国以出口为主的经济持续繁荣发展：19 世纪 80 年代初，英国出口总值的几乎一半来自纺织业，而煤炭、钢铁和工程等行业占了将近 1/4。

1881 年，英国制造业产量在全球所占的份额高达近 23%，同时世界出口的工业产品中有 44% 产自英国，对于陆地面积不及西班牙、法国及德国，更别说奥匈帝国、俄国或美国等大国的英国来说，这些数字的确非常惊人。19 世纪 80 年代，350 万英国人离开故土去往美国（70%）、英属北美（11%）、澳大利亚、新西兰（11%）和南非（2.5%）。1880—1893 年，离开英国的人口数量每年从未低于 20 万，在 1893 年达到了 32 万人的峰值。与此同时，英国的海外投资额也达到了前所未有的规模：在印度投资于殖民地及外国铁路公司；在帝国内外投资发行往往用于资助铁路或其他基础设施建设的政府债券；投资那些掌控煤气厂或自来水厂等公共工程的海外公司，或者投资银行、房地产、矿山及种植园。结果是英国的海外资产价值翻了一番，从 19 世纪 70 年代初的不足 10 亿英镑增至 1900 年的约 20 亿英镑，英国如此巨大的海外财富令其他所有西方国家望尘莫及。联合王国的矿业和制造业已经使其成为世界上的头号工业强国，同时，伦敦也以其银行业、保险业和航运业以及商品贸易、证券交易的实力在金融方面奠定了不可替代的世界强势地位，1881—1901 年，伦敦的就业人口增加了 1/4 以上。

这绝非是一个濒临“解体”的国家，因为爱尔兰、苏格兰和威尔士的工业经济越来越受英国的影响和同化，也因为伦敦的金融和服务业的发展弥补了英国工业地区在制造业和出口行业等领域的不足。此外，国家的日益繁荣意味着许多国民的生活水平明显提高。像贝德福德、卡多根（Cadogan）、德比和诺森伯兰这样的贵族家族，从矿区使用费和城市房地产中获得了可观的收入，因而变得空前富有。像吉尼斯兄弟（酿造业）、威特曼·皮尔逊（Weetman Pearson）（国际承包商）和阿尔弗雷德·哈姆斯沃思（报业）等财阀也开始赚到大笔钱，其财富总和可以与最富有的贵族的财产总和相匹敌。中产阶层行业范畴正在以前所未有的速度扩大，在公共事业及大量专业岗位就职的人数从 1871 年的不足 60 万人增加到 20 年后的 80 万人以上。而包括阿斯奎斯、劳合·乔治、爱德华·卡森（Edward Carson）、鲁弗斯·艾萨克斯（Rufus Isaacs）、约翰·西蒙（John Simon）和 F. E. 史密斯（F. E. Smith）在内的许多新一代著名政治家都是律师出身。中下层阶级从事文员工作的白领人数也有显著增长，乔治·格罗史密斯（George Grossmith）和威登·格罗史密斯（Weedon Grossmith）两兄弟在其作品《小人物日记》（*The Diary of a Nobody*，1892 年）中创作出了普特尔先生（Mr Pooter）的形象，对这一人群的弱点和势利进行了极大的讽刺。但是，这一时期最大的进步大概是在富裕的工人阶级身上表现出来的，19 世纪的最后 25 年里，他们的实际工资增加了 1/3，许多工人家庭的日常饮食当中开始有了肉、培根和鸡蛋，以及加糖的茶饮。

人民的生活质量也逐步改善。霍乱和伤寒等传染病基本消除，死亡率开始下降，依赖救济金生活的人数有所下降。由于警察工作方式的改变与效率的提高，狄更斯小说中生动描述的那种暴力犯罪事件明显减少。夏洛克·福尔摩斯（Sherlock Holmes）这个从19世纪80年代末期开始为读者所熟知的人物形象，恐怕不得不感慨他基本无大案可查。正规的警察队伍既是这一切社会发展的原因，也是其结果。当初人们根本不信任他们，认为他们是受雇于国家来窥探人们生活的人，如今在人们眼中却是亲善廉洁的正面形象，是仁政的化身［1879年吉尔伯特和沙利文在其音乐剧《班战斯的海盗》（*The Pirates of Penzance*）中，对此进行了诙谐的嘲弄］。以肥皂大亨威廉·利华（William Lever）为代表的许多高尚的雇主则体现了另一种家长式的管理方式，他于1889年在默西塞德郡（Mcr3cyside）建立了阳光港（Port Sunlight）这一示范村，他在那里为员工提供了高质量的居住条件；同时，贵格会教徒、"吉百利"巧克力制造商乔治·卡德伯里4年后在伯明翰南端的伯恩维尔（Bournville）建立了同样的模式。利华肥皂和吉百利巧克力是大规模占据市场的众多产品中的两个，都是19世纪末"零售革命"的受益者。这次革命见证了连锁零售店的大发展，如海内外茶店（Home and Colonial Tea）、梅波尔乳品（Maypole Dairy）、立顿（Liptons）茶叶和博姿医药美妆连锁（Boots）等。1880年，共有48家开设分店的企业，分店总数达到了1 500家左右；到1895年，200家企业的分公司超过6 000个。还成立了"合作批发协会"（Wholesale Societies），会员以工人阶级为主，出于强烈的道德热情坚持低价销售食品。到1881年年底，会员人数达到了50万，年营业额为1 500万英镑；到1891年，这些会员人数跃升至150多万，营业额为5 000万英镑。

其他迹象表明社会底层也有许多人的生活质量得到了提高。实施福斯特的《教育法》之后，人们的文化水平普遍提高，到19

世纪末，许多工人阶级成员的书籍和报纸阅读量大大超过他们的先辈。19 世纪八九十年代，进音乐厅看戏成为一种新的大众娱乐方式，那些戏剧和艺人以一种独特的方式，或直截了当或含沙射影，通过有趣的故事向人们宣传极端的爱国主义。19 世纪 90 年代，盛行一种“帝国场景”（Imperial tableaux），剧中的被殖民者被刻画成对英国这个母国忠心耿耿的人；戏剧中会穿插一些“生活场景”（tableaux vivants），其中女性表演者经常身穿肉色紧身衣模拟裸体出场。当时的许多音乐厅都化身为全国范围的连锁剧院，获取高额利润；每晚有 4.5 万人拥入伦敦最大的 35 个音乐厅内看剧。对于那些喜欢更惬意的休闲方式的人来说，骑自行车成为一种新的热潮，这得益于 19 世纪 80 年代末自行车安全性的提高和充气轮胎的发明。到 1891 年为止，有超过 5 000 家制造商生产这种廉价的骑行交通工具，为城市居民提供了史无前例的骑车到乡村游玩的机会。由于操作简单价格实惠，且很容易买到廉价的二手车，中产阶层以及富裕的工人阶级男性（和女性）都喜欢骑自行车。事实上，那些年最显著的社会变化是出现了一种新兴的工人阶级文化——“酒馆”文化。那些开在工人居住区的许多酒馆都起名叫“比肯斯菲尔德伯爵”或“索尔兹伯里勋爵”，而从这些名字上就能看出，这种酒馆文化在很多方面还是非常保守。

19 世纪 80 年代是英国繁荣而稳定发展的 10 年，而不是分裂势力得胜的 10 年，这一点通过维多利亚女王金禧年的庆典就能得到有力证明，到 1887 年为止女王已经在位整整 50 年。巧合的是，这一前所未有的王室庆典刚好在索尔兹伯里任首相期间举行：因为从本质上来说这是一个体现迪斯雷利关于君主制、等级制度和帝国皇权等方面价值观的庆典，更因为在威斯敏斯特大教堂举行了一个感恩仪式而尤显庄重神圣。从不列颠角度来看，自从1809年乔治三世举行金禧庆典以后，就再也没有举行过如此隆重的活动，但是时隔如此遥远，能记起当年的盛况的人已经寥寥无几。维多利亚女王是欧洲王室在位最长的女性统治者，这次庆典也是对她这一无可比拟的地位的庆祝，她在欧洲大陆的许多亲友都来到英国参加庆典［其中包括普鲁士王储腓特烈（Frederick），他身着白色制服，英气逼人，但已罹患喉癌，接任德国皇帝和普鲁士国王仅仅不到100天（99天），就于次年去世，结束了其短暂的统治］。此外，这次庆典也给英国提供了一次机会，精心组织了一篇自鸣得意的国家叙事，颂扬了半个世纪以来英国在本国内、帝国内及国际上取得的政治、社会、经济及文化方面的伟大进步。现在看来，19世纪末、20世纪初一系列王室盛典都是以这次庆典为原型的，通过庆典，统治精英重新发现了自己组织大型国事盛典的能力，而英国人民也重新发现了他们对这种庆祝活动的嗜好。

但是金禧年的庆典所带来的民族自豪感并未得到普遍的认同。前一年，阿尔弗雷德·丁尼生（此时已称勋爵）出版了诗作《洛克斯利大厅》（*Locksley Hall*）的续篇，在作品中提出了一个迥然不同的观点。《洛克斯利大厅》是他写于1835年的作品，7年以后才出版。虽然19世纪30年代末和40年代初是一段低迷而艰难的时期，但丁尼生最初的诗作却充满自信地展望了注定成为伟大时代的维多利亚早期愿景；但在1886年，在诗歌《六十年后的洛克斯利大厅》（*Locksley Hall Sixty Years After*，他的算术似乎有点问题）中，他对未来有了一个完全不同的黯淡得多的预判。丁尼生当年热情乐观地相信世界会永远向前发展、越来越美好，现在回看时却坚持认为这种信念极其盲目，因为此时的英国正面临着种种威胁：不负责任的民主制度，爱尔兰问题产生的内忧以及俄国带来的外患，而且统治这个国家的政客们谎话连篇、哄骗无知的大众选民，从而进一步使这个国家日趋消沉，走向没落。这是阿诺德在《文化和无政府状态》以及索尔兹伯里在“解体”一文中所表达的观点的诗歌版。作为当时最著名、最具影响力的诗人，丁尼生的言论无疑是举足轻重的。但是，已经在 1884 年授予丁尼生贵族爵位的格莱斯顿却感到如芒在背、如鲠在喉，他发表了一篇题为“《洛克斯利大厅》及金禧年：评丁尼生勋爵的诗歌”的驳斥文章，刊登在 1877 年创办的文学月刊《十九世纪》（*Nineteenth Century*）上。他在文中乐观地对过去半个世纪进行了回顾，并得出结论“生活在 50、60 甚至 70 年前的人，如果现在还健在，一定会觉得这个时代更美好”。

然而，格莱斯顿也不得不承认当代的英国社会存在许多弊端。在金禧之年，联合王国正处于一段漫长的经济衰退期，从 1873 年一直持续到 1896 年，维多利亚中期的繁荣之后出现了维多利亚末期的人所称的“经济大萧条”。经济增长比工业革命以后的任何时候都要缓慢；人们曾经相信英国的发展是自我持续的永久性发展，如今这一信念已经开始动摇；尤其又几次出现了失业率居高不下的糟糕时期，不仅是让迪斯雷利付出惨重代价的 19 世纪 70 年代末，1886—1887 年及后来的 1893—1894 年都是这样。可以肯定的是，萧条首先出现在“价格、利润和利益”这三方面之一，这在某种程度上是有好处的，因为正是价格的下跌导致了实际收入的增加，从而促进了工人阶级消费支出的上升。取得这些发展主要是因农作物和肉类市场全球化而导致世界范围内农产品价格下降，但这同时也对农村经济、农村社会造成了重创。农民的收益下降，地主的租金降低，他们手中大片的土地也随之贬值。农耕业比畜牧业损失更严重，许多地主的收入减少了 1/3，同时越来越多的农村人口流向城市。在经历了维多利亚中期的“农业辉煌”（High Farming）之后，农业陷入了严重的萧条之中，直到第二次世界大战之后才得以复苏。从长远来看，废除《谷物法》所带来的严重后果正印证了批评皮尔的那些人的担心和预测，但要求重新实行保护主义的做法也没有得到满足，1881 年任命的“皇家农业委员会”（Royal Commission on Agriculture）也仅仅是确认了经济萧条的存在，并未提出任何缓解措施或解决办法。

人们对曾经独大的工业领域也产生了越来越多的质疑和担忧。尽管联合王国制造业产量在世界生产和出口中的比例达到了最高，但不祥的迹象表明，在与刚统一的德国和重建的美国日趋激烈的竞争中，其全球领先地位已经很难维持；而且这两个国家不仅仅在制造业产量上，在制造业创新方面似乎也已经开始超越英国。19 世纪 80 年代初，英国生产的钢铁占世界生产总量的 1/3，远远领先于美国，几乎是德国的 2 倍。但到了 19 世纪 90 年代初，美国已经远远超过英国，德国也迅速迎头赶上，到 90 年代结束之时德意志帝国已经处于领先地位。此外，因为“大萧条”是一个全球现象，所以 19 世纪从 70 年代末到 90 年代，美国以及大多数欧洲国家都通过征收关税来保护本国工业和阻止外国进口。但英国始终近乎把自由贸易当作宗教信条加以坚持，拒绝以同样做法予以回击。许多制造商担心他们会失去自己在欧洲和美国的最大出口市场，而国外进口的廉价商品却似乎越来越多地流入了未受保护的英国市场。英国“皇家贸易与工业萧条委员会”（1885—1886 年）表示出了这些担忧，但没有给出缓解办法，该委员会赞扬了德国人的进取精神，并警告说英国面临的国内外竞争“日益严重”，而威廉姆斯（E. E. Williams）也在其《德国制造》（*Made in Germany*，1896 年）一书中小题大做地重申了这些问题。

这些对于工业发展和国际事务的忧虑也加深了人们对联合王国国内总体卫生健康状况问题的关切，因为尽管许多人的生活水平和生活质量都在改善，但是并非普遍如此。相反，有大量证据表明，当时工业革命已经开始一个世纪了，令人难以置信的贫穷与前所未有的富庶一直共生并存。1885 年，“皇家工人阶级住房专门委员会”（Royal Commission on the Housing of the Working Classes）揭示了低收入群体住房严重拥挤的骇人证据。1891 年的人口普查显示，1/10 的人口居住条件是每间房住两人以上，其中 1/5 的伦敦居民也是如此。1891—1894 年的“皇家劳工委员会”（Royal Commission on Labour）计算出 1885 年男性体力劳动者年平均收入只有 60 英镑，其中超过 80% 的人每周薪资只有 30 先令或更少。1895 年“皇家老年穷人委员会”（Royal Commission on the Aged Poor）的调查表明，越来越多的老年人被迫住进济贫院。还有一些私人调查结果对这些官方调查结果起到了补充作用。1883 年，公理会牧师安得鲁·默恩斯（Andrew Mearns）出版了题为《流离失所的伦敦之呐喊》（*The Bitter Cry of Outcast London*）的小册子，文中称穷人聚居地伯蒙德赛（Bermondsey）是“瘟疫肆虐的贫民窟”，那里凄惨肮脏的生活条件引起了公众的注意。两年后，敢为人先的记者斯特德（W. T. Stead）出版了《现代巴比伦的少女贡品》（*The Maiden Tribute of Modern Babylon*）一书，描述了他所称的白人奴隶贸易的情况，所指的白人奴隶是指那些终其（短暂的）一生不得不卖淫维持生计的年轻女性。1891 年，查尔斯·布思（Charles Booth）发表了其第一部调查报告《伦敦的生活和劳动》(*Life and Labour in London*)，报告的结论是在这座世界上最大的城市中，30% 的居民生活在贫困之中。

19 世纪的国民生活水平和生活质量可能确实有了显著提高，但对于那些视英国为世界上最文明、最先进和最成功的国家的人来说，上面揭示的情况着实令人不安。所以，我们也能理解，19 世纪 80 年代就像索尔兹伯里和丁尼生所担心的那样，也是社会处于停滞和不安定的时期。80 年代中期，失业率居高不下，英国各地愤怒的工人走上街头游行示威。1886 年 2 月，特拉法尔加广场发生暴乱，蓓尔美尔街和皮卡迪利大街（Piccadilly）上的许多商店遭到洗劫，市长大人为失业者启动了“救赎”基金。1887 年 11 月再次出现麻烦的局面，尽管伦敦警察局长下令禁止，但未能阻止人们在特拉法尔加广场再次举行示威游行，这场大规模的示威是由被称为“血腥星期日”（Bloody Sunday）的事件引起的。1888 年 8—11 月，一个人称“开膛手杰克”的变态杀手在伦敦的白教堂区（Whitechapel）残忍地杀害了 5 名妓女，受害者在照片中瘦骨嶙峋、憔悴不堪，被开膛破肚的骇人形象，成了人们对维多利亚时代末期生活阴暗面的恐怖记忆。第二年，本・蒂利特（Ben Tillett）领导伦敦码头工人罢工，在英国，甚至整个帝国，都得到了广泛的公众支持。工人们在这次反抗雇主的罢工中取得的著名胜利，也鼓励其他工人开始罢工，其中包括布赖恩特 – 梅斯（Bryant and Mays）火柴厂女工大罢工，以及要求每天 8 小时工作制的煤气工人的罢工。从 19 世纪三四十年代以后，英国从未发生过类似的有组织的民众抗议和对国家状况的大规模调查。

这些罢工和抗议的工人，尤其是在金禧庆典前后公开走上街头的人们，并无意推翻英国既有的社会制度，他们只是期望得到公正的待遇。但这些骚乱的确预示着工人阶级进入了被称为“新工联主义”（New Unionism）的充满自信的新时期，因为那些半熟练的和无技能的劳动者开始效仿 19 世纪 40 年代以后熟练工匠组织起工会的做法，首次组织起来。“英国工会联盟”（Trades Union Congress）的会员从 1886 年的 67 万左右发展到 4 年之后的 150 万，而“英国工会联盟”内的工会组织数量则从 122 个增加到 311 个。也有人首次尝试建立一个新的政治组织来代表工人阶级并在威斯敏斯特议会为他们谋求更大的利益，而基尔·哈迪（Keir Hardie）正是为了这个目的在 1893 年创立了“独立工党”。此时寻求改善工人命运的左翼中产阶层知识分子也已经成立了自己的联合会，1884 年是各种组织纷纷成立的高峰年。亨利·迈尔斯·海因德曼（H. M. Hyndman）将之前的“民主联盟”（Democratic Federation）重组为“社会民主联盟”（Social Democratic Federation）；威廉·莫里斯（William Morris）建立了“社会主义联盟”（Socialist League），这是一个持不同政见的分支组织；比阿特丽斯·韦布（Beatrice Webb）、西德尼·韦布（Sidney Webb）与赫伯特·乔治·韦尔斯（H.G.Wells）、萧伯纳（George Bernard Shaw）联手建立了“费边社”（Fabian Society）。那些对“解体”和阶级斗争忧心忡忡的人对此类趋势感到恐惧，也表示反对，他们谴责所有这些组织都是“社会主义者”。然而，工人和作家的立场完全不同，因为工会主义者想要获得更高的报酬和更好的工作条件，而知识分子则想从根本上改变社会形态，但就如何去改变却无法达成共识。

尽管索尔兹伯里担心的阶级斗争没有成为现实，但英国工业经济的衰退无疑加剧了工人和雇主之间的矛盾。与此同时，更加严重的农业经济衰退也加剧了佃农和地主之间的敌对，首先从英格兰和威尔士的后来所称的“田间起义”开始。甚至在经济萧条还没蔓延到农村地区时，一些地方的工会组织就出现过此类苗头，后来由沃里克郡（Warwickshire）一名农场工人、卫理公会（Methodist）布道人约瑟夫·阿奇（Joseph Arch）进一步推动发展。1872 年春天，他成立了旨在改善农业从业者的收入和生活条件的“全国农工联合会”（National Agricultural Labourers’ Union），仅仅在两年内就声称其成员人数已经超过 8 万。从短期成果来看，农业劳动者的状况无疑得到了改善，但经济萧条的出现削弱了工会的谈判地位，会员人数也随之减少了。为此，阿奇在 19 世纪 70 年代末转向政治鼓动，要求将投票权范围从地产所有者扩大到主要以租房为主的农村劳动者。以前人们认为，如果这些人获得了选举权，他们就只会听从地主的意见进行投票，但近期的抗议和骚乱活动表明，他们中的许多人所持有的政治观点更激进。投身于这一事业的人还有约瑟夫·张伯伦在议会中的激进派同僚杰西·科林斯（Jesse Collings），他呼吁所有的农业劳动者都应得到小块的田产以更大程度地改善他们的生活条件。19 世纪 80 年代初，科林斯和张伯伦提出了“三英亩和一头牛”（Three Acres and a Cow）的口号，大力宣传推行这个做法。

这些运动的背后隐含的是对地主与日俱增的敌意，张伯伦严厉谴责这些地主是“饭来张口衣来伸手”的无所事事的寄生虫阶级。在农业根本不发达的“凯尔特边缘”，其农村社会一直是以种族、宗教和语言的不同而进一步细分的，但就是在这些国家却轰轰烈烈地爆发了对地主的暴力反抗活动。爱尔兰表现得尤其强烈：那里贫穷的天主教佃农拒绝向新教徒地主支付欠下的租金，或者说他们是无力支付，发起了一场针对这些地主的所谓“爱尔兰土地战争”（Land War）。地主们反过来大批驱逐佃农，结果是暴力和恐吓活动进一步升级。苏格兰高地和群岛也出现了类似的骚乱，被称为“佃户战争”（Crofters’War），这些骚乱使人想起并似乎重新回到了圈地驱逐时代，针对地主的暴乱活动也蔓延到了威尔士。这种对立不但对现有农村等级制度构成了前所未有的社会性威胁，而且对联合王国的完整性造成了前所未有的政治性威胁，因为在要求调整和改革地主与佃农之间的关系的同时，爱尔兰也再次出现了煽动地方自治和解除联合体的骚乱活动，而苏格兰和威尔士也首次提出了此类要求，这正是索尔兹伯里担心的国家“解体”的苗头。英国统治阶级是否仍然有政治意愿和决心去有所作为，他们能维护联合王国的统一吗？索尔兹伯里提出的这个问题在此时看来尤为严峻。

对于这一问题还远无明确答案，因为在 19 世纪 80 年代，英国的文化和社会似乎逐渐陷入了所谓的“颓废”状态。其最著名的代表人物是奥斯卡·王尔德，他从 80 年代开始成为被吉尔伯特和沙利文在轻歌剧《忍耐》（*Patience*，1881 年）中讽刺为“唯美主义运动”的领导人，但是 80 年代末又变成了所谓“颓废派”的领袖人物，公开宣称更倾向于悲观主义而非乐观主义，喜欢腐朽甚于现实，钟情于离经背道而非中规中矩。这些人也被质疑是吸毒者或属于同性恋群体，那些固守道德规范的人认为他们的生活堕落腐化。事实上，他们始终是少数人群，但蓄意的“颓废者”无疑引发了人们的焦虑和惊慌，再加上同期的“白奴贸易”带给人们的恐慌，便有了《1885 年刑法修正案》（Criminal Law Amendment Act of 1885）的通过，将女孩发生性行为的法定年龄从 13 岁提高到 16 岁。此外，在亨利·拉布谢尔（Henry Labouchère）推行的一项修正案中，首次将一切同性恋行为定为“严重猥亵”（gross indecency）

行为，不论是私下的还是公开的同性恋行为都是犯罪。因此才有了 4 年后警方对克利夫兰街上一个同性恋妓院的突击检查。这条街道位于伦敦繁华的菲茨罗维亚区（Fitzrovia district），虽然丑闻基本上被压下了，但是据传英国一些最有名、最显赫的人都牵扯其中。这一时期王尔德写的四部戏剧——《温德米尔夫人的扇子》（*Lady Windermere's Fan*，1892 年）、《无足轻重的女人》（*A Woman of No Importance*，1893 年）、《理想丈夫》（*An Ideal Husband*，1895 年）和《不可儿戏》（*The Importance of being Ernest*，1895 年），都探讨了上层社会的颓废生活：作品中的人物都是懒散无为、只对社交绯闻津津乐道的人。同时这些作品也挖掘了虚伪、敲诈、腐败和两面派等生活阴暗面。事实上，这一切都有力地印证了索尔兹伯里等人的担忧，即英国的公共服务和统治意志正面临着内忧外患。

持有怀疑态度和失去信念的情况逐渐占据上风，也是这段时期的特点。19 世纪的前 75 年里，大多数政治精英都谨遵宗教信条，视公共生活为基督徒的职责。虽然达尔文、丁尼生和阿诺德在信仰问题上有所纠结，但仍然认为这是一场有意义的斗争。但到了 19 世纪末的 25 年时间里，怀疑战胜了信仰。格莱斯顿与索尔兹伯里虽然表现方式不同，但都是坚定的信徒，而他们以后接任的首相却并非如此。亚瑟·贝尔福（Arthur Balfour）出版的第一部著作就是《哲学怀疑的辩护》（*A Defence of Philosophic Doubt*，1879 年），而他持续研究的两个问题则是唯心主义和人文主义；罗斯伯里勋爵娶了汉娜·罗斯柴尔德（Hannah Rothschild），她笃信犹太教，死后葬于犹太墓地；阿斯奎斯虽然出身于新教家庭，但他更喜欢希腊和罗马的经典著作；而年轻的温斯顿·丘吉尔在如饥似渴地拜读了威廉·温伍德·里德（William Winwood Reade）的《人类殉难记》（*The Martyrdom of Man*）之后，则放弃了基督教的信仰。1869 年赫胥黎首次使用“不可知论者”这一词汇来形容无信仰者；1892 年他宣称不可知论信条“与《圣经》中的宇宙观、人类学和神义论等背道而驰”。1876 年曾经身为牧师的莱斯利·斯蒂芬（Leslie Stephen）［詹姆斯·菲茨詹姆斯·斯蒂芬爵士（Sir James Fitzjames Stephen）之子，弗吉尼亚·伍尔夫（Virginia Woolf）的父亲］发表了《不可知论的辩护》（*An Agnostic's Apology*）一文，并于 1893 重印，他在文中指出，怀疑是对于上帝可能存在这一观点唯一应有的态度。托马斯·哈代在其《卡斯特桥市长》（*The Mayor of Casterbridge*，1886 年）、《德伯家的苔丝》（*Tess of the d'Urbervilles*，1891 年）和《无名的裘德》（*Jude the Obscure*，1895 年）等后期的小说中，抨击了当时人们对于婚姻与性的传统观念，并表示决定人的行为的不是上帝，而是命运。据说这些作品中表现出的对基督教的质疑态度，触怒了韦克菲尔德主教（Bishop of Wakefield），他将他的那本《无名的裘德》付之一炬。

然而，尽管既有的宗教信仰逐步衰落，质疑和怀疑主义日益盛行，但是公开承认自己无信仰仍然会面临相当大的社会风险。因此，坚持既有的宗教信仰仍然是常规，王室婚礼、加冕礼、禧年庆典和葬礼等场合中，甚至是无信仰的政客也都按照宗教礼仪行事（亚瑟·沙利文就不仅以其圣歌曲目和宗教清唱剧而闻名，还以喜歌剧而为人称道）。大多数公众人物至少表面上都会附和这种社会趋势，但查尔斯·布拉德劳（Charles Bradlaugh）却不然。最初他在 1880 年当选为北安普敦（Northampton）自由党议员，他拒绝依照议会程序进行忠于职守的“发誓”（不是“宣誓”），理由是他既是无神论者，又是共和派（他也是一位节制生育的倡导者）。布拉德劳因此被逐出下议院，他的席位被宣布为空缺，与他之前的约翰·威尔克斯（John Wilkes）一样，他之后又在一系列补选中获胜，然后又都遭到驱逐。最终，他于 1886 年经过“宣誓”而非“发誓”忠于职守之后就职，两年后通过立法肯定了这一新形式的有效性。自此以后，议会议员不必是任何教派的基督徒，更无须是圣公会教徒，而这一点在 1829 年是强制性的。像解体和颓废等社会思潮一样，怀疑论、不可知论甚至无神论日益成为这一时期的氛围和风尚。但对 19 世纪 80 年代的经济衰退、政治分裂主义、社会冲突和怀疑主义，许多选民的反应是期待重整既有的社会制度，以避免出现索尔兹伯里所担心的国家“解体”。与欧洲其他地方一样，英国“大萧条”导致的结果是政治和政党朝着右翼的方向做出了重大的调整。

转向右翼

吉尔伯特和沙利文喜歌剧所取得的巨大成功成了 19 世纪 80 年代公众情绪发生转变的标志之一。他们第二次共同创作的《陪审团的判决》(*Trial by Jury*) 于 1875 年首演，而仅仅 3 年后，随着另一部作品《“皮纳福号”军舰》(*HMS Pinafore*) 的推出，他们的演艺事业到达了顶峰。从 1879 年一直到 1889 年，他们几乎每年都会推出一部轻歌剧，从《班战斯的海盗》开始到他们的巅峰之作《贡多拉船夫》(*The Gondoliers*)。吉尔伯特的语言尖刻、犀利，但它们往往被沙利文有感染力的优美旋律所削弱，用歌剧讽刺君主制、上议院、政府、司法和警察部队等国家机构的同时，也在颂扬它们。就像夏洛克·福尔摩斯的故事一样，他们展示出了一个安定的世界，既定制度看似处在被颠覆的危险之中，但是在最后一刻还是能奇迹般地维持稳定。1882 年，即索尔兹伯里发表“解体”的前一年，他们两人共同创作了《贵族与仙女》(*Iolanthe*)，剧中有一个仙女般的王后（向迪斯雷利和维多利亚女王致意？），表现出瓦格纳式的恶作剧风格，同时又兼具对贵族阶级的讽刺。剧中，伊奥兰特要求托勒伯爵（Earl Tolloler）将其爱尔兰的地产赠予其佃农，而在第二幕开始时，列兵威利斯（Willis）在新王宫岗哨执勤时的感慨说明了其中的缘由：

> 男孩女孩生世上，
> 小小年纪分派帮，
> 不是加入自由党，
> 就是加入保守党。

这是对 1865 年以后政党政治的一个看似合乎情理的观点，但到了 19 世纪 80 年代末，却站不住脚了。然而，对于吉尔伯特和沙利文来说，把有关上议院的问题搬上舞台甚是精明，因为到了 80 年代中期，不论是作为立法者还是地主，贵族再次成了政治争论的焦点。

格莱斯顿在 1868 年就职时宣布他的任务就是“安抚爱尔兰”。14 年之后，这项任务更加紧迫，也更加令人望而却步，不仅仅是因为佃农正在向地主发起暴力的土地战争，而且也因为关于英–爱关系的政见也发生了重大变化。1880 年大选之后，爱尔兰自治党新任领导人查尔斯·斯图尔特·巴涅尔希望立刻实现爱尔兰自治，而不是在未来遥遥无期的某一天，他准备采取极端的手段来达到这一目的。他身为领袖的第一个重大决定就是支持佃农正在进行的反驱逐土地战争，鼓动佃农拒绝支付租金。这次以“联合抵制”（*boycotting*）行动为人所知的抗议活动，取名于无助的鲍伊考特上尉，他是厄恩勋爵（Lord Erne）的土地经纪人，而厄恩勋爵在梅奥县的土地正处于土地大战之中，其佃农是首批拒绝交租金者。同时，在所谓的“新起点”（New Departure）行动中，巴涅尔和他的民族主义追随者将战火蔓延到伦敦，对威斯敏斯特宫进行大规模的阻挠和破坏活动，使政府越来越难以开展议会事务或履行立法职责。这给同时担任下议院领导人与首相双重职务的格莱斯顿造成了重重困难。1881 年年初，当他试图通过另一项《爱尔兰强制法案》时，问题便显露无遗，该法案旨在通过中止人身保护令和赋予爱尔兰首席大臣更多权力来恢复秩序。但是民族主义者的拖延策略非常成功，使下议院从 1 月 31 日—2 月 2 日连续开了 40 个小时的会，最终还是由主持人终止了辩论。

在解决爱尔兰的问题上，自由党政府与之前的多届政府一样，都试图采取高压与安抚并用的政策，但事实证明这两种做法互为矛盾，单独使用其中任何一种都不会奏效，并用就更不可能。因此，《爱尔兰强制法》最终通过，并依此法将巴涅尔逮捕。随后格莱斯顿又推出了另一项《土地法案》，与他在 1870 年推行的有限且没有取得成效的法案相比，这项法案具有更深远的影响。该法案规定了爱尔兰佃农的固定租期，并成立了一种新型的土地法庭设定公平的租赁标准。以往，地主与佃农之间的关系被看作自由和神圣的契约关系，而《土地法案》的推行意味着政府对此进行了意义重大的干预。该法案很显然更多地关注于佃农而不是地主的困境，这使得许多地主感到愤怒和不满，其中包括一些辉格党的显贵，他们认为格莱斯顿将矛头指向了他们。同时，政府与巴涅尔之间也签订了被称之为《基尔麦哈姆条约》（Kilmainham Treaty）的秘密协定，此名取自于关押巴涅尔的爱尔兰监狱名称。双方约定如果巴涅尔停止抵制和抗议就可以得到释放，交换条件是通过立法取消 10 多万佃农拖欠地主的租金。但格莱斯顿的一些支持者认为，这似乎是对暴力和不法行为的妥协，爱尔兰总督考珀勋爵（Lord Cowper）因此辞职，爱尔兰首席大臣福斯特也辞去职位。这两人一个是自由党辉格派的显贵，另一个曾经是激进的商人，他们对格莱斯顿的背弃预示着一连串此类行为的连锁反应。考珀和福斯特分别被第五代斯宾塞伯爵（另一名辉格党显贵）和弗雷德里克·卡文迪什勋爵（Lord Frederick Cavendish）所取代，这位勋爵不仅是哈廷顿的弟弟，还是格莱斯顿的姻亲。

许多地主，无论是属于保守党还是自由党，都对格莱斯顿的举措感到不安，而他们的忧虑很快就得到了充分的验证。1882 年 5 月，斯宾塞伯爵就任爱尔兰总督，一小撮爱尔兰恐怖分子在菲尼克斯公园谋杀了弗雷德里克·卡文迪什勋爵和爱尔兰常务次官（Permanent Under-Secretary）托马斯·亨利·伯克（T.H.Burke）。自斯宾塞·珀西瓦尔遇刺以后，英国公共生活中就没再发生过如此令人痛心疾首的悲惨事件。更令人无法容忍的是，这显然是一起蔑视政府的阴谋，因此，格莱斯顿不可能再做任何让步了。他与巴涅尔不寻常的交易已经广受谴责，而随着他同意“为推动自由党的各项法案以及全面改革的措施，谋求自由党的未来发展而真诚合作”的协定条件为人所知，这种谴责愈演愈烈。这似乎意味着《基尔麦哈姆条约》的签订，并不是为了解决爱尔兰问题，而更多的是为谋求自由党未来的发展。事实上，巴涅尔也并非恐怖分子，他强烈谴责了菲尼克斯公园谋杀案。但是，尽管他从监狱里得到释放并成为许多爱尔兰民族主义者心目中的英雄，但是在 1882 年大部分时间里，暴力、抵制和谋杀仍在继续，巴涅尔对此却无力阻止。政府采用强制手段，最终平息了混乱，重建和平局面。但是，采取高压和安抚并用的策略来解决爱尔兰问题，再一次以失败告终。自由党人对格莱斯顿能否实现其长期目标越来越感到忧心忡忡；维多利亚女王极为恼火，既因为菲尼克斯公园谋杀案，也因为她认为格莱斯顿对爱尔兰问题的处理完全是错误的。

格莱斯顿在其第二届政府执政的最初两年里，大部分时间都忙于处理爱尔兰事务，根本无暇顾及立法问题，而大范围立法是他第一届首相任期时最为突出的特点。不过也通过了某些不同领域的立法，而且这些立法无疑都带有某些激进色彩。《狩猎法》（The Ground Game Act）赋予了租住者与地主同等的在地主土地上猎杀兔子的权利，结束了几个世纪以来狩猎权被地主垄断的状况；《雇主责任法》（Employers’ Liability Act）的颁布使工人起诉雇主更容易操作，标志着政府对契约自由加强了干预，陆军和海军的鞭刑最终被废除，完成了卡德韦尔早期改革方案中的一项；《已婚妇女财产法》赋予已婚女性与未婚女性相同的权利，意味着她们的财产不再自动归其丈夫法定所有；《固定地产法》（The Settled Lands Act）赋予了地主或其受托人出售土地和其他资产等更大的权限，并为 80 年代末马尔伯勒公爵和汉密尔顿公爵等英国显贵家族出售绘画作品、图书馆和房地产等铺平了道路；杰西・科林斯领导通过了一项《土地细分法案》（Allotments Extension Act），结果是到 1886 年为止，面积在 4 英亩以下的出租耕地达到了 40 万块；其他一些与专利和破产等相关的立法也得到了规范。但其中最重要的法案是《1883 年反腐败行为法》(Corrupt Practices Act of 1883)，它对选举体制产生的影响比 1872 年的《投票法案》更为深远。法案限制了候选人参选的开销额度，更易于对行贿受贿者进行惩罚，并有效地将游说拉票从贿赂行为变成了自愿行为。

格莱斯顿接着实施了一项更为大胆的立法改革方案，即“第三次改革法案”(Third Reform Act)。1884 年年初，政府单独推出了《人民代表法案》(Representation of the People Bill)，首次将联合王国作为一个整体实行统一的新选举办法（以前对英格兰和威尔士、苏格兰和爱尔兰分别采取不同的选举办法)，旨在以家庭及房客为单位赋予选举权，这是沿袭了 1867 年给英格兰各自治市镇赋予选举权时的办法，只是现在扩大到了各郡县。该法案在下议院通过，但是在上议院被驳回。上议院的保守党和自由党贵族都宣称，除非政府同时提议重新分配席位，否则不会通过此议案。上议院的否决做法激起了以“贵族与平民势不两立”为口号的民众抗议，也得到了张伯伦的鼓励，他们的抗议活动使党派之间于 1884 年年底展开了多次讨论，以期解决僵局。因此，最终于第二年通过了两项法案，既扩大了选举权也重新分配了席位。扩大选举权实现了约瑟夫·阿奇的目标，将选举权赋予了身为户主的农业劳动者。重新分配席位则涉及所有拥有 2 个或 3 个选举名额的选区，以及人口少于 1.5 万人的 100 多个自治市镇，后来所有郡县和大城镇都划分成为单一代表选区。伦敦不足的代表名额得到了补充，部分席位是通过减少东南部地区过多的代表名额而得到的，但爱尔兰的代表人数仍然过多（人口持续减少)。获得选举权的人数也显著增加。由于“第二次改革法案”的实施，获得选举权的成年男性比例从 16.7%（131 万人)

增长到 30.3%（253 万人）；到 1891 年，由于“第三次改革法案”的推行，其比例翻了一番，达到了 61%（约 600 万）。

由于妇女仍然被剥夺选举权（赋予女性选举权的修正案以 271 票对 135 票被否决），这意味着在未来的 30 年中，大约有 30% 的英国成年人可以行使投票权。这仍然不能称之为民主，法案的初衷也不是完全实现民主。但“第三次改革法案”的推行确实形成了统一的、合理的、全国性的投票选举和代表制度。通过取消大部分仍然存在的小型自治市镇选区，该法案也进一步削弱了自由党的力量（这些地方往往是他们的基地），而郡县选区和大城市新增的郊区席位明显倾向于保守党，而且由于选民人数相对增长最为显著的是爱尔兰，这必然会为民族主义者带来福音。这或许可以解释为什么张伯伦突然开始对爱尔兰感兴趣，目的是遏制日益强大的实现地方自治的呼声。作为贸易委员会的主席，他成就甚微，由于船主的抗议和内阁的消极态度，他的《1884 年商船法案》（Merchant Shipping Bill of 1884）也遭撤回。同年晚些时候，他开始着手爱尔兰地方政府改革，并提出建立代议制的郡县组织以及“中央委员会”（Central Board），以此压制愈演愈烈的要求爱尔兰实现自治的呼声，而这些已经远远超出了他的部门职责。但是内阁对他的方案态度不一，一些自由党人认为这样做似乎非但没有减少反而增加了自治的可能性。由于政府尚处于无序状态，保守党得到了大多数爱尔兰议员的支持，对 1885 年 6 月的预算进行修正，而许多自由党人却拒绝支持本党的前座议员。格莱斯顿认为这是对他的不信任，很快提出辞职，并再次期待可以在“此次议会届满之时”退任，而实际上距他离任也仅仅还有两年。

令女王欣慰的是，索尔兹伯里组建了他的第一届保守党政府，尽管又是一个少数党政府，但是他获得了爱尔兰民族主义者（也许很意外的）的支持，条件是不再对爱尔兰实行高压政策。其政府一半的成员是贵族，另外 1/4 的成员也是贵族的近亲，其中包括两个公爵之子，而索尔兹伯里本人既是首相又是外交大臣。政府与民族主义者之间短暂的合作结果就是迅速通过了一项称为《阿什伯恩法案》(Ashbourne's Act）的土地改革法案，其影响力远远超过了格莱斯顿在 1870 年以及 1881 年推行的法案。该法案为佃农提供了 500 万英镑资金（1888 年进一步通过立法将此数目翻了一倍），使 2.5 万名佃农购置了自己的田产。英 – 爱地主的优势地位逐渐消失，土生土长的爱尔兰农民有产阶级开始出现，这是索尔兹伯里亲自推动的“解体”。巴涅尔和爱尔兰总督卡那封勋爵之间也举行了秘密会谈：尽管巴涅尔更希望索尔兹伯里能够接受地方自治，因为他比格莱斯顿有更大的胜算可以使议案在上议院通过，但事实证明他们的密谈毫无结果。索尔兹伯里毫无此意，格莱斯顿更没有这个打算，他更关心的是张伯伦于 1885 年年初首次提出的“未授权方案”(Unauthorized Programme）表现出的过度的激进主义。张伯伦的主要攻击目标是通常意义上的激进派质疑的对象，即君主制、上议院、正统教会和总体上的土地利益阶级。通过争取成年人选举权、议员薪资及分级课税，他希望获得刚拥有选取权的农民的支持，推动自由党朝着更激进的方向发展。但是自由党强烈谴责这些狂热的提议，格莱斯顿也与他们立场一致，张伯伦的方案在党派的高层中仍处于“非法”状态。

1885 年 11 月，议会正是在这种普遍混乱的情况下解散，大选也首次以“第三次改革法案”确定的新选民和选区办法开始。格莱斯顿希望自由党能再次获得大多数支持，这样他就有机会通过推行地方自治和土地改革，全方位处理爱尔兰问题，因为他最近认识到此时爱尔兰问题的解决已是势在必行。但他也并未做出任何类似的公开承诺，而其他大多数自由党候选人根本未提及地方自治。选举结果在政治上不明朗，从数字上看也非同寻常。与 1880 年大选相比，自由党失去了许多席位，也就是说张伯伦的“非法方案”对新增选民所产生的影响力与他所期待的相差甚远，但是增加的 334 名议员，使他们成为新产生的下议院的最大多数党，人数远超其他政党。获得 250 个议员席的保守党，其结果略好于 1880 年，但他们仍是少数党。然而，爱尔兰民族主义者的席位从 50 增加到了 86，这似乎完全否定了自由党的胜利优势。这意味着如果巴涅尔的追随者与保守党联手，他们就完全超越了自由党的多数地位。所以格莱斯顿的愿望并未实现，他发现自己虽为党派领导者，却未能获得议会的多数支持，也就无法实施他预期在爱尔兰大规模推行的措施。此外，许多仍然把自由党看作“自己的”党派的自由党人越来越担心自由党在过去的 5 年里已经变得过于激进；相反，张伯伦和他的追随者们却心存不满，因为他们没有让自由党足够激进；而爱尔兰的民族主义者选择了支持保守党。

未能按照预期掌控下议院的大多数，格莱斯顿感到大失所望，但他的第一反应是试图说服索尔兹伯里继续留任并支持地方自治，理由是无论在下议院（拥有爱尔兰民族主义者和部分自由党人的支持），还是上议院（索尔兹伯里与格莱斯顿不同，他有可能说服保守党贵族使该立法得以通过），保守党都处于更有利的位置去推行这个做法。但索尔兹伯下决心避免再出现 1829 年、1846 年和 1867 年那种背离保守党人的情况，因此他拒绝了格莱斯顿的示好，认为他呼吁将爱尔兰问题置于政党政治之上，只不过是（而且是典型的）自由党人的“伪善”。再次令格莱斯顿感到失望的是，1885年12月中旬，即在选举接近尾声的时候，格莱斯顿的儿子赫伯特（Herbert）对外公开了格莱斯顿近期转而支持“地方自治”的事实。这么做很容易被人理解为是争取获得爱尔兰民族主义者支持的投机行为，而那些曾经支持索尔兹伯里的爱尔兰民族主义者也的确转而投向了格莱斯顿。但事实上，格莱斯顿在一段时间内一直主张以更全面的方案解决爱尔兰问题（他似乎从来没有想过要告知其自由党同僚或与其进行商讨）。索尔兹伯里在大选后并未辞任，但是在1886年1月召开的议会会议中，其政府在杰西・科林斯动议的修正案上被击败。占多数的反对党以329比250的票数胜出，这与自由党和保守党最近新增的席位数基本对应，但实际情况却大不相同。爱尔兰自治党支持修正案，但70位自由党成员因为对格莱斯顿近期主张地方自治感到失望而选择弃权；另有18人（包括哈廷顿在内）因为极度失望而实际上投票赞成保守党。

然而，这样的选举结果无论（在格莱斯顿看来）多么令人费解，都明白无误地说明了索尔兹伯里的执政到头了。他果然辞职了，1886年2月，格莱斯顿组建了他的第三届政府。自由党贵族仍旧占多数：斯宾塞伯爵担任枢密院院长；格兰维尔勋爵担任殖民地大臣；里彭勋爵担任海军大臣；金伯利勋爵任职于印度事务部；年轻的罗斯伯里勋爵担任外交大臣。党内的激进分子又一次被安置在无足轻重的部门：安东尼・约翰・芒代拉（A. J. Mundella）任职于贸易委员会，张伯伦则就职于地方政府委员会（原本有希望担任此职务的查尔斯・迪尔克爵士因牵涉一桩离婚案件，他的政治生涯就此终结）。就格莱斯顿在人事安排和政治力量的均衡考虑而言，他组建的第三个内阁与前一个基本相同。但其中有两个显著且令人担忧的差异：一个是哈廷顿拒绝在政府任职，第二个是张伯伦的不满超过以往，因为他再次担任了一个最不起眼的低级职务。格莱斯顿所要面对的困难不止这些，还有来自上议院和女王的对于地方自治问题的坚决反对。然而，近期发生的事件也使他深信：继续违背爱尔兰人的意志行事已经不可能，尤其是在“第三次改革法案”实施后选民数量增多的情况下就更不可能。高压手段显然已不可行，也就意味着只能进行安抚。因此，格莱斯顿认为做出更大力度的政治妥协的时机已到。这样做可以确保爱尔兰继续对联合体保持忠诚，同时，这也是推进更大范围土地改革的时机，进而可安抚因近期暴乱和租金问题而引发的不满情绪。毕竟，自治政策已经逐步在海外移民殖民地推行，而且他们也并未因此与英国疏远，而是更加忠于大英帝国。那么，同样的政策在爱尔兰为何就不能成功呢？

重返执政地位的格莱斯顿立即开始着手实施他的那两项措施，并希望通过这两项措施使爱尔兰问题得以“彻底”解决，最终达到全面“安抚”爱尔兰的目的，他现在对此深信不疑。第一项措施是推行《爱尔兰自治法案》，在都柏林建立一个独立的爱尔兰议会，自此以后，将不再选举爱尔兰议员进入英国下议院。但是 1800 年建立的英 – 爱联合体不会完全撤销，因为有关王权、外交政策、国防、海关和税务及宗教机构等的一切事务仍由威斯敏斯特的帝国立法机构全权管理。重建的爱尔兰议会将由选举产生的下议院和任命产生的上议院组成，共同议事共同表决。对其权力范围有明确的限制，但是允许其拥有征税的权力，其税收的大部分可用于都柏林立法机构认为合理的各项支出，但有一定比例的税收将用于相关的“帝国”开销。这是一个相对温和的方案，旨在既给爱尔兰下放有限的权力，也保持爱尔兰是帝国领土不可分割的一部分。但同时，格莱斯顿提出了影响更为深远的土地改革计划，英国财政部拿出5 000万~1.2亿英镑的大笔资金，帮助佃农从地主手中买断土地，从而形成一个全新的农民有产阶级，而这一阶级也会因为帝国政府对他们的成全而心存感激。1886年3月，这些措施的详细方案提交给了内阁，张伯伦［及苏格兰事务大臣乔治·奥托·特里维廉爵士（Sir George Otto Trevelyan）］因而辞职，其理由是，无论格莱斯顿如何坚持，地方自治必然事与愿违，带来的结果一定是帝国安全与统一终结的命运，使英国在世界上的地位“沦为三流大国”。

格莱斯顿于自己76岁那年的4月初将《爱尔兰政府法案》（Government of Ireland Bill）提交下议院，并发表了长达3个多小时的演说，一周后又提交了《土地收购法案》（the Land Purchase Bill）。他极力把实现爱尔兰自治阐释为帝国发展的新阶段，是遵循了仍然对帝国忠心不渝的移民殖民地，尤其是加拿大联邦的成功先例。但格莱斯顿遭到了广泛反对，其中一些反对意见是针对某些细节的，但也有比较笼统的反对意见。代表保守派的索尔兹伯里勋爵认为爱尔兰没有能力实行自治，重新实行高压政策和不断移民才是解决问题的唯一有效途径。特立独行的保守党人伦道夫·丘吉尔勋爵（Lord Randolph Churchill）为了反对爱尔兰自治，最近则打出了所谓的“奥兰治牌”，敦促新教徒“为阿尔斯特而战，阿尔斯特永远正确”；他后来首创了“统一党”（Unionist Party）这一称谓用来代表正在形成的反对爱尔兰自治的联合力量。但是最强烈的抗议呼声却是来自那些曾经拥护格莱斯顿，如今却深感自己遭到背叛的人。作为自由党领袖的哈廷顿勋爵和索尔兹伯里勋爵一起出席了在伦敦召开的反对该法案的集会。约翰·布赖特利用英格兰残余的反天主教思想，宣称“地方自治”就等同于“罗马统治”。约瑟夫·张伯伦不仅抨击格莱斯顿政治立场多变，还指责他的措施会严重地削弱联合体和帝国的力量。6 月 8 日，格莱斯顿在下议院就二读展开的辩论结束时做了最后一次发言："在你们拒绝这项法案之前，我恳求你们，思考，认真思考，动脑子思考。不要只看眼下，要为未来负责。"他的请求被置若罔闻，因此这项议案以 341 票对 311 票遭到否决，94 名自由党人加入反对格莱斯顿的行列，另有 6 人弃权。

格莱斯顿首次提出的《爱尔兰自治法案》遭到否决可谓为一个重大的政治事件，但它也反映出了许多更深层的变化。大多数从 1880 年以后越来越关心自由党命运的有影响力的自由党人，如德文希尔公爵、贝德福德公爵、马尔伯勒公爵和威斯敏斯特公爵等，如今都弃格莱斯顿而去；尽管有少数人仍然保持忠诚，但地主利益维护者和上议院却从此变成保守党和统一党占上风。包括罗斯柴尔德家族（1885 年格莱斯顿曾试图授予该家族贵族爵位但未果）在内，伦敦许多富有的银行家和金融家，也都放弃了之前的自由国际主义思想，与保守主义和帝国主义结盟。在苏格兰，信奉新教的阿尔斯特赢得了长老会的强力支持，而相当一部分自由党议员投入了联邦主义的事业。遭受挫败的自由党激进派约瑟夫・张伯伦带领西米德兰兹（West Midlands）地区的追随者捍卫联合体并维护帝国的存在。这些不同的团体组成了统一党联盟，议会和各选区中的保守党人也加入其中，就此保守党和自由统一党化干戈为玉帛。这些事态的发展在接下来的大选中都显露无遗。格莱斯顿在下议院受挫后立即呼吁进行大选，而这次大选距离上次大选结束才刚过去 7 个月。这基本上是对他爱尔兰政策的全民公投，而他最终失利。保守党收获重大，赢得了 316 个席位，而自由党席位则减少到 191 个；爱尔兰民族主义者稳定在 85 个席位，自由统一党增补到 78 个席位。这意味着反对爱尔兰自治的议员以 394 比 276 击败赞成者。尽管在爱尔兰、苏格兰及威尔士支持自治者为大多数，但在英格兰，绝大多数人都投票支持保守党和统一党，因此保守党最终以 332 比 123 击败自由党。

格莱斯顿随即于 1886 年 7 月辞职，他的第三届政府仅仅维持了 6 个月的时间，令女王欣慰的是，索尔兹伯里勋爵第二次就任首相。尽管保守党和统一党联盟在最近的选举中取得了成功，但他还是坚持内阁中不要有自由党人和自由统一党，其内阁成员包括 7 名贵族和 7 名下议院成员（其中 5 人是贵族或准男爵之子）。外交部由刚受封伊兹利伯爵（Earl of Iddesleigh）的斯塔福德·诺思科特爵士负责。最令人瞩目的任命是伦道夫·丘吉尔爵士为财政大臣兼下议院领袖。他当时年仅 36 岁，却已是“保守党联盟全国总联合会”（National Union of Conservative Associations）的宠儿，自称所谓的（或者根本不存在的）“保守民主派”（Tory democracy）捍卫者。但不到 6 个月，政府就面临了一场重大危机，因为性情越来越不稳定的伦道夫勋爵在 12 月威胁说，除非他提出的大幅削减军费的要求得到满足，否则就要辞去职务。索尔兹伯里自然知道他是在虚张声势，于是接受了他的辞呈（伦道夫勋爵再也没在政府任职，于 1895 年去世）。他任命在其政府里任职的唯一一位自由统一党成员乔治·戈申接替伦道夫的财政大臣之职。乔治·戈申是一位银行家、议员，1871—1874 年曾在格莱斯顿政府担任海军大臣，但后来与格莱斯顿产生嫌隙。在戈申的坚持下，伊兹利在外交部遭到解职，其职务再次由索尔兹伯里本人接任。更重要的是，1886 年 11 月，索尔兹伯里任命自己的外甥、年轻的亚瑟·贝尔福为苏格兰国务大臣，并在次年升任爱尔兰首席大臣。他还任命一位邓迪（Dundee）的黄麻商人、非贵族人士查尔斯·汤姆森·里奇（Charles T. Ritchie）为地方政府委员会的负责人。

当然，爱尔兰是新政府议程上的一个主要议题。格莱斯顿的《爱尔兰自治法案》失败之后，巴涅尔在其支持者中的影响力明显减弱，与此同时爱尔兰民族主义者在更激进的威廉·奥布赖恩（William O'Brien）和约翰·狄龙（John Dillon）的怂恿下制订了一个“运动计划”（Plan of Campaign），鼓动佃农再一次发起暴乱，抗议高租金和驱逐行为。索尔兹伯里政府以严厉的《犯罪法》（Crimes Act）再次实施了强制镇压，这是他外甥的主意，贝尔福也因此在爱尔兰被斥为“血腥的贝尔福”（Bloody Balfour）。这次事件在短期内引发了更多的骚乱和暴力事件；但到了1891年，贝尔福的政策似乎的确奏效了，因为骚乱明显减少。除了《犯罪法》之外，贝尔福又于1891年通过了另一项《土地法案》，增加了3 300万英镑的款项来帮助佃农购置土地，但是因为该法案涉及许多复杂的法律条款，直到5年后经过修订才完全实施。同时，在爱尔兰海的另一侧，巴涅尔的声望也日趋衰落，原因是《泰晤士报》在1887年公开了一些据称是他写的信件，他在信中因曾经违心地谴责菲尼克斯公园的杀人犯而向他的支持者表达歉意。但是经过法庭审理及司法调查后证明，其实是一个声名狼藉的爱尔兰记者伪造了这些信件，巴涅尔在英格兰的名声得以完全恢复。时隔不久，当年11月，威廉·亨利·奥谢（W.H.O'Shea）上尉起诉与妻子凯瑟琳离婚，而巴涅尔被指是这宗离婚案件中的共同被告。爱尔兰天主教神职人员和英国新教徒都转而反对巴涅尔，认为他是通奸犯，大多数民族主义议员也都拒绝接受他的领导。1891年10月，他突然去世，年仅45岁。实现爱尔兰民族自治的事业因此而遭到严重削弱，尤其是在英格兰自由党的选民中。

就像1874年的迪斯雷利一样，索尔兹伯里也试图代表保守党人取悦民众，让人们能够摆脱格莱斯顿装模作样的伟大事业和装腔作势的道德讨伐，轻松自由地生活。但事实上，索尔兹伯里政府却比人们想象的更为活跃，而且绝不仅仅限于在爱尔兰问题上。在财政部，戈申降低了所得税，并拒绝伦道夫·丘吉尔提出的削减军费开支的提议。在地方政府委员会上，里奇实施了《1888年地方政府法案》(Local Government Act of 1888)，对于英格兰和威尔士来说这项改革法案影响非常深远。次年，苏格兰（不包括爱尔兰）也颁布了类似的立法。根据这些法令，各郡设立了由选举产生的县议会；居民超过50万人口的城镇设立了独立的自治县；将伦敦大都市混乱且存在争议的司法权划归一个伦敦县议会（但历史悠久的伦敦市，及其市政委员会和市长建制保持不变）。因此，由选举代表组成的地方政府得到了显著加强：这些新政府机构可以通过征税来增加财政收入，并负责治安管理、教育和社会福利；县议会的创建代表了权力逐渐从农村的贵族和乡绅手中转移出去。同时，由于认识到经济大萧条使许多农民与地主遭受重创，政府成立了一个农业委员会，亨利·卓别林（Henry Chaplin）担任负责人，他是一位传统的保守党人、猎狐乡绅的代表人物。1891年，一切公立小学的缴费取消；工厂童工的最低年龄从10岁提高到11岁。这些大部分属于渐进式的改革进一步巩固了保守党的声望，该党成了人们心目中毫不做作、安全可靠的执政党。

然而，到了19世纪90年代初，索尔兹伯里政府却逐渐失去了人心。与迪斯雷利第二届政府末期所面临的情况一样，经济再次低迷使执政者自顾不暇。与此同时，特拉法尔加广场的抗议活动、“开膛手杰克”的谋杀案、伦敦码头罢工和 1890 年的“巴林银行危机”(Baring crisis，当时这个家族银行因在拉丁美洲债券的盲目投资而险些倒闭)，所有这些事件都增加了人们焦虑和惊慌的情绪，政府也在几次递补选举中连续失败，失去了一些正常情况下十拿九稳的保守党席位。1892 年 6 月索尔兹伯里宣布议会解散，并于次月举行大选。大多数自由党人都在大肆推动所谓的“纽卡斯尔计划”(Newcastle Programme)。这项计划一年前实施，其核心内容是主张爱尔兰自治、威尔士和苏格兰政教分离，以及进一步扩大选举权。而真正关心爱尔兰自治问题的格莱斯顿，只是对该计划中的部分内容极感兴趣而已。相反，那些保守党人和统一党人却希望维护联合王国的完整，并不动声色地为之努力。整个国家的氛围令人费解，但总的来说，英格兰人反对爱尔兰自治，而威尔士、苏格兰和爱尔兰的选民却更倾向于支持自治。自由党在选举中取得巨大胜利，席位从 191 个席位增加到 272 个；保守党和统一党却明显失利，席位从 394 个减少到 314 个；爱尔兰民族主义者则稳定地保有 81 个席位。令格莱斯顿失望的是，统一党在新下议院中所占席位仍然最多。自由党没有达到多数席位。但是他们与爱尔兰民族主义者一起对政府投了不信任票，索尔兹伯里及其同僚于 1892 年 8 月辞职。

新帝国主义走老路

1883 年，即吉尔伯特和沙利文创作了《贵族与仙女》以及索尔兹伯里发表“解体”一年之后，剑桥大学现代历史教授约翰·西利爵士（Sir John Seeley）出版了一本书，名为《英格兰的扩张》（*The Expansion of England*），他在书中指出英国人以他所称的“心不在焉的方式”似乎已经征服了半个世界，并在这些地方定居下来，其言语惊人而且非常夸张。但西利的作品与其说是歌颂大英帝国所取得的光辉成就，不如说是警示英国人即将面临巨大挑战。西利担心地缘政治的未来应是国家彼此相邻、由铁路连接起来的庞大的陆地帝国，而非分散于各地的国家依靠海军和航海联系起来的脆弱的海洋帝国。至于欧洲各国，西利认为如果单单凭借各自的力量，它们都不会有远大的未来。西利预测，未来的 50 年里美国和俄国会超越法国和德国这两个欧洲大陆强国，使它们沦为二流国家。英国所应该接受的教训和警示也是显而易见的，因为从多方面来看，英国更像是一个国家而非帝国。英国必须放弃这种随意的散沙式管辖方式，改成某种正式的联邦形式以加强其海外领地的统治，才能保持帝国的强大以对抗横跨欧洲大陆、势力不断扩张的俄国以及美国这个巨鳄，否则英国也同样会沦为二流国家。西利深信，这是联合王国在 19 世纪最后 20 年及 20 世纪头 20 年所面临的巨大挑战。

无论西利的警示在 19 世纪 80 年代及以后引起多少共鸣，人们要求提高帝国意识，不惜财力物力巩固和保护大英帝国的呼声并未得到格莱斯顿和索尔兹伯里的轻易认可。虽然格莱斯顿与西利一样，认为美国注定会赶超联合王国，并在 1878 年写过一篇文章，做出了同样的预测，但他仍然是一个坚定的自由国际主义者。格莱斯顿始终认为“欧洲协调”是协调欧洲各国关系的最好方式，除非迫不得已，否则他不会轻易承担更多的帝国责任。因此，他谴责在中洛锡安郡运动及 1880 年大选期间奉行的“比肯斯菲尔德主义”

的偏执恶行。尽管迪斯雷利的确主张在非洲和亚洲采取更咄咄逼人的帝国政策，且行事极为浮夸，但他几乎没有取得什么显著的成效；索尔兹伯里勋爵则要谨慎得多，因为他几乎和格莱斯顿一样不希望英国承担更多的帝国责任。所以，西利巩固移民殖民地统治的呼吁在 19 世纪 80 年代并未实现。相反，特别出乎意料的是此时对非洲的政策却出现了大逆转。因为除了在事端不断的非洲南端、西部一些残余的反奴隶制基地和不时出现的对阿善堤人的攻击事件之外，前几届英国政府一般不愿意介入当地事务。而从 19 世纪 80 年代开始，尽管大多数是在不得已的情况下，但自由党和保守党政府却都突然开始相信，要持久保护英属印度帝国，在非洲大陆大面积兼并新的领土迫在眉睫。

但 80 年代一开始并不是这样。相反，英国一开始采取的殖民政策却前后矛盾有些令人困惑。在中洛锡安郡运动期间，格莱斯顿曾谴责迪斯雷利对德兰士瓦的吞并行为，但在 1880 年就职后，他给布尔人留下的印象是他的想法已经和从前大不相同了，而事实上可能根本没有变化。12 月，布尔人起义反抗帝国统治；1881 年 2 月，他们在马朱巴山战役中击败了英国人。此次战役的规模相对来说并不大，但英军刚在伊桑德尔瓦纳战役中被祖鲁人打败，很快就又遭到了这次军事败局的打击，因此在议会内外引起了强烈的不满。格莱斯顿本意是对布尔人采取宽厚的政策，可他却没能将这种想法明确地传达给布尔人，而如今在军事失利的情况下，这种宽厚的政策看上去却像是向布尔人妥协。之后，英国人和布尔人之间展开了长时间的谈判，在非常恶劣和不满的氛围中达成最终结果。1881 年 8 月签署了《比勒陀利亚公约》（Pretoria Convention）承认德兰士瓦共和国的“独立”，但仍受制于英国持续的“宗主权”，英国人（但不是布尔人）认为这意味着他们依然掌控着外交政策，并对布尔人对待黑人的态度施加了一定的影响。但是，没有人完全领会“宗主权”到底意味着什么，或者它是什么。3 年后，双方再次谈判并签署了《伦敦公约》（London Convention），作为英国人让步条件的一部分，“宗主权”一词从公约中被悄悄地删除了。然而，布尔人仍然与英国人意见不一致且感到不满，他们痛恨英国的经济强权、在当地的残余影响力，以及对他们自己的文化和信仰的蔑视，于是他们无视双方已经认定的边界，将地盘扩张至“原住民”的领地。问题并没有圆满地解决，因此矛盾的升级可能只是时间问题。

中洛锡安郡运动期间，格莱斯顿曾强烈谴责的另一个“比肯斯菲尔德主义”恶行是迪斯雷利代表英国政府购买了苏伊士运河的股份，格莱斯顿这么做是在重申他最初在 1875 年公布达成这笔交易时所表达出来的批评意见。然而刚（没完全）从德兰士瓦问题上抽身出来，他就开始对埃及事务进行（非全面）干涉。埃及总督被迫出售运河股份，因为他个人以及整个国家的财务状况都一片混乱，1879 年埃及的国际债务和税收被置于英国和法国官员的“双重控制”之下。这种侮辱性的外国干涉激起了由阿拉比上校（Colonel Arabi）领导的兼有民族主义和宗教色彩的反抗。驻开罗的英国官员警告说英法对埃及的双重控制几近崩溃，埃及的公共财政状况也处于全面崩溃的边缘。因为英国政府拿走了埃及出口产品的 4/5，提供了将近一半的进口商品，并持有 1/3 的国家公共债务，这引起了人们密切的关注。此外，对格莱斯顿来说，公共财政既是一个财政问题，也是一个道德问题（他的一些亲戚都持有埃及债券）。1882 年 5 月，英国和法国海军抵达亚历山大港沿岸以保护他们各自的经济利益，由此导致了一场反西方的暴乱，其中 6 名英籍人员丧生。不久之后，指挥英国舰队的海军上将得到了语意模糊的命令，于是决定只要法国召回自己的舰船，英军便轰炸亚历山大港。内阁随后派加内特·沃尔斯利将军率领军队出战，9 月，埃及人在泰尔阿尔克比尔战役（Battle of Tel-el-Kebir）中战败。阿拉比被流放到锡兰；1883—1907 年，由英国总领事伊夫林·巴林爵士（Sir Evelyn Baring）负责，英国对埃及实行了间接但几乎完全的控制；尽管英国人多次声明即将退出埃及，但是最后在 1914 年战争爆发之际，英国却宣布自身为埃及的保护国。

英国对埃及的占领在短期内是大受欢迎之举，但这种侵略和专横的行为几乎与格莱斯顿大肆吹嘘的自由国际主义、不干预和支持“欧洲协调”等原则完全相悖。从中期发展来看，这种做法显然也不太成功。对埃及的高压政策开创了以武力干涉非洲事务的先例，其他大国也很快效仿，尤其是法国和德国。英国对埃及的轰炸和强行占领使法国感觉受到了愚弄和欺骗，而俾斯麦统治下的德国也渴望加入迅速形成的掠夺殖民地的大军之中。在接下来的 15 年里，英法关系变得相当紧张，俾斯麦也乐于坐山观虎斗，而实际上也意味着欧洲协调已接近名存实亡。但这并不是占领埃及的唯一恶果，因为它引发了邻国苏丹的危机，苏丹名义上也是埃及总督的管辖范围。自英国占领埃及以后，西方化趋势愈演愈烈，穆斯林民众对此感到愤慨，这种反抗情绪在苏丹远比在埃及表现得更为突出，这集中表现在马赫迪（Mahdi）这名准宗教领袖身上，他将民众的抗议推到了一个新的高度。埃及总督组织军队镇压叛乱，但在 1883 年年底被马赫迪的军队彻底打败。格莱斯顿政府决定撤回在苏丹的英国人，并由查尔斯·戈登少将（Major General Charles

Gordon）负责。这名少将笃信宗教，且性情复杂古怪。他于1884年2月抵达喀土穆，但很快就遭到了马赫迪军队的包围。因内阁忙于议会改革，援军组织不及时。1885年1月，戈登战死两天后加内特·沃尔斯利将军才率领援军抵达喀土穆。

继伊桑德尔瓦纳战役和马朱巴山战役之后，这是在6年内英国在殖民地遭受的第三次惨败。1885年2月女王表达了与民众一样的愤慨心情，她发电报给格莱斯顿、格兰维尔和哈廷顿说“来自喀土穆的消息令人感到恐怖，而一想到如果早些采取行动，就有可能避免这一切的发生，就可以避免失去许多珍贵的生命，更是恐怖至极”。被称为“老头子”(GOM，即Grand Old Man)的格莱斯顿又被嘲笑成了“戈登的谋杀者”(MOG，即Murderer of Gordon)，而戈登则瞬间变成了帝国殉道者。但格莱斯顿挺过了公众的怒骂和议会的谴责（以14票之差），因为出现的另一个帝国危机转移了人们对尼罗河上游的注意力。1880年，格莱斯顿派里彭勋爵到印度接替迪斯雷利委任的利顿爵士担任皇家总督之职，里彭的任务之一就是努力调和印度和阿富汗之间的紧张关系。他看似成功完成了这项任务，承认谢尔·阿里（Sher Ali）的侄子阿布杜尔·拉赫曼（Abdur Rahman）为埃米尔；作为条件，埃米尔承认英国对其外交政策的控制权，但并没有要求他接受在喀布尔派驻英国外交使节。但俄国在该地区的扩张仍在继续，1885年3月，沙皇的军队在潘杰德战役（Battle of Panjdeh）中击败了一支阿富汗军队。这是继戈登战死后在大英帝国边境发生的又一次危机。格兰维尔惊慌失措，他悲叹道：“这简直是太可怕了，一场噩梦刚结束另一场噩梦又开始了。”但这次找到了更好的解决办法，只不过最终的解决是由索尔兹伯里短暂执政的少数党政府在当年年底才完成。俄国人占领了潘杰德，但是他们想要占领赫拉特（Herat）这个重要城镇的愿望受挫，英国在这个西北边境地区也没有牵扯更多的精力。

但是这次事件的成功解决，以及英国部分地从德兰士瓦抽身，是格莱斯顿反对扩张的政策真正奏效的两个极少数实例。在他第二次执政的五年中，殖民扩张的速度明显加快，特别是在非洲，而急于扩张的不仅仅是英国。比利时国王利奥波德从 1876 年开始就一直觊觎刚果地区；法国在 1879 年就开始对塞内加尔进行干预，两年后占领突尼斯；俾斯麦急于在世界上为德国寻找地盘，对非洲西南部、东非和喀麦隆等部分地区虎视眈眈。这些侵略行为，再加上英国对埃及的突然占领，引发了迅速成风的所谓“瓜分非洲”的连锁反应，因为欧洲列强都试图在这块大陆上得到自己的地盘。欧洲列强对于这块非洲大陆的民族或资源都知之甚少，突然之间纷纷开始加入瓜分非洲土地的热潮，其动机非常复杂，也各有不同。但不管怎样，他们似乎并不是受到狂妄和乐观情绪的驱使，而更多的是因为焦虑和恐慌。经济衰退的打击、普遍征收关税和日益增强的商业竞争意识，促成了一种紧张氛围，这种氛围似乎使欧洲列强感到抢占殖民先机的紧迫性远超以往，而各殖民地官员因请求加强支持力度，给政府施加的压力也与日俱增。英国尤其如此，因为埃及和南非都位于通往印度的交通要道，对英国具有重要的战略意义，这意味着同样重要的似乎也包括先发制人和阻止潜在的对手，尤其是法国、德国和葡萄牙这些对手。因此在 19 世纪 80 年代，英国的决策者，不管出自何种党派，都极为关注尼罗河的上游流域，确保从开普殖民地和纳塔尔向北的航线畅通无阻。

或许令人惊讶的是，这些殖民地紧张局势中的许多问题都是在 1884 年 11 月至 1885 年 2 月举行的另一个“柏林会议”中得以相对温和地解决。法国、德国和比利时基本得偿所愿，而英国对索马里兰（在红海的南端和亚丁对面）、贝专纳（保持开普以北航线的畅通）和尼日利亚（保护西非贸易利益）的领土所有权也得到了批准。在当时那种狂热的氛围中，这些似乎是帝国先发制人的必要行为，但是对于经选举上台的、奉行“比肯斯菲尔德主义”的英国政府来说，这是一段令人吃惊的历史。实际上，开普殖民地总督罗便臣爵士（Sir Hercules Robinson）颇为不解，那些自由党人是“以减少帝国责任为目的而上台执政的，竟然会给自己增加责任，且责任之多超过以往所有政府”。而且，这种前所未有的帝国扩张也与格莱斯顿一再宣称的主张不符，他声称，作为一名执着的自由国际主义者，他坚决支持“为自由而进行正义斗争的民族”。这可能是他对美国南部（短暂地）、意大利（时间较长）和爱尔兰（也许）所持的态度，而不是对德国、埃及或非洲其他地区所采取的立场。然而，这种为自由而战是正义的还是非正义的，基于什么依据或标准来判断，却不是他能下定论的。事实上，在欧洲和世界各国竞争日益加剧的时代，大英帝国的扩张势头几乎不可阻挡，格莱斯顿也无能为力，至少在非洲问题上是如此。到 19 世纪 80 年代中期，非洲大陆已经成为困扰英国（和欧洲各国）的问题。正如索尔兹伯里勋爵后来所说的那样，1880 年 4 月他离开外交部之时，还没有人在意非洲那个地方；而 1885 年夏天他再次回到外交部时，人们张口闭口都在谈论非洲的事情。

但在那些年里，遭到瓜分的不仅仅是非洲。在远东地区，格莱斯顿政府也面临同样的压力，必须要兼并新的殖民地以抵御竞争对手，尤其是抵御印度支那的法国人以及苏门答腊的荷兰人。在婆罗洲（Borneo），英国人急于防止该岛北部落入外国人手中，因为它处于从新加坡到中国重要海路的侧翼，战略意义重大。但同时他们也希望不增加自己的责任，而是把责任转嫁出去，所以政府在1881年给英属北婆罗洲公司（British North Borneo Company）颁发了特许状，以苏禄（Sulu）与文莱苏丹之名管理这个地区（这也为英国在非洲大部分地区实行的将帝国管理权限转包给私营企业提供了先例）。在该地区的其他地方，荷兰人在东印度群岛，特别是在离澳大利亚大陆不到100英里的新几内亚西部的积极活动，引起了澳大利亚的担心。因此，1883年澳新代表在伦敦拜见了殖民地大臣德比勋爵，敦促英国吞并萨摩亚、新几内亚和新赫布里底群岛。德比甚为惊讶，在写给一位朋友的信中提道："我问他们是否希望自己拥有整个世界，他们似乎认为如果可行的话，那自然是理想的结果。"他下定论说："他们的胃口之大，简直令人英国人震惊。"但是澳大利亚人似乎并不以为然，因为尽管德比强烈反对澳大利亚人这么做，但他们还是占领了新几内亚东部的部分地区以阻止荷兰人的吞并，并宣布澳大利亚为其保护国。又一次是由殖民地当权者扩大了帝国的疆域，成功地挑战了伦敦倡导的非扩张主义政策。

即使在索尔兹伯里短暂的少数党政府执政期间，即1885年下半年，殖民扩张也仍在继续，而这一次是在南亚。首相给当时只有36岁的伦道夫·丘吉尔勋爵的第一个内阁职务便是印度事务大臣。伦道夫勋爵曾谴责格莱斯顿对埃及的干涉政策，但一旦身居高位，他也同样无所顾忌。急于制造声势的他，吞并了上缅甸（Upper Burma），这本质上是又一次掠夺性吞并，对于本土统治者的权利没有表示出任何尊重，而这是英国人1858年以后的一贯行为。邻近的印度支那地区的法国人也一直对该地区表现出极大兴趣，锡袍国王（King Thibaw）也多次向他们示好，甚至没收了英国人的财产转让给法国人。他还发布了一篇公告，呼吁将下缅甸从英国的统治中解放出来。英国对此的回应是宣布该国王是背信弃义的暴君，并于 1885 年 10 月对锡袍发出最后通牒。通牒石沉大海，次月，英国派了 1 万名士兵进攻，这就是第三次（也是最后一次）用时极短的“英缅战争”（Anglo-Burmese War）。他们占领了曼德勒（Mandalay），锡袍国王被废黜，流亡国外；1886 年 1 月 1 日，伦道夫勋爵将获取的上缅甸作为新年礼物送给了维多利亚女王。这是联合王国在印度次大陆的最后一次实质性的帝国扩张行为。极为巧合的是，在 1885 年 12 月 28 日，就在伦道夫勋爵将上缅甸呈送给女王的 4 天前，印度国民大会党（Indian National Congress）成立。它最初的宗旨是争取在印度次大陆的英国政府和印度公共服务机构中增加更多的当地人代表，之后，它成功发动了争取印度独立的运动。达达拜・瑙罗吉（Dadabhai Naoroji）是国民大会党的创始人之一，1892 年成为第一位被选入英国议会的亚洲人，他作为自由党人在议会中为支持爱尔兰自治摇旗呐喊。

至少现在看来，从诸多方面来说，19 世纪 80 年代初期到中期都是帝国发展史上的关键时期。在伦敦那些执政者总体来说不得已的默许之下，帝国扩张的速度比以往任何时候都要快。但在爱尔兰、埃及和印度，帝国也面临着前所未有的民族主义挑战，这可能预示着帝国的“解体”，印证并加强了索尔伯里兹勋爵所担心的英国本土的国家解体。因此，不足为奇的是，1884 年“帝国联邦同盟”（Imperial Federation League）成立，旨在大力推动巩固殖民统治，实现西利在 1883 年出版的《英格兰的扩张》一书中呼吁的目标，也是要遵循加拿大联邦的先例和典范。该协会在加拿大、澳大利亚、新西兰和西印度群岛建立了分支机构，在英国也得到了保守党、统一党和自由帝国主义者的支持；但是当协会试图将模糊的目标转为具体的政策时，就开始走向分裂，并于1894年在英国解体。然而，该协会也取得了一项有限的成就，因为在1887年维多利亚女王举行金禧年庆祝时，协会呼吁召开了第一次殖民地首脑会议。会议如期召开，出席代表超过百位，既有自治殖民地代表，也有附属殖民地代表（但印度没有代表参加）。这只是一个审议性会议，它的决议也没有约束力。但是澳大利亚和新西兰的殖民地却真正达成了一致意见，同意每年缴纳12.6万英镑作为皇家海军的开销，以资助其在太平洋地区的部署调度；作为回报，英国政府承诺，未经殖民地同意不会减少太平洋地区的海军基地。会议还批准了一项提议，在加拿大和澳大利亚之间铺设电报电缆，完成了帝国全球通信网络的最后一段线路的连接。

届时，索尔兹伯里自前一年夏天起已再次执政，他面临的是帝国扩张野心的进一步膨胀，而他对此与从前一样毫不热衷。他担心会面对帝国继续扩张的进一步需求，对1887年的殖民会议没有寄予很大的希望。他对一个同僚说："我会尽力控制住自己的情绪，但是你们要建立'更大不列颠'的目空一切的（想法）总是时不时地挑战我的忍耐力。"当澳大利亚人敦促英国占领新赫布里底群岛时，他终于爆发了。他吼道："他们是我能想到的最不可理喻的人。"他继续说，他们期盼英国引发"一场要付出巨大代价的英法战争，会有流血牺牲，要面对艰难险阻，这些代价几乎无一例外都要由我们来承担"，而这仅仅是"为了夺取一些如南极一样毫无价值的岛屿，这些岛屿对他们来说也仅是一个争论的话题而已"。索尔兹伯里完全有理由怀疑这种兼并的价值所在，因为这些太平洋小岛没有任何市场价值，除了椰子几乎没有其他产物，也缺乏可利用的矿产资源。然而，尽管索尔兹伯里暂时阻止了对新赫布里底群岛的兼并，但他却无法阻止帝国在太平洋地区的进一步扩张。1888年和1889年，英国吞并了几个无人居住的岛屿，将其作为即将铺设的跨太平洋电缆中继站的候选地点。尽管海军部认为吉尔伯特群岛（Gilbert Islands）和埃利斯群岛（Ellice Islands）毫无用处，但是英国还是于1892年宣布它们是受英国保护的领地，其理由就是当时大家已耳熟能详的以先发制人的方式阻止“德国人进入我们的势力范围”。

但是柏林会议之后，恰恰是在非洲，看似一发而不可收的帝国进一步扩张的力量达到了无以复加的地步。西非、东非和南非的英国驻地官员对伦敦政府施加了巨大的压力，目的是保护英国在非洲的战略和商业利益。对此，索尔兹伯里决定沿袭近期北婆罗洲公司先例，以廉价的方式发展大英帝国，而北婆罗洲公司的模式则是沿袭了前期的东印度公司。他的方式就是通过转包的方式，将这些地区交给私营公司管理，希望这些特许公司能够从开发自然资源中获得足够的利润，以抵消管理方面的开销，而不花英国财政部一分钱。1886年，政府给乔治·戈尔迪爵士（Sir George Goldie）为首的“皇家尼日尔公司”（Royal Niger Company）颁发了特许状，确立了英国对尼日尔河下游地区的管辖权，以对抗法德两国的竞争。两年后，英国人和德国人就势力范围达成协议，之后威廉·麦金农爵士（Sir William MacKinnon）领导下的“英帝国东非公司”（Imperial British East Africa Company）获颁特许状，负责监管后来成为肯尼亚和乌干达的两个地区的发展及管理，其中包括起了个好名字的维多利亚湖（Lake Victoria），这个湖被普遍认为是尼罗河的源头。1889年，因经营钻石和黄金而发了大财的巨富塞西尔·罗兹（Cecil

Rhodes）为其“不列颠南非公司”（British South Africa Company）拿到了特许状，他借此为大英帝国开辟了一条通往北部的路线，开发当时大家认为富含黄金的马绍纳兰（Mashonaland）金矿，同时阻止了葡萄牙从邻近的安哥拉和莫桑比克向此地的扩张。

事实上，“东印度公司”根本也算不上是一个成功的先例，沿袭它的做法其结果也就不言而喻了，这 3 家公司都没有像预想的那样取得成功，因为它们都没有达到开采矿产资源的目的。就连有罗兹的几百万资产支撑的“不列颠南非公司”也没有赚到钱，而且由于根本没有政府的监管，公司雇员常常残酷虐待当地员工。结果，把帝国属地转包给私营企业管理的方式既没有经济收益也没有管理效益。英国政府虽然不情愿，但或早或晚都开始介入，通过正式兼并领土，接手管理，并将保护地转变为帝国殖民地等方式收回管辖权。同时，1886—1892 年，索尔兹伯里勋爵与其他欧洲强国进行谈判，签订了一系列条约，巩固和加强之前在柏林会议上达成的几项协议，明确地界定了新英属特许公司在非洲的势力范围，同时对世界其他一些地区的领地做出了一些具体调整。因此，尽管索尔兹伯里之前心存芥蒂，但英法两国仍旧通过联合执行海军任务的方式共同行使对新赫布里底群岛的管辖权。英国将北海的赫利哥兰岛（Island of Heligoland）的管辖权交与德国，以此换取桑给巴尔岛（Island of Zanzibar）管辖权。英德两国也达成一致意见，以蒙巴萨（Mombasa）南部海岸到维多利亚湖为界线来划分两国在东非大陆的势力范围。而英国和葡萄牙在中非地区了达成协议，尼亚萨兰（Nyasaland）被宣布为英国的受保护国，至此，葡萄牙试图阻止英国向北部扩张的企图也以失败告终。协议的另一个结果是，不列颠南非公司获得了在后来的北罗得西亚（Northern Rhodesia）和南罗得西亚（Southern Rhodesia）的自由经营权。

尽管此时保守党及统一党的联盟已经确立，成为联合王国完整性的维护者并成为最忠于帝国事业的人群，但实际上索尔兹伯里与格莱斯顿一样完全不热衷于增加帝国的负担和责任，而他对这项谨慎政策的实施也几乎与格莱斯顿一样不成功。即使无人能预测遥远的太平洋岛屿或非洲撒哈拉以南的大片地区的经济发展潜力如何，或者说即使他们怀疑这些地区根本没有经济潜力，也没有任何一届英国政府愿意铤而走险，任由法国、德国或葡萄牙人吞并这些地区，因为这些地方最终有可能创造巨大的经济价值，就像在南非发现钻石和黄金一样。因此，必须要先发制人地抢在其他欧洲强国之前实施兼并。自由党中的帝国主义倡导者也持有同样的观点，正如罗斯伯里勋爵所坚信的那样，获取更多领土是“为未来争取主权”的方式，“在瓜分世界的过程中得到属于我们的份额，并不是我们强夺，是我们不得不取”。但同时帝国其他地区的势态正朝着不同的方向发展。在南亚，为了应对来自新近成立的国民大会党的压力，1892 年通过了《印度议会法》(Indian Councils Act)，赋予大学、区自治会、市政府及商会向省议会推荐成员的权力（但是因为这些机构权力非常有限，这也算不上是重大的妥协)。同年，西澳大利亚获准成立代议制政府，加速了将澳大利亚 6 个殖民地统一为一个联邦的步伐。

不论是自由党政府还是保守党政府，对于他们来说，这些年来帝国政策至少存在两个悖论。首先，在执政期间，两党都无意兼并更多的领土或攫取更多的殖民地，但事实上他们都在这样做，也就是“国内执政者的政见”与海外“驻地执行者”之间存在脱节，而且通常是后者战胜前者。第二个悖论是，尽管大英帝国突然的正式扩张看起来预示着她在全球范围的影响力超过以往，但事实上情况恰恰相反。处于 19 世纪末的大英帝国，一改往日那种咄咄逼人和狂妄自大，变得故步自封和悲观，面对竞争力日益增强的欧洲各国，竭力维护着自己在世界某些领域的地位。然而，在当时的很多英国人眼里却完全不是这样，也许我们现在可以把这看作第三个悖论。音乐厅里表演的那些沙文主义戏剧也从冒险小说这种全新的文学形式中体现出来。他们或许受到了威尔基·柯林斯的《月亮宝石》的某些影响，但他们对帝国边疆地区发生的冒险与救赎故事的描写却远不如柯林斯细致入微。罗伯特·路易斯·史蒂文森（Robert Louis Stevenson）以加勒比海为故事背景的《金银岛》（*Treasure Island*，1883 年）和亨利·莱特·哈葛德（H. Rider Haggard）以非洲为背景的《所罗门王的宝藏》（*King Solomon's Mines*，1885 年）开此类小说的先河。尽管联合王国究竟有多少人热衷于自己的帝国我们不得而知，但是直至 19 世纪末，民众对这种帝国小说的兴致却与日俱增。民众或许对此非常热衷，但大多数政治家却并非如此。这也表明那一时期的舆论与信念达到了怎样支离破碎的程度。至少从这个意义上来看，“解体”一词确实有理有据。

自由党退场

1892 年 8 月 15 日，已经 82 岁的格莱斯顿第四次出任首相，不出预料，维多利亚女王对此“深感遗憾”。相对于他的高龄来说他的身体还很健康，但视力有所下降，他也是现代英国历史上担任政府首脑者中最年长的一位。最近的 20 年里，他一再徘徊在将退休而未退的边缘。1885 年以后，他之所以一直留在公众的视野中，正是因为他执意要推进爱尔兰自治。但是，自从 1880 年他最后一次选举胜出以来，他始终未能赢得通过这项措施所需要的下议院绝大多数的支持。令他深感遗憾的是，他现在仅是一个少数党政府的领袖，他要组建众人所公认的他的最后一届政府，只能依靠爱尔兰民族主义者的支持，有他们的支持才可以形成超过保守党和统一党的多数，这种多数优势虽然明显，但并非完全可靠。由于保守党完全不支持爱尔兰自治，格莱斯顿的最后一届自由党内阁是 19 世纪最缺少贵族气质的内阁。金伯利勋爵、里彭和斯宾塞重新任职，而尽管他恼火顾虑，难以决断，但最终还是决定接受罗斯伯里勋爵再一次任职外交部。另外两位重返内阁的贵族是威廉·哈考特爵士（重新任职于财政部），以及重返苏格兰事务部的乔治·奥托·特里维廉爵士。但内阁中几乎有一半成员是中产阶层的专业人士或商人，其中包括前记者约翰·莫利（John Morley），现任爱尔兰首席大臣（1886 年他曾短期担任此职）；律师兼学者詹姆斯·布赖斯任兰开斯特公国大臣；来自伍尔弗汉普顿（Wolverhampton）的律师亨利·福勒（Henry Fowler）担任地方政府委员会主席；事业辉煌的年轻大律师阿斯奎斯初次在内阁任职，担任内政大臣。

格莱斯顿在对第一个《爱尔兰自治法案》进行二读的最后一次演讲中，曾把当时解决爱尔兰问题的机遇描述为可能是千载难逢的“我们历史上的一次黄金时机”。现在他有了第二次机会，爱尔兰自治问题成了他最后 18 个月任期中的重中之重，耗尽了他的心力。对他的崇拜者来说，这是一项伟大的事业和崇高的运动，因此也成就了“老头子”生命与政治生涯的顶峰；但对格莱斯顿的批评者来说，他不过是一个执着于权力的可悲又可怜的人，执迷于一项不可能成为立法的提案，因为那些贵族绝不可能接受。当第二个《爱尔兰自治法案》最终提交时，与第一个提案相比有了明显的改变。威斯敏斯特议会仍然有 80 名爱尔兰议员，但他们只可以就爱尔兰问题进行投票。提案再次提出要建立一个独立的爱尔兰议会，但议会的构成和运作方式与 1886 年的提议有所不同。像以前一样，对阿尔斯特新教徒在第一个法案提出之后就愈加强烈感觉到的恐惧和对抗，格莱斯顿认知不足。1893 年 2 月格莱斯顿在下议院提出修改方案，并发表了一次长篇大论的演讲，这次演讲让他的批评者和反对者都不得不承认他们目睹了一个了不起的议会场景，他们此生难得再见，事实上也的确再没有见过。然而，统一党反对派对这项提案逐条进行了批驳，最后还是在爱尔兰民族主义者的支持下，《爱尔兰自治法案》在 4 月的二读中以 347 票对 304 票得以通过。但是在 1893 年秋法案提交上议院时，却以 41 票对 419 票被否决，这是有史以来针对某一单项提案投反对票最多的一次。

这次遭否决其实是预料之中的结果。索尔兹伯里与张伯伦为此欢呼雀跃，女王也是如此，因为她在其统治的最后阶段极力反对爱尔兰自治，就如同乔治三世自始至终反对“天主教解放”一样。这两个君主的固执己见都没有道理。甚至乔治五世这位比较中庸的君主也承认其祖母对这件事的态度很无理，他对拉姆齐·麦克唐纳（Ramsay MacDonald）说过：“我们拒绝接受格莱斯顿的《爱尔兰自治法案》是多么愚蠢。”格莱斯顿试图给予爱尔兰一定自由的努力再次失败，这意味着格莱斯顿的最后一次政治改革彻底终结：他再也无计可施，而且他的那些同僚也对他渐渐失去信心且感到非常不满，他们也希望他辞任。然而，他绝对不会悄无声息地离任，事实上，但凡他尚有一线希望，他也根本不会离任。他的想法就跟 25 年后的劳合·乔治一样，其时，劳合提出的“人民的预算”遭上议院否决之后，他想解散议会重新举行一次大选，就“贵族与人民”这一问题进行斗争。但尽管那些贵族老爷（与他们的君主一样）坚决而强势地反对爱尔兰自治，他们在这个问题上也比格莱斯顿更能迎合英格兰舆论的意见，这就意味着他的内阁不可能同意他解散议会。不久，斯宾塞勋爵提出增加海军支出，格莱斯顿与其同僚在此事上产生了分歧。这是典型的格莱斯顿式争议，因为他一直认为政府要控制开销，尤其是军事方面的开支。但 19 世纪 90 年代与 60 年代已经大不相同：国际关系比 30 年前更为紧张，也就是说需要投入更多的金钱对英国及其帝国予以保护。

格莱斯顿第二次遭到同僚的回绝，这意味着他除了辞职已经别无选择。就此终结的不仅仅是他的第四届也是最后一届政府，19 世纪英国政治历史上最长也是最不平凡的一段政治生涯也结束了。格莱斯顿与女王的最后一次告别也存在着完全可以想见的误解，女王非常失礼，拒绝授予格莱斯顿贵族爵位，理由是她认为他不会接受。对于谁将接替格莱斯顿，女王也拒绝倾听他的意见。情理之中的是，她任用了一个与格莱斯顿截然不同、与其他任何一位自由党人也可能完全不同的人：第五代罗斯伯里伯爵（fifth Earl of Rosebery）。他是格莱斯顿政府的最后一任外交大臣，是第一位也是唯一一位在女王加冕后才出生的首相。罗斯伯里身世显赫，温文尔雅，富有又聪明，不但娶了罗斯柴尔德家族的女子为妻，而且他本人也是一位颇有成就的历史学家和文学家。他还是跑马场的常客，在担任首相期间，曾两次击败德比在赛马比赛中获胜。但是，这种贵族身世、富庶的家庭背景和放浪的追求，使他无法受到“新教良知”的喜爱，而且他的政见也不同于大多数的自由党人。他虚荣、任性、脾气暴躁，很难相处，也有传言说他是同性恋（1895 年 5 月，就在罗斯伯里辞职的前一个月，奥斯卡·王尔德因“严重猥亵罪”被送进监狱）。毋庸置疑的是，他一直忠于格莱斯顿。当他忙于“中洛锡安运动”时，他曾在靠近爱丁堡的位于福斯湾达尔梅尼（Dalmeny）的豪宅中款待了格莱斯顿。但是罗斯伯里更热衷于大英帝国的事业而不是爱尔兰自治，他从来就不是下议院的成员，他的两位同事（斯宾塞伯爵和威廉·哈考特爵士）本以为他们能成为下一任首相，结果是不幸的罗斯伯里成了仅维持了 15 个月的少数党政府的领导人。

他主持的内阁与格莱斯顿的最后一届内阁基本相同，金伯利勋爵从印度事务部调至外交部接替罗斯伯里，这届政府的成就甚微也就不足为怪。在财政部，哈考特需要找到更多的财政收入以应付增加的军事开支（及其他方面的资金需求），而这笔开支正是最近格莱斯顿予以反对而没得到满足的那笔。哈考特在 1894 年他做的预算中，不仅提高了收入所得税，还对地产强制征收了一个新的死亡税。地产税最高只征收了 8% 的税金，几乎没有惩罚性质，但是这些新增的捐税在贵族与地主之中引起了强烈的抗议（3 年后，哈考特本人也不得不缴纳死亡税，因为他从一个表亲那里继承了牛津郡的纽纳姆地产）。在外交事务上，在日本与中国长期的冲突中，英国政府选择支持日本；并维护了地处英国殖民地缅甸和马来亚之间的暹罗王国的独立，从而抵制了法国的殖民扩张。但自称“自由帝国主义者”的罗斯伯里却与同僚们持有截然不同的政见，他们对帝国最近迅速的扩张感到遗憾，他却不然。1894 年，他正式吞并了乌干达，因为成立仅仅 7 年的“不列颠东非公司”已经陷入严重的财政困难。此时，政府已然摇摇欲坠，1895 年 6 月，政府在国防问题上遭遇了失败，因所谓的未能为军队供应足够的无烟火药而受到指责。罗斯伯里随即辞去了首相职务，并在第二年辞去了所在党的领导人职位。他于 1929 年去世，而这之前自由党政客经常向他献殷勤，希望他进政府任职，但他却再也没有出任过任何公职。

第十章

欢庆与退场，1895—1905 年

尽管女王认为在对待爱尔兰和帝国的问题上罗斯伯里勋爵比格莱斯顿更“可靠”，但是在罗斯伯里勋爵离任时，她也并无惋惜之意。1895 年 6 月底，索尔兹伯里勋爵组建了他的第三届政府。索尔兹伯里正确地意识到政治主动权再次把握在了自己的手中，于是立即要求解散议会。之后的大选对保守党和统一党来说是一次胜利，但对于此时仍旧在罗斯伯里领导下的不幸的自由党来说却是一场灾难。事实上，1895 年的竞选是自“大改革法案”通过以来英国政治中的右翼人士所取得的最大胜利，超过了 1841 年的皮尔和 1874 年的迪斯雷利所取得的胜利。保守党总共获得了 341 个议员席位，确保了他们在下议院坚不可摧的地位，这是之前的迪斯雷利取得胜利以后从没有过的多数优势。递补选举进入议会的 70 位自由统一党议员又进一步加强了保守党的力量，因为他们已经结成了更加紧密的联盟，其紧密程度超过了 19 世纪 80 年代末及 90 年代初。因此，所有反对爱尔兰自治的人共同组成了声势浩大的队伍，远远超过其他两个党派。和以前一样，爱尔兰民族主义者的席位稳定在 80 个左右，但是自由党失去了将近 100 个席位，只剩下了 177 位议员。在整个联合王国，“凯尔特边缘”仍然忠于左翼，民

族主义者在爱尔兰占主导地位，自由党在则在威尔士和（部分）苏格兰地区更具影响力。但在英格兰，反对爱尔兰自治的议员以 342 人的数字大大超过了只有 112 位议员的自由党人，从而保证了上议院对格莱斯顿提案的否决。自由党人仅在英格兰的外围地区，即东北部、西部县郡以及诺福克等地还有生命力；但在大部分郡县，各郊区及大伦敦地区，保守派和统一党都大获全胜。

索尔兹伯里勋爵组建了规模异常庞大的 19 人内阁，充分显示了他所在的保守党在议会中的多数地位，也证明了自由统一党现在很乐于加入因此而形成的保守党和统一党联合政府。与以前一样，索尔兹伯里兼任首相和外交大臣一直到 1900 年。在保守党人中，迪斯雷利以前的同僚克罗斯（此时已封勋爵）成为掌玺大臣；索尔兹伯里任命自己的外甥贝尔福为首席财政大臣，而此人后来以“亚瑟亲王”之名成为他公认的继承人。迈克尔·希克斯·比奇爵士（Sir Michael Hicks Beach）担任财政大臣，马修·怀特·里德利爵士（Sir Matthew White Ridley）被任命为内政大臣，乔治·汉密尔顿勋爵（Lord George Hamilton）被任命为印度事务大臣，伯利的贝尔福勋爵（Lord Balfour of Burleigh）任苏格兰事务大臣。在统一党中，第八代德文希尔公爵，即之前的哈廷顿勋爵，担任了枢密院院长；兰斯当勋爵任战争大臣；约瑟夫·张伯伦成为第一位商人出身的殖民地大臣。这是一个实力强大的内阁，在索尔兹伯里把外交大臣一职让给兰斯当以前，一直没有发生行过重大改变。虽然经过了 3 次改革法案的洗礼，这个内阁依旧非常贵族化，其中 9 位大臣（包括一位公爵和两位侯爵）位列上议院；10 位下议院议员中，有 3 位是贵族的近亲，有 2 位准男爵，还有 2 位是拥有大量地产的乡绅，即在地方政府委员会任职的亨利·卓别林和在农业委员会任职的华特・朗（Walter Long）。因而索尔兹伯里政府被描述为西方世界最后一个“在任的具备所有贵族气质的”的政府，这种夸张的说法也不无道理。

仅仅10年前，索尔兹伯里还在担心英国的政治、社会和大英帝国即将走向“解体”，以一种恐惧和憎恨的心态看待民主政治。他这样一个人，却具有一种非凡的能力在大选中赢得大多数民众的支持，他在1886年和1895年的选举中是这样，在1900年的选举中还是这样。1832—1918年，他是当时最成功的保守党领袖，他在选举中之所以能表现出令人吃惊的魅力，存在多方面的原因。原因之一是自由党人一直势单力薄，因为尽管格莱斯顿在1868年和1880年出色地（依靠时势？）将议员和贵族团结起来共同致力于各项伟大事业，也使他获得了广泛的民众支持，但是他后来对爱尔兰自治的执迷却使自由党走向分裂，且与英国舆论渐行渐远。原因之二是“大萧条”，因为尽管大萧条是保守党在1880年选举中失利的原因，但其长期的负面影响却削弱了英国（以及欧洲其他地方）的左翼势力，且同时促进了右翼的大力发展，而后来在20世纪20年代、30年代、80年代甚至21世纪头10年发生的经济衰退也起到了同样的作用。原因之三是保守党成功地顺应了帝国的发展与扩张热潮，这是迪斯雷利在19世纪70年代展望并随之建立的帝国，且在接下来的20年里不断得到了巩固加强。只不过与之前的迪斯雷利和后来的张伯伦比较起来，索尔兹伯里是一个无奈的帝国主义者。索尔兹伯里也强烈推崇加强党组织的建设，他正确地推断出在他所称的普特尔先生的“保守主义别墅”（Villa Toryism）的世界里，有大量可以动员的支持力量。这些发展的基础是有产阶级，尤其是地主、银行家和郊区居民的观念总体上发生了改变，从维多利亚中期自由党倡导的国际主义转向了维多利亚晚期保守党推崇的帝国主义。与此同时，工人阶级的沙文主义情绪也明显高涨，而从中受益最大的则是全国各地的保守党，政府住宅的房主及戏院的经理。

索尔兹伯里与其说是这些深刻变革的推动者或者设计者，不如说是其受益者，特别是从政党资金和组织建设等方面来说，四分五裂、士气低落的自由党反对派已经无法与保守党竞争，而且除了爱尔兰自治以外，自由党已经毫无理念和方针。但是，尽管格莱斯顿的思想在“凯尔特边缘”还余音未绝，但是在英格兰仍然很不受欢迎，而正是英格兰的大多数选民选出了大多数的议员。索尔兹伯里也是一名无情的、令人敬畏的政治操盘手，伦道夫·丘吉尔之前就意识到这一点并为此付出了代价。索尔兹伯里精于团结内阁同僚，给予他们足够的权力处理本部门事务，同时加强了保守党和统一党之间的联盟。从 1895 年起，从索尔兹伯里的首相之道及其成就中受益最大的政治家莫过于张伯伦。他与海军部的乔治·戈申和贸易委员会的里奇一样，都是索尔兹伯里显贵云集的内阁中为数不多的真正的中产阶层人物。张伯伦拒绝了财政部的职位，安心履行着当时还是相对次要的殖民地部之职。但是没有人能想到，这个在其议会生涯的初期表现非常激进，发自内心对君主制度和贵族制度表示不满的人，现在却如遇到了救世主一般满腔热忱地支持王权和帝国主义。他满怀激情地致力于大英帝国的扩张和巩固，使他成了索尔兹伯里政府中最有影响力的人物，但也是随后的贝尔福政府中最具破坏力的人物。

疲倦的巨人之战

1895—1902 年，英国与世界其他地区的关系由外交部的索尔兹伯里及接任他的兰斯当，以及一直在殖民地部任职的张伯伦负责。虽然这期间英国展现出的是前所未有的帝国主义自信和强硬，但是索尔兹伯里与张伯伦两人都非常焦虑，因为世界各地的英国领地不断受到安全威胁。就索尔兹伯里而言，部分原因是他生性忧郁，但也是因为他从没像迪斯雷利那样喜欢在欧洲或其他地方装腔作势，甚至也因为他不愿意承认停止海外扩张几乎是不可能的。在他看来，英国的海外领土已经太多，地域跨度太大。张伯伦的担忧与索尔兹伯里不同，但基本类似。他担心英国的制造业正在逐渐失去其领先地位，而在他看来这是维护英国作为世界强国地位的必要条件；而且他认为近期经济结构从工业和企业向银行和商业的转变是国家走向衰落的标志。往坏里说，他是同意约翰·西利爵士在《帝国的扩张》一书中的观点，担心不列颠会走上威尼斯和荷兰等曾经显赫一时的海洋帝国衰落的老路。往好里说，他是在希望帝国领土不断扩大的同时，担心不列颠因此背负太重且无法独自承受的帝国负担。不管是哪一种情况下，张伯伦都认为英国的未来应该是建立在“强大的帝国”而不是“渺小的国家”基础之上。他决心巩固住联合王国，并将其遍布世界各地的海洋殖民地和领土融合成一个无可挑战的牢固帝国，这是挽救英国避免遭到国家衰落和帝国瓦解命运的必要手段。

这意味着对于索尔兹伯里、兰斯当，尤其是张伯伦而言，当时的主要问题是外交、国际关系、战争与和平，以及帝国的征服与管理。在 1900 年之前，英国与美国之间，以及与法国、德国、俄国或葡萄牙之间出现的各种分歧更多地涉及殖民事务而非欧洲大陆事务，而且这些问题基本上由张伯伦而非索尔兹伯里处理。在新政府刚组建的几个月内就爆发了此类问题。尽管之前曾努力解决加拿大与美国之间遗留的边界问题，但美国和联合王国之间仍然存在争议。1895 年 12 月，格罗弗·克利夫兰（Grover Cleveland）总统向国会递交了一份文件，实际上是对英国政府的最后通牒，该文件涉及在西半球一个长期存在的边界争端，即英属圭亚那和委内瑞拉的边界问题。克利夫兰援引了宣称欧洲列强不可干涉美洲事务的门罗主义观点，强硬地认为要由一个美国委员会来决定有争议的边界问题，而且无论英国政府如何回应，美国人的裁定必须得到承认并予以执行，必要时会动用武力强制执行。这显然是对英国横跨大西洋的帝国地位和领地的严重挑战。克利夫兰正式任命了自己的委员会，而索尔兹伯里政府别无选择，认为合作就是胆小的表现。依照以往的做法，这个问题提交了国际仲裁，结果显示，1899 年 10 月最终公布的仲裁结果维护了英国的根本主权。

与南非发生的事件相比，这仅是一个相对无足轻重的殖民地问题而已。塞西尔·罗兹不仅是大富豪及不列颠南非公司的负责人，还在 1890 年也成为开普殖民地的第一行政长官，他决心进一步扩大英国在该地区的领土。4 年前，在约翰内斯堡附近发现了储量丰富的黄金，这很快使德兰士瓦从一个落后地区变成了一个繁荣的国家。令罗兹和张伯伦感到不安的是，这有可能进一步对英国的两个殖民地与两个布尔共和国之间不稳定的关系造成困扰。从英国人的立场来看，势态更加糟糕，因为布尔人与德皇威廉二世（1888 年其父腓特烈三世去世后他继承了皇位）更有亲近感，程度超过了与大英帝国维多利亚女王的关系（虽然她实际上是这位德皇的外祖母)；也因为先前与伦敦多次打交道都不愉快，所以布尔人不想归属英国统治。与此同时，4 万多名想要发财的英国人拥入德兰士瓦，在那里他们被称为“外国人”(或“外乡人”)，因为布尔人为了确保对自己国家的掌控剥夺了他们平等的政治权利。1895 年 12 月末，罗兹的一位朋友兼同事，利安德·斯塔尔·詹姆森博士（Dr Leander Starr Jameson）带领一群武装人员冲进了德兰士瓦，目的是煽动外乡人起义，推翻德兰士瓦政府。罗兹是这次袭击事件的幕后策划者，张伯伦也知道罗兹虽然不是事件直接责任者，但是一直在鼓励起义行动。但是，这次袭击不仅是入侵外国主权国家，企图推翻合法选举政府的非法行为，也是一场军事和公共关系的惨败，因为这些外乡人并没有起义，詹姆森投降，罗兹被迫辞去开普殖民地首脑之职。德皇致电德兰士瓦总统克鲁格（Kruger)，祝贺他击败了詹姆森的政变企图。

张伯伦并未因此受挫，而是开始加快帝国在非洲其他地方的兼并步伐。在非洲大陆的西部，他派上校弗朗西斯·斯科特爵士(Sir Francis Scott）率领军事远征队从英国殖民地黄金海岸向内陆出发去征服阿善堤，理由是他们仍然在从事奴隶买卖和人类祭祀，1874 年加内特·沃尔斯利将军曾发动惩罚性打击以阻止这些行为。1896 年 1 月，英军攻占阿善堤首都库马西（Kumasi)，国王被废黜并流放到塞舌尔，其余的酋长均臣服于英国人的统治。在张伯伦的支持下，附近的尼日利亚组建了一支“小规模西非武装力量”，目的是通过武力实施某个令人质疑的条约，并抵制法国对该地区的入侵。同时，在非洲大陆的另一边，英国政府把肯尼亚确立为保护国，从“不列颠东非公司”手中接管了肯尼亚。再往北，英国驻埃及军队的指挥官赫伯特·基钦纳爵士将军（General Sir Herbert

Kitchener）着手组织远征军征服苏丹，为被马赫迪杀害的戈登将军雪耻，并确保英国对尼罗河谷的控制权。最初，索尔兹伯里和张伯伦两人都不热衷于承担更多这种帝国责任，但是基钦纳短时间内就顺着尼罗河一路无情地推进，铁路也一路修到了所到之处，1898年，他在乌姆杜尔曼战役（Battle of Omdurman）中击败苏丹人，攻占了喀土穆。随后他在法绍达（Fashoda）打败了同样对尼罗河上游虎视眈眈的法国人，于是索尔兹伯里宣布苏丹再一次由英国和埃及共同管理。

1897 年，就是在帝国不断发生战争冲突和不断扩张的狂热气氛下，维多利亚女王庆祝了她加冕 60 周年。之前还没有英国君主庆祝过钻石禧，因此此次庆祝活动的规模远远超过 10 年前的庆典。张伯伦认为，这是一个提高公众大英帝国意识的大好时机，他将女王海外属地的军队、权贵和首脑人物召集回来在伦敦街头游行，让民众真切地感受到大英帝国是一个实实在在的、与自己的生活息息相关的存在，同时也展示出维多利亚所有属地的臣民看似团结一致，共同拥戴女王，共同庆祝的景象。女王驾车穿过欢呼的人群，抵达在圣保罗大教堂台阶上举行的感恩仪式；而随后在斯皮特黑德（Spithead）举行了海军阅兵仪式，来自英国海军舰队的船只数量达到了英国国内海域前所未有的最大规模。金禧庆典 10 年后的此时，英国再次以极大的热情和信念 (但爱尔兰的大部分地区除外，因为人们对大饥荒仍耿耿于怀) 展示了其物质发展、民主进步和帝国扩张等成就。但是 1897 年的英国本土和大英帝国都根本没有可自鸣得意和沾沾自喜之处。“大萧条”严重打击了联合王国工业方面的骄傲和自尊，国际和帝国的气氛变得越来越紧张，竞争也愈发激烈，英国是否能保持住帝国的神勇及其世界优势地位遭到持续的质疑。就在庆典之日女王以胜利的姿态前往圣保罗大教堂之时，拉迪亚德·吉卜林（Rudyard Kipling）在其为庆祝盛典而创作的诗歌《退场赞美诗》(*Recessional*) 中反复表现出了这种不安的情绪。吉卜林诗歌中所表达的是世俗权势的稍纵即逝和世事无常，而绝非对必胜信念与帝国主义的赞美。

在钻石禧庆典的当年，这些令人费解和互相矛盾的问题显现无疑。在殖民地首脑会议上，张伯伦呼吁将广泛存在的帝国热情转变为坚不可摧的大英帝国制度，但收效甚微。他将联邦议会作为建立帝国联邦的序曲付诸实施，但是不包括塔斯马尼亚和新西兰，这两个殖民地明确表示他们希望维持现状不变。他提倡实行单一的帝国防御政策，由统一的海军具体执行，但没有取得任何进展。开普殖民地愿意为皇家海军出资建造一艘一流的主力舰，但澳大利亚殖民地却希望在自己的海域内拥有更多可供自己调遣指挥的船只。张伯伦计划成立帝国关税同盟，以此创建将整个帝国囊括在内的自由贸易区，免受世界其他各国征收的高额关税的影响，但也没有获得支持。许多殖民地已经接受了保护，他们最乐于接受的是帝国提供更多有限的优惠政策。虽然从政治、军事及财政上来说，钻石禧年都没有对帝国的统一事业有任何的推动作用，这也令张伯伦深感失望，但是它的确标志着澳大利亚联邦建设的开始。6 个殖民地（新西兰拒绝加入）在语言、民族血统、法律、制度和传统等方面共通，它们都越来越担心法国和德国在太平洋地区的逐渐渗透。长时间的繁荣过后，19 世纪 90 年代经济的衰退对殖民地造成了严重的打击。1897 年联邦大会成立，意在提出一项各个殖民地均可接受的方案。1900 年 7 月，英国立法建立了澳大利亚联邦，至此，继加拿大联邦成立 30 多年后，第二个重要的不列颠海外统一体成立。

钻石禧年之际，张伯伦还对两个布尔共和国施加了更大的压力，因为他决心以高压手段使这两个共和国变为英国掌控的南非的一部分。虽然姗姗来迟，但是下议院最终还是任命了一个专门委员会调查“詹姆森突袭事件”，而张伯伦也是成员之一，而事实上他本应该是列为被调查对象之一。调查没有力求真相，只是在最终报告中谴责了罗兹，却宣告殖民地大臣和殖民地部无罪。与此同时，张伯伦指派了积极好战的阿尔弗雷德·米尔纳爵士（Sir Alfred Milner）出任开普殖民地高级专员。米尔纳曾在埃及任职于伊夫林·巴林麾下，他对于外乡人的种种积怨深表同情，也赞同张伯伦的扩张野心。由于他的态度更武断，英国与德皇之间的关系迅速恶化，张伯伦开始筹划派遣更多的英国军队到开普殖民地，而布尔人和英国人对于1881年公约中的“宗主制”一词的含义以及它是否仍然存在等问题也产生了分歧。1899年秋，德皇向英国发出最后通牒，要求他们撤回近期部署到德兰士瓦边界的军队，但是遭到英国拒绝，于是10月12日英国人和布尔人之间爆发了战争。在帝国增援部队到达之前，布尔军队不仅数量超过英国军队，而且机动性强，还有法国和德国制造的精良的武器装备，他们又是在为了维护自己的独立而战。他们攻入开普殖民地和纳塔尔，包围了金伯利、马弗金和莱迪史密斯等地。在1899年12月的“黑色一周”内，英国救援部队在斯特龙伯格（Stromberg）、马赫斯方丹（Magersfontein）和科伦索等地遭遇3次失败。吉卜林说：“我们一次次重蹈覆辙。”

人们普遍认为，这个世界上最强大的帝国和这两个偏远的陆地共和国之间的所有冲突都会很快平息，而布尔人注定以失败告终。出乎意料的是，从一开始这场战争就如同“大卫与歌利亚”

之战（双方实力相差悬殊），1900 年 1 月，布尔人在斯皮昂科普（Spion Kop）又一次取得了令人震惊的胜利。在德国、法国和俄国，人们对英军连遭溃败和羞辱无不幸灾乐祸。所有这些国家的媒体和舆论都持强烈的反英立场，并呼吁欧洲列强派军援助布尔人。战争准备初期，以及对英军来说灾难性的最初几个月里，联合王国在外交上受到了孤立，但是一旦英国开始调集强大的军队和资源，战争势头很快转向对与自身有利的方向。无能的军事指挥官雷德弗斯·布勒爵士（Sir Redvers Buller）被陆军元帅罗伯茨勋爵（Lord Roberts）接替，罗伯茨勋爵身经百战，经历过印度大起义和后来的许多殖民战争，他的参谋长是刚刚从苏丹凯旋的将军基钦纳勋爵（已封爵）。英国增援部队陆续抵达，最终以 45 万帝国军人对抗只有 6 万人的布尔士兵。被包围的 3 个地方成功解围，1900 年 5 月，坚守了 217 天的马弗京（Mafeking）最终解除了围困，英国国内一片欢呼，沙文主义达到了极度疯狂的状态。同月，英国军队占领了比勒陀利亚和约翰内斯堡这两座德兰士瓦的主要城市，大规模占领了奥兰治自由邦。到 9 月，英国兼并了这两个布尔人建立的共和国，克鲁格飞往欧洲，试图获得军事支持，但没有成功，因为他之前得到过这方面的暗示，但实际上却没有得到兑现。

到 1900 年秋，联合王国似乎赢得了布尔战争，而索尔兹伯里希望利用大众的爱国主义情绪提前解散议会，“卡其大选”（khaki election）一词就此出现，“卡其”是指南非英国驻军新制服的颜色。选举结果与 1895 年基本一致，索尔兹伯里成为帕默斯顿勋爵执政之后第一位连续两次赢得大选的党魁，而且他获选时有选举权的人还远没有那么多。保守党及其自由统一党盟友赢得了 402 个席位，比 1895 年少了 9 个，但仍然令人刮目相看；而自由党赢得了

184 个席位，与 5 年前相比增加 7 个，没有明显的改变。爱尔兰民族主义者仍然保持着 80 多个议员席位；而当年早些时候刚成立的稚嫩的工党也赢得了两个席位。因此，1900 年的大选体现了维多利亚时代末期保守党的辉煌：获得了更多中产阶层的支持，尤其以大伦敦地区更为明显，在苏格兰也赢得了多数席位。索尔兹伯里对其内阁做出了一些调整：他辞去外交部职位，由兰斯当勋爵接任，并由圣约翰·布罗德里克（St John Brodrick）接替兰斯当在战争部的职位；任命他的外甥，即亚瑟的弟弟杰拉尔德·贝尔福（Gerald Balfour）为贸易部主席，同时把里奇调至内政部；他还给其长子，即未来的第四代侯爵克兰伯恩勋爵也稍微提了职。该内阁的社会结构基本上没有改变，其中有许多索尔兹伯里的亲戚，因此有人戏称之为“塞西尔旅馆”，取名于索尔兹伯里在其伦敦西区的家族地产上新建的建筑。

然而，尽管人们为布尔战争的胜利而欢欣鼓舞，尽管保守党第二次在选举中获胜，但在 1897 年之后的几年里，人们仍然感觉到一种无法回避的“退场”和“世纪末”气氛。女王统治时期最伟大的两个人物已经去世：1892 年丁尼生去世，6 年后格莱斯顿辞世，而女王并未因此原谅他或感到惋惜。尽管联合王国在某种程度上非常脆弱，并且发展上具有很大的偶然性，但是 19 世纪“属于”她而不是其他强国。当 19 世纪行将结束时，人们开始认识到一个严重的问题最终也得到了验证：20 世纪将“属于”其他国家了。1901 年 1 月，史无前例的统治英国长达 60 余年的维多利亚女王溘然长逝，这使人们对 20 世纪的未来发展前景更为焦虑。因为人均寿命只有 40 岁多一些，所以当时的联合王国基本上没人能记得女王即位之前的社会是什么样子。她已经将其统治时代冠上了自己的名字，在许多方面都误导人们产生了一种统一的幻象。她在位期间也正好是英国经济繁荣及在世界占据强盛地位的时期，在她生命的最后 20 年里，她受人崇敬，被神化为“煤气灯下的荣光女王”（Gas-Lit Gloriana），是欧洲王室统治时间最长的女性统治者，也是世界上最大帝国的女性统治者。像她的许多臣民一样，她也是从一个自由党国际主义的支持者逐渐演变成一个保守党沙文主义的支持者。但如果阿尔伯特亲王能晚去世 30 年，她的政治轨迹也许会截然不同。虽然她在 19 世纪年代 80—90 年代深受爱戴与崇拜，但她也哀叹道，她在统治初期与丈夫有时候能够对公共事务产生很大影响，可如今已今非昔比了。维多利亚从没想过要成为一个“民主的君主”，所拥有的仅是表面的辉煌而实质上并无决定权，但这是她的命运，也是她最终得到救赎和神化的根源。

另外一个令维多利亚女王感到挫败的则是她心底难以实现的愿望，即她可悲可憎的长子威尔士亲王阿尔伯特·爱德华（Albert Edward）可能永远不会继承她的王位了。他差一点儿先于女王去世，但也就是差一点儿。这名王子年轻时虽然形骸放浪、骄奢淫逸，但也是个极具魅力、天赋聪慧的人，他自小对于家庭中的温馨舒适的苏格兰传统文化氛围就表现出叛逆；他对父母提出的苛刻的教育要求也非常排斥，因为他们希望将他打造成为一位对国家来说不可或缺的君主，而不是一个有名无实的君王。但是这种反抗或许是因为他早有预感，因为“伯蒂”（Bertie，对阿尔伯特王子的戏称）继承王位时，他所能做的已经少之又少，完全不是维多利亚女王和阿尔伯特亲王所希望的那样了。正如白哲特对英国宪制的分类论述所说的那样，他能做的更多的是保持王室的尊严而不是实际执政，而爱德华七世（他不愿意按照母亲所愿被称为阿尔伯特国王一世）也确实谙熟此道。然而这个特点也并没有马上显现出来，因为原定于 1902 年 6 月举行的加冕典礼在最后一刻被推迟。由于这位已经已逾古稀的新君主得了阑尾炎不得不进行手术，这个手术在当时还是一个高风险的大手术。但是他恢复得很好，两个月后就在威斯敏斯特大教堂举行了加冕仪式。虽然考虑到他的身体仍处于恢复中，加冕仪式已经简化，但这次筹备已久的盛典远比他母亲的加冕典礼更加隆重和盛大。休伯特·帕里爵士（Sir Hubert Parry）的赞美诗《我很开心》（*I was glad*）和爱德华·埃尔加（Edward Elgar）的《加冕颂歌》（*Coronation Ode*）均为此而创作。

尽管钻石禧年庆典呈现出秋末般萧瑟的低调，军事上在布尔战争早期又处于不利形势，但大英帝国的自我意识正是在那几年达到了巅峰。正如本森（A.C.Benson）在为埃德加的《加冕颂歌》所作的诗句中所写："你的国土广而又广，上帝佑你强而又强。"无论是在伦敦的权力走廊，还是在帝国领地的总督府宅，对于身处其中的某些人来说，这既是一种劝诫，也是一种使命。作为殖民地大臣，张伯伦下定决心一方面不断扩大和巩固帝国的海外领地，另一方面不断加强国内民众的帝国意识。在他任职期间，出现了在海外肆意扩张的英国现代最独断的 3 位殖民总督。在埃及是伊夫林·巴林爵士，如今的克罗默勋爵（Lord Cromer），从 1883 年起他就一直是英属殖民地的实际统治者，到 1907 年才卸任。在南非是刚获封爵位的米尔纳勋爵继续掌管开普殖民地和纳塔尔，并对两个前布尔共和国并入大英帝国一事实施监督。1898—1905 年，担任印度总督的是傲慢而专横的寇松勋爵，他坚信不列颠帝国的使命具有不朽的意义与道德正义。他认为这是为殖民地原住民谋福，他也认为对印度的占领以及印度军队提供的军事力量是英国取得全球领先地位的强大后盾保障。他预言:“只要统治印度,我们就是世界上最强大的国家。如果丢掉印度,我们就会沦为三流国家。”不夸张地说,1902—1903 年冬宣布爱德华七世成为印度皇帝所举行的仪式是时至当时帝国最辉煌的场面。

但即便是在这些帝国主义情绪极其高涨的年月,实际上也对进一步扩张有了一定的限制(本森除外),因为英国政府的大部分官员仍旧固守传统观念,对帝国进一步扩张持有反对态度。帝国内不希望再兼并领土的想法始终存在,而对于远东地区扩张的反感尤为明显且成功得到遏制。自鸦片战争以后,一些有意征服中国的人希望不列颠接管这个天朝帝国,因为此时英国已经占领了莫卧儿帝国的大部分地区。但是伦敦对这一不负责任且不切实际的提议似乎并不感兴趣,而且自从 1857 年“印度大起义”以后,反对的声音也更加强硬。维持英国在印度的统治已经困难重重,再把疆域扩展到中国则超出了理智或财力所能承受的范围。从太平天国起义开始,英国的政策便一直坚决地倾向于支持清政府。然而,1895 年中国被日本打败之后,中国曾面临被瓜分的危险,就如同非洲刚经历的情形。当时英国也曾短暂地面对一种可能性:宣布自身为长江沿线的保护国,以保障英国在上海的商业地位。欧洲列强们正在争先恐后与中国签订合约和割让条款,或是出资修建铁路,因为这个天朝帝国的现代化步伐缓慢而落后,而一些英国商人也敦促政府在领土上实施先发制人的行动。然而,大英帝国在中国的影响力很有限,在中国的其他国际对手太强大,最重要的是中国土地辽阔且生命力顽强,要做到这一点根本不可能或者说很不现实。索尔兹伯里政府仅在毗邻香港的所谓新界地区签订了 99 年的租约,到 1997 年租约期满,距离维多利亚女王的钻石禧年刚好是 100 年。

到爱德华七世姗姗来迟的加冕礼举办之时，布尔战争也迎来了迟来的结局。1902 年 5 月底签订了《弗里尼京条约》(Treaty of Vereeniging)，确认了英国对德兰士瓦和奥兰治自由邦的兼并，而英政府随即也授予了它们某种地方自治权。由于布尔人的指挥官组织了一场反对英国的游击战争，他们的军队多次袭击开普殖民地，摧毁了铁路和电报线路，并袭击军事哨所，所以两军矛盾冲突一直持续到“卡其大选”之后。1900 年 11 月，基钦纳勋爵接任英军总指挥官，将 12 万布尔妇女和儿童赶进所谓的“集中营”，其中 1 万多人死于疾病。仅凭军队的数量优势和无情的决心，他最终迫使布尔人屈服，但是英军也付出了惨痛的代价：军事开销 2 亿多英镑，5 800 名士兵战死，另有 2.3 万人受伤。索尔兹伯里勋爵希望能看到爱德华七世加冕，所以到这场战争正式结束前一直担任首相之职，但是由于加冕礼延期，他只好在 1902 年 7 月结束任期。此时，索尔兹伯里的身体状况已经每况愈下并于次年去世，他是最后一位位列上议院的英国首相。虽然张伯伦难以遏制地渴望继任首相一职（他属于自由统一党而非保守党，因此没有资格领导保守党），但是最终由索尔兹伯里的外甥和长期的名义继承人亚瑟・贝尔福顺理成章地接任首相。他的内阁与舅舅的内阁非常相似（他将张伯伦的长子奥斯丁拉进内阁担任了邮政局长一职），所以“塞西尔宾馆”的管理权仍掌握在其家族手中。

身为殖民地大臣的张伯伦与人们广泛称之为“乔的战争”(Joe’s War) 之间的联系，在公众心目中比任何人都更密切。尽管最终取得了圆满的结果，但是旷日持久的矛盾冲突以及最终由此增加的帝国责任非但没有减少他的焦虑，反而增加了他的焦虑。1902 年殖民会议召开之际，恰逢爱德华七世加冕，他生动地将不列颠描绘成“疲倦不堪的泰坦（巨人）在其广大无垠的命运轨道上踉跄而行”。张伯伦在会上对各殖民地首脑说：“我们已经负重而行多年，现在是需要我们的下一代与我们共同扛起这重负的时候了。”这些问题是 18 世纪 60 年代与美国被殖民者交锋失利以后困扰多届英国政府的问题的最新版再现：如何维护帝国的完整？如何说服殖民地臣民出资支持帝国军事防御的开支，而不是完全由母国一力承担？正如 1897 年一样，张伯伦的帝国统一理念没有得到各殖民代表的支持，各殖民地对于分摊皇家海军的费用热情也不高。可以肯定的是，布尔战争期间各主权领地（这是对移民殖民地越来越普遍的称谓）曾招募 3 万人参与其中，这些领地都为自己的不列颠身份感到自豪，并且满怀热情地庆祝“帝国日”，即女王维多利亚生辰纪念日（从 1904 年开始）。但是，他们虽然因为移民、情感、贸易、投资和文化等原因与祖国幸福地联系在一起，却不希望实现政治一体化，因此张伯伦试图巩固帝国并说服各殖民地实实在在地分担帝国国防费用的努力落空。

因此，此时大英帝国面临的问题是西利 20 年前就下定论的问题，只是更加严峻而已，不仅仅因为帝国庞大的体制尚不稳定，而且在愈加敌对的国际大环境下，过度扩张使大英帝国也似乎变得越来越不堪一击。法国仍然伺机对英国占领埃及寻求报复，而且对法绍达一战中遭受的耻辱依旧耿耿于怀。德国于 1898 年和 1900 年颁布的《德国海军扩军法案》（The German Navy Laws）使组建大型战斗舰队合法化，其唯一的主要目的就是要挑战英国海洋霸主的地位。1898 年美西战争（Spanish-American War）之后，美国在野心勃勃的总统西奥多·罗斯福（Theodore Roosevelt）的领导下将势力扩至加勒比海和整个太平洋地区。长期以来，俄国一直是英国在南亚地区统治地位的劲敌，波斯和阿富汗仍是有争议的缓冲地区，而1904 年横贯西伯利亚的铁路的完工也提升了俄国作为太平洋地区强国的潜力。此外，1895 年日本打败中国，预示着亚洲地区又一个真正新强国的崛起；10 年后，日本在日俄战争中击败俄国，进一步巩固了自己的地位。正如索尔兹伯里在 1902 年所说的那样，其结果是“公共事务发生了某种巨大的变化，相互争霸的各强国之间会重新排列并出现新的平衡”。实际上，大英帝国面临着前所未有的危机。索尔兹伯里总结说：“对大英帝国虎视眈眈的列强似乎在联合起来，不知不觉地呈现出越来越具挑衅性的一面。”生性悲观的索尔兹伯里在离开首相职位时也同样禀性难移。

在这种情况下，联合王国所奉行的传统狂妄的“光荣孤立”政策似乎显得不再那么了不起，甚至有些不明智。事实上，当布尔战争爆发时，英国就已经开始寻求盟友，而德国就是第一个争取的对象。尽管曾经有克鲁格的电报、海军法令以及德皇威廉二世与其外祖母统治的英国之间奇怪的爱恨纠缠等种种矛盾冲突，但毕竟在 19 世纪的大部分时间里英德两国都维持着友好的关系。1898 年，约瑟夫·张伯伦开始从帝国扩张转向外交政策，开始实践建立英德联盟的想法，起初是私底下进行，然后转为公开化。那时仍任职于外交部的索尔兹伯里对此半信半疑，但次年 11 月，张伯伦再次尝试，呼吁在联合王国、美国和德国之间建立更广泛的联盟，将“日耳曼民族与盎格鲁 - 撒克逊民族的两大分支联合在一起”（这与塞西尔·罗兹曾经期待建立的联盟不谋而合，塞西尔在他的遗嘱中就提出为进入牛津大学学习的大英帝国的人提供奖学金，也要对美国人和德国人一视同仁），但是张伯伦的讲话在这 3 个国家都受到冷遇。不管怎样，1901 年期间，英国或德国都提出了一系列关于建立某种新的英德关系的计划，多多少少都有些正式性和官方意味。时任外交大臣的兰斯当勋爵比索尔兹伯里更容易接受与德国结盟的想法。但索尔兹伯里仍然持反对态度，而且带领其内阁一起反对。同年年底，兰斯当重启与德国驻伦敦大使之间的对话，但根据柏林的指示，德国大使对此不再表示出任何兴趣。从 1902 年起，德国海军发展项目的进一步增加开始使英德关系的基调和发展进程发生了变质。

随着布尔战争接近尾声，英国政府加倍努力交友结盟，此时已经不是从欧洲开始，而是努力在帝国边界地区缓和紧张局势，减少风险。因此，1901 年，美国国务卿和英国大臣在华盛顿谈判缔结了《海 – 庞斯富特条约》(Hay-Pauncefote Treaty)，其结果是联合王国将计划中的巴拿马运河的唯一控制权转让给美国，并且放弃了作为加勒比海地区最强大海军的一切利益。因此，两年后，阿拉斯加州边界的争议也以有利于美方的结局而得到最终解决（与之前委内瑞拉殖民地有所不同)。这两项协议一方面验证了一种普遍的推断：因为英国人不可能取胜，所以对于英国人来说联合王国与美国之间发生战争已是无法想象的事情。另一方面也表明大英帝国在西半球的实力与影响力出现了重大的消退。更重要的是英国于 1902 年与日本缔结了同盟关系，这意味着“光荣孤立”时代的正式完结，因为英国与一个非欧洲国家签订了条约。该协议确保了英日在远东地区的联合海军势力超过法国和俄国，并省去了英国为其太平洋舰队建造新战舰需要的额外开支。但该协议也表明英国皇家海军在太平洋地区已经不再处于不可战胜的霸权地位：事实上，他的霸权地位很快就不复存在了。与美国和日本关系的调整实际上是具有重要意义的帝国退场之举，因为英国政府试图减轻其在世界部分地区所承担的责任并降低风险，而之前英国在这些地区曾看似独占鳌头。

惴惴不安的大国

尽管布尔战争取得了最终的胜利，但人们普遍认为，这次战争是英国自美国独立战争以来最令帝国蒙羞的冲突事件。因为后期才发展成为庞大帝国军队的英军耗费 3 年才制服两个小国组织起来的非专业的军队，而这两个国家不同的（白人）人种构成的人口总数不及弗林特郡和登比郡两地人口总数之和。《泰晤士报》认可了吉卜林早先的警告。吉卜林在其《南非战争史》(*History of the War in South Africa*) 第一卷中提道:“在经历了钻石禧年所有的辉煌和盛况之后，这场战争标志着英国开始‘退场’。”这次战争的失败也适时地开启了一个国人自我质疑和反省的时代，与 19 世纪 80 年代发生的情况相类似，但这次情形显得更加紧迫，因为海外战争的不利和国内日益严峻的社会问题之间看似有着密切的联系。这就是 1901 年马斯特曼（C.F.G.Masterman）和他的一些自由党青年朋友在一本名为《帝国之心》(*The Heart of the Empire*) 的书中提出的很有启发意义的论点，该书副标题为“关于英格兰现代城市生活问题的讨论”(*Discussions of Problems of Modern City Life in England*)。作者们探讨了住房、教育、禁酒等他们认为急需解决的问题，其中最后一篇文章出自年轻的历史学家乔治·麦考利·特里维廉（George Macaulay Trevelyan）之手，也正是他为这本书定的名。他在文章中谴责了自由放任主义（laissez-faire)、不规范的现代经济形态，以及严重的物欲横流现象，也谴责了保守党和统一党，他认为他们都腐败而又无能，受制于酿酒商和沙文主义者，无视当时的各种社会问题和社会不公平现象。

特里维廉对于党派政治的观点和评价标准可能有些偏激，但帝国已经摇摇欲坠的观点却得到了广泛的认可。尽管联合王国的人口仍在增长，从 1891 年的 3 770 万增至 10 年后的 4 150 万，但从 19 世纪 80 年代到 20 世纪初的 30 年间，出生率大约下降了 1/4 至 1/3，原因是避孕的做法已经从中产阶层蔓延到出生率最高的工人阶级之中。人们对此有各种各样的担忧。担忧之一是人口老龄化，《泰晤士报》在 1901 年提出警告："一个老龄化的社会并不美好。"一方面是因为对于那些能活到老年的人来说，老年阶段总体上来说都是一个生活窘迫的痛苦阶段，同时也因为一个老龄化的国家没有活力，充满热情和活力的年轻人都渴望走出国门到帝国各地去。担忧之二是人口增长数量比例较高的是社会地位最低最贫穷的社会群体，这意味着英国人口的整体素质在下降，因为太多的社会人口来自"最失败、最缺少进取精神的群体"。而担忧之三是不列颠民族可能被"低等种族"和"外来种族"如爱尔兰人和犹太人所淹没，根据西德尼·韦布的说法，这将导致进一步的"民族退化"。也有杞人忧天者担心来自远东的所谓"黄祸"，也意味着英伦诸岛的未来可能属于中国人（或者更可能是日本人）。当时有许多人也在思考：这样一个伟大的国家怎样才能经受住如此的人口减少与稀释？英国工业将如何继续保持竞争力？帝国又将如何真正使其民族得以昌盛，领土得以巩固和捍卫？

世纪末的这种担心整个联合王国尤其是伦敦将被劣等的"异族"所"淹没"的观点，与 19 世纪初期及中期人们的观点可谓格格不入。那时的人们认为，英国为来自其他国家的那些躲避迫害的流亡者敞开了家门且提供了一个安全的港湾，并为能提供出这样一个避难所和救助站而引以为傲。早先的那些避难者人数相对都很少，包括1789年大革命之后来自法国的人，19世纪最初10年间来自拉丁美洲的人以及1848年后来自欧洲的人，这个传统一直延续没有间断，其中最著名的避难者是埃米尔·佐拉（Emile Zola）。佐拉因写了题为“我抗议”的公开信为犹太军官阿尔弗雷德·德雷福斯（Alfred Dreyfus）辩护而被法国法庭判处监禁。他为躲避监禁逃到了英国，从1898年10月至1899年6月一直住在上诺伍德的皇后酒店。接纳这样的个人入境还在可容忍的范围内，但是对于爱尔兰人和犹太人大量涌入的反应就截然不同了。1900年，由于大饥荒的影响，仅在伦敦一地就涌入了40多万爱尔兰人的后裔，其中大多数是穷人、天主教徒和工人阶级。在19世纪的最后20年里，犹太人，尤其是波兰的犹太人也加入了他们的行列。1881年沙皇亚历山大二世被刺杀之后，犹太人为逃离俄国的屠杀，大量涌入英国。那一年，伦敦约有4.6万犹太人，20年后这个数字上升到13.5万人。许多人定居在东区，据称他们聚居在这个地区与其他人不相往来，星期天也不过安息日，同时还抢走了许多英国工人的工作机会。因此，到了19世纪90年代末，越来越多的人要求通过立法首次对进入联合王国的移民加以限制，希望以此保持英国种族的纯洁和生命力。

人们担心英国的人口增长可能与海峡对面的法国一样正濒临衰退，这样的焦虑情绪大面积地引发了另一个恐慌，即联合王国的经济发展变得越来越不平衡，越来越缺少竞争力。1882—1902年，英国小麦种植面积减少了一半，而来自加拿大和美国大草原的廉价小麦，以及来自澳大利亚和新西兰的冷冻羊肉和阿根廷的牛肉大量进入英国。从 19 世纪 40 年代末到 20 世纪初，小麦的进口量增加了 10 倍，而国内产量仅能养活 1/4 的英国人。因此，人们也越来越担心，如果再爆发一次欧洲战争，英国遭到封锁，就可能导致英国饿殍遍地。因此，越来越多的人要求英国建立更强大的皇家海军为商船保持海上航线的畅通。人们对越来越不正常的英国经济所表现出的担忧还不止于此。19 世纪的大部分时间里，英国主要的出口商品仍是煤炭、钢铁和棉花（兰开夏郡的棉纺厂几乎完全依赖海外市场），但是所获利润不足以支付英国进口的粮食和货物，从而导致 20 世纪初期每年的贸易逆差高达 1 亿英镑，只不过来自金融、运输和保险等行业的“无形”收益大大地弥补了这方面的赤字。然而，约瑟夫・张伯伦担心，与以前牢固地根植于制造业的英国经济相比，越来越依赖于金融服务业的英国经济大大衰退了，而且不仅仅是英国经济在衰退，最终整个英国甚至大英帝国也会逐渐走向衰退。他并不是唯一心存这种忧虑的人。

这种担忧的背后还有更深的焦虑，即联合王国正在持续失去其工业生产的领先地位，（正如西利在 20 年前所担心的那样）美、德这两个拥有更多人口、更大市场和更丰富自然资源的陆上帝国在制造业实力和企业创新能力方面正在逐渐取而代之。毫无疑问，到 1910 年，英国包括进、出口在内的对外贸易额比 19 世纪中叶高出 6 倍之多，但是美国和德国实力的日益强大已经使英国在世界制造品出口中所占份额从 19 世纪末的 40% 以上下降到爱德华时代的 30% 左右。到了 20 世纪初，就此时的制造业优势而言，英国已不再是首屈一指的工业化国家或世界工厂，只能在缅怀历史时自豪于比其他所有国家都更早起步而已。到 1913 年，联合王国的钢铁产量不及德国的一半，不足美国的 1/4。1901 年，威廉斯在一篇题为《德国制造——五年之后》（*Made in Germany – Five Years After*）的文章中再次提到英国对外国竞争反应过慢的问题，他声称他早先的预测已经得到证实，英国也日益受到美国的挑战。第二年，斯特德出版了《世界的美国化，或 20 世纪趋势》（*The Americanization of the World*，*or The Trend of the Twentieth Century*）一书，明确指出谁会在未来的几年成为更伟大的盎格鲁 – 撒克逊强国。这是一个具有先见之明的预言，令人不安。

人口增长的衰退以及对种族退化和经济发展滞后的恐惧，使人们陷入了对另一个问题，即持续存在的大面积贫困问题的焦虑之中。西博姆·朗特里（Seebohm Rowntree）在 1896 年开始的一项调查中就揭示过这个问题，他是一位高尚的贵格会信徒，巧克力制造家族的后裔。5 年后，当布尔战争还在进行时，他根据对约克这座天主教城市和铁路枢纽，也是其家族工厂所在地所做的最新研究，发表了题为《贫穷：城镇生活研究》（*Poverty: A Study of Town Life*）的报告。朗特里在报告里指出，约克市 10% 的人口处于“基本”贫困状态，这部分人的收入不足以支付最低限度的食物和住所费用，其主要原因是工资太低，也是因为疾病、年迈、主要的养家之人已亡故，或者是太多幼子需要供养。另有 18% 的人处在“中等”贫困状态，即家庭收入理论上足以养家糊口，但实际上家庭开销不当，尤其是用在了酗酒上。这些数字的精确性值得商榷，而朗特里也不能确定这种贫困是社会体制问题还是因为个人行为失当造成的。但是他做的调查结果显示约克市有近 1/3 的人口生活在某种形式的贫困甚至赤贫之中，这清楚地表明，不仅是各郡县城市存在大面积的贫穷现象，许多大型工业城市也一样。这些情况印证了之前查尔斯·布思发表的《伦敦人民的生活和劳动》中给出的数据。有些批评家曾声称，贫困和苦难的生活只是大都市中存在的问题，而这些调查数据则是对他们有力的回击。

对这种普遍存在的贫困现象最常见的解释是，社会底层有太多人把太多的钱花在不该花的地方了，这不仅使他们变得更加穷困，还让他们既伤身又堕落。酒吧也许是重要的社交中心，除了举办各种娱乐活动，也为工会和社团聚会提供了场所，但人们普遍认为，花钱喝酒是体质羸弱、家庭破裂和贫困的主要原因。那些高尚自律的自由党人（如朗特里）想要对酒类贸易和酿酒行业进行规范，因为这些经营者不仅提供侵害人们健康和生活的饮品，还与保守党结成紧密结盟。事实上，19 世纪末，工人阶级酗酒的现象似乎已经有所减少，但是他们赌马的状况没有任何改变，其后果似乎至少与酗酒一样应该受到谴责。的确，在朗特里看来，赌博“损害健康，抑制工业发展，延缓社会进步，破坏赌徒的品性，每年毁掉成千上万家庭，拉低了社会生活的整体格调”。花钱看戏也同样是令人谴责的行为：这些场所与酒类交易和卖淫嫖妓紧密相关，许多戏剧本身就很下流粗俗，经常模拟裸体上台，讲下流笑话和双关语逗乐。因此，那些酗酒、赌博、出入戏院的工人阶级都是经济拮据、道德沦丧、营养不良、居住条件恶劣的人，所以他们身体不健康，萎靡不振也在情理之中。

那么，如此弱不禁风的一群人在布尔战争中不堪一击又何足为怪？这是备受质疑的问题，尤其在人们为所谓的“种族退化”困扰的时候。3 000 名英国士兵因为患有剧烈的牙痛而从南非病退回国；朗特里的调查数据显示，约克、利兹和谢菲尔德有近一半的应征入伍者体检不合格；1902 年，经历了多次非洲战役的退伍军人莫里斯少将（Major General J. F. Maurice）断言，60% 的男性不适合服兵役，第二年陆军医疗服务总干事（the Director General of the Army Medical Service）显然证实了这一数字的准确性。为了应对这些紧急情况，贝尔福成立了一个“身体素质下降问题联合调查委员会”（Inter-Departmental Committee on Physical Deterioration），并于 1904 年提供了调查报告。令人欣慰的是，调查结果表明，莫里斯的统计数据存在误导性，英国并无严重的种族退化迹象。但调查收集的大量证据显示，普遍的健康不良与环境恶化都明显带有工人阶级的生活特点，主要是城市过度拥挤、空气污染、工作条件、性病和某些身体缺陷等带来的结果。该委员会也清楚地知道，这些问题通常在他们很小的时候就开始出现了，他们也清楚许多婴儿和学童得不到足够的照顾，导致他们长大以后很容易患上某种慢性疾病。因此，该委员会敦促应该定期为学龄儿童进行体检，地方当局应该负起责任为那些明显营养不良和食不果腹的人提供膳食。

贫困和健康不良等问题的背后潜藏着两个更深的忧虑。首先，由于农村和城市生活之间的平衡完全被打乱，造成了看似不可逆转的国民身体素质下降及道德沦丧。到 1901 年为止，3/4 以上的英格兰和威尔士人口居住在城市（苏格兰和爱尔兰的比例低一些），大多数人都生活在都市中，与过去相比，有个人乡村生活经历或真正了解乡村生活的不列颠人少之又少。基尔·哈迪哀叹道：“我们的孩子都是在大城市里长大的，完全脱离了自然之母的伟大力量。”这种观点得到了那些右翼政治人士的认同，他们认为无论是在英国国内还是在帝国的边境，只有在乡村才能找到培养完善的价值观和勇敢美德的沃土。左翼人士也表示认同，他们提倡在乡村进行徒步运动和到阿尔卑斯山爬山等需要付出体力的运动，认为这是解决城市生活带来的体质虚弱与腐化堕落问题的良药。但是受这些发展变化威胁最大的通常是工人阶级，而这些健康良药对他们当中的许多人来说根本遥不可及（骑行可以逃离这种生活，但是他们却买不起自行车）。生活在拥挤的城镇里，这些人缺乏乡村生活能给人带来的安定感、认同感和传承感。人们普遍感到害怕，害怕这些不合群、缺乏教养、贫穷的城市大众会是肤浅、不安定和极易躁动的群体，容易为那些江湖骗子和煽动者所左右。因此，在布尔战争结束之后，出现了一个新的动词“大肆狂欢”，意思是通过情绪化且有攻击性的群体行为肆无忌惮地进行非理性的情绪宣泄。

这些居于城市的堕落无产者似乎也越来越不信神，原因是他们长期不参加宗教仪式，宗教习俗也普遍淡化，同时科学研究所取得的进步及得出的论断进一步破坏了基督教义。1886—1902 年，伦敦市区人口总数增加了 50 多万人，但参加教堂活动的人数量却减少了 16.4 万。这种下滑状况对国教影响最大，1902 年伦敦的国教徒人数只有 1886 年人数的 3/4。而且，星期日不再是专属的宗教活动日。1896 年，议会批准各公立博物馆和美术馆可以在安息日开门，很快大英博物馆（British Museum）、国家美术馆（National Gallery）和南肯辛顿宫（South Kensington）等博物馆在周日下午向公众开放。星期日去当地的公园散步听铜管乐队演出也成了周末最受欢迎的消遣方式，星期日报纸的销量达到日报的两倍。在爱德华时代，乡间宅邸在周末的重要事务也不再是宗教仪式，其逐渐成为上层阶级享受奢侈生活、频繁通奸幽会的场所。对于这些活动最为热衷的是国王本人。联合王国表面上仍然是一个基督教国家（只不过分成了英国国教、新教和天主教等各种教派），但常规的公众宗教活动明显在减少（但人们对贝尔福《教育法》的愤怒表明宗教仍然是一个巨大而富有争议的政治话题）。1904 年秋，《每日电讯报》发起了一个关于“我们还有信仰吗？”的论题大讨论。那些有信仰的人强调信仰以及基督教义具有极大的重要性，而没有信仰的人则认为在科学与理性的时代，人们对自己有充分的了解，不需要任何宗教信仰或迷信来指引他们。

底层阶级的生活变得愈加无所寄托且无可信仰，而上层社会则似乎变得更加堕落和腐败。柯南·道尔以夏洛克·福尔摩斯的形象塑造了一个令人产生共鸣的多面性人物：他一方面伪装成强大的尼采式超人，另一方面却是王尔德式的颓废者，生活中离不开可卡因、浓妆艳抹，精神萎靡不振，百无聊赖。1894 年，约翰·莱恩（John Lane）创办了《黄面志》（*The Yellow Book*）杂志——一本描写颓废群体的生活杂志。奥伯利·比亚兹莱（Aubrey Beardsley，《力量》周刊称他为“怪人奥伯利”）精准地抓住了这一群体的精神实质，用他那令人不安的、充满激情的笔调和线条，向我们展示出一个充斥残酷和罪恶的世界。1895 年，匈牙利人马克斯·诺道（Max Nordau）出版了《退化》（*Degeneration*）一书，谴责这种颓废的美学会把欧洲文明引向末日。4 年后，美国作家托斯丹·凡勃伦（Thorstein Veblen）出版了《有闲阶级论》（*The Theory of the Leisure Class*）一书，批评新一代富豪阶层陷于“炫耀性消费”的物质享乐之中不能自拔。托斯丹的观点在联合王国得到了许多人的认同，因为这里的那些贪婪的财阀、精神空虚的金融家通过购买乡村房产及城市的房屋，花钱购买各种头衔和荣誉，很快成为爱德华七世周围的核心人物，并将鄙俗糜烂的社会风气带入英国的公共生活之中，与土地和国家完全没有任何真正意义上的传承。1895 年 7 月自由党实行的爵位制，以及 10 年后贝尔福的辞任荣典均被指责为“只不过是一时兴起为金融家授予爵位”。尽管这些头衔从未直接出售，但人们普遍认为，为党派提供经费支持即可以这种方式得到回报。这其中也有很多犹太人，这也进一步激化了当时愈演愈烈的反犹主义情绪（爱德华本人有时被称为“犹太人之王”）。

“正统性”走向衰落以及民族文化走向衰败的另一个标志是发行了大量面向大众的报纸。首当其冲的是1896年阿尔弗雷德·哈姆斯沃思（Alfred Harmsworth）的《每日邮报》(*Daily Mail*)，具体针对的就是中产阶层和中下阶层读者。该报通过机械排版并使用新型的高速印刷机印刷，而且不久报纸的版面上就附带了大量的营利性广告，某些广告甚至占据了整个版面。《每日邮报》创办的前10年里，其发行量是英国日报史上最高的，1900年布尔战争激战之时，其每天的销量达到100万份。哈姆斯沃思继续收购了《晚间新闻》(*Evening News*)、《观察家报》(*The Observer*)，并最终购买了《泰晤士报》(*The Times*)。其他报业纷纷效仿他的模式，《速写》(*Sketch*)、《先驱报》(*Herald*）和《快报》(*Express*）很快加入了《邮报》的行列，这些报纸都在迎合似乎是哈姆斯沃思发现的新读者群，其结果是从1896—1906年，日报读者的总数翻了一番。这些报纸在政治观点上通常比较传统，而且常常带有沙文主义色彩。他们以耸人听闻的方式进行新闻报道，不再全文刊载政治家们的演讲；而是试图通过趣事杂谈等各种噱头引人注目，吸引读者。这些报纸都是为半文盲水平的读者及选民量身打造的，他们既报道事件又操纵舆论，那些高尚人士，不论是左翼还是右翼，都对这些报纸进行了谴责。索尔兹伯里勋爵将《邮报》斥责为“勤杂工为勤杂工写的报纸”，而乔治·麦考利·特里维廉则斥低俗新闻业为“白祸”，吸引的是“所有阶层中那些没有受过教育的民众”。

当时，有很多原因致使英国的统治者和知识分子很担心到 20 世纪初会出现广泛的民族躁动情绪。正是在这种社会广泛担忧和不满的大背景下，贝尔福成立了一个皇家委员会，主席由自由党贵族、前印度皇家总督埃尔金勋爵担任，负责调查在布尔战争期间，特别是在其早期阶段战事惨败的原因。1903 年夏，该委员会提交的报告中描述的种种失误和混乱令人想到了克里米亚战争的开始阶段。报告宣称，“在南非的军事行动从来没有过任何作战计划”。作战初期几乎没有任何战场地形图，没有足够的弹药，也缺乏在南非草原上作战必不可少的作战服，情报和参谋工作不到位，皇家陆军医疗队（Royal Army Medical Corps）面对巨大压力无法正常工作。在伦敦和南非的政客与那些军事指挥官之间的关系都不和睦：作为战争大臣的兰斯当勋爵应该负责战争的指挥，但是他完全不能与总司令加内特·沃尔斯利勋爵相提并论；开普总督与纳塔尔总督与各自的军队指挥官之间的关系也同样如此。正规军士兵似乎无法独立思考和行动，而军官们也极度缺乏才干。在现代战争中，军事专业能力与勇敢同样重要，但大多数军官所受的教育并不是提高知识水平而是提高“素质”，一位评论员指出，“需要更多知识型的军官”，但是“公学里培养不出这种军官”。

对于这些军事和政治败绩的强烈抗议和不满引发了一场被称之为提高“国家效率”（National Efficiency）的更广泛的运动。记者阿诺德·怀特（Arnold White）就是参与这场运动的人之一，他在自己所写的《效率与帝国》(*Efficiency and Empire*，1901 年）一书中指出，布尔战争中的失利应该让英国的统治精英把耻辱变为自我现代化的动力（也许可以德皇威廉二世为榜样），否则就要被淘汰出局。不久，包括理查德·伯顿·霍尔丹（R.B.Haldane）、爱德华·格雷和西德尼·韦布在内的一群志同道合的人成立了一个名副其实的“合作高效”(Co-Efficients) 餐饮俱乐部，他们渴望对爱德华王朝的统治“施加影响”并改变其治国政策。对于像西德尼·韦布和比阿特丽斯·韦布这些费边主义者来说，“国家效率”运动是推进他们实现社会重建的集体主义策略的有效方式。许多自由党人认为，通过实施同时具有进步性和爱国性的体制现代化计划，就可以摆脱“纽卡斯尔计划”(Newcastle Programme) 的束缚。与此同时，以米尔纳勋爵为首的一群年轻崇拜者也参与到了“国家效率”运动中，这其中就包括记者詹姆斯·路易斯·加尔文 (J.L.Garvin) 和利奥波德·埃默里 (Leopold Amery)。因此，“国家效率”运动是一个跨党派的运动，该运动的拥护者坚信，保守党和自由党之间的宿怨已没那么重要，目前更重要更紧迫的新任务是打赢专业实力与无能之间的对抗战。甚至有人说，也许可以说服罗斯伯里勋爵成立一个跨党派的“国民政府”，共同致力于提高“国家效率”的事业。但是，就像试图使晚年的战神阿喀琉斯离开其帐幕的多次努力都失败了一样[①]，这次运动也毫无结果，只不过是民族不安情绪的进一步表露而已。

还有其他一些关注类似问题的重要组织，其中最重要且最有影响力的是海军协会 (Navy League)，它成立于 1894 年 12 月，也就是因海军军费问题引发内阁危机，导致格莱斯顿最终离开唐宁街 10 号不久之后。海军协会得到了诸多人士的支持，其中包括

① 古希腊神话中，阿喀琉斯在特洛伊战争的决战中杀死了赫克托耳。其后在神的指引下，特洛伊国王、赫克托耳之父普里阿摩斯来到阿喀琉斯的帐前，经过苦苦哀求，才赎回了儿子的遗体。

亨利·斯宾塞·威尔金森（Henry Spencer Wilkinson）、赫伯特·赖利·威尔逊（Herbert Wrigley Wilson）、阿诺德·怀特等记者，还有德文希尔公爵、威斯敏斯特公爵和陆军元帅罗伯茨伯爵（Field Marshal Earl Roberts）等知名人士，以及许多海军人员，其中最引人注目的是身为议员的上将查尔斯·贝雷斯福德（Admiral Lord Charles Beresford）。海军协会在联合王国及帝国各地都建立了分支机构，努力提高公众对皇家海军重要性的认识，它的重要性不仅体现在维持英国的生存上（因为英国大部分的食物都是进口的），还体现在维持大英帝国的完整性上（海洋控制权是保持世界海上霸权地位的必备条件），同时是保证英国在即将到来的与德国展开的军备竞赛（是海军而非陆军的竞赛）中取得胜利的关键所在。除了为许多会议和出版物提供赞助之外，海军协会还创建并促成了每年一度的“特拉法尔加日”（Trafalgar Day）庆祝活动。这一庆祝活动始于 1896 年 10 月，当时特拉法尔加广场的纳尔逊纪念碑上挂满了鲜花和旗帜，英国本土及大英帝国的许多城镇和城市也举行了类似的庆祝活动。海军协会还持续对各届政府施加压力，继续建造更多的舰船，在海军部提高指挥者的素质，优化指挥体系。在世纪之交，该联盟的成员总数为 1.4 万人，明显比德国海军协会成员人数少，但是到 1912 年，其成员人数已经增至 10 万人。

对于当时社会中普遍存在的焦虑现象，一种截然不同的应对方式是重新发现并保持健康而稳定的乡村价值观，其表现形式多种多样。1895 年，现在已经被冠名为自由环保主义者的团体，成立了“国家历史名胜或自然美景保护信托组织”（National Trust for Places of Historic Interest or Natural Beauty），目的是保护英格兰和威尔士的自然风景区和开放空间，使其免受城市扩张和发展的破坏，其成员包括奥克塔维娅·希尔（Octavia Hill）和卡农·哈德威克·罗恩斯利（Canon Hardwicke Rawnsley）等。两年后，爱德华·哈德逊（Edward Hudson）创办了《乡村生活》（*Country Life*）杂志，这份杂志很快成为那些热衷于在农村休闲和居住的人最喜欢的杂志。他是诺森伯兰郡林德斯法恩城堡（Lindisfarne Castle）的主人，在伦敦周围各郡也拥有多处鲁琴斯[①]建造的房屋。在女王兼女皇统治的最后阶段，《维多利亚英格兰郡史》（*Victoria Histories of the Counties of England*）丛书开始动笔，以更长远的视角，叙述了从史前时代到当前时期的郡县生活，这是一套史料丰富的多卷本鸿篇巨制。另一位更激进的人物是埃比尼泽·霍华德（Ebenezer Howard），他在1901年出版了《明日的田园城市》（*Garden Cities of Tomorrow*），书中指出，可以使基本的农村价值观和环境与当代城市生活互相协调起来。两年后，他开始在赫特福德郡（Hertfordshire）的莱奇沃思（Letchworth）开工践行这一理念。几乎在同一时间，塞西尔·夏普（Cecil Sharp）及其朋友拉尔夫·沃恩·威廉斯（Ralph Vaughan Williams）开始在萨默塞特收集英格兰民歌，就此开始了民乐的复兴，其目的在于挽救和记录下据信是从远古时代流传下来的那些原汁原味的旋律和本土的民谣，使其免受戏院歌曲的破坏和威胁。

可能对某些人来说，维多利亚时代末期和爱德华时代早期的那些年月似乎是女王神化的辉煌时代，紧随其后便开始了“美好的时光”，但在当时的人们看来情况可不是这样，尤其是对于那些政府官员来说根本无“美好”可言，因为不管属于哪个党派，他们都

① 埃德温·鲁琴斯是一名20世纪英国建筑师，曾任皇家艺术研究院院长。

需要不断处理各种各样的国内和国际问题，而且处理这些问题又要面对经费不断攀升的难题。到 19 世纪 90 年代中期，正如格莱斯顿对增加海军预算的无效抗议所证明的那样，面对不断增长的用于社会福利和国防的开支费用，大多数自由党人实际上已经放弃了削减开支、低费用政府运作和低税收的旧观念。而在保守党和统一党执政期间，布尔战争的开销以及国防开支的增加（海军军费从 1890 年的 1 380 万英镑增加到 10 年之后的 2 920 万英镑）意味着直接征税比间接征税更重要。从 19 世纪 70 年代中期到 90 年代末期，所得税的标准税率从每英镑 2 便士的低点提高到 8 便士，到 1903 年达到了创纪录的 1 先令 3 便士。同时，地方政府的花费也在攀升，因为各市政当局承担的责任领域也越来越宽，包括卫生和教育，还有成本越来越高的公路建设、污水处理，医院建设和警务等方面的开支等。其结果是，中央和地方政府的总花费从 1890 年的 1.31 亿英镑增加到 10 年后的 2.81 亿英镑，而国家和地方的债务也相应增加。

联邦主义的盛行与衰落

在索尔兹伯里和贝尔福领导下的保守统一党政府连续执政长达 10 年之久，这是自 1812—1827 年利物浦勋爵政府之后再没有过的记录，而且 20 世纪下半叶之前都没有再出现过这种长期执政的情况。索尔兹伯里虽然忙于外交和帝国事务，但他乐于继续推行谨慎的改革政策，这是他之前在 1886—1892 年的典型执政风格，他也同样坚决地维护与爱尔兰的联盟关系。而张伯伦不但关心国际竞争和帝国巩固的问题，而且很清楚地认识到帝国的形势发展与联合王国的形势发展之间存在着越来越密切的关系。在德意志帝国和新西兰等遥远而多元化的国家，正在进行着社会福利立法的实验，如推行全民保险和提供养老金等；而基于民族语言的民族主义浪漫复兴在爱尔兰、苏格兰和威尔士（但不包括英格兰）越来越明显，但这也只是欧洲大部分地区更加普遍存在的特殊事物中的一个变种而已。工会也许（或也许不）希望进行更多的社会改革，但是政治家们却越来越坚信工会希望改革。但是像发动布尔战争以及建造新战舰等福利改革代价都非常高昂，不禁会让人们产生这样的疑问：何以支付这些社会变革的开销？财政能够持续负担起这种史无前例的社会福利及战争的巨额开销吗？在预算盈余充裕的 1897 年，这似乎并不是问题，但两年之后，盈余被迫在眉睫的 400 万英镑赤字所取代，而且从那以后赤字还在不断增加。

财政支出的增长似乎一发而不可收，尤其是国防和帝国事务的开支，这就解释了为什么在保守党执政的 10 年里国内立法如此有限。《1896 年农用地定级法案》（The Agricultural Land Rating Act of 1896）提供的财政拨款将耕地的应课税值降低了，等级差的耕地降低了一半，一般等级的降低了 3/4。其目的是用省下来的税金资助处于困境中的农民，但是自由党人批评说真正的受益者是（拥护保守党的）地主，而且许多保守党最近争取到的城市支持者们也不赞成这项措施。同年，政府又撤回一项教育法，因为该法案遭到了下议院自由党人和新教徒的强烈反对。1898 年的《慈善法案》（Benefices Act）旨在通过赋予神职人员更多的自主权并限制赞助人的赠予权来帮助国教教会，但也出乎意料地引起了争议（这是宗教在政治中仍然占有重要地位的先期警示，但贝尔福没有理睬）。相反，《1899 年地方政府法案》（Local Government Act of 1899）却受到传统保守党人的普遍欢迎，该法案提出将伦敦新划分成28个市镇，此举旨在阻止伦敦郡议会看似屡教不改的扩建行为，这种行为从十多年前上届索尔兹伯里政府成立该议会时就没有停止过。但是，反对派批评说这是一个小心眼的报复性措施，认为这是在建设一批“冒名的自治市”，以此授封一批市长，造出一些徽章，建设了一批造价高昂、装饰过度的市政厅。

在大多数这类国内立法以及许多帝国事务背后，推手都是张伯伦，尽管他的职责是负责殖民地事务而不应该参与国内事务，但就像他试图扩张和巩固帝国的努力一样，他取得的成果也是喜忧参半。在他的引导下，1897年通过了一项《劳工赔偿法案》（Workmen's Compensation Act），规定了工作场所事故处理的总体原则，即工作场所出现事故由雇主赔付，无须像以前那样长时间投入大量费用换来诉讼结果。最初，海员、家政服务人员或农业工人并不在这项法规保护范围之内，但随后10年中陆续通过的法案也将这部分人员全部涵盖在内。在此前一年，张伯伦成立了由罗斯柴尔德勋爵担任主席的养老金委员会（Committee on Old Age Pensions）。该委员会审核了100多个方案，但是无一入选。张伯伦随后成立了自己的议会专门委员会，由亨利·卓别林担任主席，劳合·乔治算是成员之一。1899年该委员会在报告中建议，付给贫困和理应享受照顾的65岁以上的老人每周5先令的补助金，但有严格的限制条件。随后又成立了一个委员会，以确定这项规定所需的资金额，但是到了1900年该委员会要提出报告之时，正值布尔战争的开支激增，这就意味着养老补助的提案遭到搁置。直到将近10年后，劳合·乔治才代表自由党政府重新开始讨论这个问题。

作为一名自由党人及后来的统一党成员，张伯伦试图动员中央政府力量，调动国家资源，改善普通民众的生活条件和处境等努力，也一样收效甚微。而索尔兹伯里政府确实是在维护联合王国与爱尔兰的联盟问题上立场坚定没有动摇，因为当时包括劳合·乔治的许多自由党人都主张要进一步推行格莱斯顿关于爱尔兰的提议，不仅将爱尔兰变成一个更彻底的宪法体制，而且要把联合王国的 4 个组成国家全部变成宪法体制，即所谓的“全面地方自治”（Home Rule All Round）。格莱斯顿为调查威尔士的土地和农业状况而设立的皇家委员会于 1896 年发表了一篇报告，但完全无人理睬。1897 年政府在苏格兰设立了“高地人口密集区委员会”（Highland Congested Districts Board），但它能提供给佃农购买的小块农地量很有限。1896 年，爱尔兰对 5 年前通过的《土地购买法案》做了轻微的调整。然而，尽管索尔兹伯里政府期望以相对温和的方式逐渐瓦解英 – 爱优势群体的土地根基，但是正如杰拉尔德·贝尔福所说，政府也下定决心要“温柔地终结自治法案”。他们更愿意以近似格莱斯顿的方式，选择安抚而并非强制的“建设性”手段维护联盟的存在。增加了铁路建设的投资，同时也为许多手工业提供了资助。最重要的是，《1898 年地方政府法案》取缔了原来由地主及其亲属控制的大陪审团，由郡县、农村和城市地区委员会取而代之，这一举措要感谢 10 年前进行的英格兰地方政府改革。大多数委员会席位由天主教民族主义者赢得，从而结束了几个世纪以来新教徒掌控爱尔兰事务的局面。

在统一党统治的这些年里，索尔兹伯里及其同僚可以随心所欲，做多做少完全自主决定，因为自由党人在议会中根本构不成足够的反对力量。1895 年选举失败后，罗斯伯里继续担任自由党领袖，但第二年，格莱斯顿复出，最后一次强烈发声，谴责伊斯坦布尔的耳其人对亚美尼亚人的大屠杀事件。于是与格莱斯顿相比，大家更倾向于支持土耳其的罗斯伯里辞职。自由党领袖分别由两人担任，下议院领导人是哈考特（1894 年接替格莱斯顿），上议院领导人是金伯利（刚刚接替罗斯伯里）。但是哈考特几乎和罗斯伯里一样性情古怪，难以相处。1898 年 12 月，他因为一件小事辞去了下议院领袖一职，由亨利·坎贝尔–班纳曼爵士（Sir Henry Campbell-Bannerman）接替。很快，在这些具有破坏性的个人恩怨基础上，又因布尔战争问题而导致自由党出现了更深的裂痕。包括罗斯伯里、阿斯奎斯、霍尔丹和爱德华·格雷爵士在内的所谓的“自由帝国主义者”（Liberal Imperialists）持赞成态度，但他们受到了“小英格兰人”（Little Englanders）或“亲布尔派”的反对，这其中包括劳合·乔治，最后还包括坎贝尔–班纳曼本人，1901 年 6 月（人称 C-B 的）坎贝尔–班纳曼谴责英国军队在战争中使用了他称之为“野蛮做法”的集中营措施。但此时在坎贝尔–班纳曼领导下的自由党人已经在“卡其选举”中败北，他个人与其党派一样都前途渺茫。那些自由帝国主义者一直不信任他，1905 年 9 月，阿斯奎斯、格雷和霍尔丹达成共识：除非坎贝尔–班纳曼调去上议院，下议院由阿斯奎斯负责，否则他们拒绝在未来坎贝尔–班纳曼组建的政府内任职。

自由党对索尔兹伯里政府无法构成任何威胁，爱尔兰民族主义者也同样如此。他们的事业遭受了两次重创：一次是 1891 年巴涅尔去世，他们失去了一位杰出的领导人；另一次是两年后，上议院以压倒性票数否决了格莱斯顿的第二个《爱尔兰自治法案》。此后，民族主义者开始分裂：大多数人与爱尔兰的天主教会和自由党密切合作，而同样赞成自治法案的少数派则希望获取更大的政治行动自由。1900 年，这两个派别才在约翰·雷德蒙（John Redmond）的领导下重新团结起来，雷德蒙与他之前的巴涅尔一样，都出生于显赫的乡绅家族，只不过他的家乡是韦克斯福德县（County Wexford）。但此时统一党所奉行的“温柔地终结自治法案”的政策似乎开始取得成效了，因为在 1900 年的大选中，当时担任自由党领袖的赫伯特·格莱斯顿（Herbert Gladstone）实际上已经不再把实施自治法案作为自由党的行动纲领。他就是在 1885 年 12 月对外披露他父亲已经开始支持爱尔兰实行自治的格莱斯顿之子。在爱尔兰，民族主义者绝大多数是天主教徒，但在 19 世纪 90 年代出现了一种新的思潮，强调本土文化而不是教皇至上的宗教，1893 年“盖尔人联盟”（Gaelic League）的建立就证明了这一点。但是，新教统一党在科克和都柏林部分地区，特别是在阿尔斯特逐渐成为一股强大的势力，那里是爱尔兰经济最发达的地区，地主、造船商和工薪阶层成员联合起来强烈反对《爱尔兰自治法案》。在《联合法案》颁布后的 100 年时间里，始终存在广泛的反对意见，但此时的政治诉求已经发生了变化，当最终发展成了更具爆发力和对抗性的局面时，要想通过一个简单的立法和宪法途径来解决爱尔兰问题就更困难了。

在政治上，使普通民众利益有所体现的尝试也收效甚微。英国工人阶级在种族、宗教、地位、职业、地理和性别等方面仍处于分裂状态；在工厂做工的工人和矿工与诸如西德尼·韦布、格雷厄姆·瓦拉斯（Graham Wallas）和萧伯纳等脑力劳动者、中产阶层、费边主义者之间的关系仍然很松散；新近成立的独立工党和工会运动以及自由党人之间的关系不但缺乏组织而且争论不休。在 1895 年的大选中，独立工党仅有 28 名候选人，而且全部都是得票数垫底；基尔·哈迪失去了他在西汉姆南部（West Ham South）的席位。他们原来的自信和高涨的情绪荡然无存，因为1895年后独立工党党员人数减少，直到1898年才略有好转，然后到19世纪末之前一直处于持续的稳定下降期。实际上，从1896—1899年，独立工党的所有支部中近一半都不存在了：在钻石禧年和布尔战争期间，对许多工人阶级成员来说，流行的保守党方针政策更具吸引力。1900年，独立工党、费边社和社会民主联盟（Social Democratic Federation）的代表联合起来成立了“劳工代表委员会”（the Labour Representation Committee），代表了一个尝试性的新开端。拉姆齐·麦克唐纳担任干事，但起初该组织的基础主要是中产阶层，而工会的利益和支持可以忽略不计，在“卡其大选”上，劳工代表委员会只派出了15名候选人。哈迪代表梅瑟蒂德菲尔参选，而理查德·贝尔（Richard Bell）代表德比市参选，但是两人之间的关系并不密切，不久，贝尔就背叛投奔了自由党。

自由党分裂，爱尔兰民族主义者似乎是被麻醉了（这是爱德华七世对20世纪初期恰如其分的比喻），独立工党和社会民主联盟又几乎销声匿迹，在这种情况下，保守党及其统一党盟友在1900年的选举中再次获胜也就不足为奇了。在整个联合王国，统一党以161票无可争议地胜出，而1895年，他们获得了122票，这也是衡量他们是否取得成功的标准之一。由于许多以前支持他们的富人不断弃他们而去，自由党的财政越来越紧张，在全国许多地区根本负担不起推荐候选人的费用。而张伯伦谴责所有自由党人都不爱国的那些说法（他声称“每一张投给政府的反对票，都是投给布尔人的支持票”）被该党的帝国主义者视为不公平和不公正的论调，但选民普遍认为，不能相信如此四分五裂、士气低落，资金不足的党派会以爱国主义精神担当治理国家和经营帝国的重任。但即便是在大选中获得第二次胜利的保守党和统一党也面临着他们自己的问题。索尔兹伯里可能也会谋求赢得“卡其大选”，但他憎恶给他带来胜利的沙文主义，他对一位朋友说：“最近那些越来越深入社会的改革法案”，已经沦丧为“纯粹的争斗”，这意味着这个国家“面对的是邪恶的时代”。事实上，议员们自1895年开始就已经对索尔兹伯里政府家族式的管理颇有微词，他们呼吁应该招纳年轻有为之人，这些情况也使索尔兹伯里情绪更加低落。但他此时所招纳的年轻人似乎主要还是他的亲属：没错，“塞西尔旅馆”的人员似乎是“用之不竭”。

事实上，这个“塞西尔旅馆”很快就明显出现了即将“枯竭”的局面，因为索尔兹伯里－贝尔福政府在两个问题上陷入了困境，对政府造成了持久性的损害，并帮助左翼实现了复兴。1901年最高法院就“塔夫维尔铁路公司诉铁路员工联合会”（Taff Vale Railway Co. versus the Amalgamated Society of Railway Servants）案件做出裁决：雇主（或者说任何人都）可以起诉工会，而且如果工会败诉，它的基金可作为损害赔偿金予以没收。格莱斯顿在1871年通过的“工会法案”（Trade Union Act）对工会的基金予以保护，而该判决推翻了之前的规定，其直接后果就是铁路员工联合会支付了3.2万英镑的诉讼费用和赔偿金。这一结果激怒了工会，促使劳工转而开始支持独立工党和劳工代表委员会，其程度完全是人们始料不及的。不久之后，又一事件为工党的崛起推波助澜。因为南非工人短缺，政府迫于米尔纳勋爵的压力，同意将5万名中国“苦力”运往德兰士瓦下煤矿做工。他们几乎没有任何报酬，被迫居住在封闭的管辖区内，而那里吸毒、卖淫、滥交等行为泛滥。新教徒谴责政府的这种行为不道德，人道主义者称之为奴役行为，而工会则控诉非洲和欧洲工人的工资都受到了盘剥。和“塔夫维尔”案件一样，直到1906年大选前，所谓的“中国奴隶”问题始终令保守党和统一党焦头烂额。

更糟糕的是，继舅舅之后担任首相的贝尔福，1902年通过的第一项重要立法《教育法》就引发了极大的争议（他之前在1896年曾经试图推行的、以流产告终的《教育法》也同样饱受争议）。该法案旨在使初级教育和中等教育的机构和资金合理化，理由是（如贝尔福所说）“现有的教育体系很混乱，没有起到应有的作用…（而且）正使我们成为每一个发达国家的笑柄”。该法案废除了1870年成立的学校董事会，并创办了由地方政府监管的“义务教育”（以宗教为基础的）学校，这意味着纳税人的钱将首次用于支付英国国教和天主教教师的薪水。这对新教徒和天主教徒来说都是完全可以接受的，但是格莱斯顿的追随者、自由党以及“新教良知”派却感到极为愤慨，因为政府收入将用于支持各教派学校，尤其用于支持没有“新教徒”的农村地区。尽管大多数自由党人在布尔战争问题上长期存在分歧，但他们对这项措施却能够一致持反对意见。劳合・乔治首先通过敦促地方当局对这项立法不予理睬而引起了公众的广泛关注。一位浸礼会牧师约翰・克利福德博士（Dr John Clifford）成立了“全国消极抵抗委员会”（National Passive Resistance Committee），抵制缴纳用于资助宗教学校的税费，200人因拒绝缴纳“学校税”而入狱。在内阁中，始终身为自由党人和新教徒的约瑟夫・张伯伦（尽管他基本上已经背离了这两项初衷）试图对这项立法进行修改但没有成功，他因此也开始与贝尔福及其政府渐行渐远。

第二项立法，即 1903 年通过的由乔治·温德汉姆（George Wyndham）提出的《爱尔兰土地法案》，同样也是意愿美好却带来了麻烦。温德汉姆从 1900 年起就接替杰拉尔德·贝尔福（Gerald Balfour）一直担任爱尔兰首席大臣，但此后爱尔兰一直处于安定状态，所以这一职位已经不再是内阁成员担任。然而，亚瑟·贝尔福在接替索尔兹伯里职位之后，把温德汉姆纳入内阁之中，并在第二年通过了迄今为止最全面的土地立法。该立法使财政部增加了拨款，为佃户提供更优惠的条件，并为地主争取了额外的补贴，从而首次成功促进了全地产出售。于是，对新教徒优势群体土地根基的大规模瓦解开始了，堂而皇之的理由是为了平息民族主义者对地主的不满情绪，但许多爱尔兰地主认为他们被本应支持他们的党派出卖了。马斯克里勋爵（Lord Muskerry）大发雷霆，“那些自称是保守党的政府，在推行爱尔兰相关政策时，根本就不是干保守党该干的事”。次年，温德汉姆草率地加入了一项很有争议的计划，该计划是由他的常务次官安东尼·麦克唐纳爵士（Sir Antony MacDonnell）设计的，而麦克唐纳爵士本人既是爱尔兰人，又是天主教徒。其目的是在 1898 年实施的改革基础之上，通过建立一个中央政府管理体制，赋予爱尔兰更多的自治权。但这次又引发了爱尔兰统一党的愤慨，他们认为自己第二次遭到了背叛。1905 年 3 月，温德汉姆被迫辞职，从此不再担任任何政府公职。

至此，贝尔福政府开始陷入非常严重的困境。其部分原因是自由党开始复兴，独立工党也再次有所发展，这两个党派开始联手反对保守党。贝尔福拒绝立法推翻“塔夫维尔”案件的判决并恢复工会的权利，这就促使许多此时还不太积极的工会组织转而支持劳工委员会，其理由是这个立法绝对必要。到 1903 年，127 个工会组织加入劳工委员会，加在一起的会员总数超过 80 万。自由党人也意识到政治潮流正在转向，富商也开始重返自由党队伍，这大大提高了该党派在下次选举中争夺更多席位的机会。随着贝尔福政府日渐失去人心，自由党和劳工委员会开始（谨慎）合作，尽量避免在补选中形成双方候选人互相角逐的局面。1903 年春，拉姆齐・麦克唐纳（代表劳工委员会）和赫伯特・格莱斯顿（代表自由党）开始了非正式对话，双方同意在即将到来的选举中利用他们的影响力，防止出现第三方的“搅局型候选人”，他们的干扰会带来席位落入统一党手中的风险。这个秘密计划促使自由党人与劳工委员会之间展开了更广泛的合作，而且通过签订《1905 年卡克斯顿大厅协议》（Caxton Hall Agreement of 1905），他们的合作关系进一步得到加强。分裂的左翼开始团结起来之时，恰逢保守党和统一党联盟正在解体之际。

正如格莱斯顿在 19 世纪 80 年代中期意识到的那样，问题再一次出现在张伯伦身上。他希望自己在威斯敏斯特宫的表现与在伯明翰一样创意无限，但事实证明他总是起到了适得其反的破坏作用。此时的他已年逾古稀，他一定意识到了两个主要党派的领导人都在刻意回避他，而他也已经时日无多了。在格莱斯顿和贝尔福两届政府执政期间，他都没能成功推行他要实施的重大社会改革项目，而且因为他认为贝尔福对《教育法》问题处理不当，所以对贝尔福越来越看不顺眼。尽管他在 1897 年和 1902 年尽了最大的努力，但还是没能说服那些殖民地接受他的帝国重建计划。然而，他仍然渴望实施一项全面的政治计划，即在无须提高直接征税的情况下，在国内，特别是在养老补助领域实施重大的社会改革的同时，巩固帝国的海外统治。1897 年，加拿大对来自英国的进口商品实行了关税优惠政策，如果英国放弃自由贸易并给予其他殖民地优惠关税的回报，那么这些殖民地就会纷纷效仿加拿大的做法。尽管布尔战争期间其他国家普遍对英国表现出敌意，使张伯伦更急于促进帝国的统一，但这场战争延误了时机，使他没有对此及时做出回应。虽然政府为了帮助支付这场战争的费用，在 1902 年征收了一项谷物登记税，但令张伯伦感到遗憾的是，在 1903 年的预算中取消了这项关税，因为他原本希望以这个对这些殖民地起到缓和作用的措施为开端，实现某种形式的帝国全面优惠措施。

1902—1903 年那个冬天，张伯伦访问了南非，亲自考察被征服后的两个布尔共和国的重建工作。在此期间，他重新思考了关于自由贸易、帝国统一和社会改革等问题，并开始谋划如何将这些事务结合在一起同时进行。在回国后的张伯伦看来，政府放弃征收谷物关税是对他的无情排斥。因此，他于 1903 年 5 月在伯明翰发表了一个演讲，对他的设想进行了描绘，即以他所谓的“关税改革”为起步，进而实现促进帝国统一的更宏伟计划。他坚信，这是这一时代所面临的最大的挑战：是使帝国“一步步实现统一还是任其四分五裂”？张伯伦的演讲宏观概论很强，但是缺乏微观细节论述，而且他的本意也只是要引发公开讨论，希望政府最终可以在下一次大选之前致力于关税改革。但张伯伦的讲话引起了广泛关注，关税问题突然成了当下最具争议的政治问题，大臣们迫于巨大压力不得不马上做出赞成或反对的表态。最终对此形成了 3 种不同的意见，即张伯伦派、主张自由贸易派和贝尔福派。首相不想得罪任何一派，所以并没有做出任何具体的表态，因此也就无法维持内阁和其所在党派的团结。但是，因为保守党和统一党已经陷入自相残杀的混乱之中，这种模棱两可的做法，无论对张伯伦还是对其反对者来说，都显得不够明智。1903 年 9 月张伯伦辞去内阁职务，德文希尔公爵领导下的最坚定的自由贸易支持者也辞职而去。

这些关税和帝国统一的问题主要会涉及的是联合王国的（查尔斯·迪尔克爵士所说的）“更大不列颠”和加拿大、澳大利亚、新西兰，以及即将合并进来的英属南非等移民殖民地。但无论是在国内还是在帝国的“白人”中间，张伯伦都没得到他所需要的支持。同时，也产生了一些初步迹象，表明帝国中的那些“非白人”居民也不愿意无限期地处于帝国的从属地位。1888 年，年轻的圣雄甘地（Mahatma Gandhi）从印度来到伦敦，在中殿律师学院学习法律。3 年后他获得资格，随后前往南非，在那里他对白人对待有色人种，尤其是他的南亚同胞的态度感到震惊。1889 年，一群南亚人组建了“印度国大党英国委员会”（British Committee of the Indian National Congress），在接下来的 25 年时间里组织运动为南亚人争取更多的参与本国政务的权利。1897 年亨利·西尔维斯特·威廉斯（Henry Sylvester Williams）从特立尼达（Trinidad）来到伦敦，在格雷律师学院学习法律，同年他成立了“非洲人协会”（the African Association）。1902 年该协会在伦敦组织召开了第一届泛非大会（Pan-African Congress）。大会上，非裔美国人威廉·爱德华·伯格哈特·杜博伊斯（W.E.B.du Bois）发出了著名的宣言：“20 世纪的问题是种族界限问题。”这些人和这些事件没有引起伦敦帝国当局的注意，因为他们越来越陷入关税改革问题的混战中而无暇顾及别的事务，但这些最初的迹象则预示着英国在“热带”帝国的统治很快就不再高枕无忧了。

保守党人、关税和痛苦

1903 年年底，保守党和统一党已经因关税改革问题严重分裂，于是贝尔福任命张伯伦的儿子奥斯丁为财政大臣，德文希尔公爵的侄子兼继承人维克托·卡文迪什（Victor Cavendish）为财政大臣，试图以此弥合裂痕，保证党派的团结。但他的努力无济于事。保守党中的自由贸易派以一种宗教般的狂热对待关税改革，自由党人也如此。张伯伦建立了关税改革联盟（Tariff Reform League），并成立了一个包括支持改革的经济学家在内的关税改革委员会来组织和进行对抗。从 1903 年 10 月到 12 月，张伯伦在全国各地来回奔波组织活动，在大工业城市里发表重要讲话，呼吁需要保护英国制造业免受外国竞争。他坚持通过保护制造业获得的收入就足以满足福利和国防事业所需资金的观点，并对“巩固帝国”这一更伟大的事业进行宣传鼓动。张伯伦的追随者狂热而咄咄逼人，他们至少将十几位保守党自由贸易派驱逐出该党，其中一位就是年轻傲慢、野心勃勃的议员温斯顿·丘吉尔（Winston Churchill），1904 年年初，他与保守党决裂，在下议院加入了自由党人的行列。

贝尔福与他之前的罗斯伯里一样领导的是一个四分五裂、士气低落的“末日”政府，面临着无疑是非常黯淡的选举前景。他本人也与罗斯伯里一样，显得优柔寡断，犹豫不决，无法在党内树立起自己的权威。然而，在这段昏暗的时期，贝尔福也的确采取了一些措施，并实施了一些改革。1904 年，政府通过了《执照法》，取悦了禁酒游说者，却惹恼了酿酒商，因为该法案导致了许多酒吧的关闭。然而也有令酿酒商高兴使禁酒游说者恼火的事，因为酒吧店主会得到很大一笔赔偿金。1905 年根据《失业工人法案》（Unemployed Workmen Act）成立了“救助委员会”（Distress Committees），调查男性失业的原因和失业地点，并为他们提供某种救济，但这些委员会的权力有限，他们要依靠自愿捐助来帮助失业者。这些措施都没有什么重要意义，《执照法》体现出的是典型的贝尔福式的模棱两可。1905 年通过的另外一项更有风险、更令人担忧的立法，主要是为了应对来自保守党后座议员不断增长的压力以及公众对新的犹太移民潮的抗议。犹太人在人们眼里是“穷困潦倒且不受欢迎的”典型，成了替罪羊，而且犹太人口的日益增多也加深了人们对英国会被异族和劣等民族所“淹没”的前景的担忧。由此产生的《外国人法》终止了移民自动拥有的庇护权，这本是英国 19 世纪政治文化中最慷慨的方面之一（事实上后来的自由党政府基本没有执行这一法案）。

布尔战争结束，埃尔金勋爵对英军大面积的军事失利原因也予以了曝光，关税改革又造成了分裂局面，但经历了这一切的贝尔福仍然决心对英国陆军和皇家海军进行整顿。他希望此举可以使军队有能力与德军抗衡，因为从 1904 年起，德国就被公认为是英国本土以及大英帝国最有可能面对的劲敌。他成立了“帝国防卫委员会”（Committee of Imperial Defence），亲自负责并不断增强力量，以谋划、监督及协调宏大的战略，任命相关内阁大臣和海陆军首长为其成员，并设立专职的参谋和秘书处。他废除了业已不合时宜的总司令之职，并设立了现代的总参谋部（General Staff）和军事委员会（Army Board），这也是自 19 世纪 90 年代初以来一直呼吁要进行的改革。他任命精力充沛但脾气暴躁的海军上将约翰·费希尔爵士（Sir John Fisher）作为第一海务大臣（First Sea Lord）以实现海军现代化，费希尔也做到了。他废弃了许多没有作战价值的老式战舰，授命建造了第一艘“无畏号”(*Dreadnought*)战舰，任用经过严格筛选的高素质军官担任要职。费希尔还从远东召回了 5 艘主力舰，这是关闭太平洋基地行动的一部分，也撤回了西印度和北美的海军中队。这是一种真正的退场，因为英国实际上是放弃了海上管辖权和海上霸权，将大西洋西部拱手让与美国，将太平洋地区让与美国和日本。皇家海军代之以将力量集中于对英吉利海峡、大西洋、地中海和东方的控制，这一迹象表明，在欧洲抗击德国的战争比保卫遥远的帝国移民殖民地和非洲更为紧迫，但是印度仍然是一个更重要的特殊命题。

在其最后几个月的执政时间里，贝尔福政府解决了与美国之间悬而未决的一些问题，并与日本结盟，但是也同样专注于理顺英国与法国、德国和俄国之间的关系。法国人仍然对英国占领埃及及其在法绍达遭受的耻辱耿耿于怀，而自 1892 年德皇威廉二世免去俾斯麦的职务以后，德国外交政策在他的影响下反复无常，更加剧了英国人对德意志帝国在经济及海军方面的异军突起所带来的恐慌。这些都是与德、法两国恢复邦交之路上存在的严重障碍，但是相比于德国，与法国的关系似乎更容易修复。1903 年 5 月，爱德华七世出访巴黎极为成功，进一步推进了英国和法国政府之间已经开展的谈判。第二年，两国签署了一项协约。根据该协约，法国承认英国对埃及和尼罗河的管辖权，而英国承认法国拥有摩洛哥和马达加斯加，而且就纽芬兰岛、西非，新赫布里底斯和暹罗等问题进一步达成和解。同时，英国政府还试图缓和与俄国（以及中国）的紧张关系，并避免在亚洲进一步的帝国冒险，因此否决了弗朗西斯·扬古斯班德爵士（Sir Francis Younghusband）为英国获取西藏的越权行为。

而对于一个从 1903 年秋张伯伦辞职以后就开始趋于“解体”的政府和党派来说，这些可以说是重大的军事和外交成就与举措了。他仍旧坚信，关税改革可以挽救国内产业，提供大量的就业和工作机会，并确保巩固大英帝国的地位。但是无论是保守党内部还是自由党人当中的自由贸易派反对者始终认为关税改革意味着对食品征税，会因此导致生活成本提高，对普通民众造成沉重负担。此外，在英国的大部分出口品仍然销往帝国之外，特别是欧洲和美国的情况下，帝国是否能够发展成为一个统一的自给自足的独立经济体还是未知数。1905 年 1 月，贝尔福再次努力把充满矛盾纷争的各方团结起来，建议出于国际谈判和报复目的进行关税的征收，并提议再次召开帝国会议，讨论建立“与殖民地更密切的商业联盟”。张伯伦接受了这些提议，但却拖延了两个月，而这实际上就扼杀了所在党派再次团结起来的希望。此时，贝尔福在议会的权威性几乎消失殆尽，而因为 1900 年以后他的政府在补选中有 26 个席位转手落入了自由党和工党手中，贝尔福在英国的地位也受到了影响。11 月，张伯伦和关税改革派似乎已经有所进展，因为他们获得了“保守党联盟全国总联合会”的领导权。贝尔福误以为自由党和保守党一样四分五裂，他们不会也无法组建政府，于是突然在 1905 年 12 月 4 日辞去职务。然而，已经在野近 20 年的自由党人下定决心要获得执政地位，而且在第二天就上台执政。

第十一章

大选，1905—1906 年

阿斯奎斯、格雷和霍尔丹之前已经达成一致意见，除非坎贝尔 – 班纳曼进入上议院，否则他们不会在他手下任职，但是坎贝尔 – 班纳曼成功地战胜了他以前的那些对手，担任首相后却仍然留在下议院。他于 1905 年 12 月组建的政府虽然在下议院中处于少数地位，但能力相当强，与约瑟夫·张伯伦和关税改革的针锋相对激发了政府的热情，自由党人虽然最近在布尔战争问题上发生了分歧，但仍决心结束长期以来保守党人占上风的局面。虽然从 1885 年格莱斯顿拥护地方自治以后就有许多自由党人开始“叛党”，尽管罗斯伯里一直喜怒无常态度冷漠，但坎贝尔 – 班纳曼的内阁里还是有许多大地主贵族，其中包括枢密院议长克鲁侯爵（Marquis of Crewe）、掌玺大臣里彭侯爵、殖民地大臣埃尔金伯爵、第一海军大臣特威德茅斯勋爵（Lord Tweedmouth），以及农业委员会主席（President of the Board of Agriculture）卡林顿伯爵（Earl Carrington）。乡绅的代表人物是担任内政大臣的赫伯特·格莱斯顿，担任外交大臣的爱德华·格雷爵士，担任苏格兰事务大臣（Secretary of State for Scotland）的约翰·辛克莱爵士（Sir John Sinclair），担任财政部主计长的西德尼·巴克斯顿（Sydney Buxton）。这届内阁中的地主贵族至少和格莱斯顿的第三和第四届政府旗鼓相当，但这些大臣中没有一个是能够屹立不倒的重量级人物。相反，政府的主要推动力则来自中产阶层，如担任财政大臣的阿斯奎斯、担任印度事务大臣的约翰·莫利、担任战争大臣的霍尔丹、担任贸易委员会主席的劳合·乔治，以及担任地方政府委员会主席的约翰·伯恩斯（他是英国内阁中第一个工人阶级出身的议员）。

坎贝尔–班纳曼意识到目前的政治潮流正是自由党人当道，保守党人和统一党已经无可救药地分道扬镳，并且对在位执政感到了厌倦且领导不力。于是他立即解散了议会，于 1906 年 1 月举行了大选。这一次，自由党候选人得以做到“满堂红”了，他们还进一步从“自（由党）–工（党）秘密协议”中得益，使他们在西北工业区等地方受惠，虽然最近保守党在那个地区大有斩获，但仅仅是因为自由党和工党的候选人分散了反对党的选票。自由党对爱尔兰的地方自治或社会改革闭口不谈，但他们却充分利用了“塔夫维尔案”的判决和所谓的“中国奴隶”问题。最重要的是，他们热衷于争取自由贸易的持久利益，这应该归功于科布登和布赖特。他们坚持认为，自 1846 年以后自由贸易一直是英国经济繁荣和全球强势的基础，而且它还是低廉的物价和廉价进口商品的保障，从而使 19 世纪 70 年代以后普遍出现了特别显著的繁荣发展景象。自由党人认为，相比之下，张伯伦的帝国偏好和关税改革政策并没有使帝国团结起来，反而造成了分裂，而他提出的食品税对穷人的打击要比对富人要大得多，因此，对普通人新近提高的生活水平构成了严重的威胁。至于他们提到的诸如福利和国防之类的问题，自由党人则敦促他们通过对收入和土地征收（逐渐递增的）直接税而不是对食品征收（逐渐递减的）间接税来筹集资金。作为回应，保守党展开了一场致命的分裂运动：张伯伦和他的朋友们拼命努力进行关税改革，但却遭到了喜欢自由贸易的保守党人的反对，而贝尔福在议员竞选中精心准备的模棱两可的说辞与其最近在内阁或下议院所做的讲话同样糟糕。

人们普遍对最终的结果抱有期待，而结果是自由党以巨大的压倒性优势彻底翻转了 1895 年和 1900 年的选举，并取得了超越格莱斯顿在 1868 年和 1880 年所赢得的胜利。可以肯定的是，自由党只获得了 49% 的民众投票，而保守党获得了 44% 的选票，但是按照“得票多者当选议员”的选举制度，这个结果使自由党人在下议院成了绝大多数。因为自由党赢得了 377 个席位，使他们以 84 票领先于其他政党加在一起的得票数。下议院的反对党席位只有 132 个保守党人和 25 个统一党人，在这 157 个席位总数中又有约 2/3 是张伯伦的支持者。关税改革显然未能唤起或推动这个国家走向帝国的巩固和社会改革，却似乎直接终结了保守党的命运。爱尔兰民族主义者如今在约翰·雷德蒙的领导下重新团结起来，赢得了 83 个席位，但最显著的是，工党中有 53 人当选了议会议员：29 人是在劳工委员会（现已更名为工党）的支持下当选，还有 24 人是“自–工协议”议员。他们还没有隶属关系，他们中的大多数都是煤矿工人工会的官员。这些回报进一步加强了自由党的地位，因为爱尔兰民族主义者、“自–工协议”议员和工党议员常常愿意给予支持。对保守党来说这却是一场毁灭性的失败：他们失去了曼彻斯特和萨尔福德的所有 6 个席位（要归功于“自–工协议”）；亚瑟·贝尔福及其兄弟杰拉尔德都被他们的选区抛弃了；拥有传统地主贵族背景的议会议员数量显著减少；而且当选下议院议员的人数第一次超过了 200 人。这个结果不论是在人员还是政治气氛上都是一次重大改变：即使是一般情况下都很超然很豁达的亚瑟·贝尔福也承认“1906 年的选举开创了一个新时代”。

后来弗吉尼亚·伍尔夫在回首这一时期的时候也持有相同的观点，甚至有过之而无不及：她在自己的《班纳特先生和布朗太太》（1924 年）一文中表达了其著名的观点，“从 1910 年前后开始，人的本性发生了变化。主人和仆人，丈夫和妻子，父母和孩子”等彼此之间的行为模式完全不同了。她接着写道：“人际关系发生变化时，宗教信仰、行为举止、政治和文学也随之发生了变化。”这无疑是为了达到修辞效果而对事实有所夸大的说法，而且伍尔夫对于时代转变的认识很可能与其父莱斯利·斯蒂芬 6 年前，即 1904 年去世有关，因为这件事使她的精神一度陷于崩溃之中。然而，毫无疑问的是，到 1905 年前后，人们普遍感到，在自由党取得了压倒性胜利之后，这种变化不仅限于政治和政府方面，而是涉及更广泛的方方面面。代表大范围风气和心态转变的一个迹象是：突然之间，“品性”和“毅力”这两个莱斯利·斯蒂芬自己极为看重、代表了维多利亚道德观的典型词汇，都逐渐很少再出现在各地方性和全国性的报纸上。尽管仍然有关于政治家的演讲和军人事迹的详细报道，但是报纸版面也越来越多地用来报道那些正在全国各地的剧院和音乐厅里表演火爆、一票难求的演员、歌手和舞者的事迹和行踪。名声取代了品行，人们更多谈及的是火车、电力以及电话，而很少再提及马车、蒸汽动力和电报。这可能还算不上是一场革命，但贝尔福对于“一个新的时代已经到来”的认识无疑是正确的。

帝国与危险

然而，在不列颠外交和帝国事务方面，新自由党政府却没有任何要发生突然变化的迹象。从 1905—1916 年，外交大臣一直由爱德华·格雷爵士担任，他在此位连续任职的时间超过所有前任，他之后也无人能出其右。他是一个准男爵，辉格党人，也是通过了“大改革法案”的第二代格雷伯爵的亲戚，爱德华·格雷和他一样，也是诺森伯兰郡的地主，在法洛登（Fallodon）有一处地产。相较于审阅外交部的电报，他更喜欢钓鱼和观鸟。他不常出游，也不会任何外语。但是格雷却因为其正直和公共精神而广受尊敬，与许多外交大臣一样，他在外交政策方面享有相当大的自主权，而他实际遵循的政策却与索尔兹伯里勋爵和兰斯当勋爵等前任的政策基本无异。埃尔金勋爵在阿尔弗雷德·利特尔顿（Alfred Lyttelton，张伯伦 1903 年辞职时他曾短暂接任）之后执掌殖民地部，这标志着在 19 世纪大部分时间里这一职务算是回归到了一个显要的传统人物手里。埃尔金的父亲曾任加拿大总督，并在那里引入了“代议制政府”，他本人在兰斯当之后、寇松之前从 1894—1898 年一直担任印度的皇家总督，后来主持了对布尔战争军事失利的调查。他是一个可靠且经验丰富的人，但是他经常被殖民地部副部长，傲慢无礼、年轻气盛的温斯顿·丘吉尔抢了风头。作为殖民地部在下议院的唯一代表，第一次担任部长级职务的丘吉尔，利用一切机会在议会抢风头。

此时的大英帝国，由埃尔金和丘吉尔代表新自由党政府为之承担着最重要的责任，其外交政策由伦敦中央政府的爱德华·格雷爵士直接控制，20 世纪初拥有约 4 亿人口，如此多的人口处于同一个王权之下简直令人难以置信。这其中只有1/10的人口居住在联合王国，将近3亿的臣民生活在印度帝国，有600万生活在亚洲其他地方，有4 300万生活在非洲，不到1 000万人生活在美洲，近500万人则生活在澳大利亚和新西兰。这意味着，英国统治着全球6 000万平方英里可居住地表面积的1/5到1/4的地区，对德兰士瓦的布尔共和国和奥兰治自由邦的收买和兼并过程漫长但最终取得了胜利。这代表了帝国在非洲南部再次进行领土兼并行为的最后一步。援引当时那些地理教科书作者所钟爱的列举法，联合王国统治着“1个大陆、100个半岛、500个海角、1 000个湖泊、2 000条河流和1万座岛屿”。从一个令人担忧的角度来看，大英帝国可能只是约瑟夫·张伯伦徒劳地想要合理化并加以巩固的、分散且脆弱的跨洋联合体；但从另一个角度看，它又是一个多信仰、多民族、多语言的海上帝国，在人类历史上史无前例，从帝国涵盖的不同统治区域范围和拥有的财富来说，当时没有任何强国能够与之匹敌。

从盎格鲁–撒克逊的角度来看，大英帝国最重要的组成部分是加拿大、澳大利亚和新西兰，以及开普殖民地、纳塔尔和南非的两个前布尔共和国。19世纪期间，英国不是唯一一个向地球偏远的“无人区”移民的国家：美国从大西洋海岸向西发展到了太平洋海岸，同样，俄国人也从欧洲向东迁移到了西伯利亚。但是，这些发展都无法与不列颠相提并论，其海外领土与“母国”相隔数千英里，自19世纪70年代起就得到了显著的巩固。他们在语言、法律、文化和习俗上都绝对英国化，他们主要与帝国的大都会开展贸易，在国内事务上享有完全的自治权，受威斯敏斯特议会和枢密院的最高权力制约。但是，帮助他们走出19世纪末经济衰退的英国投资的增加，进一步加强并部分重新定义了帝国大都会和这些移民殖民地之间的关系。带来的结果是，从贸易和金融角度来说，他们对于母国的从属地位愈加明显，成了母国的投资场所以及食品和原材料的供应地。因此，当加拿大、澳大利亚和新西兰开始生发出自己的民族主义情绪时，他们也把自己主要看作不列颠人在海外的移民点和分支机构。（南非的情况更为复杂：开普和纳塔尔充其量只是部分不列颠化了，而那两个前布尔共和国与英国的宗主权从未达到完全和解的程度。）然而，它们不愿意为帝国防御付出太多代价，也不愿意成为任何帝国联合体建设计划的一部分。由于担心1905年日本战胜俄国后产生的“黄祸”，加拿大和澳大利亚都决心保持白人国家的地位（南非更是如此，而新西兰也只是经过了残酷的毛利人土地战争之后才对其原住民采取了更宽容的做法）。

相比之下，英国在印度的统治，无论是直接还是间接的，都保持着独裁状态，而且是融合了法治的公然独裁。它得到了印度王公贵族们的巨大支持，但是受过教育的中产阶层却逐渐感到很不满，其中有些人是生活在加尔各答、孟买和马德拉斯，却在伦敦接受教育的律师。整个英属印度由不到1 000名印度公务员管理，其中95%以上是英国人。迪斯雷利和寇松都认识到，正是由印度纳税人提供资金的印度军队的布防能力，才使联合王国成为东部的一个军事强国，而且无须耗费英国的财政开支。印度政府的财政收入也对英国在这块次大陆的广泛投资，尤其是在铁路和公用事业方面的投资起到了保障作用。1898—1905年，专制的寇松勋爵彻底而有效地推行了政府和行政改革政策。但是，他这样做却是以离间印度受过教育的那些人的观点为代价，同时他又以孟加拉国司法管辖范围太大而让人们感到特别不满为由对孟加拉国进行了分割。这大大加强了对印度国民大会党的支持，国民大会党成员对英属印度的“专制统治”与发展中的代议制政府之间存在的巨大差异表示谴责。自由党接替寇松担任皇家总督的明托勋爵（Lord Minto）对国民大会党的观点比较支持，印度事务大臣约翰·莫利也是如此。但他们不相信南亚人有能力进行自治，认为印度不可能成为另一个自治领地，更不用说推行民主了。

通过占领和兼并得到的皇家殖民地、海军基地和军事驻地则构成了不列颠帝国的其他正式领土。这些殖民地包括锡兰、缅甸、马来亚和苏伊士以东的婆罗洲部分地区；非洲的尼日利亚、黄金海岸、冈比亚、塞拉利昂、英埃苏丹、肯尼亚、乌干达、尼亚萨兰、罗得西亚、贝川纳兰、巴苏陀兰和斯威士兰；加勒比海地区的牙买加、特立尼达、英属圭亚那、英属洪都拉斯、背风群岛、向风群岛和巴哈马群岛；太平洋上的斐济、吉尔伯特和埃利斯群岛，所罗门群岛和一些较小群岛。非洲殖民地及太平洋岛屿都是最近得到的，探险者和冒险家、传教士和商人、官员和殖民总督通过建造码头、道路、铁路和教堂，挖凿矿井以及建立种植园等手段逐渐扩大英国的影响力。但是，在这个“新帝国主义”时代，英国为这些行动提供的军事和行政资源仍然明显有限。因此，最初在非洲大部分地区的扩张和管理都外包给了私营公司，而在其帝国的许多“热带”地区，帝国是用省钱的间接方式通过原住民的统治阶层来进行治理的。包括地中海地区的直布罗陀、马耳他和塞浦路斯，苏伊士以东的亚丁、新加坡、中国的香港、加拿大温哥华岛、澳大利亚的悉尼、新西兰的惠灵顿、肯尼亚的蒙巴萨岛、南非的好望角和锡兰的科伦坡在内的维护英国海上力量所必需的海军基地和军事驻地，形成了世界性的网络。这个海外前哨基地网络在所有帝国当中无人能敌，它可以随时为皇家海军和英国商船提供煤炭和各种供给，使它们能够连接起来并保持世界最大海运帝国的地位。

这些地方构成了英国发展到20世纪初为止的正式世界体系的一部分，尽管这个体系从19世纪80年代以后就一直在急剧扩大，但是其扩张并没有任何系统的计划或预定的设计，而且除了约瑟夫·张伯伦之外，很少得到官方的热情支持。与此同时，世界上还有其他一些地区看似独立，但英国通过贸易、商业、投资及其带来的杠杆作用却对这些地区施加了不同程度的影响。埃及就是受到这种几乎赤裸裸的权力影响的突出例子，从1883年开始它就一直处于总领事克罗默勋爵的统治之下。除了名义上之外，埃及就是大英帝国的一部分（且于1914年正式成为大英帝国的一部分），因为联合王国对其抱有重要的战略兴趣，即看重苏伊士运河，它是帝国中心和印度之间的生命线。再往东，不列颠对暹罗王国也施加了重要影响，部分原因是它位于帝国前哨国家缅甸和马来亚之间，但同时也可以阻止法国在印度支那进一步扩张。而在中国本土，联合王国在上海和长江沿岸的贸易和投资上占据绝对优势（当然也绝不是无可挑战）。英国施以最大非正式影响的地区是拉丁美洲，从19世纪20年代初期西班牙和葡萄牙帝国垮台以后，英国就开始染指其间。门罗主义阻止了之后所有欧洲势力对这一地区的正式兼并，但联合王国却成了拉丁美洲铁路、公用事业和政府债券的最大投资者（罗斯柴尔德家族和巴林家族都积极参与其中），到20世纪初又开始大量进口秘鲁的鱼肥、智利的硝酸盐和阿根廷的冷冻牛肉。

因此，包括正式和非正式两部分的大英帝国，同时也是一个非同寻常的经济、技术和社会现象。在第一次世界大战前夕，由于其巨额“无形收入”带来的收支盈余，英国总共有近40亿英镑的资本流到海外，而如此巨大的资金总额之中，有近 15 亿英镑投资于帝国内部，这其中有 10 亿英镑在加拿大、澳大利亚、新西兰和南非，超过 2.5 亿英镑投到了印度，大约 1.5 亿英镑投资于其余殖民地。大部分资金进入了自治领和市政债券，这些债券为多伦多、孟买、加尔各答、墨尔本和悉尼等帝国城市的基础设施提供了资金和融资。大部分都用于交通建设：加拿大横贯大陆的铁路由伦敦方面资助，到 1910 年，印度有 3.2 万英里的铁路线，还有 1 500 英里的铁路线在建。英国还资助了大规模的灌溉工程建设，比如 1895 年马来亚的克里安（Krian），以及后来苏丹的杰济拉（Gezira），而从 1898—1902 年在尼罗河上建造的阿斯旺大坝被广泛认为是现代工程的奇迹，是人类首次尝试对这条河上每年发生的难以预测且常常具有毁灭性的洪水进行控制。缅甸三角洲的大片地区成了稻谷产区，森林覆盖的马来亚被划归橡胶产区，黄金海岸生产可可，乌干达生产棉花，而在新加坡、悉尼、蒙特利尔、开普敦和奥克兰等港口城市建造的码头和港口对当时作为帝国命脉的贸易来说至关重要。英国全部出口产品（主要是煤炭和制造品）中有 1/3 流向了帝国，英国进口产品（主要是食品和原材料）的 1/4 则来自帝国，这既是上述全球投资的原因，也是其结果。

正如上一辈的约翰·西利爵士在《英格兰的扩张》中指出的，从本质上来说，巩固海洋帝国比巩固陆上领地更具挑战性。联合王国不是世界上最强大的帝国，但也是努力保持且目前成功地保持住最强大的海军力量的帝国，这绝非巧合。尽管皇家海军日益集中于国内水域以应对日益增长的来自德国的威胁，但它仍然是海面上最强大的战斗部队，并且仍然超过位列其后的两大海军加在一起的力量。就其造船工业和商船业而言，联合王国在蒸汽时代以及之前的帆船时代一样居于支配地位。贯穿整个爱德华时代，联合王国建造了世界上 60% 的航行船只，像丘纳得（Cunard）、大英轮船公司（P&O）、联合城堡（Union Castle）和皇家邮政（Royal Mail Lines）等英国具有标志性的轮船公司承载着世界大约一半的海上贸易，几乎包括了所有正式和非正式的大英帝国的贸易。到 20 世纪初，海底新通信网络又对这些海洋水面上的交通运输起到了补充作用。19 世纪 60 年代中期，联合王国和纽芬兰之间首次成功地铺设了这种海底电缆（从而给布鲁内尔命运多舛的“大东方号”轮船一个短暂而迟来的成功和辉煌时刻）。后来又铺设了许多电缆，把英国与拉丁美洲、非洲、印度以及澳大利亚和新西兰连接起来，1902 年铺设了一条从温哥华到斐济，再到澳大利亚和新西兰横跨太平洋的电缆。(对工程和技术痴迷的）拉迪亚德·吉卜林后来以“深海电缆”为题写了一首诗，对这些环绕着地球的深海电缆进行了讴歌，随后很快又建立了一个帝国无线网络，将不列颠与塞浦路斯、亚丁、孟买、马来亚、香港和澳大利亚连接在了一起。

这个帝国，或者至少是“白人”统治的殖民地，也是通过持续移民而得到了巩固。1900—1914 年，移民人数达到了峰值，有 670 万人离开了不列颠群岛，并且移民去各个殖民地的人数首次超过了去美国的人数。这是一个好消息，因为那些被认为是年轻有进取心的人的外流对英帝国社会来说是一个重大而及时的增援，但也引起了某些人的担忧，他们担心国家最好的血液流到海外以后，从东欧来到英国的低质量移民会取而代之。也出现了人口的反向流动，许多帝国移民以及海外出生的英国人回归不列颠，要么是因为他们一直有这种打算，要么是因为他们发现帝国的边疆地区不如他们希望的那样宜居。此外，帝国领土内人口流动也逐渐加大，尤其是专业阶层的人员，他们在殖民地之间的流动日益增加。威廉·马克斯韦尔·艾特肯（William Maxwell Aitken）就是这方面的一个例子。他是一个加拿大牧师的儿子，在蒙特利尔靠某种可疑的手段发了大财，于 1910 年前往英国寻找更大的施展舞台。另一个例子是新西兰出生的科学家欧内斯特·卢瑟福（Ernest Rutherford），他从 1898 年到 1907 年是加拿大麦吉尔大学（McGill University）的教授，后来在曼彻斯特担任高级职务，并最终成为剑桥大学的卡文迪什物理学教授（Cavendish Professor of Physics）和诺贝尔奖获得者。更恰当的例子是在帝国内游历广泛的吉卜林：1865 年出生于孟买，在不列颠接受教育，1883—1892 年在印度和联合王国度过，后来在美国生活，成为往来南非的常客，最终于 1902 年定居在苏塞克斯郡。

然而，尽管通过经济、技术和社会等方面千丝万缕的联系把帝国紧密连接在一起，尽管“钻石禧年”和布尔战争激起了人们沙文主义的狂热，也毫无疑问使保守党和统一党在 1900 年大选时从中受益，但这个帝国作为一个事业和信仰，在不列颠本土却从没有那么受欢迎，即使在“高帝国主义”时代也是如此。确定把“帝国日”（Empire Day）作为年度庆祝节日的米斯勋爵（Lord Meath），就曾因为小学和中学几乎不教英国海外扩张史而深感遗憾。本森和埃尔加所作的《加冕颂歌》的歌词和音乐可能已经成为对 20 世纪大英帝国无上荣光的赞歌，但是埃尔加本人对英国的海外领地几乎没有表现出任何热情（也没热情地游历），而本森则承认只要一想到帝国就让他“发冷”，或许也让其他大多数英国人有同感：他不明白，“渺小有限的头脑怎么能想到要占领那些殖民地，占领印度甚至整个世界，而这一切所代表的意义是什么？”毫无疑问，布尔战争的不人道事件发生之后，也出现了反帝国主义的反应，因为选民强烈反对张伯伦巩固帝国的计划。1906 年晚些时候的一次中风使张伯伦丧失了执政能力，尽管关税改革者仍在保守党内具有强大的力量，但在可预见的未来，他们的政治事业实际上已不再具有可行性。米尔纳勋爵因健康原因已于前一年从南非退休，不久后又在下议院遭到谴责。第二年寇松勋爵从印度回国，因为自由党政府拒绝延长他的皇家总督任期而感到挫败和失望。1907 年，克罗默勋爵辞去了埃及的职务，表面上是出于健康原因，但事实上是因为他的独裁方式让坎贝尔－班纳曼及其同僚感到无法接受。

事实上，米尔纳、寇松、克罗默和张伯伦永远不可能使帝国的事业变成英国的核心政治议题，也不能像他们认为的理所应当地引起英国民众的兴趣，而布尔战争之后这件事则变得愈加困难。这是一个令他们持续感到遗憾和焦虑的原因。1899 年，坎贝尔－班纳德曾谴责“粗鄙混蛋的帝国主义……挑衅成性、侵略成性……即使对我们自己没有任何用处的东西也要把一切抓在手里”。查尔斯·迪尔克爵士重申有必要唤醒“真理以反对混蛋的帝国主义”，但他所说的真理指的是要实现自治政府，而不是专制主义和兼并主义的信条。《经济学人》的记者兼编辑弗朗西斯·里格利·赫斯特（F. W. Hirst）谴责英国对印度西北边境的侵略，对苏丹的重新占领，并谴责与布尔人的战争是“非正义、非必要的战争，是粗野、孩子气的野心和毫无价值的政策的产物”。最尖锐的批评则来自约翰·阿金森·霍布森（J. A. Hobson）的《帝国主义：一项研究》（*Imperialism: A Study*，1902 年）一书，他认为，以英国对布尔人臭名昭著的攻击为代表的欧洲最近向非洲的扩张，主要是出于对利润的贪婪。他坚持认为金钱是帝国机器的主宰。这种说法过于简单化了，但是霍布森的看法虽然缺乏证据，他在道义上的愤慨却大大弥补了这一点，与科布登和布赖特的自由贸易和反帝国主义言论遥相呼应。霍布森抨击了那些银行家、金融家和资本家，认为是他们操纵了新帝国主义，也抨击了那些寄生在他们身上的利益集团，其中包括军人、军火制造商、债券持有人、贵族和传教士，认为他们全都再次屈服于“争斗、支配和贪婪的原始欲望”。

无论大英帝国得到的是赞美还是谴责，到 20 世纪初，联合王国通过其正式疆域和非正式影响力与世界其他地区的接触比以往任何时候都更加广泛和多样化。至少在这个方面来说，本森创作的“广而又广”的歌词并没有说错，也没有误导。然而，在许多方面，英国与北半球其他发达国家，尤其是欧洲和美国仍然贯穿整个 19 世纪保持着最密切的海外关系。尽管霍布森的观点与此相反，但英国海外投资的大部分（4 亿英镑中的 2.5 亿英镑）都在正式帝国范围之外，英国大部分贸易（75% 的进口和 62% 的出口）也是如此。这意味着帝国中心与其殖民地之间的商业关系不够密切，排他性也不够，使得张伯伦关于建立一个统一的、自给自足的帝国梦想在经济上变得不可能，在政治上就更不可能了。尽管大多数欧洲国家在 19 世纪最后 25 年都征收了关税，但欧洲大陆仍然是英国出口产品的主要市场，与法国、意大利和德国的文化联系也依然牢固（例如，埃尔加的作品就与传统的德国交响乐有很密切的渊源，但是人们却错误地认为他的作品是典型的英国音乐）。英国迁至美国的移民数量，以及英国在美国的投资额，都仍然超过流向任何其他单一国家的量。到 20 世纪初，美国也是向不列颠出口食品、向帝国出口制成品的主要国家。按照张伯伦的说法，联合王国与帝国以外更广阔的世界，尤其是北半球的接触过多，致使关税改革难以奏效。

随着 20 世纪的到来，欧洲和美国已不仅仅是联合王国的主要贸易往来地区，也日益成为带来挑战和威胁的交往对象。一方面，在大西洋和北海沿岸，有许多人支持让日耳曼人和盎格鲁－撒克逊人或说英语的民族之间更紧密联合的计划，他们相信贸易、文化和种族渊源意味着这种更紧密的联系是天赐注定的，必须要去实现。但是，联合王国也开始参与到欧洲大陆的军事行动中，第一次是与法国合作。这种参与自拿破仑战争以后就再没有过，最终证明这种参与，比如在两次世界大战中参与对德作战，使联合王国在人力和金钱方面付出了惊人的代价。与此同时，美国在 1898 年美－西（班牙）战争中的胜利，以及后来对波多黎各和菲律宾的吞并，促使吉卜林敦促这个“大共和国”（Great Republic）“承担起白人的重任”，可能的话甚至取代英国成为西方最大的强国，进一步变成成熟的强大帝国。在西奥多·罗斯福担任总统期间，已经比较接近于这个目标。英国通过与法国结盟以及对战德国加强了在欧洲大陆的军事参与度，友好但带来挑战的美国也日益强大与自信，这一切从长远来看对不列颠及其帝国的继续存在并不是好兆头。

但与 19 世纪的任何时候相比，到 1905 年前后，联合王国不但更深入地融入了欧洲，而且在经济和军事上都受到了美国前所未有的挑战。正如许多之前反对帝国扩张行为的人所担心的那样，它也因为在世界上太多的地方拥有太多的领土必须实施统治和管理，最重要的是（如果再发生一次全球战争）必须进行防卫而苦不堪言。简而言之，大英帝国正日益受到后来所称的“帝国过度扩张”带来的困扰和威胁，因为随着帝国疆界一扩再扩，防卫任务也相应地越来越重，同时又因为加强了对欧洲大陆的军事参与更是雪上加霜。于是，1905 年 12 月掌权的自由党人就有很多理由担心英国之前似乎无可挑战的全球霸权会受到威胁和限制，他们也有理由怀疑，在这个更加充满威胁和竞争的时代，英国的世界地位和财产能否成功地得到保卫和维系。自由党政府短时间内还能做到进一步缓解其帝国外围的紧张和对抗局势，以便集中精力对付德国在欧洲日益呈现的威胁。但是，联合王国统治下的正式和非正式帝国所组成的范围广泛的世界体系已经扩张过度这个危险的事实并没有改变，而且在第一次世界大战之后更加突出。正如 20 世纪 40 年代初那些灾难性事件后来证明的那样，如果没有美国重要的帮助和支援，英国的许多帝国财产不可能得到保卫或收复。

上面所说的某些担忧通过人们普遍怀有的“入侵恐慌”得到了充分体现，这与 100 年前的情况非常类似。18 世纪 90 年代到 19 世纪初，人们一直担心的是大革命时代和拿破仑时代的法国会穿过英吉利海峡发动攻击，到 19 世纪中叶，这方面的焦虑变得更加严重，现在，引起国民关注的是隔北海相望的德意志帝国的掠夺企图。这种担忧最早始于法 – 普（鲁士）战争时期，这场战争之后乔治·切斯尼（George Chesney）写了一部关于普鲁士军队入侵英格兰的小说，名为《多尔金之战》(*The Battle of Dorking*，1871 年)。但是，英国在布尔战争期间的外交孤立地位，加上后来有关帝国仓促应战的真相曝光，以及人们日益强烈的对德国威胁的恐惧，才是导致 20 世纪初“入侵恐慌”类文学作品层出不穷的原因。典型的作品是蔡尔德斯的小说《沙岸之谜》(*The Riddle of the Sands*，1903 年)，这也许是第一部间谍小说，是之前的威尔基·科林斯的作品与后来约翰·巴肯（John Buchan）的“恐怖小说”之间的承上启下之作。然后是威廉·勒丘（William Le Queux）的《1910 年的入侵》(*The Invasion of 1910*，1906 年)、帕特里克·沃克斯（Patrick Vaux）和莱昂内尔·耶克斯利（Lionel Yexley）

的《雄鹰飞向海边之时》(*When the Eagle Flies Seaward*, 1907 年)以及亨利・柯蒂斯（Henry Curties）的《英格兰沉睡之际》(*When England Slept*, 1909 年)。每本小说中的敌人都是德国，而且这种类型如此常见且已程式化，于是年轻的佩勒姆・格伦维尔・沃德豪斯（P. G.Wodehouse）在他精彩的漫画式小说《大入侵的故事》(*The Swoop! or How Clarence Saved England: A Tale of the Great Invasion*, 1909 年）中对其进行了嘲讽，小说中 8 支外国军队同时入侵，再加上强大的瑞士海军对莱姆里吉斯（Lyme Regis）进行了鲁莽的攻击，面临此种形势，一个童子军小男孩单枪匹马英勇地拯救了祖国。伍德豪斯后来所做的柏林广播节目与此小说一样，因为对战争和国家生存这种严肃的事务表现出了不严肃的态度，并没有得到人们的赞许。

对来自外部的威胁感到恐惧的同时，对内部颠覆的焦虑也日益加剧，从窃取军事和外交秘密的间谍到想要炸毁伦敦重要建筑的无政府主义者，各种人物刻画无所不包。人物的刻画除了反映东欧犹太人大量涌入带来的威胁之外，也反映了外国闯入者带来的威胁。后来柯南・道尔的好几篇福尔摩斯故事都涉及这方面的主题，其中包括《布鲁斯－帕丁顿计划》(The Bruce-Partington Plans)和《海军协约》(The Naval Treaty)。还有约瑟夫・康拉德（Joseph Conrad）的《秘密特工》(*The Secret Agent*, 1907 年)，基于 1894 年在格林尼治发生的真实事件，围绕着发生在伦敦的恐怖分子炸弹阴谋展开。这就解释了 1909 年成立特勤局（Secret Service Bureau）的原因，它是海军部和陆军部的联合机构，最初为应对德国的威胁而建，是军情五处（处理国内颠覆事件）和军情六处（处理外国情报）的前身。康拉德是波兰人，经由法国来到联合王国，在英国商船队工作过很长时间，《秘密特工》是他唯一一部以英格兰为背景创作的著名小说。他的其他作品都以他在世界几大洋航行的经历为背景，但也可能被解读为他当时对英国全球影响力和帝国实力等方面存在的矛盾和局限性的深刻思考。《黑暗之心》（*Heart of Darkness*，1899 年）探讨了帝国主义和种族主义，“文明”和“野蛮”等主题。《吉姆老爷》（*Lord Jim*，1900 年）采用了赖德·哈格德（Rider Haggard）和罗伯特·路易斯·史蒂文森（Robert Louis Stevenson）等人帝国冒险小说的许多标准要素，并进行了新的尝试和改变。《诺斯托罗莫》（*Nostromo*，1904 年）以虚构的一个南美洲的科斯塔瓜纳共和国为背景，描述了跨国资本主义的不人道行为。该小说是基于作者之前航海到墨西哥的经历而创作。但康拉德也绝不是唯一一位对 19 世纪 90 年代和 20 世纪初那个自吹自擂却又焦虑不安的不列颠有深刻认识的小说家。

国家与人民

在稍早之前的 1895 年，另一位小说家赫伯特·乔治·韦尔斯（H.G.Wells）出版了他最具创新性的科幻小说之一《时间机器》（*The Time Machine*），该作品设想人类可以在几个世纪之间来回穿梭，体验他们所在时代之前和之后的生活。于是，我们可以假设一个生活在 19 世纪初的英国家庭，即夫妻两人带着他们的孩子，穿越时空前行到达了 100 多年后的 20 世纪初。对他们来说有什么看起来大不相同，什么是基本没有改变？什么样的连续性会让他们感到安心，什么变化会让他们感到惊异？他们乘坐的时间机器轻松地降落在伦敦市中心，而当他们小心翼翼地走出来时，他们很快就会发现英国在世界上的地位是他们熟悉的，但与之前相比也有变化。他们会发现，南亚大部分地区现在直接或间接地属于伦敦的统治范围，东印度公司早已被解散，帝国新近又兼并了非洲大陆的大片土地以及太平洋上的许多岛屿。他们会读到，英属北美洲的殖民地已经成为一个横贯美洲大陆的加拿大联邦，博特尼湾（Botany Bay）的囚犯流放殖民地已经发生改变并发展成为澳大利亚联邦，英国正在考虑如何在布尔战争之后加强在南非的统治。鉴于英国在 19 世纪初他们生活的那个时代曾与欧洲大陆建立过许多同盟关系，所以在获悉英国长期避免直接参与欧洲大陆事务、最近却又重新开始参与之后，这些穿越者可能也不会感到惊讶，但如果他们发现最近的军事同盟不是德国而是法国，他们也许会感到很吃惊。

当获悉在他们自己那个时代一直充满争议的大不列颠和爱尔兰之间的全新联盟关系仍然存在时，韦尔斯笔下的穿越者可能会因为其政治观点和出生地的不同而感到惊讶、宽慰或失望。两个王权和两个议会的合并已经持续了一个世纪，而这种试图使两个隔爱尔兰海相望的国家和民族相融合的持续不断的努力，也开创了历史先河。他们也许还注意到了许多英裔爱尔兰人在英国 19 世纪事务中所起的重要作用，这些人包括 19 世纪初的惠灵顿公爵和卡斯尔雷勋爵，19 世纪中期的弗格斯·奥康纳和帕默斯顿勋爵，再到 19 世纪末的查尔斯·斯图尔特·巴涅尔和奥斯卡·王尔德。但是，他们也许还会了解到大饥荒时那场非同寻常的人口灾难，以及由此引起的大量爱尔兰天主教徒移民去美国，数量远超他们自己那个时代以爱尔兰新教徒为主的移民，还有这场大饥荒遗留下来的具有深远影响的苦难和敌意。这反过来也可能会有助于他们理解英国 19 世纪努力同化爱尔兰的企图如何以及为什么一直受挫而无法实现：因为天主教徒和新教徒之间存在难以逾越的鸿沟；因为一方怀有敌意和怨恨，而另一方则是无知和不了解状况；由于历届伦敦政府实行的强制或安抚政策（或两种政策的某种结合）反复失败，以及英国政治家的无能，他们认为自己在伦敦采取必要的措施就能够解决爱尔兰问题，比如小皮特进行的天主教解放运动以及格莱斯顿实行的地方自治政策。他们也许最终会对奉行新教的阿尔斯特自 19 世纪 80 年代开始态度越来越顽固而感到惊讶，这种顽固态度使 20 世纪对爱尔兰问题的解决非但没有减少阻力反而变得更加困难重重。

然而，尽管人们对遭受入侵和爱尔兰问题感到担忧，但来自 19 世纪初的穿越者也会注意到，英国君主制仍然繁荣昌盛，乔治三世的曾孙稳稳地坐在王座上，虽然君主的政治影响力已经没有那么大了，但至少与 100 年前他们那个时代的君主一样受拥护。以波旁王朝和波拿巴主义名义存在的法国君主制可能已经消失了，但是 20 世纪初的英国对共和主义没有兴趣，甚至在刚刚起步的工党大多数成员中也是如此。像许多欧洲大陆的王权以及日本和暹罗等亚洲王权一样，与 100 年前相比，英国君主的公众形象更加辉煌，在仪式上更加壮观，而且作为统治着世界上前所未有的最大帝国的君主，他从母亲那里继承了一个新的王室头衔也毫不奇怪：因为爱德华七世是英国王室第一位同时担任国王和帝国皇帝的男性君主。他还与欧洲其他大的统治王权保持着密切的联系，尤其是德国和俄国，只是由于长期存在的个人仇恨和民族对立，与德国皇帝的关系面临着越来越多的困难。尽管英国人普遍不赞成沙皇的独裁统治，但他与沙皇的关系始终比较密切。因此，爱德华七世可以说是一个多面君主：他同时是国民忠诚的核心，在欧洲王室成员中居位显赫，又是一个全球帝国的宠儿。他在这些不同的角色中转换自如毫无畏惧，但是到 1914 年，他的儿子乔治五世继任后所面临的局面就要困难多了。

爱德华国王的母亲早有预感，他身上有着无可置疑的道德缺陷，如果让那些严厉的英国圣公会教徒和“新教良知”知道，他们同样都会感到震惊。但是尽管如此，当得知作为威尔士亲王的他虽然算不上好或成功，但作为国王他总体上还算是很好且很受欢迎这一事实之时，韦尔斯的穿越者可能还是会饶有兴趣吧。他与母亲不同，他甘愿接受一个装点门面的没有实质性作用的、“有尊严”但没有“实权”的王室角色，他以独有的风格、趣味和热忱履行着君主的社会职能，恢复了（诸如）议会开幕大典等他母亲在迪斯雷利去世后一般都会拒绝参加的活动。做威尔士亲王时他的马就曾在 1896 年和 1900 年的德比赛马会上获胜，1909 年做国王时他的马又再次赢得比赛。这些赛绩为他赢得了广泛的社会赞誉，因为赛马是从富有的老板到中产阶层观众，再到劳工赌徒的所有阶层都喜欢的少数运动之一。作为国王，爱德华个人的政治观点也明显比他母亲的保守沙文主义，以及他自己的王位继承人所表现出来的狭隘的保守观点更为开明。此外，作为威尔士亲王，他曾经是格莱斯顿于 1884 年成立的“工人阶级住房皇家委员会”（the Royal Commission on the Housing of the Working Classes）的成员，也曾在威斯敏斯特教堂举行的“资深元老”的葬礼上担任过护柩者。不出所料，维多利亚女王大为愤怒，她质询儿子他这么做征求过谁的建议，以及他的这种行为举止有什么先例可循。王子颇为精彩地回答说，他没有征求任何人的意见，也不认为有任何先例可循。作为国王，他与坎贝尔 – 班纳曼和阿斯奎斯等自由党政府的关系要好过他母亲与这些人的关系，至少在后来与“人民的预算”和上议院改革有关的那些问题出现之前是这样。

这些来自一个世纪之前的韦尔斯笔下的穿越者可能也会有兴趣地了解到，世袭原则在另外一部分立法过程中竟得以保留并蓬勃发展。上议院仍然完全不是选举产生，并保留着否决下议院提出的任何议案的权力（比如最近就毫不留情地驳回了格莱斯顿的第二稿《自治法案》），但依据惯例有关财政的立法例外。自 19 世纪 80 年代以后，新贵族的授爵对象已经开始发生变化，从传统的地主转向银行家、商人和酿造商，比如罗斯柴尔德勋爵、考德雷勋爵（Lord Cowdray）和艾维格勋爵（Lord Iveagh）等。因此，上议院的贵族化变得越来越弱，而财阀性质越来越明显，反映出最近国家财富精英结构的变化。下议院也发生了类似的变化，那里贵族亲属和乡绅之前的优势地位已经逐渐削弱，而 19 世纪 80 年代再次成为关键的十年。许多议员现在具备商业或专业人士背景，一些人则是工会的工作人员，他们全都是通过选举产生，而与 19 世纪初相比，选举权的普及范围则要广泛得多，但它也只是给予 60% 的成年男性投票权，女性没有投票权。贯穿这个世纪，随着国内立法范围的扩大，以及花在为爱尔兰立法（通常困难重重）和处理帝国问题上的时间增加，议会变得更加繁忙。联合王国在世界各国中独一无二，其政体的外部形式，即“议会中的王权”基本上保持不变，但人员和活动却发生了很大变化，实际上威斯敏斯特宫本身也是如此。维多利亚中期的哥特式奢华一定会让韦尔斯的这些穿越者感到惊讶，他们一定想知道人们对这座尊贵的宫殿做了什么。

这些来自之前那个世界的穿越者也会注意到，英国的政治文化在 19 世纪已经发生了重大的改变。18 世纪 90 年代和 19 世纪初那些标志性的骚乱、抗议、暴力、颠覆、镇压等做法和诉讼很早以前就销声匿迹了，因为经过 3 次议会改革，公众对党派政治和威斯敏斯特政治的参与和默许每一次都有所加强。1832—1865 年，大选的选民投票率在 53%~65% 浮动；在 1868 年和 1874 年的竞选中，投票率则在 66%~69%；但 1880 年之后，投票率达到了 72%~83%，按照同期欧洲大陆的标准衡量，投票率可以说高得惊人。参政权范围可能仍然受到严格限制，但到了 19 世纪 90 年代，全国各政党人数大规模增加，作为竞选者和志愿者参与其中的既有男性也有女性，就像 1892 年、1895 年和 1906 年那样，这些政党对组建和解散政府的作用越来越大。与以前相比，更多的公众参与投票，各政党组织也更为复杂，选举更多的是在国家层面上展开竞争，候选人和资深政治人物要发表更多的演讲，不仅在伦敦的总部要进行文献出版和宣传，在地方上还会印刷各种海报和小册子予以辅助。政治家和选民都普遍认为，代表制比实际上更“民主”，因为他们对“大众政治”和“大众”选民的出现大加赞扬（有时也感到遗憾）。这与韦尔斯的那些穿越者所熟悉的政治文化截然不同，与巴里和皮金所建的威斯敏斯特宫所体现和宣扬的政治文化也大相径庭。

这座大都市还有许多其他方面也发生了面貌的改变而让这些穿越者感到惊讶，这些改变在很大程度上都是由 19 世纪初开始的惊人的人口增长带来的。除了建造了议会大厦以外，这座城市的面貌也因为议会广场四周建造了白厅外交部（古典式而非哥特式）、皇家司法院（哥特式而非古典式）和新巴洛克风格的财政部等公共建筑而有所改变。韦尔斯笔下的穿越者还可以参观从他们那个时代就开始建造的一系列博物馆和画廊，其中包括特拉法尔加广场上的国家美术馆和附近的国家肖像美术馆，以及位于南肯辛顿的科学博物馆、自然历史博物馆以及维多利亚和阿尔伯特博物馆。他们可能会对这个大都会的各铁路站点感到惊叹，从建筑角度来说其中帕丁顿、圣潘克拉斯和国王十字车站最为突出，也会对横跨泰晤士河的多座桥梁感到惊叹，其中伦敦塔桥是最新建造的。如果进一步向东走，他们就可以看到从他们那个年代到现在伦敦各码头已经大大地扩建了。他们可以在大英博物馆的阅览室里尽情满足自己的文学兴趣，在皇家阿尔伯特礼堂或圣乔治礼堂听音乐会，在贝斯沃特（Bayswater）的怀特利百货公司和骑士桥的哈罗德百货公司购物，或在沙夫茨伯里大道看戏，然后在附近的餐馆用餐。他们到处游走也变得比 19 世纪初更便捷，因为这个大都市的大众交通已经发生了革命性的改变：从 19 世纪 30 年代开始就有双座马车可用，从 50 年代开始有马拉的公共巴士，60 年代开始有地铁，80 年代开始出现了有轨电车。

与一个世纪之前相比，伦敦成了一个更名副其实的具有多重身份、发挥多方面功能的大都市，它既是英格兰的首府、联合王国和大英帝国的首都，也是无可争议的“世界城市”。它是王室、政府、立法机构、公共服务和司法机构等总部的所在地，这一点与 19 世纪初无异，但规模更大了。它是这个国家和帝国的社会、文化、宗教和知识生活的中心，同时也是一个巨大的港口，一个主要的制造业中心，以及全球的金融之都。所以它举办 1908 年奥运会也就不足为奇了，当时有 30 万观众观看了来自 19 个不同国家的 1 500 名选手的角逐。然而，尽管英国，甚至世界其他任何地方都没有哪个城市能与伦敦匹敌，但韦尔斯的穿越者也的确应该到更远的地方去看看，看看比 19 世纪初更普遍、更坚实且更重要的工业经济发展状况。这些工业都集中在英格兰中部和北部，在南威尔士、苏格兰的克莱德河谷和北爱尔兰的贝尔法斯特周围也有很好的发展。他们会注意到，他们那个年代盛行的风能、水能以及动物产能已经基本上被通过燃煤产生的蒸汽动力所取代，铁路已经改变了国家的运输基础设施，帆船已经被铁壳轮船淘汰，早期的小作坊正在被大工厂取代。从格拉摩根，经过诺森伯兰和达勒姆，到拉纳克随处可见的煤矿，从斯塔福德郡的制陶业，到兰开夏和约克郡的纺织业，从位于克莱德河的泰斯以及贝尔法斯特的造船厂，再到默西塞德郡新兴的化学工业，这一切也都会给他们留下深刻的印象。

韦尔斯的穿越者也会发现，各市政当局拥有广泛的权力，并通过税收获得了可观的收入，在人们眼里，各大、小城市的市长应该是富有和重要的人物，能够体现一种地方认同感，而 19 世纪最后 20 年，在谢菲尔德、格拉斯哥、卡迪夫和贝尔法斯特等城市建造的宏伟的市政厅，体现的正是持久的市民自豪感。许多市长、高级市政官和地方议员都是在当地拥有很强社会关系的商人，他们往往住在诸如格拉斯哥西区、利兹的赫丁利、伯明翰的埃德巴斯顿和布里斯托尔的克利夫顿等地发达的高档郊区。的确，韦尔斯笔下的这些来自 19 世纪初的穿越者所看到的最显著的变化之一就是郊区的繁荣发展，不仅在省级城镇，伦敦更是一马当先。不仅仅有在汉普斯特德（Hampstead）和海格特（Highgate）为富裕的资产阶级和专业人士建造的住宅，还有逐渐在刘易舍姆（Lewisham）和坎伯威尔（Camberwell）为下层中产阶层（这是 19 世纪初还闻所未闻的社会和职业类别）建造的住宅。由约瑟夫·张伯伦带头在伯明翰开始，各地方当局在拆除不合规住房方面做出了越来越多的努力，并且由伦敦市政委员会在 1900 年最先开始提供市政住宅，但尽管这样，各种贫民窟的存在仍然是城镇和城市生活的显著特征。这些城市贫民生活在疾病泛滥、人满为患的不卫生环境中，查尔斯·布思和西博姆·朗特里等观察家对此曾进行过生动的描述。大多数城镇都污染严重：马粪的恶臭，工厂烟囱、家庭炉缸以及铁路机车冒出的烟尘，马蹄敲打鹅卵石发出的无休止的嘈杂声（韦尔斯的穿越者可能对此很熟悉），以及工厂不断产生的喧嚣（比他们那个时代更严重）。

城市生活和工业生产的极端重要性不但会令来自 100 年前的穿越者印象深刻，而且会令他们感到惊讶：因为在他们那个时代，联合王国的城镇在很大程度上是由农村人和乡村政治所主导，但经过这一个世纪，这种模式几乎完全发生了逆转。他们会注意到，经过几次拿破仑战争，耕地总面积已经显著减少，“凯尔特边缘”和英格兰小麦产区的农业尤其萧条，农场劳力只占全国劳动力很小的一部分，而联合王国在粮食方面也不再能够自给自足。从这个角度来看，农村在国民生活中日益边缘化了，随着城市居民骑着新近发明的自行车到各郡农村游玩这类活动的兴起，农村更多地成了休闲之地而非生产之地。内燃机的发明意味着包括首相亚瑟·贝尔福和爱德华七世在内的不断增多的私家车主给乡村道路带来了噪音、灰尘和危险。1896 年，限速设定为每小时 14 英里，但《1903 年汽车法案》(Motor Car Act of 1903) 将限速提高到了每小时 20 英里。第二年，登记在册的汽车超过了 8 000 辆。其中许多人可能都在超速驾车，因此，交通违章行为显著增加。实际上，就是因为苏塞克斯警察要尝试控制超速驾驶，才在 1905 年应势成立了“汽车协会”(Automobile Association)。对于来自大革命和拿破仑战争时代的这些穿越者来说，这个组织看来与 18 世纪 90 年代的那些社会团体极为不同，那些团体是为了截然不同的激进和颠覆性目的而建立。

虽然韦尔斯笔下的这些穿越者可能还会认出一些 18 世纪及以

前遗留下来的建筑物，比如巨石阵和喷泉大教堂、天主教堂和基督教堂、城堡和乡村宅邸、皇家宫殿和海关官署、乔治王时代的露台和汉诺威广场等遗迹，但他们还是会惊讶于联合王国建筑布局上发生的巨大变化，其中大部分建筑都是从他们那个时代就开始建造了。尽管由于大饥荒使爱尔兰的人口急剧减少，又有数百万人移民到了新世界，但从 1801—1901 年，这个国家的人口却从 1801 年的 1 600 万上升到了一个世纪后的近 4 200 万，这个变化应该也会令他们感到难以置信。然而，他们可能也会注意到，许多在 19 世纪初那 10 年中声名显赫的贵族和地主家庭在 20 世纪初的 10 年中仍然占据重要地位。像贝德福德、比特（Bute）、德比、德文希尔、萨瑟兰和威斯敏斯特等大家族仍然非常富有，这并非因为他们拥有大量的土地，而是因为他们从城市地产、煤矿、码头和港口以及股票和股份中获得的收入，而这些收入有效地保证了他们能够抵消农业萧条带来的损失。这就解释了为什么他们中的许多人在国家和地方政治和上流社会中仍然占有突出的地位。但是，收入完全来自农业租金的其他贵族和乡绅，收入则减少了 25%~30%，这也部分解释了为什么他们在“第三次改革法案”和地方政府改革中所起的作用不及其前辈。经过了土地战争、一系列《土地法案》、地方政府改革及《自治法案》的威胁之后，爱尔兰地主的衰败更明显，其中许多人都以最低价把地产卖给了自己的佃户。

此外，自 1885 年格莱斯顿开始实行《自治法案》以后，先前支持辉格党或自由主义的贵族和绅士们基本上都投向了保守党，这意味着面对下议院多数派的自由党政府，他们可能不堪一击，而且对不断激增的富豪、商人和专业人士来说情况也是如此，而此时这些人的数量在显著增加（有些人在 1906 年大选中回到了自由党阵营)。正如那些最富有的地主往往都有各种非农业产业一样，许多中上阶层人士也把自己的部分但绝非全部的财富投资在土地上，享受和追求着乡村生活的乐趣和安逸，却不会因为拥有租金很少的农村地产而带来的相应负担。比如，韦尔斯的穿越者就可能对罗斯柴尔德家族（1800 年的英国几乎没有人听说过这个家族）在白金汉郡建造的乡村宫殿住宅留下深刻印象。他们可能也会注意到富豪们的新时尚，比如托马斯·利普顿爵士的蒸汽动力远洋游艇，他满怀希望地驾着这种游艇参加了“美国杯”比赛，却无功而返。还有爱德华七世和威尔士亲王（后来的乔治五世）都非常喜欢的大规模猎鸟的新风潮。或者，他们可能会在 1903 年出席一个名叫肯尼思·麦肯齐·克拉克（Kenneth Mackenzie Clark）的婴儿的洗礼仪式，他的苏格兰父亲继承了其祖先在纺织品贸易上赚的一大笔财富，住在萨福克的一个庄园里过着坐吃山空的生活。肯尼思·克拉克后来忤逆了父母，从事艺术史和艺术鉴赏工作，他坚持认为 20 世纪初的 10 年标志着英国和欧洲普遍都达到了一个很高的文明程度。

韦尔斯的穿越者也会接触到那些住在伦敦郊区以及各地方大城镇中的中产阶层，这些人的社会地位仅次于上面提到的那些人，他们的人数从 19 世纪 80 年代到 20 世纪初有了显著的增加。这个团体的典型代表可以算是伯明翰的富裕人士，他们中有许多人都住在伯明翰最时尚的郊区埃格巴斯顿（Edgbaston）。住在那些最大别墅里的最有名的居民是新教徒家族，其中包括张伯伦、肯里克（Kenrick）、内特尔福尔德（Nettlefold）、卡德伯里（Cadbury）、克洛斯基（Crosskey）和比尔等家族，他们之间常常相互通婚，姻亲关系密切。有些人是在当地经商，有些则是律师，许多人都在市政委员会任职。其中最著名的是约瑟夫·张伯伦，但他没有局限于伯明翰，而是成了英国政坛的重要人物。“吉百利”巧克力制造商乔治・卡德伯里也是如此，只是方式不同。1885 年后他仍然是自由党，1901 年购买了《每日新闻》(*Daily News*)，为实行养老金制度、反对布尔战争造势。比较专注于伯明翰当地事务的是查尔斯・加布里埃尔・比尔（Charles Gabriel Beale）律师，他在当地银行和铁路方面有着各种各样的商业投资，从 1897—1899 年以及 1905 年，曾 3 次担任伯明翰市长，随后从 1900 年至 1912 年担任伯明翰大学的第一任副校长。而约瑟夫・张伯伦则是该校的创始人和第一任校长。这样的人物在维多利亚时代末期各地方的中产阶层中屡见不鲜。科尔切斯特的格尼・本纳姆（Gurney Benham）也是这样一个例子，他继承了家族的印刷企业，在《埃塞克斯郡标准周报》(*Essex County Standard*) 担任了 59 年的主编，是当地成果颇丰的古董专家，曾 3 次担任科尔切斯特市长，并重启了一年一度的“牡蛎盛宴”（Oyster Feast），使之成为一个重要的民间节日。

韦尔斯笔下那些来自 19 世纪初的穿越者很快就会意识到，因为工业和服务经济的发展，产生了许多新的职业和许多新的工作岗位，世纪之交的联合王国在社会等级上的划分比 100 年前更加精细。他们尤其会注意到下层中产阶层中“白领工人”明显增多，其中包括那些职员、小店主和教师，他们往往居住在伦敦巴勒姆（Balham）、汉默史密斯（Hammersmith）或雷敦（Leyton）等郊区，通常毗邻较高社会地位的人所居住的老郊区。他们在伦敦以外地区的人数也在激增，玛格丽特・撒切尔之父阿尔弗雷德・罗伯茨就是其中一个典型的例子，他最终在林肯郡的集镇格兰瑟姆拥有两家杂货店。这种小资产阶级街区一眼就能认出来，而且很容易与中产阶层比较富裕的人所住的郊区区分开来，因为他们的街区通常都是带有大露台的房屋，而不是独立的或半独立的别墅，到 19 世纪 90 年代，这些别墅已经变得更加宽敞和舒适，有足够的卧室供孩子们使用，甚至还建有室内浴室和卫生间。下层中产阶层所向往的体面生活的标志之一是雇用一个住在家里的仆人，哪怕这个人只是一个没有经验的单身少女，其工作相当繁重。对于富裕程度稍差的人来说，会偶尔外请保姆来帮忙打理家务。与其竞争对手一样，阿尔弗雷德·哈姆斯沃思的《每日邮报》正是以这个迅速扩大的社会群体为服务对象。截至世纪之交，这些下层中产阶层正日益成为保守党和统一党寻求支持的可靠来源。

会让那些来自 19 世纪初的穿越者感到十分惊讶的是，中产阶层的职业和收入存在着很大的差别。在各郡县社会边缘的“绅士农民”，以及 100 英亩左右土地的小规模耕种者，与查尔斯·加布里埃尔·比尔、格尼·贝纳姆，或单·布洛克（Shan Bullock）所著小说《一个伦敦职员的故事》（*The Story of a London Clerk*，1907 年）的主人公同名的罗伯特·索恩（Robert Thorne）一样，都是中产阶层的成员。至于他们的收入，位于顶端的是百万富翁家族，如银行业的罗斯柴尔德家族、烟草业的威尔斯（Wills）家族、酿造业的吉尼斯（Guinness）家族，以及像哈姆斯沃思、卡塞尔（Cassel）和考德雷这样极其富有的人，他们的财富仅次于那些最有钱的贵族。成功的专业人士尽管收入没有达到同样的高水平，但生活也很富裕：霍尔丹在进入政界之前是律师，一年的收入在 1.5 万 ~2 万英镑之间，而作为白厅的常务次官（Permanent Secretary），其年收入则在 2 000~2 500 英镑。但大多数职业男性的收入都要少得多：律师的平均收入不到 400 英镑，全科医师的收入也不到 400 英镑，而许多牧师的年薪不到 200 英镑，低于全职产业技工的收入。中产阶层中收入水平更低的是小学教师，年薪只有 150 英镑（是 20 世纪初应纳税所得的起点），他们像许多下层中产阶层成员一样，过着仅能满足温饱的贫穷生活，渴望中产阶层的生活方式，却苦于无门。而那些小店主和职员还面临着工作不稳定等不利因素。1908 年之前没有实行养老金制度，即便有了养老金制度以后，超过 70 岁的人每周也只能拿到 5 先令而已。

韦尔斯的那些来自以前的穿越者同样也会看到，对于英国中产阶层不同层次和水平的划分，存在许多往往很微妙的不同标准，而对于构成英国人口绝大多数的工人阶级的划分也是如此。但在那些“体面”和不体面的人之间还是有一个关键的差别，这与那些有投票权的人和那些没有投票权的人之间，以及那些通常有工作可做和无工作可做的人之间的差别，虽然不完全一致，但也基本一致。到 19 世纪末，机械化的普及意味着许多传统工艺技术的消亡，也意味着许多企业的重组，如由工厂进行鞋类、食品加工、香烟和报纸的生产。然而，按照美国的标准来看，英国的工业规模仍然很小：1898—1899 年，一个工厂平均雇用的男性工人不到 30 人，10 年后，有 3 000 名员工的公司只有 100 家，而这些员工只占劳动力总量的 5%。但去技能化是工会成员人数从 19 世纪 80 年代末期开始增加的原因之一。工会成员占比最高的是金属工人（特别是在船舶制造业）、煤矿工人和棉纺工人，在印刷工人、铁路工人和建筑业中比例也很可观，但略低一些。然而工薪阶层生活的方方面面都几乎没有受到行业工会主义的影响，因为如罗伯特·特雷塞尔（Robert Tressell）1914 年所著的小说《那些衣衫褴褛的慈善家》（*The Ragged Trousered Philanthropists*）中所描写的，在许多郡县、集镇和海滨城镇中，并没有让工人们可以明确树为阶级敌人的大老板。

在这些人中间，没有马克思和费边等知识分子所认为和希望会存在的那种阶级团结和兄弟情谊。因为占劳动力 3/5 以上的体力工人阶级的生活和工作环境非常不同，熟练工人、半熟练工人和非熟练工人之间的差别也非常大。实际上，查尔斯·布思在他著名的大规模调查报告《伦敦人民的生活和劳动》一书中，把体力劳动者分成了 6 个独立的“阶级”或类别。当过学徒的工程师挣的工资几乎是一起工作的体力工人的两倍，他们对自己在地位和尊严方面具有极强的优越心理。同样，组成联合王国工业大军中非官方职位的领班和监工，也具有更加复杂的社会身份，因为他们常常是体力劳动者出身，但向往下层中产阶层的生活方式。相比之下，在煤矿和炼铁行业，阶层是以年龄和力气而不是技能为基础划分的，这给每个工人都提供了在其职业生涯的某个阶段赚取高薪的机会。同样，农业劳动者可能生活在一个典型的大贵族地产住宅里，也可能要忍受着接近赤贫的不卫生的悲惨乡村生活。许多有固定工作的高薪城市工人每周可赚 45 先令，是那些非熟练同行工资的两倍，他们利用给低收入工人提供便利的火车和扩建的有轨电车网络，就可以摆脱拥挤、肮脏却昂贵的市区生活。他们家里甚至可能会有一个仆人，因为他们可以基本上不花什么钱就把一个成为孤儿的小女孩从济贫院里带回家。

低于这些体面的工人阶级地位的是那些马克思称为“流氓无产阶级”[①] 的人，他们被世纪之交的许多评论家称作“残渣”，或“底层阶级”，或“处于深渊的人”（1903 年杰克·伦敦曾这样形容他们）。

---

① 马克思和恩格斯在1848年革命的背景下，首先使用该词指代没有思想、阶级诉求和阶级意识的无产阶级下层人民，与具有革命意识、诉求和共同阶级利益的无产阶级相对立。

他们这些人在 19 世纪的前辈可能是韦尔斯的穿越者很熟悉的人。他们充其量算是临时工，比如码头工人，长期无法充分就业；用最坏的话说，他们就是流浪者、乞丐和救济对象，他们处于包括扒手和妓女在内的准罪犯和罪犯阶层的边缘。与社会地位和职业地位更高的、稳定就业的富裕工人不同，临时工不能远离他们（时不时）能找到活干的地方，例如，码头工人必须住在码头附近，这样他们才能得到口信，知道什么时候会有船需要装卸。因此他们经常住在过于拥挤的住所里，还要被贪婪的房东收取高额租金，用约翰·伯恩斯（John Burns）的话说，这些房客被发落到了一个“偷工减料建造的地狱”深处。超过 300 万人生活在拥挤的环境中，还有数百万人生活在条件也不比他们好多少的地方。生活极为困难的更低的社会阶层是亚瑟·莫里森（Arthur Morrison）在他的小说《贾戈家的孩子》（*A Child of the Jago*，1896 年）中做过生动描述的那些人。小说设定的背景与位于伦敦东区肖迪奇高街和贝斯纳格林路之间的贫民窟相差无几，小说中年轻的迪奇·佩罗特（Dicky Perrott）尝试逃离贫困和犯罪生活，却因为受他成长的堕落环境所限而无法实现。

文化与社会

那些来自 19 世纪初的穿越者，也许手里还拿着韦尔斯的《时间机器》，肯定也会忙于考查英国政府的宪法结构，并了解离他们自己那个时代 100 年后的各种工业、城市和社会结构，探访联合王国的 4 个组成部分，听到关于那些海外领土和领地的事情。他们会发现许多重要的方面仍然没有变化，不仅仅表现为英国仍然是一个非常不平等的社会，但他们至少也会因为 19 世纪整个国家生活的所有这些方面和领域发生的非凡变革而感到印象深刻。如果他们善于看统计数据，他们就会发现自 19 世纪 70 年代以后，出生率和死亡率都在下降，19 世纪的人均寿命尽管只是从不到 40 岁略延长到 40 岁多一点儿，速度缓慢但还是在延长，而且家庭规模从 19 世纪初开始大幅度减小，19 世纪 60 年代结婚的夫妇平均为 6 口之家，20 世纪初结婚的夫妇平均为 4 口之家。他们还会注意到人们，至少是中产阶层，对童年的态度也有相应的变化，即认识到儿童不是“小大人”，而是具有自己特定年龄段的个性和需要。人们逐渐对童年重新进行定义，认为儿童意味着对父母的依赖、经济方面和性方面的不活跃、没有法律和政治权利，人们也越来越意识到儿童需要得到保护和照顾，而且国家和志愿组织也有义务这样做。

韦尔斯的穿越者可能也会知道，伦敦“防止虐待儿童协会”（London Society for the Prevention of Cruelty to Children，LSPCC）于 1884 年（防止虐待动物协会成立 60 年后）由沙夫茨伯里勋爵、爱德华·鲁道夫教士 (the Reverend Edward Rudolf) 和公理会教友本杰明·沃（Benjamin Waugh）成立，后来在全国各地建了分支机构。从 19 世纪 90 年代起，防止虐待儿童协会的工作人员开始进入工人阶级家庭，他们很快开始调查，每年调查案件达 1 万起，告发了许多虐待儿童的父母，其中只有少数人是真正的穷人。1885 年，女童的同意年龄[①] 从 15 岁提高到 16 岁，1903 年（及 1908 年）作为

① 同意年龄在法律条文中不经常出现，在刑法中描述性行为的同时引用时，其含义为法律上认定一个人具有自由表达意志，独立进行民事活动能力的最低年龄。

保护儿童的进一步措施，议会通过了禁止乱伦的立法。一系列新法律的通过，进一步加强了防止虐待儿童协会的力量。1889 年的《防止虐待儿童法》(Prevention of Cruelty to Children Act of 1889) 将忽视、虐待或遗弃儿童等给儿童造成额外痛苦的行为定为犯罪，要对责任人处以罚款或监禁，并对雇用童工做了更严格的限制。5 年后通过的另一项法令规定《济贫法》监督者委员会有义务接受带到他们身边接受保护的儿童，1889 年和 1899 年的《济贫法》授权他们对虐待儿童的父母终止监护权利。此时，监禁不再是对年轻罪犯进行惩罚的合适手段，专门设立了儿童医院，1907 年成立了儿童研究学会（Child Study Society），为儿童心理学家这一新型专业人员设立了论坛。

可以肯定的是，童年经历仍然会因为阶级和地区的不同而不同。婴儿死亡率是 19 世纪少数几个没有下降的健康指数之一：1899 年，婴儿死亡率为 163‰，是 60 年来的最高纪录。但是到了 20 世纪初，此类婴儿夭折逐渐主要发生在社会底层，因为这个阶层的人生活环境不健康，加上父母的疏忽和无知，导致他们的新生儿更难存活。在联合王国那些工业化地区，因为已婚母亲要外出工作，所以婴儿死亡率也更高。对于那些在最恶劣的工薪阶层生活区得以存活到童年的孩子来说，遭受鞭笞和毒打或更糟糕的虐待被认为是有益的管教；而阿瑟·莫里森笔下的贾戈家的男孩所处的环境可能很具典型性，他很早就习惯了身体上遭受暴力，这些暴力不仅来自他的父母，也来自其他的孩子。态度和环境方面最大的变化发生在中产阶层中间，父母和孩子之间逐渐显现出情感上的亲密关系，使人们将童年理想化为生命中一段神奇的阶段，认为这段时期是情感的高度敏感期。这种以儿童为中心的世界观在舞台上和书本上都有所体现，比如詹姆斯·马修·巴里（J.M.Barrie）的《彼得·潘》（*Peter Pan*，1904 年）、克利福德·米尔斯（Clifford Mills）的《彩虹的尽头》（*Where the Rainbow Ends*，1911 年）、比阿特丽克斯·波特（Beatrix Potter）的《彼得兔的故事》（*The Tale of Peter Rabbit*，1902 年）、伊迪丝·奈斯比特（Edith Nesbit）的《铁路儿童》（*The Railway Children*，1906 年）和肯尼思·格雷厄姆（Kenneth Grahame）的《柳林风声》(1908 年)。泰迪熊和火车模型等新式玩具的出现，也是这种世界观的体现。这些玩具都是在汉姆利玩具店售卖的，它于 1881 年在摄政街又开了一家分店。但是贵族和绅士们对自己的孩子仍然不怎么照顾，孩子小时候都交给奶妈、保姆和家庭教师来带，再大一些男孩（不包括女孩）就被送到寄宿学校。

来自 19 世纪初的这些穿越者也可能会感到印象深刻的是，国家加大了对教育的支持力度，特别是初级教育，从 1891 年以后就一直实行免费教育。1880 年，对 10 岁之前的儿童实行义务学校教育，1893 年把法定年龄提高到 11 岁，1899 年又提高到了 12 岁。次年，授权地方当局将法定离校年龄提高到 14 岁，只是执行者寥寥。起初，许多工人阶级父母反对这些延长就学年限的做法，他们期望自己的孩子出去工作以贴补家用。此外，立法中也存在漏洞，这意味着许多孩子提前离开学校，而且一边上学一边工作的非全日制做法也很普遍。20 世纪初的 10 年之中，在各种店铺、农场、家政服务、工厂和作坊赚钱的学童人数在 25 万 ~50 万，为了减少开支，许多雇主开始雇用青少年来替代成人工作。纺织工人中有 30% 是 20 岁以下的小伙子，伯明翰 15~20 岁的男孩中有 95% 在工作，年轻的女性劳动力越来越多地从事制陶、制鞋和制袜业。对于这些穿越者来说，最令人惊讶的也许是同时发展形成的一系列准军国主义组织，包括“男童旅”（Boys’ Brigade，1883 年）、“教堂骑士旅”（Church Lads’ Brigade，1891 年），以及最著名的罗伯特·巴登·鲍威尔（Robert Baden Powell）创建的“后布尔战争童子军”（post Boer-War Boy Scouts，1910 年）在内的这些组织，吸引了许多体面工人阶级和下层中产阶层家庭的子弟。

随着福斯特的《教育法》[①] 于 1870 年颁布，初级教育最大的目的就是为工薪阶层和中产下层儿童提供阅读、写作和算术这 3 门课程的基础知识。但到 19 世纪末，至少在最好的学校里，课程范围已经有所扩大，包括了运动、体育以及到当地博物馆和历史遗址参观等。到 1900 年，在英格兰和威尔士的 31 234 所小学中接受教育的儿童有 460 万，达到历史最高值，但是出身卑微的小学生几乎没有希望升入中学，更不用说接受高等教育了。他们所能期望的最好情况就是后期参加由“工人教育协会”（Workers’ Educational Association）组织的讲座，该协会由一群主教、学者和自学成才的劳工于 1903 年创立。1895 年，一个由詹姆斯·布赖斯（James Bryce）担任主席的“皇家委员会”得出结论，19 世纪 60 年代“陶顿委员会”做出报告以后，中等教育条件并没有取得足够的进步，如果英国要在新世纪的贸易和战争中保持竞争力，就必须大大改善这种状况。布赖斯从物质繁荣、智力活动以及国家的幸福感和道德实力等方面进行了总结：“中等教育的发展和重组似乎应该成为社会立法首要处理的问题之一。”其结果是 1900 年成立了教育委员会（Board of Education），德文希尔公爵担任了第一任主席。但到了

① 现在常称为《1870年初等教育法令》。

1905年，英格兰和威尔士仍然只有575所中学，就读学生只有9.5万人。其中绝大多数都是专业人士和管理人员的孩子，这并不奇怪，因为中学几乎对所有学生都收取学费。

更高级的是那些公学，到19世纪末已接近一百所，从真正古老的伊顿公学和哈罗公学，到惠灵顿和黑利伯里等新成立的公学，到马尔文（Malvern）和奥多中学等相对“小型”的学校。尽管大多数公学里的大多数学生都是新富豪子弟，或者来自最富有的企业家和专业人士家庭，但是贵族和绅士仍然喜欢把儿子送到伊顿公学。到20世纪初，要花300英镑维持一个男孩在一所公学名校的一年费用，而在一所稍差的公学里每年费用是200英镑。在这样的整体环境中，男孩子们都非常辛苦，相互欺负，也彼此形成亲密的关系，并受到严格的纪律约束，这便于学校控制他们反叛的冲动和性饥渴，而带有这些特点的“艰难”生活阶段现在被称为“青春期”。教育仍以经典著作和人文学科为主，很少关注数学或科学，目的是培养具有良好基督徒品格的年轻人，他们会玩游戏，知道如何领导政治生活、军队、公务员队伍和帝国政府里社会（或种族？）地位不如自己的人。亨利·纽博尔特（Henry Newbolt）在其关于公学的诗歌中颂扬了这种价值观，伍德豪斯在许多故事中也略有讥讽。但正如钻石禧年发表在《半月评论》(*Fortnightly Review*)上的名为“失败的绅士”(Our Gentlemanly Failures）的一篇文章所反映的那样，到19世纪末，人们普遍崇拜的是“肌肉发达的基督教徒”，文章写道：“他们无处不在：眼睛明亮，四肢匀称，清高傲慢，时刻准备着，却百无一用。”而越来越多的人对这种现象都提出了批评。

韦尔斯那些来自100年前的穿越者也会发现，19世纪末到 20 世纪初发生了一场高等教育革命，只不过它对大多数英国人没什么影响。在贝利奥尔学院（Balliol）的本杰明·乔伊特（Benjamin Jowett）和国王学院的奥斯卡·布朗宁（Oscar Browning）等著名人物的影响下，牛津大学和剑桥大学在教学质量和数量上都发生了改变。乔伊特非常重视对公众和帝国的服务（格雷、埃尔金、寇松和米尔纳都是贝利奥尔学院毕业），但布朗宁更感兴趣的却是培养人际关系［尤其是通过众所周知的“使徒会”（the Apostles）这个秘密团体，他影响了约翰·梅纳德·凯恩斯（John Maynard Keynes）和利顿·斯特雷奇（Lytton Strachey）等人物］。比阿特丽斯·韦布和西德尼·韦布夫妇于 1895 创立的伦敦经济学院（London School of Economics）是一个推动社会科学研究的创新性机构；1900 年，伦敦大学经过彻底改革后，成为一个将教学和研究相结合的大学；1909 年成立的帝国理工学院则是要建成一个与柏林夏洛滕堡那所伟大的德国技术高中相抗衡的学校。同一时期，伯明翰、曼彻斯特、利物浦、利兹、谢菲尔德和布里斯托尔也建立了城市大学，而爱丁堡、格拉斯哥、圣安德鲁斯和阿伯丁这 4 所古老的苏格兰大学也进行了大力扩建。1893 年，威尔士大学获得了皇家特许，在加迪夫、斯旺西、阿伯里斯特威斯和班戈设立了分院。在爱尔兰，1908 年通过的立法批准建立了贝尔法斯特女王大学及爱尔兰国立大学。都柏林的三一学院一直是英爱新教运动的大本营，而爱尔兰国立大学则是对三一学院在社会、政治和宗教方面提供的另一种选择。

这是联合王国迄今为止出现的规模最大的一次大学扩建的新浪潮，从 19 世纪 80 年代到 20 世纪初，全日制学生的数量增加了一倍多。但是包括全日制和非全日制大学生在内，英国的大学生人数比例仍然很低，仅占人口的 1% 多一点儿，可能略低于法国或德国，但低于美国是确定无疑的。用于新建城市大学的大部分资金都来自当地的商人，如布里斯托尔的威尔斯家族（烟草）和弗赖伊（Fry）家族（巧克力）、利物浦的马斯普拉特兄弟（化学制品），或者来自学费。在 19 世纪最后 1/3 的时间里，牛津大学和剑桥大学教授的科目范围显著扩大，包括自然科学、道德科学、法律和现代历史。牛津大学仍然执着于经典文学和艺术，但剑桥大学保留了其数学方面的传统优势，并占据世界上自然科学，尤其是物理学方面的领军地位。在那些新的城市大学中，科学和工程学从一开始就是重要科目，部分原因是因为经费来自当地实业家的资助；但至少 1/3 的学生读的是艺术类科目。然而，无论他们的科目优势在哪里，高等教育领域对政府的工作或支出以及国民的生活还几乎没有影响。财政部从 1889 年就开始支付一笔小额助学金，但助学金在 1903 年也只有 5.7 万英镑，每年只有不到 5 000 名英国本科生能够获得学位，而曼彻斯特是唯一一所拥有区区 1 000 多名全日制学生的城市大学。

综观这场影响不大却实实在在发生的教育革命的各个方面，韦尔斯的穿越者可能会感到很惊讶且印象深刻的是，到爱德华时代，有 1/5 的大学本科生是女性，她们中的大多数都在学习历史、英语和现代语言等科目，为从事学校的教学事业做准备。事实上，这标志着另一场虽有限但很重要的革命，即 19 世纪末和 20 世纪初一些（但并非全部）妇女的地位发生了改变。之前的“男女有别”的思想，即妇女留在家里做贤妻良母，而男人出门做工挣钱的思想，从来没有像当时的那些文献规定所暗示的那样在实践中不折不扣地得到贯彻执行，而 19 世纪末这种思想的重要性也无疑受到了削弱。因为据联合王国人口普查数据显示，整个联合王国的全部劳动力中，女性占了近 1/3，她们在 3 个职业中占绝大多数：家政服务（175 万人），纺织业（75 万人）和服装业（约 33.3 万人），总计有超过 300 万的女性拥有付薪工作。此外，这无疑也是低估的数字，因为许多工人阶级的母亲经常做的是兼职、临时的工作，如“杂役女佣”或洗衣工，以帮衬其丈夫应对低收入或失业，而成千上万的更穷的妇女则“编外打工”，做着剪裁或糊制纸盒等付出血汗的工作。还有一些人则转向卖淫，也许正如萧伯纳引起争议的《沃伦夫人的职业》(*Mrs Warren's Profession*，1892 年）一书中指出的那样，这是她们在完全绝望之中唯一的谋生手段。

从 19 世纪 80 年代到 20 世纪初，对中产下层妇女的需求也显著增加，尤其是教师、护士和文员。在《1870 年初等教育法令》颁布之后，对女教师的需求急剧上升，根据 1901 年人口普查数据，她们占学校教师队伍的 3/4。家庭教师的地位处于仆人和教师之间，柯南道尔的短篇小说《红桦庄探案》(*The Copper Beeches*，1892 年）对家庭教师的机会和风险做了充分的探讨，小说中的维奥莱特・亨特（Violet Hunter）问夏洛克・福尔摩斯，她是否应该接受附有这样奇怪条件（要求她剪掉自己美丽的长发）的职位。护理是另一种机会有所扩大的职业，到 1901 年从业者超过了 6 万人。从 1887 年开始，护士经过适当训练并评定合格后可以自愿注册从业，而由于得到了维多利亚女王的女儿海伦娜公主、后来的亚历山德拉王后等王室成员的支持，该行业的声望进一步提高，而许多新医院的建成和帝国的扩张也增加了国内外的需求。打字机的问世进一步拓宽了妇女的就业机会，因为打字机在 19 世纪 90 年代初期得到了广泛的应用。由于它和缝纫机有些相似之处，所以吸引了越来越多的女性从事以前男性占主导地位的文书工作。而也在此时出现的接线员的工作岗位，从一开始就是以女性为主。到 1900 年，女性占所有白领的 20%，这使她们获得了做家政服务或家庭主妇时被剥夺的自由。因此，就像克拉拉·德尔·里奥（Clara Del Rio）的《打字员的忏悔》(*Confessions of a Type-Write*，1893 年）等书中体现的那样，"速成"女性文员开始（在男性中间）变得大受欢迎。

对于来自富裕工人阶级和下层中产阶层的妇女来说，她们的就业机会无疑都在增加，而韦尔斯笔下的穿越者可能同样会留下深刻印象的是，至少对中产阶层和上层阶级女孩来说，受教育机会也同时在增加。到 1895 年，联合王国有 1.5 万多所私立女子学校，其中 36 所是由蒸蒸日上的女子公学日校公司（Girl's Public Day School Company）于 1872 年成立。这也许可以解释为什么到 1901 年为止，女演员已达 6 400 人，女性艺术家 3 700 人，女性音乐家 2.26 万人，其中包括作曲家埃塞尔·史密斯（Ethel Smyth）以及许多地位低微的音乐教师。史密斯曾在莱比锡音乐学院学习（Leipzig Conservatoire），但到她那个时代，高等教育已经对女性大规模开放。此时，剑桥的格顿学院和纽纳姆学院，以及牛津的玛格丽特女子学院和萨默维尔学院，都已经建设完善，但牛津在 1920 年、剑桥在 1947 年才正式给女性毕业生颁发学位。相比之下，伦敦大学从 1878 年就开始给女性颁发毕业证，苏格兰的许多大学则从 1892 年开始，都柏林三一学院从 1904 年开始（但有许多限制条件），而所有新城市大学从一开始就是以与男性平等的条件接受女性入学。到 1900 年，在英格兰、威尔士和苏格兰各大学就读的全日制女生超过 2 500 人，而且这个数字逐年稳步增加。这反过来又使女性逐渐渗入了以前只属于男性的职业。19 世纪 90 年代，英国医学协会接纳了女性，也任命了第一批女性工厂督查员；到 1911 年，女性在高级职业成员中占到了 6%。在今天看来这可能是一个很低的比例，但在当时它则标志着一个非常重要而有意义的变化。

社会各个阶层的妇女也以许多不同的方式投身于公共和政治生活。不列颠女性工会会员的比例虽然在绝对值上相对较低，但与其他大多数国家相比还是很高，并且显示出与男性会员相同的发展模式。1876 年妇女工会会员数量刚过 1 万人；20 年后，这个数字增加了 10 倍，其中绝大多数人是在已经成立工会的、妇女就业人数多的规模巨大的棉纺织行业工作。妇女在地方和国家政治中也日益活跃，她们在市政选举，以及学校董事会和《济贫法》监督者委员会等人选的确定上有投票权。1894 年的《地方政府法案》又将她们的权利扩大到教区、农村区域和城区委员会，但距此 13 年后才允许女性进入各郡县和各自治城镇委员会任职。妇女也投身于国家政治和各党组织的工作中。1883 年，她们成立了“（保守党）报春花联盟”[The (Conservative) Primrose League]，不久后又成立了“妇女自由联盟”（Women's Liberal Federation）。到 19 世纪末，妇女自由联盟有 5 万名成员，是报春花联盟的 10 倍以上。妇女在费边社的创立中作用也很突出，比阿特丽斯・韦布就是最著名的例子；她们在独立工党（ILP）的创立中也起到了重要的作用，其中安妮・贝赞特（Annie Besant）、埃莉诺・马克斯（Eleanor Marx）和茱莉亚・瓦利（Julia Varley）作用突出。其他妇女在许多具体的政治运动中影响力突出，比如约瑟芬・巴特勒（Josephine Butler），她领导了废除《传染病法案》的运动。因为中产阶层妇女拥有以家庭为中心的观念和养育本能，她们也被认为是天生适合做慈善事业的人，而到 19 世纪 90 年代中期，有 50 万妇女在长期从事志愿者活动。

尽管有了这些新发展，但无论是从法律上还是习惯上来说，妇女仍然是在许多不利因素下辛苦劳作。酒吧和工人俱乐部一般都禁止女性进入。即使与男性做着同样的工作，比如在学校教书，从业的女性几乎总是比男性挣得少。女职员的平均工资不到男职员的 1/3，纺织业女工的平均工资只是男性的一半多一点儿，而女店员得到的工资是男店员的 2/3。总是比男人的薪水要低的“女人的薪水”这个概念很普遍，而不管是否结婚，30 多岁的女性就很难再找到店员和酒吧招待的工作。此外，不仅雇主，也包括男性主导的工会，经常有计划地将妇女排除在高薪工作之外。在许多经济行业，都存在一个正式的婚姻“门禁”(结婚的女人必须辞职，而结婚的男人则不必)，比如雷丁的亨特利和帕默斯饼干厂，而整个公务员系统就是如此。许多第一批接受大学教育的中产阶层妇女都选择先立业再成家：1895 年艾丽斯·戈登（Alice Gordon）在《十九世纪》杂志上写道，在接受过大学教育的 1 486 名妇女中，只有 208 人结婚，但是那些没有结婚的女性是喜欢自己的独立还是会因为孤独而感到后悔，不得而知。联合王国的妇女在议会选举中依然没有投票权，1884 年格莱斯顿就曾坚决反对支持给予妇女选举权的改革法案的修正案。然而，一些英国妇女 1881 年就已经在马恩岛（Isle of Man）获得了选举权，1893 年新西兰的所有女性都获得了选举权，从 1895—1911 年，澳大利亚殖民地以及后来的联邦都逐渐赋予了妇女投票权。

当时的人对妇女地位的这些改变和不变之处的反应大不相同，韦尔斯笔下那些来自前一个世纪的穿越者可能对此会感到既好奇又困惑吧。对于不变以及缓慢的变化，有些女性感到很高兴。曼彻斯特高中的女校长萨拉·伯斯塔尔（Sarah Burstall）认为，既然大多数女孩子都要结婚，她们就应该在学校学习如何做好家庭主妇。男性占主导地位的工会不赞成女性参与劳动力市场上的竞争，独立工党 1900 年的一本小册子宣称，妇女的真正自由在于“无论给什么条件”都不挣“一分钱”。工会成员玛丽・麦克阿瑟（Mary MacArthur）宣称自己“十分传统”地认为女人的位置应该在家里；拉姆齐・麦克唐纳的妻子玛格丽特认为已婚女性就应该拒绝有偿工作，从而有更多的时间“把心思放在丈夫身上并陪伴在他身边”。出于不同的政治立场，有些人认为，在帝国主义高度发达的时代，妇女的基本任务就是相夫教子，而她的丈夫和儿子则是守卫和统治帝国的人。米斯勋爵的妻子创立的“全国家政促进协会”（ National Association for the Promotion of Housewifery）就是秉承的这种思想，在 19 世纪 70 年代和 80 年代非常活跃。“母亲联合会”（ Mothers' Union）也因此于 1886 年成立，该联合会很快就成为所有妇女志愿者协会中人数最多的协会，并发动运动为现有家庭框架内的妇女争取更好的待遇。从 19 世纪 80 年代中期开始兴起的许多女性杂志也都持同样的观点，其中的《妇女》(*Woman*，1890 年）杂志，就提出了“要进步，但不要操之过急”的语义模棱两可的口号。

但是，男性和女性中都有人评论认为，女性的刻板形象还是太过传统，束缚太多，妇女面临的机会仍然不多，这种状况的改变太慢，必须加快速度。与曼彻斯特高中的做法相反，隶属女孩公学日校公司的许多学校顶住压力，坚决抵制教育董事会将家政培训纳入教学大纲的要求，理由是它限制了女性的视野，束缚了她们的理想（但是为了避免出现紧张局面，这些学校实际上也让女孩们下午回家，与母亲一起度过更多的时间)。与此同时，尽管人们欢迎改变，也要求做出更多改变，但逐渐被人们称之为“新女性”的现象，还是引起了更多人的讨论。这个词最早由英裔爱尔兰作家“萨拉·格兰德”［Sarah Grand，原名弗朗西丝·伊丽莎白·贝伦登·克拉克（Frances Elizabeth Bellenden Clarke）］于 1895 年发明，用来形容和赞美那些寻求自己的经济、社会或个人生活自主权，不依赖男性，并对许多妇女面临的无爱及不平等婚姻命运进行抗争的女性。格兰德提倡的这种女性对个人、职业和性独立的“超前”渴望，以及对双重标准的谴责，许多作家，如出生于澳大利亚、居住在爱尔兰的“乔治·埃杰顿”［George Egerton，原名玛丽·查维莉塔·邓恩（Mary Chavelita Dunne）］在其短篇小说集《基调》（*Keynotes*，1893 年）中已经有所表达和倡导。对于这种女性的“反叛”精神，有些人予以谴责，有些人给予喝彩，而社会主义者爱德华·卡彭特（Edward Carpenter）则是对此精神不遗余力进行宣传的人。他提倡一种更宽松的婚姻制度，在这种婚姻中，男女双方都可以在婚外关系中寻找自己的性需求，并预测女性不再满足于在婚姻中的从属地位和奴役身份，而是渴望成为“男人平等的伴侣和伙伴”。

到了 19 世纪 90 年代末，英国使用了一个新词“女权主义”来形容那些主张加强妇女权利的人，这绝非巧合。但是，当谈到不同于女性解放的女性参政权问题时，男女两性在态度上都存在分歧。对于男性政客来说，像迪斯雷利、索尔兹伯里和贝尔福这样的保守党倾向于支持（这或许很令人惊讶），而像格莱斯顿和阿斯奎斯等自由党则持反对意见（这或许同样令人惊讶）。甚至那些赞扬“新女性”的人也分成了不同阵营：“萨拉·格兰德”赞成，但“乔治·埃杰顿”却反对。因此，即使 19 世纪 90 年代人们总是把“新女性”挂在嘴边，但是那十年的大部分时间里，倡导妇女选举权运动并没有取得什么进展。但是，在钻石禧年，几个地方上的组织联合起来组成了全国妇女选举权协会联合会（National Union of Women's Suffrage Societies），该联合会试图重启自“第三次改革法案”通过以后争取议会投票权的运动。在布尔战争期间，议会和国家都忙于其他事务，从1897—1903年没有人向下议院提交任何法案。但在1903年，埃米琳·潘克赫斯特（Emmeline Pankhurst）、她的女儿克里斯塔贝尔和另外4个人在曼彻斯特成立了独立的“妇女社会和政治联盟”（Women's Social and Political Union），致力于更积极地开展争取妇女选举权的运动。1904年，下议院以184票对70票通过了支持争取妇女选举权的决议，这是迄今为止下议院对妇女投票权最有力的支持。不久之后，潘克赫斯特一家开始在公众集会上采取诘问和打断别人讲话等具有挑衅性的方式（1906年大选期间首次采用这种方式），并在几年之内就通过这种方式带来了她们想要的效果，即大规模的宣传造势。

韦尔斯笔下的那些穿越者肯定会对这些发展感到惊讶不已，也许他们也会对大多数社会阶层中男女休闲时间和休闲活动的增加同样感到印象深刻。1871年和1875年的银行假日立法规定了休假天数，是出于世俗目的，而非宗教目的的假期；19世纪最后25年里，某些行业的法定工作时间进一步减少；到了19世纪90年代，大多数工人都有希望享受星期六下午的休闲时光，而大型企业的雇主会为员工组织一年一度的郊游，或者给他们两周（无薪）的暑假。随着闲暇时间的增多以及工资的提高，除了去酒馆、赛马和音乐会之外，工人阶级的娱乐活动形式显著增加。有些人追求纯属个人的休闲活动，比如养金丝雀或种青蒜；有些人则更喜欢社交的方式，比如在铜管乐队中演奏，或加入颇具英格兰中部和北部地区特色的合唱团。职业足球之所以发展成一项观赏性运动，是因为工厂工人能在星期六下午观看他们自己球队的比赛，而现代职业足球比赛则可追溯到 19 世纪 80 年代。一日或多日的海边旅行也变得越来越普遍。像布莱克浦和绍森德（Southend）等城镇，以其廉价的旅馆、宾馆和出租房，成为全国发展最快的地方之一，这些地方提供了一些娱乐设施和活动，包括码头、照明设施、游乐场、骑驴和制作棉花糖等。与此同时，部分由卡内基遗产基金资助而得到扩建的免费公共图书馆，为那些体面的工人和下层中产阶层更认真地进行自我提高提供了空间。

中产阶层的娱乐活动也有所增加，其中板球运动是少数几个“运动员”和“绅士”在同一场地开展的运动之一。这是 W.G. 格雷斯的时代，也是郡县级锦标赛的形成时期，但是板球运动也有国际比赛，即帝国内部各个来访球队之间进行“测试”比赛，还有地方性的板球赛，比如 1892 年确立的兰开夏联盟赛。相比之下，英式橄榄球则根据级别和具体地点有两大宗派：与公学和英格兰南部（但在威尔士则更具工人阶级特色）相关的橄榄球联合会，以及更具无产阶级特点、在工业化的北部地区盛行的橄榄球联盟。草地网球因 1877 年的温布尔登网球锦标赛而成为现代网球的雏形。网球和自行车运动一样是男女都喜欢的运动，自行车和球拍可能与所有女权主义宣传或争取选举权运动一样，都对妇女事业做出了贡献。相比之下，也变得流行起来的高尔夫球则一般只限于男性。同时，随着通常由市政和私人慈善共同资助的乐团和博物馆的广泛发展，许多城镇的各种便利设施也得到了改善。中产阶层还是主要的受益者，能享受到伊斯特本、沃辛、伯恩茅斯和托基这些“奢华”的度假胜地，这些地方都有自己的冬季花园、剧院、休闲长廊、室外乐队演出和棕榈庭院交响乐团演出。由于欧洲大陆和地中海地区交通设施的改善，以及托马斯·库克和亨利·伦爵士等旅行社安排了旅行线路，也出现了史无前例的去往更远的地方去冒险的机会：去欧洲大陆的大城市和都城，去阿尔卑斯山、莱茵河和多瑙河，甚至去遥远的埃及在尼罗河上进行冬季游船之旅，并在新近建造于尼罗河边的豪华旅馆中长住。

对于那些富豪、绅士和贵族来说，只要能负担得起，他们就可以将传统的休闲模式与不受地理范围限制的新消遣方式结合起来。传统的猎狐运动受到了威胁，因为许多地主收入下降，他们的参与能力也随之降低；从美国进口了带刺的铁丝网，增加了跳跃障碍和篱笆的危险；发生的几次爱尔兰土地战争让反对新教徒优势地位的人把破坏狩猎当作了另一种抗议形式。也有人抱怨说，暴发户因为有钱而加入了以前拥有传统贵族头衔和领地的阶级专属的娱乐方式；以有组织的射杀形式一次猎取成千上万只鸟的新时尚，本来只是最有钱的地主才能负担得起，却日益受到那些新富以及他们那些来自美国的更富有的朋友的追捧。更快、（泰坦尼克号之前）更安全的跨大西洋客轮的出现，使旧世界的贵族和新世界的富豪们前所未有地走到了一起，英美联姻的增加就是证明，亨利·詹姆斯（Henry James）和伊迪丝·华顿（Edith Wharton）的小说对此都有所描述。而对于那些想走得更远的人来说，在东非、南非和印度帝国都有大型狩猎活动。对这个富裕、放荡和奢侈世界的人们做出最生动描绘的人应该非英裔美国艺术家约翰·辛格·萨金特（John Singer Sargent）莫属。韦尔斯的穿越者可能已经注意到，他绘画中那些大胆的笔触，以及对人物服装和珠宝的生动描绘，在很大程度上要归功于他们自己那个时代的一个艺术家托马斯·劳伦斯爵士（Sir Thomas Lawrence），他也对不断变化的上层阶级进行过描绘。

来自19世纪初的那些穿越者肯定会注意到，与一个世纪以前相比，休闲度假、闲暇和娱乐活动在更广泛的社会生活中所起的作用要大得多。19世纪最后20年时间里，作家、编辑和记者的数量增加了81%，音乐家的数量增加了69%，而从1881—1911年，演员的数量几乎增加了2倍。报纸的发行量从1896—1906年翻了一番，到1914年又翻了一番，从1901—1913年，每年出版的图书量也翻了一番。有人抱怨这种大众文化是低俗的文化，但像韦尔斯、阿诺德·贝内特（Arnold Bennett）和约翰·高尔斯华绥（John Galsworthy）等严肃作家的作品都卖得很好，而柯林斯、牛津大学出版社和约瑟夫·登特（Joseph Dent）等出版商则再版发行了许多古典小说和莎士比亚的戏剧（另一方面，E.M. 福斯特和约瑟夫·康拉德的作品却卖得不好）。到20世纪初，联合王国已不再是“没有音乐的国家”：亚瑟·沙利文（Arthur Sullivan）于1900年去世，查尔斯·斯坦福（Charles Stanford）也过了他的鼎盛时期，但是休伯特·帕里（Hubert Parry）正处于他的盛期，爱德华·埃尔加则正从清唱剧过渡到交响乐和协奏曲的创作，年轻的拉尔夫·沃恩·威廉斯也正名气日盛。虽然到处兴建音乐厅，但人们对剧院的态度变得越来越尊敬，要求也越来越高。19世纪90年代在伦敦舞台上演出的是亨利克·易卜生那些探讨诸如不忠和性病等“禁忌”话题的戏剧，亨利·欧文和比尔博姆·特里（Beerbohm Tree）则是敢为人先的演员兼剧团总监，1895年欧文获封爵位，再次证明了戏剧受人尊敬。另一方面，1896年阿尔弗雷德·奥斯丁（Alfred Austin）继丁尼生之后被封为桂冠诗人，这个迟到的封号被广泛认为是名不副实的，他草草写成的赞美詹姆森袭击事件的诗歌证实了这种观点。

韦尔斯的那些穿越者还会注意到，科学技术正在以一个世纪以前难以想象的方式改变着英国人生活的方方面面。从帆船到蒸汽船的转变不仅仅是海上运输的革命：到 20 世纪初，查尔斯·帕森斯（Charles Parsons）发明的蒸汽涡轮机大大地提高了战舰和客轮的速度。出生爱丁堡的美国人亚历山大·格雷厄姆·贝尔（Alexander Graham Bell）于 1876 年在费城申请了电话专利，而此时电话已经在邮局的支持下在英国得到广泛应用。1890 年伦敦与伯明翰连线，到 20 世纪初，大多数大型公共服务机构和商业机构都安装了电话。19 世纪 90 年代，私人安装电话的数量翻了两番，从 1900 年到 1905 年又翻了一番。对当时的人来说，更非同寻常的是无线电技术的出现，这个技术实际上可以追溯到 1896 年，当时意大利的发明家古列尔莫·马可尼（Guglielmo Marconi）在自己的国家无人赏识，于是把他的实验设备带到了联合王国。不久之后它就取得了第一项专利，建立了自己的公司，并在 1901 年成功地将信息从康沃尔传到了纽芬兰。海军部和海运商船很快意识到无线电作为一种有效和可靠的海上通信形式的潜力，并且很快以无线电和海底电缆相结合的方式将帝国联系起来，但是人们还没有意识到它在国内广播中的应用潜力。最重要的单一科学发展是电灯的普及，1881 年托马斯·爱迪生发明了一种有效的灯泡，使用电照明成为可能。到 19 世纪末，许多英国城镇都用上了电灯，电车及伦敦大部分的地铁都实现了电气化，电灯照明使剧院、商店橱窗、海滨码头和人行道都散发出了新的魅力。

这些发明，连同内燃机（19 世纪 80 年代主要在德国开始使用）以及重于空气的飞行机器（1903 年莱特兄弟在北卡罗来纳州的基蒂霍克首飞）的发明，预示着煤炭时代，即英国以使用煤炭为主实现现代化的时代的终结。但正如内燃机、无线电和载人飞行等实例所表明的那样，虽然联合王国领导并主导了第一次工业革命，但对于第二次工业革命就没有再起到相同的作用了。因此，从19世纪80年代起，人们越来越担心英国不但在钢铁生产等传统工业上会输给德国和美国，而且这些国家还会在以电力和石油化工为基础的新经济发展中处于领先地位。因此，人们也越来越担心，联合王国在世界工业领域竞争力的下降，部分原因是因为其科学研究不够强大，缺乏创造性和专业化，科学、技术和工业发展之间需要在目前的基础上建立更密切、更相辅相成的关系。作为宣传家和评论家的韦尔斯本人对于这个问题十分关切，韦尔斯时间机器里的那些穿越者也就不可能没有注意到。事实上，20世纪初的英国在纯科学方面成绩斐然，瑞利勋爵（Lord Rayleigh）、约瑟夫·约翰·汤姆森（J. J. Thomson）和欧内斯特·卢瑟福分别在1904年、1906年和1908年获得了诺贝尔物理学奖就是明证。但是很多人担心，英国在应用科学方面远没有那么成功，也许是因为政府的支持力度不够。由此开始了一场实际上一直到我们现在这个时代还在继续的辩论，而在国民生活的其他领域也一样，德国和美国曾经是（现在仍然是）是英国的竞争对手和参照国家。

除了这些问题，韦尔斯的穿越者几乎无法否认的是，与18世纪初相比，人类知识的总量已经激增，并且变得越来越专业化。而在18世纪初却只有少数像约瑟夫·班克斯（Joseph Banks）那样杰出的人，才可能几乎无所不知。一个世纪后，做研究和做学问不再是绅士业余爱好者或牛津、剑桥等大学神职人员的专属，而越来越多地由职业专家和学术专家，通常基于英国日渐壮大的大学体系进行。从1886年开始出版的《英国历史评论》（*English Historical Review*）就是这一趋势的例证。阿尔弗雷德·马歇尔

（Alfred Marshall）于 1903 年在剑桥大学确立的经济学三年制学位（Economics Tripos）也是一个例证。4 年后，伦纳德·特里劳尼·霍布豪斯（L. T. Hobhouse）被任命坐上了伦敦大学英国社会学的第一把交椅，则是第三个例证。这些大学里的学者急于证明人文和社会科学与自然科学一样专业、具有学术性和重要性，正是这种热情促成了 1902 年英国国家学术院（British Academy）的建立。但是，无论是人文科学还是自然科学，都没有完全达到这种新的学术严谨性。年轻的乔治·麦考利·特里维廉认为，崇拜只有学术界专业人士才能研究的科学史是一种误导，人们对以广大读者为受众的文学史存在不当的贬低，他对此表示抗议且离开了剑桥大学；瑞利爵士和奥利弗·洛奇爵士（Sir Oliver Lodge）等许多知名科学家则认为，他们能够通过科学方法确定非宗教的精神世界是存在的，他们也是 1882 年成立的“精神研究学会”（Society for Psychical Research）的热心支持者。

在英国国家学术院成立的同一年，爱德华七世设立了“功勋勋章”这一全新的英国荣誉制度。在拿破仑战争时期就曾对设立类似的勋章进行过广泛的讨论，阿尔伯特亲王后来也很感兴趣。但这一次又是因为 20 世纪初对德国这个竞争对手的恐惧起到了直接的促进作用，因为这个英国新勋章也是模仿德国设立的“蓝马克斯勋章”（Pour Le Mérite），由普鲁士的腓特烈二世于 1740 年设立，以表彰在军事和平民生活中取得的杰出成就。英国功勋勋章也分这两方面的表彰，1902 年的首批受勋人则展示了大英帝国认定特别值得表彰的都是哪些人。首批表彰的 12 人中有 5 人来自现役军人：罗伯茨伯爵、沃尔斯利子爵和凯奇纳勋爵等 3 位陆军元帅，亨利·凯佩尔爵士和爱德华·霍巴特·西摩爵士等两位海军上将。另有 4 位是卓越的科学家：瑞利勋爵、凯尔文勋爵、李斯特勋爵及哈金斯爵士。最后3位是艺术和人文的代表：传记作家、自由党政治家约翰·莫利，历史学家莱基，画家兼雕塑家乔治·弗雷德里克·沃茨（George Frederic Watts）。照顾军方和非军方人物以及科学、人文和艺术之间的相对平衡，是20世纪初英国公共和文化成就排序时的指导性原则。韦尔斯的那些穿越者是来自一个军事至上的早期时代，即使他们对旅途中看到、听到和了解到的其他许多事情都感到困惑且无法理解，也许也不会对这种平衡考虑感到太多惊讶。

韦尔斯的穿越者迟早会筋疲力尽，渴望从20世纪头10年的不列颠及其帝国离开，回到他们自己的时代。但是他们可能会想带回一些纪念品，以纪念他们这次非同寻常的旅程，而韦尔斯本人的那些虚构和非虚构作品应该是最好或最恰当的纪念品，因为这些作品对那个地代做了生活而多样的描述，同时又对科技的未来提出了大胆的预测和充满焦虑的警示。他早期的喜剧小说《机会之轮》（*The Wheels of Chance*，1896年）对中产下层的人们骑自行车到乡村去的情景进行了描绘。《星球大战》（*The War of the Worlds*，1898年）是一部科幻小说的创新之作，反映了当时普遍存在的民族焦虑感和国际紧张感。《预期》（*Anticipations*，1901年）对当时民主的低劣本质进行了批判。《现代乌托邦》（*A Modern Utopia*，1905年）描述了由一位名为“武士”的新统治精英推动的“国家效率”运动。在《基普斯》（*Kipps*，1905年）中，同名主人公是一个店员，在压抑的环境中长时间工作且收入低微。《托诺–邦盖》（*Tono-Bungay*，1909年）是一部半自传体小说，对以肮脏、浪费和混乱为特点的现代资本主义进行了有力的批判。《安·韦罗妮卡》（*Ann Veronica*，1909年）以同情之心描绘了一个独立的年轻女子选择自由恋爱的故事，成了许多图书馆的禁书。《波利先生的故事》（*The History of Mr Polly*，1910 年）深入探讨了地方下层中产阶层生活的悲欢离合与跌宕起伏。《英国人看世界》（*An Englishman Looks at the World*，1914 年）提出了警告：载人飞行意味着海洋不再能够保护英国免受军事攻击。韦尔斯在书中提出了问题："帝国还会存在吗？怎样才能使大英帝国不遭受分崩离析的命运？"到此时为止，提出这个问题的人也绝不止他一个。

充满希望还是前途未卜？

对于自由党来说，1906 年取得的压倒性胜利是过了一代人的时间以后取得的最大胜利，因为疲惫不堪的自由党似乎终于摆脱了 1885 年以后一直遭受的失败、分裂和被失望打击的厄运。尽管坎贝尔－班纳曼及其同僚面临着大量的遗留问题，面临着国内外各种严峻的挑战，但他们在选举中赢得的胜利，似乎开启了一个充满希望的新时代，代表着 19 世纪自由人文主义传统和世界性国际主义最终战胜了保守的沙文主义和政治蒙昧主义。由知识分子和富有创造力的人物构成的年轻群体尤其感到乐观，他们是"新自由党"最热心的支持者，对他们来说，灿烂的新黎明似乎确已近在眼前。这些人中包括政治家查尔斯·弗雷德里克·格尼·马斯特曼（C. F. G. Masterman）和诺埃尔·巴克斯顿（Noel Buxton），哲学家伯特兰·罗素，古典学者吉尔伯特·默里（Gilbert Murray），经济学家威廉·贝弗里奇（William Beveridge）和约翰·梅纳德·凯恩斯，作曲家拉尔夫·沃恩·威廉斯，以及历史学家赫伯特·艾伯特·劳伦斯·费希尔（H. A. L. Fisher）、乔治·皮博迪·古奇（G. P. Gooch）和乔治·麦考利·特里维廉。特里维廉感受到了这种情绪，所以他说，出现了“形成新的政府原则的历史时机”，以及“人们受想象力推动的历史时机”，对他和他同时代的人来说，1906 年似乎就是这样的时机。他因此创作了赞美自由主义和国际主义美德的“加里波第”三部曲（1907—1911 年），因此沃恩·威廉斯以沃尔特·惠特曼的诗歌为背景创作了他的《海洋交响曲》（*Sea Symphony*，1903—1909 年），以不同的形式宣扬了完全相同的价值观。

但是，自由党内许多人都抱有的这种热切的变革希望，却遇到了随着 19 世纪的推进而愈加顽固的惰性力量的阻挠。无论是法国、德国、西班牙、俄国、意大利还是奥匈帝国，没有任何一个欧洲国家能够像 1800—1906 年的联合王国那样，以一直是个单一的主权国家形态存在而感到骄傲，而且在那段时期的大部分时间里，它都表现出了非凡的适应性和灵活性。然而，到了 19 世纪 90 年代和 20 世纪初，人们越来越担心威斯敏斯特逐渐失去了其 1829—1885 年间时常表现出的迅速而富有想象力的体制变革能力。联合王国 4 个组成国之间的关系在很多方面都令人不满，联合王国与大英帝国其他组成国之间的关系也是如此。到 20 世纪初，英国不再是 19 世纪中期那个欧洲最先进的民主国家，下议院成员是通过整个欧洲最小数量的选民选举出来的，而且女性没有投票权。而上议院则根本算不上是选举产生的，而是自我繁殖的寡头内阁。这反过来意味着，自由党压倒一切的胜利所代表的这种广受欢迎的执政，本身不足以确保实施重大变革。因为正如亚瑟·贝尔福在保守党彻底败北后阐明的那样，自由党现在也许可以对下议院发号施令，但是保守党在上议院仍保持着不可动摇的多数席位，他坚称他们会继续在上议院中他们那看起来崇高而不可战胜的堡垒中“继续控制这个伟大帝国的命运”。

要取得进步和进行变革，自由党政府从外交和帝国政策方面入手是最容易的。在外交部，爱德华·格雷爵士从他的保守党前任那里接手了英法同盟，1907 年 8 月，他又与俄国签订了一项协议，就像之前与美国、日本和法国签订的协议一样，也是为了缓和帝国周边地区的紧张局势。根据协议，两国政府都放弃了对西藏的野心，承认了中国的主权。俄国承认阿富汗是英国的势力范围，但同时英国也同意不干涉其内政。波斯被分成 3 个区域：与印度边境毗邻的东南部是英属区，北部大片地区属于俄国，中间是中立区，而根据一份独立的照会，俄国也承认英国在波斯湾的优势地位。从外交角度来看，这项协议对外交部来说是一个巨大的胜利，因为有效地消除了长期以来人们担心的俄国对英国在印度的地位所构成的威胁。但该协议也有其令人诟病之处：和专制沙皇结盟与不列颠国内的激进观点有冲突，而英国王室和俄国皇室关系密切这一事实并没使情况有所改善，反而使其变得更糟了。此外，法、英、俄三方协约的建立，可能会让柏林方面理所当然地认定它们是完成了对德国的恶意包围。越来越偏执和情绪不稳定的德国皇帝有这种观点也在情理之中，这反过来又促使他在海外做出了威胁和破坏稳定的姿态。法国政府早先决定派遣大量部队去往一个法国最高权威刚刚获得国际认可的地区，以平息那里的不满情绪和内乱。作为回应，他于 1911 年 7 月派遣了一艘德国炮艇去往摩洛哥的阿加迪尔港。

在帝国事务中，新政府面临的主要任务是解决《弗里尼京条约》签署后南非存在的问题。自由党给德兰士瓦共和国（1906 年）和奥兰治自由邦（1907 年）授予了自治权，并将它们与南非联盟中的开普殖民地和纳塔尔联合起来（1910 年）。为了维持被认为是最近获得的布尔人的善意，内阁不情愿地默许了联盟的选举权，但仅限于白人，而将所有非洲裔排除在外（但确实成功地保留了英国对斯威士兰、巴苏陀兰和贝专纳的全部控制权）。政府希望自己已经建立了控制着非洲战略要地的另一个强大的亲英统治政权，但事实上掌权的却不是英国人而是布尔人。1909 年，约翰·莫利和明托勋爵在印度实施了以两人的名字命名的有限改革。扩大的立法委员会接纳了两倍数量的印度人成员，他们代表不同的阶级和社区利益，并从此时开始被允许参与预算事项的讨论，也第一次任命印度人进入皇家总督的行政委员会。与此同时，自由党政府很快认识到，对待加拿大、澳大利亚、新西兰和南非等“自治领”时，必须比张伯伦表现得更加娴熟体贴。在 1907 年的殖民会议上，关于建立一个帝国委员会和一个常设秘书处为它服务的两项计划被否决。4 年后，时任首相的阿斯奎斯宣布，在这些领土和联合王国之间建立任何正式的关系“对我们现行的代议制政府制度都是绝对致命的”。

在国内事务中，这届新政府几乎从一开始就束手无策，因为正如贝尔福威胁的那样，保守党领导层利用其在上议院的大多数席位阉割了自由党的立法计划。他们没有否决直接对工人阶级有利的措施，比如 1906 年的《贸易争端法案》（Trade Disputes Act）和次年的《工厂与车间法案》（Factory and Workshop Act）。相反，他们把反对意见集中在通常不受欢迎或只有很小受益面的措施上，否决了《多轮投票法案》（Plural Voting Bill），并对政府被迫撤回的一项《教育法》进行了修订。沮丧的坎贝尔 – 班纳曼在其首相任期即将结束时警告上议院：“必须找到一条路，也一定会找到一条路，让人民通过他们选出的上议院代表来表达并实现他们自己的意愿”。1908 年阿斯奎斯接替坎贝尔 – 班纳曼担任首相后，劳合・乔治出任他的大法官，并通过立法设立了养老金，而时任贸易委员会主席的丘吉尔则建立了职业介绍所。但是，上议院否决了一项《许可证法案》，并对《教育法》进行了第二次修改，因为改动太大而再次撤回，1909 年又否决了劳合・乔治所谓的“人民的预算”。其结果是，下议院与上议院之间、人民和贵族之间发生了对抗，让人想到了之前针对第一次和第三次改革法案的斗争。这也是格莱斯顿在自己第二次提出《自治法案》遭到上议院否决时想要打响的一场战斗。贵族们否决劳合・乔治提出的预算所带来的最终结果是，对上议院的改革势在必行并排到了优先的日程之上，爱尔兰自治的总体事务也将重新开启。然而，这两个问题在 20 世纪都没有令人满意地得到解决，即使现在它们也仍然没有得到根本解决。无论从哪方面来看，对我们来说，19 世纪还一直没有结束，因此我们对它的研究也一直在进行中。

后记

1905 年 10 月 21 日，距离贝尔福辞去首相之职不到两个月的时间，联合王国举行了特拉法尔加战役胜利 100 周年的庆祝活动，特拉法尔加战役是海军的决定性胜利，开启了一个世纪的英国海上霸权时代。纳尔逊石柱上挂着旗帜和飘带，像一根巨大的五朔节花柱，格林尼治的皇家海军学院举办了有史以来最盛大的一次“特拉法尔加晚宴”，被称颂最多的“海军协会”达到了自信的顶点，亨利・伍德（Henry Wood）为他的“逍遥音乐会”（Promenade Concerts）写下了《英国海歌幻想曲》(‘Fantasia on British Sea Songs’)，第一艘无畏舰于次年下水。但是在近 10 年后的 1915 年 6 月 18 日，英国军队却被困在西线的泥泞中，滑铁卢战役标志着英国第二次获得压倒性胜利（虽然离不开盟军的帮助），并胜利结束了大革命和拿破仑战争，而对于这场战役的百年纪念却是悄无声息的。在过去的 100 年里，形势发生了巨大的变化，因为英国的盟友和对手完全颠倒了位置。1805 年，法国人是（以前也常常是）英国的敌人，而到 1905 年，它刚刚（而且异乎寻常地）成为英国的盟友，这使得对于特拉法尔加战役的庆祝活动变得敏感起来。1815 年，普鲁士是英国的朋友，并在 19 世纪的大部分时间里都维系着友好的关系，但到了 1915 年，它已经变成英国的敌人，虽然其统治形式不断变化，但在接下来 30 年的大部分时间里，双方一直处于敌对状态。这两个伟大的日耳曼民族，隔北海相望却过从甚密，在新教信仰和其他许多方面存在很多共同点，维多利亚女王和阿尔伯特亲王，塞西尔・罗兹和约瑟夫・张伯伦都希望两国能为了长远的利益而和睦友好，和谐共处，但这大多是他们的空想而已。

贯穿整个 19 世纪，一直深入到 20 世纪，不列颠群岛和大英帝国的各个民族都一直为特拉法尔加战役和滑铁卢战役的胜利而感到欢欣鼓舞，同时也因此而感到敬畏。一方面，19 世纪似乎显示出不列颠王国和大英帝国的确受到了上天的庇佑，而这两次战役恰好提供了必要的前提条件和无可争议的证据。但这两次战役也设定了高不可攀的事业和成就标准，令后来人在面对他们自己的考验和挑战时渴望达到，却对达到的可能性心存怀疑。正如 1900 年 6 月人们因为马弗京解救行动体现出的前所未有的武力外交而感到欢呼雀跃时，《盎格鲁－撒克逊评论》指出："比起解救被围困在贝专纳一个村庄里的几百名殖民义勇者所取得的胜利，我们面对滑铁卢和特拉法尔加战役的胜利时要平静得多。"事实上，人们对这个消息的反应如此疯狂，不仅是对一个小小的军事胜利进行过度庆祝，也代表了人们因为帝国避免了再次遭受屈辱而感到如释重负。第一次世界大战期间，人们一直心存希望，希望英国取得的这两次伟大的胜利（一次在海上，一次在陆地上）会再次化干戈为玉帛，带来最终的胜利。但是，尽管政治和公众怀有如此高的期望，但再也没有取得过类似的胜利结果。没有再出现过第二个纳尔逊和第二次特拉法尔加战役，而是出现了杰利科（Jellicoe）和日德兰（Jutland）战役；没有再出现过第二个惠灵顿和第二次滑铁卢战役，而是出现了黑格（Haig）和索姆河战役。第二次世界大战期间也是如此，丘吉尔毫不留情，目的就是使他们有可能为不列颠取得与纳尔逊和惠灵顿同等规模和意义的胜利，让他的陆海军将领们不胜其扰。但当时最大的陆战却都发生在东线的德国人和俄国人之间，而最大的海战则是在太平洋地区的美国人和日本人之间展开。

纪念特拉法尔加战役 100 周年这个“民族圣礼”的另一个活动是出版了一本 900 页的巨著《帝国与百年》(*The Empire and the Century*)，这本书由多人合著而成。包括迪斯雷利的传记作者威廉·弗拉维勒·莫尼彭尼 (W. F. Monypenny）在内的多位作者，在书中对不列颠英国海外领土的演变和扩张进行了热情的讴歌。但其中一些作者却没那么自信也不那么乐观，其中就包括记者加尔文(后来为约瑟夫·张伯伦写传记的作家)，他提出了那个令人不安的问题:“帝国能再坚持 100 年吗？”他认为，“尽管目前乐观态度盛行，但国民的直觉却承认这个答案没有预想的那么肯定”。即使处于 1905 年百年庆典的狂欢之中，持这种观点的也绝非加尔文一人。同年，有人匿名出版了一本带有预测性质（韦尔斯并不是唯一进行预测的人）的小册子《大英帝国的衰落》(*The Decline and Fall of the British Empire*)，但有人怀疑它是 2005 年在日本写就的。它列举了 20 世纪英国经济快速衰退的 8 个原因：城镇生活盛于乡村生活、英国对海洋的兴趣减弱、奢华追求滋长（典型的吉本观点)、品位下降、民众体质衰弱健康状况差、宗教和知识生活衰败、税收和城市挥霍过度，以及英国人没有能力保卫自己和自己的帝国。从一个角度来看，帝国衰亡的这些原因很大程度上体现了 20 世纪初的人们所关注的问题，但现在想来，这些预测也是有预见性和洞察力的，因为最终证明大英帝国很难维持也难以为继。事实上，1997

年，时值维多利亚的钻石禧年 100 周年之际，香港归还给了中国，大英帝国便真的随之解体、完结、消失、一去不复返了。

造成大英帝国（及其他欧洲帝国）不复存在的原因中，有很多都具体归结到了 20 世纪，特别是两次世界大战和 1945 年之后国际上非常普遍的对殖民主义的批判。但在英国，19 世纪 80 年代就已经在爱尔兰、埃及和印度开始了民族主义运动和骚乱。保守党人和统一党人对这方面的煽动者予以漠视或谴责早已经是盛行的做法，认为他们既没什么大不了，也不值得费心，因此也不愿意与他们谈判。然而，到 20 世纪初，伦敦作为帝国大都市和世界级城市，已经统治了许多殖民地的臣民，这些臣民受到了教育，具备了本领，后来能够直接且具有破坏性地与其英国统治者打交道，并最终成功地领导了反对大英帝国的民族主义运动。圣雄甘地就是其中最著名的人物。穆罕默德·真纳（Muhammad al Jinnah）很快就成为其追随者，他于 1892—1895 年在林肯律师学院（Lincoln's Inn）学习法律，是达达拜·瑙罗吉的门生。还有贾瓦哈拉尔·尼赫鲁（Jawaharlal Nehru），他在剑桥的哈罗公学和三一学院（Harrow and Trinity College）毕业后，于 1910—1912 年在内殿律师学院（Inner Temple）学习（他后来声称他之所以要为印度的独立而斗争，是因为在特里维廉学院阅读了加里波第的书受到了激发）。这 3 个人都认识到了英国法治的重要性，并学会了如何运用自己的知识反抗他们的帝国统治者。正如寇松所担心的那样，他们发动的运动如果成功了，其结果就是印度的独立，而这就意味着英国将真正沦落为世界上的弱势国家。

然而，在 20 世纪的上半叶，包括温斯顿·丘吉尔在内的大多数英国决策者和政府官员还都认为，应该要保住印度帝国和不列颠的强国地位。丘吉尔沐浴着他记忆中的“维多利亚时代令人敬畏、没有挑战且安宁平静的光辉”度过了自己的青春年华，这个记忆具有怀旧成分，却有失偏颇。他在政府中担任的第一个职务是殖民地部的副大臣，他认为自己终生为之奋斗的目标就是保持英国的伟大和帝国的强大。尽管丘吉尔从 1940 年到 1945 年领导英国进行了英勇的抵抗和壮丽的抗争，但年迈伤感的他却逐渐认为自己的许多努力都没有奏效。这种想法不全对，但基本正确。然而，丘吉尔没有做成功的事情，换作别人来做也一样会失败，因为 19 世纪英国在经济、海军和帝国等方面短时间内取得的卓越地位，比如它成了第一个工业化国家，又因为欧洲、美国、俄国、中东和远东局势的相对平静而受益等，具有偶然性，因此无法持久。因为这意味着在相对短暂的时间内，一个相对较小的欧洲国家逐渐对世界各地的事务和各民族产生了与其国家规模、人口和资源完全不相称的影响。但是其他国家一旦在经济追赶上来，一旦世界上许多地方都不断主张好斗的民族主义，作为全球霸主的英国便地位不保了。从这个角度看，更令人瞩目的不是英国的势力和影响力最终衰落了，而是其势力和影响力居然持续了这么长的时间。

直到 1945 年，甚至在此后 10 年左右的时间里，仍然存在着要维持英国独大的世界地位的政治意愿，而我们对此也没什么好惊讶的。正如 19 世纪的英国一直由 18 世纪的人统治着，一直到 1868 年迪斯雷利取代德比才结束，20 世纪的英国则由 19 世纪的人统治着，一直到 1963 年道格拉斯 – 霍姆（Douglas-Home）取代麦克米伦（Macmillan）为止，继而道格拉斯又被哈罗德 · 威尔逊（Harold Wilson）所取代。事实上，一直到 20 世纪 60 年代中期，联合王国在很多方面还延续着维多利亚时代末期的状态挥之不去：还保留着强国的架势、世界帝国和君主专制制度，一样的重工业经济、道德规范和两性关系，表面上还遵从着基督教的伦理。19 世纪的影响非常深远，只是从 20 世纪 60 年代开始，不列颠才明显走向去维多利亚化、去帝国化并缩小国家规模，并开始接受吉卜林 1897 年就已经预言的那种“衰退”现实。尽管有些人为“国家衰落”而哀叹，尽管玛格丽特・撒切尔拥护“维多利亚时代的价值观”，并决心使自己的国家再次强大起来，但把我们自己从 19 世纪的“过去”中解脱出来，或者说从那个被许多人夸大和神化了的“过去”中解脱出来的过程却在飞速推进。反过来，这也可以解释为什么在最近几十年里对维多利亚时代的英国进行抨击如此盛行，而且抨击的猛烈程度和系统性比利顿・斯特雷奇更甚：抨击那个时代的一整套观念看起来说得好听些是格格不入，说得难听些就是可悲，抨击那时（尤其）是男性至上、歧视厌恶女性，迫害同性恋，存在种族歧视、阶级歧视，实行帝国主义统治。19 世纪的不列颠并不是大家现在所认为的政治正确的文化、国家或文明。

毫无疑问，从 19 世纪初到 20 世纪初的几十年里，经历了许多非同寻常、给人重创的困难，以及令人痛苦和迷惘的变迁，对此，华兹华斯和丁尼生的诗歌、透纳和兰西尔的绘画、狄更斯和艾略特的小说，甚至吉尔伯特和沙利文的喜歌剧和奥斯卡・王尔德精湛的悲剧中都有所体现和表达。那些显然是要对联合王国和大英帝国事务负责任的男人们（除了维多利亚女王之外都是男人）对局势到底了解多少，对他们自己正在做的事情又知道多少？可以肯定的是，许多在唐宁街 10 号任职的首相都是极具经验和能力的人，他们往往在古希腊罗马文学、历史、神学和语言方面都颇有研究。但是，尽管他们具有令今天大多数政治家感到羞愧的渊博学识及无懈可击的品质，但他们中没有一个人能完全理解或完全掌控发生的那些大事件。惠灵顿对议会改革的态度偏执且非常荒谬，皮尔是一个失败的保守党领袖，帕默斯顿的外交政策过于依赖后来人们所称的虚张声势的做法，格莱斯顿对爱尔兰的了解远不如他以为的那么多，而索尔兹伯里（以及张伯伦和维多利亚女王）都极不明智，坚决反对爱尔兰地方自治。从科伦纳（Corunna）到克里米亚，再到布尔战争，有许多的军事灾难也足以使人们明白，失败、无能和犯错误也是英国人做事、做错事的组成部分。在我们看来的傲慢、偏狭和顽固大多是由恐惧和无知，以及个人的自我怀疑和民族焦虑带来的结果，而后两者的存在都有充分的理由。

实际上，政府官员，以及神职人员、商人、专业人士和军人，往往都像是骑在一只他们永远无法完全控制的老虎背上，朝着他们自己都常常看不清的方向行进，所到达的目的地要么他们自己不了解，要么不喜欢。几乎没有任何重要的伦敦政治家愿意承担更多的帝国责任，而实际上却往往确实存在着更多的帝国责任，（比如）还能做什么去解决这个悖论？现实既令人担忧又令人兴奋，既令人困惑又彼此矛盾，展现大量机遇的同时又伴随相应的挑战，查尔斯·狄更斯在 19 世纪 50 年代对 18 世纪 90 年代的描写对于这种普遍的感觉做出了最好的诠释，本书的第一段铭文就引用了他的话。事实上，对于 19 世纪的英国人来说，他们所处的时代既是最好的时代，也是最糟的时代，但往往更多的是介于两者之间，更难以确定。然而，尽管经济和技术的进步给英国的一些居民带来了具有无限可能性的优越感，但大多数人在其私人生活和公共生活中受到的束缚也需要我们给予关注。大多数人的生存受限于贫穷、缺乏教育及寿命（要有相当的运气才能活到四十多岁），而政治家、商人和军事指挥官则常常忍受拒绝、失败和挫折——而且理由充分。因此，本书的第二段铭文，来自19世纪另一位无与伦比的观察家卡尔·马克思，即“男人（及女人）都在创造自己的历史，但他们不是以自由意志、在自主选择的条件下创造历史，而是恰逢其时，被历史所给予和传递”。从19世纪初到20世纪初，英国在国内和国外的所有社会层面上所经历的一切，以各种不同且充满矛盾的方式，不断地证实了马克思的格言。

因此，人们对19世纪联合王国本土以及世界上许多曾经被伦敦政权统治过的其他地方留下来的遗产，既有抹黑也存在争议，同时给予了重视和赞誉，也就不足为奇了。在世界的某些地方，英国人因为其殖民政权的暴力、种族主义和剥削行为至今仍令人无法忘怀，无法得到原谅，那些苦涩的记忆一直保留到今天，尤其在南亚和非洲大部分地区。在其他许多前移民殖民地，因为建立了议会民主、法治、博物馆和大学、医院和铁路等原因，英国统治的影响似乎要好一些。至于联合王国本身，19世纪的大部分事物仍然是我们这个社会的一部分，也使我们从中受益。尽管不列颠从20世纪60年代开始就已经不可逆转地逐渐去帝国化，去维多利亚化，并缩小了国家统治范围，但我们现在生活中的道路和铁路、下水道和排水系统、市政建筑和郊区住宅、百货公司和市政厅，以及博物馆和美术馆等大量的基础设施，都建于1800—1906年间。尽管人们现在认为有些设施存在问题和瑕疵，但那些年代的英国人精力异常充沛，所建的设施也经久耐用。他们也留下了非凡的文化遗产，包括艺术和建筑，科学和工程，神学和政治哲学，戏剧和（最终姗姗来迟的）音乐，尤其是小说这种代表19世纪最大精髓的文学创作形式。阅读当时的《英国议会辩论记录》(*Hansard's*

Parliamentary Debates）不可能不被其中展现的非凡思想和精神、头脑和心灵、雄辩和博学所打动并心存敬畏，这是议会议员和政府同僚对国家公共事业进行讨论并就他们时代的重大问题进行辩论的记录。

毫无疑问，19 世纪的英国人在很多方面也都存在缺陷、常犯错误，但他们中有许多人都是极具活力、非常勤劳且极具创造力的人。后人对他们既有颂扬也有批评，而且这些截然不同的看法都有充分的理由，这也在情理之中。然而，这两种看法都没能探及这一问题的根本，因为无论是赞扬或指责，对更细致地理解过去这段极为复杂的历史时期都没有多大帮助。约翰·西利爵士表达的观点就非常恰当，他认为，一种“非同寻常的道德热忱”与“前所未有的困惑和不确定性”相结合构成了他所处的那个时代的“特点”。事实上，许多 19 世纪的英国人都非常清楚自己国家的卓越地位是建立在短暂而不稳定的基础之上的。“亚述（Assyria）、希腊、罗马、迦太基（Carthage），它们是什么？”1818 年拜伦勋爵在《恰尔德·哈罗德游记》（*Childe Harold*）中问道。拜伦并不是以“关注道德问题”闻名于世，但他很清楚，过去的那些帝国虽然崛起过，但是都衰落了。吉卜林在 1897 年的《退场赞美诗》中具有预言般的语句，再次冷静地提醒了我们：虽然全球的强大地位和帝国统治看似神授，看似代表着事物的永恒秩序，但更令人沮丧、令人烦恼的现实却是，这些都不能长久不变，不会永远存在：

响应召唤，我们的海军渐行渐远；
激情的火焰正沉入沙丘和天边：
看哪，我们昨日的盛宴

与尼尼微和提尔同在！
万民的判官，把我们赦免，
唯恐忘记，永记心间！

扩展阅读

最早写 19 世纪联合王国历史的作家都是那些本身就是该世纪最后 20 年“产物”的人。这些早期作品中最具爆炸性的是利顿·斯特雷奇的《维多利亚名人》(*Eminent Victorians*，1918 年)，对枢机主教曼宁（Cardinal Manning)、弗洛伦斯·南丁格尔、托马斯·阿诺德和戈登将军等人的研究既打破传统又标新立异。维多利亚时代末期另外两位高尚人士却做出了更为积极的、能够引起共鸣的历史解读，与斯特雷奇放肆的讽刺形成了反差：特里维廉的《19 世纪的不列颠历史》(*British History in the Nineteenth Century*，1922 年）颂扬了英国和平走向议会民主制的演变历程（虽然他对最终的结果持保留意见)。而杨（G.M. Young）的《维多利亚时代的英格兰：时代的画像》(*Victorian England: Portrait of an Age*，1936 年)，从高学历、温和自由党、专业的中产阶层的观点出发，对那些年月进行了无与伦比的再现。伊利·哈勒维（Elie Halevy）以更恢宏的场景写出了《19 世纪英国人民的历史》(*History of the English People in the Nineteenth Century*，6 卷，1924—1948 年)，可惜没有完成。卢埃林·伍德沃德爵士（Sir Llewellyn Woodward）的《改革时代，1815—1870 年》(*The Age of Reform*，*1815-1870*，

1938 年)，罗伯特·恩索尔爵士的《英格兰，1870—1914 年》(*England, 1870–1914*，1936 年)，分别写出了 19 世纪的两个阶段，构成了当时《牛津英格兰历史》(*Oxford History of England*) 的最后两卷。

但只是在第二次世界大战之后，后滑铁卢时期才成为了一个主要的研究领域，随后出现的一系列概述著作迅速形成了这方面的学术集成。大卫·汤姆森（David Thomson）的《19 世纪的英格兰（1815—1914 年）》[*England in the Nineteenth Century (1815–1914)*，1950 年]，是一系列单卷本研究著作中的第一部。然后是伍德（A. Wood）的《19 世纪的不列颠，1815—1914 年》(*Nineteenth-Century Britain, 1815–1914*，1960 年)；诺曼·麦科德（Norman McCord）的《不列颠历史，1815—1906 年》(*British History, 1815–1906*，1991 年)；鲁宾斯坦（W. D. Rubinstein）的《不列颠百年：政治和社会历史，1815—1905 年》(*Britain's Century: A Political and Social History, 1815–1905*，1998 年)；诺曼·戴维斯（Norman Davies）的《不列颠群岛历史》(*The Isles: A History*，1999 年)；马修（H.C.G. Matthew）（等人）的《19 世纪的不列颠群岛，1815—1901 年》(*The Nineteenth Century: The British Isles, 1815–1901*，2000 年)；休·坎宁安（Hugh Cunningham）的《英国民主制的挑战，1832—1918 年》(*Challenge of Democracy, Britain 1832–1918*，2001 年)；埃里克·J. 埃文斯(Eric J. Evans）的《现代英国的形成：身份、工业和帝国，1780—1914 年》(*The Shaping of Modern Britain: Identity, Industry and Empire, 1780–1914*，2011 年)。遵循伍德沃德和恩索尔开创的先例，许多针对这个时期的研究都分阶段写成了两卷本著作，其

中包括：布里格斯（A. Briggs）的《改良时代，1783—1867 年》（*The Age of Improvement, 1783–1867*，1959 年），唐纳德·里德（Donald Read）的《1868—1914 年的英格兰：城市民主时代》（*England, 1868–1914: The Age of Urban Democracy*，1979 年）；德里克·比尔斯（Derek Beales）的《从卡斯尔雷到格莱斯顿，1815—1885 年》（*From Castlereagh to Gladstone, 1815–1885*，1969 年）和亨利·佩林（Henry Pelling）的《现代英国，1885—1955 年》（*Modern Britain, 1885–1955*，1960 年）；加什（N. Gash）的《贵族与人民：1815—1865 年的英国》（*Aristocracy and People: Britain, 1815–65*，1979 年）和福伊希特万格（E. J. Feuchtwanger）的《民主与帝国：1865—1914 年的英国》（*Democracy and Empire: Britain, 1865–1914*，1985 年）；埃里克·J. 埃文斯的《现代国家的锻造：工业化初期的英国，1783—1870 年》（*The Forging of the Modern State: Early Industrial Britain, 1783–1870*，1983 年）和罗宾斯（K. G. Robbins）的《强国的衰落：现代英国，1870—1992 年》（*The Eclipse of a Great Power: Modern Britain, 1870–1992*，1982 年）。

与此同时，研究英国历史的美国历史学家们对 19 世纪的联合王国一直有着他们自己的观点，与英国历史学家不同的是，他们是基于美国人的立场对英国历史这个从根本上说是外国的历史进行解释和回顾，要做到让大西洋彼岸的英国读者既能够理解又感兴趣极具挑战。其中最早的两部英国历史研究著作都是单卷本：沃尔特·阿恩斯坦（Walter L. Arnstein）的《英国的今昔：1830 年至今》（*Britain Yesterday and Today: 1830 to the Present*，1966 年），以及韦布（R. K. Webb）的《现代英国：18 世纪至今》（*Modern Britain: From the Eighteenth Century to the Present*，1968 年），这两部著作仍然值得反复阅读。相比之下，海克（T. W. Heyck）的《不列颠群岛的民族：一段崭新的历史》(*The Peoples of the British Isles: A New History*) 的第二卷《从 1688 年到 1870 年》(*From 1688 to 1870*，1992 年)，以及第三卷《1870 年至今》(*From 1870 to the Present*，1992 年)，则展现了更广泛的研究范围。此类对全球历史、帝国历史以及“四国”历史的发展进行深思的最新研究成果，则是斯蒂芬妮・巴切夫斯基（Stephanie Barczewski)、约翰・埃格琳（John Eglin)、斯蒂芬・希瑟恩（Stephan Heathorn)、迈克尔・西尔韦斯特里（Michael Silvestri）和米歇尔・图桑（Michelle Tusan）所著的《1688 年以后的英国：一个世界大国》(*Britain since 1688: A Nation in the World*，2015 年)，以及苏珊・金斯利・肯特（Susan Kingsley Kent）的《1688 年以后的英国新历史：四个国家与一个帝国》(*A New History of Britain since 1688: Four Nations and an Empire*，2017 年)，前者在高级政治学方面更强，后者更注重各种身份，尤其是阶级、性别和种族方面的研究。

但是对于研究 19 世纪英国历史的所有历史学家来说，最不可或缺的是《牛津英格兰历史》(*New Oxford History of England*) 系列著作中的 3 本书：博伊德・希尔顿（Boyd Hilton）的《一个疯狂、邪恶和危险的民族？英格兰，1783—1846 年》(*A Mad, Bad and Dangerous People? England, 1783–1846*，2006 年)，西奥多・霍彭（K. Theodore Hoppen）的《维多利亚中期的一代，1846—1886 年》(*The Mid-Victorian Generation, 1846–1886*，1998 年)，以及瑟尔（G. R. Searle）的《新英格兰？和平与战争，1886—1918 年》(*A New England? Peace and War, 1886–1918*，2004 年)。这 3 本书的每一位作者都集个人一生的学识于其著作中，令后来所有研究 19

世纪英国历史的历史学家们敬仰不已且受益匪浅。希尔顿在高级政治学和神学方面颇有建树，霍彭精于爱尔兰和文化方面的研究，而瑟尔则在政治学和社会研究方面颇有造诣。所有这 3 本书都包含了详尽的参考书目及详细的年表，而霍彭和瑟尔还在书中列出了历届内阁的人员名单。在 3 人之中，希尔顿毫不动摇地坚持着他的“小英格兰”研究，霍彭最精于“四国”问题的研究，瑟尔则在国际关系方面的研究造诣最深。他们对历史各进程与偶然事件的处理都没能完全做到协调一致，或者设计出将叙事和分析有机结合的令人满意的解说结构，因为我在本册书中也同样面临这些难题，因此我对这些批评更多的是同情，而不是一味地吹毛求疵。

对更广泛的公共问题和关注点进行深思并改变了历史研究模式的 3 个最新发展，刺激产生了与 19 世纪英国历史有重要相关性的新研究。第一个发展是，随着前所未有的全球化的到来，兴起了世界历史、全球历史或跨国历史的研究，这种只是名称有所不同的历史研究在一些地方得到了人们的称颂（而在其他地方则受到了批评）。在最新的全球化阶段形成之前，埃里克·霍布斯鲍姆（Eric Hobsbawm）早就开创先河，开始了对 19 世纪“漫长”历史的广泛研究，并写出了具有权威性的三部曲著作《革命的年代，1789—1848 年》(*The Age of Revolution, 1789–1848*，1962 年)、《资本的年代，1848—1875 年》(*The Age of Capital, 1848–1875*，1977 年)，以及《帝国的年代，1875—1914 年》(*The Age of Empire, 1875–1914*，1987 年)。从另一个不同的角度来看，同样开创先河的还有保罗·肯尼迪（Paul Kennedy），他写出了《强国的盛衰：从 1500 年到 2000 年的经济变革和军事冲突》(*The Rise and Fall of the Great Powers: Economic Change and Military Conflict from*

1500 to 2000，1988 年)。得益于全球许多最新的发展，并为理解英国 19 世纪的历史提供了最广泛的地理背景的两部最新著作，是贝利（C. A. Bayly）的《现代世界的诞生，1780—1914 年》(*The Birth of the Modern World, 1780–1914*，2004 年)，以及于尔根・奥斯特哈梅尔（Jürgen Osterhammel）的《世界的转变：19 世纪全球历史》(*The Transformation of the World: A Global History of the Nineteenth Century*，2014 年)。

第二个发展是联合王国和欧盟之间日益复杂的关系，最终以 2016 年投票赞成“脱欧”达到顶点。在全民公投期间，历史学家在英国是应该留在欧盟还是脱欧的问题上发生了分歧，最近有几本书对联合王国与欧洲其他国家保持联系还是分道扬镳提供了不同的观点阐释。理查德・埃文斯（Richard J. Evans）的《追逐权力：欧洲，1815—1914 年》(*The Pursuit of Power: Europe, 1815–1914*，2016 年）雄辩地阐释了这个观点：19 世纪欧洲大陆历史的许多常见主题对于不列颠本身也同样适用。布伦丹・西姆斯（Brendan Simms）的《不列颠的欧洲：千年的冲突与合作》(*Britain's Europe: A Thousand Years of Conflict and Cooperation*，2016 年)，比较谨慎地论证了英格兰（或不列颠）与欧洲大陆之间的关系和接触一直都不确定且不断变化，是批评和对抗相混合，但联合王国的经济福祉和国家安全始终取决于欧洲大陆的稳定。西姆斯所展望的统一的欧洲不包括不列颠在内，罗伯特・图姆斯（Robert Tombs）在其《英格兰人及其历史》(*The English and their History*，2014 年）一书中的观点与其很相似但却更强硬，书中颂扬了英格兰人(而不是不列颠人）的异禀和优越性，表现出的狂热程度甚至特里维廉都无法企及。

第三个发展是对曾经的（遭摒弃的）“凯尔特边缘”的独立历史研究的兴起，这在很大程度上要归功于北爱尔兰“问题”的解决、对威尔士和苏格兰的放权，以及苏格兰的独立公投。对于爱尔兰历史研究，福斯特（R. F. Foster）的《现代爱尔兰，1600—1972年》(*Modern Ireland, 1600–1972*，1988年）以及霍彭的《1800年以后的爱尔兰》(*Ireland since 1800*，1989年)，都是必读的著作，同样必读的还有博尔克（R. Bourke）和麦克布赖德（I. McBride）(编辑的)《普林斯顿现代爱尔兰历史》(*The Princeton History of Modern Ireland*，2015年)。对于苏格兰历史研究，布鲁斯·伦曼（Bruce Lenman）的《整合、启蒙和工业化：苏格兰，1746—1832年》(*Integration, Enlightenment and Industrialization: Scotland 1746–1832*，1981年)，以及西德尼·切克兰德（Sydney Checkland）和奥利芙·切克兰德（Olive Checkland）所著的《工业与精神：苏格兰，1832—1914年》(*Industry and Ethos: Scotland, 1832–1914*，1984年)，都是先驱之作，还有迪瓦恩（T. M. Devine）的《苏格兰国家，1700—2000年》(*The Scottish Nation, 1700–2000*，1999年)，以及迪瓦恩和珍妮·沃莫尔德（Jenny Wormald）（主编的）《牛津现代苏格兰历史手册》(*The Oxford Handbook of Modern Scottish History*，2012年)。对于威尔士的历史研究，有肯尼斯·摩根（Kenneth O. Morgan）的《国家的重生：威尔士，1880—1980年》(*Rebirth of a Nation: Wales, 1880–1980*，1981年)，还有马修·克拉格（Matthew Cragoe）的《威尔士的文化，政治和国家身份，1832—1886年》(*Culture, Politics and National Identity in Wales, 1832–86*，2004年)。阿尔文·杰克逊（Alvin Jackson）在《两个联盟：爱尔兰，苏格兰以及联合王国的生存，1707—

2007 年》(*The Two Unions: Ireland, Scotland and the Survival of the United Kingdom, 1707–2007*，2012 年），以及西奥多·霍彭在《统治希伯尼亚：英国政治家与爱尔兰，1800—1921 年》(*Governing Hibernia: British Politicians and Ireland, 1800–1921*，2016 年）中，都尝试对 19 世纪联合王国令人烦恼的政治身份认同问题进行了充分的阐释。

对大英帝国这段历史时期的介绍做得最好的当数安德鲁·波特（Andrew Porter）（主编）的《牛津英国史》(*The Oxford History of the British Empire*）的第三卷《十九世纪》(*The Nineteenth Century*，1999 年），以及杰里米·布莱克（Jeremy Black）的《不列颠海运帝国》(*The British Seaborne Empire*，2004 年）和罗纳德·海厄姆（Ronald Hyam）的《不列颠帝国百年，1815—1914：帝国及其扩张研究》(*Britain's Imperial Century, 1815–1914: A Study of Empire and Expansion*，第三版，2002 年）。除此之外还应该加上詹姆斯·贝里奇（James Bellich）的《填补空白：殖民地移民革命和盎格鲁世界的崛起，1783—1939 年》(*Replenishing the Earth: The Settler Revolution and the Rise of the Anglo-World, 1783–1939*，2009 年），约翰·达尔文（John Darwin）的《帝国计划：英国世界体系的兴衰，1830—1970 年》(*The Empire Project: The Rise and Fall of the British World-System, 1830–1970*，2009 年）和《未竟的帝国：不列颠全球扩张》(*Unfinished Empire: The Global Expansion of Britain*，2012 年）。约翰·麦肯齐（John M. MacKenzie）和迪瓦恩（主编）的《苏格兰与大英帝国》(*Scotland and the British Empire*，2011 年）以及麦肯齐的《苏格兰与大英帝国》(*Scotland and the British Empire*，2016 年）都论述了苏格兰人

对大英帝国的特殊贡献，而关于爱尔兰人对大英帝国的特殊贡献的论述则在斯蒂芬·豪（Stephen Howe）的《爱尔兰与帝国：爱尔兰历史与文化中的殖民遗痕》(*Ireland and Empire: Colonial Legacies in Irish History and Culture*，2000 年)，以及凯文·肯尼（Kevin Kenny）（主编）的《爱尔兰与大英帝国》(*Ireland and the British Empire*，2004 年）中都有所论述。关于从移民殖民地角度论述大英帝国的两种观点，参见巴克纳（P. A. Buckner）（主编）的《加拿大与大英帝国》(*Canada and the British Empire*，2010 年)，以及施罗伊德（D. M. Schreuder）和斯图尔特·沃德（Stuart Ward）（主编）的《澳大利亚的帝国》(*Australia's Empire*，2008 年)。安托瓦妮特·伯顿（Antoinette M. Burton）的《帝国的烦恼：许多英国帝国主义面临的挑战》(*The Trouble with Empire: Challenges to Modern British Imperialism*，2015 年)，以及斯蒂芬妮·巴切夫斯基的《英勇的败绩与英国人》(*Heroic Failure and the British*，2016 年) 阐释了整个帝国基业都建立在各种不稳定结构和非长久基础之上的观点。

对于 19 世纪联合王国国内史的研究非常充分，政治文献极其丰富。哈纳姆（H. J. Hanham）（主编）的《19 世纪的宪法：文献和评论》(*The Nineteenth-Century Constitution: Documents and Commentary*，1969 年）始终都是一本很好的原始资料参考书。总体研究方面参见本特利（M. Bentley）的《没有民主的政治，1815—1914 年》(*Politics without Democracy, 1815–1914*，1985 年)，本特利和史蒂文森（J. Stevenson）（主编）的《现代英国的高低政治》(*High and Low Politics in Modern Britain*，1983 年)，以及乔纳森·帕里（Jonathan Parry）的《英国维多利亚时代自由党政

府的兴衰》(*The Rise and Fall of Liberal Government in Victorian Britain*, 1993 年)。琳达·科莱（Linda Colley）的《英国人：打造国家，1707—1837 年》(*Britons: Forging the Nation, 1707–1837*, 1992 年)，克拉克（J.C.D.Clark）的《英国社会，1688—1832 年》(*English Society, 1688–1832*, 1985 年)，亚瑟·伯恩斯（Arthur Burns）和乔安娜·英尼斯（Joanna Innes）（主编）的《改革时代的反思：不列颠，1780—1850 年》(*Rethinking the Age of Reform: Britain, 1780–1850*, 2003 年)，马尔科姆·蔡斯（Malcolm Chase）的《宪章运动：一段新历史》(*Chartism: A New History*, 2007 年)，以及戴维·费希尔的《议会的历史：下议院，1820—1832 年》(*The History of Parliament: The House of Commons, 1820–1832*, 8 卷，2009 年）则从不同的角度展现了 19 世纪上半叶的历史。关于 19 世纪 50 年代以后的历史，参见欧亨尼奥·比亚吉尼（Eugenio Biagini）和阿拉斯泰尔·里德（Alastair Reid）（主编）的《激进主义趋势：大众激进主义，有组织的劳工及英国政党政治，1850—1914 年》(*Currents of Radicalism: Popular Radicalism, Organized Labour and Party Politics in Britain, 1850–1914*, 1991 年)，帕特里克·乔伊斯（Patrick Joyce）的《民众的愿景：工业化的英格兰和阶级问题，1848—1914 年》(*Visions of the People: Industrial England and the Question of Class, 1848–1914*, 1991 年)，乔恩·劳伦斯（Jon Lawrence）的《为人民代言：英格兰的政党，语言和民众政治，1867—1914 年》(*Speaking for the People: Party, Language and Popular Politics in England, 1867–1914*, 1998 年)，詹姆斯·汤普森（James Thompson）的《英国的政治文化与“舆论”概念，1867— 1914 年》(*British Political Culture and the*

Idea of 'Public Opinion', 1867– 1914，2013 年）。安格斯·豪金斯（Angus Howkins）的《维多利亚时代的政治文化："跟着感觉走"》（*Victorian Political Culture: 'Habits of Heart and Mind'*，2015 年），是新近这方面研究的一部很好的集大成之作。

关于 19 世纪的不列颠经济史，乔尔·莫吉尔（Joel Mokyr）的《经济启蒙：不列颠经济史，1700—1850 年》（*The Enlightened Economy: An Economic History of Britain, 1700–1850*，2009 年），马丁·道顿（Martin Daunton）的《进步与贫困：英国经济与社会史，1700—1850 年》（*Progress and Poverty: An Economic and Social History of Britain, 1700–1850*，1995 年）和《财富与福利：英国经济与社会史，1851—1951 年》（*Wealth and Welfare: An Economic and Social History of Britain, 1851–1951*，2007 年），以及罗德里克·弗拉德（Roderick Floud），简·汉弗莱斯（Jane Humphries）和保罗·约翰逊（Paul Johnson）（主编）的《剑桥现代英国经济史》（*The Cambridge Economic History of Modern Britain*，2 卷，2014 年）都进行了详尽阐述。关于社会历史方面，参见汤普森（F. M .L .Thompson）（主编）的《剑桥英国社会史，1750—1790 年》（*The Cambridge Social History of Britain, 1750–1950*，3 卷，1990 年），其中大部分内容在他的《体面社会的崛起：英国维多利亚社会史，1830—1900 年》（*The Rise of Respectable Society: A Social History of Victorian Britain, 1830–1900*，1988 年）一书中都已经有所阐释，还有乔斯·哈里斯（Jose Harris）的《私密生活，公共精神：英国社会史，1870—1914 年》（*Private Lives, Public Spirit: A Social History of Britain, 1870–1914*，1993 年）。关于城市历史，参见《剑桥英国城市史》（*The Cambridge Urban History of Britain*）彼得·克拉克（Peter Clark）（主编）的第二卷，《1540—1840年》（*1540—1840*，2000年），马丁·道顿（主编）的第三卷，《1840—1950年》（*1840—1950*，2000年）。在为现代英格兰/不列颠社会的发展提供另类阐释的两本新书中，朗西曼（W. G. Runciman）的《极为不同却大致未变：1714年以后英国社会的演变》（*Very Different but Much the Same: The Evolution of English Society since 1714*，2015年）认为社会没有什么变化，而詹姆斯·弗农（James Vernon）的《距离遥远的陌生人：英国现代化的演变》（Distant Strangers: How Britain Became Modern，2014年）则与之相反，力主社会发生了巨大变化的观点。

对于19世纪广义上的文化史也有非常充分的研究。关于宗教史，最近的作品包括休·麦克劳德（Hugh McLeod）的《英格兰宗教与社会，1850—1914年》（*Religion and Society in England, 1850–1914*，1996年），D.亨普顿（D. Hempton）的《英国与爱尔兰的宗教与政治文化：从光荣革命到帝国衰落》（*Religion and Political Culture in Britain and Ireland: From the Glorious Revolution to the Decline of Empire*，996年），安德鲁·波特（Andrew Porter）的《宗教与帝国之争？英国新教传教士与海外扩张，1700—1914年》（*Religion versus Empire? British Protestant Missionaries and Overseas Expansion, 1700–1914*，2004年），以及希拉里·凯里（Hilary Carey）的《上帝的帝国：不列颠世界的宗教和殖民主义，1801—1908年》（*God's Empire: Religion and Colonialism in the British World, 1801– 1908*，2011年）。对“思想史”方面做出充分论述的人与作品包括：斯特凡·柯里尼（Stefan Collini）的《公众道德学家：英国的政治思想与知识生活，1850—

1930年》（*Public Moralists: Political Thought and Intellectual Life in Britain, 1850–1930*，1993年），柯里尼、沃特莫尔（R. WhatMore）和杨（主编）的《历史、宗教与文化：英国知识史，1750—1950年》（*History, Religion and Culture: British Intellectual History, 1750–1950*，2000年），加雷斯·斯特德曼·琼斯（Gareth Stedman Jones）和杰弗里·克拉埃斯（Geoffrey Claeys）（主编）的《剑桥19世纪政治思想史》（*The Cambridge History of Nineteenth-Century Political Thought*，2013年）。艺术史研究方面最好的著作是鲍里斯·福特（Boris Ford）（主编）的《剑桥英国艺术指南》（*Cambridge Guide to the Arts in Britain*）中的第六卷，《维多利亚早期的浪漫主义》（*Romantics to Early Victorians*）（1988年）和第七卷《维多利亚时代晚期》（*The Later Victorian Age*）（1989年）。科技史方面，请参见詹姆斯·A. 塞克德（James A. Secord）的《科学的愿景：维多利亚时代初期的书籍与读者》（*Visions of Science: Books and Readers at the Dawn of the Victorian Age*，2014年），小道格拉斯·R. 伯吉斯（Douglas R. Burgess, Jr.）的《帝国的引擎：轮船和维多利亚时代的想象力》（*Engines of Empire: Steamships and the Victorian Imagination*，2016年），以及克罗斯比·W. 史密斯（Crosbie W. Smith）的《能源科学：维多利亚时代英国能源物理学的文化史》（*The Science of Energy: A Cultural History of Energy Physics in Victorian Britain*，1998年）。

对于两性历史学家来说，那个“煤气灯下的荣光女王”可谓话题丰富，这方面可以参见多萝西·汤普森（Dorothy Thompson）的《维多利亚女王：性别与权力》（*Queen Victoria: Gender and Power*，1990年），苏珊·金斯利·肯特的（Susan Kingsley Kent）

的《维多利亚女王：性别与帝国》(*Queen Victoria: Gender and Empire*，2015 年)。对较低社会级层所做的研究论述，参见弗兰克·普罗查斯卡（Frank Prochaska）的《19 世纪英格兰的女性与慈善事业》(Women and Philanthropy in Nineteenth-Century England，1980 年)，朱迪思·沃尔科维茨（Judith R. Walkowitz）的《卖淫与维多利亚社会：女性，阶级与国家》(*Prostitution and Victorian Society: Women, Class and the State*，1980 年)，莉奥诺·达维多夫（Leonore Davidoff）和凯瑟琳·哈勒（Catherine Hall）的《家庭命运：英国中产阶层的男性与女性，1780—1850 年》(*Family Fortunes: Men and Women of the English Middle Class, 1780–1850*，1987 年)，以及帕特里夏·霍利斯（Patricia Hollis）的《女性参选：英国地方政府中的女性，1865—1914 年》(*Ladies Elect: Women in English Local Government, 1865–1914*，1987 年)。最近出版的书籍包括索尼娅·罗斯（Sonya Rose）的《有限的谋生之道：19 世纪英格兰的性别与阶级》(*Limited Livelihoods: Gender and Class in Nineteenth-Century England*，1992 年)，德博拉·瓦伦泽（Deborah Valenze）的《第一位工业女性》(*The First Industrial Woman*，1995 年)，安娜·克拉克（Anna Clark）的《为穿裤装而进行的斗争：性别与英国工人阶级的形成》(*The Struggle for the Breeches: Gender and the Making of the British Working Class*，1997 年)，凯瑟琳·格利德尔（Kathryn Gleadle）的《19 世纪的英国女性》(*British Women in the Nineteenth Century*，2001 年)。性别与帝国的问题在安杰拉·伍拉科特（Angela Woollacott）（主编）的《性别与帝国》(*Gender and Empire*，2006 年）和菲莉帕·莱文（Philippa Levine）（主编）的《性别与帝国》(*Gender and Empire*，2004 年)

等书中都进行了研究。关于男性研究，参见迈克尔·罗珀（Michael Roper）和约翰·托什（John Tosh）（主编）的《豪迈的断言：1800年后的英国男性》(*Manful Assertions: Masculinities in Britain since 1800*，1991年)，约翰·托什的《男性的地位：维多利亚时代英国男性与中产阶层家庭》(*A Man's Place: Masculinity and the Middle-Class Home in Victorian England*，1999年）和《英国19世纪的男子气概与男性：关于性别，家庭和帝国的随笔》(*Manliness and Masculinities in Nineteenth-Century Britain: Essays on Gender, Family and Empire*，2005年)。

从参考文献角度来说，克里斯·库克（Chris Cook）和布伦丹·基思（Brendan Keith）的《英国历史数据，1830—1900年》(*British Historical Facts, 1830–1900*，1975年）以及米切尔（B. R. Mitchell）的《英国历史统计数据》(*British Historical Statistics*，1988年）是必不可少的著作。对于文献来说，必然是以露西·布朗（Lucy M. Brown）和伊恩·克里斯蒂（Ian R. Christie）（主编）的《英国历史文献，1789—1851年》(*Bibliography of British History, 1789–1851*，1977年）和哈纳姆（H. J. Hanham）（主编）的《英国历史文献，1815–1914年》(*Bibliography of British History, 1815–1914*，1976年）作为开始。从1976年到2002年，皇家历史学会出版了年度《不列颠和爱尔兰历史文献》(*Bibliography of British and Irish History*)，自此就可以在网上（www.history.ac.uk/projects/bbih）进行查阅。对这一浩瀚的学术文献最有指导作用的是克里斯·威廉斯（主编）的《19世纪英国指南》(*A Companion to Nineteenth-Century Britain*，2004年)。在《牛津国民传记词典》(*Oxford Dictionary of National Biography*）中记录了19世纪许多

英国人的生活状况，他们的许多图片在“国家肖像馆”（www. npg. org）的网站上都能找到。把 19 世纪的英镑价值与现代英镑价值进行转换非常困难，因为不同商品的发展轨迹截然不同（比较一下小麦和名画的价格变化）。同样，许多网站上都可以计算历史货币的价值转换，但所有数据的使用都应谨慎为上。